西霞院反调节水库水力学及泥沙问题试验研究

李远发　武彩萍　高　航　曹国利　张绍民
宋莉萱　郭慧敏　勾兆莉　秦云香　王亚春　著

黄河水利出版社

内 容 提 要

西霞院反调节水库是黄河小浪底水利枢纽配套工程。本书主要依据作者在西霞院反调节水库不同设计阶段进行的大量物理模型试验研究成果，对西霞院工程总体布置的合理性，各泄流排沙建筑物体型的优劣、泄流排沙能力、消能与防冲效果，左右岸滩地方案与主河槽方案对水库上游进流影响和对下游河势影响，贯流式机组方案和轴流式机组方案优劣的比较等进行了分析总结。该研究成果为西霞院反调节水库的设计、施工提供了大量科学的参考依据。本书可供水利、水电及相关专业的科技工作者和高等院校师生阅读参考。

图书在版编目(CIP)数据

西霞院反调节水库水力学及泥沙问题试验研究 / 李远发等著. —郑州：黄河水利出版社，2007.12
ISBN 978-7-80734-311-0

Ⅰ.西… Ⅱ.李… Ⅲ.①水库-水力学-试验-研究-洛阳市②水库泥沙-试验-研究-洛阳市 Ⅳ.TV632.613

中国版本图书馆 CIP 数据核字(2007)第 171064 号

组稿编辑：王路平　电话：0371-66022212　E-mail：wlp@yrcp.com

出 版 社：黄河水利出版社
地址：河南省郑州市金水路 11 号　邮政编码：450003
发行单位：黄河水利出版社
发行部电话：0371-66026940、66020550、66028024、66022620(传真)
E-mail：hhslcbs@126.com
承印单位：河南省瑞光印务股份有限公司
开本：787 mm × 1 092 mm　1 / 16
印张：23
字数：530 千字　印数：1—1 000
版次：2007 年 12 月第 1 版　印次：2007 年 12 月第 1 次印刷

书号：ISBN 978-7-80734-311-0 / TV · 530　定价：60.00 元

前　言

根据黄河干流工程布局修订规划，小浪底水利枢纽建成后，拟在小浪底枢纽下游16 km处修建西霞院低水头水利工程。随着小浪底工程建设的进展，1998年正式明确：西霞院水利枢纽作为小浪底水利枢纽配套工程——西霞院反调节水库尽快实施。该工程开发任务以反调节为主，结合发电，兼顾供水、灌溉等综合利用。

在西霞院水库可行性研究阶段，黄河水利科学研究院配合设计工作进行了多方案的系统试验研究：论证水库总体布置的合理性；检验泄流排沙建筑的泄流能力和排沙效果；论证电站排沙建筑物合理布置形式；观测研究水库建筑物的消能与防冲；观测水库回水对小浪底电站尾水的影响；论证左、右岸滩地方案与主河槽方案对水库上游进流影响和对下游河势影响变化等。1995年开始在水库整体模型上对电站坝段贯流式机组方案和轴流式机组方案进行比较论证。两种机组方案试验结果表明：水库上、下游流态没有明显差异；轴流机组方案机组进口高程120.00 m，每台机组下方左侧设一排沙底孔，贯流式机组方案机组进口高程103.00 m，每台机组右侧设一排沙底孔，电站坝段左右两侧和底部设置3个方位的泄流排沙建筑物。总体布置形式，对多沙的黄河而言，通过合理调度运用，可以明显地减少过机泥沙，并可避免关闭机组的进口泥沙淤堵；电站坝段和泄洪坝段之间，下游设置导墙，对改善下游流态及消能防冲有较好的效果。贯流式机组造价较低。在电站采用贯流式机组情况下，1997年10月又对水库坝轴线直角布置方案和直线布置方案电站防沙效果在水库整体动床模型上进行了试验研究。电站坝段与泄流排沙坝段直角布置方案，电站坝段不设排沙底孔，在电站进口前设一48 m宽的排沙槽，排沙槽上游高程102.00 m，比1[#]机组进口高程低4 m，排沙槽下游高程99.00 m，与5孔排沙洞进口高程齐平，通过排沙洞将排沙槽淤积粗泥沙排向枢纽下游，以减少过机泥沙。试验结果表明：排沙洞前的冲刷漏斗范围较小，远离排沙洞进口的1[#]～4[#]机组前排沙槽内淤沙高程高出电站进口高程，排沙洞拉沙效果不理想。枢纽坝轴线直线布置方案，电站坝段右侧和左侧安装间下设排沙洞，电站进口底部设排沙底孔，电站进口与排沙底孔进口上下对应重叠布置，该方案排沙底孔体型比较复杂，运用操作不便，但排沙底孔排沙效果比较明显。在进行水库总体布置方案试验的同时，对库区泥沙淤积形态及下游河道河势变化进行了研究，试验结果表明：在选定水库坝址情况下，水库淤积库容较小，很快能达到淤积平衡，汛限水位131.00 m，非汛期最高蓄水位134.00 m运用情况下，水库回水对小浪底电站尾水无明显影响。左、右岸滩地布置方案改变了坝址处主河槽位置，对下游河势产生一定影响，但通过修建河道整治工程，仍可以使逯村以下河道工程靠溜，与枢纽修建前河势相比无明显变化。通过可行性阶段水工模型和泥沙模型多方案试验研究，为初步设计工作的深入和优化提供了可靠的试验依据。

1997年水利部水电规划设计总院对西霞院工程可行性研究报告的审查意见明确指出：初设阶段应结合模型试验，分析复核库区泥沙淤积，论证水库防沙设施布设的合理性以及工程布置对下游河势的影响。1998 年配合设计工作的深入在大比尺枢纽河段河道泥沙模型上，针对库区淤积对小浪底电站尾水及对下游河势的影响进行了试验研究。试验结果表明：库区在淤积造床过程中，随时可能出现顺坝流过程，应注意观测土坝坝坡的冲刷及采取相应的防护措施。左右岸滩地布置方案，水库下游采取相应的河道整治工程措施对下游河势影响一般不超过铁谢以下的河段。最高蓄水位 134.00 m 情况下，小浪底枢纽下泄流量超过 700 m^3/s 时，库区回水对小浪底电站尾水无明显影响。2002 年 5 月对水库总体布置初设优化方案和推荐方案在水库整体模型上进行试验研究，鉴于黄河汛期含水量较大，贯流式机组进口高程较低，电站防沙缺乏实际运用管理经验，初设阶段电站选定 4 台轴流式机组。初设优化方案和推荐方案差别不大，主要区别是：优化方案 21 孔泄洪闸全部采用开敞式低堰形式，每孔净宽 12 m；推荐方案 $1^{\#}\sim7^{\#}$泄洪闸改为胸墙式，堰顶高程由 126.40 m 降低为 121.00 m，每孔净宽减小为 9 m。两方案试验结果差别不大，这表明，在各种调度运用情况下，泄流建筑物泄流能力均满足设计要求。泄流建筑物消能和防冲均能满足工程安全要求。局部散抛石防护部位，散抛石冲失较多，建议在这些易冲刷部位增大抛石粒度或采用铅丝笼块石防护。电站坝段在左右两侧和底部设置排沙洞和排沙底孔，对电站防沙和防淤堵效果比较明显。王庄引水闸和下游灌溉引水闸在引水期间，均能形成一定稳定流路，也能保证正常引水。在水库整体模型上，库区淤积造床过程中，同样也出现顺坝流现象，应注意土坝坝坡的冲刷和防护。在水库不同调度运用情况下，泥沙冲淤迅速无常，可能出现不利的流态和冲刷，应加强平时观测，并通过泄流排沙建筑物调度措施及时消除。

根据初设审查意见，2003 年又对泄洪闸、排沙闸(洞)和上游左导墙等建筑物体型进行了单体终结布置方案的试验研究，按单体建筑物的最终体型，又在水库整体模型上进行验证试验。结果表明，与初设总体布置推荐方案试验结果差别不大，水库泄流能力和消能冲刷都满足设计要求。西霞院低水头水库运用成败主要取决于对泥沙的处理，不断总结水库调度运用经验，完全可以实现反调节为主，结合发电，兼顾供水灌溉的目标。

自西霞院反调节水库可行性研究立项以来，配合不同设计阶段工作，共提出试验研究报告 15 份(篇)。本书是按时间顺序进行编排的，清晰显现了设计思路的演进过程；试验研究成果又为设计方案的深入和优化提供了科学依据。试验研究历时 10 年，先后参加人员很多，主要参加人员有：黄河水利科学研究院李远发、武彩萍、姚文艺、刘海凌、张红武、张俊华、高航、吕文堂、王德昌、王国栋、董年虎、勾兆莉、宋莉萱、郭慧敏、陈俊杰、夏传星、田治宗、王卫红、许雨新、梁跃平、姚振华等，黄河勘测规划设计研究院刘宗仁、张国兰、曹治平、秦云香、王亚春、李振连、曹国利、张绍民、张厚军、史仁杰等。

作　者

2007 年 6 月

目　录

第一篇　可行性研究阶段试验研究

第一章　西霞院反调节水库河段河道特征及工程开发任务和设计特征指标

第一节　工程地理位置及开发任务

黄河小浪底水利枢纽配套工程——西霞院反调节水库位于黄河干流中游河南境内，坝址左右岸分别为洛阳市吉利区和孟津县，上距小浪底 16 km、下距花园口 145 km。1998 年明确西霞院枢纽为小浪底水利枢纽配套工程，与小浪底枢纽组成一组工程，其开发任务以反调节为主，结合发电，兼顾供水和灌溉等综合开发，工程位置见图 1-1。

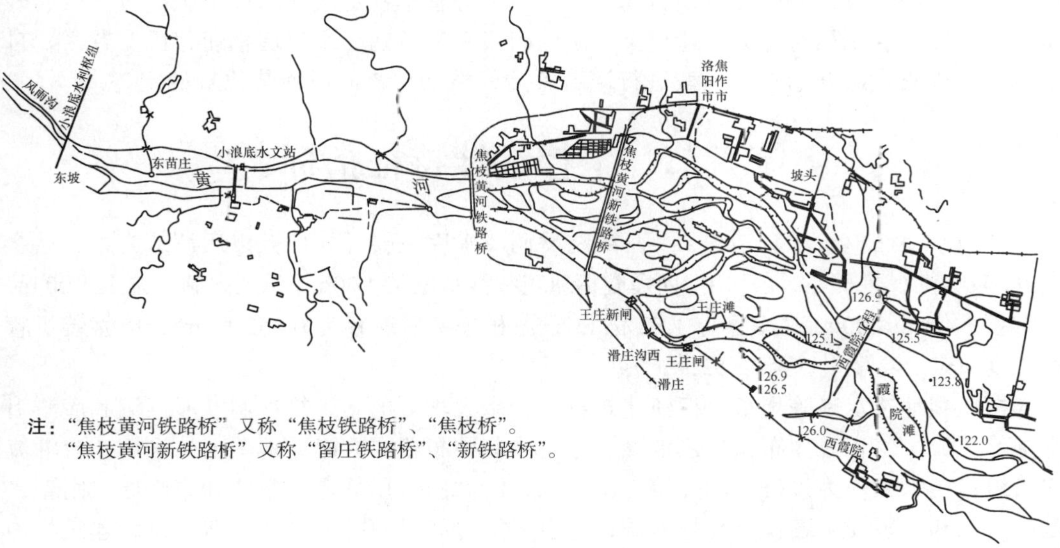

注："焦枝黄河铁路桥"又称"焦枝铁路桥"、"焦枝桥"。
"焦枝黄河新铁路桥"又称"留庄铁路桥"、"新铁路桥"。

图 1-1　西霞院反调节水库的工程位置

小浪底枢纽建成后，水电站将承担河南省电网的调峰任务，水电站在参与调峰运用时，下泄流量为不稳定流，日均断流 7 小时左右。断流期间，黄河断流河段长达 30～50 km，对下游河道水质和生态环境、工农业用水以及河道整治工程带来不利影响。西霞院反调节水库的兴建，将明显提高小浪底电站调峰发电效益，并可解决断流期间上述不利影响，进一步开发水能资源，发展周边地区灌溉，也为华北地区供水提供条件。

第二节　工程河段河道特征

小浪底枢纽工程位于黄河中游最后一个峡谷的出口，是控制黄河下游水沙的关键工程。它是在三门峡以下唯一能取得较大库容的坝址。小浪底坝址下游 16 km 在建的西霞院枢纽库区河段属于峡谷型河道向平原游荡型河道的过渡河段，焦枝铁路桥以上 8 km 河段为峡谷型河段，河谷宽仅 500～800 m，两岸有几处山嘴和碛石滩控制着河道河势。焦枝桥至西霞院坝址 8 km 的河段为冲积扇型河段，黄河出焦枝桥后，两岸突然放宽到 4 km，黄河分为多股汊河，除连地滩、西滩和王庄滩 3 个大滩外，还有众多的江心州。主河槽在右岸，沿山坡流至王庄滩后，又分为多股汊河，在西霞院坝址附近，汊河又汇集在左岸，小浪底至西霞院河段河势变化不大，3 个大滩基本稳定，边滩略有变化。西霞院枢纽选择在右岸滩地。

小浪底至西霞院河段全部为砂卵石河床，砂卵石覆盖层 10～40 m，河床及滩地覆盖层全为洪积物，沿程级配变化不大，非汛期局部段受碛石滩影响，有局部淤沙层，在急流陡坡段也有直径 1 m 左右的大块石，砂卵石覆盖层中基本不含悬沙粒径，在卵石骨架中充满小砾石和砂，干容重达 2.33 t/m^3 左右。流量 1 000～10 000 m^3/s 时，河段平均比降 5.6‱～9.0‱，局部河段比降有陡有缓。小流量时局部河段比降仅 1‱，而冲积扇汊河段比降可达 50‱，呈急流状态。

西霞院坝址以下至铁谢河段，河道比降逐渐变缓，河床也由砂卵石逐渐过渡到砂质河床，从长期来看，河床冲淤相对变化不大，河势基本稳定。铁谢以下至逯村河段属砂质河床，冲淤变化相对较大。逯村至大玉兰河段左岸滩区为小浪底枢纽移民安置区，自小浪底工程修建起开始对该河段进行河道整治，整治后该河段河势比较稳定。

第三节　工程设计特征指标

黄河小浪底枢纽配套工程——西霞院反调节水库主要开发任务以反调节为主，结合发电，兼顾供水灌溉等综合利用。西霞院枢纽正常蓄水位 134.00 m，汛期限制水位 131.00 m，正常蓄水位 134.00 m 时库容为 1.62 亿 m^3，淤积平衡后库容为 0.452 亿 m^3，电站装机容量 140 MW，灌溉引水流量 53.9 m^3/s。

枢纽坝址选定南陈坝址，枢纽建筑物由挡水大坝、电站、排沙洞、泄洪洞和灌溉引水闸等组成。工程总体布置选用混凝土建筑物集中布置在右岸滩地。电站采用 4 台轴流式机组；挡水大坝为砂砾石坝壳壤土斜墙坝；泄洪闸采用低堰开敞式和带胸墙式闸型；电站右侧和安装间下各设三孔排沙洞；每台机组之间设一排沙底孔。泄流排沙建筑物均采用底流式消能工。

100 年一遇设计洪水流量 9 870 m^3/s，设计洪水位 132.56 m，相应下游水位 125.30 m。

5 000 年一遇校核洪水流量 13 940 m^3/s，设计洪水位 134.75 m，相应下游水位 126.23 m。

正常蓄水位 134.00 m；汛期限制水位 131.00 m。

第二章　西霞院反调节水库轴流式和贯流式机组布置模型试验研究

第一节　模型设计及模型沙选择

一、试验研究内容

根据黄河干流工程布局修改规划，西霞院反调节水库被列为小浪底工程建成后拟建的一项低水头水利工程。西霞院反调节水库的可行性研究阶段设计提出，需要通过模型试验全面论证设计方案的合理性。水库局部动床水工模型试验的研究内容有：比较工程总体布置方案，论证工程总体布置的合理性；检验工程各泄流建筑物的泄流、排沙能力，论证泄流排沙规模的合理性；观测研究水库上下游冲淤平衡后的流态及流速分布，针对存在的问题提出改善措施；观测研究泄流建筑物在各种调度运用下下游的消能和冲刷，论证砂卵石覆盖层冲刷堆积和悬移质淤积对电站尾水的影响；研究工程开发任务，实施合理的调度运用方式，如汛期工程防淤排沙调度运用、非汛期防止电站进口淤堵和减少过机泥沙调度运用方式，提出泄流排沙建筑物闸门操作运用方式等。

二、模型设计相似准则

在动床模型试验时，其模型的设计应满足几何形态相似、水流运动相似和泥沙运动相似的相似条件。根据西霞院反调节水库局部动床水工模型试验的研究任务和可行性研究阶段的设计要求，模型按正态设计，在保证模型与原型几何相似的条件下，模型设计还应遵循以下相似准则。

(一)水流运动相似准则

由水流重力相似条件得流速比尺关系

$$\lambda_V = \lambda_H^{1/2} = \lambda_L^{1/2} \tag{2-1}$$

由水流阻力相似条件得阻力系数比尺关系

$$\lambda_n = \lambda_H^{2/3} \lambda_J^{1/2} / \lambda_V = \lambda_L^{1/6} \tag{2-2}$$

由水流连续性相似条件得水流运动时间比尺关系

$$\lambda_{t_1} = \lambda_L / \lambda_V = \lambda_H^{1/2} \tag{2-3}$$

流量的比尺关系为

$$\lambda_Q = \lambda_V \lambda_H^2 = \lambda_H^{5/2} \tag{2-4}$$

(二)砂卵石运动相似准则

西霞院反调节水库下游没有砂卵石补给，属于局部冲刷问题，要求模型设计满足起

动相似和河床变形相似。起动相似(以起动流速的形式来表示)要求

$$\lambda_{V_0} = \lambda_V = \lambda_H^{1/2} \tag{2-5}$$

非黏性颗粒起动流速公式的一般形式为

$$V_0 = K\sqrt{\frac{\gamma_s-\gamma}{\gamma}gD}\left(\frac{H}{D}\right)^{1/6} \tag{2-6}$$

式中 V_0——起动流速；

H、D——水深和砂卵石粒径；

γ_s、γ——泥沙和水的容重；

K——系数。

由式(2-5)和(2-6)得砂卵石粒径比尺关系

$$\lambda_D = \lambda_H / \lambda_{\left(\frac{\gamma_s-\gamma}{\gamma}\right)}^{3/2} \tag{2-7}$$

根据冲淤变形方程式可导得冲淤时间比尺

$$\lambda_{T_2} = \frac{\lambda_{\gamma_s'}\lambda_L\lambda_H}{\lambda_{g_s}} \tag{2-8}$$

由成都勘测设计研究院的推移质输沙率公式

$$g_s = K\gamma_s D(V-V_0)\left(\frac{V}{V_0}\right)^3\left(\frac{D}{H}\right)^{1/4} \tag{2-9}$$

可得单宽输沙率比尺关系为

$$\lambda_{g_s} = \lambda_{\gamma_s}\lambda_D^{5/4}\lambda_H^{1/4} \tag{2-10}$$

(三)悬移质泥沙运动相似准则

1. 悬移相似

在正态模型中，泥沙悬移相似要求沉速ω和流速之间的比尺关系为

$$\lambda_\omega = \lambda_V \tag{2-11}$$

在原型和模型泥沙粒径均较细的情况下，根据滞流区泥沙的沉降公式可导得悬移质粒径比尺

$$\lambda_d = \left[\frac{\lambda_V\lambda_\omega}{\lambda_{\left(\frac{\gamma_s-\gamma}{\gamma}\right)}}\right]^{1/2} \tag{2-12}$$

2. 输沙相似

对冲积性河流要求模型与原型的输沙能力相似和挟沙力相似，悬移质的输沙能力相似要求含沙量比尺与挟沙力的比尺关系为

$$\lambda_s = \lambda_{s_*} \tag{2-13}$$

对于含沙量或挟沙力比尺，一种方法是由挟沙力公式确定，另一种方法是借助预备试验确定。

3. 河床冲淤变形相似

根据河床变形方程可得冲淤时间比尺关系

$$\lambda_{t_3} = \lambda_{\gamma_0} \lambda_{t_1} / \lambda_s \tag{2-14}$$

床沙质起动相似

$$\lambda_{V_0} = \lambda_V \tag{2-15}$$

三、模型比尺的确定与模型沙的选择

西霞院反调节水库局部动床模型主要研究工程附近的河流再造床过程，即上游库区的淤积和下游的冲刷，西霞院来流中的悬移质泥沙组成是由小浪底枢纽下泄浑水决定的。图 2-1 为 1961～1988 年小浪底实测悬移质泥沙级配曲线，由图中可见非汛期悬沙粒径相对较粗，而汛期相对较细。考虑到在造床过程中，悬移质泥沙起造床作用的是床沙质部分，冲泻质不参加造床，因此模型设计中要求悬沙相似仅限于末沙质。根据张红武的床沙质和冲泻质分界粒径经验公式，求得小浪底分界粒径为 0.028 mm，在汛期含沙量中床沙质所占比例约为 44%，非汛期含沙量中床沙质所占比例约为 57%。由图 2-1 和分界粒径得到 1961～1988 年小浪底悬沙河床沙质级配曲线，如图 2-2 所示。床沙质年平均中

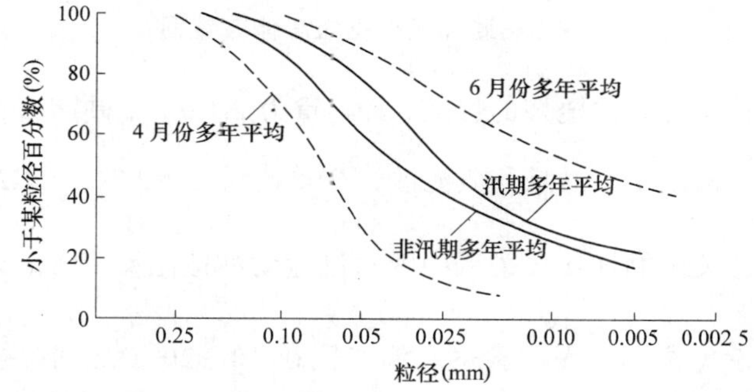

图 2-1　1961～1988 年小浪底实测悬沙级配曲线图

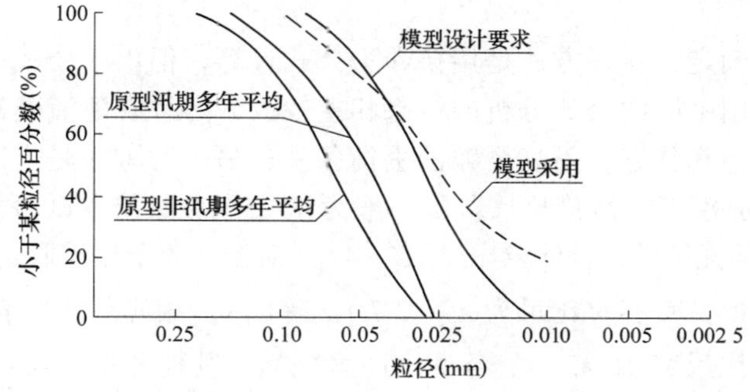

图 2-2　1961～1988 年小浪底悬沙中床沙质级配曲线和模型沙级配曲线

值粒径为 0.075 mm。对于下游主河槽的砂卵石河床，其原型表层砂卵石中值粒径约为 35 mm。

根据西霞院模型试验的研究内容和要求，模型为正态，其几何比尺取 1 : 100，图 2-3 为模型总体布置图。模型上观测水位的测针布设位置是：在水库上、下游河槽左、右岸各设一测针，以观测水库上、下游的水位。在模型入口前设置一矩形量水堰控制流量。

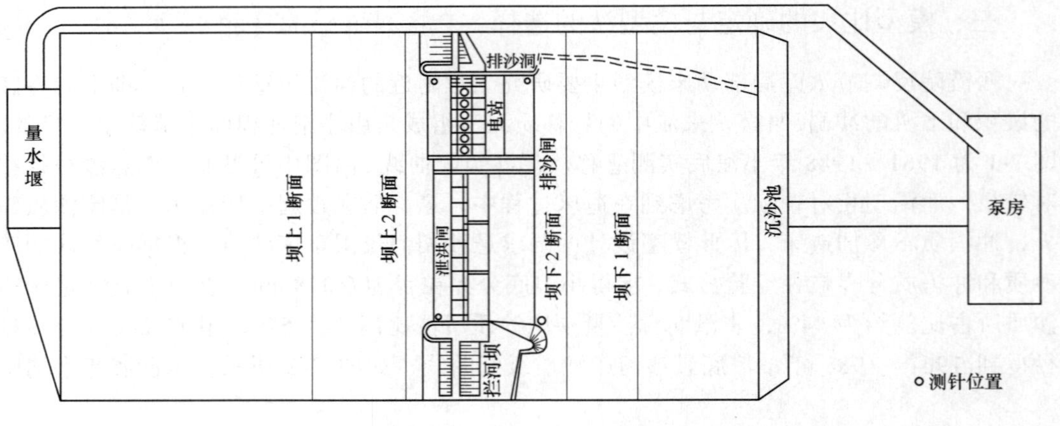

图 2-3　局部模型枢纽总体布置图

模型中的悬沙选用郑州热电厂的煤灰，其容重为 2.1 t/m^3，砂卵石在模型中用轻质煤屑模拟，其容重为 1.51 t/m^3。对悬移质泥沙，容重比尺 $\lambda_{\gamma_s}=2.7/2.1=1.29$，相应的相对容重比尺 $\lambda_{\left(\frac{\gamma_s-\gamma}{\gamma}\right)}=1.55$，关于黏性比尺关系中的水流运动黏性比尺，考虑到黄河上西霞院河段水温变化在 6～29 ℃之间，而试验室水温变化在 10～20 ℃之间，按原型水温 25 ℃、试验室水温 15 ℃计，则 $\lambda_V=0.008\ 98/0.011\ 5=0.78$，由式(2-12)得悬沙粒径比尺 $\lambda_d=2.25$。由此得到所要求的模型悬沙床沙质级配(年平均)曲线和分选后试验中使用的模型沙级配曲线。

含沙量比尺的确定，一种方法是用挟沙力公式计算，但由于公式的经验性，其系数的比尺不易确定，用不同的公式分析的结果相差较大，另外在泄流建筑物前的淤积过程中，含沙量处于过饱和状态，不满足输沙平衡条件；另一种方法是借助预备试验，经调试验证后确定，黄河模型含沙量比尺范围一般为 1～5，参照与本试验模型比尺相同的小浪底库区悬沙模型验证试验，含沙量比尺取 $\lambda_s=4.0$。对于干容重比尺取 $\lambda_{\gamma_0}=1.3/0.8=1.625$。

对于砂卵石模拟，其容重比尺为 $\lambda_{\gamma_{s'}}=2.7/1.51=1.79$，相应的相对容重比尺为 3.33，模型上的砂粒粒径比尺为 16.43，干容重比尺为 2.24，其他各项比尺列于表 2-1。

表 2-1　模型比尺

相似条件	比尺名称	设计依据	选取值
几何相似	水平比尺 λ_L	任务和要求	100
	垂直比尺 λ_H		100
水流运动相似	流速比尺 λ_V	$\lambda_V=\lambda_H^{1/2}=\lambda_L^{1/2}$	10
	流量比尺 λ_Q	$\lambda_Q=\lambda_V\lambda_L\lambda_H$	100 000
	水流运动时间比尺 λ_{t_1}	$\lambda_{t_1}=\lambda_L/\lambda_V=\lambda_L^{1/2}$	10
	糙率比尺 λ_n	$\lambda_n=\lambda_L^{1/6}$	2.15
砂卵石河床质运动相似	容重比尺 λ_{γ_s}	$\lambda_{\gamma_s}=(\gamma_s)_P/(\gamma_s)_m$	1.79
	相对容重比尺 $\lambda_{\left(\frac{\gamma_s-\gamma}{\gamma}\right)}$	$\lambda_{\left(\frac{\gamma_s-\gamma}{\gamma}\right)}=\left(\frac{\gamma_s-\gamma}{\gamma}\right)_P\Big/\left(\frac{\gamma_s-\gamma}{\gamma}\right)_m$	3.33
	粒径比尺 λ_D	$\lambda_D=\lambda_H/\lambda_{\left(\frac{\gamma_s-\gamma}{\gamma}\right)}^{3/2}$	16.43
	冲淤时间比尺 λ_{t_2}	$\lambda_{t_2}=\lambda_{\gamma_s}\lambda_L\lambda_H/\lambda_{g_S}$	119.6
悬移质运动相似	容重比尺 λ_{γ_s}	$\lambda_{\gamma_s}=(\gamma_s)_P/(\gamma_s)_m$	1.29
	相对容重比尺 $\lambda_{\left(\frac{\gamma_s-\gamma}{\gamma}\right)}$	$\lambda_{\left(\frac{\gamma_s-\gamma}{\gamma}\right)}=\left(\frac{\gamma_s-\gamma}{\gamma}\right)_P\Big/\left(\frac{\gamma_s-\gamma}{\gamma}\right)_m$	1.55
	沉速比尺 λ_ϖ	$\lambda_\varpi=\lambda_V$	10
	粒径比尺 λ_d	$\lambda_d=\left[\lambda_V\lambda_\omega/\lambda_{\left(\frac{\gamma_s-\gamma}{\gamma}\right)}\right]^{1/2}$	2.25
	含沙量比尺 λ_s	验证试验	4.0
	冲淤时间比尺 λ_{t_3}	$\lambda_{t_3}=\lambda_{\gamma_0}\lambda_{t_1}/\lambda_s$	4.1
	起动流速比尺 λ_{V_0}	$\lambda_{V_0}=\lambda_V$	10

第二节　西霞院反调节水库轴流式机组布置试验

一、原设计方案试验

(一)单项建筑物的过流能力与工程的泄流规模

1．泄洪闸的水位～流量关系

经模型试验，得泄洪闸的水位 H 与流量 Q 的关系如图 2-4 所示。

图 2-4 中曲线是经最小二乘法曲线拟合定出的。由于泄洪闸设在主河槽的右岸，在单项建筑物泄流时，右岸为主流，流速较大，而左岸为一弱回流区，右岸水面低于左岸。图 2-4 中两条曲线分别表示左、右岸水位与流量关系，其计算公式为(闸门全开)：

$$Q=m'nb\sqrt{2g}H^{3/2} \tag{2-16}$$

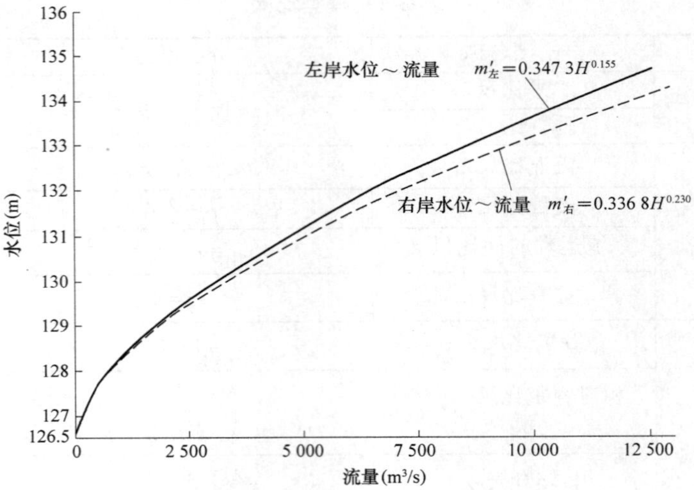

图 2-4 泄洪闸水位~流量关系

式中 Q——流量，m^3/s；

n——闸孔数；

b——每孔闸的净宽，m；

H——堰顶水头，m；

m'——流量系数，对应图中的两条曲线的流量系数分别为：

$$m'_{左} = 0.347\,3H^{0.155}$$

$$m'_{右} = 0.336\,8H^{0.230}$$

在以下使用中均采用右岸的水位及相应的流量系数。

2. 排沙闸的水位～流量关系

排沙闸为带胸墙的闸孔出流，在闸门全开时胸墙起挡水作用。泄流公式为：

$$Q = \omega\mu\sqrt{2gH} \tag{2-17}$$

式中 ω——闸孔的过水面积；

H——闸孔孔口中心处作用水头，m；

μ——流量系数；

根据试验结果，排沙闸流量系数的经验公式为：

$$\mu = 0.614\,2\Delta H^{0.098\,3}$$

试验得到的水位与流量关系曲线见图 2-5。

3. 排沙洞的水位～流量关系

电站左侧安装间下的三孔排沙洞为淹没出流，试验结果反映了泄流量与上、下游水位差之间的关系良好，如图 2-6 所示。

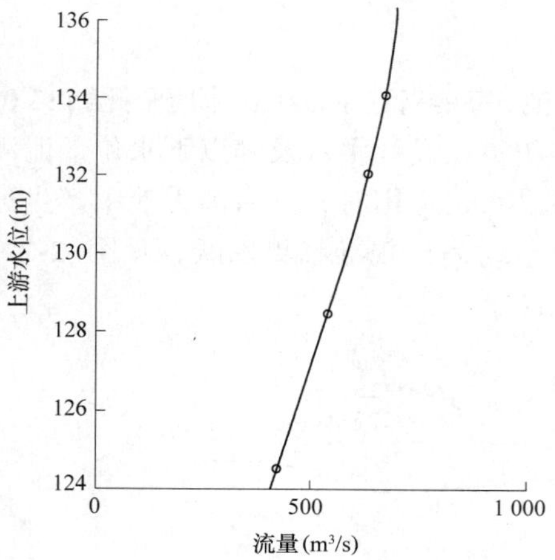

图 2-5　排沙闸水位~流量关系

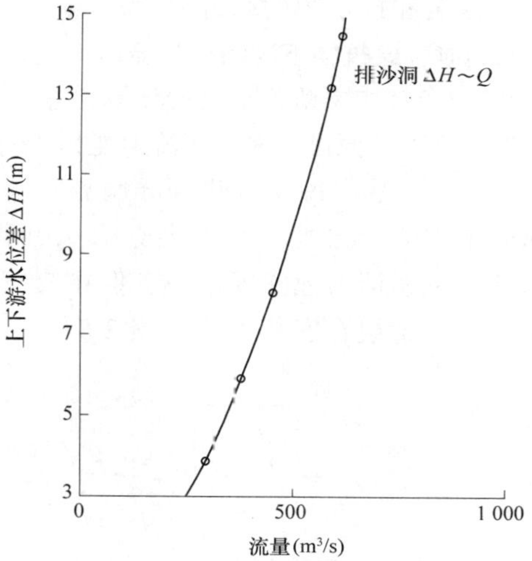

图 2-6　排沙洞水位~流量关系

计算公式为：

$$Q=\omega\mu\sqrt{2g\Delta H} \tag{2-18}$$

式中　ΔH——上、下游水位差，其他符号的意义同前。

流量系数的经验关系为：

$$\mu=0.7219\Delta H^{0.0495}$$

4. 排沙底孔的过流能力

电站下的六孔排沙底孔为淹没出流，在上游水位为 134.04 m，下游水位为 120.21 m 时，过流量为 935.6 m^3/s，相应的流量系数为 0.775。

5. 水库泄流规模

根据各单项泄流建筑物的过流情况，在不同运用条件下其组合的水库泄流规模见表 2-2。根据表 2-2 可知，当在汛期限制水位、设计洪水位和校核洪水位下，排水闸、排沙

表 2-2　不同运用条件下枢纽过流建筑物的泄流规模

运用条件	上游水位(m)	下游水位(m)	流量 $Q(m^3/s)$			
			排沙洞	排水闸	泄洪闸	总泄量
非汛期正常蓄水位	134	120※	613	678		1 291
	134	120.15	610			610
	134	120.24		678		678
	134	120.8	594	678		1 272
汛期限制水位	131	122.8	457	605	5 069	6 131
设计洪水位	132.94	123.45	495	654	9 425	10 574
校核洪水位	134.69	124.05	527	694	14 285	15 506

洞和泄洪闸敞泄运用时其泄流规模都能满足设计要求。表中也列出了电站在正常蓄水位时，排沙洞和排水闸的组合泄流情况。

(二)泄流建筑物下游消能与流态

1. 泄洪闸下游消能水流衔接与流态

泄洪闸下游原设计采用底流消能，设一级消力池，海漫高程 116.0 m，护坦高程 113.0 m，池深 3 m，在池中每 7 孔设一导墙隔开。试验表明，在设计洪水及其以下水位，泄洪闸敞泄时消力池中均能产生淹没式水跃；而在校核洪水位运用时，闸后消力池中产生远驱式水跃，说明消力池深度偏小；但在校核洪水流量时尚出现准临界水跃，见图 2-7。泄洪闸上、下游组合安全水位见图 2-8。

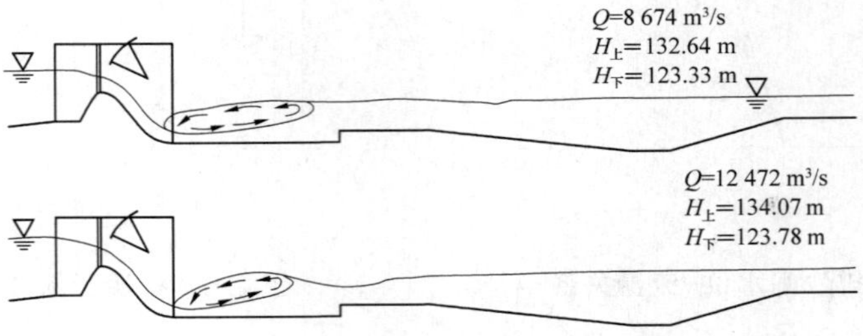

图 2-7　泄洪闸下游消能水面衔接图(原方案)

泄洪闸下游消力池中的导墙长度设至池的末端，试验中观察到海漫上水流比较均匀；在电站、排沙洞和排沙闸关闭的情况下，电站后产生一极弱回流区；右岸滩边扭曲面护岸工程处水流扩散也较为均匀、充分，初步认为导墙长度和右岸护岸的扩散角较为合适。

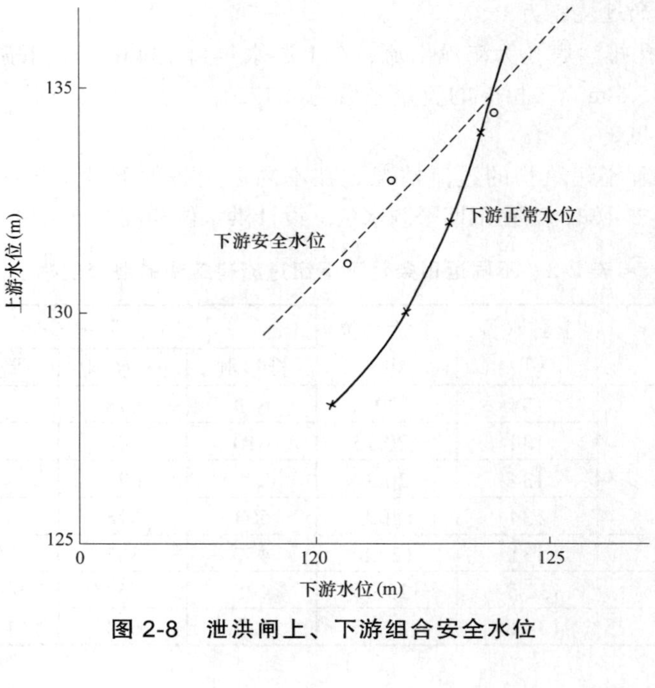

图 2-8　泄洪闸上、下游组合安全水位

2. 排水闸下游消能与流态

排沙闸下游也为一级底流消能(消力池)，护坦高程 113.0 m，池深 2 m。在非汛期正常发电运用时，因下游水位较低，产生两级水跃。

当上游水位较高时，闸后单宽流量相对较大，如在正常蓄水位运用时，消力池内单宽流量 33.85 m^2/s。当下游水位低于 122.8 m 时，闸后消力池内产生第一级远驱式水跃，此时临界水深 4.89 m；当下游水位低于 122.4 m 时，水平海漫上缓流段很短，在 1∶10 坡度的海漫段产生第二级漩滚水跃，如图 2-9(a)所示，这种水流衔接将危及海漫的安全。护坦和海漫上这种水流状态随下游水位的抬高发生变化，当增加下游水位时，第二级漩滚水跃向斜坡上推移，进一步抬高下游水位，第二级漩滚水跃转为波状水跃，再继续增加下游水位，可使消力池中第一级远驱式水跃转为临界水跃，如图 2-9(b)所示。

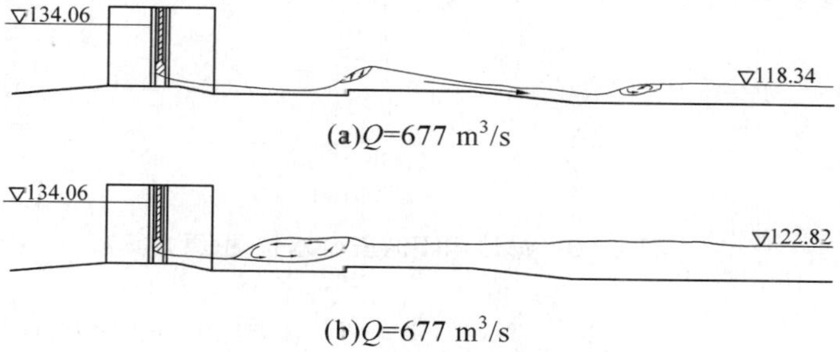

图 2-9　排沙闸下游消能水面衔接图(原方案)

当上游水位较低时，消力池中单宽流量较小，如实测上游水位 124.6 m，单宽流量为 21.4 m^2/s，此时消力池内虽然能产生淹没式水跃，但海漫上水流经过 1∶10 斜坡时，下游仍然产生第二级旋滚水跃。说明对于低水头和小单宽流量，下游水位较低时，消力池深虽可满足产生淹没水跃的条件，但海漫高程偏高，在 1∶10 斜坡海漫末端仍产生二次流态转换(急、缓流)，仍将危及海漫安全。

下游安全水位界限要使排沙闸后消能工发挥应有的作用，海漫上不发生急流冲刷，必须同时满足：①消力池内产生稍有淹没的临界式水跃；②海漫斜坡处的第二级旋滚水跃消失，海漫上为缓流。满足这两个条件的下游水位见图 2-10 中右边外包线，其包线以右为安全下游水位。根据图 2-10 排沙闸单独运用时的下游正常水位曲线可知，在单独的排沙闸 3 孔敞泄运用时，下游消能防冲均不能满足要求。但在汛期泄洪闸敞泄运用时，下游水位显著抬高，此时排沙闸后才能满足消能防冲的要求。

3. 排沙洞下游消能与流态

排沙洞下游采用面流消能，出口洞底高程 109.9 m，坎顶高程 108.9 m。在非汛期单独运用时下游水位较低，但仍为淹没出流。在洞口挑坎的作用下，下游为淹没流。由于排沙洞和电站出口之间没有设置导墙，电站后的水体在排沙洞后水流的摩擦带动下，形成回流。回流旋转的离心力作用，压缩排沙洞后的主流，使主流更加集中，在与上游下落的垂向运动叠加后，水面波动较大，波及范围也较远，见图 2-11。当排沙洞与泄洪闸联合运用时，下游水位抬高，排沙洞后仍为淹没流的流态，但水面波动的幅度稍有减小。

纵观上述四种运用方式水库下游的冲刷，可得如下认识：

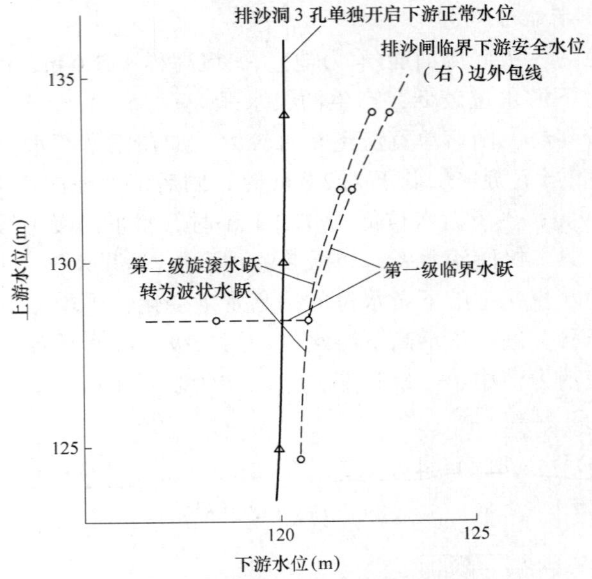

图 2-10 排沙闸下游安全水位图(原方案)

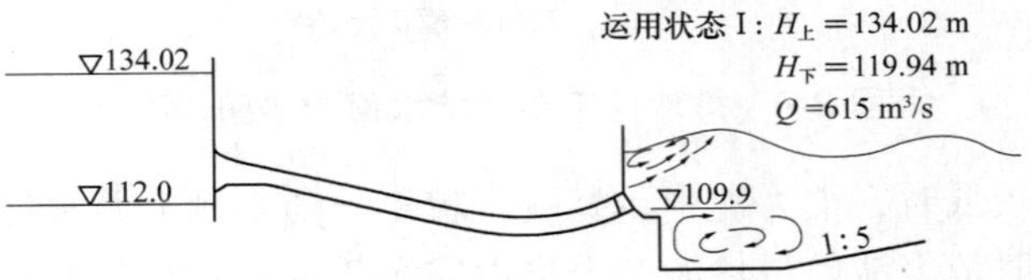

(a)运用状态Ⅰ

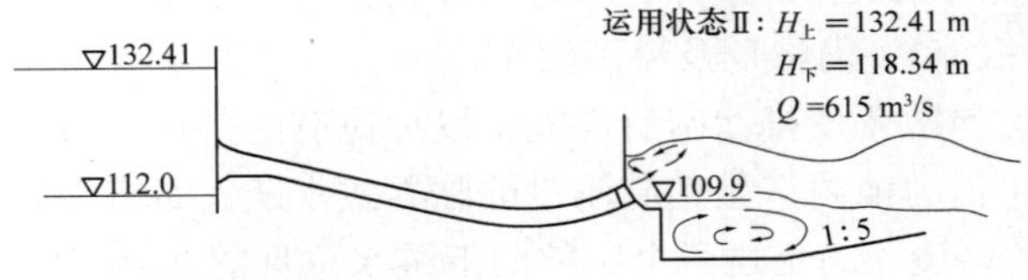

(b)运用状态Ⅱ

图 2-11 排沙洞下游消能水面衔接图(原方案)

(1)各泄流建筑物后的冲刷范围和冲坑深度与泄流建筑物后单宽流量息息相关。泄洪闸在敞泄时为堰流，其单宽流量随坝前库水位升高增加很快，因此在汛限水位、设计和校核洪水流量三种运用方式下，闸后冲刷依次加剧。排沙闸虽为闸孔出流，但闸下为自由出流，海漫末端的冲刷也直接与该处的垂线平均流速密切相关。排沙洞为淹没的孔口出流，其单宽流量除与库水位有关外，还与下游水位有关，因此排沙洞后的冲刷情况受到泄洪闸和排沙闸运用方式的影响。

(2)排沙洞后为带挑坎的淹没流，出流受挑坎的影响，水面波动较大，在下游水位较低时尤为突出，因此在非汛期运用时(正常水位拉沙)，下游冲刷较校核运用时还严重。

下游水位一方面对排沙洞的泄量产生影响，同时也对鼻坎处的上挑水流产生影响，加之电站后回流的影响、干扰，使洞后冲刷坑的范围和堆积物的位置发生变化。

(3)排沙闸后海漫末端的冲刷坑，在泄洪闸泄流规模较大时向泄洪闸方向偏斜，在泄洪闸泄流规模较小或关闭时向电站一侧偏斜。可能是由于排沙闸导墙出口处横向压差对出口水流扩散方向的影响所致。

(三)水库下游的垂线平均流速分布

为进一步研究水库不同运用方式条件下的下游冲刷和相应的流速分布，在模型上布置了四个测速断面：下游距坝轴线为 240 m 和 390 m 各布置一断面；作为分析比较，上游也布置了两个断面，分别距坝轴线 100 m 和 300 m，上游流速分布相应于水库上游未淤积时的流速分布。运用方式选取了四种典型条件，分别为正常蓄水位拉沙运用、汛期限制水位运用、设计和校核洪水流量敞泄运用。为便于比较，在模型上放水历时均采用 3 个小时，相应于原型砂卵石冲刷历时约 360 小时。

1. 正常蓄水位拉沙运用

在正常蓄水位拉沙运用时，关闭泄洪闸，上游库水位为 133.96 m，开启排沙闸和排沙洞，两者共泄流 1 270 m^3/s。此时，由于电站没有过流，出口处产生一较大回漩区，在坝下游 240 m 的断面上排沙闸后的最大流速达 3.22 m/s；在坝后 390 m 的断面上，闸、洞后的两股水流已合并为一股，但最大流速仍在排沙闸后，流速减小为 2.29 m/s，见流速分布图 2-12。在这种运用条件下的相应冲刷地形见等高线图 2-13。排沙洞和排沙闸出口后的一定范围内都有局部冲刷；因泄洪闸不过流，闸后很大范围内接近静水区，致使排沙闸后冲刷坑稍向左偏斜。

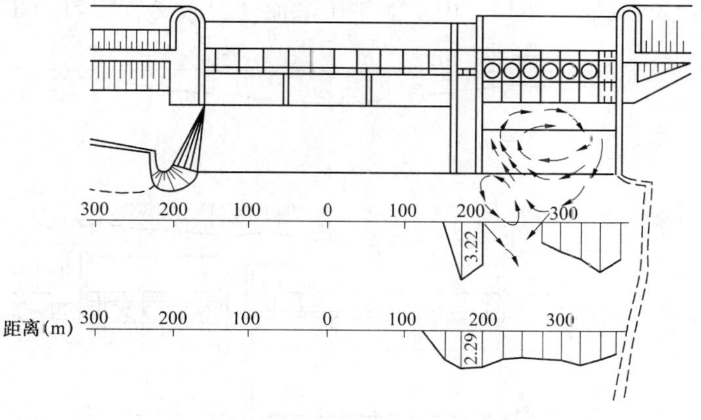

图 2-12　枢纽上下游流速分布图(原方案)（流速单位：m/s）

2. 汛期限制水位运用

在汛期限制水位(131 m)运用下，开启 21 孔泄洪闸、3 孔排沙闸和 3 孔排沙洞，共泄流 6 131 m^3/s，下游水位 122.77 m。此时，坝前最大流速出现在泄洪闸前，见图 2-14。泄洪闸、排沙闸后流速分布较为均匀；在坝后 240 m 断面上，排沙闸后左侧流速 2.79 m/s，稍大于泄洪闸后的水流速度；电站后仍为回流区，在坝后 390 m 断面处，排沙闸和排沙洞的两股水流已合并起来。对比图 2-12，由于库水位的降低，排沙闸、排沙洞后的水流速度均小于正常蓄水位拉沙运用情况。汛期限制水位运用下的下游冲刷地形等值线见图 2-15，由图可见，排沙洞和排沙闸后的冲刷较正常蓄水位运用时稍有减轻，泄洪闸后冲刷也不严重。

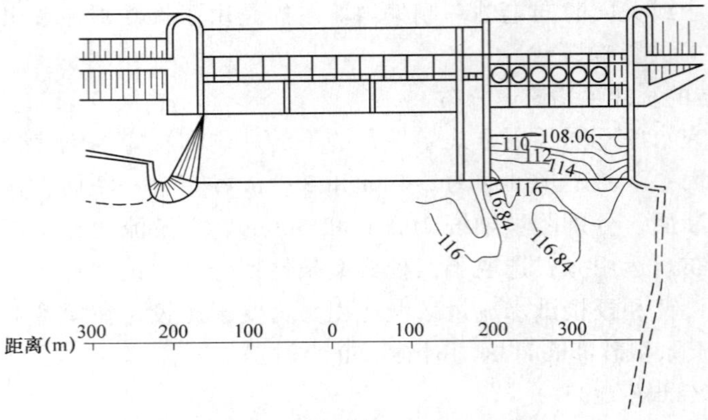

图 2-13　枢纽下游冲刷地形等高线(原方案)

3. 设计洪水流量敞泄运用

在敞泄设计洪水流量时，开启泄洪闸、排沙闸和排沙洞的全部闸孔，泄流 9 810 m³/s，相应上、下游水位 132.64 m、123.33 m。实测的四个断面上流速分布见图 2-16，由图可见泄洪闸后的水流速度已大于排沙闸和排沙洞后的流速，在坝下游 240 m 处，最大流速 3.63 m/s，在坝下游 390 m 处最大流速为 2.82 m/s。敞泄设计洪水流量运用下冲刷 360 小时后的下游地形等值线如图 2-17。由于泄洪闸后流速分布比较均匀，其冲刷后的高程等

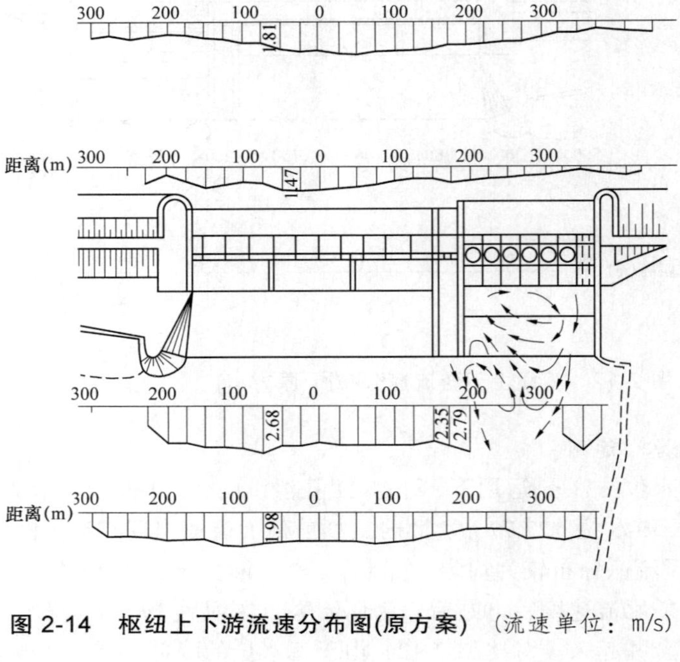

图 2-14　枢纽上下游流速分布图(原方案)　(流速单位：m/s)

值线也接近平行直线，且冲刷范围也限于海漫末端与坝后 240 m 之间。排沙闸、排沙洞出口处的冲刷均较泄洪闸后强烈些。排沙闸出口的冲刷坑向泄洪闸一侧偏斜。排沙洞出口冲刷范围纵向分布较远，其堆积物大致落在坝后 240 m 处。

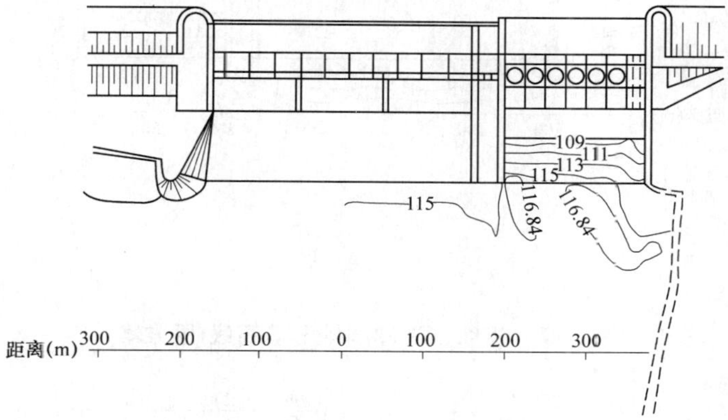

图 2-15 枢纽下游冲刷地形等高线(原方案)

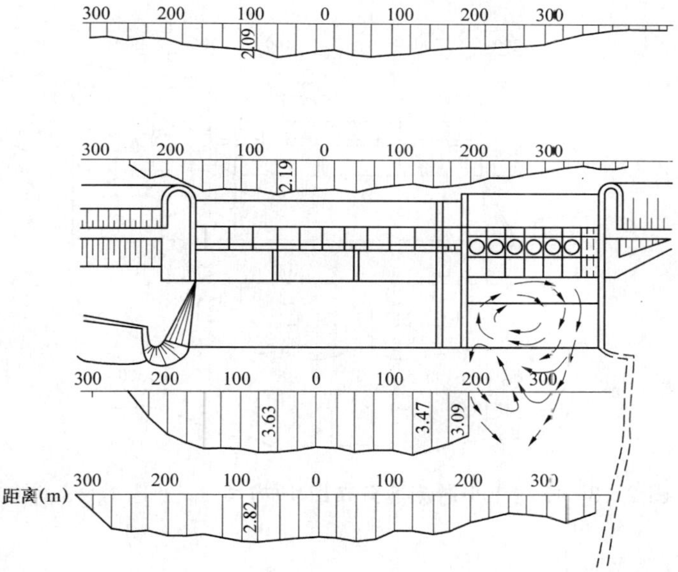

图 2-16 枢纽上下游流速分布图(原方案) (流速单位：m/s)

4. 校核洪水流量敞泄运用

在校核流量敞泄运用条件下，泄洪闸、排沙闸、排沙洞共泄流 13 610 m^3/s，其相应上、下游水位为 134.07 m、123.78 m。此时泄洪闸后的水流速度显著的大于排沙闸和排沙洞的流速；在下游 240 m 的断面上，排沙闸后流速为 3.67 m/s，而泄洪闸后最大流速可达 4.57 m/s，到达下游 390 m 处还有 3.84 m/s，其垂线平均流速分布见图 2-18，相应的冲刷地形等高线见图 2-19。对比图 2-17 和图 2-19 可见，在校核情况下泄洪闸、排水闸后冲刷均较设计条件下加重，而排沙洞后略有减轻。

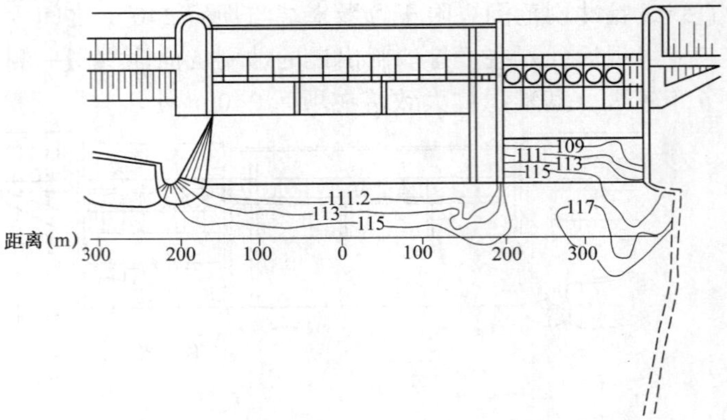

图 2-17　枢纽下游冲刷地形等高线(原方案)

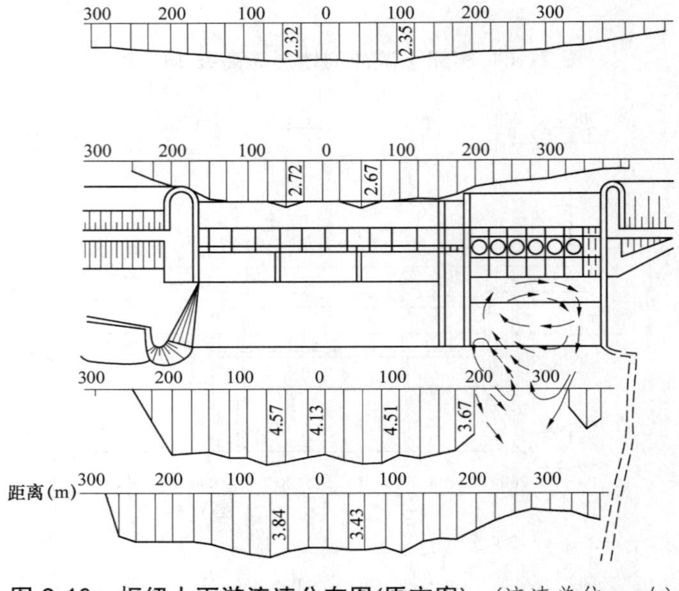

图 2-18　枢纽上下游流速分布图(原方案)　(流速单位：m/s)

(四)原设计方案试验小结

(1)水库布置从左岸至右岸依次为排沙洞、电站、排沙闸和泄洪闸，在电站的每台机组下各设一孔泄流排沙底孔，既考虑了行洪，又兼顾了发电，且可适应大中小水的操作运用，泄洪闸后的导墙长度、两岸的护岸形式都能较好地适应水流条件，水库的总体布置是合理的。从排沙调度、防止泥沙过机的角度来看，电站两侧、下方三个方位拉沙对多泥沙的黄河上的水利工程来说是适宜的。

(2)根据水库各过水建筑物的泄流能力，在正常蓄水位拉沙、汛期限制水位、设计和校核洪水位运用下，其泄流规模均能满足要求，且尚有余地，说明原设计方案在泄流规模上也是合理的。

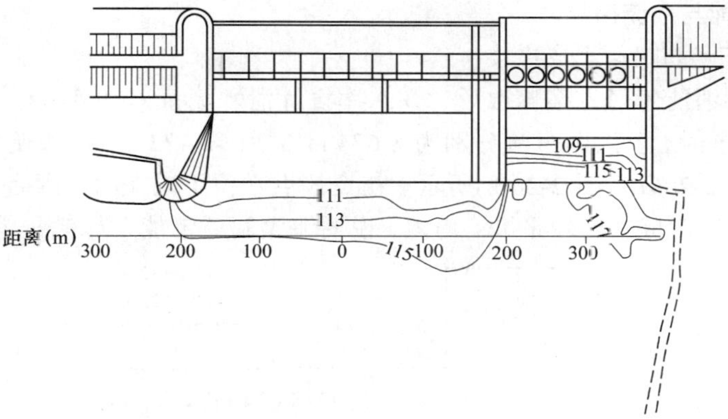

图 2-19　枢纽下游冲刷地形等高线(原方案)

(3)冲刷试验表明，在四种典型运用方式下，水库各泄流建筑物后均会出现一定范围的局部冲刷，但总的来看都不太严重。

(4)排沙洞采用带挑坎的面流消能形式，其洞后出流流态与上、下游水位有关。在没有设置导墙时还受电站后的回流区影响，而回流区中的水流结构和下游水位与相邻泄流建筑物的运用方式有关，排沙洞后流态较为复杂，且冲刷和堆积也都受多种因素影响。

(5)排沙闸在单独运用的各种库水位下，或在正常蓄水位拉沙运用时，下游消能均不满足要求，泄洪闸在校核洪水流量敞泄时闸后可产生临界水跃，但在校核水位下，消能工不能满足要求。

二、修改方案试验

(一)原设计方案的修改

根据原设计方案的模型试验结果，排沙闸和泄洪闸下游的消能工不能满足消能防冲的要求，排沙闸后的海漫高程偏高。在 1∶10 坡度的海漫末端，产生二级水跃，另外排沙洞后的面流消能，其流态受电站后回流的影响，主流集中，流态复杂。为改善水库下游的水流衔接和流态，对原设计方案做如下修改：①将原设计泄洪闸后的消力池式底流消能工改为消力坎式底流消能工，原设计的护坦、海漫高程降至 112 m，消力坎高 2 m，上、下底宽分别为 2 m、4 m，池长保持原设计 48 m 不变。对于溢流坝面，影响泄流能力的坝面曲线段不变，1∶0.8 的斜直线段由原来的 2.05 m 水平长度加长到 3.35 m，相应的反弧半径由 13 m 改为 11.33 m，以与护坦相切并保持原溢流坝段总长不变。②在排沙闸后也改为消力坎式底流消能，护坦、海漫高程 108.0 m，坎高、坎宽与泄洪闸相同，池长也保持原设计 43 m 不变。为使闸下水流与护坦平顺衔接，将原来的斜坡改为两段曲线：半径为 8 m 的圆弧上切闸下水平段，在高程降低 0.24 m(相应水平长 1.94 m)后，由抛物线，$y=0.245x+0.01774x^2$ 延至 108 m 高程。③在排沙洞和电站出口相应增设 40 m 长的导墙，其作用是减轻电站后的回流对洞后主流的压缩，抑制回流强度，并将回流对坎下的淘刷引向导墙末端。

(二)下游消能与水流衔接

1. 泄洪闸下游消能与水流衔接

泄洪闸下游消能工经方案修改后，在水库设计泄水流量 Q=9 810 m^3/s 和校核泄水流量 Q=13 610 m^3/s 时，泄洪闸过流分别为 8 674 m^3/s 和 12 472 m^3/s，过闸水流均能产生淹没式水跃，如图 2-20(a)、图 2-20(b)所示。在校核洪水位下敞泄时，闸后也能产生淹没式水跃，过坎后水流衔接也比较平顺、均匀，说明泄洪闸后消能工能满足消能防冲的要求。

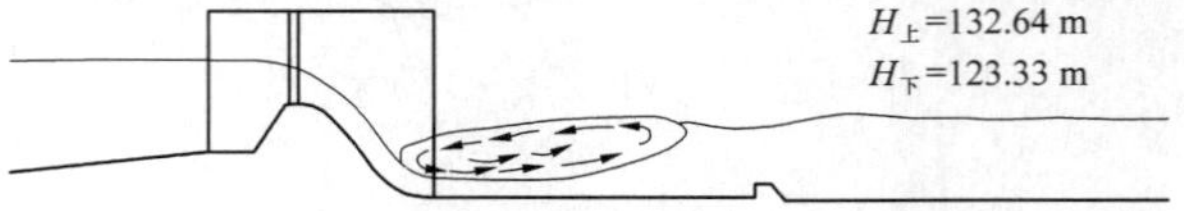

(a)设计洪水运用 Q=8 674 m^3/s

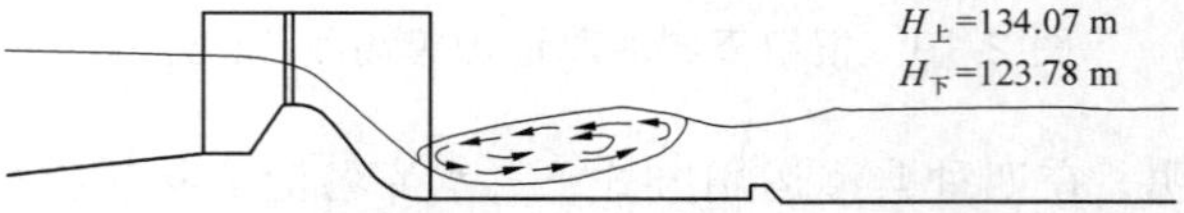

(b)设计校核洪水运用 Q=12 472 m^3/s

图 2-20　泄洪闸下游消能水流衔接图(修改方案)

2. 排沙闸下游消能与水流衔接

水库在设计和校核泄水流量运用时，排沙闸分别泄流 646 m^3/s、680 m^3/s，闸后均能产生淹没式水跃，见图 2-21(a)和图 2-21(b)。在上游校核洪水位、下游尾水位 120.0 m 下，排沙闸敞泄运用时，闸后仍能产生淹没式水跃，消力坎后海漫上不存在二级水跃，水流出导墙后扩散均匀。表明排沙闸下游消能工经修改后满足设计要求。

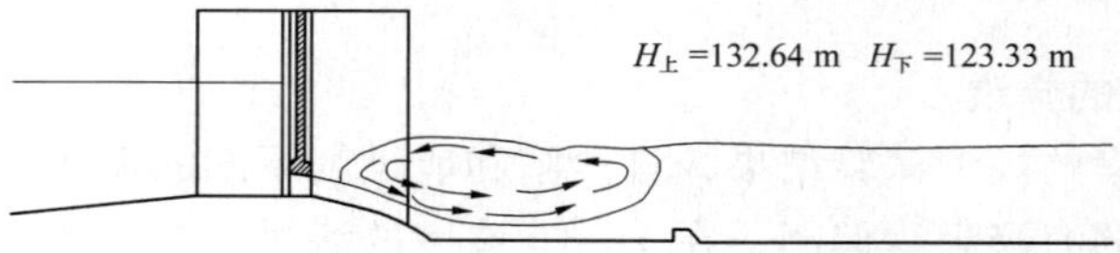

(a)设计洪水运用 Q=646 m^3/s

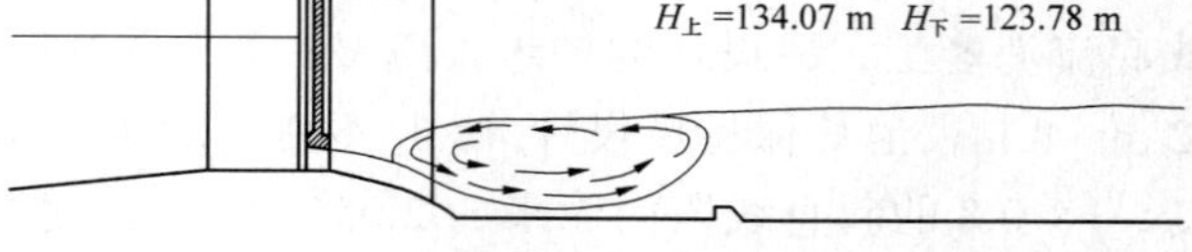

(b)设计校核洪水运用 Q=680 m^3/s

图 2-21　排沙闸下游消能水流衔接图(修改方案)

3. 排沙洞下游消能与水流衔接

排沙洞与电站出口间增加下游导墙后，电站后的回流强度减弱，回流压缩主流得到改善。在洞后较长范围内水流接近二维，下游水面波动大为减小。在上游正常蓄水位 134.0 m、下游水位 120.0 m 时，排沙洞泄量 610 m^3/s，洞后为淹没混合流，见图 2-22(a)。在图中 I–I 断面处，主流在表面，底部为负漩滚；在Ⅱ–Ⅱ断面处，表面以较小的漩滚与下游衔接，主流下潜，最大流速出现在水深的中部。在上游水位 134.0 m，下游水位 122.13 m 时，下泄流量 560 m^3/s，洞后为淹没面流，见图 2-22(b)。在 I–I、Ⅱ–Ⅱ断面出现一范围较大的底部漩滚，主流发生在表面，并与下游平顺衔接。

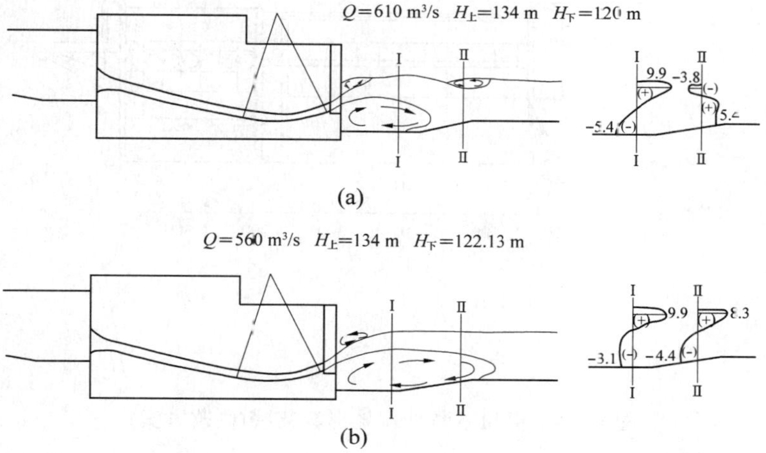

图 2-22　排沙洞面流消能水流衔接及流速分布图　(流速单位：m/s)

(三)水库下游冲刷与流速分布

为便于比较，在研究水库下游的流速和冲刷情况时，仍选取了与原设计方案试验中相同的四种典型运用条件，模型上放水历时 3 小时，相应原型砂卵石冲刷历时 360 小时。

1. 正常蓄水位拉沙运用

在正常蓄水位拉沙运用时，开启了 3 孔排沙闸和 3 孔排沙洞，共泄流量 1 270 m^3/s，其平面流态和流速分布见图 2-23。

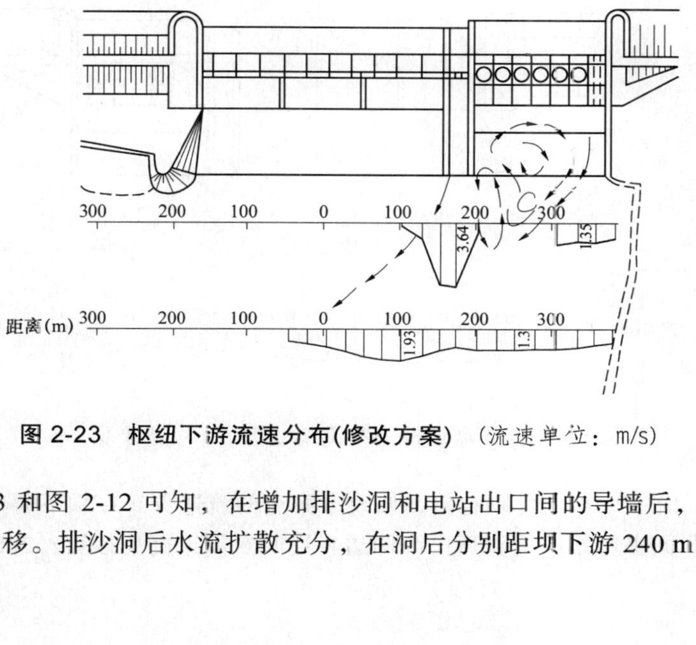

图 2-23　枢纽下游流速分布(修改方案)　(流速单位：m/s)

对比图 2-23 和图 2-12 可知，在增加排沙洞和电站出口间的导墙后，电站下游的回流稍有减小、下移。排沙洞后水流扩散充分，在洞后分别距坝下游 240 m 和 390 m 的两断面上流速分布变得更加均匀，且两个断面上的平均流速也相差很小。在图 2-23 中排沙闸水流出导墙后仍较集中，但由于闸后海漫高程的降低，水流出导墙遇到反坡后，向泄洪闸方向扩散，在坝下游 390 m 断面上，主流向泄洪闸一侧展宽范围大，流速降低。图 2-24 为方案修改后的枢纽下游冲刷地形等高线图。

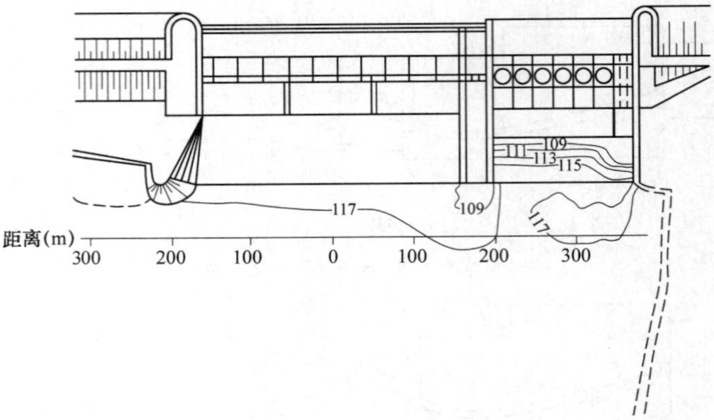

图 2-24 枢纽下游冲刷地形等高线(修改方案)

图 2-24 表明，电站后的地形等高线为平行的直线，进一步说明了该处回流强度的降低。排沙洞后冲刷范围减小，且等高线接近直线，说明冲刷区域内水流接近二维。洞后冲刷的河床质大致在坝下 200 m 处电站左部堆积。排沙闸导墙出口处的冲刷范围与修改前大致相同，且稍有减小，冲刷坑的方向已基本上正对下游，说明排沙闸导墙出口处的水流横向压差有所调整。

2. 汛期限制水位运用

在汛期限制水位运用时，开启了 21 孔泄洪闸、3 孔排沙闸和 3 孔排沙洞，总泄量 6 131 m^3/s，其平面流态和流速分布见图 2-25。

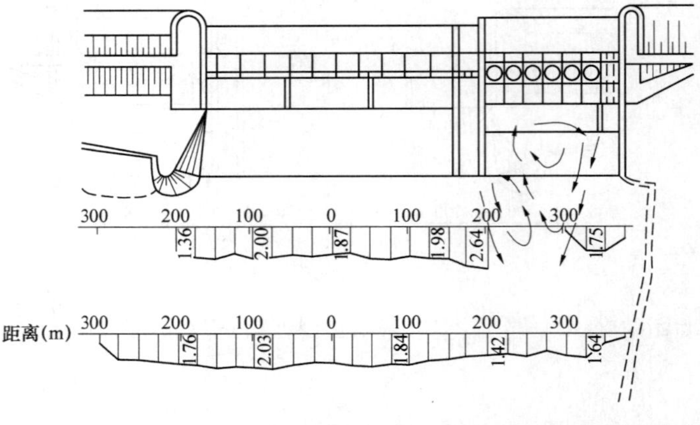

图 2-25 枢纽下游流速分布(修改方案) (流速单位：m/s)

从图 2-25 和图 2-14 上可以看出，修改方案后的流速分布在坝下游 390 m 的断面上更加均匀，该断面上电站段后流速已与两边相连的水流速度更接近；240 m 和 390 m 两断面间的流速相差更小了。在这种运用条件下枢纽下游冲刷地形等高线见图 2-26。由图可知，在这种运用条件下排沙闸和排沙洞出口处的冲刷要较正常蓄水位运用时减轻，也较方案修改前有所减轻；排沙洞后冲刷输运的少量推移质堆积在坝后 230 m 处；泄洪闸后的冲刷很微弱。

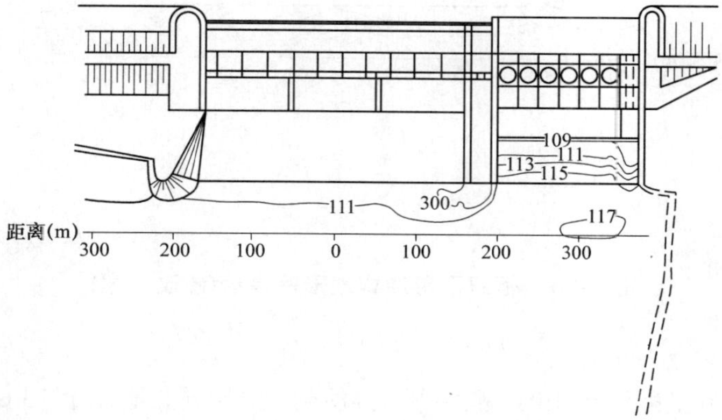

图 2-26　枢纽下游冲刷地形等高线(修改方案)

3. 设计洪水流量敞泄运用

在设计洪水流量敞泄运用时，21 孔泄洪闸、3 孔排沙闸和 3 孔排沙洞共敞泄流量 9 810 m^3/s。试验表明，水库下游的流速分布形式与原设计方案基本类似，主要差别是水流由坝后 240 m 的断面流至坝后 390 m 断面后，流速调整较快，电站后水流在坝下 390 m 的断面处流速恢复较快，见图 2-27。

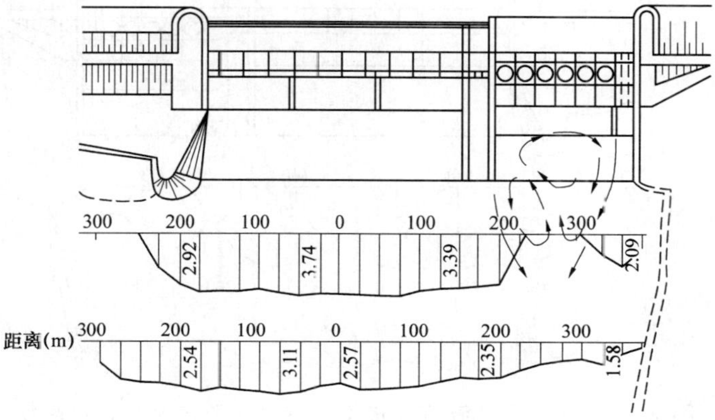

图 2-27　枢纽下游流速分布(修改方案)　(流速单位：m/s)

从水库下游冲刷地形等高线图 2-28 上可以看出，排沙洞后的冲刷和堆积范围比原设计方案减小，排沙闸和泄洪闸下游 115 m 高程等值线向下游分布范围较大，113 m 和 115 m 等高线间的间距也较大。这说明由于排沙闸和泄洪闸后的护坦、海漫降低，在与下游砂卵石反坡相接时，该处经过设计洪水流量后，水流要求一定的纵向坡度，以达到稳定。

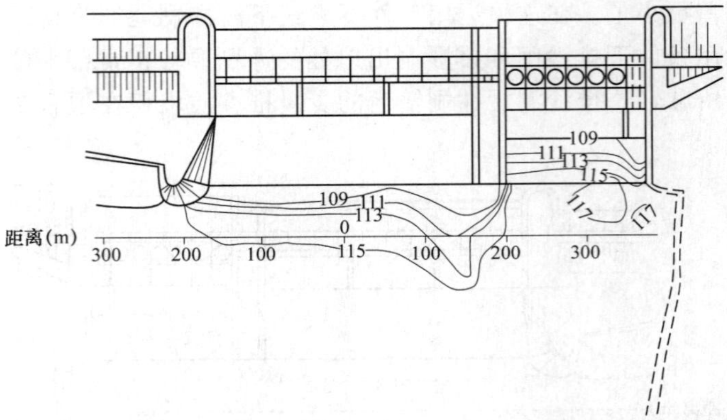

图 2-28　枢纽下游冲刷地形等高线(修改方案)

4. 校核洪水流量敞泄运用

在校核洪水流量敞泄运用时，泄洪闸、排沙闸、排沙洞共泄流量 13 610 m^3/s。图 2-29 为水库下游流速分布，图中表明坝下游 240 m 和 390 m 两断面上的流速较为均匀，最大流速分别为 4.88 m/s 和 3.90 m/s，均产生在泄洪闸的下游。图 2-30 为水库下游冲刷地形的等高线分布，与图 2-19 对比可见，在这种运用方式下，排沙洞后的冲刷和堆积范围较方案修改前减小；排沙闸和泄洪闸下游的冲刷地形与设计流量运用时相类似，其 115 m 等高线向下游延伸的范围较大，使得闸后护坦、海漫高程的降低在与下游砂卵石河床衔接时达到较缓和、稳定的纵坡。

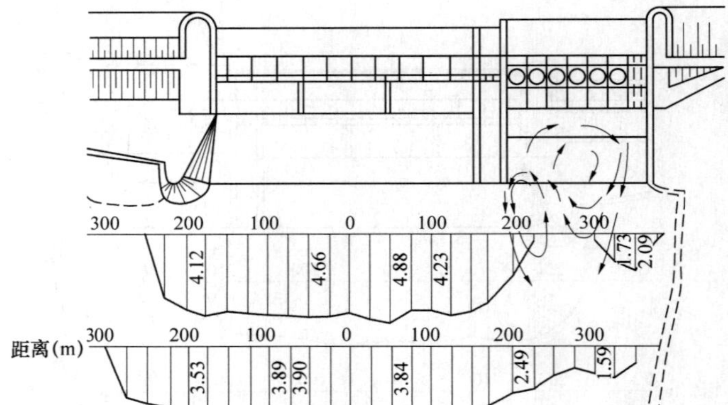

图 2-29　枢纽下游流速分布(修改方案)　(流速单位：m/s)

(四)修改方案试验小结

修改方案是在原设计方案的基础上针对泄流建筑物下游消能防冲方面不能满足要求而进行的。修改后仍保持原来的总体布置和各泄流建筑物的泄流规模，模型试验表明：

(1)排沙闸和泄洪闸下游降低了护坦、海漫高程，采用消力坎式底流消能后，消能工均能满足要求，且海漫上水流均匀，与下游衔接平顺，不再出现二级水跃。

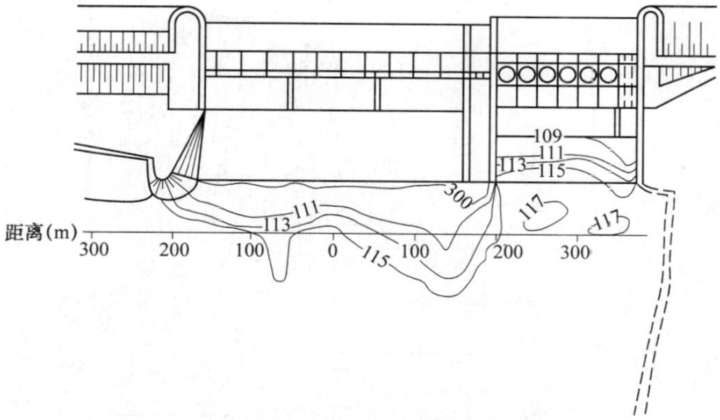

图 2-30　枢纽下游冲刷地形等高线(修改方案)

(2)排沙洞后增加导墙后，电站后的回流区范围减小，回流强度减弱。排沙洞后为淹没混合流和淹没面流；流态大为改善，水面波动大大减小；水流出洞后在一定范围内流态接近二维。

(3)在四种典型运用方式下，排沙洞后的冲刷和堆积范围均较原设计减小，受冲区域内的等高线接近于平行坝轴线的直线。

(4)泄洪闸和排沙闸后在汛期运用时，冲刷微弱，在设计和校核洪水流量敞泄运用时，115 m 的等高线向下游延伸的范围较大，以满足海漫后河床较缓和、稳定的纵向坡度。

根据上述结果，修改方案一方面满足了消能要求，同时水库下游冲刷不太严重，推荐该方案为设计中采用。

三、造床试验

西霞院反调节水库局部动床模型的造床试验主要是研究造床过程后水库上下游附近河床达到冲淤平衡的水流、床面形态，为水库调度运用提供基础。

(一)模型试验的水沙条件

在模拟水库附近的造床过程时，可以选用典型的水沙系列来模拟多年水流过程的造床作用。另一种方法是造床流量法，造床流量是指概括天然径流过程的一个流量，在这个流量下的造床作用和多年流量过程的综合造床作用相同。在西霞院水库局部动床模型试验中选取造床流量法，造床流量为 4 220 m^3/s(见规划报告)。

对于来流的悬移质泥沙，仍选取郑州热电厂的煤灰。悬移质含沙量按多年汛期平均来考虑，模型上控制的含沙量相应于原型 100 kg/m^3 左右(变化范围 90～110 kg/m^3)。为缩短模型上悬沙淤积过程的历时，在淤积试验时，上游库区模型中预铺 5 cm 厚的床沙，相应原型上淤积 5 m，模型上放水 10 小时，相应于原型淤积历时约 41 小时。

(二)试验结果

根据上述水沙条件，造床流量 4 220 m^3/s，相应开启的泄流排沙建筑物为 3 孔排沙洞、3 孔排沙闸、6 孔排沙底孔和 7 孔泄洪闸(1#～7#)，敞泄运用时上、下游水位分别为 131.9 m、122.35 m。造床过程后枢纽上、下游的地形等高线见图 2-31。

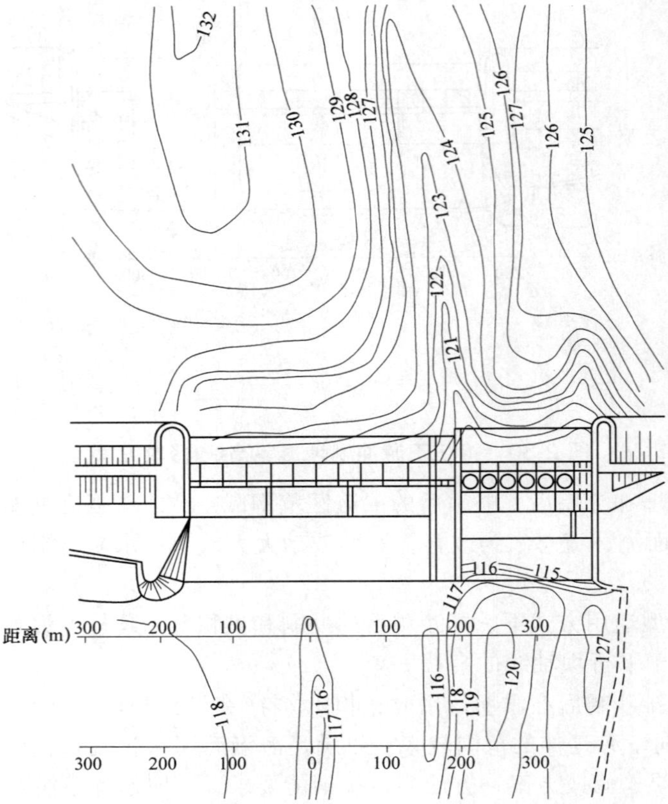

图 2-31　造床过程后枢纽上、下游地形等高线

由图 2-31 可看出，在水库的上游右岸淤积出范围较大、高程较高(最大高程约 132 m)的高滩；排沙闸上游冲出一纵向延伸较远的深槽，与两边淤积地形一起构成了库区内宏观上的冲刷漏斗，其冲刷漏斗的形式在横向坡度上应与泥沙的水下休止角相近，纵向坡度小于泥沙的水下休止角。在水库上游的左侧排沙洞前还冲出一范围较小的槽沟。图 2-32

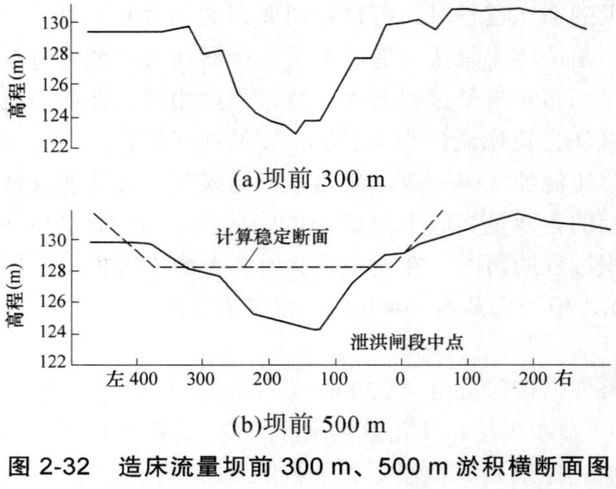

图 2-32　造床流量坝前 300 m、500 m 淤积横断面图

为造床后坝前 300 m 和 500 m 横断面淤积形式，图中虚线表示规划报告中由造床流量计算的规则梯形断面。图 2-33 为上游 100 m 和 300 m 处横断面上的流速分布，可见主流集中在造床过程塑造的主槽之内，即排沙闸的上游。

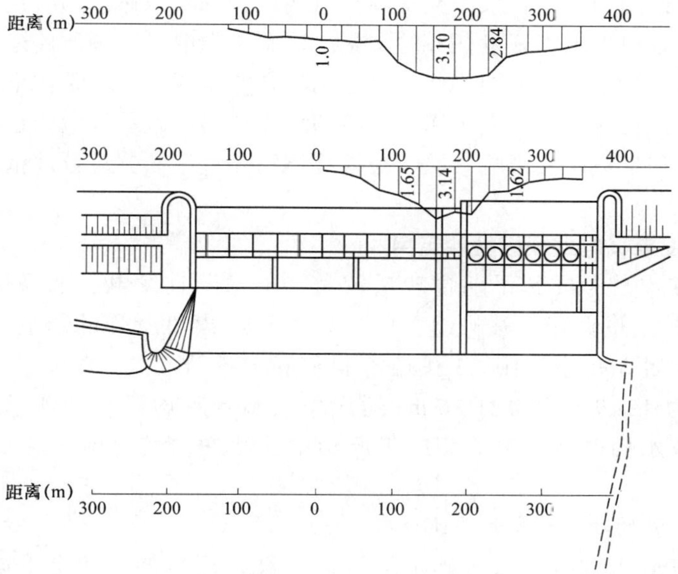

图 2-33 造床流量枢纽上、下游流速分布 （流速单位：m/s）

对于水库的下游，在电站右侧坝下 240 m 和 390 m 之间淤积形成一高程为 120 m 的浅滩；在泄洪闸中孔和排沙闸右侧的海漫下游各冲出了宽度不大、高程为 116 m 的沟槽；右岸扭曲面防护段的下游床面比较平坦、高程保持在 118 m。对于电站坝段前的局部淤积形态，由于电站机组下游排沙底孔的拉沙作用，可以保持洞进口的淤积面高程，因此在坝前 150 m 的范围内，其淤积地形的纵坡较陡。电站坝段前 20 m 处淤积断面如图 2-34 所示，其高程都不高于电站进口底板高程(120 m)。

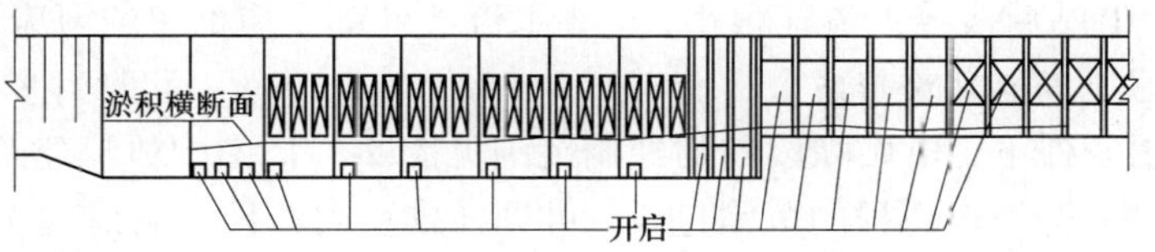

图 2-34 电站坝段坝前 20 m 淤积横断面图

需要说明的是，在水库局部动床模型中的造床试验，其淤积河床的平面形态可能会与长河段模型试验的形态有点差异，但对于枢纽附近，其床面形态还是符合实际的。

四、浑水调度运用试验

在进行浑水调度运用时，首先对模型的浑水泄流能力进行了校核。试验表明，泄流建筑物的过流能力基本上与清水运用时没有差别，其原因是在枢纽布置和高程一定时，引起泄流能力变化的主要因素是库区床面高程对行近流速水头的改变。由于库区坝前的水深较大，行近流速较小，其行近流速水头的变化很微弱；另外在模型上量测水位的测针距坝轴线布设较近，这种微小的变化不易反映出来。

在浑水调度运用中，主要来研究水库在汛期防淤排沙、非汛期防止电站进口淤堵和减小过机泥沙，以保证水库开发任务的实施。试验中选取了三种调度运用方式：汛期不发电，电站坝段拉沙运用；汛期浑水发电运用和在非汛期含沙量条件下发电运用。对于这三种运用方式，在这里仅研究水库上下游的堆积地形和电站坝段附近的淤积形态，进而分析电站进口和出口受其影响。关于排沙建筑物和电站的分流分沙情况将在后面专门对比研究。

(一)汛期不发电，电站坝段拉沙运用

这种运用方式是考虑到汛期含沙量较大，电站不宜发电，而需保持电站坝段之前的淤积面高程，并研究电站机组关闭后电站进、出口所受的影响。为了电站坝段的有效拉沙，开启 3 孔排沙闸、3 孔排沙洞和 6 个排沙底孔，总泄量 1 970 m^3/s，上、下游水位分别为 131.9 m 和 121.36 m。运用中按多年平均汛期含沙量 100 kg/m^3 左右控制。模型上放水历时 6 小时，相应于原型中悬沙冲淤变化历时约 24.5 小时，试验结果如下。

1. 水库上下游的冲淤形态和流速分布

该运用是在造床过程后的基础上进行的，其运用后的枢纽上下游地形等高线见图 2-35。由于这种运用条件没有考虑泄洪闸的泄流，泄流规模减小，在水库上游右侧的高滩向坝前进行了推移，库区中的主槽仍然出现在排沙闸之前，但主槽的上游淤高，纵坡变陡；排沙洞前的小槽也淤积变浅。在水库的下游，电站后右侧的浅滩进一步淤高，滩面高程达 121.0 m，排沙闸导墙后河床发生冲刷，然后随水流扩散后又堆积下来，在冲淤形态上形成了向泄洪闸方向倾斜、坑底高程为 114 m 的冲刷坑。

图 2-36 为这种运用条件下的流速分布，由图可见，在水库的上游，水流仍集中在主槽之中，但速度的量值比造床流量时减小。在枢纽的下游 240 m 处的断面上，排沙闸和排沙洞后水流较集中，其流速比底孔后大；在坝后 390 m 断面处，排沙闸后的水流向泄洪闸方向扩散，电站后浅滩上流速很小，这些水流条件都是与枢纽的河床形态相吻合的。

2. 电站坝段的局部冲淤形态

在这种运用条件下，电站坝段前的冲刷范围见图 2-37。图中泄流建筑物进口前的弧线表示冲刷露出上游护坦高程的范围包线，可见在排沙闸和排沙洞前约 10 m、在排沙底孔前约 5 m 的范围内可达到“门前清”的状态。这种形态和坝前的淤积床面构成了各泄流排沙建筑物前的局部冲刷漏斗。电站机组左右两侧和下方三个方位拉沙对关闭的机组进口防止淤堵可起到良好作用。

试验中观察到在模型上停水后，坝前淤积稀泥向泄流建筑物的进口下滑，为了说明这种下滑淤泥对电站进口的最不利影响，在图 2-38 中绘出了坝前 20 m 断面处淤积分布。由图可见，在这个断面上的淤积最大高程都低于电站进口，而淤积物下滑后漏斗的坡度变缓，即使坝前 20 m 断面的淤积高程平移至坝前也不会影响电站的进口。

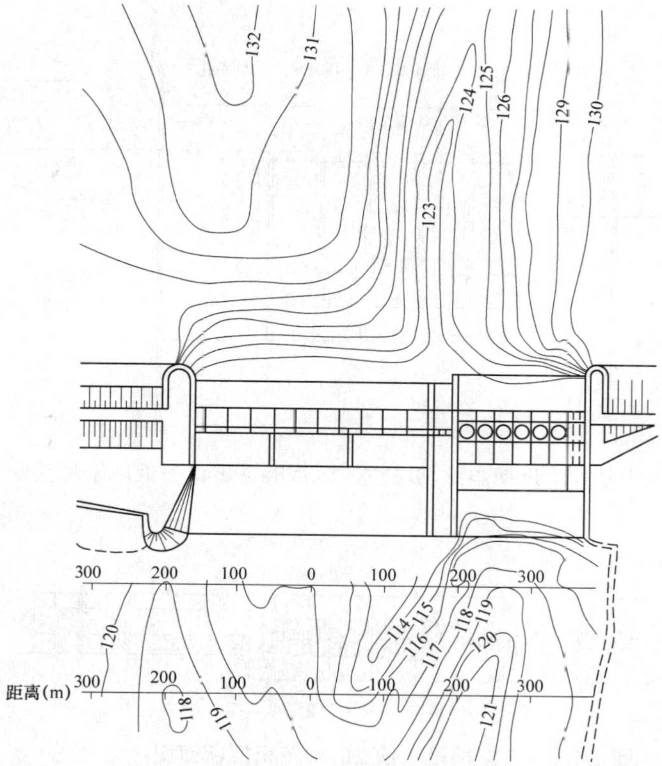

图 2-35　汛期电站坝段拉沙运用枢纽上、下游地形等高线

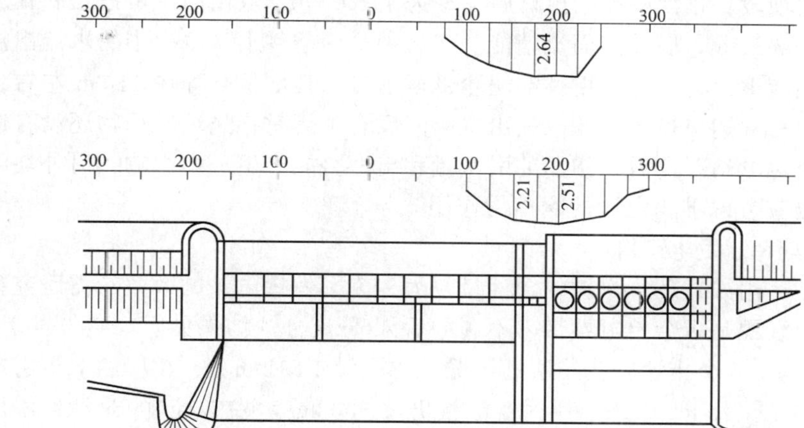

图 2-36　汛期电站坝段拉沙运用枢纽上、下游流速分布　（流速单位：m/s）

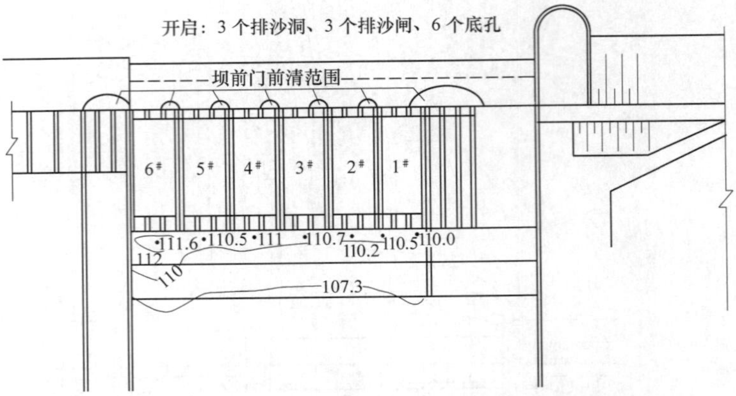

图 2-37　汛期电站坝段拉沙运用时进出口附近冲淤位置图

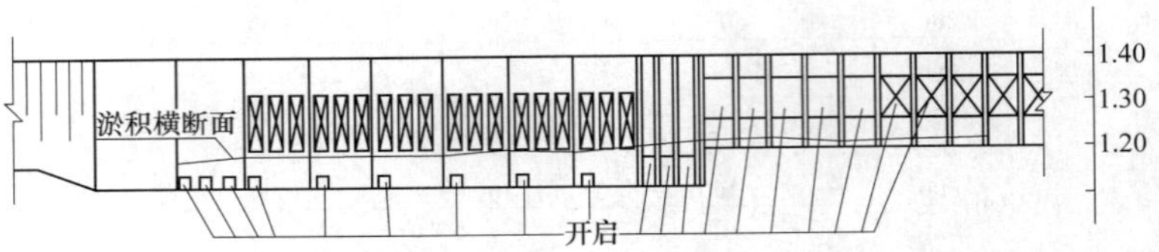

图 2-38　电站坝段坝前 20 m 淤积横断面图　（单位：m）

在电站坝段，排沙底孔的出口底高程为 115.02 m，电站的出口设在底孔之下，出口底高程为 103.32 m，底孔为面流消能。在这种运用条件下，底孔中的水流出挑坎后，下面产生平轴漩滚，将下游的粗颗粒泥沙带至出口，其堆积高程在 110 m 左右，5#、6#机组后的堆积高程达 113 m。在电站出口闸门没有关闭时，虽然堆积物还没有进入电站尾水管内，但对电站开启后，初期的引水量和出力可能产生一定影响，另外在电站尾门的启闭力中也应考虑堆积泥沙的摩擦力作用。

(二)汛期浑水发电运用

在这种运用方式下，汛期的含沙量较大，为了发挥电站的效益，需研究在发电运用时，库区的淤积是否会给电站带来不利的后果(分流分沙结果见后)。考虑开启 3 台机组(3#～5#)发电、6 个排沙底孔拉沙的情况，总泄量 1 812 m^3/s，相应的上下游水位分别为 131.96 m 和 121.25 m，浑水运用时含沙量仍按 100 kg/m^3 左右控制，悬沙冲淤历时约 24.5 小时，其试验结果如下。

1. 水库上下游的冲淤形态和流速分布

在这种运用条件下的水库上下游地形等高线见图 2-39。可见，水库上游右侧的高滩进一步淤高向坝前推移；库区的主河槽位置还处在排沙闸前面，槽中淤积，纵坡变陡；水库左侧排沙洞前面的小槽淤积的已不明显。图 2-40 为枢纽上下游的流速分布，从图中可看出，水库上游的流速基本上还集中在主槽内，但略向左侧偏移。因此，与汛期不发电，电站坝段拉沙运用时相比，主槽在坝前也稍有向电站一侧刷移的趋势。

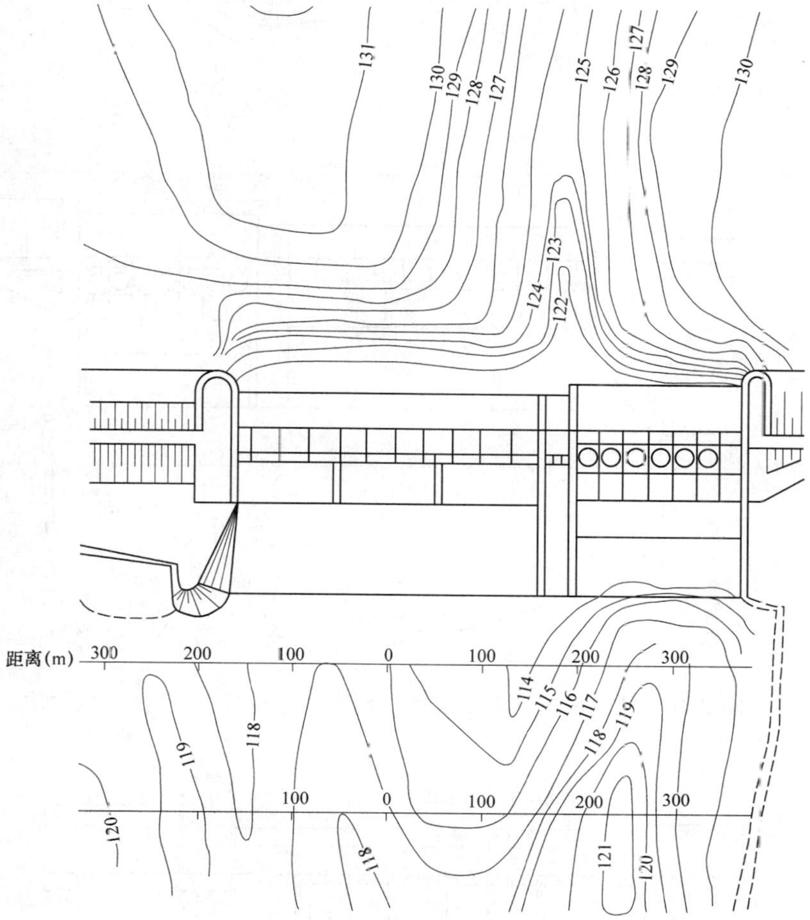

图 2-39　汛期发电运用枢纽上、下游地形等高线

在电站后有浅滩，滩面高程保持 121 m，水流在坝后 240 m 的断面上，流速分布较为均匀，但到达坝后 390 m 断面处时，遇到浅滩，其滩上水深很小，流速几乎为零；而排水闸和泄洪闸不过流，水流折向泄洪闸一侧，扩散展宽；排水闸和泄洪闸之间的冲刷坑也比汛期不发电运用时宽浅；泄洪闸后右侧的地形也相应较为平缓。

2. 电站坝段的局部冲淤形态

在这种运用条件下，电站进出口局部冲淤形态见图 2-41，可见 3#～5#机组和 6 个孔集中一起泄流，其进口附近可冲刷形成在纵向上约 10 m 范围的“门前清”状态；而对 1#、2#底孔，进口附近仅在约 5 m 范围内可冲刷暴露出上游护坦顶面。

图 2-42 为坝前 20 m 断面上的冲淤分布，可见对于开启的机组前面，淤积面高程较低，而在关闭的机组前面，淤积面略高，但从该断面的整体高程上看，略低于汛期不发电运用的情形。说明在这种运用条件下，即使在停水淤泥下滑的情况下，电站坝段前的淤积也不致对电站进口产生不利影响。

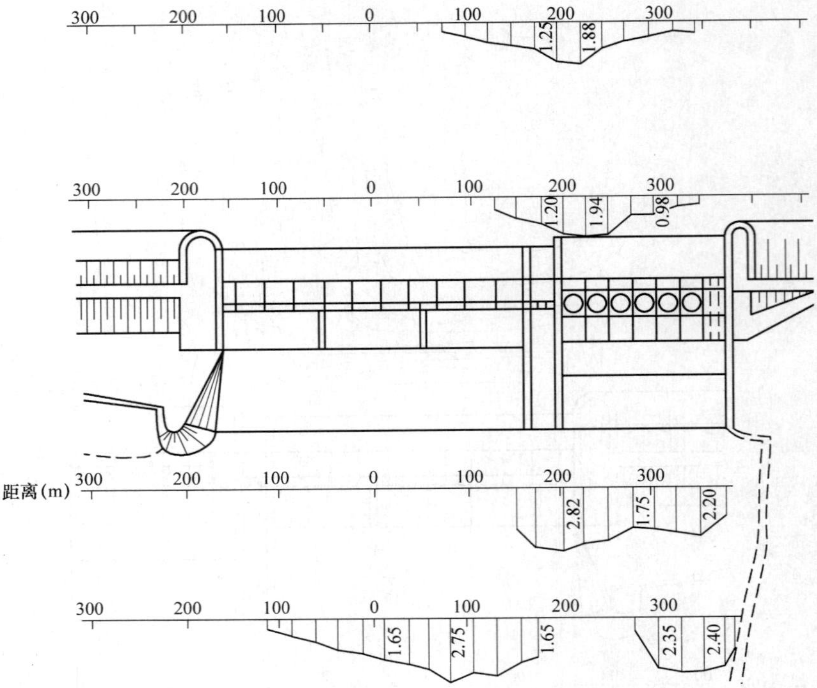

图 2-40 汛期发电运用枢纽上、下游流速分布 （流速单位：m/s）

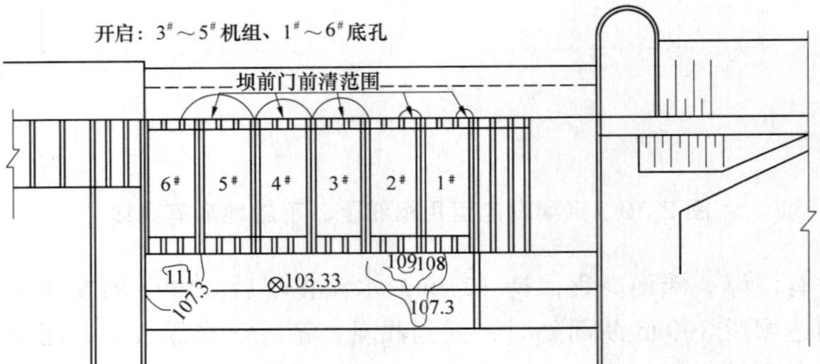

图 2-41 汛期发电运用电站坝段拉沙运用时进出口附近冲淤形态图

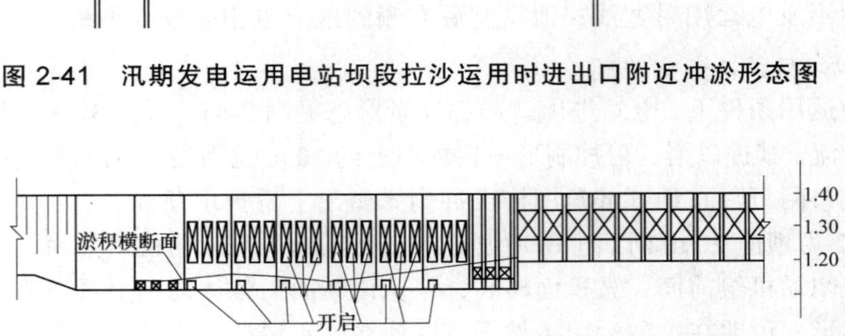

图 2-42 电站坝段坝前 20 m 淤积横断面图 （单位：m）

从电站出口处的局部淤积形态上看，由于$3^{\#}$～$5^{\#}$机组发电过流、出口处几乎没有粗颗粒泥沙堆积，而对 $1^{\#}$、$2^{\#}$和 $6^{\#}$机组来说，出口处仅上层的底孔出流，电站出口处的平轴漩滚将河床质回带到出口口门处。$1^{\#}$、$2^{\#}$机组的出口处粗颗粒泥沙堆积最大高程为 109 m，$6^{\#}$机组出口处堆积高程 111 m，高于电站出口的顶高程。因此，在机组启闭尾门时以及在机组开启的初期出水量和出力方面都应考虑出口处堆积物的影响。

(三)非汛期浑水条件下发电运用

在非汛期含沙量较小，利于发电，但这时来流量较小，为减小弃水，仅考虑正常发电时排沙的用水。在这种情况下，库区仍然淤积。考虑一台机组发电($4^{\#}$机组)、3 个排沙底孔($3^{\#}$～$5^{\#}$)拉沙的运用方式，泄流 750 m^3/s，相应上下游水位分别为 131.5 m、120.32 m，含沙量 42 kg/m^3，试验结果如下。

1. 水库上下游的冲淤形态和流速分布

水库上下游的地形等高线和流速分布见图 2-43 和图 2-44。

由图 2-43 可知，在水库的上游，流速很小，即使主槽中垂线平均流速也都不超过 0.5 m/s。在右侧的高滩处，水流接近静水，滩面进一步淤积，其滩的前沿比汛期不发电和汛期发电运用时都向坝前推移较多；排沙闸前的主河槽上游进一步淤高，坝前河槽纵

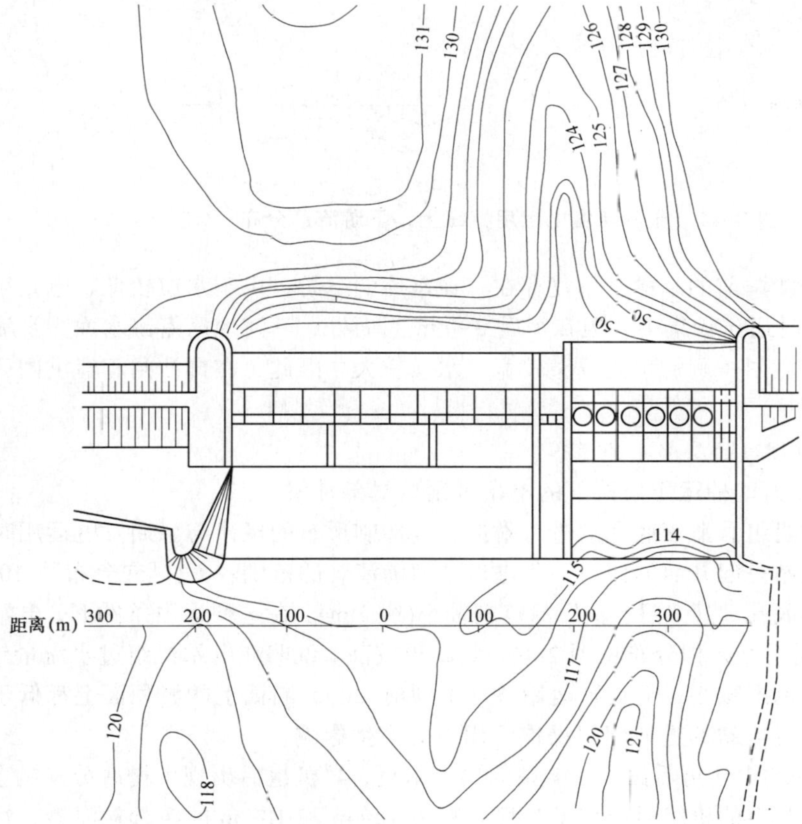

图 2-43　非汛期发电运用枢纽上、下游地形等高线

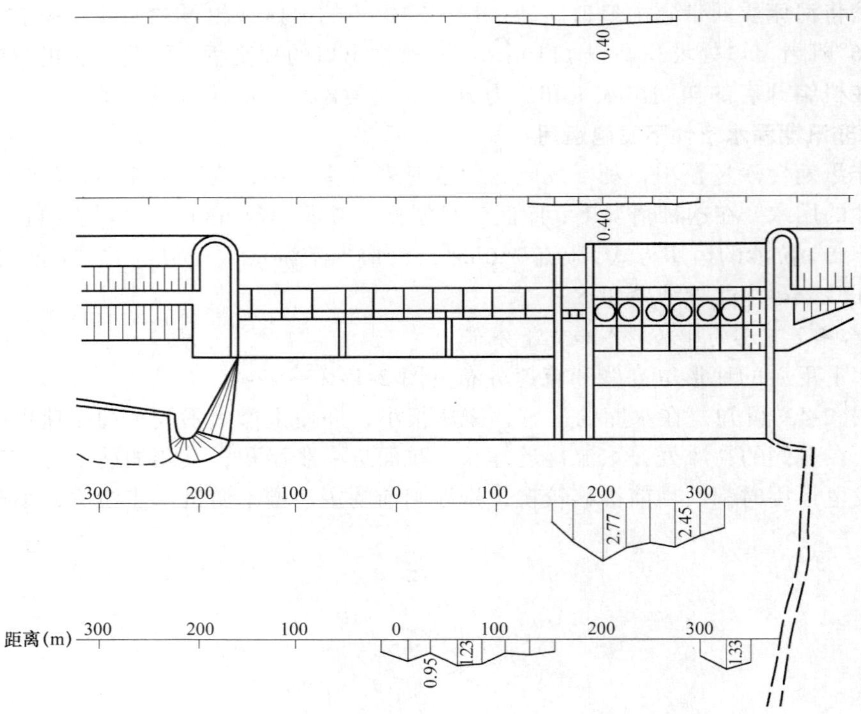

图 2-44　非汛期发电运用枢纽上、下游流速分布　（流速单位：m/s）

坡变陡，排沙洞前的小槽已不复存在。在水库的下游，由于水位较低，电站后水流到达 240 m 断面时还比较集中，但在坝后 390 m 断面处，其滩地已露出水面，水流到这里分成两股，泄洪闸一侧的水流分布较宽，水量较大。因此，在排沙闸和泄洪闸后还维持一缓和的冲刷坑。

2. *电站坝段的局部冲淤形态*

图 2-45 为这种运用条件下的电站进出口局部冲淤形态。

在电站机组和泄流底孔的进口附近，其冲刷形态的规律与汛期发电运用时相同，即在底孔和电站一起开启的机组，其进口“门前清”的范围较大(纵向分布约 10 m)，而对单独开启的底孔，其“门前清”的范围较小(约 5 m)。在这种运用条件下，电站坝段坝前 20 m 的横断面上淤积分布见图 2-46，其高程较高。说明在电站机组过水流量较小时，对上游的影响范围减小，但这种运用条件下坝前 20 m 断面上的淤积面上都低于电站的进口底高程，对电站的进口闸门操作运用不会产生影响。

从图 2-45 中还可看出，在电站的出口附近，4#机组后出现了槽底分叉的主槽，而在两边其他未开启的机组后堆积了高程分别为 109 m 和 107 m 的粗颗粒泥沙，对电站的出口有一定的影响。

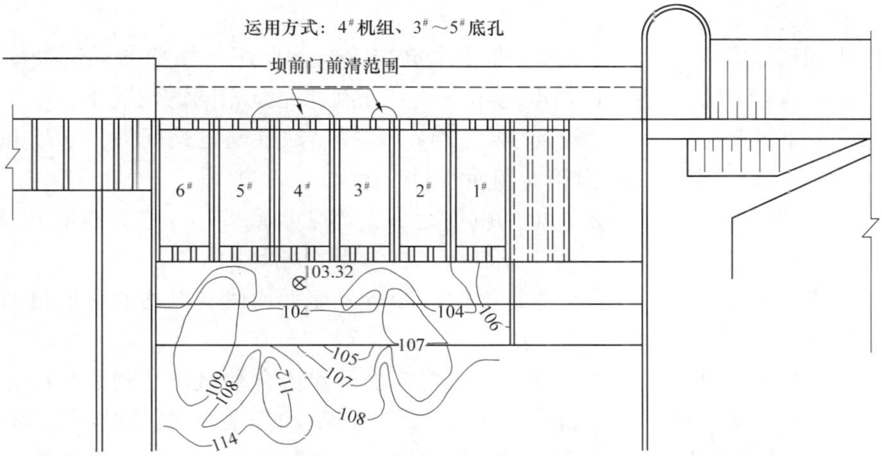

图 2-45 非汛期发电运用电站坝段拉沙运用时进出口附近冲淤形态图

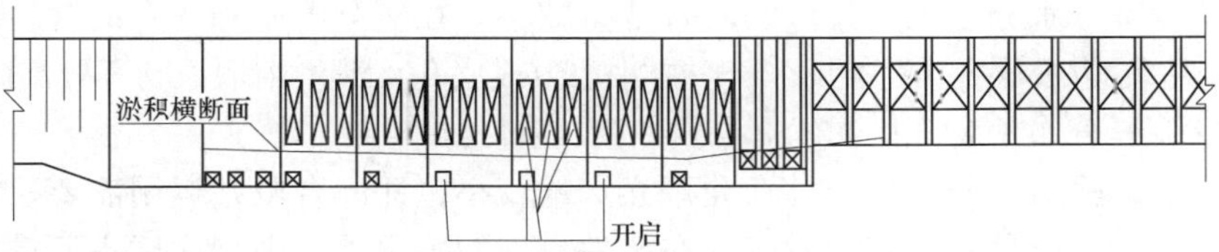

图 2-46 电站坝段坝前 20 m 淤积横断面图

五、泄流排沙建筑物与电站的分流分沙试验

对于泄流排沙建筑物与电站的不同调度运用，其分流分沙情况如表 2-3 所示。

表 2-3 不同运用方式分流分沙情况

组次	调度运用方式	坝前		电站		泄洪闸		排沙洞		排沙闸		底孔		分流比	分沙比	含沙量比
		$Q_{总}$	S	Q	S	Q	S	Q	S	Q	S	Q	S	$Q_{排沙}/Q_{电}$	$G_{排沙}/G_{电}$	$S_{排沙}/S_{电}$
1	$3^{\#}$、$4^{\#}$机组	660	25	660	25	0		0		0		0		0	0	0
2	$3^{\#}$、$4^{\#}$机组，$4^{\#}$底孔	800	19	660	17	0	0	0	0	0	0	140	28	0.212	0.349	1.65
3	$2^{\#}$～$5^{\#}$机组，$3^{\#}$～$5^{\#}$底孔(电站前漏斗较大)	1 730	37	1 320	33	0	0	0	0	0	0	410	49	0.311	0.461	1.48
4	$2^{\#}$～$5^{\#}$机组，$3^{\#}$～$5^{\#}$底孔(电站前漏斗较小)	1 730	25	1 320	21							410	38	0.311	0.562	1.81
5	$2^{\#}$～$4^{\#}$机组，$6^{\#}$底孔	1 812	91	990	76							822	109	0.83	1.191	1.43
6	$2^{\#}$～$6^{\#}$机组+3 洞+6 底孔+3 排沙洞+2 泄洪闸(按 6 个底孔与 5 台机组算)	3 937	75	1 650	74	462	69	480	67	600	83	750	76	0.455	0.467	1.03
7	$2^{\#}$～$6^{\#}$机组+3 洞+6 底孔+3 排沙洞+2 泄洪闸(按全部排沙与 5 台机组算)	3 937	75	1 650	74	462	69	480	67	600	83	750	76	1.386	1.399	1.01

由表 2-3 可知：

(1)在相同的运用方式下，其泄流排沙建筑物的分沙作用与坝前的局部冲淤形态有关。表中第 3、4 组试验表明，在调度运用方式、分流比完全相同的情况下，电站前局部漏斗较大时，即使泄流的含沙量较大(第 3 组)，其排沙底孔与电站间的分沙比和含沙量之比均小于电站前局部漏斗较小(第 4 组)时的情况。

(2)由于排沙底孔的进口位置在电站机组之下，当来水量较小，仅开启底孔拉沙时，排沙效果也较为明显，排沙比均大于分流比，含沙量之比均大于 1。

(3)当泄流规模较大时，各泄流建筑物的含沙量分配平均值与电站的含沙量基本接近(如第 7 组)，分沙效果不明显。

(4)在开启的泄流建筑物较多时，各泄流建筑物的泄流含沙量由小到大顺序分布是排沙洞、泄洪闸、电站、排沙底孔和排沙闸(见第 6 组试验)。这一规律除与建筑物的进口高程有关外，还与建筑物进口位置至库区主河槽的距离有关，主河槽在排沙闸前附近，进入电站坝段的水流一部分是经由主河槽坝前绕流后下泄的，来流中浓度相对较大的浑水在经过排沙闸分水分沙到达排沙洞时含沙量减小。在实测电站和底孔的含沙量时也观察到左侧电站机组(或底孔)的含沙量小于右侧机组(或底孔)。泄洪闸堰顶高程较高(126.5 m)，根据含沙量垂线分布的特点，其分沙效果不明显。

根据以上试验结果和分析知，在允许弃水量较小，并配合电站运用需要拉沙时，使用排沙底孔进行拉沙具有一定的效果。在条件允许的情况下，根据库区主河槽的平面位置，使用排沙闸拉沙，所分走的水流中含沙量最大。对于发电机组来说，开启左侧机组可减少过机泥沙。

第三节　西霞院反调节水库贯流式机组布置试验

一、概述

西霞院反调节水库贯流式机组方案，仍由拦河坝、排沙洞、排沙闸、电站和泄洪闸等建筑物组成。拦河坝和泄洪闸的形式和尺寸均与轴流式机组方案相同。

排沙闸设置 3 孔，进口底板高程 103 m，进口尺寸 5 m×5 m，其后以一段压力洞与下游连接，洞长 65 m，出口底高程 110.0 m，出口尺寸 5 m×3 m；进出口均采用平板工作闸门，下游采用底流式(消力池)消能，护坦高程 110 m，海漫高程 113 m，池深 3 m，池长 40 m。

电站设 6 台贯流式机组，单机最大引水流量 375 m^3/s，进口底高程 103 m，出口底高程 105 m，下游护坦的水平段和 1∶5 反坡段长各为 20 m。每台机组的右侧各设一排沙底孔，排沙底孔尺寸 3 m×3 m，进出口底高程分别为 103 m、110 m。

贯流式机组安装间下设 3 孔排沙洞，设计过流 500 m^3/s，每孔尺寸 5 m×3.2 m，进口底板高程 103 m，设平板工作门和检修门，洞长 77.5 m，出口底高程 110 m，下游采用压力消能工，出口处护坦高程 103 m，护坦的水平段和 1∶5 反坡段长各 20 m。排沙洞下游与电站由 40 m 导墙隔开。贯流式机组方案的设计特征指标，试验目的以及模型设计均同轴流式机组方案，鉴于贯流式机组方案在电站坝段各泄流建筑物的设计流量和平面布置都与轴流式机组方案没有太大变化，该部分试验重点研究了下游消能防冲和浑水调度运用时电站段附近的冲淤形态，分流分沙等情况。

二、原设计试验

(一)排沙闸、排沙洞和排沙底孔的泄流能力

泄流能力试验是在原轴流式机组方案浑水试验坝前淤积地形基础上进行的。排沙闸、排沙洞和排沙底孔的过流情况见表 2-4。

表 2-4 贯流式机组方案排水闸、排沙洞、排沙底孔过流能力

泄流排沙建筑物	上游水位(m)	下游水位(m)	水位差(m)	泄流量(m/s)	流量系数
排沙底孔	133.90	120.69	13.21	608	0.70
	131.07	120.55	10.52	543	0.70
排沙洞	128.87	119.75	9.12	530	0.83
	131.53	120.14	11.39	600	0.84
	133.92	120.12	13.8	660	0.84
排沙闸	128.20	120.11	8.09	500	0.88
	129.69	120.33	9.36	540	0.89
	131.09	120.42	10.67	590	0.91
	134.04	120.54	13.5	680	

表 2-4 中流量系数是相应于各泄流建筑物出口面积而言的，在试验施测的上下游水位范围内，底孔和排沙洞为淹没出流；排沙闸在上游水位 128～133 m 时，下游为淹没出流，上游水位高于 134 m 时，下游为自由出流。在这种条件下，排沙底孔的流量系数为 0.70；排沙洞的流量系数为 0.83～0.84，与轴流式机组方案时接近；排沙闸的流量系数为 0.88～0.91，由于排沙闸下游流态变化较大，流量系数变幅相应也大。

需要说明的是，在贯流式机组方案的模型加工制作过程中，由于设计图纸中过流建筑物的细部尺寸不尽详细，另外模型制作也进行了局部简化，因此各泄流建筑物的能量损失及相应的流量系数在模型上可能会与原型有些差异。如果设计方案确定后可在大比尺单体模型试验中进一步校正。

(二)排沙闸、排沙洞和排沙底孔的下游消能

排沙闸下游为消力池式底流消能，下游的导墙长度与轴流式机组方案相同。在设计水位条件下，消力池内出现淹没式水跃；当上游水位 134.0 m、下游水位 120 m 时，消力池内产生临界式水跃，这时的水流衔接见图 2-47。说明排沙闸在上游正常蓄水位及下游正常尾水位及其以上水位运用时，消力池均能满足消能防冲的设计要求。下游水位低于 120 m 运用时，在 1∶10 坡度海漫段产生二级水跃，危及工程安全。

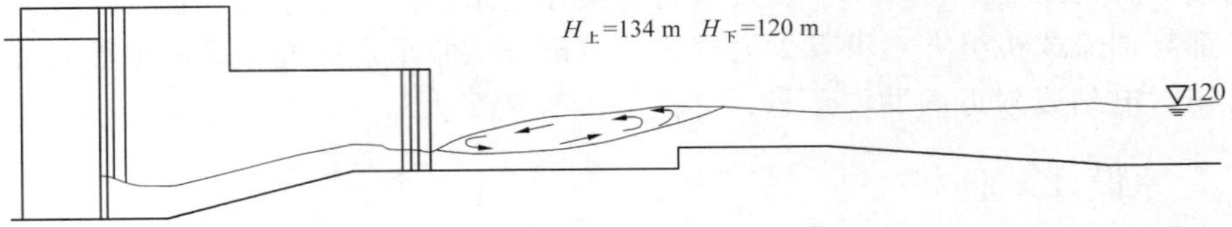

图 2-47　排沙闸底流消能工水流衔接图

排沙洞下游由 40 m 导墙与电站段隔开，洞出口底部比水平护坦高出 7 m，当下游水位为 120 m 时，洞出口基本位于下游水深中点附近。孔口面积相对于下游水体而言，孔口面积较小，水体剖面面积相对较大，出流呈现淹没水平射流状态。图 2-48 为排沙洞在上游水位 134 m、下游水位 120 m 时的水流衔接及流速分布图。

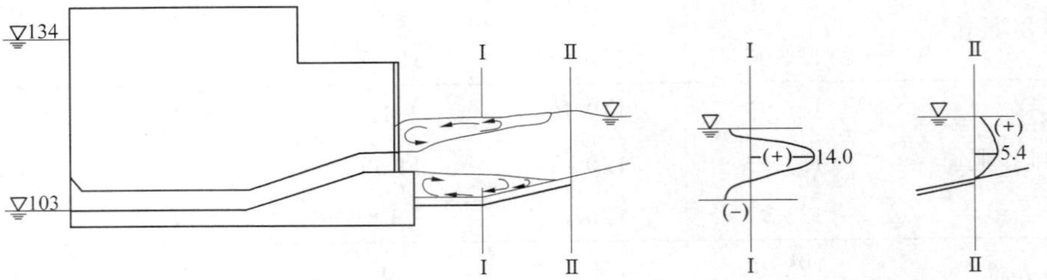

图 2-48　排沙洞消能工水流衔接及流速分布图　(流速单位：m/s)

由图 2-48 知，在 I–I 断面(洞后 15 m)上，最大流速出现在洞中心高程处，最大值接近 14 m/s，而上部和底部为负流速，且流速值相对较小；在Ⅱ–Ⅱ断面(洞后 40 m)上，射流水束已扩散到整个水深范围内，最大流速仍在洞中心高程处，负向流速已不存在。在出口至Ⅱ–Ⅱ断面间出洞的射流水束基本上以直线方式沿程在垂向上进行扩散；在Ⅱ–Ⅱ断面，主流扩散到达水面。在这一段范围内，上下两个横轴漩滚强度相对较弱，水面没有明显的掺气现象，水流主要以紊动扩散方式消耗能量；射流水束淹没在水下，处于压力状态，在此将这种消能方式称为压力消能。从水面波动方面看，其波幅和波及范围均小于面流消能情况。

(三)浑水运用下的分流分沙及电站坝段附近的冲淤形态

在浑水调度运用中分别考虑了 1 机 2 孔(机指机组，孔指底孔，下同)、2 机 1 孔、3 机 2 孔、5 机 3 孔和 5 机 6 孔加排沙闸、洞及 2 孔泄洪闸 5 种组合运用方式，并比较研究了在底孔进口高程降低 3.6 m 后 2 机 1 孔的运用情况。为便于比较，上游水位均大致控制在 132 m 左右；为缩短坝前附近冲淤形态的形成和达到平衡的时间，模型放水时，先用松散悬移质泥沙在电站坝段进口前预铺至 110 m 高程，然后以 1∶5 坡度与上游库区地形连接，放水历时相应于原型悬沙冲淤变形 10 小时左右。对于这些运用条件，模型试验重点观测研究了排沙设施与电站的分流分沙和相应的电站坝段附近的局部冲淤形态。

1. 排沙建筑物与电站不同组合运用时的分流分沙

表 2-5 为贯流式机组方案中不同调度运用方式下的分流分沙情况，不同运用方式下的分流分沙受到多种因素作用，各因素作用的强弱也不同，且发生变化。其综合影响的结果，表 2-5 中不易直接看出其规律性，为此表 2-6 列出了相应于这些运用方式下含沙量在各机组和排沙底孔的横向分布。

表 2-5　不同调度运用方式下的分流分沙情况

组次	调度运用方式	过坝		电站		底孔		排沙洞		排沙闸		泄洪闸		分流比	分沙比	含沙量比
		$Q_{总}$	$S_{均}$	Q	S	Q	S	Q	S	Q	S	Q	S	$Q_{排沙}/Q_{电}$	$G_{排沙}/G_{电}$	$S_{排沙}/S_{电}$
1	3#机组+2#、3#底孔	568	17.20	375	14.89	193	21.69							0.515	0.750	1.46
2a	3#、4#机组+3#底孔	832	28.78	737	26.91	95	43.27							0.129	0.207	1.61
2b	3#～4#机组+3#底孔	832	46.63	737	42.99	95	74.89							0.129	0.225	1.74
3	3#～5#机组+3#、4#底孔	1 256	42.86	1 072	41.05	184	53.42							0.172	0.223	1.30
4	2#～5#机组+2#～4#底孔	1 697	54.58	1 422	53.51	275	60.12							0.193	0.217	1.12
5	1#～5#机组+6底孔+3孔排沙闸+3孔排沙洞+2泄洪闸	3 937	128.49	1667	118.18	519	175.76	549	142.12	547	128.85	655	105.52	1.362	1.568	1.15
5*	1#～5#机组+6底孔+3孔排沙闸+3孔排沙洞+2泄洪闸，按6底孔与5机组算			1 667	118.18	519	175.76							0.311	0.463	1.49
6	3#、4#机组+3#下底孔	832	30.27	745	27.84	87	51.11							0.117	0.214	1.84

注：表中“下底孔”指底孔进口高程降低 3.6 m，孔口尺寸不变。

根据这两表可知：①从表 2-5 可直接看出各组的分沙比均大于分流比，含沙量之比均大于 1。②从表 2-6 中可以看出在较少机、孔组合的前 3 种运用方式下，由于坝前流速较小，通过底孔的含沙量较机组的要大些，说明在电站各机组进口处虽然仅设置了 3 m 高的拦沙坎，拦沙坎也发挥了作用。③过机和孔的含沙量分布与电站坝段的泄流量和主河槽在坝前的位置有关。当电站坝段总泄量增加时，坝前流速增大，水流紊动强度增大，含沙量在垂线上分布变得均匀，底孔的分沙效率相对降低；当开启的机组和底孔正对坝前主槽时，含沙量较大，在水流经坝前向两边分绕下泄的过程中，通过不断分沙作用，两边距主槽较远的机组和底孔含沙量逐渐减小，模型上主河槽在坝前 4#机组附近。

表 2-6 中第 4 组试验结果可明显看出含沙量由 4#机组向两边递减的趋势。④表 2-5、表 2-6 中还比较了 2 机和 1 孔在改变底孔底部高程的分流分沙情况，由表可知第 6 组试验在降低了底孔高程后，虽然分流比有所减小，但含沙量之比仍然增大。⑤在相同运用条件下，排沙建筑物与电站的分沙情况还与来流中含沙量有关。表 2-6 第 2 组试验比较了两种含沙量的分沙效果，说明当含沙量增大时，分沙比有所增加。

表 2-6　底孔和机组含沙量分布

组次	调度运用方式	1#机组	1#底孔	2#机组	2#底孔	3#机组	3#底孔	4#机组	4#底孔	5#机组	5#底孔	6#机组	6#底孔	机组平均	底孔平均
1	3#机组+2#、3#底孔				19.75	14.89	23.63							14.89	21.69
2a	3#、4#机组+3#底孔					22.46	43.27	31.35						26.91	43.27
2b	3#、4#机组+3#底孔					37.33	74.89	48.65						42.99	74.89
3	3#～5#机组+3#、4#底孔					34.74	50.70	41.58	56.14	46.84				41.05	53.42
4	2#～5#机组+2#～4#底孔			33.68	58.95	61.75	65.96	68.77	55.44	49.82				53.51	60.12
5	1#～5#机组+1#～6#底孔+3 排沙闸+3 排沙洞+2 泄洪闸	107.27	127.27			118.18	133.94			129.09	266.06			118.18	175.76
6	3#、4#机组+3#下底孔					27.02	51.11	28.65						27.84	51.11

注：表中“下底孔”指底孔进口高程降低 3.6 m，孔口尺寸不变。

根据以上结果可知，影响分沙效果的因素是多方面的，在不同的运用方式下，各因素所影响的程度也不相同，在实际闸门操作过程中，注意考虑各种因素的影响，根据当时坝前的冲淤形态，合理调度运用，对减少泥沙过机是很重要的。

2. *不同组合运用方式下电站坝段附近的冲淤形态*

从不同运用方式下电站坝段各泄流建筑物进口和出口附近的冲淤形态可知：①在开启的底孔进口前能够冲刷露出上游护坦高程的范围在 2～4 m 之间，均没有和与之相邻开启的机组连成一个冲刷漏斗，形成较大范围的“门前清”状态。②在开启的机组进口处由于 3 m 高拦沙坎作用，在电站坝段全开和加两孔泄洪闸联合运用方式下，机组门前冲淤高程较低，在 103.5～105 m 之间，这种运用情况可能是因为来流量较大，水流紊动强度和动能较大的缘故。其他各组运用方式下，机组门前淤积高程均在 105～106 m 之间，说明 3 m 的拦沙坎在一般情况下均发挥了拦沙作用。③对于没有开启运用的机组进口的淤积高程，除在左右下 3 个方位拉沙且泄量较大的情形下机组门前淤积没有高过机组进口外，其他关闭的机组进口前淤积面均高于拦沙坎的高程。由于运用方式不同，各关闭的机组对主槽的平面位置也不同，另外坝前库区的冲淤形态以及在关机停水时淤泥少量的下滑，都可能对这些淤积面有所影响，但从不利的角度来说，贯流式机组方案均应考虑淤积物对进水闸门启闭力的影响。④从坝前测绘的冲刷漏斗等高线来看，虽然这一条较稀疏的等高线不足以完全反映坝前的冲淤形态，但可以说明来流量、底孔降低以及趋于坝前的水流状态对坝前局部冲刷范围的影响。当来流量较大时，局部冲坑的纵坡较缓；当底孔位置较低时，淤积的泥沙要维持一定的纵坡，坝前的漏斗纵向范围较远。这些形态对分流分沙也产生影响。⑤当电站坝段所开启的底孔数目较多时，电站出口 40 m 范围内无泥沙堆积物。当开启的机、孔数目较少时，电站机组出口附近均有一定的堆积物，其堆积的高程在 109～111.5 m 之间，堆积的范围与关闭的机组孔数和位置有关。虽然这些堆积物的形状和高程不同，但总的来说距电站出口还有一定距离，对机组尾水闸门启闭力不会产生很大影响。

3. 轴流式机组方案和贯流式机组方案在浑水调度运用下的比较

在这两种方案的分流分沙试验中，有 3 种相同的调度方式，即 2 机 1 孔、4 机 3 孔和 5 机 6 孔加全开排沙闸、洞再加两孔泄洪闸的运用。对于 2 机 1 孔运用，两种方案中所开启的位置是一致的，所不同的是贯流式机组方案机、孔底高程相差较小，但绝对高程都降的较低，其他影响因素还有主槽位置，库区形态等。在这种条件下贯流式机组方案的底孔与机组含沙量之比与轴流式方案基本一致。对于 4 机 3 孔的运用条件，轴流式机组方案中主槽位置在排沙闸前；而贯流式机组方案集中主流顶冲 4#机组，在这组泄量下 4#机组含沙量最大，因此轴流式机组方案的分沙效果稍好一些，对于表 2-3 中第 7 组和表 2-5 中第 5 组试验，贯流式机组方案和轴流式机组方案的分沙效果差别不大。

需要说明的是，在这两种方案试验中，含沙量取样的方式和位置是不同的，在轴流式机组方案中，坝前、底孔和机组出口，在水中直接用杯提取沙样。而在贯流式机组方案中，改进取样方法，采取吸管方法提取沙样。两种取样方法精度不同，但总的趋势还是可以说明问题的。

在这两种浑水试验中，试验方法不同，坝前漏斗形态也不同。轴流式机组方案试验，试验起始的坝前漏斗形态为前一组试验漏斗形态，模型经过长时间冲淤调整后，终止的坝前漏斗形态基本达到冲淤平衡；贯流式机组方案试验，为了缩短放水时间，各组试验坝前淤积高程均预铺至 110 m，经放水冲刷后，终止的坝前漏斗形态基本属于冲刷平衡漏斗形态。试验方法不同，分沙比和底孔与机组含沙量比也应有所差异。应用上述资料时，应考虑试验方法带来的影响。对于下游出口回带泥沙的堆积问题，轴流式机组方案中机组的出口高程与底孔出口高程相差较大，底孔下的平轴漩滚回带的泥沙在关闭的机组出口处堆积较严重，需要考虑堆积泥沙对电站机组尾水门启闭力的影响。对于贯流式机组方案，在关闭的机组后虽有一定的堆积，但在高程和位置上还不至于影响电站机组尾门的操作。

三、电站坝段拦沙坎布置试验

(一)拦沙坎的原布置及试验结果

1. 拦沙坎的设计意图及原布置形式

增加拦沙坎的设想是：考虑到在施工导截流时需要修筑施工围堰，当施工结束后只要保留电站坝段之前的那部分围堰，并在电站段两侧加修两道导沙墙，在汛期限制水位运用时围堰即可拦截电站前的顶冲水流，使这部分水流分绕至排沙闸和排沙洞前，发挥排沙闸、洞的拉沙作用，同时一部分水流在闸、洞前通过横向漫溢导沙墙而进入电站机组和底孔，从而降低过机泥沙的含沙量。

在原设计方案中，拦沙坎(即原围堰)的坎顶高程 131.5 m，上下游边坡 1：1.5，拦沙坎下游设两个平台，其高程分别为 122.0 m 和 119.0 m，在 119.0 m 的平台与 99 m 高程的坝上游护坦间由 1：4 的斜坡相连。两侧的导沙墙在坝上游 20 m 范围内，墙顶为水平，高程 116.0 m；向上游分别由 1：4 和 1：9 两段坡度连至 131.5 m 的坎顶。排沙洞和排沙闸进口高程由原来的 103 m 抬高为 111 m。排沙洞和排沙闸前各设 20 m 长的水平护坦，高程均为 111.0 m，并以 1：4 的坡度与上游 120 m 高程相接。其原布置形式和尺寸见图 2-49。

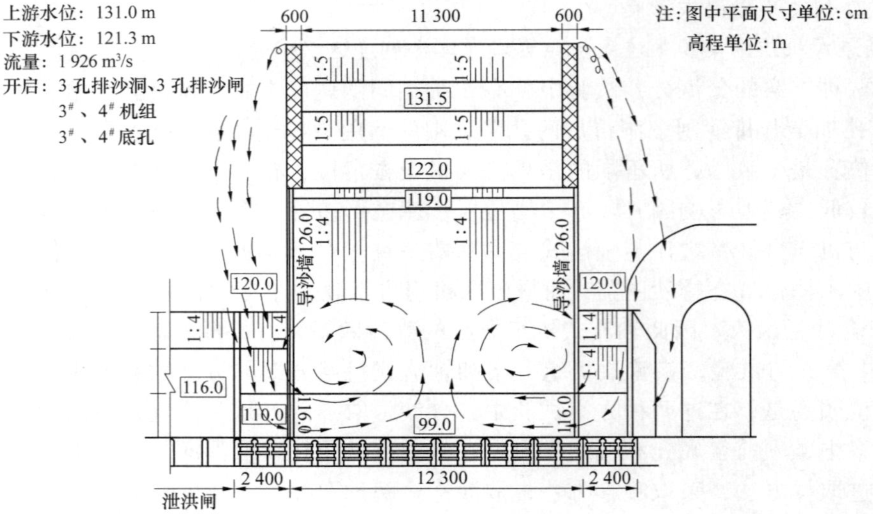

图 2-49 贯流式机组上游拦沙坎原平面布置及流态图 （单位：高程，m；平面尺寸，cm）

2. 拦沙坎原布置形式的试验结果

在汛期限制水位(131.0 m)下，开启 3 孔排沙闸、3 孔排沙洞、2 台机组(3#、4#)和 2 个底孔(3#、4#，底孔进口底高程 99.4 m，尺寸同前)，总泄量 1 926 m^3/s，相应下游水位 121.3 m。放水历时相应原型悬沙冲淤变形历时 32.8 小时。

在这种运用条件下，水流由上游向坝前运动的过程中，首先在拦沙坎处向两端外挑分流，分出的两股水流流量大致相当。然后两股水流在导沙墙外扩宽下移，左股水流部分顶冲左岸圆弧导墙，在圆弧导墙处受到挤压；右股水流较为顺畅。在到达坝前时两股水流均横跃导沙墙向机组中部运动，形成了两个基本对称、中心在导沙墙内的立轴漩涡，其漩涡的强度较大，范围也较大。坝前的局部流态见图 2-49。

在这种流态下，在拦沙坎上和导沙墙附近出现了 3 个显著的淤积体。拦沙坎的上游在平面上形成了以分流点为顶点、以拦沙坎为底边的三角形淤积形态，淤积体在坎上游的范围约为 100 m，最大高程将近与坎顶平齐。另两个淤积体大致对称地出现在导沙墙变坡处的外侧，上下游范围约为 50 m，顶高程与导沙墙顶相当。从这种冲淤形态上观察判断，认为导沙墙外的两股水流没有形成预期的排沙螺旋流。

试验中各泄流建筑物的平均含沙量见表 2-7。由表可知，在设置拦沙坎后通过排沙洞和排沙闸的水流含沙量均高于机组和底孔，底孔和排沙闸、洞与机组的分沙比为 2.16，含沙量之比为 1.15。由于排沙闸、洞的进口底高程与前述无拦沙坎方案时的情况不同，其排沙效果将在后面对比分析。

(二)拦沙坎的修改与试验

为了对拦沙坎的排沙效果对比分析，对拦沙坎形式进行了 4 次修改，并在与原布置相同的运用方式和上下游水位下做了对比试验，其试验结果分述如下。

表 2-7　泄水建筑物过流平均含沙量

运用条件	过坎		电站		底孔		排沙洞		排沙闸		分流比	分沙比	含沙量比
	$Q_{总}$	$S_{均}$	Q	S	Q	S	Q	S	Q	S	$Q_{排沙}/Q_{电}$	$G_{排沙}/G_{电}$	$S_{排沙}/S_{电}$
原布置	1 926	107.4	670	97.7	157	107.6	550	110.9	549	115.6	1.87	2.16	1.15
($S_1/S_{电}$)		1.10		1.0		1.10		1.14		1.18			
修改布置(一)	1 926	106.5	670	105.7	157	129.8	550	80.7	549	126.8	1.87	1.9	1.01
($S_1/S_{电}$)		1.01		1.0		1.23		0.76		1.2			
修改布置(二)	1 926	176.5	670	182	157	244.9	550	154.5	549	172.3	1.87	1.79	0.95
($S_1/S_{电}$)		0.97		1.0		1.35		0.85		0.95			
修改布置(三)	1 926	45.9	670	42.1	157	52.3	550	45.8	549	48.7	1.87	2.13	1.14
($S_1/S_{电}$)		1.09		1.0		1.24		1.09		1.16			
修改布置(四)	1 926	86.7	670	84.3	157	88.1	550	85.2	549	90.9	1.87	1.96	1.04
($S_1/S_{电}$)		1.03		1.0		1.05		1.01		1.08			
无拦沙坎	1 926	134.8	670	132.4	157	138.6	550	136.1	549	135.5	1.87	1.93	1.03
($S_1/S_{电}$)		1.02		1.0		1.05		1.03		1.02			

1. 拦沙坎第一次修改及试验结果

拦沙坎的第一次修改是将导沙墙的平顶部分加高到 126 m 高程，欲减弱立轴漩涡的强度；将拦沙坎两端各缩短 30 m，在导沙墙的前部 100 m 长范围内将导沙墙改成斜墙，试图在导沙墙外产生排沙螺旋流。在与原布置试验相同的运用方式和上下游水位下进行了试验，运行历时 26.6 小时(相应原型悬沙冲淤时间)。

在试验进行初期，坝前的两个漩涡强度较原布置形式有所减弱；拦沙坎分流后在两斜导沙墙段水流较为平顺，流速较大。运行一段时间后，拦沙坎上游的主河槽位置明显向右侧移动，其拦沙坎左侧那股水流变弱，通过排沙洞的水流含沙量减小；拦沙坎右侧的水流加强，成为主流，过排沙闸的含沙量相对加大，各泄流建筑物的含沙量和分流分沙情况见表 2-7，表中说明在这种运用的水流条件下，其排沙效果不如原布置方案的试验结果。试验结束后的坝前冲淤形态见图 2-50，由图可知在左导沙墙外出现大量淤积，而在右导沙墙外没有淤积，且形成了一个主槽。根据这种冲淤形态判别，导沙墙外也未达到预期的螺旋流排沙效果。

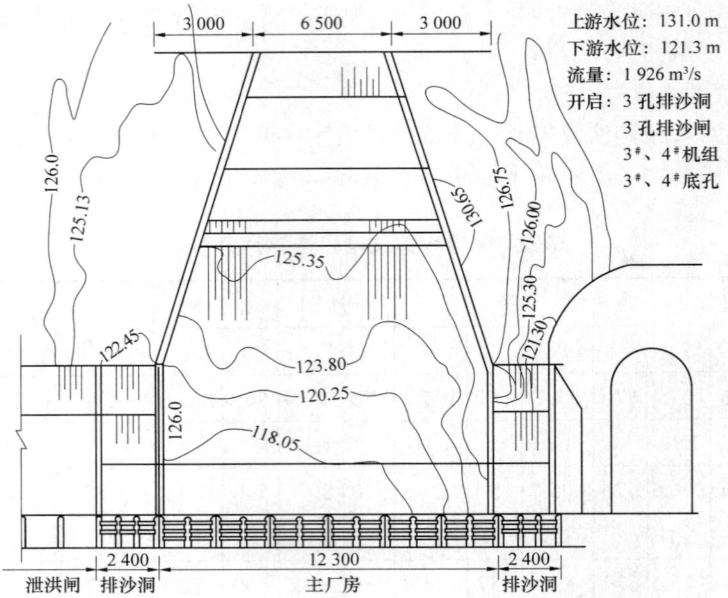

图 2-50　贯流式机组方案拦沙坎第一次修改布置及冲淤形态

2. *拦沙坎第二次修改及试验结果*

拦沙坎的第二次修改保持了第一次修改时的导沙墙部分的平面尺寸，并将拦沙坎在平面上做成圆弧形，其圆弧两端与斜导沙墙相切，拦沙坎高程 127.0 m，在斜导沙墙段通过极缓坡度与直导沙墙的 126.0 m 高程相接。其修改的目的是想通过圆弧形拦沙坎的坎底导沙、顶部过水。试验运用方式、枢纽上下游水位均与原布置相同，运行历时 14.4 小时(原型悬沙冲淤时间)。

在试验开始时拦沙坎两边分水，且坎顶漫水，主槽略偏坎的右侧，坝前立轴漩涡很弱；而后右侧这股水流逐步加强，左侧水流相应减弱，左导沙墙附近泥沙淤积。这种趋势不断加剧，最后拦沙坎及左侧斜导沙墙完全被淤积物覆盖在河床内，失去拦沙导沙作用，库区主河槽显著右移。主流在到达坝前时由于主槽的弯曲作用而顶冲 5#机组，并在坝前横向绕流折冲进入机组和排沙洞。停水后坝前局部冲淤形态见图 2-51。

试验过程中各泄流排沙建筑物的水流平均含沙量和分流分沙情况见表 2-7。由表 2-7 可知，在这种水流流态和淤积形态下，其拦沙坎失去作用，进入排沙洞和闸的含沙量较小。

3. *拦沙坝第三次修改及试验结果*

拦沙坝第三次修改在平面上完全保持第二次修改的尺寸和位置，只是将拦沙坎和导沙墙的顶部改为水平，顶高程调为 129.5 m，运用方式同前几组。

试验时将库区主河槽位置调至正对拦沙坎的圆弧段，水流在拦沙坎处自然分开，左右两股水流大致相同，但库区主河槽中水流微刷槽的左岸，在试验运行后期导沙墙左股水流略强于右股，试验过程中各泄流排沙建筑物的实测平均含沙量和分流分沙情况见表 2-7。运行 14.4 小时后拦沙坎和导沙墙附近的冲淤形态见图 2-52。由图可知，在拦沙坎

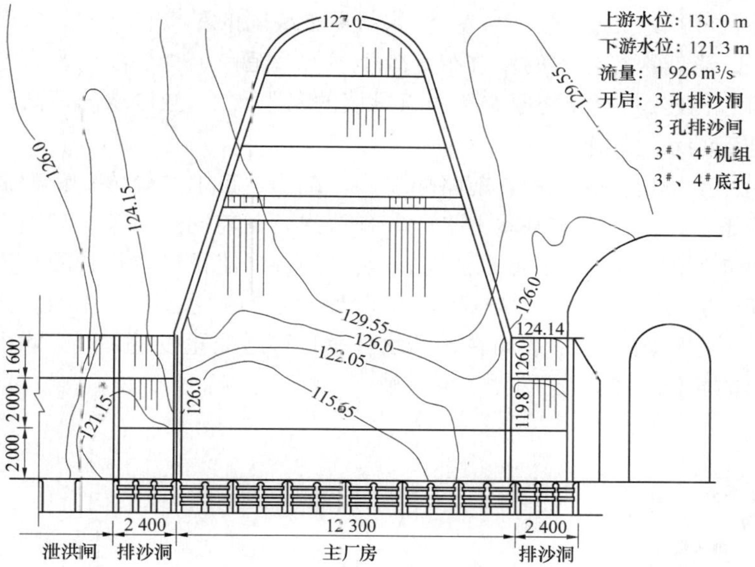

图 2-51　贯流式机组方案拦沙坎第二次修改布置及冲淤形态

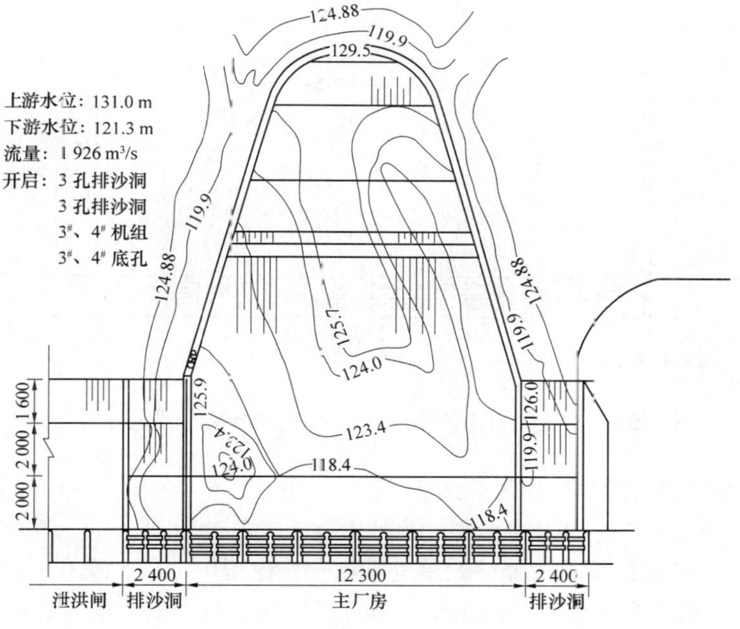

图 2-52　贯流式机组方案拦沙坎第三次修改布置及冲淤形态

和左侧导沙墙的外侧根部有明显的淘刷现象，由于浑水试验中不易观察水下结构，经分析判断后认为产生这一现象是由螺旋流所致；但从分流分沙方面看，排沙建筑物与机组的含沙量之比与原布置时相当。拦沙效果需要进一步的分析论证。

4. 拦沙坎第四次修改及试验结果

在前几种拦沙坎的布置形式中，拦沙坎与坝轴线间的距离较远，其坎后都有高程较高的淤积形态，第四次拦沙坎的修改布置减小了坎后范围，将拦沙坎改为半圆形，直接与坝前机组两边相连，其直径与原布置两直导墙的间距相等。拦沙坎的顶高程为 129.0 m，运用方式和上下游水位同前。

试验时库区主槽位置在拉沙坎前略偏左侧，试验运行中主槽位置较为稳定。从坝前流态上看，趋于拦沙坎的水流基本上平顺。排沙闸、洞前的漩涡范围和强度都较小。运行历时 24.6 小时(相应原型冲淤变形历时)，实测的各泄流排沙建筑物的平均含沙量及分流分沙情况列于表 2-7，其排沙建筑物与电站机组的含沙量之比为 1.04。试验结束后坝前的局部冲淤形态见图 2-53。表明在拦沙坎外淤积形态变化较缓，而在坎内地形变化剧烈，电站机组前的漏斗即在此形成。

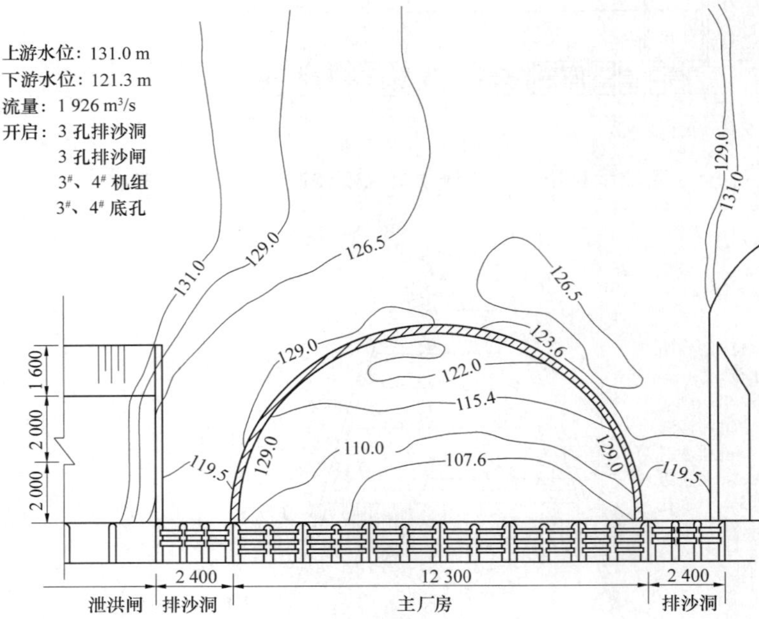

图 2-53　贯流式机组方案拦沙坎第四次修改布置及冲淤形态

(三)拦沙坎布置方案的拦沙效果分析

1. 拦沙坎布置后排沙建筑物的排沙量对比分析

为了便于对布置拦沙坎的分沙效果进行比较，模型中进行了没有拦沙坎时，但电站坝段进口高程、运用方式和上下游水位与布置拦沙坎时相同条件下的对比试验。试验时，库区主槽位置在电站前稍偏左侧，运行历时 24.6 小时。实测各泄流排沙建筑物的平均含沙量及分流分沙情况一并列于表 2-7，其排沙建筑物与电站机组的含沙量之比为 1.03。试验结束后的坝前冲淤形态见图 2-54。

根据前述各组试验的水流流态、冲淤形态和表 2-7 结果初步分析可知：①在拦沙坎高程较高、正前方不过水时(原布置)，其排沙闸、洞的含沙量与底孔的相近且稍大一点，排沙建筑物的分沙比较大。②拦沙坎与坝前间的腔体过小(如第四次修改为一极限情况)，其排沙建筑物的分沙比降低。③库区主河槽的位置对拦沙坎的分流情况和拦沙量也有影响，对于第一、二次修改布置两种拦沙坎形式试验时，其主槽明显偏离拦沙坎前方，拦沙坎两侧水流强弱相差较大，其主流侧流路也不顺；第二次修改方案拦沙坎和部分导沙坎

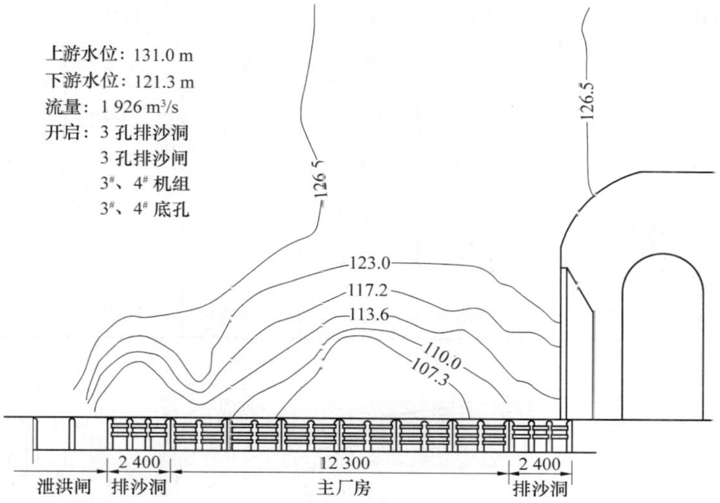

图 2-54 贯流式机组方案无拦沙坎冲淤形态(与拦沙坎布置同条件下运用)

埋没入河床，失去了拦沙和导沙作用，造成排沙闸、洞的含沙量降低，其排沙效果也很差。④拦沙坎前部的线型及与主流作用后拦沙坎两侧的水流结构也会对拦沙坎的拦沙作用有影响，在原布置及第一次修改布置的情况下，拦沙坎分流后，由于离心惯性力的显著作用，完全失去螺旋流导沙作用，关于这方面的研究需要在清水情况下仔细观测水下结构进一步分析。

根据以上结果和分析，初步认为在拦沙坎的合理布置形式和高程下，水流条件有利时，拦沙坎具有拦沙作用。但在上述试验中，由于各种条件变化的相互影响，试验中反映出对拦沙量的效果不十分明显。

2. 拦沙坎布置后对拦截粗颗粒泥沙过机的效果

为进一步分析拦沙坎拦截粗颗粒泥沙的效果，在进行拦沙坎第四次修改试验时，对各泄流建筑物的悬沙取样做了颗粒分析，并在停水后对坝前 50 m 和 25 m 处的河床质进行了颗粒分析。

表 2-8 为拦沙次第四次修改试验时的悬沙颗粒级配情况，由表 2-8 可知，对于排沙闸、洞、底孔和机组来说，尽管进口底高程相差较大，其悬沙级配都很接近，说明悬沙粒径在垂向上分布比较均匀，拦沙坎对于拦截悬移质中的泥沙没有多大作用。

图 2-55 为该组试验后坝前 50 m 和 25 m 处的床沙级配平均值曲线，由图可知排沙闸前的床沙组成最粗，电站前河床组成次之，排沙洞前河床组成相对较细，出现这种现象可能与上游来流情况有关。在这组试验时，主流偏于左岸，在向电站段各泄流建筑物分绕趋近过程中，排沙洞相当于凹岸取水，底沙相对较细，而排沙闸前床沙相对较粗。因此认为拦沙坎和导沙坎布置形式和高程适宜时，在拦截推移质泥沙方面有一定效果。

表 2-8 各泄水建筑物出口泥沙颗粒级配

粒径(mm)	小于某粒径重量百分数(%)							
	1#排沙洞	3#排沙洞	3#机组	4#机组	3#底孔	4#底孔	1#排沙闸	3#排沙闸
0.225	100	100	100	100	100	100	100	100
0.169	90.6	90.5	90.3	90.4	89.9	90.8	90.7	90.5
0.113	85.7	85.0	83.1	84.7	81.3	86.3	84.8	84.7
0.056	55.5	54.1	53.0	53.6	49.7	56.5	56.4	54.2
0.038	33.3	32.6	31.7	32.9	29.2	34.5	35.0	33.1
0.023	25.9	25.4	24.7	25.6	22.7	26.9	27.2	25.8
0.011	16.0	15.6	15.3	15.6	14.5	16.8	16.7	16.0

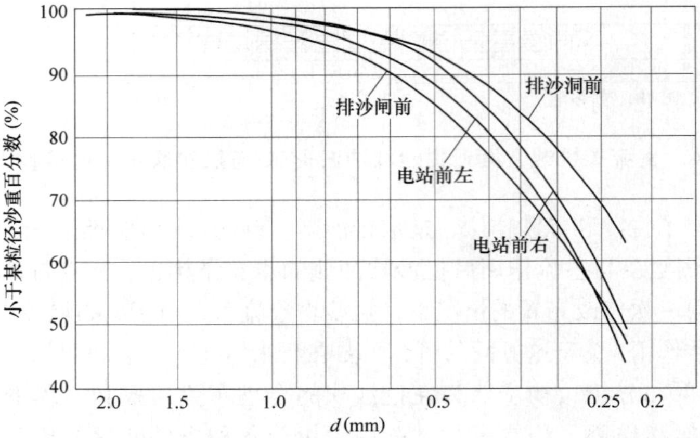

图 2-55 坝前 25 m 和 50 m 处的床沙级配曲线

关于泥沙粒径与磨损强度的关系，十一工程局设计院曾采用黄河的细颗粒泥沙，对粒径 0.007～0.1 mm 含沙量为 20 kg/m^3，矿物质成分大部分为石英、长石，进行了 30#钢等材料磨损试验，并以 d≤0.5 mm 这点的磨损强度为 1.0，其他粒径的磨损强度与此相比定为相对磨损强度(K_d)，天津设计院严镜海等整理点绘了 K_d 与平均粒径(d_{cp})的关系，如图 2-56 所示。图中反映了当 d_{cp}<0.05 mm 时，K_d 较小；当 d_{cp}>0.05 mm 时 K_d 增大；d_{cp}=0.1～0.5 mm 时，K_d 急剧增大。

根据本试验上述的泥沙颗分结果可知，对于悬沙，各泄流建筑物的 d_{cp} 比较均匀，d_{cp} 在 0.05～0.07 mm 之间，从图 2-56 上看，其 K_d 相对不太大，也基本是明显增大的起点。对于坝前的河床组成而言，泥沙较粗，如果进机，对于水轮机的磨损是相当严重的。拦沙坎对拦截推移质泥沙是有一定作用的，因此对于减少粗泥沙进机、减轻水轮机的磨损也应具有一定效果。

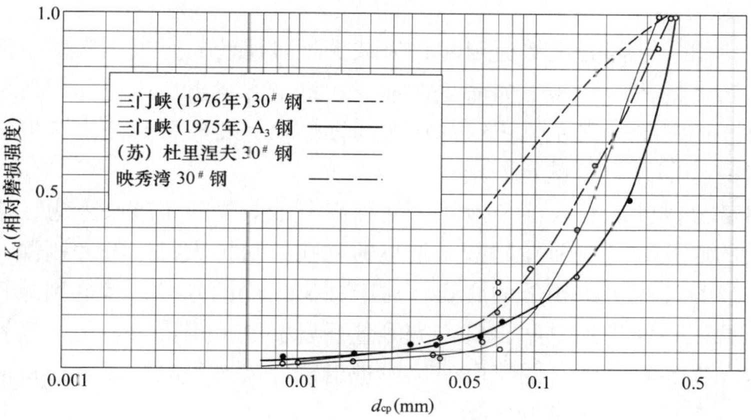

图 2-56 相对磨损强度与平均粒径关系

(四)拦沙坎布置方案试验小结

通过对拦沙坎不同布置形式的对比试验和分析，可以得出如下认识：

(1)从通过各泄流建筑物的含沙量看，合理的拦沙坎布置形式对拦沙具有一定效果，拦沙坎合理布置应着重考虑：①尽量使拦沙坎正前方不过流或过水深度不大。②拦沙坎与坝轴线间的腔体应具有足够的空间，以减轻各机组进口前的水流紊动程度。③趋于拦沙坎的水流应平顺对称。④优化拦沙坎的结构，以达到“撇清”和形成导沙螺旋流。在试验中以上各方面变化较大，没有达到理想状态，因此试验结果所表现的拦沙效果不够明显。

(2)对于拦沙坎拦截悬沙中的泥沙，由于悬沙的粒径分布比较均匀，拦沙坎对减少悬移质泥沙过机没有作用。

(3)对于推移质泥沙过机，拦沙坎具有一定的拦沙效果。根据泥沙粒径与水轮机的磨损强度的关系，对减弱磨损也有一定作用。

由于拦沙坎的拦沙作用与坎前水流结构的关系密切，如果采用拦沙坎方案，需进行拦沙坎的优化试验，应用清水对底部水流结构进一步研究。

四、泄水建筑物闸门的启闭运用

各泄流建筑物的闸门操作运用应按常规的要求进行，保证对称均匀开启。在泄洪闸后的消力池内每 7 孔设置一导墙、且导墙长度设至消力池末端处，对泄洪闸的闸门操作是有利的。如在特殊情况下，电站坝段的排沙洞、排沙闸和排沙底孔已经泄流，还有多余水量需要下泄时，可以考虑开启泄洪闸左联内 2 孔以上的闸孔。模型上对一联内对称开启 2 孔闸门(2#和 6#)的情况进行了试验，试验表明，由于消力坎的壅水作用，消力池内水流扩散均匀，未泄流的闸后无明显的回流压缩现象，且在浑水运用时也没有发现明显的淤积；在消力池末端处两闸下泄水流基本上相联，过坎后继续展宽。可见在进行两孔或者两孔以上运用时，只要考虑均匀、对称开启，泄洪闸后不致产生不利的水流条件。

对于排沙闸和排沙洞，在正常调度运用时，应均匀、全部开启运用为宜。特别对于左侧排沙洞尤为重要。

对于电站机组，在部分机组运用时，为减少过机泥沙，应根据库区主河槽的位置，尽量避开主流顶冲的机组运用。如前述在轴流式机组方案由造床过程塑造的主河槽位于排沙闸之前时，应尽量开启左侧机组；在实际操作中，要经常量测库区主河槽的位置，注意库区河槽的移摆，合理确定开启机组的位置。

对于开启部分排沙底孔拉沙排沙时，从提高分沙效果的角度来考虑，应尽量开启靠近库区主河槽的底孔和进口前冲刷漏斗较小的底孔；从扩大机组前冲刷漏斗范围的角度来考虑，可开启与运用机组相邻的底孔。对于轴流式机组方案，考虑到减轻底孔下游面流消能将粗颗粒泥沙回带到电站出口，应尽量开启发电运用机组相应的底孔。总之，排沙底孔的闸门操作比较灵活，围绕电站坝段进出口的流态和减少泥沙过机问题，适时决定操作，以有利于机组的正常操作运用。

第四节　贯流式和轴流式机组总体布置方案试验结果比较

根据两方案模型试验的结果可得出如下认识：

(1)通过对各泄流建筑物的泄流能力的验证，枢纽的泄流规模在两种机组方案下均能满足设计要求，尚留有余地。

(2)在水库布置中设置了泄洪闸、排沙闸、排沙洞和排沙底孔及电站等水工建筑物，能够满足大、中、小水发电、排沙和泄洪等调度运用的要求；在两种机组方案中电站坝段均考虑了 3 个方位拉沙的泄流排沙建筑物，可以在浑水运用时起到一定的拉沙作用。因此，枢纽在两种机组方案中的总体布局基本上都是合理的。

(3)在水库建筑物的连接处设置的各导墙和两岸岸墙工程，在水库流态方面均起到了较好的作用，且泄洪闸后的分流导墙对闸门的操作运用提供了方便。

(4)对于轴流式机组方案中的各泄流排沙建筑物消能工，其修改后的消能形式和尺寸均能满足各泄流排沙建筑物的消能要求，且水流流态也较原设计得到改善。对于贯流式机组方案，排沙闸和排沙洞后的消能工在正常蓄水位和正常尾水位运用时也能满足消能要求，从排沙洞后的水面波动上，平射的压力消能较面流消能水面波动有所减弱。

(5)在轴流式机组方案中的各泄流建筑物在正常调度运用时，出口附近砂卵石均有一定范围的冲刷，但总的来说冲刷不太严重，不致危及建筑物的安全。

(6)根据轴流式机组方案造床流量调度运用的试验结果，库区主河槽出现在排沙闸前附近，在浑水发电调度运用试验中，主河槽的平面位置基本上没有大的改变；但在贯流式机组方案试验中，经过电站坝段长期运用，主槽位置向电站一侧移动。因此，对于闸门操作、发电和拉沙等合理调度运用时均应考虑这一因素。

(7)各泄流建筑物的闸门操作应按正常规范要求进行。泄洪闸由于下游导墙的作用，可以在对称、均匀的条件下开启两孔及其以上闸孔进行操作运用，无特殊情况，应避免闸门局部开启。排沙闸、洞宜进行均匀、全部开启运用；电站在部分机组工作时应避开、远离坝前库区的主槽；排沙底孔在部分孔数拉沙排沙运用时，根据具体要求可适时开启靠近主槽处或运用机组处的底孔。

(8)轴流式机组方案在合理的排沙调度运用下，非汛期和汛期发电时，其坝前局部冲淤形态都不会对电站进口产生影响；但对于关闭的机组出口处，当相应的底孔泄流拉沙时，底孔下的平轴漩滚将回带大量的粗颗粒泥沙堆积在机组出口，对电站机组尾水门的操作和开启初期的引水量及出力都可能带来一定影响。贯流式机组方案在浑水调度运用时，在关闭的机组后也有一定的堆积，但距电站机组出口有一定的距离，不致影响出流和闸门的操作，在这个方案下由于电站进口位置较低，对于关闭的机组而言，淤积面高程可能高过机组进口。在轴流式机组和贯流式机组方案中，所产生的这些不利影响，均需在设计和调度运用中引起足够重视。

(9)贯流式机组电站坝段增设坝前的拦沙坎，对于含沙量来说，合理的拦沙坎布置形式和高程具有一定拦沙作用。试验中的几种布置形式其拦沙效果不甚明显；对于拦截推移质具有一定效果，这对减轻机组磨损有一定作用。在可行性研究阶段可作为防沙、防磨损措施进行经济技术比较。

综上所述，这两种机组方案在模型试验中没有表现出明显的优劣之差。从排沙洞后消能的水面波动上看，贯流式机组方案略优于轴流式机组方案。

在两机组方案中，排沙洞和排沙底孔消能的形式，其空间流态及结构很复杂，由于在小比尺整体模型上不易观测其水流结构，且以往的系统性资料和经验较少，待设计中采纳方案确定后，建议在单体模型上进一步研究。对于贯流式机组方案，由于时间限制，库区及坝下流态及流速分布未进行观测。待设计中采用该方案后，可对这一方案进行系统而全面的试验研究和校核检验。

第三章　西霞院反调节水库坝轴线直角和直线布置模型试验研究

第一节　试验研究内容及水库总体布置方案概况

一、试验研究内容及模型设计简介

根据试验合同要求，需进行如下工作：

(1)校核泄洪闸、排沙洞的泄流能力，试验研究各建筑物(包括电站冲沙底孔)下游消能防冲设施的效果。

(2)比较水库坝轴线不同总体布置方案的防沙措施和效果，进行排沙洞和电站冲沙底孔的冲沙漏斗试验，试验研究适宜的排沙规模，观测不同运用条件下分流分沙比，试验确定排沙洞和电站冲沙底孔的运用条件，以保证电站正常运行。

模型试验仍在水库整体动床模型上进行，模型设计为正态模型，几何比尺仍为 1∶100，正态模型悬移质泥沙运动的模拟极为困难。由于本模型主要研究工程附近的河流再造床作用，考虑到在造床过程中，悬移质泥沙起造床作用的是床沙质部分，冲泻质不参加造床，为此模型着重考虑参与造床作用的床沙质，根据张红武的床沙质与冲泄质分界粒径经验公式可求得西霞院坝址处的分界粒径为 0.028 mm。

设计单位为本试验提供了两组泥沙级配资料，见表 3-1。由上述计算的分界粒径和表 3-1 所列的数据可大致求出原型悬移质泥沙中床沙质部分中径为 0.044～0.048 mm，试验取 d_{50}=0.046 mm。

表 3-1　泥沙级配表

第一组	d(mm)	<0.025	0.025～0.05	>0.05	小浪底水库初期运用出库泥沙级配
	沙重百分数(%)	76.3	17.1	6.6	
第二组	d(mm)	<0.025	0.025～0.05	>0.05	小浪底水库后期运用出库泥沙级配
	沙重百分数(%)	53.3	27.7	19.0	

本试验选用郑州热电厂的粉煤灰，其容重为 2.1 t/m³，由此可得容重比尺 λ_{γ_s}=2.7/2.1=1.29，相对容重比尺 $\lambda_{\left(\frac{\gamma_s-\gamma}{\gamma}\right)}$=1.55。按原型水温 25 ℃、试验室水温 15 ℃，得 λ_V=0.78，由式(2-12)可求得悬移质粒径比尺 λ_d=2.25。所以，本模型应采用中径为 0.02 mm 的粉煤灰模拟悬移质泥沙中的床沙质，含沙量比尺取 λ_s=4.0，由原型沙干容重 γ_{op}=1.3 t/m³ 和模型沙干容重 γ_{om}=0.8 t/m³ 可得干容重比尺 λ_{γ_0}=1.3/0.8=1.625。

西霞院坝址实测砂卵石颗粒级配曲线参见图 3-1，由图可知 D_{50} 约为 45 mm，经比较选轻质煤屑来模拟砂卵石，煤屑容重为 1.51 t/m³，干容重 1.04 t/m³，由此可得 $\lambda_D = 16.43$。模型实际采用的煤屑级配也绘入图 3-1。

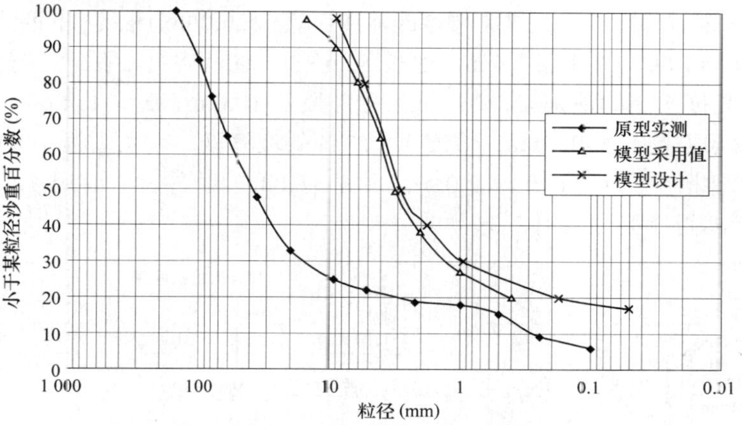

图 3-1　原型砂卵石及模型沙级配曲线

二、水库总体布置方案概况

此次工程设计单位提出了两种水库总体布置工程方案，即水库坝轴线直角布置方案和直线布置方案。

(一)水库坝轴线直角布置方案

工程直角布置方案由拦河土石坝、泄洪闸、排沙洞和电站等建筑物组成，工程布置见图 3-2。

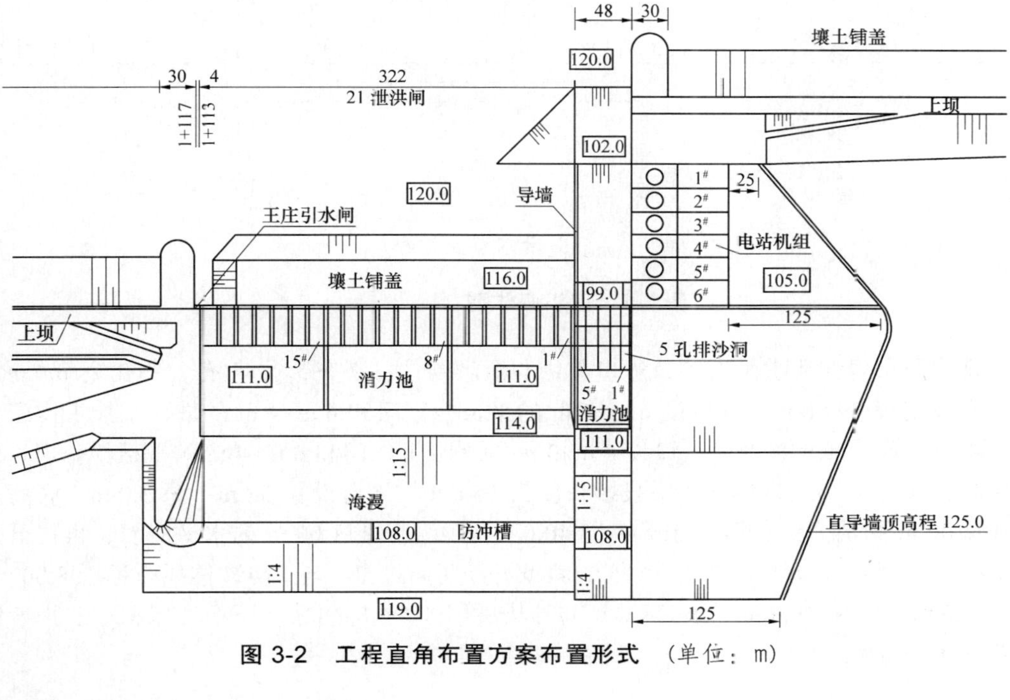

图 3-2　工程直角布置方案布置形式　(单位：m)

泄洪闸有 21 孔，每孔净宽 12 m，堰顶高程 126.40 m，堰顶处设 12 m×9 m 平板检修门和 12 m×10 m 弧形工作门，泄洪闸进口底板高程 116.00 m，上游与 40 m 长的水平壤土铺盖相接，再往上用 1∶4 的斜坡与库区河床(高程 120.00 m)相接；下游采用底流消能，消力池底高程 111.00 m，池深 3.0 m，池长 52.00 m；在池中每 7 孔设一导墙，导墙顶高程 125.00 m，长度至消力池末端；消力池后接一段长 10.0 m、高程 114.00 m 的水平海漫；再往下是一段水平投影长 90.0 m，坡度 1∶15 的斜坡海漫，末端高程 108.00 m，与防冲槽顶相接；防冲槽底宽 6.0 m，深 2.0 m，顶宽 18.0 m；防冲槽下游用 1∶4 斜坡与下游河床相连。泄洪闸体型详见图 3-3。

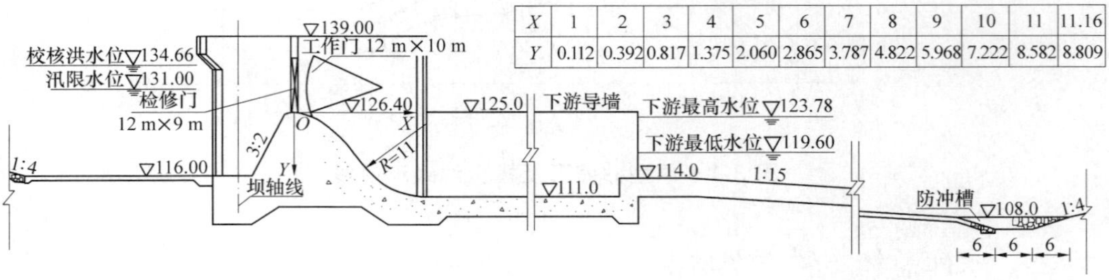

X	1	2	3	4	5	6	7	8	9	10	11	11.16
Y	0.112	0.392	0.817	1.375	2.060	2.865	3.787	4.822	5.968	7.222	8.582	8.809

(a)泄洪闸纵剖面图

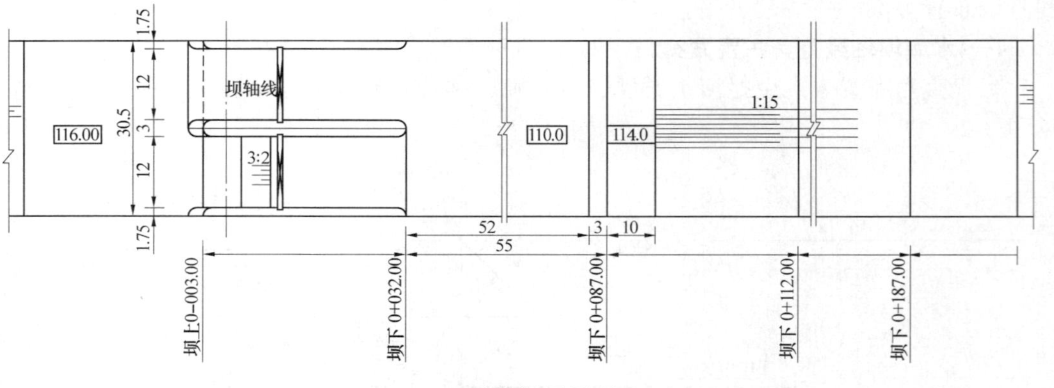

(b)泄洪闸平面图

图 3-3　泄洪闸体型（单位：m）

排沙洞布置在泄洪闸左侧，进口前缘与泄洪闸进口平齐，共 5 孔，每孔宽 6.0 m，进口底板高程 99.00 m；进口设 6 m×6 m 的平板检修门和 6 m×4 m 的进口平板工作门，往下游是一段上翘的洞身，出口设 6 m×3 m 的平板工作门和 6 m×4 m 的平板检修门，出口底高程 108.00 m；排沙洞水平投影长度为 55.0 m，下游设长 52 m、深 3.0 m、底高程为 108.00 m 的消力池；消力池下接长 40.0 m、顶高程 111.00 m 的水平海漫；再往下是水平投影长度 45.0 m、坡度为 1∶15 的斜坡海漫与防冲槽相连，防冲槽顶高程 108.00 m、底宽 6.0 m、顶宽 18.0 m、深 2.0 m；防冲槽后用 1∶4 的斜坡与下游河床相连。排沙洞布置详见图 3-4。

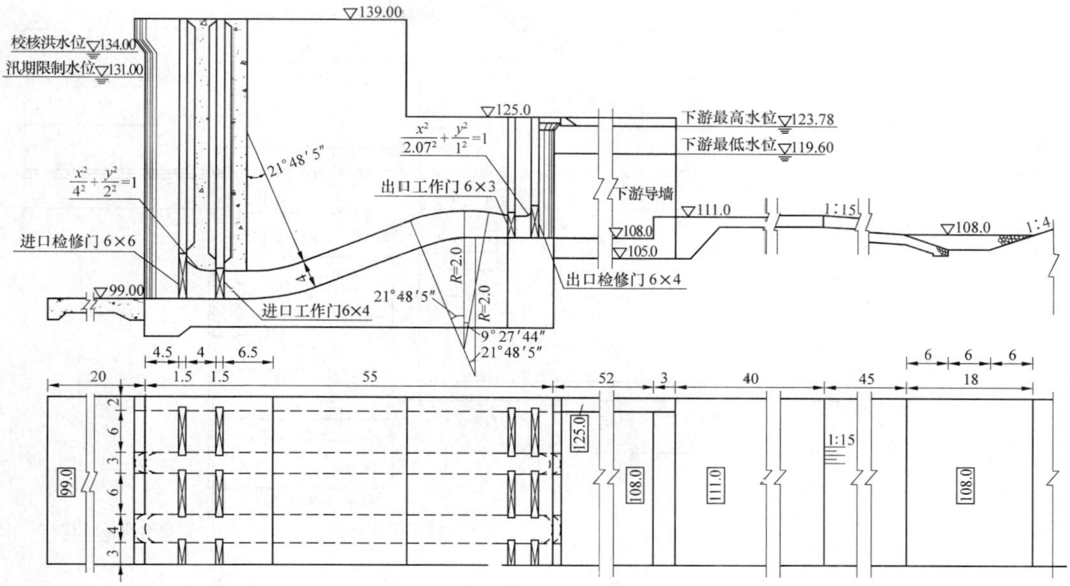

图 3-4 工程直角布置方案排沙洞体型 (单位：m)

电站为贯流式机组，共 6 台，电站坝段轴线与泄洪闸坝段轴线成直角，电站进口底高程为 106.00 m，出口底高程为 105.00 m，电站出口对岸设一顶高程为 125.00 m 的直导墙，左侧 1[#]机组出口距导墙上游端为 25.0m，右侧 6[#]机组出口距导墙下游端为 125.00 m，导墙末端距排沙洞左侧导墙延长线的距离为 125.00 m。为了减少过机泥沙，在电站进口前缘设一宽为 48 m 的冲沙槽，冲沙槽上游端高程为 102.00 m，下游高程为 99.00 m，与排沙洞进口高程齐平。

(二)水库坝轴线直线布置方案

工程直线布置方案由拦河土石坝、泄洪闸、电站、电站右侧排沙洞、电站安装间下排沙洞及电站下部的排沙底孔等建筑物组成。该方案将安装间下排沙洞下游左侧导墙延长至距坝轴线 314 m 处，然后接半径为 235 m、转角为 50°21′38″的圆弧导墙转向主河槽方向，导墙内河床开挖至 119.00 m 高程。直线布置方案详见图 3-5。

该方案的泄洪闸和直角布置方案完全相同。泄洪闸左侧设 3 孔排沙洞，每孔净宽 5.0 m；进口底板高程 99.00 m，出口底高程 108.00 m；由于尾水较高，消力池末端未设消力池坎，池底高程 108.00 m，池长 75 m，池后接 60 m 长水平海漫，海漫后为防冲槽；进出口都设有检修门和工作门，出口工作门尺寸为 5 m×3 m，其洞身体型也是尾部上翘。排沙洞布置见图 3-6。

排沙洞左侧是电站厂房，共 6 台贯流式机组，进口底高程 106.00 m，出口底高程 105.00 m；每台机组下部设一冲沙底孔，底孔进口底高程 99.00 m，出口底高程 100.00 m，进口设 14.0 m×3.0 m 的事故门，出口设 14.0 m×2.0 m 的工作门；冲沙底孔从上游机组事故闸门后分成两条洞子，至下游工作门前又合二为一，具体布置见图 3-7。

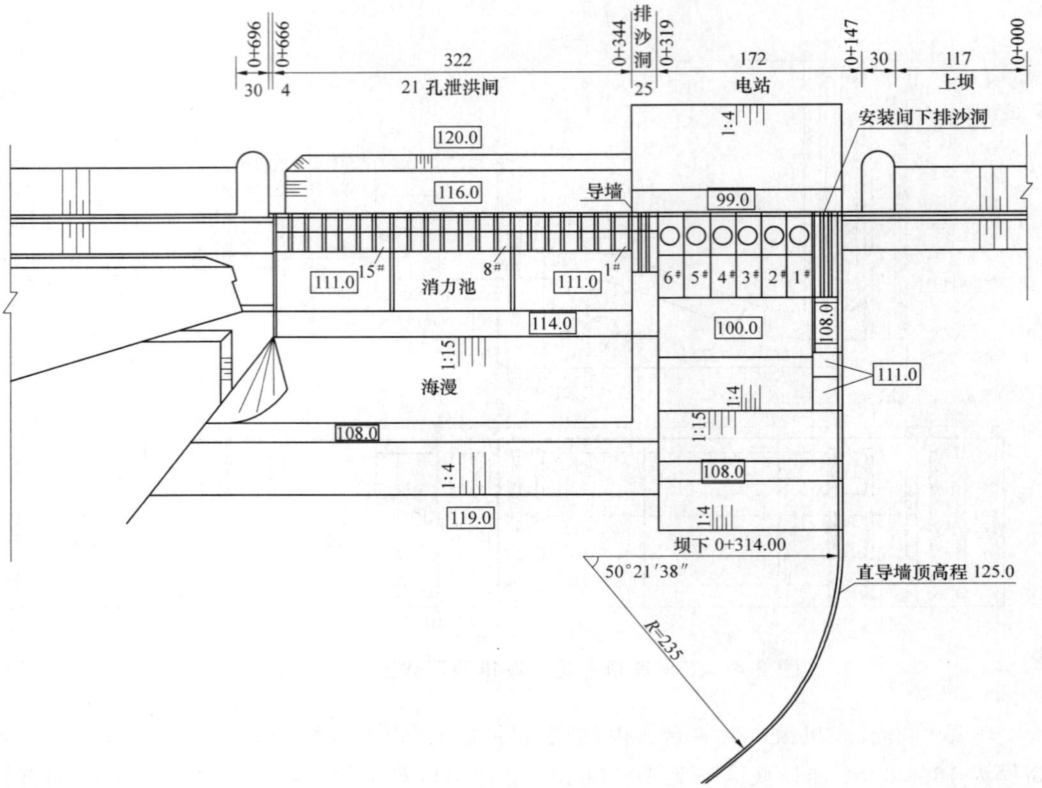

图 3-5　工程直线布置方案布置型式　（单位：m）

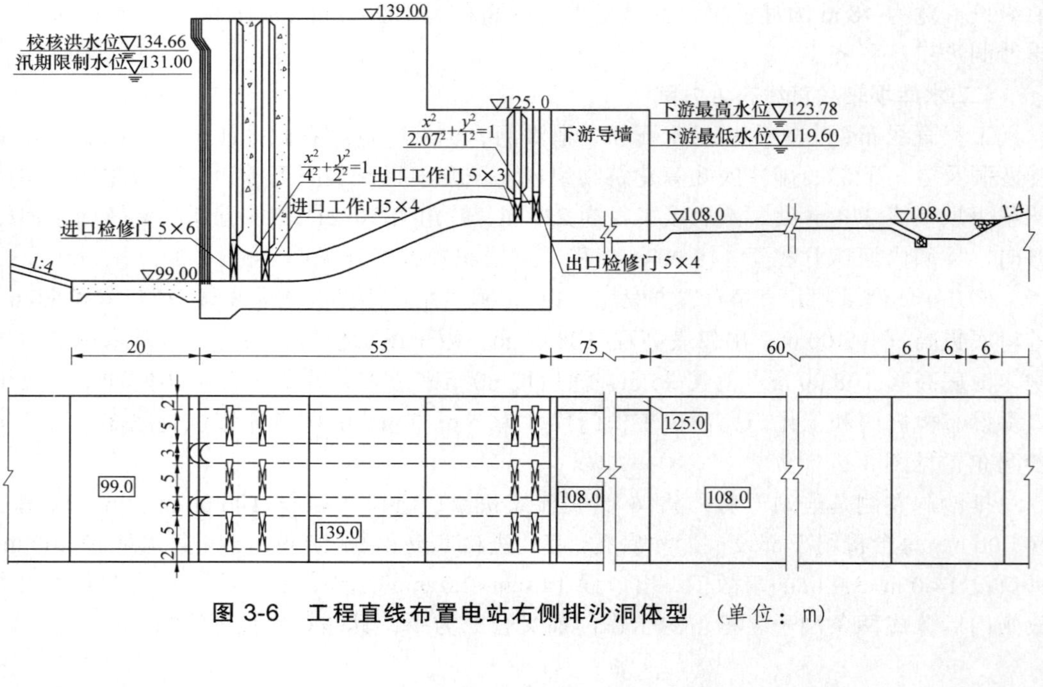

图 3-6　工程直线布置电站右侧排沙洞体型　（单位：m）

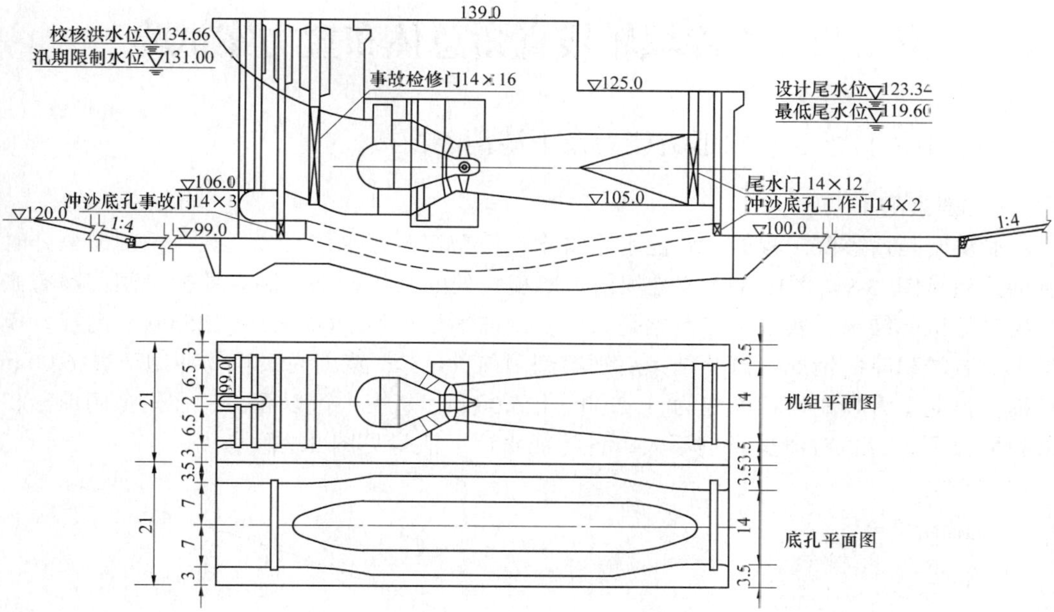

图 3-7　工程直线布置机组及排沙底孔体型　（单位：m）

在电站的安装间下还布置有 3 孔排沙洞，每孔宽 5.0 m；进口底高程 99.00 m，设有 5 m×4 m 检修门和 5 m×4 m 的工作门；自工作门后洞身向上翘起，至洞出口底高程为 108.00 m，出口设 5.0 m×3.5 m 事故门；洞后设一长 47.0 m 的消力池，消力池后接长 49.0 m、高程为 111.00 m 的水平海漫和 45.0 m 长的斜坡海漫，其后设防冲槽，详见图 3-8。

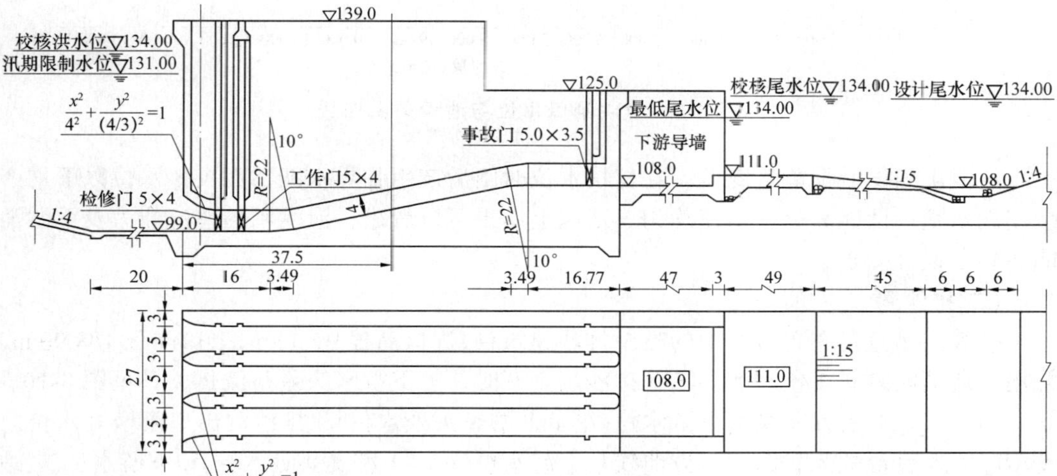

图 3-8　工程直线布置安装间下排沙洞体型　（单位：m）

第二节　水库坝轴线直角总体布置方案试验

一、泄流排沙建筑物泄流能力及下游消能衔接

(一)泄洪闸

泄洪闸是西霞院工程的主要泄水建筑物，模型实测库水位与 21 孔泄洪闸门全开时泄量关系见图 3-9。图中库水位是坝前右岸裹头处的水位，空心圆点数据是闸前没有淤积物时的试验结果，实心圆点数据是试验在闸前铺设模型沙(煤灰)至 125.00 m 高程，模拟闸前有淤积时的情况，试验结束后观察到闸前 1～3 m 范围内淤积物冲刷至 116.00 m 高程，再向上游冲刷高程渐变为 122.00～123.00 m。从图中可以看出，在模拟闸前淤积试验情况下，淤积对泄量影响不大，各特征水位下泄量见图 3-9 附表。

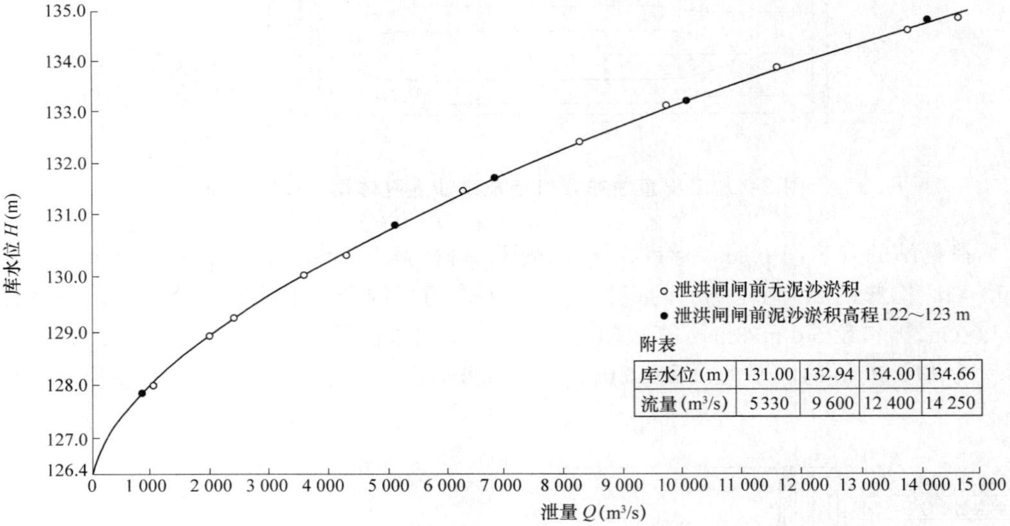

图 3-9　泄洪闸库水位与泄量关系曲线

从泄洪闸下游消能情况看，在校核水位时闸后产生临界水跃，而校核水位以下均产生淹没水跃，消能充分，出流均匀。从以上结果可以看出，泄洪闸的泄流能力及下游消能达到了设计要求。

(二)排沙洞

排沙洞是直角布置方案中的唯一排沙建筑物，进口高程 99.00 m，出口高程 108.00 m，采用底流消能方式。模型实测 5 孔排沙洞全开时，上下游水头差与流量关系见图 3-10。

图 3 -10 中上方曲线是上游水位(左岸上游裹头处水位)和排沙洞出口闸墩处水位之差ΔH_2与泄量 Q 关系，图中下方曲线是上游水位(左岸上游裹头处水位)和下游水位(电站下游左侧导墙末端处尾水位)之差ΔH_1与泄量 Q 关系。二者差别是排沙洞出口与下游水位之间存在一恢复落差所致。设计可根据下游闸墩水位或左侧导墙末端处尾水位选用不同的泄流曲线。

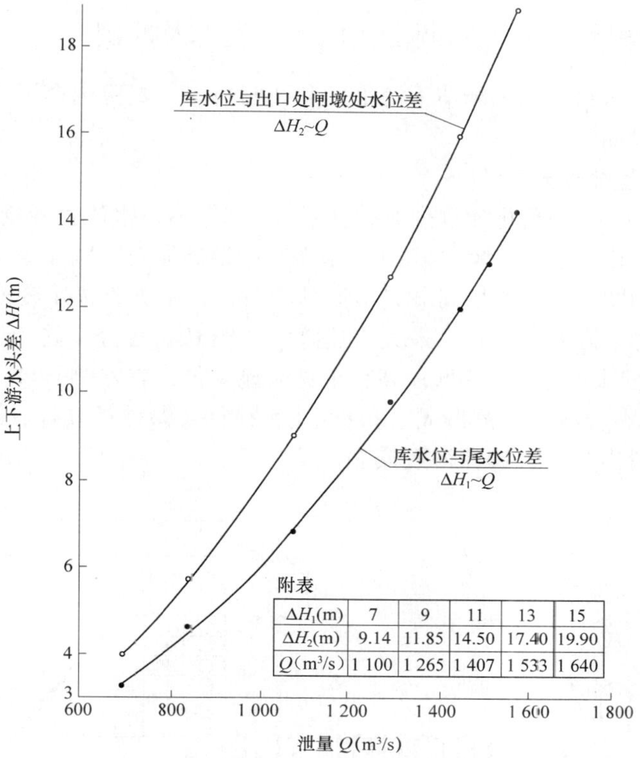

图 3-10　排沙洞$\Delta H \sim Q$关系曲线

由于排沙洞出口高程较低，属高淹没度底流消能，试验表明在设计的各级水位下均产生淹没水跃。水流出下游导墙后，在导墙两侧产生回流，但强度不大。库水位在 131.00～134.66 m 时，排沙洞进口处各闸墩之间均产生顺时针凹陷漩涡，漩涡直径可达 1.5 m，能吸入漂浮物，考虑到排沙洞出口高度仅 3.0 m，原型应采取必要的措施，防止较大漂浮物进入排沙洞前漩涡区。

(三)工程的泄流能力

由泄洪闸和排沙洞的单项泄流能力可得出不同运用情况下的工程总泄流能力，见表 3-2，由表可知工程总泄量满足设计泄流规模要求。

表 3-2　工程泄流能力　(单位：m^3/s)

运用情况		泄洪闸	排沙洞	总泄量	原设计泄流规模
汛期水位 131.00 m	排沙运用		1 345	1 345	1 000
	泄洪排沙运用	5 330	1 200	6 530	6 000
正常蓄水位 134.00 m	排沙运用		1 525	1 525	1 000
设计洪水位 132.94 m	泄洪排沙运用	9 600	1 300	10 900	9 810
校核洪水位 134.66 m	泄洪排沙运用	14 250	1 385	15 635	13 610

二、水库淤积平衡前不同调度运用下游流态及冲刷

为了研究工程达到淤积平衡前下游最不利冲刷情况，试验选择了几种典型的运用条件进行观测，结果如下。

(一)正常蓄水位排沙运用

库水位 134.00 m，5 孔排沙洞全开，泄量 1 525 m^3/s，水流含沙量小于 5 kg/m^3，下游水位 121.06 m，模型运行时间 4 小时，相当于原型砂卵石冲刷 478 小时。洞出口流速分布及冲刷地形见图 3-11。由图可知，出流基本对称，在防冲槽处最大流速为 3.09 m/s，至坝下 0+312 m 处，随水流扩散，最大流速降为 2.8 m/s，且分布趋于均匀。由于出流相对集中，冲刷坑范围不大，防冲槽顶高程未见明显降低，在左侧导墙下游因水流扩散淘刷，在水平海漫和斜坡海漫左侧形成了一长条状冲刷坑，最深处高程可达 105.00 m 左右，设计应对此加以适当防护，确保海漫安全。

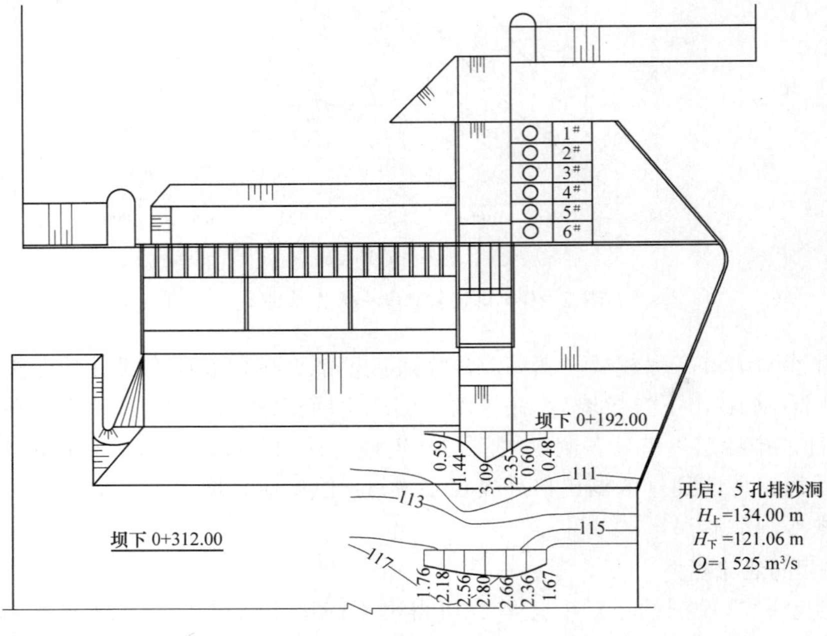

图 3-11　正常蓄水位排沙洞排沙运用下游流速及冲刷地形　(流速单位：m/s)

(二)汛限水位泄洪排沙运用

库水位 131.00 m，21 孔泄洪闸和 5 孔排沙洞全开，泄量 6 530 m^3/s，含沙量小于 5 kg/m^3，下游水位 122.82 m，模型运行时间 4 小时，相当于原型冲刷 478 小时。试验表明，泄洪闸前水流平顺，闸后消能充分，水流扩散均匀。排沙洞前每个闸墩之间均有顺时针吸气漩涡出现，漩涡直径可达 1.5～2.0 m，漩涡强度从左至右渐强，能吸入漂浮物，排沙洞下游左导墙外侧有较大范围的弱回流。流速分布和冲刷后地形见图 3-12。由图可知，流速分布无异常，下游冲刷地形也属正常，排沙洞后无明显的冲刷坑形成，只是在排沙洞后海漫左侧产生一条状冲坑，坑底高程达 107.00 m。

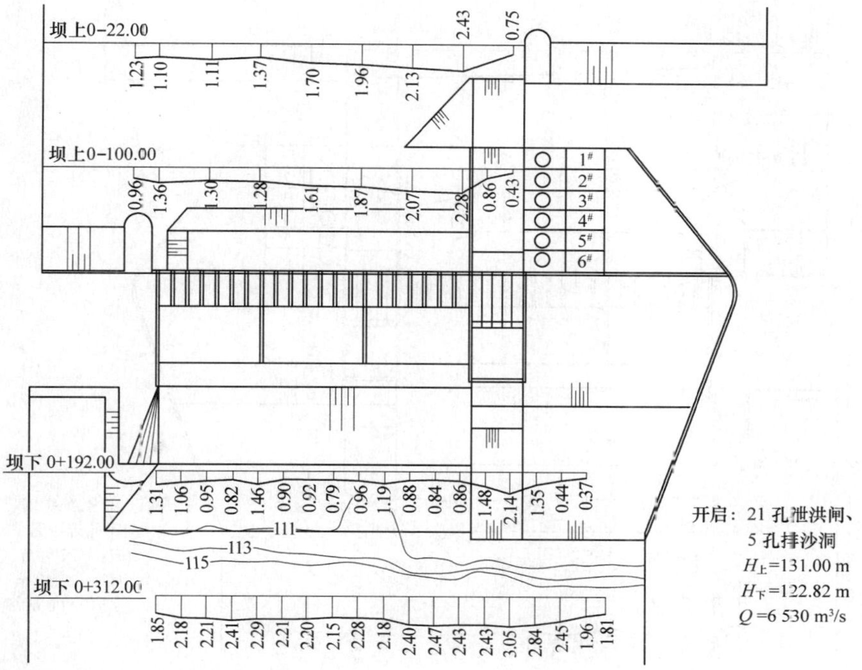

图 3-12 汛限水位泄洪运用工程上下游流速分布及冲刷地形 （流速单位：m/s）

(三)设计洪水位泄洪排沙运用

库水位 132.94 m，21 孔泄洪闸和 5 孔排沙洞全开，总泄量 10 900 m^3/s，下游水位 123.49 m，含沙量小于 5 kg/m^3，模型仍运行 4 小时。试验表明，上下游流态和汛限水位时差别不大，流速分布形态也基本一致，见图 3-13。从中还可看出，随库水位升高，排沙洞后冲刷坑逐渐显现。海漫左侧条状冲坑也有所加深，冲坑底高程达 105.00 m。泄洪闸后河床高程比汛限水位条件下略有降低。

(四)校核流量泄洪排沙运用

库水位 133.95 m，21 孔泄洪闸及 5 孔排沙洞全开，总泄量 13 610 m^3/s，含沙量小于 5 kg/m^3，模型运行时间 4 小时。结果表明，闸前进流均匀，在左岸裹头内侧有一弱回流，排沙洞左侧两孔前有稳定的贯通吸气漩涡，能吸入漂浮物，漩涡直径约 1.5 m，右侧 3 孔前有间断漩涡出现。下游流态与设计水位时类似，流速分布及冲刷地形见图 3-14，排沙洞后冲坑比设计水位略有加大，闸后河床高程也略有降低。

(五)试验小结

通过对该方案泄水建筑物的泄流能力、上下游流态、消能情况及下游冲刷地形等试验观测，可以得出如下结论：

(1)在各种运用条件下泄流能力均大于原设计泄流规模，满足了设计对泄量的要求。

(2)各种运用条件下，上游进流较均匀，排沙洞进口处有较稳定且强度较大的贯通吸气漩涡存在，能吸入漂浮物，考虑到排沙洞出口高度只有 3 m，故应防止较大尺寸的漂浮物行至排沙洞前。

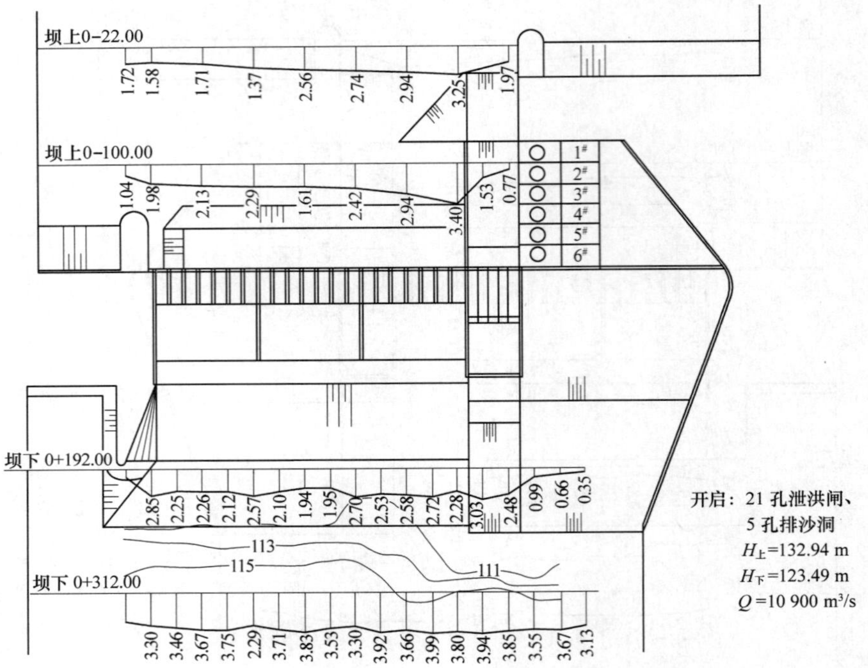

图 3-13　设计洪水位泄洪排沙运用工程上下游流速分布及冲刷地形　（流速单位：m/s）

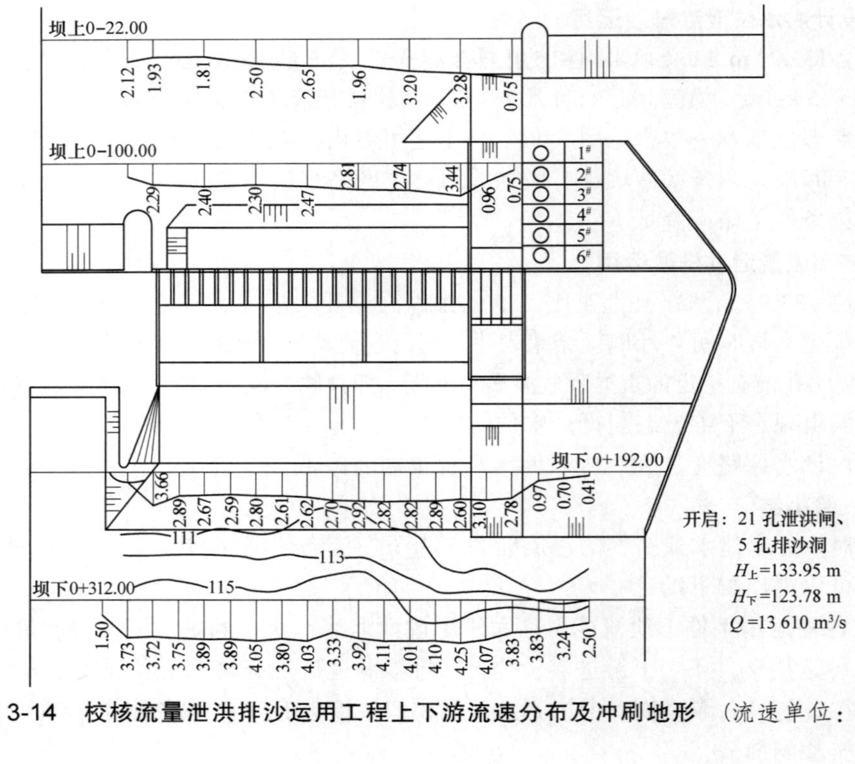

图 3-14　校核流量泄洪排沙运用工程上下游流速分布及冲刷地形　（流速单位：m/s）

(3)泄洪闸在校核水位时下游产生临界水跃，校核水位以下均产生淹没水跃，消能情况良好，水流扩散均匀；排沙洞在各种运用条件下均产生淹没水跃，满足设计消能要求。

(4)由于泄洪闸下消能较充分，水流出消力池后扩散均匀，因此闸后河床局部冲刷较小也较均匀，没有明显的冲坑；而排沙洞出流较集中，防冲槽后有较明显的冲坑，但范围不大；而在海漫左侧有较深的条状冲坑产生，最低高程 105.00 m，应做适当防冲处理。

(5)总的来看，工程直角布置方案在泄流能力和消能设计方面均达到预期目的，只要对排沙洞下游海漫左侧做适当防护处理并能防止汛期较大漂浮物行到排沙洞前，从水力学方面讲该方案是可行的。

三、水库调度运用上游冲淤形态

水库调度运用试验主要研究工程冲淤平衡后其上下游冲淤形态及各建筑的分流分沙情况。

(一)造床试验

工程建成以后，库区将形成新的河槽形态，设计通过资料分析求得西霞院水利工程造床流量为 4 220 m^3/s，相应的平衡河槽水面宽 510 m，平均水深 3.2 m。

试验选用和设计相同的造床流量 4 220 m^3/s 来进行造床，含沙量按多年汛期平均考虑，取 100 kg/m^3 左右，按模型设计要求选用 d_{50}=0.02 mm 的粉煤灰做模型沙，级配见图 3-15。

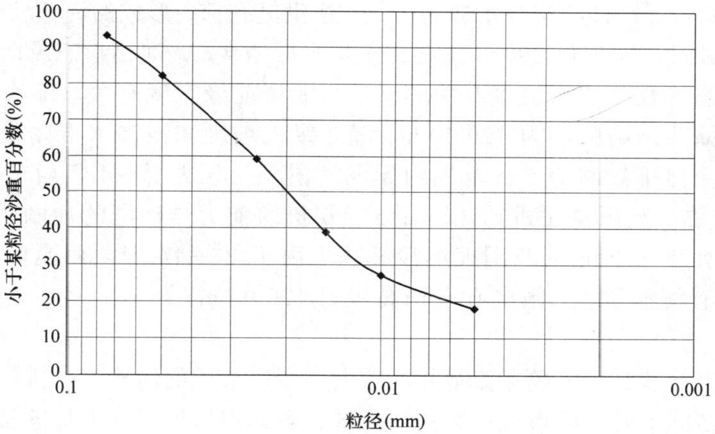

图 3-15 模型悬沙级配曲线

为了便于电站引水和减少过机泥沙，水库调度运用应尽量开启靠近电站的泄流排沙建筑物泄流排沙。根据建筑物泄流能力，试验开启 5 孔排沙洞，1#～7#、8#、10#、12#及 14#泄洪闸孔，总泄量 4 220 m^3/s，相应上游水位 131.19 m，下游水位 122.35 m。模型放水 14 小时，相当于原型冲淤 57.4 小时，待上下游河槽基本稳定后，测量流速见图 3-16。

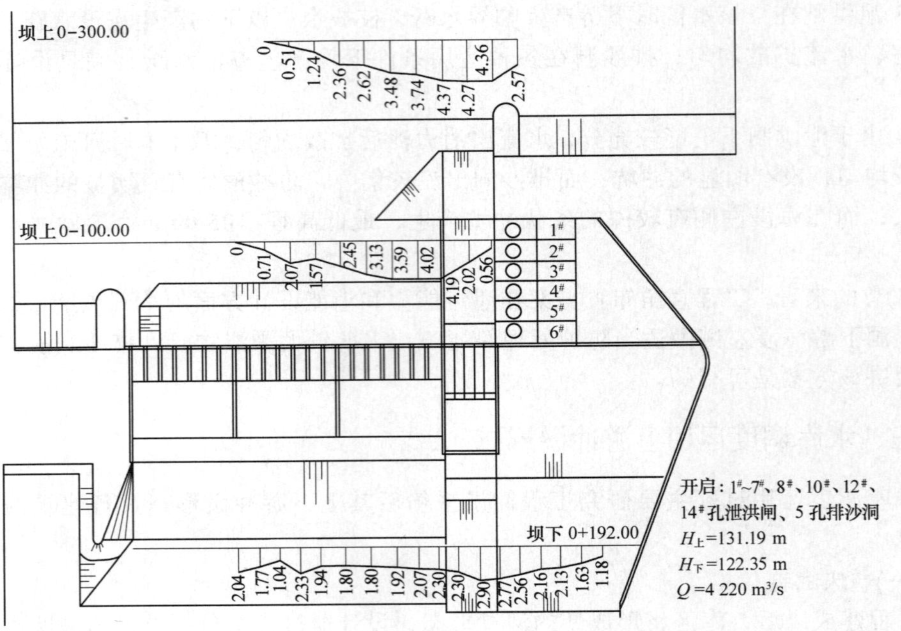

图 3-16　造床试验工程上下游流速分布　(流速单位：m/s)

由图可以看出，由于泄流比较集中，工程上游主流带位于排沙洞及 1～7#泄洪闸前，形成的河槽较窄，流速较大。淤积平衡后的库区及下游地形见图 3-17。由图可以看出，和主流速场相对应，在排沙洞与紧邻的 1#～7#泄洪闸孔前，形成的河槽较窄，流速较大。坝上游 560 m 处过流宽度仅 290 m 左右，平均水深约 4 m，河槽形态见图 3-18。

河槽的形态不仅和造床流量有关，而且与泄流前缘宽度有关。排沙洞前有一较小的冲刷漏斗，漏斗顶高程约为 120.00 m，漏斗纵向坡度和泥沙水下休止角相近，试验过程中，可探测出排沙洞前 5 m 范围内无泥沙淤积。电站 1#～4#机组前泥沙淤积高程在 118.00 m 左右，高出电站进口 12 m；5#～6#机组前为排沙洞的冲刷小漏斗区，1#～7#泄洪闸孔前有 5～10 m 的范围无泥沙淤积。由于 8#～14#泄洪闸是间隔开启，因此未开启的闸前有泥沙淤积，闸中心淤积高程约 120.00 m，开启的闸前仅 2 m 范围内无泥沙淤积。

工程下游因排沙洞出流单宽流量相对较大，所以形成的河槽正对排沙洞出口。因电站不过流，排沙洞下游左侧形成一大的回流区，电站出口处泥沙大量落淤，淤积面高程可达 114.00 m。未开启的 15#、16#泄洪闸后(消力池内)落淤达 6 m 厚。

上述试验结果表明该布置形式电站前的冲沙槽未起到预想效果，不能保证电站进口门前清。

(二)汛期调度运用试验

为了研究各种运用工况下工程上下游冲淤变化情况，模型选取 3 种典型运用方式进行了试验观测。

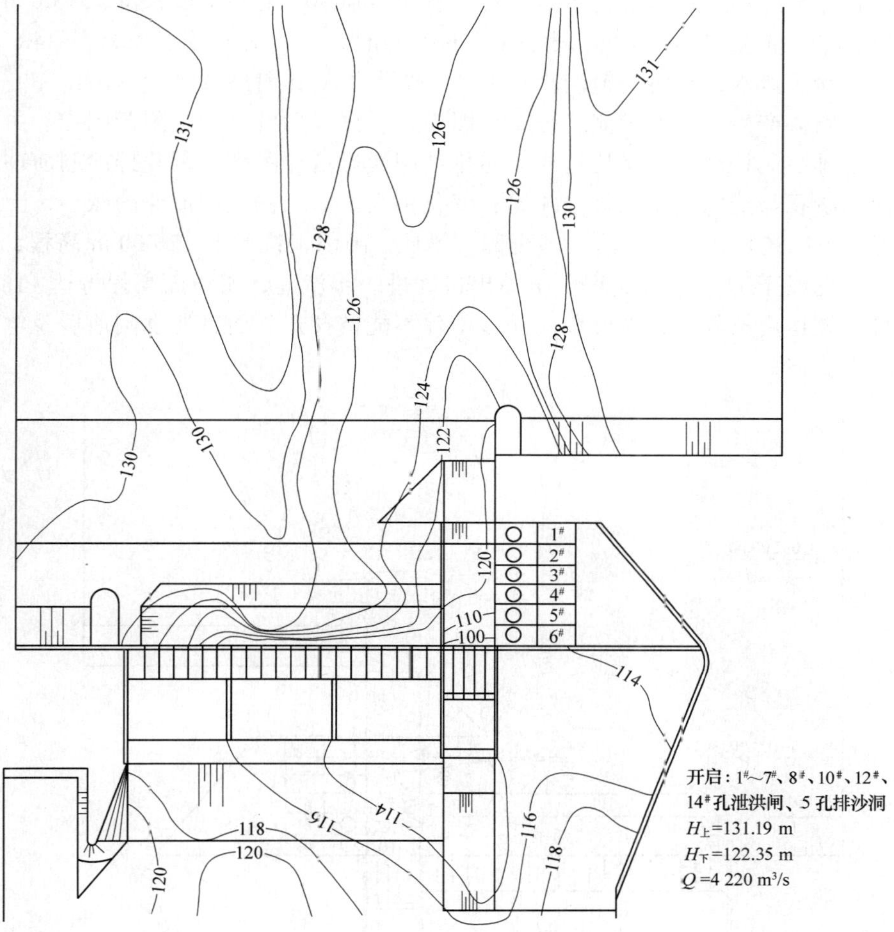

图 3-17　造床试验后上下游冲淤地形

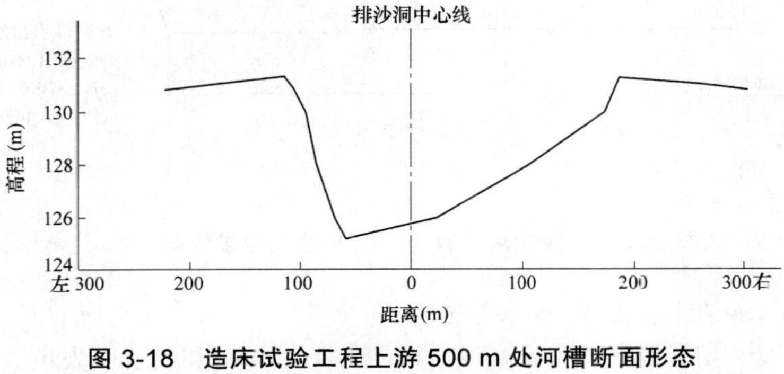

图 3-18　造床试验工程上游 500 m 处河槽断面形态

1. 5 孔排沙洞拉沙试验

在造床以后的地形基础上进行 5 孔排沙洞拉沙运用。上游汛限水位 131.00 m，下游水位 120.90 m，泄量 1 345 m³/s，含沙量 76.6 kg/m³，放水时间相当于原型 24.6 小时。由于只有排沙洞泄水，上游流速较小，在 1#～7#泄洪闸孔前后及排沙洞出口左右侧，有强度不大的回流产生。上下游流速分布见图 3-19，试验后的地形也附于图中。由图可以看出，由于排沙洞拉沙时泄量比造床试验排沙洞泄量增加不多，因此排沙洞前冲刷漏斗及电站前的淤积与造床试验的结果相比，变化不大。因工程上游流速的减小，上游河槽有所萎缩，由图还可以看出，泄洪闸全部关闭后，闸前很快淤至 126.00 m 高程，闸后消力池内泥沙也淤至 118.00 m 高程，电站出口处进一步淤高，淤积面高程可达 118.00 m。由此可见，该运用条件下，电站前的泥沙不仅不能被拉走，而且泄洪闸前后及电站出口泥沙会进一步淤高。

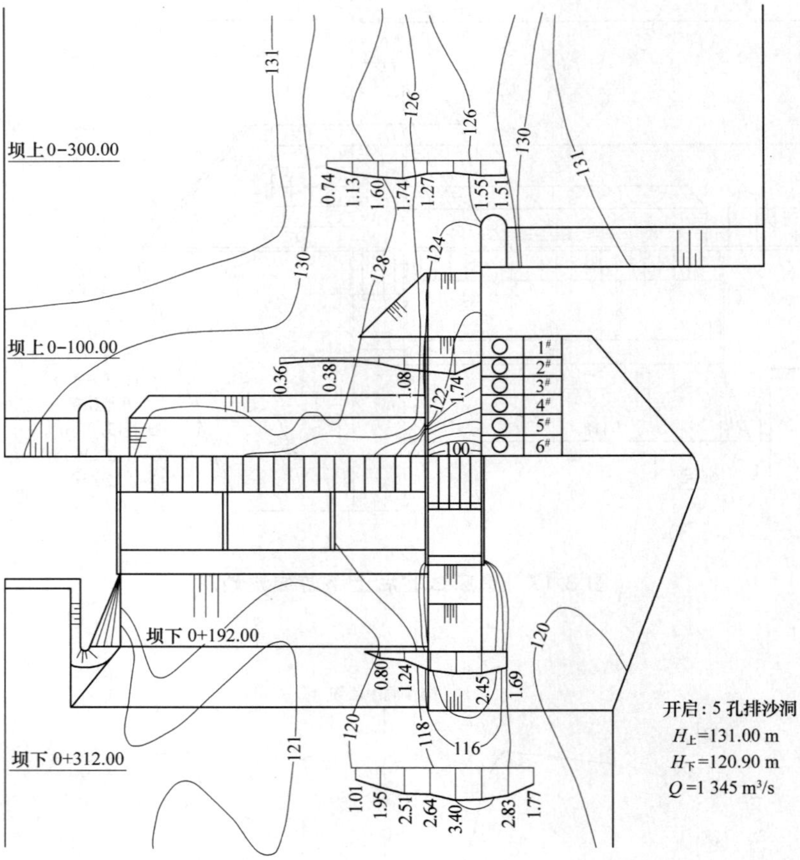

图 3-19　汛期排沙洞拉沙运用工程上下游流速及冲淤地形　（流速单位：m/s）

2. 汛期 5 台机组、5 孔排沙洞联合运用

当来流流量相对较大，而含沙量不太高，此时，2#～6#机组全开发电，5 孔排沙洞全开拉沙。上游水位 131.00 m，下游水位 121.95 m，总泄量 3 140 m³/s，含沙量 60 kg/m³，

放水时间相当于原型 20.5 小时，在排沙洞拉沙运用后的地形基础上进行了该试验。

由于电站出口前期泥沙大量淤积，淤积面超过机组尾门顶缘 1 m，机组闸门刚开启时，受出口处泥沙阻挡，出口水流剧烈翻滚，水面壅高达 1.2 m。随着放水时间延长，电站出口处泥沙逐渐被冲走，水面壅高逐渐消失，放水 3 小时(原型时间)后，距 2#机组出口 19 m 处，距 6#机组出口 31 m 处的长度范围内泥沙被冲走，电站出口水位比尾水位高约 0.8 m。放水时间相当于原型 16.4 小时后，实测工程上下游流速见图 3-20。由图可见，在前期上游河道萎缩情况下，过水断面较小，主流流速较大；下游 0+192 m 断面左岸导墙处水流较集中，而前期淤积物未被冲走，流速达 4.42 m/s。4#、5#排沙洞有较稳定的逆时针漩涡存在，漩涡直径约 1.5 m。

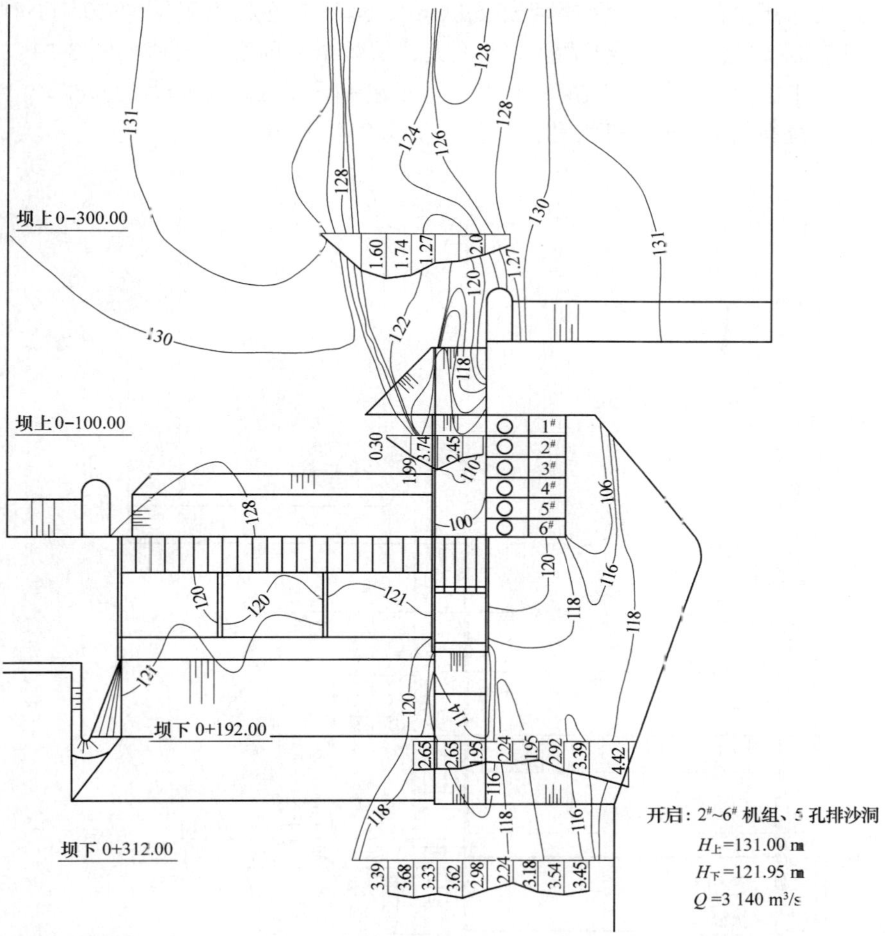

图 3-20 汛期调度运用工程上下游流速及冲淤地形 (流速单位：m/s)

试验后地形也附于图 3-20。由图可知，由于泄流位置较集中，上游河槽从左岸裹头往下逐渐收缩，平面上呈一漏斗状。在机组发电和排沙洞泄流的共同作用下，5#、6#机组前及排沙洞进口前 1～5 m 范围内，无泥沙淤积，排沙洞前形成一坡度较缓的冲刷漏斗。泄洪闸前后进一步淤高，上游淤积面高程达 128.00 m，下游消力池内淤积达 120.00 m

高程。电站出口 44～50 m 范围内泥沙被冲走，往下游前期淤积的泥沙被冲掉 2～3 m。

试验过程中，在排沙洞和电站出口多次取样测量，发现二者出流含沙量基本相等，泥沙级配也无大差别。分析后认为，由于电站和排沙洞进口集中布置，而且进口高差不大，电站前仅形成 50 m 宽的流道，来流流速较大，水流紊动较强，泥沙垂线分布较均匀，影响了排沙洞排沙效果。实测结果也证实了这一点，在 2#机组前实测水流表面和底部含沙量仅差 1.5 kg/m^3。

3. 汛期 3 台机组、2 孔排沙洞联合运用

在 5 台机组、5 孔排沙洞联合运用后的地形基础上进行该组试验，开启 4#～6#机组发电，2#及 4#排沙洞拉沙，上游水位 131.00 m，下游水位 121.16 m，总泄量 1 654 m^3/s，发电流量约占总泄量的 70%，含沙量 55.5 kg/m^3，运行时间相当于原型 20.5 小时。

该运用条件下，流态和上组试验差别不大，试验结束前实测流速见图 3-21。因流量减小，上游流速也大大降低，下游 0+192 m 断面左岸导墙处流速也大为减小，电站出口处水位比尾水位高约 0.5 m。机组和排沙洞出流含沙量基本一致。

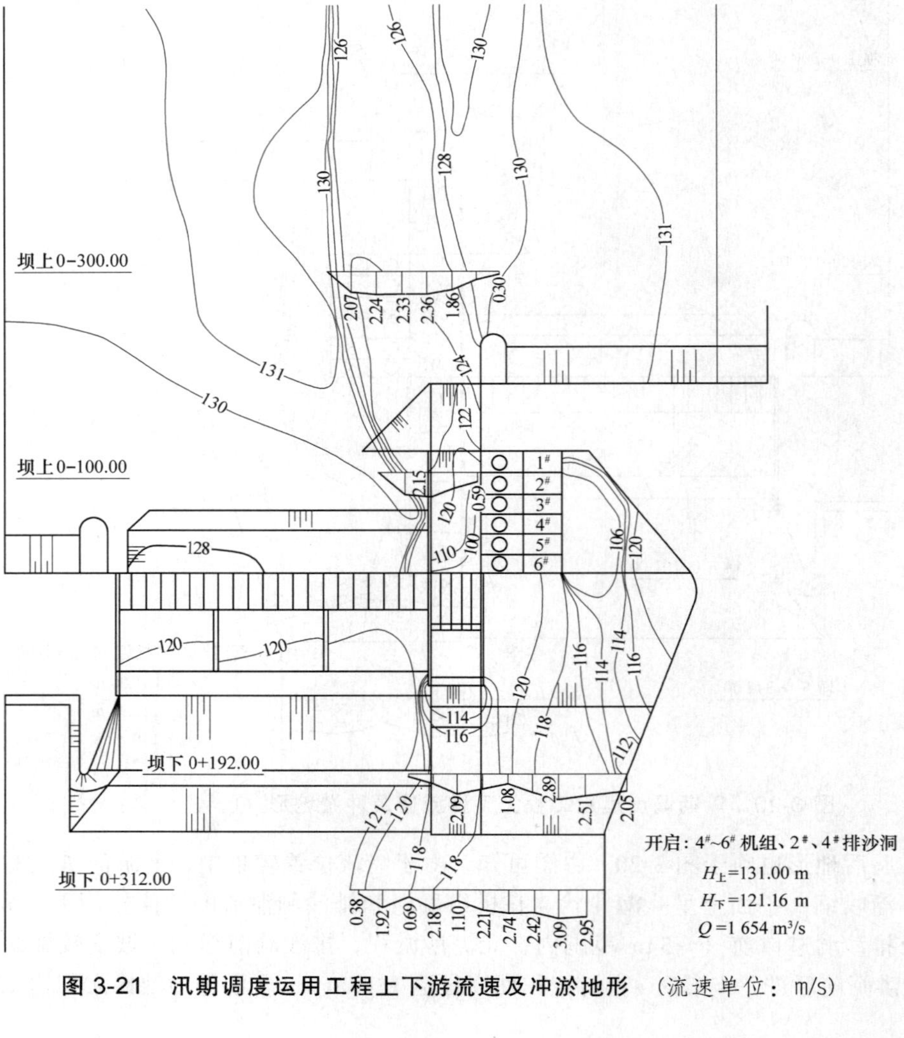

图 3-21　汛期调度运用工程上下游流速及冲淤地形　（流速单位：m/s）

试验结束后实测上下游冲淤地形附于图 3-21。由图可知，因泄流量减小，上下游河槽进一步萎缩，电站和排沙洞前漏斗变小，坡度变陡，近似于泥沙水下休止角。泄洪闸前后略有淤高，4#～6#机组后仍有 30～40 m 范围无泥沙淤积，下游 0+192 m 断面左岸导墙处有一冲坑，最深点高程 111.08 m。实测电站和排沙洞出口水流含沙量仍基本一致。

(三)非汛期调度运用试验

考虑到非汛期来水较少，模型进行了两种运用方式试验，结果如下。

1. 1 台机组+1 孔排沙洞运用

开启 6#机组发电和 1#排沙洞拉沙，上游水位 134.00 m，下游水位 120.30 m，总泄量 689 m^3/s，含沙量 6.5 kg/m^3，运行时间相当于原型 328 小时。由于水位较高，上游流速较小，在泄洪闸前有回流产生。因排沙洞只开 1#孔，出流在消力池内形成较大回流，但出导墙后回流基本消失，6#机组出口处水位比下游尾水高 0.1～0.2 m，上下游流速及冲淤后地形见图 3-22。由图可知，尽管含沙量不大，但随放水时间延长，上游地形仍继续淤高，以主槽右侧淤积较多，泄洪闸前淤积高程约 129.00 m，6#机组和 1#排沙洞前冲刷漏斗较小，坡度比泥沙水下休止角略小，因只有 6#机组发电，泥沙又在 1#～5#机组出口处回淤，但 6#机组出口处仍有 20 m 范围无泥沙淤积。

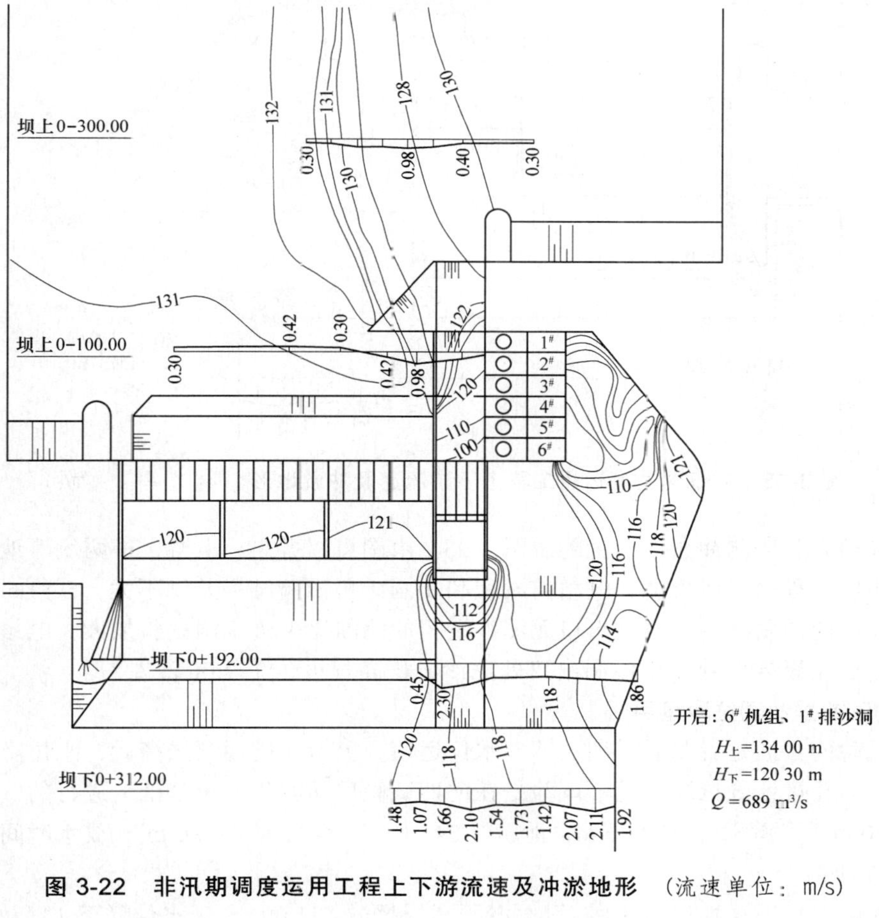

图 3-22　非汛期调度运用工程上下游流速及冲淤地形　（流速单位：m/s）

2. 2 台机组发电

开启 5#和 6#机组发电，上游水位 134.00 m，下游水位 120.37 m，总泄量 749 m^3/s，含沙量 23.5 kg/m^3，放水时间相当于原型 24.6 小时。

试验结束前实测工程上下游流速见图 3-23。由图可知，随着运行时间延长，上游滩面继续淤高，滩上流速小于 0.14 m/s，图中未标示，水流主要行进于原主槽中，下游受 5#～6#机组出流影响，在 1#～4#机组出口有逆时针回流产生。电站出口处水位比下游尾水高约 0.35 m。

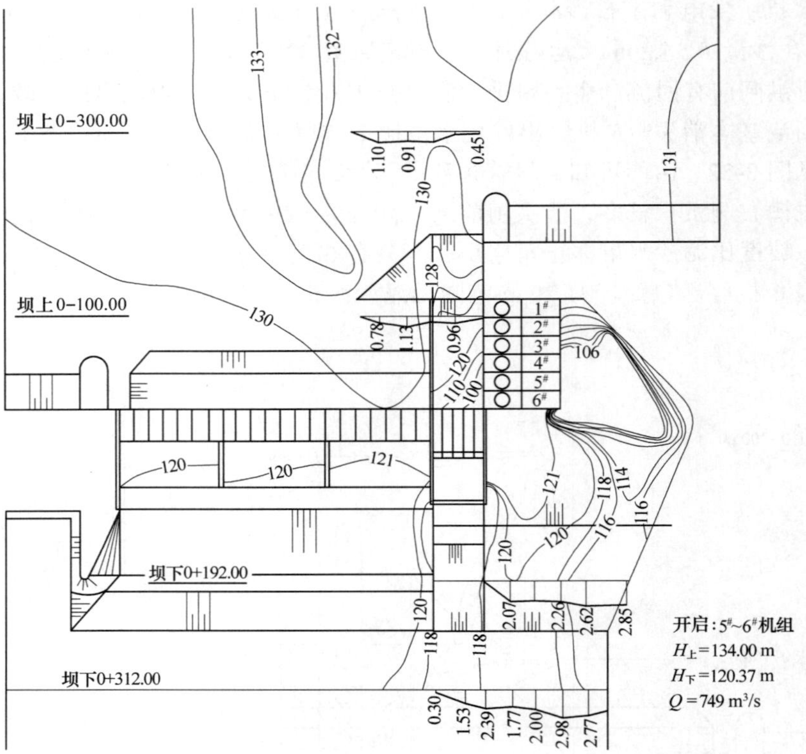

图 3-23　非汛期调度运用工程上下游流速及冲淤地形（流速单位：m/s）

试验结束后实测冲淤地形也附于图 3-23。由图可以看出，上游主槽两侧滩地继续淤高，河槽底高程也有所抬高，电站前淤积和 1 洞 1 机试验结果差别不大，5#和 6#机组前也有一较小的冲刷漏斗，电站出口无泥沙淤积的范围比 1 机 1 洞试验加大，电站尾水主槽仍稳定于左岸导墙处，排沙洞出口处泥沙淤积高程可达 117.00 m 左右。

(四)汛前排沙洞拉沙运用

本试验的目的是观测非汛期长期高水位运用，上游河槽逐渐淤高后，水位降至汛限水位时，5 孔排沙洞拉沙情况。试验是在前期试验后的淤积地形基础上进行的，上游水位 131.00 m，下游水位 120.90 m，泄量 1 345 m^3/s，含沙量 26 kg/m^3，放水时间相当于原型 28.7 小时。

因为前期长期高水位运用后，滩面淤积高程超过 131.00 m，现水位降至 131.00 m 后，水流全部归槽，过水断面减小，流速加大，河槽发生下切，实测流速分布及冲淤后地形见图 3-24。由图可知，坝上游 160 m 处过水断面仅 80 m 宽，坝上游 400 m 处也只有 100 m 宽，槽内流速相对较大，河槽普遍下切。但排沙洞前仍形成一冲刷小漏斗，坡度略小于泥沙水下休止角，机组进口前淤积的泥沙也未被拉走。排沙洞出口河槽受前期运用影响略向左侧偏斜，电站出口也有一些泥沙回淤。

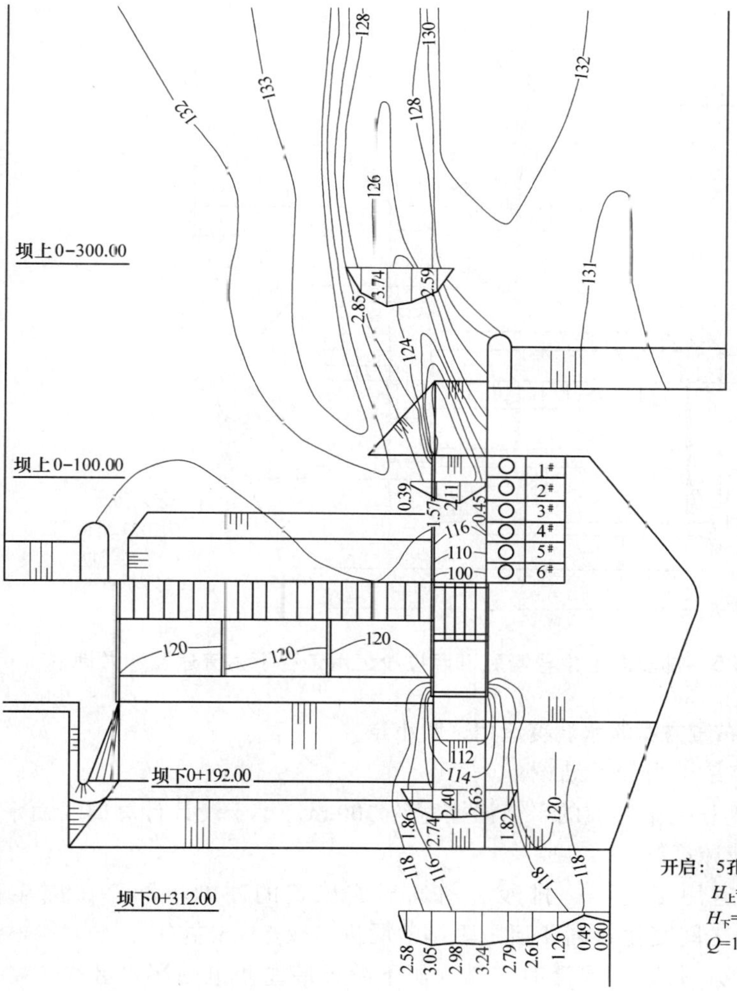

图 3-24　汛前排沙洞拉沙运用工程上下游流速及冲淤地形（流速单位：m/s）

(五)排沙洞上游右侧设导墙后排沙效果比较试验

在上述一系列运用条件下，电站拉沙槽内淤积的泥沙很难被排沙洞拉走，设计单位提出在排沙洞进口右侧设一向上游伸出的导墙，导墙上游端和原设计暗导墙平齐，墙顶高程 131.00 m，希望通过该导墙的约束，增大电站前拉沙槽内流速，将泥沙拉走。

试验是在汛前排沙洞拉沙运用后地形基础上进行的。开启 5 孔排沙洞，上游水位 131.00 m，下游水位 120.90 m，泄量 1 345 m^3/s，含沙量 77 kg/m^3，放水时间相当于原型

20.5 小时。实测上游流速分布及地形见图 3-25，由图可以看出，试验结果和不设导墙汛前排沙洞拉沙效果差别不大。分析认为，不设导墙对排沙洞前自然形成了高滩深槽，河槽在坝上游 160 m 处宽 80 m，而在坝上游 120 m 处槽宽收缩为 50 m，和设导墙时河槽宽度一致，水流条件基本相同，所以流速分布及冲淤形态也大致一样。这表明设导墙后，并不能使排沙洞的拉沙能力增强，电站前拉沙槽内的淤沙仍不能被拉走。

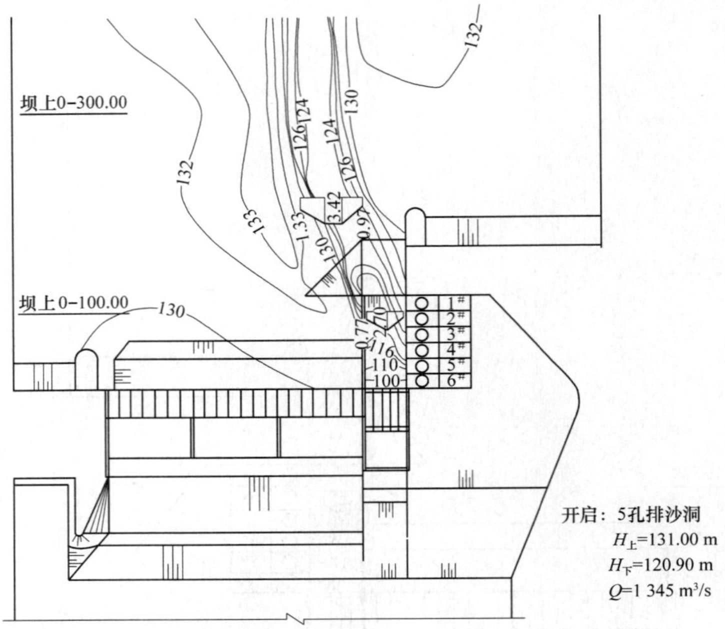

图 3-25　排沙洞前设导墙后汛期拉沙运用工程下游流速及冲淤地形

(六)工程直角布置方案浑水调度运用试验小结

由上述试验结果可得如下结论：

(1)造床试验工程上游形成的平衡河槽宽约 300 m，小于设计计算值，而平衡河槽的平均水深大于设计计算值。

(2)试验各种运用工况下，排沙洞前均形成稳定的冲刷小漏斗，漏斗顶高程在 116.00～120.00 m 之间变化，漏斗顶缘距排沙洞进口仅 35 m 左右。

(3)电站不发电，排沙洞泄流时，排沙洞下游导墙左侧电站尾水区内产生一大的回流，回流挟带泥沙使电站出口产生大量泥沙淤积，淤积面可超过电站出口，电站开机后，出流可将淤沙冲开，但出口处水位比下游尾水高，高出值随下游前期淤积泥沙高度、冲刷情况以及电站泄量大小而变化，当冲刷范围大且深或泄量小，高出的数值小；反之则否。

(4)泄洪闸关闭后，其前后将迅速淤积，闸前可淤至 130.00 m 左右，闸后可淤至 121.00 m 左右。开闸泄流时，下游泥沙很快冲走，不影响泄洪闸下游消能。

(5)当来水较小时，上下游河槽将发生萎缩；当来水增大时，河槽主要以下切为主，展宽不明显。

(6)由于电站和排沙洞集中布置在一起，来流集中，水流紊动强烈，排沙洞前含沙量垂线分布均匀，加之，电站和排沙洞进口高差不大，使电站和排沙洞出流含沙量及级配差别不大，影响了排沙洞排沙效果。

(7)排沙洞前右侧设顶高程为 131.00 m 导墙后，排沙洞拉沙效果增强不明显。

直角布置方案的设计意图是想通过电站前的排沙槽，将电站前底部粗颗粒的高含沙水流，由排沙洞排向下游，减少机组磨损。试验结果表明：排沙槽内水深较大，未到达预期排沙效果；加之电站尾水区泥沙淤积严重，该方案在工程泥沙处理方面显示了很大的缺陷。

第三节　坝轴线直角总体布置方案下游左岸导墙冲刷试验

一、问题的提出

在进行西霞院水利工程整体动床水工模型试验的同时，我院还承担了西霞院水利工程库区及下游河道泥沙模型试验研究，该试验主要研究库区淤积形态及下游河势的变化，模型平面比尺 600，垂直比尺 60，变率为 10。该模型在进行左岸滩地方案试验时，由于模型变率较大，闸下水流衔接与实际相差较大，下游左岸导墙处流态失真，冲刷严重。为了较准确反映导墙处流态、流速及冲刷的真实情况，设计单位要求在工程整体水工模型上进行研究。

二、工程布置形式及试验目的

左岸滩地方案工程布置见图 3-26。由图可知，左岸滩地方案布置与河槽方案的不同之处是在电站下游出口左岸导墙末端续接一直导墙，导墙顶高程仍为 125.00 m，该导墙上段长 322 m，垂直坝轴线，然后经半径为 145 m，转角为 51.1°的圆弧导墙过渡折向主河槽方向，导墙以内河床开挖至 119.00 m 高程。该导墙的主要作用是将下泄水流导向原河道主河槽，使导墙外村庄及田地免受河水冲刷。因此，试验主要研究导墙处水流流速及冲刷情况，为设计单位确定导墙尺寸及埋深提供参考依据。

三、模型设计概况

根据该方案导墙布置，若采用现有几何比尺 1∶100，则试验场地在长度和宽度上均不能满足要求。鉴于试验时间较紧迫，经与设计单位商定，在现有试验场地上，采用变率较小的变态模型进行研究，具体模型设计条件如下：

(1)根据场地情况取平面比尺 λ_L=150，垂直比尺 λ_H=100，由此得模型变率为 1.5。

(2)为了保证泄流能力和消能达到相似，取泄水建筑物及下游消能段在顺水流方向的水平比尺和垂直比尺相等，即为 100。

(3)由于试验主要研究导墙处的水流冲刷情况，因此模型主要遵守水流运动相似准则和砂卵石运动相似准则，砂卵石模拟仍用煤屑。

由式(2-1)～式(2-10)计算其他比尺见表 3-3。

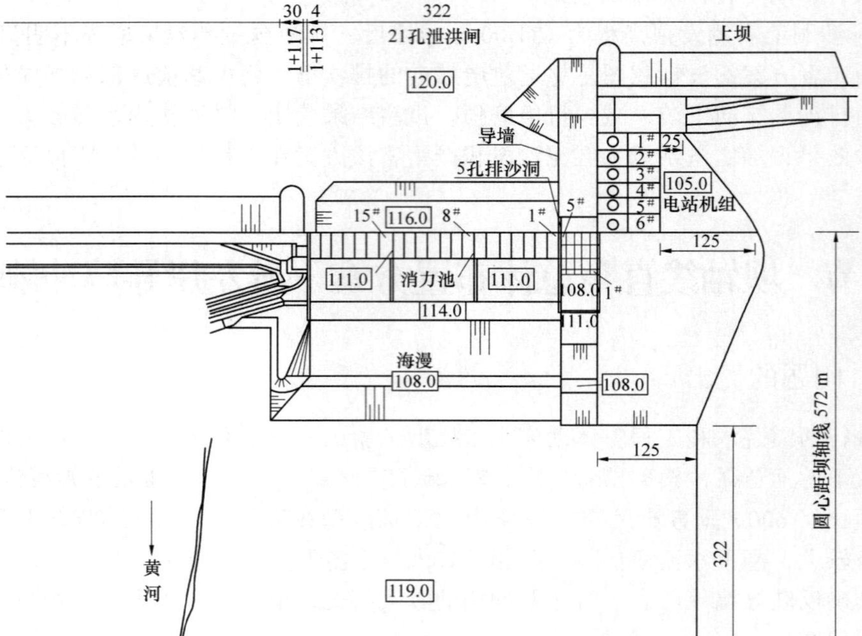

图 3-26　工程直角布置左岸滩地方案布置形式　（单位：m）

表 3-3 比尺汇总

相似条件	比尺名称	比尺数值	依据	备注
几何相似	水平比尺λ_L	150	任务要求及场地条件	
	垂直比尺λ_H	100		
水流运动相似	流速比尺λ_V	10	式(2-1)	
	流量比尺λ_Q	150 000	式(2-4)	
	水流运动时间比尺λ_{t_1}	15	式(2-3)	
	糙率比尺λ_n	1.76	式(2-2)	
砂卵石河床质运动相似	容重比尺λ_{γ_s}	1.79	模型沙为煤屑	γ_{sm}=1.51 t/m^3
	相对容重比尺$\lambda_{\left(\frac{\gamma_s-\gamma}{\gamma}\right)}$	3.33		
	粒径比尺λ_D	16.43	式(2-7)	
	冲淤时间比尺λ_{t_2}	179.4	式(2-8)	
	单宽输沙率比尺λ_{g_s}	187.2	式(2-10)	

四、试验结果

根据试验目的，选取3组典型水沙条件进行观测，即汛限水位、设计水位和校核流量。来流含沙量按冲刷不利的水沙条件控制，含沙量小于10 kg/m^3，模型冲刷时间3小时，相当于原型砂卵石冲刷538小时。由于场地限制，尽管本模型做了变态处理，也只包括圆弧导墙下游400 m长的河段，模型出口距原河道主河槽仍有一定距离。因为原河道主河槽一般冲刷高程对工程下游开挖的泄槽冲刷情况影响很大，所以模型出口原河道河床高程的确定是很重要的。为了比较，选取两种条件进行试验，一是假定原河道主河槽一般冲刷高程和开挖的泄槽河床高程相等，即119.00 m，二是假定工程长期运用后原河道主河槽下切至117.00 m高程，试验结果如下。

(一)汛限水位泄洪

库水位131.00 m，下游水位122.84 m，21孔泄洪闸和5孔排沙洞全开，总泄量6 530 m^3/s。

首先控制模型出口床面高程为119.00 m进行试验。结果表明，泄洪闸、排沙洞后流态及防冲槽附近河床局部冲刷情况和上节河槽方案差别不大，水流行进到下游圆弧导墙处受导墙约束折往主河槽方向，水流较平顺。圆弧导墙后的流速从左至右逐渐增大，见图3-27。圆弧墙下游450 m处流速为2.8 m/s，左岸滩地开挖高程119.00 m的泄槽，河床冲刷不严重，实测导墙边冲刷高程为118.90 m。

而后，控制模型出口床面高程为117.00 m进行试验，结果发现开挖泄槽河床普遍下切，冲刷稳定后实测河床高程在117.70 m左右。由于河床下切，水深增大，流速有明显减小，见图3-27括号中数值。而泄洪闸和排沙洞后流态及局部冲刷与模型出口高程为119.00 m时基本相同。

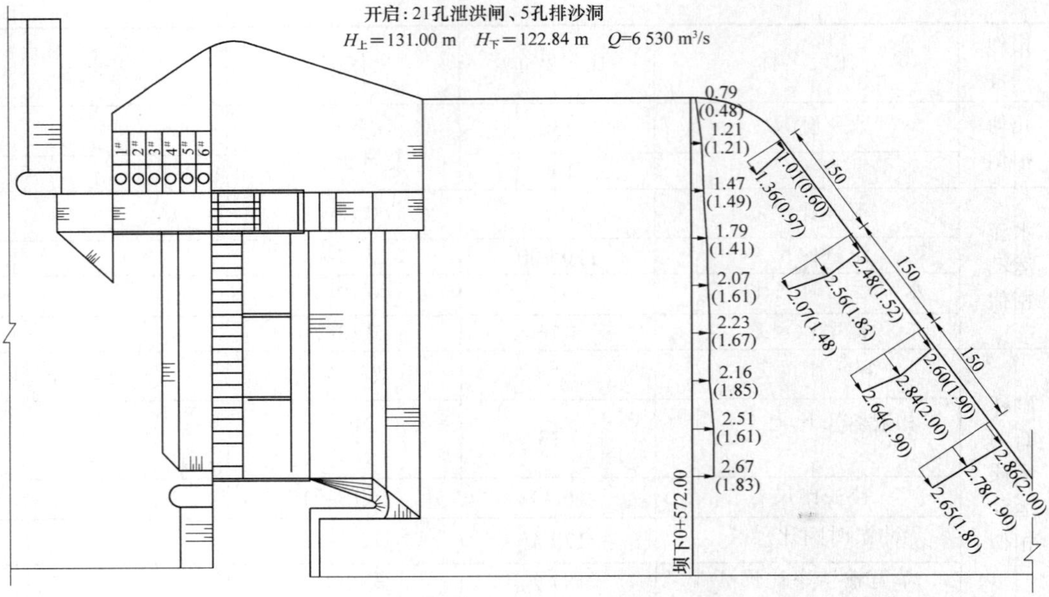

图 3-27　汛期水位泄洪排沙运用左岸导墙处流速分布（流速单位：m/s）

(二)设计水位泄洪

库水位为 132.94 m，下游水位为 123.49 m，21 孔泄洪闸和 5 孔排沙洞全开，总泄量为 10 900 m^3/s。

模型出口河床控制高程为 119.00 m 时，流态及流速分布与汛限水位基本一致，只是导墙处流速有所增大。河床冲刷也不严重，实测导墙边河床冲刷高程为 118.70 m，河床砂卵石组成有所粗化。

模型出口河床控制高程为 117.00 m 时，河床也普遍下切，床面稳定高程约 117.30 m。

(三)校核流量泄洪

库水位为 133.95 m，下游水位为 123.78 m，21 孔泄洪闸和 5 孔排沙洞全开，总泄量为 13 610 m^3/s。

模型出口河床控制高程为 119.00 m 时，与设计水位时相比流态差别不大。实测导墙边河床冲刷高程为 118.50 m，局部达 118.3 m。

模型出口河床控制高程为 117.00 m 时，泄槽河床进一步下切，床面稳定高程约 117.00 m。

五、小结

(1)由于转弯圆弧导墙距坝轴线较远，在坝下 0+572 m 位置处开始转向，对工程下游附近流态及冲刷影响不大，圆弧导墙处水流转向较平顺。汛期泄洪不发电情况下，导墙处流速不是很大，冲刷并不严重。

(2)原河道主河槽床面高程对工程下游开挖泄槽的冲刷影响较大。当河道主河槽床面高程为 119.00 m 时，导墙边产生的局部冲刷不严重，设计水位时，冲刷高程只达 118.70 m；

当原河道主河槽床面下切，高程为 117.00 m 时，工程下游开挖的泄槽床面也将发生较大的普遍冲刷，设计水位时，冲刷高程可达 117.3 m。

(3)鉴于模型下游河段太短，在设计导墙埋深时，应分析主河槽可能的冲刷下切高程，参考试验结果，定出导墙处冲刷高程。

第四节　水库坝轴线直线总体布置方案试验

一、泄流排沙建筑物泄流能力及下游消能衔接

由于泄洪闸和直角布置方案相同，故其泄流能力也相同，可参见图 3-9。下面介绍排沙洞和排沙底孔的泄流能力。

(一)电站右侧排沙洞泄流能力

模型实测 3 孔排沙洞全开时上下游水头差与泄量关系见图 3-28。图中下方曲线是上游水位(上游左岸裹头处水位)与下游尾水位(下游 0+192 m 断面左岸导墙处水位)之差

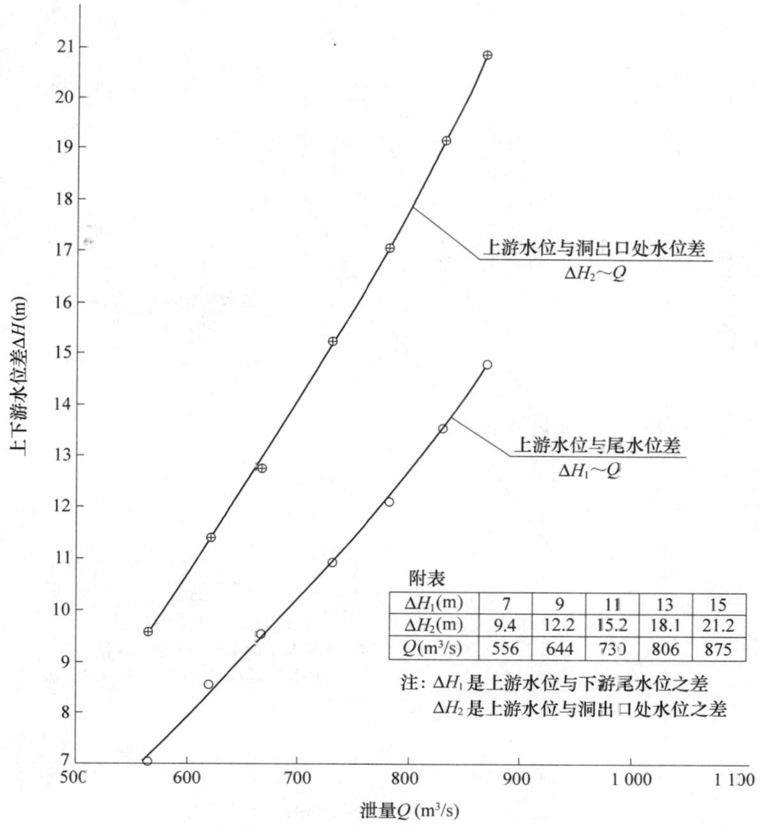

ΔH_1(m)	7	9	11	13	15
ΔH_2(m)	9.4	12.2	15.2	18.1	21.2
Q(m³/s)	556	644	730	806	875

图 3-28　电站右侧排沙洞 ΔH～Q 关系曲线

ΔH_1与泄量 Q 关系，图中上方曲线是上游水位与排沙洞出口处水位之差 ΔH_2 与泄量 Q 关系。图中还附有 ΔH_1、ΔH_2 与泄量 Q 对应表，供设计参考选用。通过观测可知，当上游为正常蓄水位、下游为最低水位、出流为淹没出流；当上游为校核水位时，下游为最低水位时，出流处于临界水跃状态。

(二)电站安装间下排沙洞泄流能力

模型实测安装间下排沙洞 3 孔全开，上下游水头差与泄量关系见图 3-29。图中下方曲线是上游水位与下游尾水位之差 ΔH_1 与泄量 Q 关系，图中上方曲线是上游水位与排沙洞出口处水位之差 ΔH_2 与泄量 Q 关系，图中也附有 ΔH_1、ΔH_2 与 Q 对应表。试验还观测到上游为校核水位，下游为最低水位时，出流仍为淹没出流。

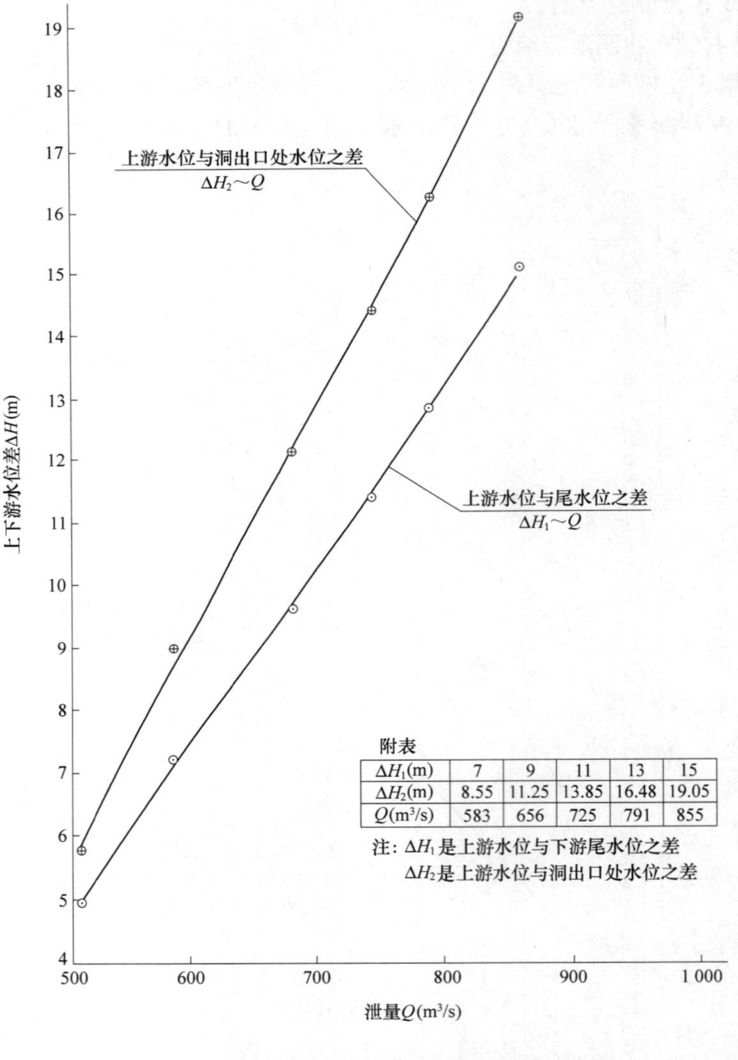

附表

ΔH_1(m)	7	9	11	13	15
ΔH_2(m)	8.55	11.25	13.85	16.48	19.05
Q(m^3/s)	583	656	725	791	855

注：ΔH_1 是上游水位与下游尾水位之差
　　ΔH_2 是上游水位与洞出口处水位之差

图 3-29　安装间下排沙洞ΔH～Q 关系曲线

(三)电站底孔泄流能力

模型实测6孔底孔全开上下游水头差与泄量关系见图3-30。图中下方曲线是上游水位与下游尾水位之差 ΔH_1 与泄量 Q 关系，上方曲线是上游水位与电站出口处水位之差 ΔH_2 与泄量 Q 关系曲线，由于底孔出口高程为100.00 m，淹没度较大，恢复落差较小，$\Delta H_1 \sim Q$ 与 $\Delta H_2 \sim Q$ 差别不大。

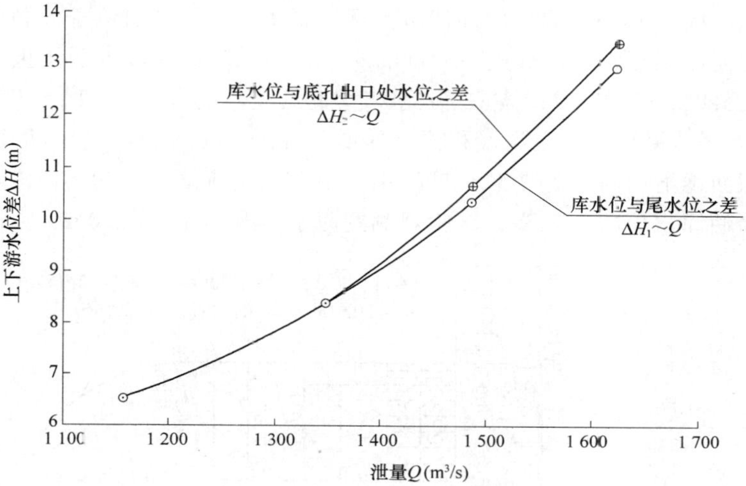

图3-30　电站下排沙底孔 $\Delta H \sim Q$ 关系曲线

(四)水库的泄流能力

由泄洪闸、排沙洞及排沙底孔的单项泄流能力可得出不同运用情况下的工程总泄流能力，见表3-4。由表可知，泄流能力满足设计泄流规模要求。

表3-4　直角布置方案工程泄流能力　(单位：m^3/s)

运用情况		泄洪闸	电站右侧排沙洞	安装间下排沙洞	电站下底孔	总泄量	原设计泄流规模
汛期水位131.00 m	排沙运用		655	665	1 412	2 732	1 000
	泄洪排沙运用	5 330	598	618	1 310	7 856	6 000
正常蓄水位134.00 m	排沙运用		773	761	1 576	3 110	1 000
设计洪水位132.94 m	泄洪排沙运用	9 600	656	666	1 415	12 337	9 810
校核洪水位134.66 m	泄洪排沙运用	14 250	710	710	1 495	17 165	13 610

注：原设计泄流规模未包括电站底孔。

二、造床试验水库上下游流速分布及冲淤形态

模型仍选用造床流量4 220 m^3/s，含沙量100 kg/m^3左右，以及和直角布置方案相同的模型沙。开启1#、2#、3#、5#、6#、7#泄洪闸，电站右侧3孔排沙洞，电站下6孔排沙

底孔及安装间下 3 孔排沙洞，相应上游水位 131.07 m，下游水位 122.35 m，放水时间相当于原型 41 小时。

试验实测流速及冲淤地形见图 3-31。由图可以看出，该方案形成的上游平衡河槽宽度也只有 300 m 左右，与直角布置方案相近。主河槽正对电站右侧排沙洞，试验过程中对排沙洞及电站前淤积情况进行探摸，发现安装间下排沙洞及 1#、2#机组前 5 m 的范围内无泥沙淤积，从 3#机组向右，门前清范围逐渐扩大，至电站右侧排沙洞前最大，可达 22 m，往上游泥沙逐渐淤高，形成一冲刷漏斗，漏斗纵坡比泥沙水下休止角略缓。8#～21#泄洪闸前泥沙淤至 127.00 m 左右，放水末期此处基本为静水区，1#～7#泄洪闸前 3～10 m 范围内无泥沙淤积，往上游淤积面迅速增至 129.00 m 高程。放水后期观测到由于泄洪闸前淤积面逐渐抬高，使得 5#～7#泄洪闸由正向进流演变成为斜向进流，影响其泄流能力，继而使库水位略有升高，试验观测到库水位升高至 131.20 m。

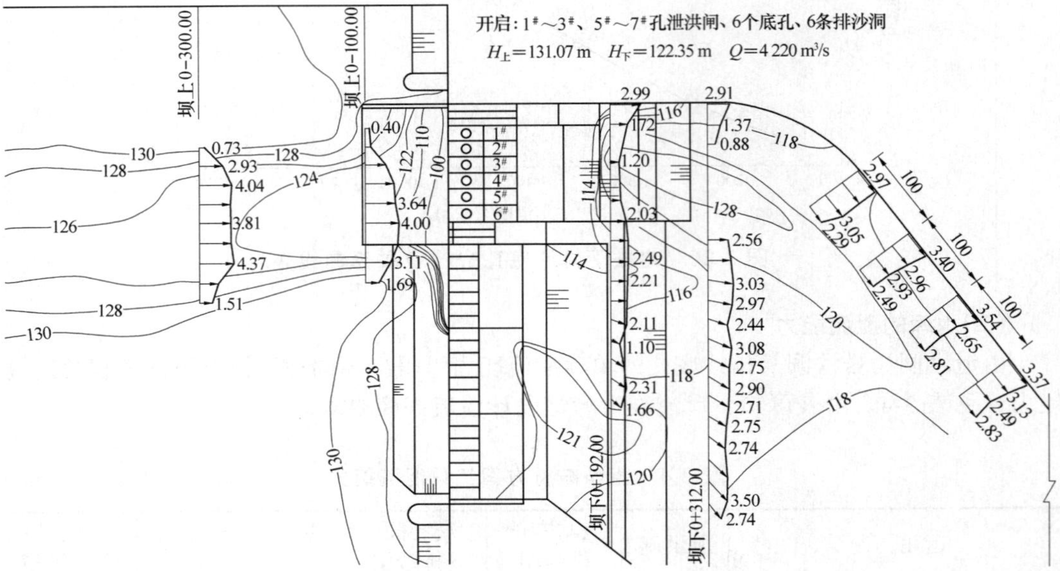

图 3-31　造床试验工程上下游流速分布及冲淤地形　（流速单位：m/s）

由图还可以看出，由于电站底孔出流单宽流量比两侧排沙洞出流单宽流量小 50%以上，因此其下游流速比两侧都小，由此产生泥沙淤积，在电站出口下游 120 m 处形成一柳叶形沙洲，并将河槽分成两股。左侧一股主要是安装间下排沙洞及 1#、2#底孔泄流汇集下行，其主流紧贴左岸导墙运行，流速较大，冲刷较严重，圆弧导墙下游 300 m 处导墙边冲刷高程可达 117.5 m。右侧一股则是 3#～6#底孔及电站右侧排沙洞泄流，并与泄洪闸下泄水流汇合后折向原主河槽。

三、汛期不同调度运用水库上下游流速分布及冲淤形态

(一)不发电拉沙运用

开启 6 孔排沙底孔及电站左右侧各 3 条排沙洞，上游水位 131.00 m，下游水位 121.76 m，

总泄量 2 732 m³/s，含沙量 72 kg/m³，运行时间相当于原型 24.6 小时。在造床后的地形上进行试验，模型实测流速及地形见图 3-32。由图可以看出，由于流量减小，上游河槽缩窄，主河槽位置基本没变，槽底高程略有降低，排沙底孔及排沙洞前冲刷漏斗和门前清范围与造床后结果差别不大，只是电站左侧上游淤积面进一步淤高，漏斗纵坡增大，此处有一逆时针回流出现。

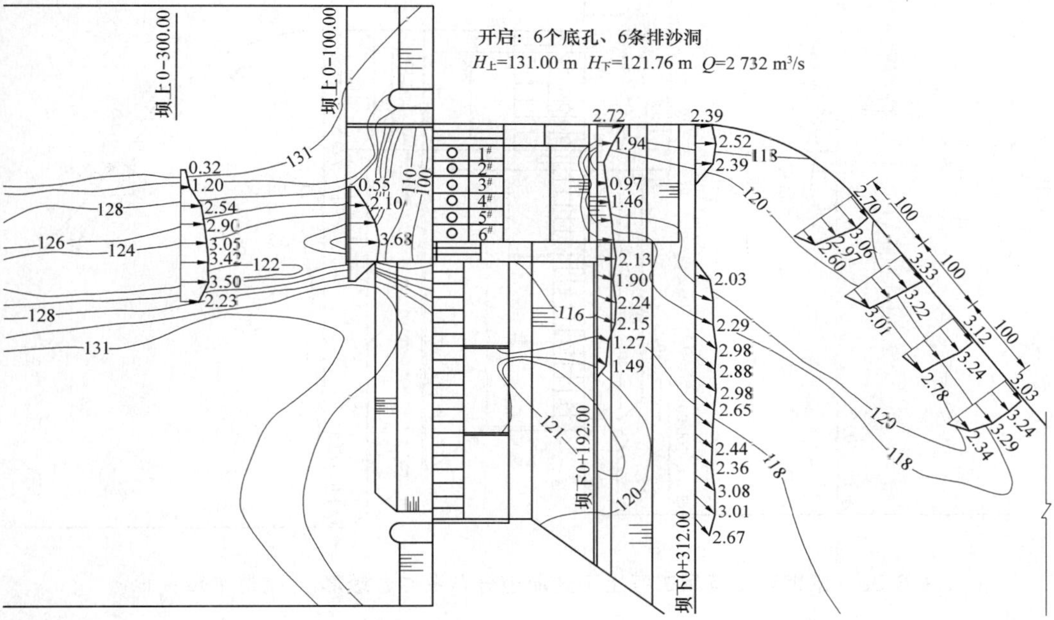

图 3-32　汛期拉沙运用工程上下游流速分布及冲淤地形（流速单位：m/s）

因为泄洪闸关闭，下游沙洲进一步增宽变长。由于安装闸下排沙洞及排沙底孔泄量基本未变，因此沙洲左侧一股河的流速及导墙边的冲刷情况与造床时基本一致，无大变化。

(二)3#～5#机组发电及对应底孔排沙运用

开启 3#～5#机组发电及对应底孔泄流排沙，上游水位 131.00 m，下游水位 121.28 m，泄量 1 845 m³/s，含沙量 67 kg/m³，运行时间相当于原型 24.6 小时，在上组汛期拉沙试验后的地形上试验。试验实测上下游流速分布及冲淤后地形见图 3-33。

由图可知，上游河槽与拉沙运用后结果相比略有缩窄，河槽底高程变化不大，主流方向朝向 4#、5#机组，在电站两侧排沙洞前各有一小回流出现，电站右侧排沙洞前有 2 m 厚泥沙淤积，粒径较大，在 3#～6#机组前 20 m 范围内无泥沙淤积，安装间下排沙洞及 1#、2#机组前泥沙淤积较多，淤积面左侧最高高程可达 128.00 m。形成的漏斗坡度略缓于泥沙水下休止角。工程下游，由于安装间下排沙洞及 1#、2#机组和底孔关闭，电站后沙洲逐渐向左增长变宽，沙洲左侧河槽逐步淤高，过流量减少，流速降低，试验结束后，实测岸墙边泥沙淤积高程在 117.80～119.40 m 之间。试验还测量了机组及排沙底孔的出流含沙量，结果表明：各机组出流含沙量相差不大，平均值为 61 kg/m³；同样，各底孔出流含沙量也无明显差别，平均值为 73 kg/m³，比机组出流含沙量略大。底孔与机组含沙量之比为 1.2，泥沙级配测量结果显示底孔泥沙略粗于机组泥沙，二者中值粒径 d_{50} 之比为 1.07。底孔显示出多排沙和排粗沙的排沙效果。

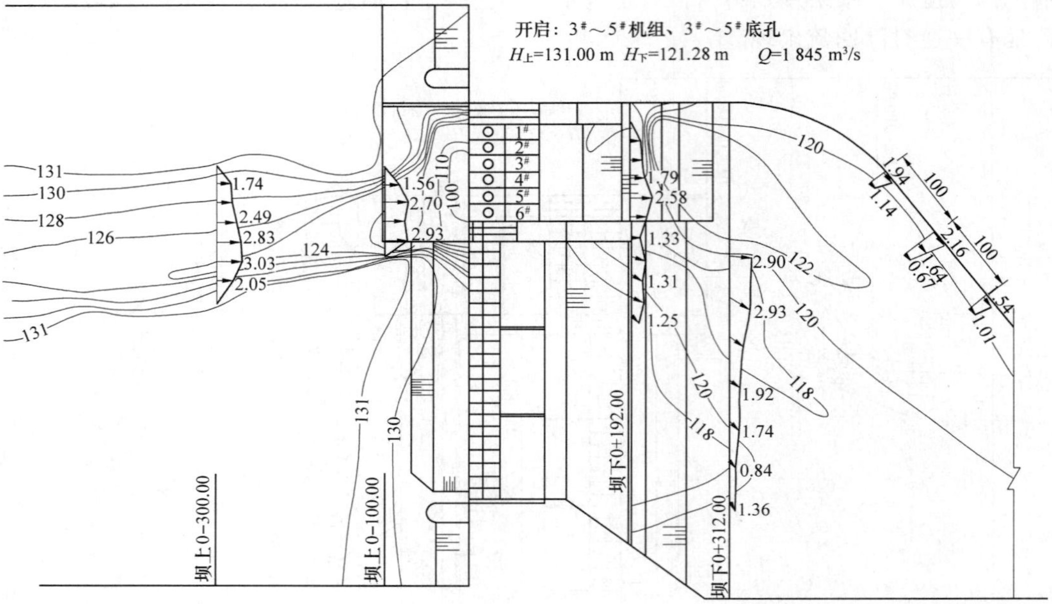

图 3-33　汛期调度运用工程上下游流速分布及冲淤地形　(流速单位：m/s)

(三)2#～6#机组发电及相应底孔排沙运用

开启 2#～6#机组发电及相应底孔排沙，上游水位 131.00 m，下游水位 121.90 m，泄量 3 040 m³/s，含沙量 59 kg/m³，放水时间相当于原型 24.6 小时。在上组 3#～5#机组发电及相应底孔排沙试验后地形上进行试验。

试验观测到，尽管流量比上组试验增大，但上游河槽并未扩大加深，反而在电站前有所缩窄，主流比上组试验略往右偏，直冲电站右侧排沙洞，然后折向机组方向，并在安装间下排沙洞前形成一小回流，实测流速及地形见图 3-34。由图知，尽管电站右侧排沙洞关闭，但来流正对着它，使得门前较大范围内无泥沙淤积，电站门前清范围由右至左逐渐减小。工程下游沙洲左侧河槽进一步淤积，试验末期已几乎断流，实测左岸导墙边已回淤至 120.00～121.00 m 高程。对出流含沙量测量后得知，各机组含沙量相差不大，均值为 54 kg/m³，各底孔含沙量也接近，均值为 62 kg/m³，底孔含沙量与机组出流含沙量之比为 1.15。泥沙级配也是底孔略粗于机组，二者中值粒径 d_{50} 之比为 1.07。

(四)2#～6#机组发电及对应底孔和电站左右各 3 孔排沙洞泄流运用

当汛期来水较大，为使电站前冲刷漏斗扩大，集中开启 2#～6#机组及对应底孔以及电站左右两侧各 3 孔排沙洞泄流排沙。上游水位 131.00 m，下游水位 122.36 m，总泄量 4 286 m³/s，含沙量 50 kg/m³，放水时间相当于原型 24.6 小时，在汛期 2#～6#机组及相应底孔泄流运用后地形基础上试验。

试验结果表明，由于流量增大，上组试验在电站前形成的窄河槽被逐渐冲宽，河槽底高程与上组试验相比略有下降。2#机组前有 5 m 的门前清范围，往右门前清范围渐大，至右侧排沙洞前可达 25 m，安装间下排沙洞前也有 5 m 的门前清范围，见图 3-35。由图

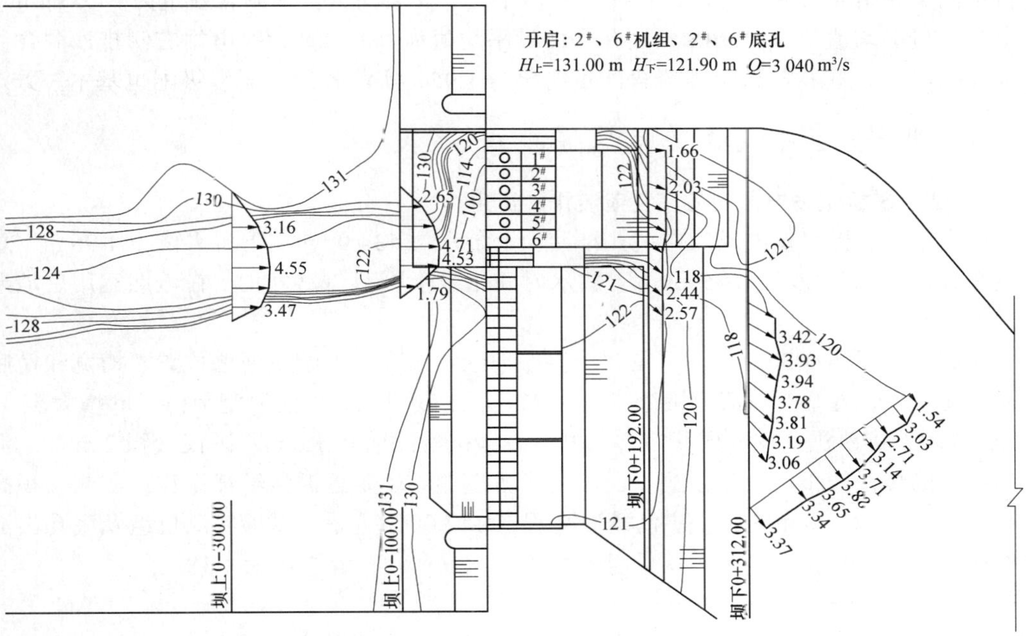

图 3-34　汛期调度运用工程上下游流速分布及冲淤地形　（流速单位：m/s）

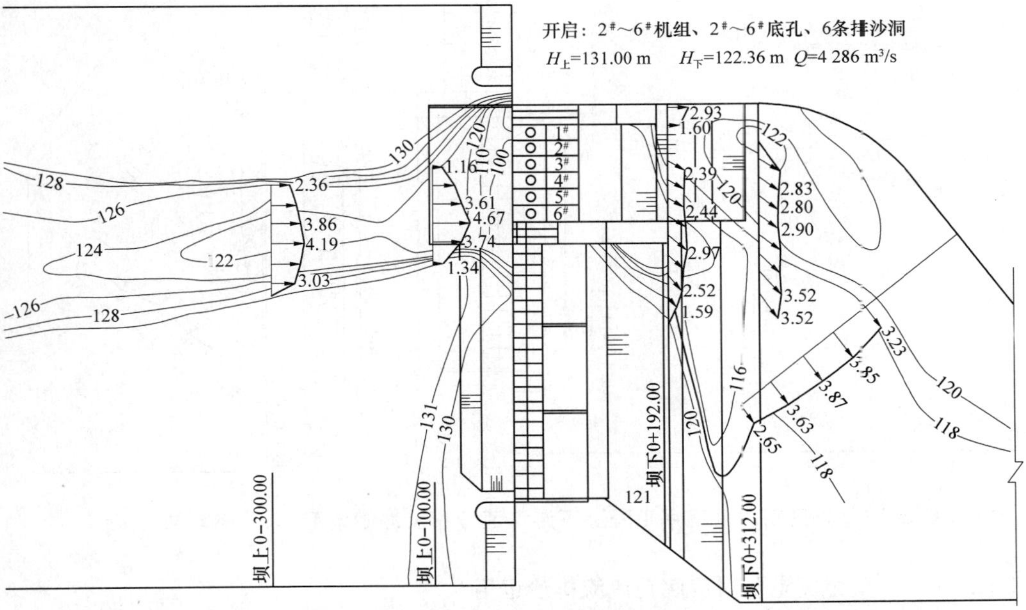

图 3-35　汛期调度运用工程上下游流速分布及冲淤地形　（流速单位：m/s）

可以看出，安装间下排沙洞出流未能将靠左岸导墙的前期淤积泥沙冲走，只在圆弧导墙附近冲出一浅槽，出流大部分从沙洲右侧归顺主河槽，左岸导墙边泥沙淤积高程在 121.00 m 左右，下游主河槽底高程在 117.00 m 左右。试验还对机组、底孔、排沙洞的出流含沙量进行了测量，结果表明，各出口含沙量差值不大，安装间下排沙洞含沙量为 51.6 kg/m^3，机组含沙量平均值为 48 kg/m^3，底孔含沙量平均值为 50.2 kg/m^3，电站右侧排沙洞含沙量为 48 kg/m^3，底孔与机组出流含沙量之比为 1.05，实测各出口泥沙级配也基本一致。

四、非汛期运用试验

(一)$2^{\#}$～$6^{\#}$机组发电及对应底孔泄流排沙运用

开启 $2^{\#}$～$6^{\#}$机组发电及对应底孔排沙，上游水位 134.00 m，下游水位 121.96 m，总泄量 3 184 m^3/s，含沙量 23.5 kg/m^3。放水时间相当于原型 20.5 小时，在汛期运用后地形基础上试验。

实测结果见图 3-36。由图可见，上游滩地继续淤高，上游主河槽位置、槽宽和槽底高程变化不大，电站门前清范围缩小，从 $2^{\#}$机组至 $6^{\#}$机组，门前清范围由 5 m 增大至 15 m。安装间下排沙洞前泥沙淤积较多，电站右侧排沙洞前有 15 m 范围仅淤积 2 m 厚，但淤积泥沙的粒径较粗。因排沙洞不泄流，下游左侧导墙附近泥沙继续淤积，实测淤积高程在 121.00～121.90 m 之间，主河槽底高程在 117.00 m 左右。试验实测机组及底孔出流含沙量，底孔平均为 26 kg/m^3，机组平均为 22 kg/m^3，二者之比为 1.18。

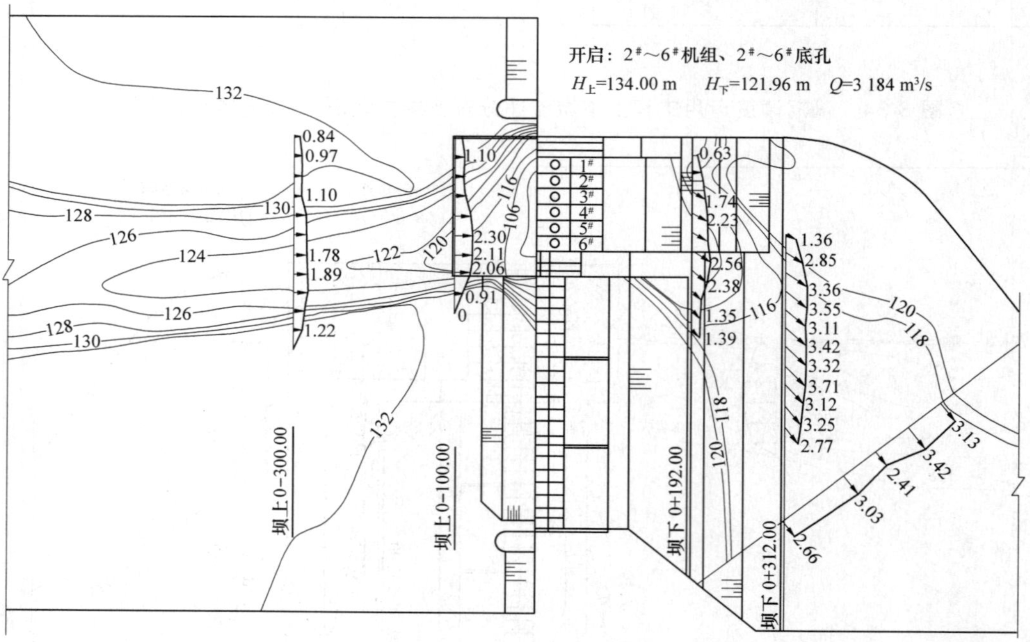

图 3-36　非汛期调度运用工程上下游流速分布及冲淤地形　(流速单位：m/s)

(二)$3^{\#}$～$5^{\#}$机组发电及对应底孔泄流排沙运用

开启 $3^{\#}$～$5^{\#}$机组发电及对应底孔泄流排沙，上游水位 134.00 m，下游水位 121.32 m，泄量 1 927 m³/s，含沙量 46 kg/m³，放水时间相当于原型 20.4 小时，在上组试验后地形基础上试验。

试验观测到电站前主河槽两侧各有一个回流区，主流正对 5#、6#机组，下游在 1#、2#和 6#机组出口处各有一强度稍大的回流。实测流速及地形见图 3-37。由图可以看出，上游河槽变化不大，槽底高程略有抬升，3#、4#机组前有 5 m 范围内门前清，5#、6#机组前增大至 8 m，电站右侧排沙洞前 15 m 范围内淤积泥沙仅 2 m 厚，上游滩地局部已淤至 133.00 m。下游地形与上组试验相比也无大的变化。试验实测底孔出流平均含沙量为 52.1 kg/m³，机组出流平均含沙量 41.5 kg/m³，二者之比为 1.26。

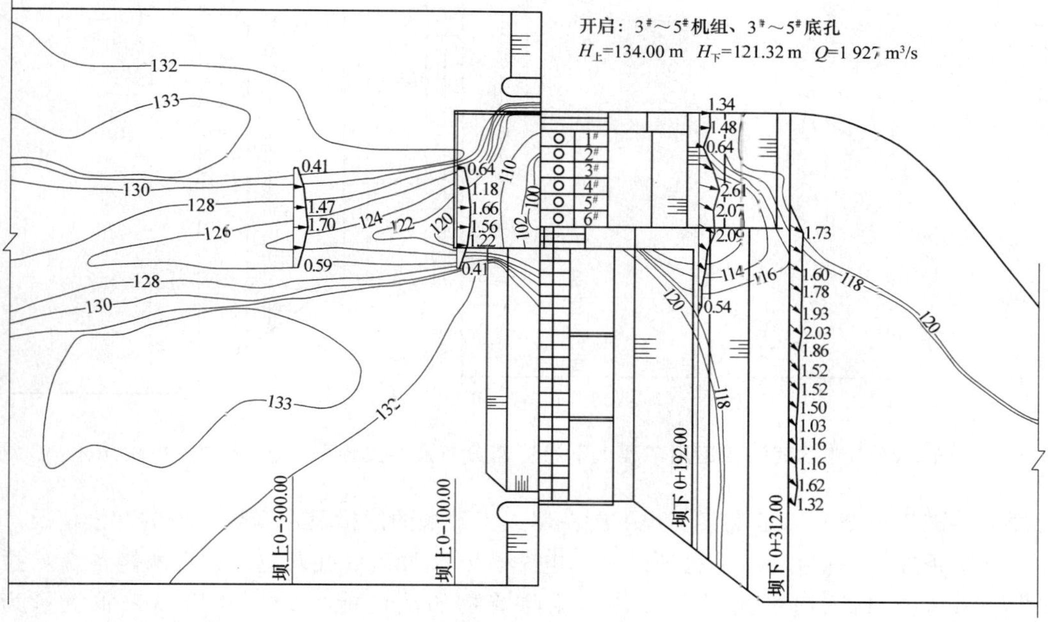

图 3-37　非汛期调度运用工程上下游流速分布及冲淤地形（流速单位：m/s）

(三)4#机组发电及对应底孔泄流排沙运用

试验开启 4#机组发电及对应底孔排沙，上游水位 134.00 m，下游水位 120.25 m，泄量 650 m³/s，含沙量 34 kg/m³，运行时间相当于原型 20.4 小时，在上一组试验后地形基础上试验。

由观测知，上游主流正对 5#、6#机组，电站前主流两侧仍有回流产生。下游 4#机组两侧也还有较强回流出现。流速分布及地形测量结果见图 3-38。由图知，上游地形变化不大，电站前仅 4#、5#机组前有 5～8 m 门前清范围。下游河槽有萎缩现象，主河槽底高程在 117.00 m 左右。实测 4#机组出流含沙量为 33 kg/m³，底孔含沙量为 36 kg/m³，底孔与机组出流含沙量之比为 1.09。

五、设计洪水水库上下游流速分布及冲淤形态

本试验的主要目的：一是观测工程上游淤积平衡后，遇有特大洪水，泄洪闸泄洪时，

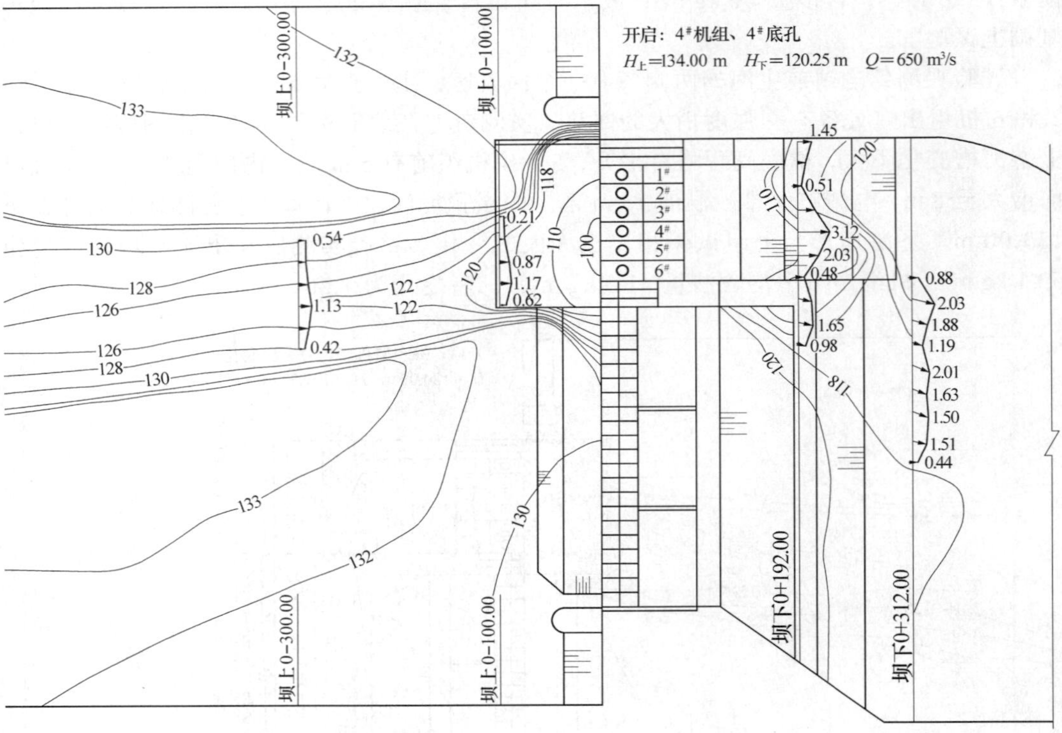

图 3-38 非汛期调度运用工程上下游流速分布及冲淤地形 （流速单位：m/s）

工程上游进流流态；二是观察工程下游左岸人工开挖的泄槽及左岸导墙处的冲淤情况。

试验条件如下：开启 21 孔泄洪闸、电站下 6 个冲沙底孔及电站左右两侧各 3 条排沙洞。根据实测正向进流时工程各泄流建筑物的泄流能力，可查出当来水流量为 9 810 m^3/s 时，库水位是 131.90 m，上游地形是经过汛期和非汛期运用试验后的冲淤地形。泄洪闸前的淤积高程可达 130.00～131.00 m 之间，在设计流量下库水位仅高出淤积面 1～2 m。为使泄洪闸能顺利泄洪，试验将泄洪闸前 40 m 范围内淤积泥沙开挖至 123.00 m，下游地形恢复到未经泄流的初始形状，下游水位 123.34 m，来流含沙量 137 kg/m^3。

试验初期，由于上游河槽宽仅 150 m 左右，来流集中，河槽内流速较大，最大流速可达 6 m/s。主流正对电站右侧排沙洞，每孔排沙洞前均有强漩涡出现，并在电站及安装间下排沙洞前形成一回流。泄洪闸前水流从预挖的槽中由 1#闸孔向 21#闸孔方向流动，形成横向流。各闸孔泄流不均匀，由 1#孔至 21#孔流量逐渐减小，而且各闸孔内水流横向分布不均匀，闸孔内堰顶处右侧水位可高出左侧水位近 1 m，造成泄洪闸泄量大大减小，在泄量不变的情况下，泄洪闸前平均水位升高至 132.42 m，由此可算出泄洪闸横向进流的泄量比未淤积前正向进流的泄流量减小了 16.4%。由于左岸裹头处基本为静水，而右岸裹头处流速较大，因此左岸裹头处水位比右岸裹头处水位高 0.46 m。水库下游左岸圆弧导墙向下 300 m 处流速最大，其值可达 4.51 m/s，原型运行 16 小时后，该处冲刷高程可达 116.70 m。

随着过洪时间加长，上游河槽逐渐向右侧展宽，而向左侧展宽不明显。运行时间相当于原型 37 小时后，上游河槽展宽至 250 m 左右，槽内最大流速降至 5 m/s，泄洪闸 1#～9#孔已演变为正向进流，10#～21#孔则为斜向进流，试验可观察到 1#～9#闸孔泄量明显比 10#～21#大，闸前平均水位为 131.89 m，接近正向进流时设计流量下的水位。由于流速水头的关系，左侧裹头处水位仍比右侧裹头处水位高 0.5 m。电站右侧排沙洞每孔前均有间断漩涡出现，安装间下排沙洞前也有一较大的间断漩涡出现。泄洪闸前 5～20 m 范围内无泥沙淤积，电站前缘从左至右 5～10 m 范围内无泥沙淤积。工程下游左岸圆弧导墙向下 300 m 处流速仍最大，但其值降为 3.95 m/s，此处冲刷高程变化则不大，仍为 116.70 m 左右。电站下游出现一柳叶形沙洲，沙洲头部位于坝下 0+192 m 断面附近，流速及冲淤地形见图 3-39。

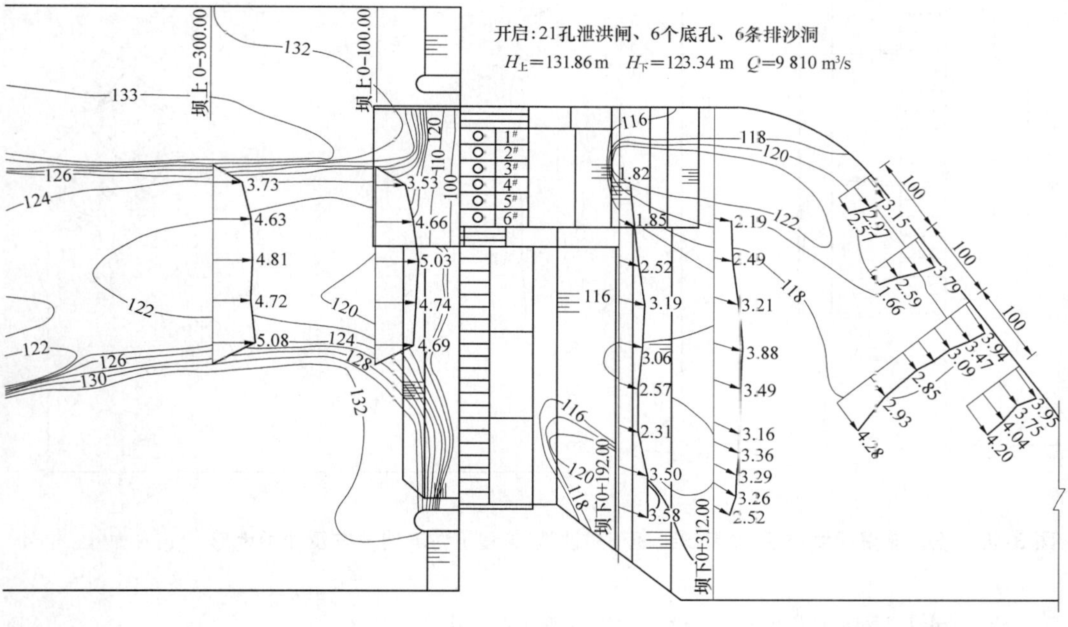

图 3-39　设计流量泄洪排沙运用工程上下游流速分布及冲淤地形　（流速单位：m/s）

由于工程下游左岸导墙边流速较大，冲刷较深，试验在保持设计流量不变条件下，关闭安装间下排沙洞的两边孔，只留中间孔泄流排沙，实测导墙边流速，左岸圆弧导墙下游 300 m 处由原来的 3.95 m/s 降为 3.42 m/s。当全部关闭安装间下排沙洞后，圆弧导墙下游 300 m 处流速又降为 3.02 m/s。下游流速分布及冲淤地形见图 3-40，图中地形是安装间下排沙洞关闭二孔运行 8 小时(原型时间)和全部关闭运行 8 小时(原型时间)后实测结果。由图可知，安装间下排沙洞关闭后，左岸圆弧导墙附近泥沙回淤约 0.7 m，而其下游 200～300 m 处高程变化不大。分析原因后认为，一是试验运行时间较短，沙洲左侧河槽还没有淤死，二是 1#～9#泄洪闸孔下泄水流正好顶冲该处，该处流速减小不大，回淤缓慢。

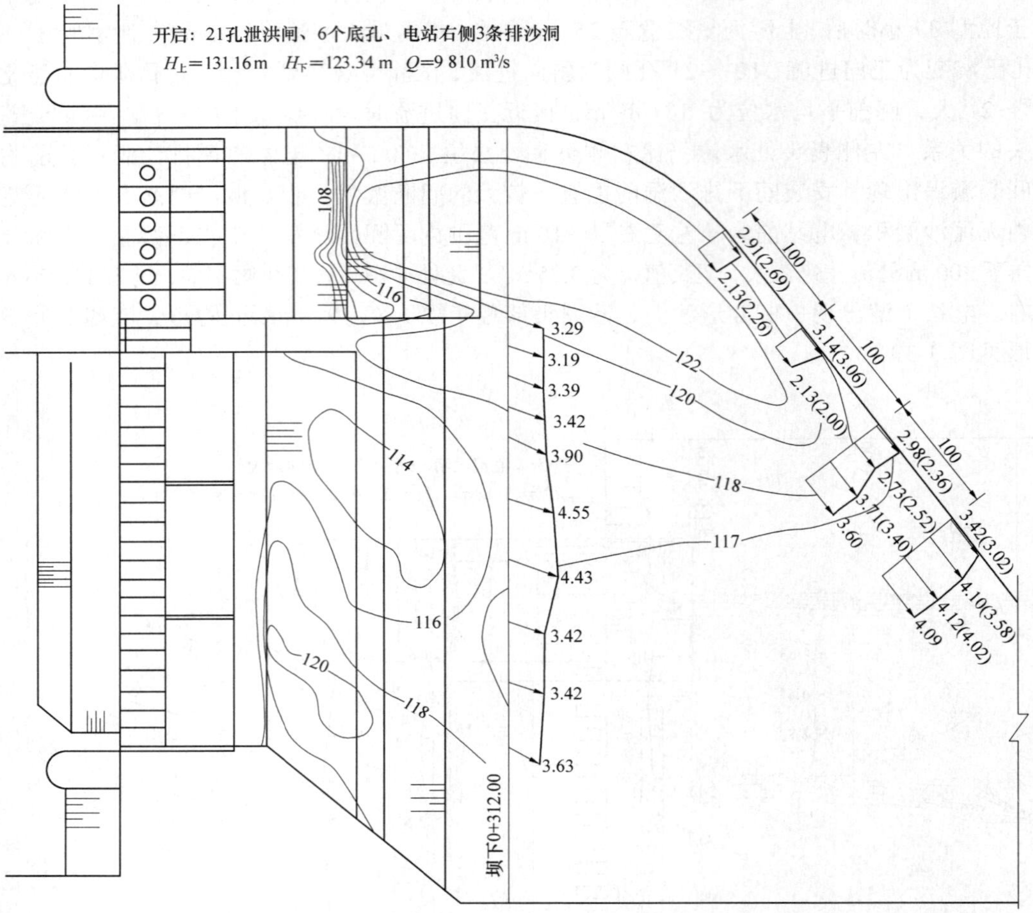

图 3-40　设计流量泄洪排沙(关闭安装间下排沙洞)工程下游流速分布及冲淤地形　(流速单位：m/s)

六、水库坝轴线直线总体布置方案试验小结

(1)各种运用条件下，工程的泄流能力均大于设计泄流规模，且有较大的富裕量。泄洪闸在不利的斜向进流情况下，工程泄量仍能满足设计要求。

(2)造床后形成的平衡河槽宽度只有 300 m 左右，主河槽正对电站右侧排沙洞，电站前门前清范围右侧大于左侧，电站下游因为单宽流量小，淤积出一柳叶形沙洲，将河槽分为两股。

(3)为保证电站前有较大冲刷漏斗和减少过机泥沙，应将机组和底孔同时开启，而且机组以集中开启为好，最好不采用间隔开启运用。

(4)汛期各种调度运用条件下，电站前冲刷漏斗变化不大，漏斗纵向坡度由电站左侧到电站右侧逐渐减小。电站前含沙量分布较均匀，底孔出流含沙量略大于机组出流含沙量，二者之比在 1.05～1.2 之间，泥沙粒径底孔也略大于机组。

(5)若安装间下排沙洞关闭时间较长，工程下游沙洲左侧河槽将逐渐被淤死，当安装间下排沙洞重新开启时，大部分水流从沙洲右侧归顺主河槽，使得左岸导墙边冲刷速度相对较慢，冲深也小。通过安装间下排沙洞合理调度运用，可以控制和减轻左岸导墙的冲刷。

(6)非汛期工程上游水位较高，机组门前清范围减小，机组前冲刷漏斗、主河槽位置和宽度与汛期相比变化不大，随运用时间的延长，滩地将逐步淤高，淤积速度受来沙多少而变化。底孔与机组含沙量之比在 1.09～1.26 之间。

(7)经过汛期(中小洪水)和非汛期运用后，形成的河槽较窄，且主槽靠近电站一侧，泄洪闸前被淤积成滩，高程可达 130.00 m 左右。在前期淤积后的地形基础上(闸前开挖 40 m 宽)施放设计流量，可以发现，初期来水受河槽的约束，水流湍急，主流直冲电站右侧排沙洞后向左右分流，在泄洪闸前形成横向流。随着运行时间加长，上游河槽逐渐向右展宽，泄洪闸 1#～9#孔也演变为正向进流，其泄量明显比 10#～21#闸孔大，闸前水位逐渐趋于设计流量的对应水位。由于流速水头的影响，上游左岸裹头处水位比右岸裹头处水位高 0.5 m 左右。

(8)在设计流量下，电站下游仍会产生柳叶形沙洲，下游左岸圆弧导墙向下 300 m 处，流速可达 3.95 m/s，冲刷高程稳定在 116.70 m 左右。关闭安装间下排沙洞可以减小左岸导墙边的流速，并使圆弧导墙附近河槽回淤，但圆弧导墙下游 300 m 处回淤缓慢，可能是受泄洪闸泄流影响所致。

(9)从电站前冲刷漏斗形态大小、机组与底孔出流含沙量大小和粒径粗细以及电站下游尾水渠的淤积等因素看，该方案比直角布置方案优。

(10)由于受试验室场地条件限制，模型上下游范围都显太小。有待初设方案确定后，参照西霞院库区及下游河道泥沙模型，制作较大范围工程整体模型进行检验。

第五节　水库坝轴线直线总体布置修改方案试验结果

一、修改方案概况

该方案的布置形式和工程直线布置方案基本一致，仍由拦河土坝、泄洪闸、排沙洞、电站及底孔等建筑物组成，见图 3-41。其中，泄洪闸、电站右侧 3 条排沙洞体型尺寸与工程直线布置方案完全一致。安装间下 3 条排沙洞和电站底孔有所改变，具体形式如下。

安装间下排沙洞仍是 3 条，体型尺寸见图 3-42。由图知，洞进口设 5 m×4 m 平板检修门和 5 m×3.5 m 平板工作门，排沙洞进口前有 20 m 长的平段，高程与排沙洞进口底板高程相同，均为 99.00 m，往上游用 1∶4 的斜坡与库区地形连接。工作门后是 4.7 m 长的平段，其后洞身上翘，洞高为 3.5 m。洞出口设 5 m×3.5 m 尾水检修门，门后洞顶为 1/4 椭圆曲线。洞出口底板高程为 107.00 m，洞出口设消力池，池深 2 m，池底高程也为 107.00 m；池末端设一消力坎，坎高 2 m，坎后设底高程为 107.00 m、长 85 m 的平底海漫；海漫后是深 2 m 的防冲槽，防冲槽顶宽 18 m、顶高程为 107.00 m；防冲槽后用 1∶5 的斜坡与下游河床相接。

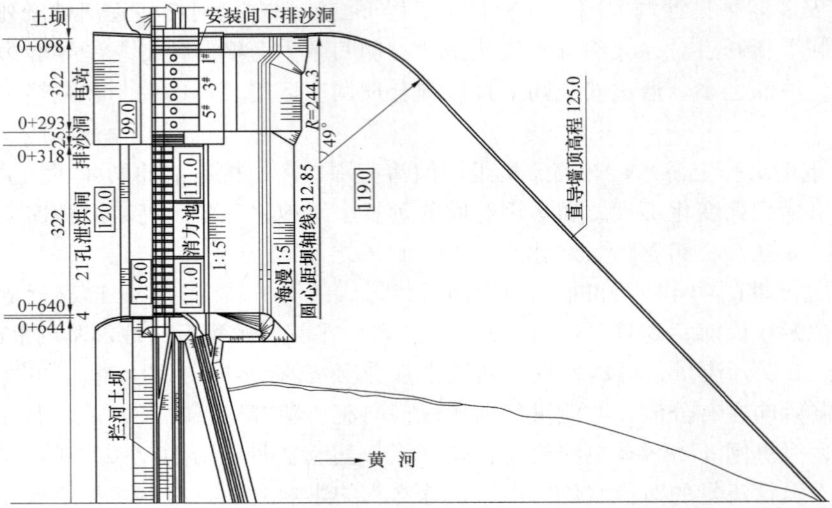

图 3-41 工程直线布置推荐方案布置形式

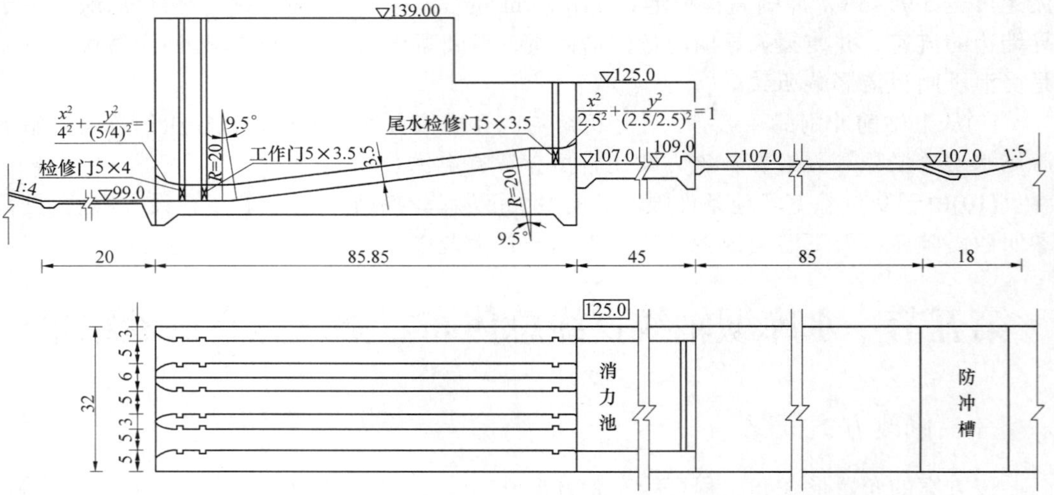

图 3-42 安装间下排沙洞体型 （单位：m）

机组进口底板高程 107.00 m，每台机组进口由中墩一分为二，每孔宽 7 m，至事故门后又合二为一，出口设 12 m×14 m 的尾水平板闸门，出口底高程为 104.00 m。

排沙底孔进口和机组进水口重叠布置，底部高程 99.00 m，进口前设高程为 99.00 m、长为 20 m 的水平段，往上由 1∶4 斜坡与上游河床相连。底孔进口设 7 m×3 m 平板检修门和 7 m×3 m 平板事故门，过事故门后，底孔折向机组间隔墩内，底孔宽由 7 m 渐变为 2 m，高由 3 m 渐变为 4 m。底孔出口设 2 m×4 m 工作门，出口底板高程和机组相同，均为 104.00 m，机组和底孔出口为一长 45 m 的平底消力池，底板高程为 104.00 m；其后接坡度为 1∶8、水平投影长 24 m 的反坡海漫；再往下是一长度为 40 m，顶高程为 107.00 m

的水平海漫；海漫后设顶宽为 18 m、顶高程为 107.00 m 的防冲槽，防冲槽深 2 m；其后用 1∶5 斜坡与下游河床相连，机组及底孔体型尺寸详见图 3-43。

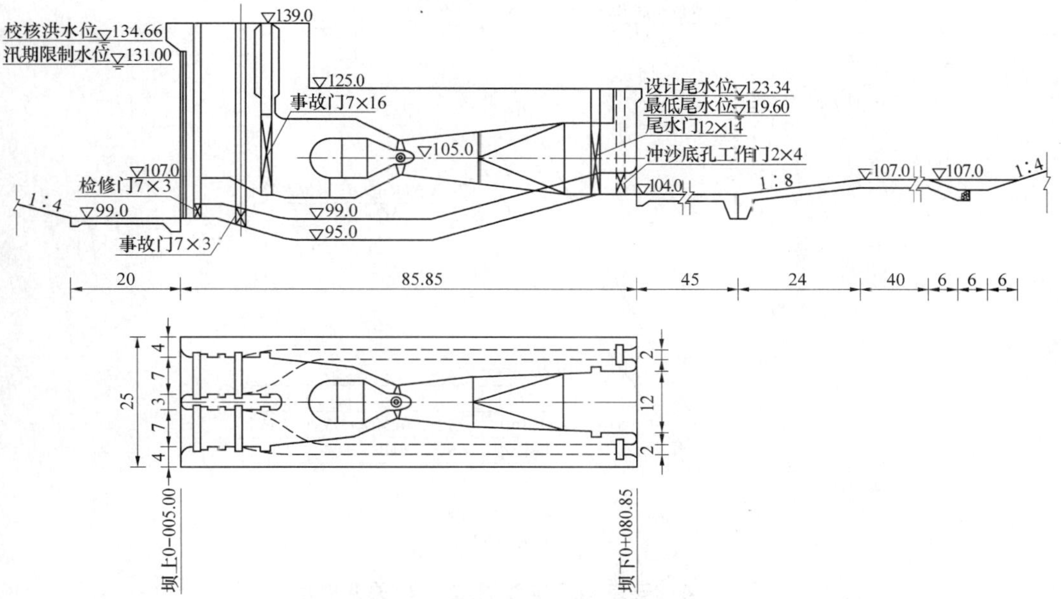

图 3-43　直线修改方案机组及底孔体型（单位：m）

此外，将原直线布置方案泄洪闸上游右侧圆裹头改为向上游右侧略有扩展的直立翼墙；左岸安装间下排沙洞前的圆裹头则改为 1／4 锥坡；水库下游左岸导墙圆弧段起点距坝轴线 312.85 m，圆弧导墙的半径为 244.3 m，转角为 49°。

二、泄流排沙建筑物泄流能力及消能衔接

因为泄洪闸和电站右侧排沙洞与原直线方案布置完全一样，泄流能力及消能情况不再赘述，下面仅就电站下排沙底孔及安装间下排沙洞的泄量及消能情况进行介绍。

实测安装间下排沙洞上下游水头差ΔH 与泄量 Q 关系曲线见图 3-44(3 条排沙洞全开)。图中上方曲线是上游水位与排沙洞出口处水位差ΔH_2与泄量 Q 关系，下方曲线是上游水位与下游尾水位差ΔH_1与泄量 Q 关系，图中还附有ΔH_1、ΔH_2与 Q 的对应值，供设计参考。试验观察到由于排沙洞出口底板高程较低，仅为 107.00 m，而下游最低水位为 119.60 m。因此，即使在上游为校核水位，而下游为最低水位的条件下，排沙洞出口也为淹没出流，消能效果良好。

实测电站下排沙底孔上下游水头差ΔH 与泄量 Q 关系曲线见图 3-45(12 个底孔全开)。因排沙底孔出口较低，属于高淹没出流，出口处水位与下游尾水位相差不大，因此只给出了上游水位与下游尾水位差ΔH 与泄量 Q 的关系曲线，图中还附有ΔH 与泄量 Q 关系表。

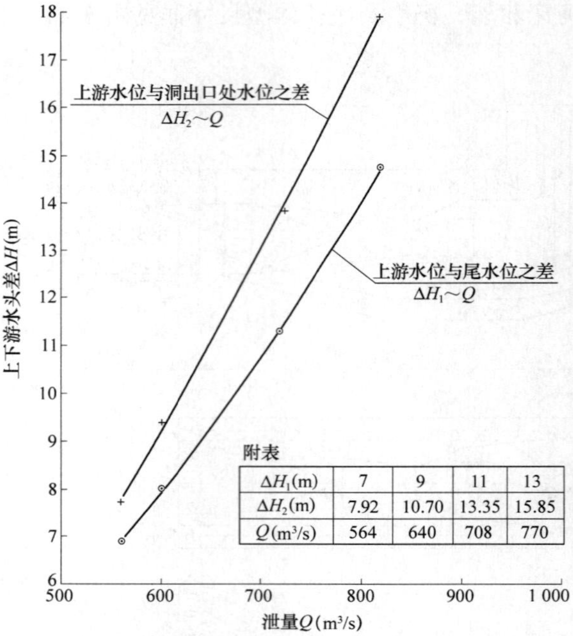

ΔH_1(m)	7	9	11	13
ΔH_2(m)	7.92	10.70	13.35	15.85
Q(m³/s)	564	640	708	770

图 3-44　安装间下排沙洞$\Delta H \sim Q$关系曲线

ΔH_1(m)	7	9	11	13	15
Q(m³/s)	859	972	1 080	1 182	1 274

图 3-45　排沙底孔$\Delta H \sim Q$关系曲线

需要指出的是，因排沙底孔洞身后半段向上翘起，而出口工作门正好设在上翘段末端，受水流冲击，闸门槽内水位较高。上游水位 131.00 m 时，闸门槽内水位可达 123.50 m，上游为设计水位时，闸门槽内水位可达 125.00 m 左右。为防止工作门门井冒水，建议在下阶段设计中对排沙洞底孔后半段洞体型或闸门槽位置做适当调整。

由泄洪闸泄流能力、电站右侧 3 条排沙洞泄流能力、安装间下 3 条排沙洞泄流能力和电站下 12 个底孔泄流能力可得出不同运用工况下工程的总泄流能力，见表 3-5。由表知，泄流能力满足设计泄流规模要求。

表 3-5　直线布置方案工程泄流能力　（单位：m^3/s）

运用情况		泄洪闸	电站右侧排沙洞	安装间下排沙洞	电站下底孔	总泄量	原设计泄流规模
汛期水位 131.00 m	排沙运用		666	658	999	2 323	1 000
	泄洪排沙运用	5 330	604	606	920	7 460	6 000
正常蓄水位 134.00 m	排沙运用		781	748	1 146	2 675	1 000
设计洪水位 132.94 m	泄洪排沙运用	9 600	664	655	995	11 914	9 810
校核洪水位 134.66 m	泄洪排沙运用	14 250	713	695	1 058	16 716	13 610

注：原设计泄流规模未包括电站下排沙底孔。

三、造床试验水库上下游流速分布及冲淤形态

模型采用造床流量 4 220 m^3/s，含沙量 100 kg/m^3 左右，选用的模型沙和前述试验相同。开启 1#～7#泄洪闸孔、电站右侧 3 条排沙洞、机组下 12 个排沙底孔及安装间下 3 条排沙洞，相应上游水位 131.28 m，下游水位 122.35 m，模型放水时间相当于原型 41 小时。

冲淤平衡后，实测流速分布及冲淤地形见图 3-46。由图可知，主流偏向 1#～7#泄洪闸孔方向，主河槽宽 270 m 左右。试验观测到安装间下排沙洞前及 1#～4#机组前只有 5 m 的范围内无泥沙淤积，从 4#机组向右，门前清范围渐大，至电站右侧排沙洞前可达 10 m。电站前冲刷漏斗纵坡比泥沙水下休止角略缓，1#～7#泄洪闸孔前无泥沙淤积的范围从左至右由 20 m 逐渐减至 5 m，泄洪闸基本为正向进流。由于主流偏向泄洪间，电站前的水流形成由右向左的横向流，并在电站前形成一缓慢的逆时针回流区。电站下游 0+312 m 断面附近有一略低于下游水位的沙洲出现，安装间下排沙洞出流沿沙洲和左岸导墙间下泄，底孔和电站右侧排沙洞出流向右偏斜和泄洪闸泄流汇合折向原主河槽。实测工程下游左岸导墙边(圆弧导墙末端向下 300 m 处)最大流速为 3.34 m/s，对应位置冲刷后河床面高程 117.40 m。

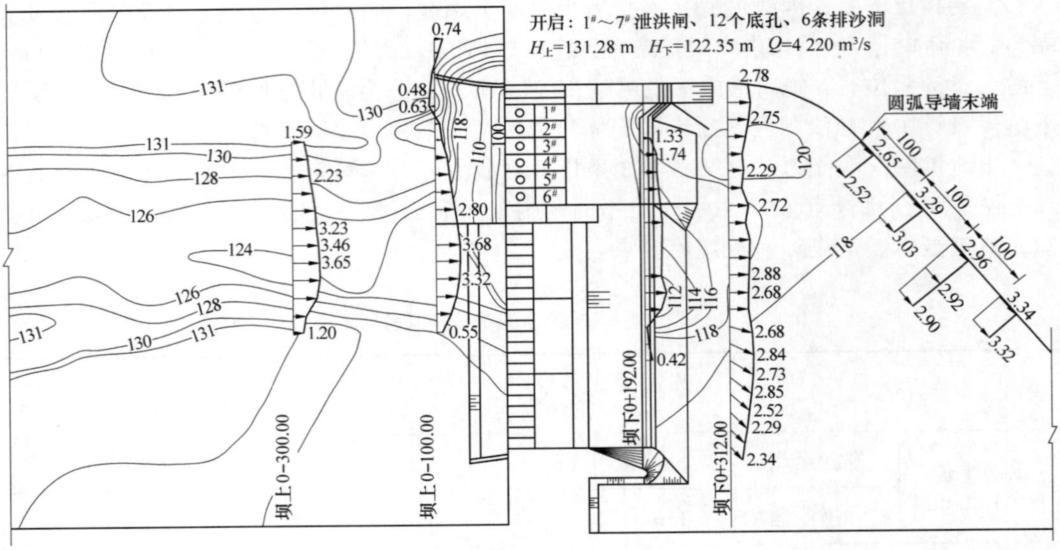

图 3-46　造床试验工程上下游流速分布及冲淤地形　(流速单位：m/s)

四、汛期不同调度运用水库上下游流速分布及冲淤形态

(一)不发电拉沙运用

开启机组下 12 个排沙底孔及电站左右侧各 3 条排沙洞，上游水位 131.00 m，下游水位 121.57 m，总泄量 2 323 m^3/s，含沙量 68 kg/m^3，运行时间相当于原型 20.5 小时，在造床试验后地形上进行试验，实测流速及地形见图 3-47。由于泄洪闸关闭，主流在工

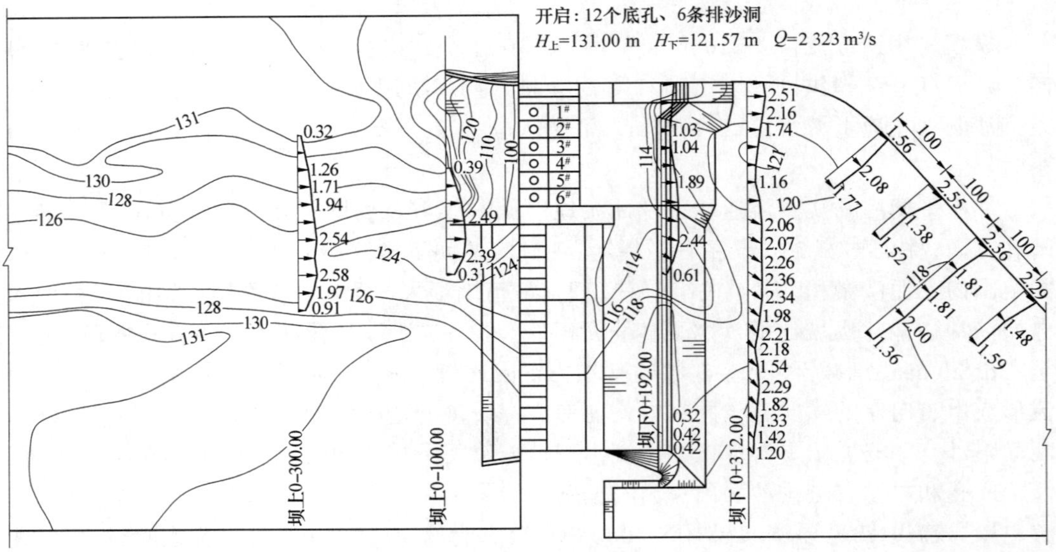

图 3-47　汛期拉沙运用工程上下游流速分布及冲淤地形　(流速单位：m/s)

程前向电站方向摆动，顶冲在电站右侧排沙洞处，并在电站前形成一强度稍大的逆时针回流，同时在 1#～7#泄洪闸孔前形成一顺时针回流。由图可知，电站前泥沙淤积形态及门前清范围与造床试验后结果相比无大变化，1#～7#泄洪闸孔前泥沙大量落淤。工程下游左岸导墙(圆弧段下游)边河床冲刷高程略有抬高，电站下游 0+312 m 桩号附近的沙洲变化不大，各泄水建筑物出流含沙量和泥沙颗粒级配基本一致。

(二)2#～6#机组发电及对应的 3#～12#底孔排沙运用

开启 3#～6#机组发电及 3#～12#底孔排沙，上游水位 131.00 m，下游水位 121.74 m，总泄量 2 700 m^3/s，含沙量 68 kg/m^3，运行时间相当于原型 20.5 小时，在上组汛期拉沙试验后地形上试验。试验表明：工程上游主流位置变化不大，但水流更加集中，电站前仍有一逆时针回流存在，由于安装间下排沙洞及 1#、2#底孔关闭，回流中心向右偏移。实测工程上下游流速及冲淤后地形见图 3-48。由图可以看出，工程上游由于主流较集中，流速明显加大。安装间下排沙洞前泥沙很快淤至 110.00～114.00 m 高程。2#机组门前清范围只有 5 m 左右，但向右侧，门前清范围渐大，至电站右侧排沙洞前可达 40 m。工程下游由于安装间下排沙洞关闭，顺左岸导墙边泥沙逐渐淤高，电站下游 0+312 m 桩号附近沙州也逐渐增大并向上游左侧扩展。安装间下排沙洞出口处泥沙回淤至 110.00 m 高程，电站右侧排沙洞出口处泥沙回淤至 109.00 m 高程。各机组出流含沙量变化不大，平均值为 62.5 kg/m^3，底孔也是如此，平均值为 73.8 kg/m^3，底孔出流含沙量与机组出流含沙量的比值为 1.18。底孔泥沙粒径也略大于机组，二者中值粒径的比值约为 1.05。

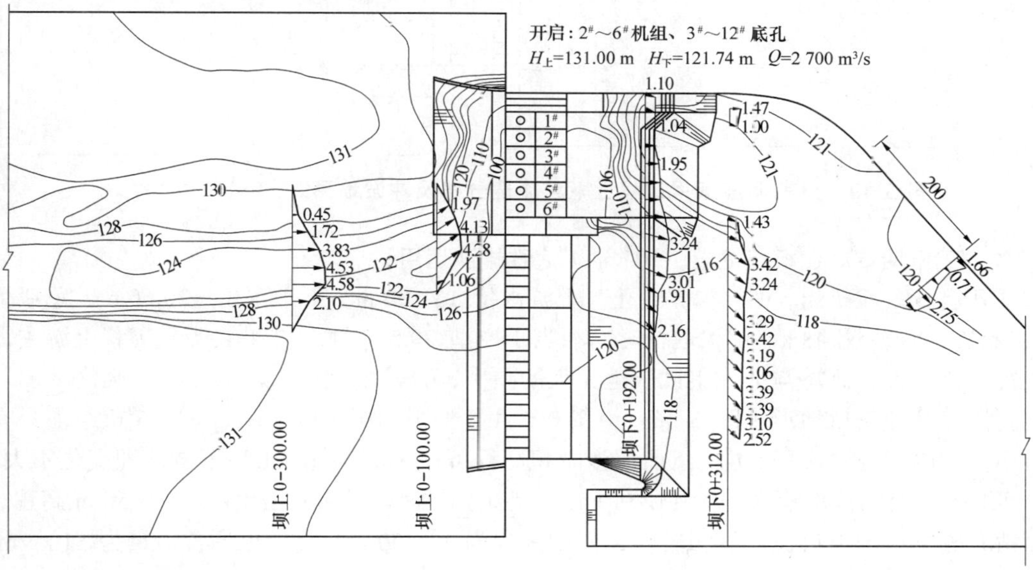

图 3-48　汛期调度运用工程上下游流速分布及冲淤地形　(流速单位：m/s)

(三)4#～6#机组发电，7#～12#底孔排沙运用

开启 4#～6#机组发电及 7#～12#底孔排沙。上游水位 131.00 m，下游水位 121.12 m，总泄量 1 636.5 m^3/s，含沙量 52 kg/m^3。运行时间相当于原型 20.5 小时，在上组试验后地形基础上进行试验。试验观察到上游主流位置变化不大，主河槽逐渐萎缩，机组前仍有逆时针回流存在，实测流速及冲淤后地形见图 3-49。由图知，安装间下排沙洞前泥沙淤积高程达 118.00 m 左右，从 4#机组向电站右侧排沙洞前，门前清范围由 5 m 渐变至 30 m，机组前冲刷漏斗纵坡变化不大。1#～3#机组后出现一回流淤积体，淤积体顶高达 115.00 m，而 1#～3#机组出口处泥沙淤积高程则为 106.00 m 左右。安装间下排沙洞出口淤积高程受回流影响淤积较快，可达 114.00 m。电站下游沙洲进一步扩大，工程下游左岸导墙边流路基本淤死。各底孔出流含沙量基本一致，均值为 57.2 kg/m^3，各机组出流含沙量也相差不大，均值为 49.5 kg/m^3。底孔与机组出流含沙量之比为 1.16，底孔出流泥沙粒径略大于机组出流泥沙粒径。工程下游左岸水位比右岸高约 0.5 m。

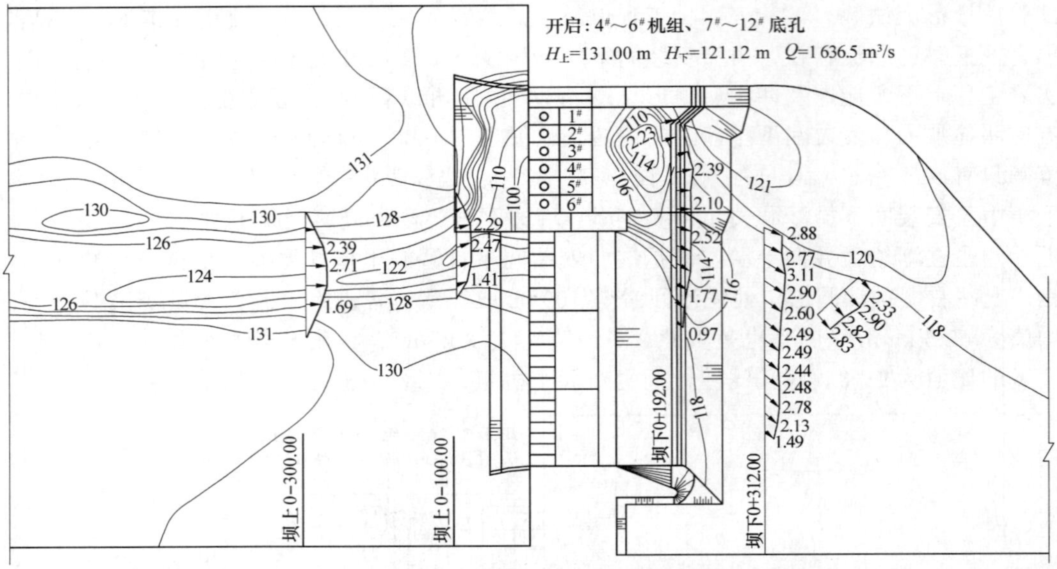

图 3-49 汛期调度运用工程上下游流速分布及冲淤地形 （流速单位：m/s）

(四)汛期 5#、6#机组发电，10#、11#底孔排沙运用

开启 5#、6#机组，10#、11#底孔，上游水位 131.00 m，下游水位 120.60 m，总泄量 924 m^3/s，含沙量 48 kg/m^3，运行时间相当于原型 20.5 小时。结果表明：工程上游主流位置变化不大，流态与上一组试验也无大的差别，只是电站前回流区变小，强度变弱。实测流速及冲淤后地形见图 3-50。由图知，由于只开 10#、11#底孔，5#、6#机组前只有很小范围内无泥沙淤积，1#机组前泥沙淤积高程可达 116.00 m。工程下游沙洲变化不大，1#机组出口处泥沙淤积高程为 112.00 m，安装间下排沙洞出口泥沙淤至 115.50 m 高程，电站右侧排沙洞出口泥沙淤积较少，淤积高程为 111.00 m。底孔出流含沙量为 51 kg/m^3 左右，机组出流含沙量约为 47 kg/m^3，二者之比为 1.09。底孔与机组出流泥沙颗粒级配差别也不大。

五、非汛期不同调度运用水库上下游流速分布及冲淤形态

(一)5#、6#机组发电

开启 5#、6#机组发电，上游水位 134.00 m，下游水位 120.36 m，总泄量 749 m^3/s，

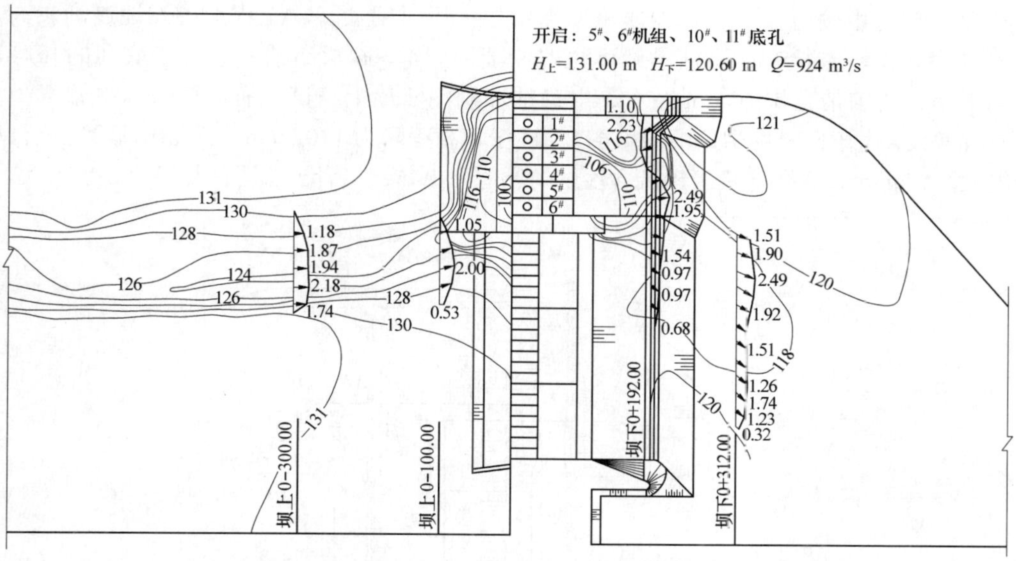

图 3-50　汛期调度运用工程上下游流速分布及冲淤地形　(流速单位：m/s)

含沙量 12 kg/m^3，运行时间相当于原型 20.5 小时，实测结果见图 3-51。由图知，由于上游水位升高，工程上游主流不明显，来流流速较小，主河槽底高程略有升高。因为底孔关闭，5#、6#机组前泥沙淤至 106.00 m 高程左右，仅比机组进口底板低 1 m 左右。电站进口前冲刷漏斗有所减小。工程下游冲淤地形变化不大。

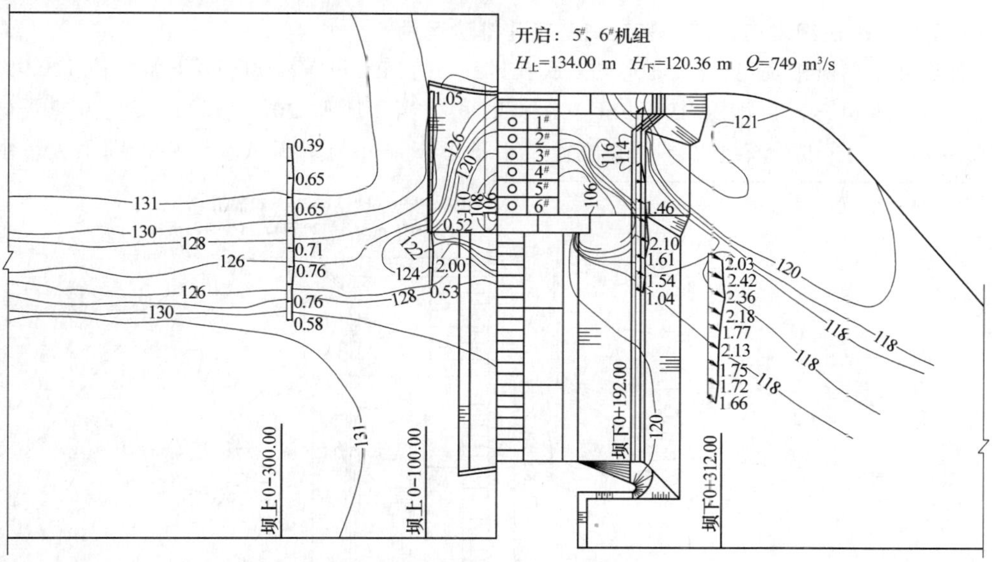

图 3-51　非汛期调度运用工程上下游流速分布及冲淤地形　(流速单位：m/s)

(二)4#～6#机组发电，7#～12#底孔排沙运用

开启 4#～6#机组发电，7#～12#底孔排沙，上游水位 134.00 m，下游水位 121.20 m，总泄量 1 708.5 m^3/s，含沙量 18 kg/ m^3，运行时间相当于原型 20.5 小时，实测流速及地

形见图 3-52。由图可以看出，随非汛期高水位运用时间加长，工程上游滩地逐渐淤高，主河槽底高程略有抬升，主河槽宽度也略有萎缩。4#～6#机组前泥沙由于底孔的开启被冲刷干净，门前清范围有 7 m 左右，电站前冲刷漏斗比上组试验有所增大。电站下游沙洲略有增大，由于回淹冲刷，1#机组出口泥沙淤积高程降为 110.00 m，底孔出流含沙量仅比机组大 2.5 kg/m³，底孔与机组出流含沙量的比值为 1.15，二者出流泥沙粒径也差别不大。

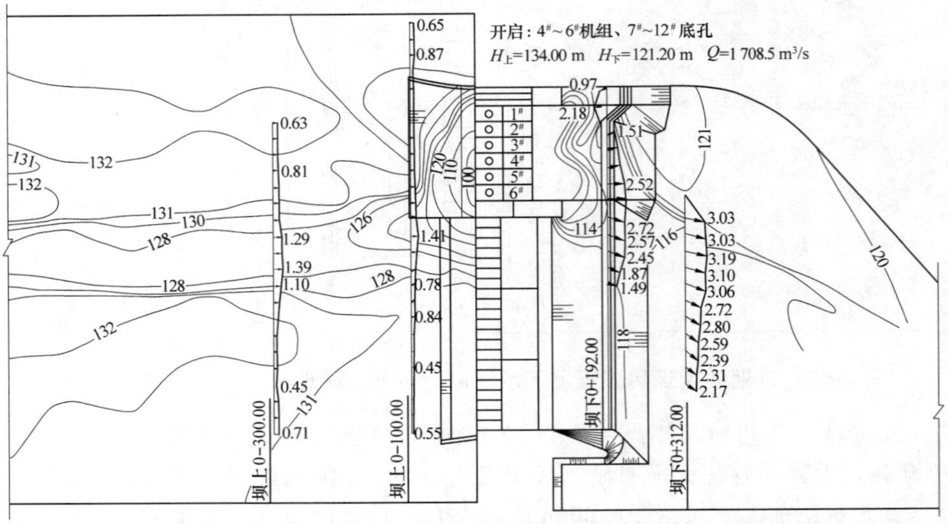

图 3-52　非汛期调度运用工程上下游流速分布及冲淤地形　（流速单位：m/s）

(三)4#～6#机组发电，8#、10#、12#底孔排沙运用

开启 4#～6#机组发电，8#、10#、12#底孔排沙，上游水位 134.00 m，下游水位 120.99 m，总泄量 1 419 m³/s，含沙量 10 kg/m³，运行时间相当于原型 20.5 小时，实测流速及地形见图 3-53。由图知，该组试验主流位置及主槽形态尺寸与上组试验结果差别不大。由于

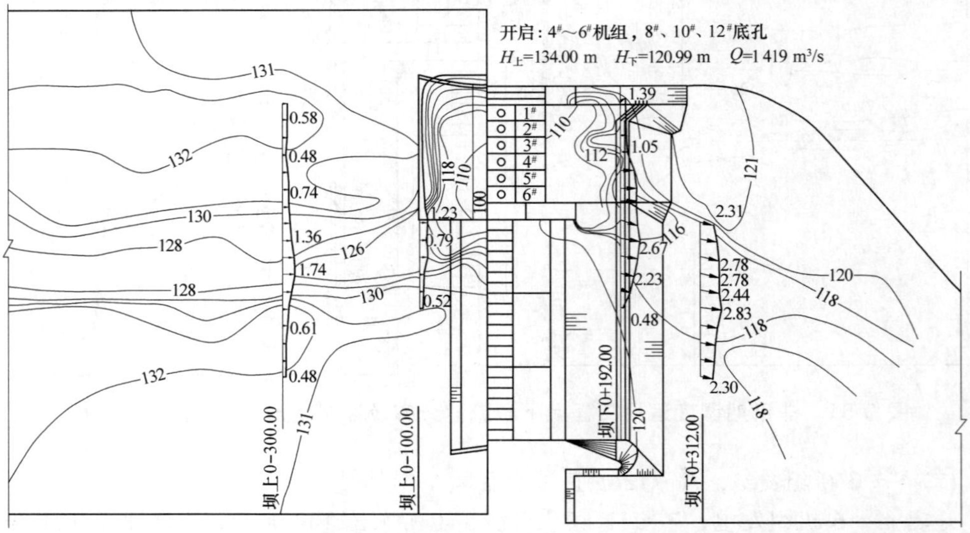

图 3-53　非汛期调度运用工程上下游流速分布及冲淤地形　（流速单位：m/s）

底孔是隔孔开启，因此机组前门前清未能连成一体，开启的底孔前形成很小的漏斗。电站下游沙洲向下游发展，与左岸寻墙相接，演变成滩地。机组出口冲淤形态与上组试验相似。安装间下排沙洞出口泥沙高程淤至 116.40 m，电站右侧排沙洞出口泥沙高程淤至 112.00 m。底孔比机组出流含沙量大 2 kg/m^3 左右，底孔与机组出流含沙量之比约为 1.20，二者出流泥沙级配也相近。工程下游左岸水位比右岸高约 0.5 m。

(四)2$^\#$～5$^\#$机组发电，5$^\#$、8$^\#$底孔排沙运用

开启 2$^\#$～5$^\#$机组发电，5$^\#$、8$^\#$底孔排沙，上游水位 134.00 m，下游水位 121.22 m，总泄量 1 693 m^3/s，含沙量 10 kg/m^3，运行时间相当于原型 20.5 小时，试验实测流速及冲淤地形见图 3-54。由图知，工程上游滩地略有淤高，主槽变化不大。5$^\#$、8$^\#$底孔前有很小的门前清范围，2$^\#$、5$^\#$机组前泥沙高程可淤至 102.00～106.00 m，安装间下排沙洞前泥沙高程淤至 120.00～128.00 m，淤积面左高右低，呈一斜坡状。工程下游地形变化不大，各机组出流含沙量差别不大，底孔比机组含沙量略大一些，二者出流含沙量的比值约为 1.15，出流泥沙级配也差别不大。

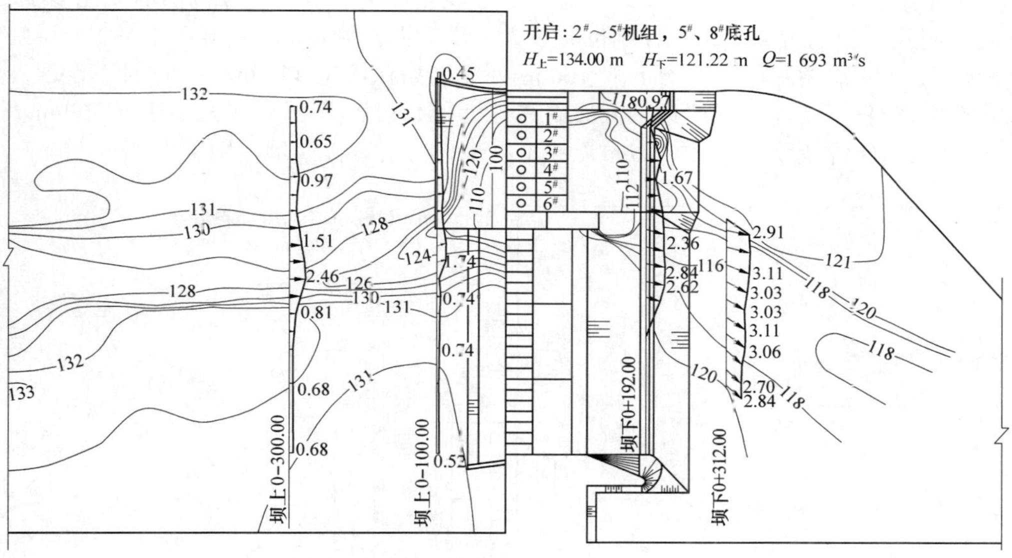

图 3-54　非汛期调度运用工程上下游流速分布及冲淤地形　(流速单位：m/s)

六、设计洪水水库上下游流速及冲淤形态

在以上长期运用后的地形基础上泄放设计洪水，开启 21 孔泄洪闸，12 个电站排沙底孔及电站左右侧各 3 条排沙洞。

由于泄洪闸前泥沙淤积高程已达 130.00 m 左右，为保证设计洪水位时能顺利泄流，试验首先泄放上游水位为 131.00 m 正常泄流时的流量 7 460 m^3/s，含沙量为 120 kg/m^3 左右，开启全部泄洪排沙建筑物，放水时间相当于原型 4.1 小时。试验初期，泄洪闸前滩地水深很小，闸前形成跌水，并发生溯源冲刷，但冲刷速度较慢，造成泄洪闸泄流不畅，使得库水位壅高，右岸水位壅高较小，为 131.21 m，左岸水位壅高较多，达 132.22 m。

随泄水时间延长，受主流冲刷，1#泄洪闸孔前泥沙全部冲走，继而向 2#～21#泄洪闸孔方向扩展，工程上游主流又摆向 1#～7#泄洪闸孔，这 7 孔泄洪闸基本为正向进流。其余闸孔为斜向进流。受闸前主流淘刷和溯源冲刷的共同作用，泄洪闸前淤积泥沙逐渐被冲走，泄量渐大，上游水位逐渐降落。泄水 4 小时后，工程上游右岸水位降至 130.76 m，而左岸水位降至 131.8 m(右岸水位低于 131.00 m 的原因，一是闸前行近流速较大，二是该水位测针距上游翼墙头部较近，受绕流影响)。

接着，试验泄放设计洪水位 132.94 m 的正常泄量 11 914 m^3/s，泄水时间相当于原型 6 小时。随泄水时间延长，泄洪闸前除主流斜向淘刷和溯源冲刷形成泄水漏斗外，滩地受行进水流的冲刷，高程也逐渐降低，试验结束时，实测滩面高程已降至 129.00 m 左右。停水前实测右岸水位为 132.76 m，左岸水位为 133.63 m。实测上下游流速分布及地形见图 3-55。由图知，上游主槽流速最大已达 6.4 m/s(表面流速)，由于前期淤积泥沙发生固结现象，冲刷后的滩沿较陡，电站前滩地水流流速较小，泥沙大量落淤。从安装间下排沙洞向右至 4#机组，其前缘只有 5 m 左右范围内无泥沙淤积，从 4#机组到电站右侧排沙洞，门前清范围由 5 m 渐增至 20 m。1#～12#泄洪闸孔前有 5～40 m 范围内无泥沙淤积，20#泄洪闸孔前受上游翼墙绕流冲刷也有较大范围无泥沙淤积。因主流从 1#～7#泄洪闸集中下泄，2#～6#泄洪闸后防冲槽下游 100 m 处冲刷高程可达 110.00 m，电站下游沙洲进一步淤高，工程下游左岸导墙边最低冲刷高程为 118.80 m(圆弧导墙末端往下 300 m 处)。下游左岸水位比右岸水位高约 0.6 m，各泄水建筑物出口含沙量差别不大。

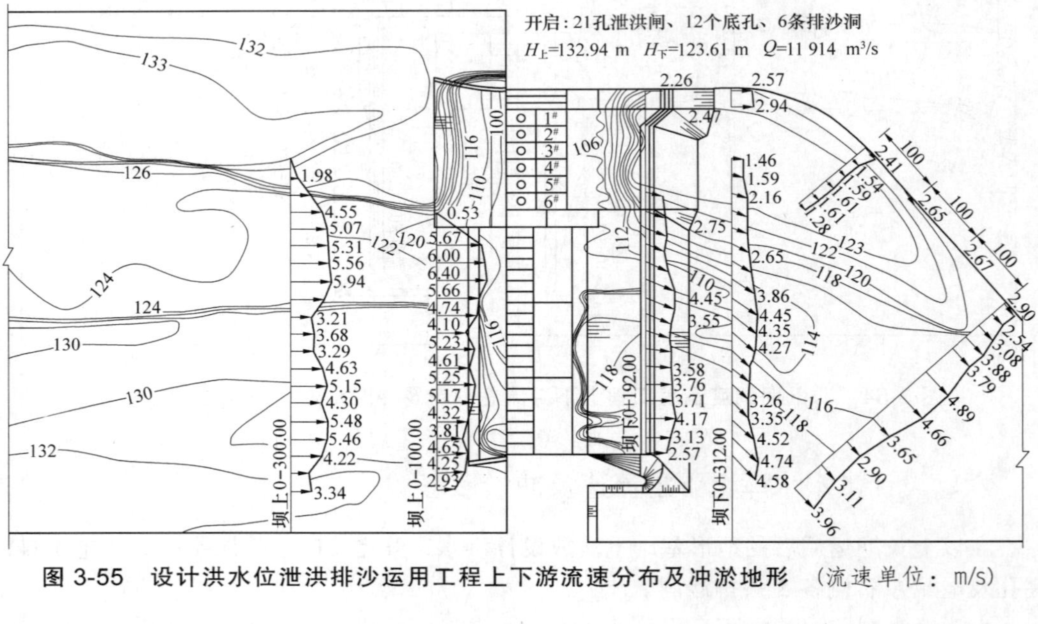

图 3-55　设计洪水位泄洪排沙运用工程上下游流速分布及冲淤地形　(流速单位：m/s)

七、设计洪水后汛限水位拉沙效果

开启电站下 12 个底孔，安装间下 3 条排沙洞，上游水位 131.00 m，下游水位 121.20 m，总泄量 1 700 m^3/s，含沙量 26 kg/m^3，运行时间相当于原型 12 小时，在设计洪水位泄洪排沙运用后地形上进行试验。此组试验主要是观测下泄水流能否将电站下游沙洲冲掉，实测结果见图 3-56。由图知，工程上游河槽有所淤高，泄洪闸前的冲刷漏斗内也淤到了 122.00 m 高程左右，电站前冲刷漏斗及门前清范围与设计水位泄洪运用时基本一致。工程下游沙洲逐渐被冲刷坍塌而减小，随泄水时间延长，沙洲坍塌速度减慢。由于试验时段不太长，下游未达到冲淤平衡，但从试验情况看，估计沙洲不会被完全冲掉。

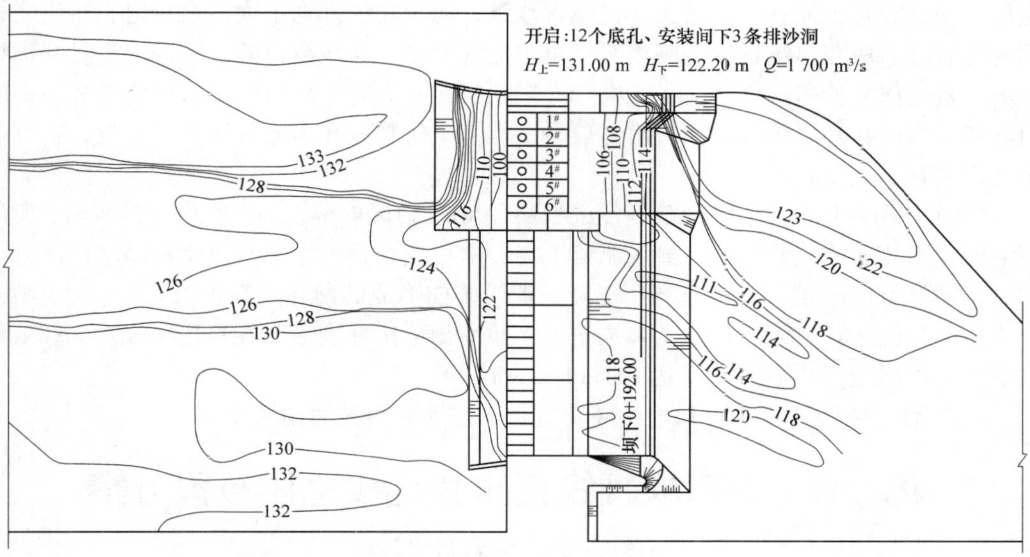

图 3-56　汛期排沙运用工程上下游冲淤地形

八、水库坝轴线直线总体布置修改方案试验小结

根据试验结果可得如下几点结论：

(1)模型实测工程泄流能力大于设计泄洪规模，为防止排沙底孔下游工作门门井冒水，建议下阶段设计中对排沙底孔后半段洞身体型或工作门槽位置做适当调整。

(2)造床后形成的上游平衡河槽仅 270 m 左右，主槽偏向 1#～7#泄洪闸孔。电站前门前清范围仅 5～10 m，冲淤漏斗坡度略缓于泥沙水下休止角。工程下游左岸导墙边最低冲刷高程为 117.40 m。

(3)汛期拉沙试验后，电站前冲刷漏斗及门前清范围与造床试验后结果相差不多，表明汛期拉沙并不能将电站前漏斗扩大，也不会将主河槽冲深展宽。

(4)汛期不同调度运用条件下，电站右侧排沙洞口前后泥沙淤积较少(排沙洞关闭)，而安装间下排沙洞口前后泥沙淤积既快又多，实际运行中应加强观测，当发现泥沙淤积面较高时应及时开门放水冲刷；电站前的门前清范围随机组和底孔开启多少而变化，少时 5 m，多则 40 m(电站右侧排沙洞前)。底孔出流含沙量与机组出流含沙量之比在 1.05～1.2 之间，底孔泥沙粒径略大于机组泥沙粒径；上游主流位置变化不大，主槽因来水较小而逐渐萎缩；泄洪闸前泥沙随运行时间延长逐步淤高；工程下游左岸导墙附近泥沙逐渐淤积。由沙洲演变成和导墙相连的沙滩，机组和底孔出流从电站右侧排沙洞出口导墙末端斜向下游，经常不运行的 1#机组出口泥沙淤积高程可达 112.00 m，实际运行中应经常开启相应底孔冲沙，以防出口淤堵。当每台机组只开一个对应底孔时，底孔出流含沙量只略大于机组出流含沙量，且颗粒级配也基本一致。

(5)非汛期调度运用下，由于水位升高，流速减小，主槽及滩地逐渐被淤高，但淤积速度较慢；底孔出流含沙量略大于机组含沙量，泥沙粒径差别不大；当机组和对应底孔同时开启时，底孔出流含沙量略大于机组出流含沙量，泥沙粒径差别不大；当只开机组发电，机组前泥沙高程可淤至 106.00 m，底孔隔孔开启时，机组前不能形成连成一体的门前清；当底孔开启较少，而机组开启较多时，机组与底孔出流含沙量较接近，工程下游地形变化不大。

(6)在长期运用后，泄洪闸前泥沙淤积高程可达 130.00 m 左右，在设计洪水时，泄洪闸前淤积泥沙不能很快冲开，造成泄流不畅，水位壅高，且左岸水位比右岸水位高 1 m 左右，随运行时间延长，水位有所下降，泄洪闸前形成的漏斗逐渐扩大。1#～7#泄洪闸孔为正向进流，8#～21#闸底孔为斜向进流。防冲槽下游冲刷最低高程达 108.70 m，工程下游左侧沙滩进一步淤高，可达 123.50 m 高程。

(7)开启安装间下排沙洞和电站底孔后，下游沙洲会被冲刷变小。

第六节　水库坝轴线直角和直线总体布置方案试验结语和讨论

1995 年黄河小浪底水利工程西霞院配套工程可行性研究设计阶段，黄科院配合设计工作曾进行水库整体局部动床水工模型试验，1996 年 4 月提出模型试验报告。随着设计阶段深入和方案的变动，1997 年 10 月黄委设计院再次委托黄科院进行模型试验研究，研究内容包括：水库整体局部动床水工模型、泄洪闸断面模型和排沙洞单体水工模型。

1997 年 10 月至 1998 年 12 月配合设计工作进展和方案变动进行了以下方案的试验研究：

(1)水库坝轴线直角总体布置方案试验研究。

(2)水库坝轴线直角总体布置方案导墙冲刷模型试验研究。

(3)水库坝轴线直线总体布置方案试验研究。

(4)水库坝轴线直线总体布置修改方案试验研究。

现将试验结果总结如下。

一、水库坝轴线直角总体布置方案左岸导墙冲刷

该方案是配合西霞院水利工程库区及下游河道泥沙模型试验进行的，该模型平面比尺 600，垂直比尺 60，变率为 10。由于模型变率较大，泄流排沙建筑物下游水流衔接和流态有些失真，设计单位要求在工程整体水工模型上进行研究，为导墙尺寸和埋深提供试验数据。

左岸滩地方案泄流排沙建筑物和电站集中布置在靠主河槽左岸滩地上。该方案只需一次截留，导截流工程量和投资较少。工程上游需开挖引河，引河高程 120.00 m，下游

需开挖泄槽，泄槽高程 119.00 m。该试验主要观测研究工程下游泄槽冲淤变化和左岸防护导墙的冲刷。

下游泄槽的冲淤变化和导墙冲刷与下游原河道河床一般冲刷密切相关，它起着冲刷基准面的作用。在模型尾部选取了两个高程冲刷基准面进行对比观测。试验观测表明，泄槽左岸导墙，在坝下 0+572 m 处用一圆弧导墙转向原河槽，圆弧导墙距坝轴线较远，水流比较顺畅地流回原河道，在设计洪水情况下，导墙附近流速不大，冲刷并不严重。下游原河道河床高程 119.00 m 时，导墙附近最大流速 2.72 m/s，最低冲刷高程为 117.3 m，以上试验结果可供设计导墙埋深时参考。

二、水库坝轴线直线总体布置方案和修改方案

两方案在总体布置上是相同的。两方案的泄洪闸和电站右侧 3 孔排沙洞完全相同，安装间下 3 条排沙洞，布置形式也基本一样，只是局部尺寸稍有差别；主要不同点是电站下部的排沙底孔。两方案排沙底孔进口部分都是采用与电站进口上下对应重叠的布置方式，洞身体型和出口布置差别较大，但底孔总泄量差别不大。从总体布置形式和各建筑物泄量来看可以认为是一样的，试验结果也基本一致，都具有以下特点：

(1)工程泄流排沙建筑物泄流能力都大于设计泄流能力，富余较大，泄洪闸闸前淤积，泄洪闸呈斜向进流的不利情况下，仍能满足泄量要求和消能要求。

(2)汛期和非汛期正常调度运用情况下，电站前都能形成门前清的冲刷漏斗，在不同水沙条件下，底孔与机组过流含沙量比变化在 1.05～1.26 之间，底孔出流泥沙粒径均大于机组出流泥沙粒径，底孔具有明显多排沙和排粗沙的效果。

(3)工程上游库区库容较小，正常蓄水位 134.00 m 以下原始库容仅 1.45 亿 m^3，工程投入运用，上游将很快达到平衡，形成一新的河槽形态。工程上游河槽形态和流路不仅与来水来沙条件有关，还决定于库区河槽的摆动和运行时泄量前缘宽度。观测表明，运行时各建筑物前都能形成门前清的小漏斗，每个泄流建筑物前的门前清范围和漏斗形态，并不因调度运用方式不同和流路的变化而发生较大的变化，这就保证了底孔可靠的排沙效果。

(4)工程下游开挖泄槽宽度达 600 m 以上，汛期遇有大、中洪水，电站不发电，底孔开启排沙情况下，电站坝段下游平均单宽流量比两侧排沙洞要小，很容易在电站坝段下游形成河心潜滩，将工程下游泄槽分为两股汊河，汛期和非汛期不同调度运用，河心潜滩虽有不同消长和变化，但都不能改变两股汊河基本流路。两股汊河流路的存在不会危及各建筑物的安全，也不会对正常发电带来不利的影响。从工程水力学和工程泥沙方面来看，带有排沙底孔的工程布置方案是可行的，工程正常发电也是有保证的。推荐方案中底孔尾水门井冒水等问题，在设计中作一些适当修改都是比较容易解决的。

三、水库坝轴线直角布置河槽方案

从泄流排沙建筑物泄流能力和下游消能，与直线布置方案基本一样，都可以满足设计泄量要求和下游消能要求，单从工程水力学方面讲，直角布置方案也是可行的。

工程直角布置方案原设计意图，是想通过电站前 48 m 宽的排沙槽，将电站前底部

粗颗粒高含沙水流，由 5 孔排沙洞排向下游，减小机组磨损。试验观测结果表明，5 孔排沙洞汛限水位 131.00 m 排沙时，排沙槽单宽流量约 28 $m^3/(s·m)$，而排沙槽内水深达 28 m 左右，垂线平均流速 1 m/s 左右。试验观测表明，排沙洞前总能形成门前清冲刷漏斗，漏斗纵坡接近泥沙水下休止角，冲刷漏斗只能影响到 $5^{\#}$、$6^{\#}$机组，$1^{\#}$～$4^{\#}$机组前，排沙槽泥沙淤积高程约 118.00 m，高出机组进口 12 m，排沙槽未达到预期排沙效果。

汛期洪水含沙量较大时，电站不发电情况下，电站尾水渠大量落淤，淤积高程可达 114.00 m，可超过机组尾门顶缘 1 m 以上；机组发电过流后，虽能将出口淤沙冲开冲走，但电站尾水有所提高，影响机组出力，该方案在处理水库泥沙方面显示了很大的缺陷，在多沙的黄河上该方案不宜采用。

由于试验场地限制，局部整体模型上下游范围都嫌不足，对工程上下游流路将有一定影响，有待方案确定后，制作较大范围水库模型进行检验。

第七节　西霞院水库泄洪闸水工断面模型试验

一、泄洪闸工程概况及试验研究内容

(一)泄洪闸工程概况

泄洪闸是水库工程的主要泄水建筑物，共 21 孔，每孔净宽 12 m，为开敞式闸室(见图 3-57)。堰型为 WESⅣ型实用堰，堰顶高程 126.00 m，堰顶设置 12 m×9 m 平板检修门

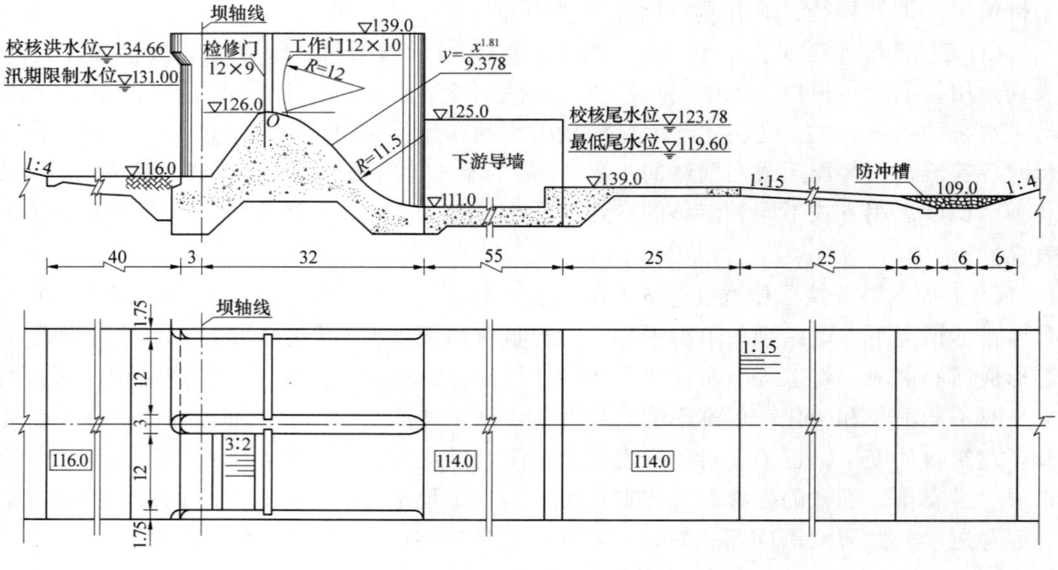

图 3-57　泄洪闸体型图

和 12 m×10 m 弧形工作门。泄洪闸上游闸底板高程 116.00 m，与闸前水平壤土铺盖相接，铺盖长 40 m，以 1∶4 的坡度与上游河床相接。泄洪闸下游采用底流消能，消力池长 55 m，深 3 m，池底板高程 111.00 m，尾坎高 3 m，顶高程 114.00 m。紧接消力池尾坎的是

25 m 长水平钢筋混凝土海漫，高程 114.00 m，后接 30 m 长浆砌石海漫和 45 m 长干砌石海漫，坡度均为 1∶15。往下是防冲槽，深 2 m，底宽 6 m，顶宽 18 m，顶部高程 109.00 m，末端以 1∶4 缓坡与下游原河床相接。泄洪闸下游每 7 孔用导墙隔开．导墙顶部高程 125.00 m，厚 3 m，长 55 m。

设计提供的泄洪闸原设计泄流能力见表 3-6，表中泄流能力计算公式为：

$$Q=\sigma\varepsilon mB_0\sqrt{2g}H_0^{3/2} \tag{3-1}$$

式中　Q——过闸流量；

σ——堰流淹没系数；

ε——堰流侧收缩系数；

m——堰流流量系数；

B_0——闸孔总净宽；

H_0——计入行近流速水头的堰上水头。

设计还考虑了闸前淤积对泄量的影响，对流量系数 m 的取值如下：运行初期，闸前淤积较少，取 m=0.485～0.490；当库区冲淤平衡后，闸前淤积较多，取 m=0.46。设计单位采用的泄洪闸泄量是表 3-6 中闸前有淤积时的结果。

表 3-6　泄洪闸原设计泄流能力　（单位：m^3/s）

上游水位	运用情况	
	闸前无淤积情况	闸前有淤积情况
汛期限制水位 131.00 m	6 008	5 577
设计洪水位 132.94 m	9 754	9 179
校核洪水位 134.66 m	13 626	12 778

(二)试验研究内容

根据合同要求，对泄洪闸主要进行以下观测：

(1)验证泄洪闸的泄流能力；

(2)对溢流坝面压力进行测量；

(3)测量水面线及流速；

(4)检验闸下消能防冲设计。

二、模型设计及制作

(一)模型设计

由于原设计泄洪闸为两孔一联，缝墩和中墩相间布置，为使试验选取的坝段具有代表性，模型选 1 个缝墩，2 个中墩，2 个整闸孔和 2 个半闸孔，迎水面共计 3.5+2×3+2×12+2×6=45.5 m 宽。根据试验室现有宽 0.597 m 的玻璃水槽，可得泄洪闸断面模型几何比尺为 λ_L=45.5/0.597=76.21。模型按佛汝德相似律设计，同时考虑阻力相似，可求得：

流速比尺　　$\lambda_v=\lambda_L^{1/2}=8.73$

流量比尺　　　　$\lambda_Q = \lambda_L^{5/2} = 50\,703$

糙率比尺　　　　$\lambda_n = \lambda_L^{1/6} = 2.06$

(二)模型制作

试验是在一个长 30 m，宽 0.597 m 的专用玻璃水槽内进行，泄洪闸断面模型溢流坝段用有机玻璃制作，其他部分用水泥砂浆粉制作。泄量用矩形薄壁堰量测，水位及水面线用精度为 0.1 mm 的测针测量，流速用小毕托管及电阻式微型旋桨流速仪测量，压力用测压管观测，流速、压力、水面线均在模型的一个整闸孔中线处测量。

三、试验结果

(一)泄流能力

试验对闸门全开时的泄量进行了观测，库水位采用的是泄洪闸前 90 m 处的水位。为了探讨闸前泥沙淤积对泄量的影响，试验进行了闸前无泥沙淤积和有泥沙淤积两种情况的观测，试验结果见图 3-58(图中泄量已换算成 21 孔的总泄量)。图中有两条曲线(不考虑行近流速水头)，上部曲线是闸前地形高程为 120.00 m 时(原设计地形)的试验结果，下部曲线是闸前地形高程为 123.30 m 时的试验结果，各特征水位下的泄量见图附表。由表 3-6 和图 3-58 附表对比可以知道，模型实测泄量大于设计泄量，即泄量满足设计要求。

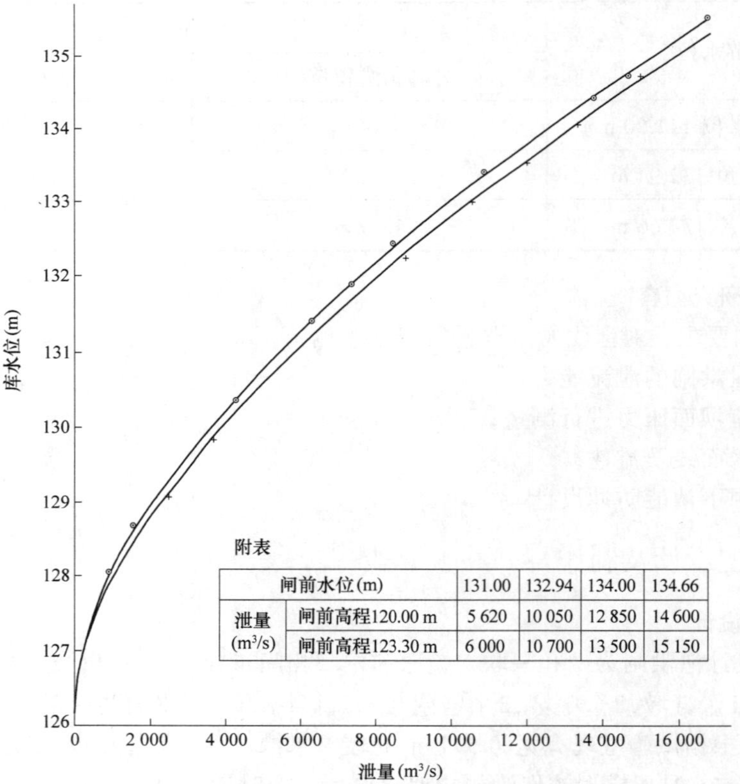

附表

闸前水位(m)		131.00	132.94	134.00	134.66
泄量(m^3/s)	闸前高程120.00 m	5 620	10 050	12 850	14 600
	闸前高程123.30 m	6 000	10 700	13 500	15 150

图 3-58　闸前库水位与泄量关系

由图还可以看出，当不记入流速水头时，闸前有泥沙淤积的泄量比无泥沙淤积的泄量大 3%～5%。为什么闸前泥沙淤积以后，泄量会增大呢？众所周知，自由堰流状态下，影响泄量的主要因素是流量系数及堰上水头，而影响流量系数的主要因素是堰的形式、堰高及堰上水头，也就是说，在堰型不变时，影响泄量的主要因素是堰高及堰上水头。

美国陆军工程兵团水力设计准则在对低堰的水力特征进行介绍时指出：当堰高较大时，堰前行近流速较小，行近流速水头比堰上总水头小得多，计算中可忽略不计，流量系数也基本为一常数。随着堰高的减小，行近流速加大，行近流速水头在堰顶总水头中的比例增加，计算时不能略去。当堰高降低至某一程度时，行近流速的影响将十分显著。而且，由于上游堰高很小，流线不能充分收缩，流量系数也将明显降低。

由此可知，当堰高降低(相当于闸前有泥沙淤积)后，在相同库水位情况下，一方面行近流速水头增大使泄量增加，另一方面流线收缩不充分使泄量减小。当行近流速水头引起的泄量增加大于流线收缩造成的泄量减少时，就会出现本试验所得结果，即泄量随闸前泥沙淤高而增大。这也就是说，单从不考虑行近流速的流量系数的大小变化并不能判断出泄量是增加还是减小。实测结果也说明这一点。根据本模型实测结果列表计算(流量系数的计算采用式(3-1)，式中ε、σ均取 1.0)，见表 3-7。

表 3-7　泄洪闸泄量及流量系数

闸前水位(m)		131.00	132.94	134.00	134.66
闸前地面高程 120.00 m 时泄量(m^3/s)		5 620	10 050	12 850	14 600
闸前地面高程 123.30 m 时泄量(m^3/s)		6 000	10 700	13 500	15 150
不考虑行近流速的流量系数	$m_{120.00}$	0.451	0.493	0.509	0.513
	$m_{123.30}$	0.481	0.525	0.535	0.533
考虑行近流速的流量系数	$m'_{120.00}$	0.433	0.462	0.471	0.472
	$m'_{123.30}$	0.440	0.461	0.463	0.460

由表 3-7 可知，当不考虑行近流速时，闸前地面高程为 123.30 m 时的流量系数大于闸前地面高程为 120.00 m 时的流量系数。考虑行近流速后，闸前地面高程为 123.30 m 时的流量系数在某水位以下大于闸前地面高程为 120.00 m 时的流量系数，而超过该水位后，又小于闸前地面高程为 120.00 m 时的流量系数。

美国陆军工程兵团水力设计图表 122-1 曾绘出行近水深(相当于闸前淤积水深)对流量系数的影响计算公式。下面选取一组堰上能头 H_e 与设计水头 H_d 之比为 1，即 H_e/H_d=1 时，不同堰高 P 对流量系数影响计算式：

$$m=\frac{4.0}{8.02}\left(\frac{P}{H_d}\right)^{0.0241} \tag{3-2}$$

西霞院泄洪闸堰面设计水头 H_d=7 m，堰上能头 H_e=7 m，闸前淤积高程为 120.00 m 时，按式(3-2)计算流量系数为 0.497，计入侧收缩影响时流量系数为 0.486；模型实测值为 0.477。闸前淤积高程为 123.30 m 时，按式(3-2)计算流量系数为 0.487，计入侧收缩影响时流量系数为 0.476；模型实测值为 0.467。上述一组计算结果与试验结果基本一致。

迄今为止，堰前泥沙淤积对泄量影响的研究还不多见。上述只是对影响堰流泄流能力的主要因素做简单分析，对于定量的结果有待于今后进一步研究。

(二)堰面压力

本试验在整孔闸孔内堰面中心线上布置了 8 个测压孔，各测点桩号及高程见表 3-8。

表 3-8　测压点桩号及高程

测压点编号	1	2	3	4	5	6	7	8
测压点桩号	0+009.63	0+012.13	0+015.13	0+018.67	0+021.00	0+022.57	0+027.13	0+031.65
测压点高程(m)	126.00	125.63	124.04	120.83	117.99	115.90	112.08	111.01

各特征水位下的压力分布见图 3-59，各测点压力值见图 3-59 附表。由图 3-59 及附表可知，堰面压力变化基本平顺。当闸前水位超过设计水位后，堰面出现负压，随库水位升高，负压增大。在校核水位时，负压最大，出现在 2#测压点，其值为–1.6 m 水柱，但未超出规范对堰面负压的允许值。从堰面压力看，堰面设计是合理的。

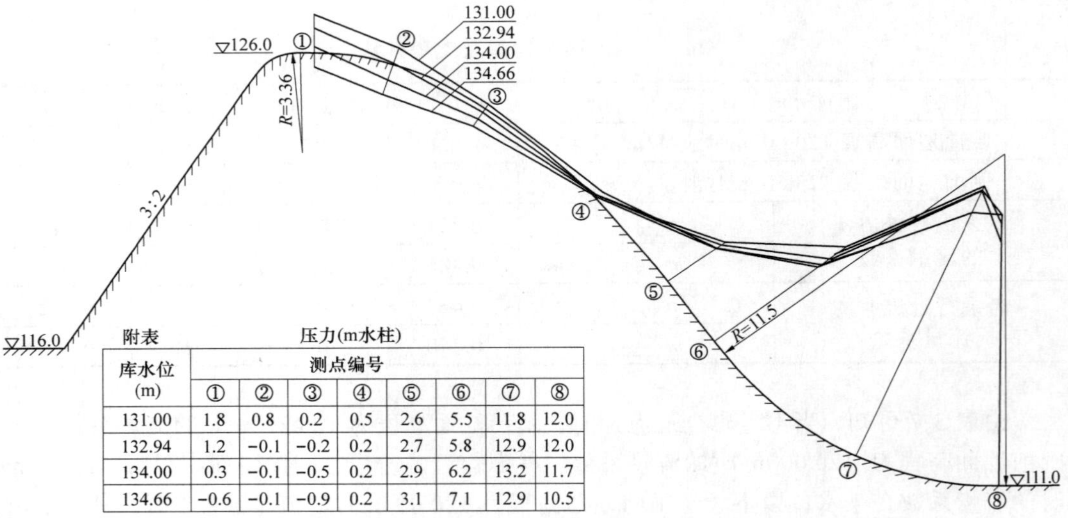

附表　压力(m水柱)

库水位(m)	测点编号							
	①	②	③	④	⑤	⑥	⑦	⑧
131.00	1.8	0.8	0.2	0.5	2.6	5.5	11.8	12.0
132.94	1.2	–0.1	–0.2	0.2	2.7	5.8	12.9	12.0
134.00	0.3	–0.1	–0.5	0.2	2.9	6.2	13.2	11.7
134.66	–0.6	–0.1	–0.9	0.2	3.1	7.1	12.9	10.5

图 3-59　泄洪闸堰面压力分布

(三)水面线及流速

试验对各特征水位下的水面线及闸下游的流速进行了测量，这些测量均是在闸孔中心线上进行的。试验观测到，闸室内水面线光滑平顺。库水位 131.00 m、132.94 m 及 134.00 m 时，闸后水跃头部进入闸室达 11 m、8 m 和 7 m；库水位 134.66 m 时，水跃头部被推出闸室，距闸墩尾部约 7 m。库水位超过设计水位后，可明显看到堰顶处检修门槽内有立轴漩涡出现，可将空气吸入水中，随流下泄。实测库水位 131.00 m 和 134.66 m 时闸室内中心线水面高程见表 3-9，供设计参考。实测各特征水位下闸室段水面变化及闸室下游流速见图 3-60。

表 3-9 闸室内中心线水面高程 (单位：m)

桩号	0+003.10	0+009.63	0+012.13	0+015.13	0+018.67	0+021.00	0+022.57	0+027.13	0+031.65
库水位 131.0 m	130.85	129.73	128.64	126.51	123.00	120.95	120.95	120.95	121.10
库水位 134.66 m	133.98	132.26	131.23	128.95	125.82	122.39	120.15	116.37	114.09

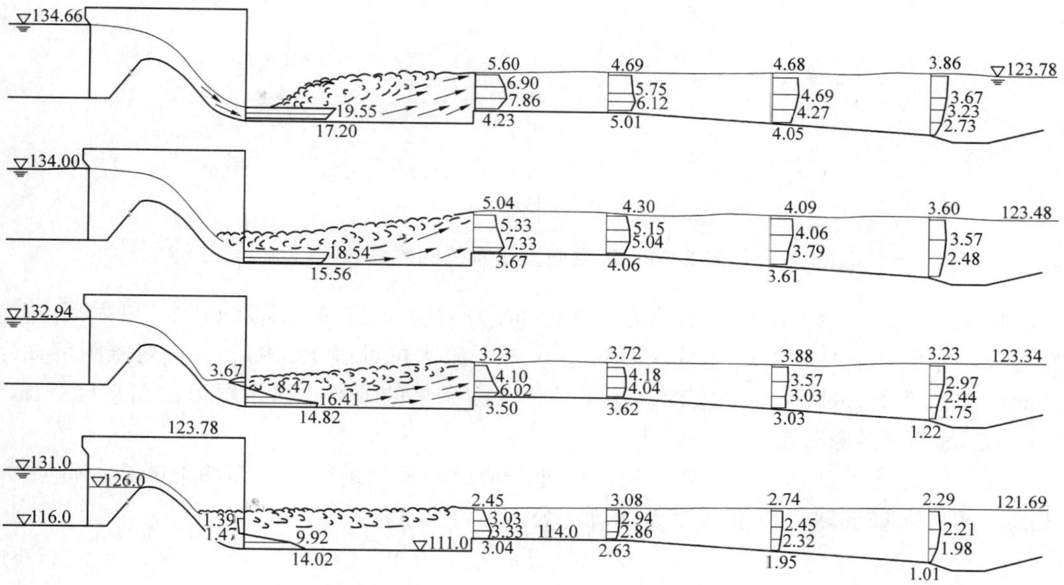

图 3-60 泄洪闸水面线及下游流速 (流速单位：m/s)

由图 3-60 可以看出，库水位较低时，水跃进入闸室内，闸墩尾部有反向流速出现。随着库水位升高，水跃逐渐被推出闸室，闸墩尾部断面处流速也逐渐增大，校核库水位时，最大流速可达 19.55 m/s。通过水跃消能后，消力池末端流速大大降低，又经过海漫的调整，至防冲槽断面，流速分布已趋于正常。从闸室段水面线、水跃及流速调整情况看，泄洪闸的堰面曲线、消力池及海漫的尺度设计是合适的。

(四)泄洪闸下游消能

从上节我们已经知道了在各特征水位下消力池内的水跃情况，即除了在校核水位发生远驱式水跃外，其余均为淹没水跃。为了判断在某一库水位条件下，下游是否出现远驱式水跃，我们进行了如下试验，即保持上游某一库水位不变，调节下游水位，当发生临界水跃时，我们就称此时的下游水位为安全水位。当下游水位低于该水位时，下游将发生远驱式水跃，实测结果见图 3-61。根据试验观测发现，当闸前水位低于 132.30 m 后，不管下游水位如何降低，消力池内总是产生淹没水跃，但海漫上有可能产生二次水跃。图中虚线段即是下游是否产生二次水跃的分界线。

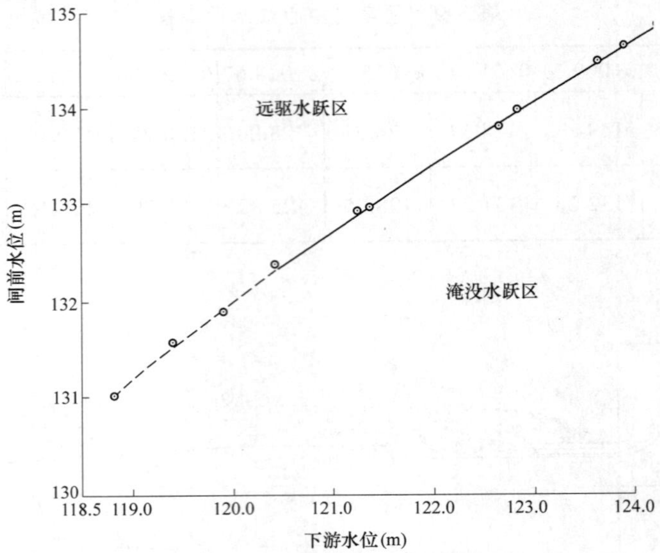

图 3-61 泄洪闸安全水位临界曲线

由上述可知，当上游校核水位为 134.66 m，下游尾水位为 123.78 m 时，闸后产生略有远驱的水跃。若由此时的泄量 15 150 m^3/s 查下游水位可得 123.94 m，再对照图可知，在此尾水条件下，闸后将产生临界水跃。其他水位条件的下游水跃情况可由图直接查出。

(五)闸下游砂卵石河床冲刷情况

为了解防冲槽及其下游砂卵石河床的冲刷情况，模型进行了局部冲刷试验。模型沙按起动相似条件选取，按推移质起动流速公式可导出：

$$\lambda_D = \lambda_H / \lambda^{3/2}_{(\frac{\gamma_s-\gamma}{\gamma})} \tag{3-3}$$

式中 λ_D——砂卵石粒径比尺；

λ_H——垂直比尺(本模型λ_H=λ_L=76.21)；

$\lambda_{(\frac{\gamma_s-\gamma}{\gamma})}$——泥沙水下容重比尺。

试验选取两种模型沙进行冲刷观测，一种是河沙，其容重和干容重与原型沙近似；另一种是煤屑，容重和干容重分别为 1.51 t/m^3 和 0.8 t/m^3。

由式(3-3)可得河沙和煤屑这两种模型沙粒径比尺分别为 76.21 和 12.77。根据原型沙级配和粒径比尺可算出模型沙级配，通过精心筛选可得实际采用的模型沙级配，见图 3-62。由图知，实际采用的两种模型沙与设计要求基本一致。

试验首先在防冲槽中铺设 5～8 mm 的小石子(相当于原型 40～60 cm 块石)，其后按河床开挖坡度 1∶4 铺模型沙至 119.00 m 高程，然后放水试验，模型对河沙和煤屑均采用放水时间 4 小时。试验观察到，河沙 3 小时可达到冲刷平衡状态，而煤屑只需 1～2 小时即可达到冲刷平衡状态。从试验结果看，在设计和校核水位下，防冲槽中的块石未被冲动，其后的砂卵石河床则普遍下切，床面发生粗化现象。实测防冲槽下游 90 m 处冲刷高程见表 3-10。由表可以看出，模型沙为煤屑时的冲刷高程比模型沙为河沙时的冲刷高程高约 1 m。分析认为，这与煤屑中粗颗粒较多有关。根据实测资料可计算出冲刷稳定后河道平均流速约为 4 m/s，这与原型卵石抗冲流速基本一致。由于断面模型水流出闸后不能横向扩散，防冲槽处单宽流量比原型要大，冲刷也较实际严重。但从表 3-10 可知，即使在该不利条件下，河道冲刷也不会对防冲槽及海漫构成威胁。

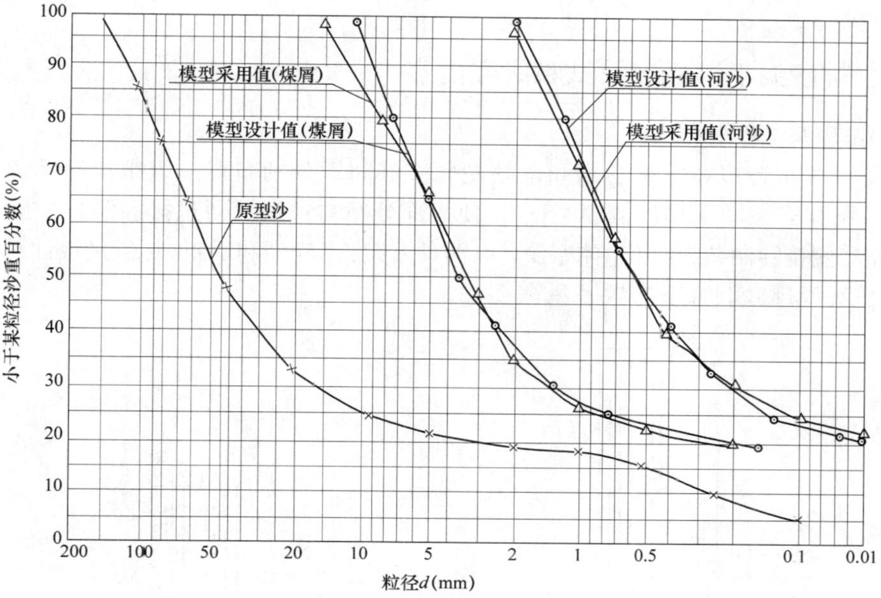

图 3-62　原型沙及模型沙级配

表 3-10　防冲槽下游河床冲刷高程

模型沙	冲刷高程(m)	
	设计水位	校核水位
河　沙	114.40	112.05
煤　屑	115.20	113.20

四、结语

由上述试验结果可得出以下几点结论：

(1)模型实测泄洪闸泄流量满足设计要求的泄流规模，当闸前泥沙淤积至 123.30 m 后，其泄流量变化不大，仍满足设计要求。

(2)堰面压力分布正常。当水位超过设计水位后，堰面出现负压，校核水位时负压值最大，达–1.6 m 水柱。但该值仍在规范允许范围内。

(3)各级水位下泄洪闸堰顶水面线平顺光滑，消力池及海漫上的流速分布符合正常规律。从闸室段水面线、消力池及海漫段流速分布看，泄洪闸堰面曲线、消力池及海漫尺寸设计合理。

(4)校核流量以下，消力池内均发生淹没水跃，校核水位时发生略有远驱的水跃。

图 3-61 是泄洪闸安全水位临界曲线，设计可直接查出任一水位时下游的消能状态。

(5)校核水位时，防冲槽后河床可冲至 112.00～113.00 m 高程，但防冲槽保持完好。

第八节　西霞院水库排沙洞单体水工模型试验

一、排沙洞工程概况及试验研究内容

(一)排沙洞工程概况

水库总体布置拟在电站右侧和电站左侧安装间下分别布置一组排沙洞(简称为电站右侧排沙洞和安装间下排沙洞，下同)，使大部分粗颗粒泥沙通过排沙洞排泄到下游。

电站右侧排沙洞共为 3 孔，体型设计有两种方案：平底型和后翘型，以供设计对比选用。

(1)平底型排沙洞方案布置，见图 3-63。

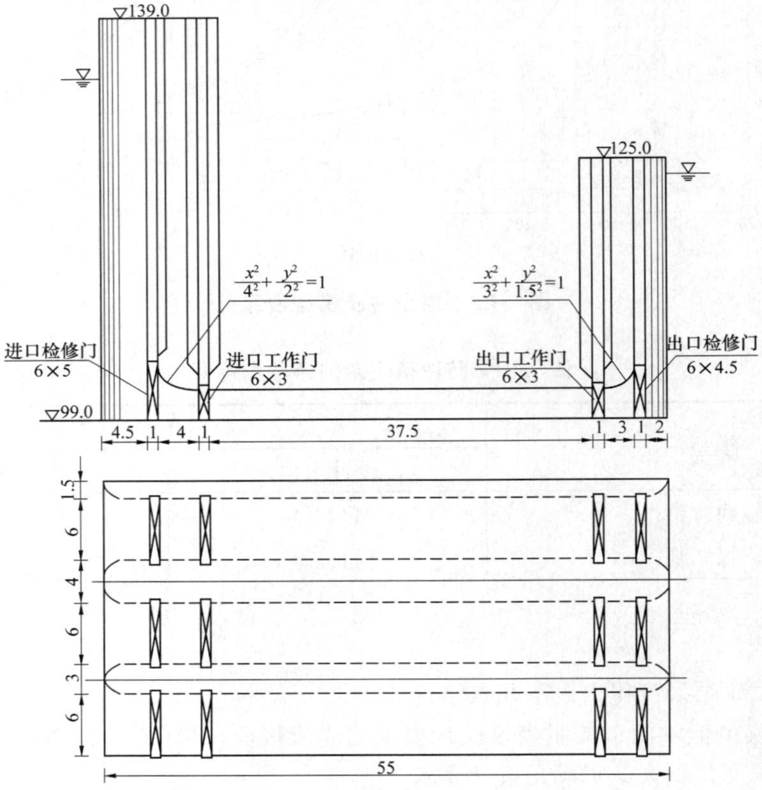

图 3-63　电站右侧排沙洞平底型方案布置图　(单位：m)

洞身为 6 m×3 m 矩形断面，进口段长 10.5 m。它包括进口渐变段、检修闸门和工作闸门，检修门和工作门孔口尺寸分别为 6 m×5 m 和 6 m×3 m。进口渐变段顶部为 1/4 椭圆曲线，曲线方程为 $\frac{x^2}{4^2}+\frac{y^2}{2^2}=1$。洞身直线段长为 37.5 m。出口段长 7 m，它包括出口防淤闸门和出口扩散段，扩散段顶部为 1/4 椭圆曲线，曲线方程为 $\frac{x^2}{3^2}+\frac{y^2}{1.5^2}=1$。排沙洞进出口高程均为 99.00 m。排沙洞下游采取底流消能，其消力池为反向斜坡式消力池，斜坡末端与下游海漫衔接。

(2)后翘型排沙洞方案布置，见图 3-64。

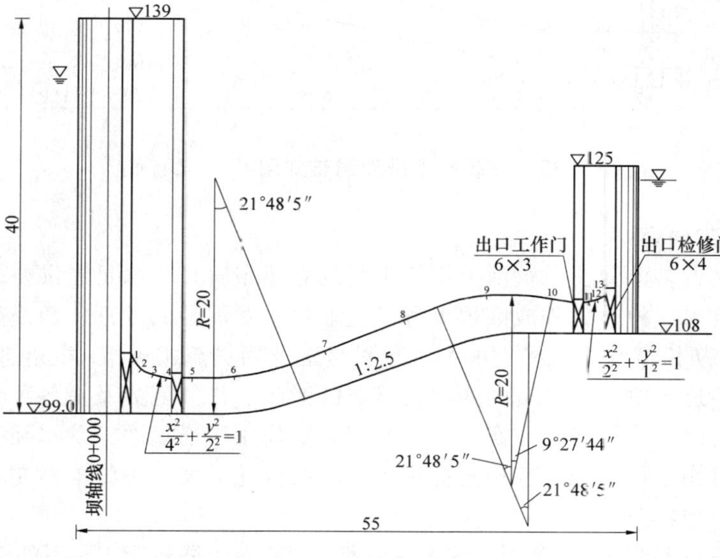

图 3-64　电站右侧排沙洞后翘型方案布置图

进出口底部高程分别为 99.00 m 和 108.00 m，因采取了低进口、高出口、排沙洞洞身呈沿程后翘的体型，故称为后翘型排沙洞。洞身为 6 m×4 m 矩形断面，出口工作门前有一渐变收缩段。进口段总长 10.5 m，它包括进口渐变段、进口检修门和进口工作门，检修门和工作门孔口尺寸分别为 6 m×6 m 和 6 m×4 m，进口渐变段顶部为一 1/4 椭圆曲线，曲线方程为 $\frac{x^2}{4^2}+\frac{y^2}{2^2}=1$。洞身水平投影长度为 38.43 m。出口段长 6.07 m，它包括出口扩散段、出口工作门和出口检修门，工作门和检修门孔口尺寸为 6 m×3 m 和 6 m×4 m，扩散段顶部为一 1/4 椭圆曲线，曲线方程为 $\frac{x^2}{2.07^2}+\frac{y^2}{1^2}=1$。排沙洞下游采取平底式底流消能，消力池末端与下游海漫衔接。

安装间下排沙洞也为 3 孔，进出口底部高程分别为 99.00 m 和 108.00 m，整个洞的体型前低后高微微后翘。洞身为 5 m×4 m 矩形断面，出口事故门前为一渐变收缩段。排沙洞水平投影总长度共计 79.50 m。进口段总长 10.70 m，它包括进口渐变段、进口检修门和进口工作门，闸门孔口尺寸均为 5 m×4 m，进口渐变段顶部为一 1/4 椭圆曲线，曲线方程为 $\frac{x^2}{4^2}+\frac{y^2}{(4/3)^2}=1$。中间洞身段水平投影长度为 52.3 m。出口段长度为 16.50 m，它包括出口渐变收缩段及一孔口尺寸为 5 m×3.5 m 的事故闸门，事故闸门后有 1.80 m 长的水平段，尾部无扩散。安装间下排沙洞布置如图 3-65 所示。排沙洞下游采取平底式底流消能，消力池末端与下游海漫衔接。

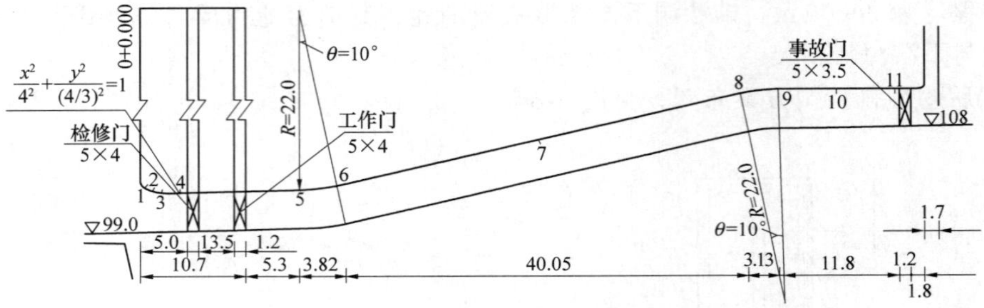

图 3-65　安装间下排沙洞布置图（单位：m）

(二)试验研究内容

黄河是有名的多沙河流，黄河上枢纽工程的总体布置，除满足泄洪要求外，还需要满足枢纽排沙要求，枢纽工程成败很大程度上取决于对泥沙的处理。西霞院工程属反调节低水头工程，从机组水力机械性能和工程量考虑选用贯流式机组，机组进口高程较低。为防止大量泥沙进入机组而设置的两侧排沙洞的泄流、排沙能力及在各种调度运用下的消能和冲刷，对全面论证设计方案的合理性起重要作用。通过西霞院水利工程排沙洞模型试验研究，可为整体模型试验预先提供排沙洞的优化方案。现将电站左右两侧排沙洞水力学试验研究内容分述如下。

(1)电站右侧排沙洞：综合分析有效水头～泄量关系及不同运用工况下的沿程压力分布、出口流速分布和下游消能等因素，考虑施工和运行管理费用，对两种体型方案作分析对比，为整体模型试验推荐优化体型。研究出口渐变扩散形式对排沙洞泄流能力的影响。

(2)安装间下排沙洞：验证排沙洞的泄流能力、结构布置的合理性及下游消能的可行性，为整体模型试验提供安装间下排沙洞的体型方案和消能形式。

二、模型设计与制作

模型按重力相似定律设计，为满足模型与原型间阻力相似，必须使模型与原型间包括糙率在内的边界条件完全相似。

排沙洞模型设计为正态，长度比尺选用 1∶60，即λ_L=60。由水流重力相似和阻力相似等条件分别得出：流速比尺 $\lambda_V=\lambda_L^{1/2}=7.75$，时间比尺 $\lambda_T=\lambda_L^{1/2}$=7.75，流量比尺 $\lambda_Q=\lambda_L^{5/2}=27\ 885.5$ 及糙率比尺 $\lambda_n=\lambda_L^{1/6}=1.98$。

电站右侧排沙洞模型及安装间排沙洞模型均用有机玻璃制作，上、下游河床表面及下游消力池用 1∶3 水泥砂浆粉制。模型下游接长约 8.0 m 的玻璃水槽，以便观测下游的流速分布及消能情况。电站右侧排沙洞模型下游接宽度为 0.45 m 的玻璃水槽。安装间下排沙洞模型下游接宽度为 0.36 m 的玻璃水槽，消力池右岸导墙末端水槽向右扩宽到 0.5 m。

模型入库流量用矩形锐缘量水堰量测。水位用精度 0.1 mm 测针读取，沿程压力分布用玻璃连通管量测。流速采用长江科学院制作的 LS–401 型中速旋桨流速仪量测。

下游水位布置两处测点：一处在下游海漫末端处，另一处在出口闸墩处。由于边界条件不同，下游海漫末端处的水位在工程整体模型和排沙洞模型上很难相似。有压淹没排沙洞泄流能力计算中一般取进口总能头与出口平均势能差作为有效水头，因此在排沙洞泄流能力试验中，每次都读取两处测点的水位。

三、试验成果

(一)泄流能力

整体模型中排沙洞尺寸较小，需要通过排沙洞单体模型试验，全面地分析研究各种排沙洞方案在不同上下游水位差时的泄流能力。我们采取了涵盖面较大的试验方法：固定某一来流泄量，然后调节上、下游水位，得到一组上下游水位差，取其平均值为对应该泄量的上下游水位差Δh。每组上下游水位差一般都选择 7～9 对数值参加测读平均。通过试验证实，在各种设计运用工况下，排沙洞均为有压淹没出流。参考枢纽设计的特征指标，试验中所选的上游水位不超过 136.00 m，下游水位不低于 116.00 m，流量从 400 m^3/s 开始，级差 100 m^3/s，一直到 900 m^3/s。各级流量下排沙洞上下游水位差见表 3-11，表中$\Delta h_{尾}$和$\Delta h_{闸}$是分别用海漫末端和闸墩处水位代表尾水位时的水位差。水位差与泄量关系曲线见图 3-66。

表 3-11　各级流量下各种排沙洞方案上下游水位差

流量 (m^3/s)	水位差(m)							
	电站右侧排沙洞						安装间下排沙洞	
	后翘型		平底型(出口扩散)		平底型(出口不扩散)			
	$\Delta h_{尾}$	$\Delta h_{闸}$	$\Delta h_{尾}$	$\Delta h_{闸}$	$\Delta h_{尾}$	$\Delta h_{闸}$	$\Delta h_{尾}$	$\Delta h_{闸}$
400	2.59	2.95	2.30	2.86	2.68	3.31	2.75	3.65
500	4.20	5.07	3.85	4.80	4.33	5.49	4.53	5.99
600	6.30	7.67	5.40	6.82	6.29	7.93	6.50	8.57
700	8.29	10.26	7.43	9.41	8.59	10.70	8.80	11.58
800	11.30	14.16	9.74	12.48	11.54	14.50	11.25	15.20
900	13.28	17.14	12.30	15.84	14.12	18.38	14.19	19.95

根据上述试验资料所得的上下游水位差与流量系数的值见表 3-12。以闸墩处水位作为下游水位计算的流量系数为$\mu_{闸}$，以海漫末端水位作为下游水位计算的流量系数为$\mu_{尾}$。从表 3-12 可见，对某一方案而言，在上下游试验水位范围内，流量系数基本上不随上下游水位差$\Delta h_{尾}$或$\Delta h_{闸}$变化，标准偏差值多数在 0.010 以下，因此可用算术平均值作为对应于该方案的排沙洞的流量系数。对于电站右侧排沙洞，平底型和后翘型的流量系数$\mu_{闸}$分别是 0.952 和 0.911，安装间下排沙洞的$\mu_{闸}$为 0.878。

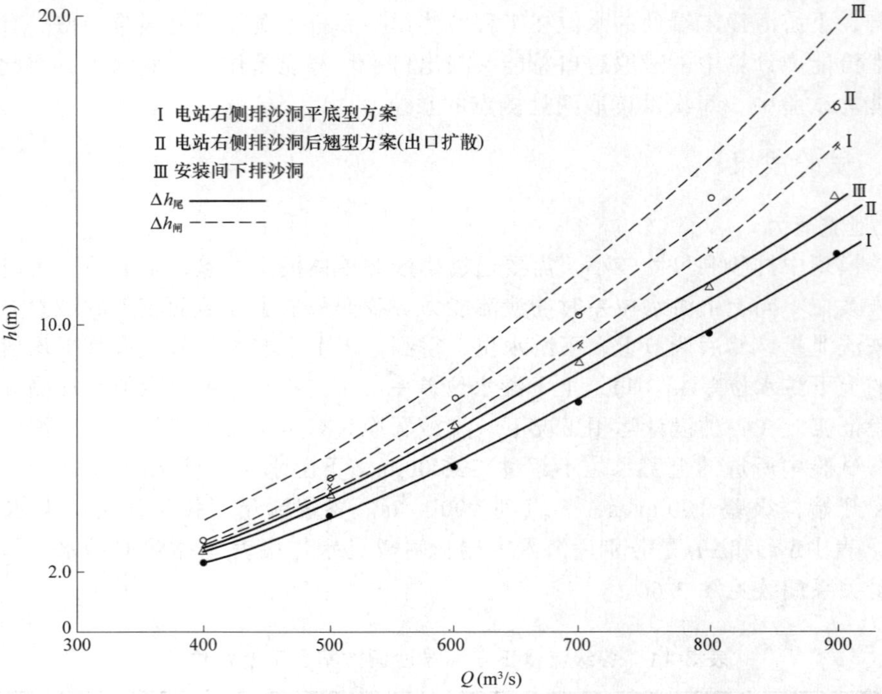

图 3-66 排沙洞水位与流量关系

表 3-12 各种排沙洞方案水位差与流量系数

排沙洞名称方案		水位差与流量系数						μ平均值	标准偏差σ_n
电站右侧排沙洞	平底型方案(出口顶部椭圆曲线扩散)	$\Delta h_{尾}$	3.85	5.40	7.43	9.74	12.30	1.071	0.005
		$\mu_{尾}$	1.060	1.077	1.074	1.070	1.072		
		$\Delta h_{闸}$	4.80	6.82	9.41	12.48	15.84	0.952	0.004
		$\mu_{闸}$	0.957	0.956	0.954	0.949	0.946		
	平底型方案(出口顶部直线不扩散)	$\Delta h_{尾}$	4.33	6.29	8.59	11.54	14.12	0.998	0.007
		$\mu_{尾}$	1.005	1.001	0.999	0.984	1.001		
		$\Delta h_{闸}$	5.49	7.93	10.70	14.50	18.38	0.887	0.007
		$\mu_{闸}$	0.892	0.890	0.895	0.879	0.878		
	后翘型方案	$\Delta h_{尾}$	4.20	6.30	8.29	11.30	13.28	1.016	0.010
		$\mu_{尾}$	1.020	1.004	1.016	1.007	1.032		
		$\Delta h_{闸}$	5.07	7.67	10.26	14.16	16.99	0.911	0.015
		$\mu_{闸}$	0.929	0.906	0.900	0.888	0.909		
安装间下排沙洞		$\Delta h_{尾}$	4.53	6.50	8.80	11.25	14.19	1.018	0.008
		$\mu_{尾}$	1.010	1.012	1.015	1.026	1.029		
		$\Delta h_{闸}$	5.99	8.57	11.58	15.20	19.95	0.878	0.006
		$\mu_{闸}$	0.878	0.881	0.884	0.882	0.867		

以海漫末端水位作为下游水位计算的流量系数$\mu_{尾}$明显大于以出口闸墩处水位作为下游水位计算的$\mu_{闸}$。这是由于这两处水位之间存在恢复落差ΔZ，在计算$\mu_{尾}$时，未考虑恢

复落差影响，流量系数$\mu_{尾}$偏大，ΔZ值大小与洞出口处至下游水位处水流衔接形式有关。

为分析研究出口扩散形式对泄量的影响，又特地增加了右侧排沙洞平底型出口不扩散的方案对比试验，该方案与出口扩散方案的区别只在于将出口扩散段顶部改为平行于底面的平板。两方案都以出口闸门面积 6 m×3 m 计算的流量系数分别是$\mu_{扩散}$=0.952，$\mu_{不扩散}$=0.887。为便于比较，将两种方案的上下游水位差与泄量关系曲线绘于图 3-67 中。出口扩散方案，可增大泄量 7%以上，下面从理论上分析讨论泄量增大原因。

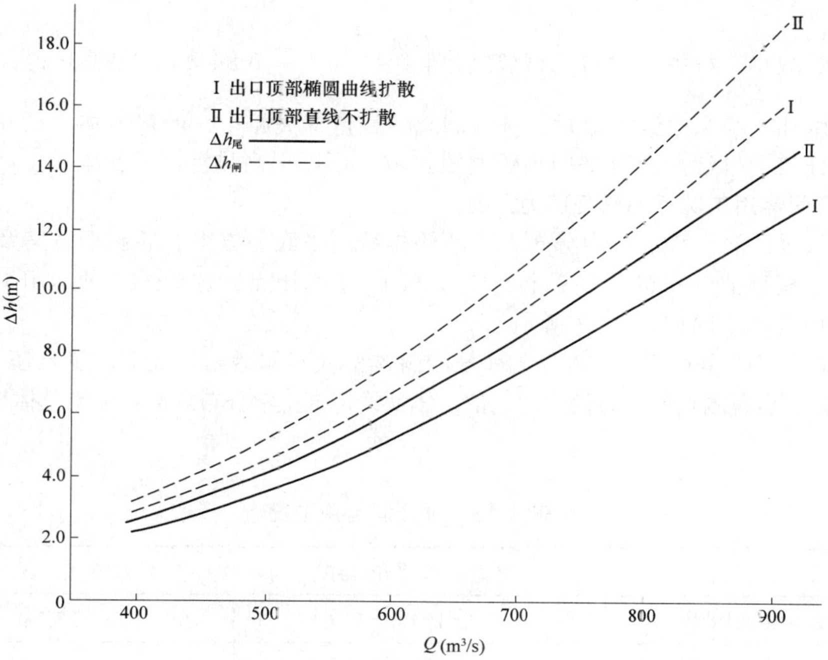

图 3-67　平底型排沙洞水位差与泄量关系

由排沙洞进口和出口断面能量方程，经推导演算，排沙洞出口不扩散流量系数$\mu_{不扩散}$写为：

$$\mu_{不扩散}=\frac{1}{\sqrt{1+\xi_i+\lambda\frac{L}{4R}+\xi_{og}}} \tag{3-4}$$

式中，λ、L、R 分别是洞身的摩阻系数、长度和断面的水力半径；ξ_i、ξ_{og} 分别为进口局部损失系数和出口闸门局部损失系数。

排沙洞出口扩散时，洞出口流速减小，洞出口少损失一部分流速水头$\left[\frac{V_t^2}{2g}-\frac{V_d^2}{2g}\right]$，$V_t$ 和 V_d 分别表示洞身和扩散段出口流速。同时，由于出口扩散，又多增加一项扩散局部损失 $\xi_d\frac{V_t^2}{2g}$，ξ_d 为出口扩散局部损失系数。排沙洞出口扩散时，同样由进出口断面能量方程推导出排沙洞出口扩散流量系数$\mu_{扩散}$：

$$\mu_{扩散}=\frac{1}{\sqrt{\left(\frac{A_t}{A_d}\right)^2+\xi_i+\lambda\frac{L}{4R}+\xi_{og}+\xi_d}} \tag{3-5}$$

式中，A_t，A_d分别是洞身和扩散段出口断面面积；其余符号物理意义同前。

比较式(3-4)和式(3-5)可看出，当出口扩散时，若$\left(\frac{A_t}{A_d}\right)^2+\xi_d<1$，排沙洞泄量增加，反之，泄量减小。根据方案对比试验结果$\left(\frac{A_t}{A_d}\right)^2+\xi_d=0.84<1$，也就是说，排沙洞出口顶部采用 1/4 椭圆曲线扩散时，排沙洞总的能量损失减小，泄量增加。从理论推导和试验结果证实，排沙洞出口采用平顺曲线扩散，可以提高排沙洞泄流能力。

(二)不同运用工况下的沿程压力分布

为测量排沙洞沿程的压力分布，在右侧排沙洞平底型方案、后翘型方案及安装间下排沙洞 3 个模型上分别布设了 9 个、13 个和 11 个测压点，选择了 4 种运用工况进行试验。这 4 种运用工况如表 3-13 所示。

图 3-68、图 3-69、图 3-70 为 3 种排沙洞体型在不同运用工况下的测点压力分布图。从图中可以看出各测点的压力值均为正值，压坡线符合正常分布规律，证明其体型设计是合理的。

表 3-13　排沙洞运用工况

运用工况	上游库水位(m)	下游库水位(m)
Ⅰ校核洪水运用	134.66	123.78
Ⅱ设计洪水运用	132.94	123.34
Ⅲ正常蓄水位运用	134.00	119.60
Ⅳ汛限水位运用	131.00	119.60

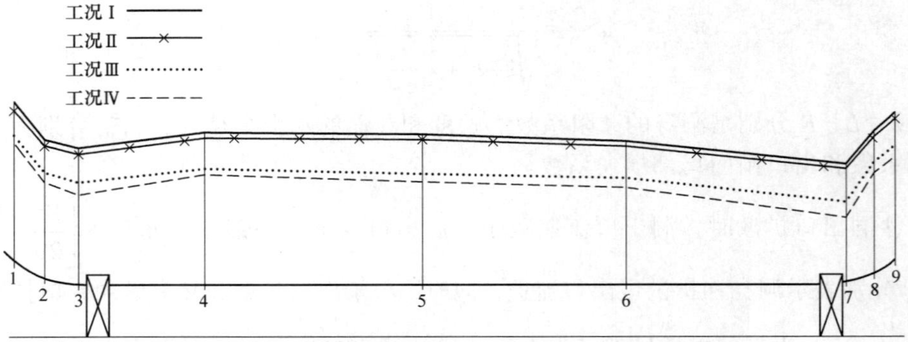

图 3-68　电站右侧排沙洞平底型方案沿程压力分布

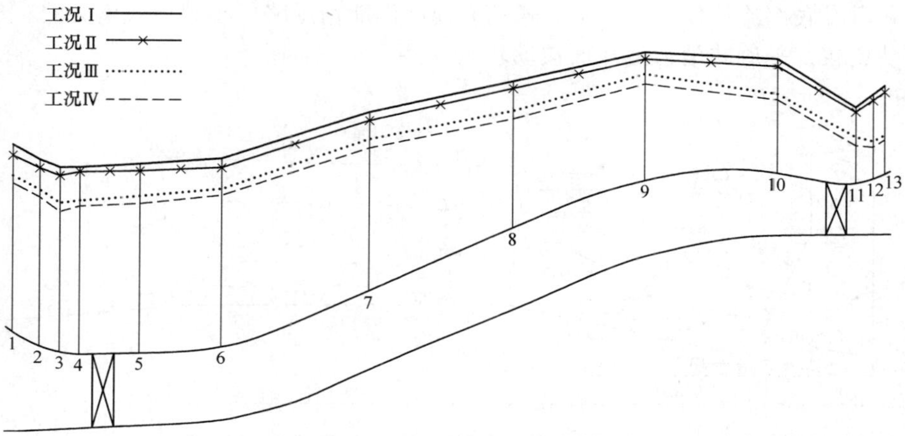

图 3-69 电站右侧排沙洞后翘型方案沿程压力分布

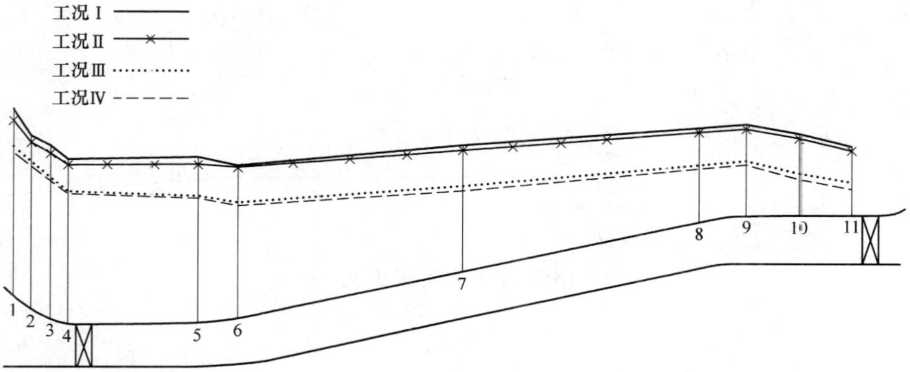

图 3-70 安装间下排沙洞沿程压力分布

(三)排沙洞的出口流速分布及消能效果

和沿程压力分布试验一样，测试了 4 种运用工况下消力池及海漫处的流速分布，同时观察并绘制了消力池内的流态图。

1. 电站右侧排沙洞

在电站右侧排沙洞出口下游共布置了 4 个测速断面。对于平底型方案排沙洞模型，测速断面离出口闸墩的距离分别为 12.0 m、30.0 m、57.0 m 及 114.4 m；对于后翘型方案排沙洞模型，测速断面离出口闸墩的距离分别为 13 m、29 m、55 m 及 100.0 m。前两个断面在消力池内，后两个断面分别位于海漫的前端和末端。图 3-71、图 3-72 为两种方案 4 种运用工况下流态及测速断面上的流速分布图。从图中可见，在消力池内，接近底部的位置上流速较大，在距出口 12 m 的断面上，底部流速都超过 13 m/s，且均为正流速。在水面为一负旋滚，其流速均为反方向，负旋滚长度不超过消力池末端。进入海漫后，流速逐渐调整，到海漫末端，流速分布已接近于正常的明渠均匀流流速分布。从图中还可以看出，在同一运用工况下，平底型和后翘型排沙洞下游的流速分布比较接近，以消力池和海漫底部流速作比较，平底式消力池的消能情况略优于斜坡式消力池。从下游水面波动比较，平底式消力池水面波动较大一些。

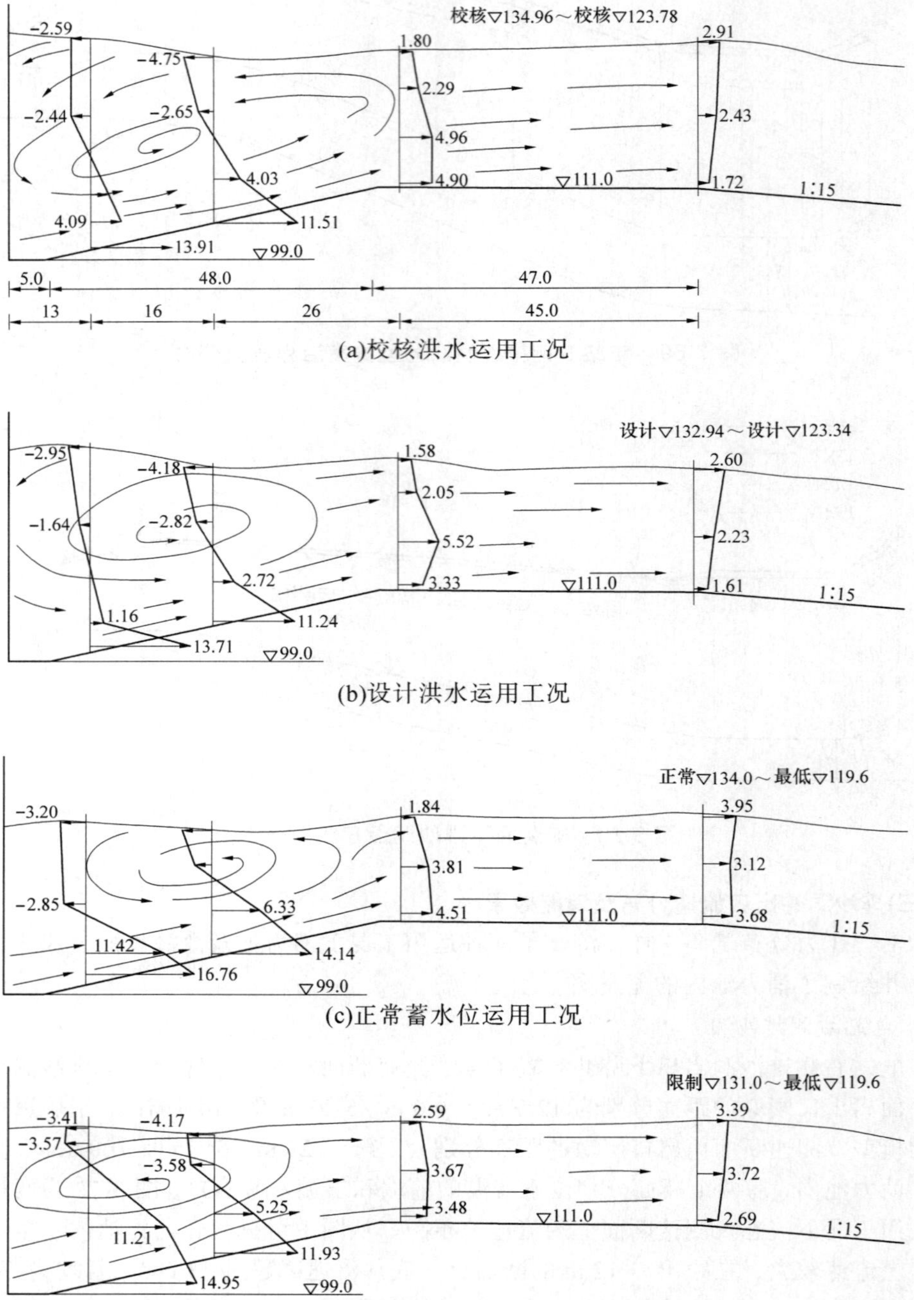

(a)校核洪水运用工况

(b)设计洪水运用工况

(c)正常蓄水位运用工况

(d)汛限洪水运用工况

图 3-71　排沙洞平底型方案流态及流速分布　(流速单位：m/s)

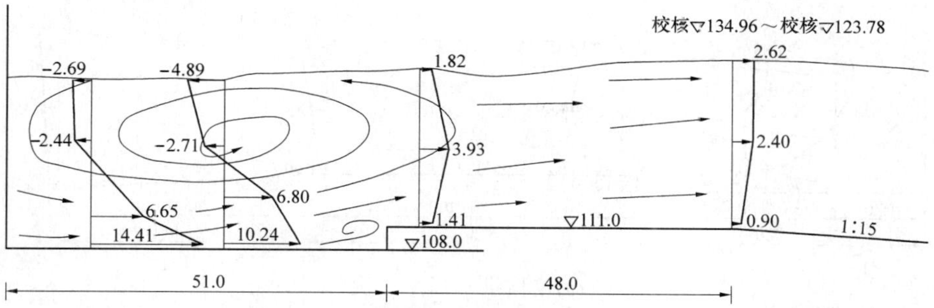

(a)校核洪水运用工况

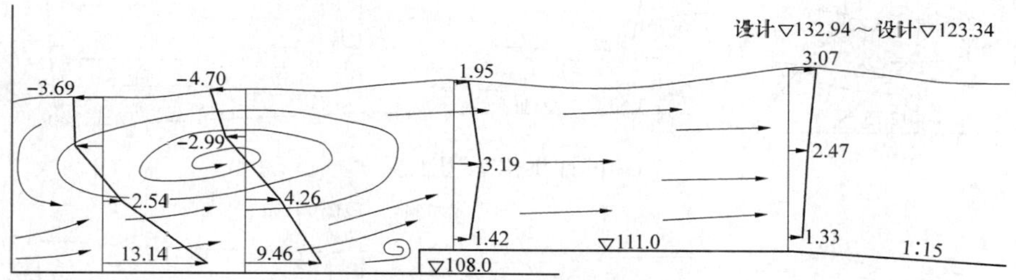

(b)设计洪水运用工况

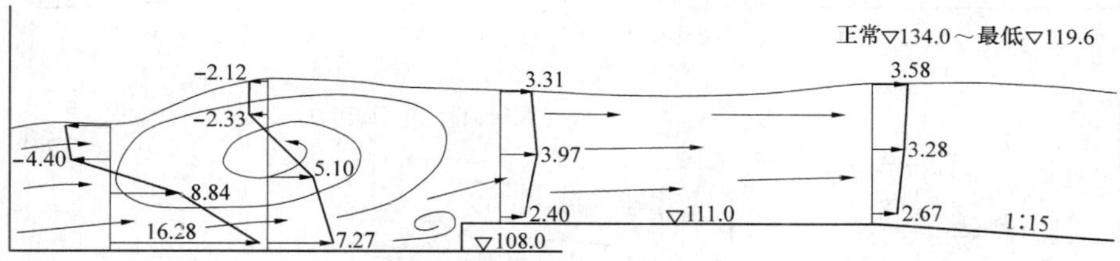

(c)正常蓄水位运用工况

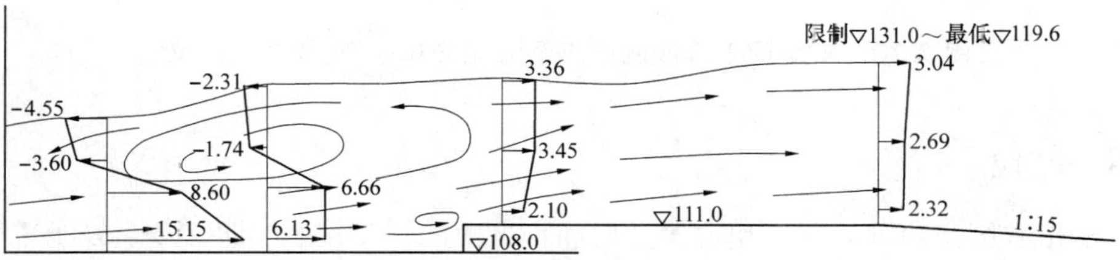

(d)汛限洪水运用工况

图 3-72　排沙洞后翘型方案流态及流速分布（流速单位：m/s）

2. 安装间下排沙洞

在安装间下排沙洞出口下游共布置了 5 个测速断面，各断面离出口闸墩的距离分别为 15 m、30 m、54 m、105 m 及 150 m。图 3-73 为 4 种运用工况下流态及流速分布图。由图可见，安装间下排沙洞消力池内消能充分，消力池后各断面流速分布较均匀，其布置形式是可取的。

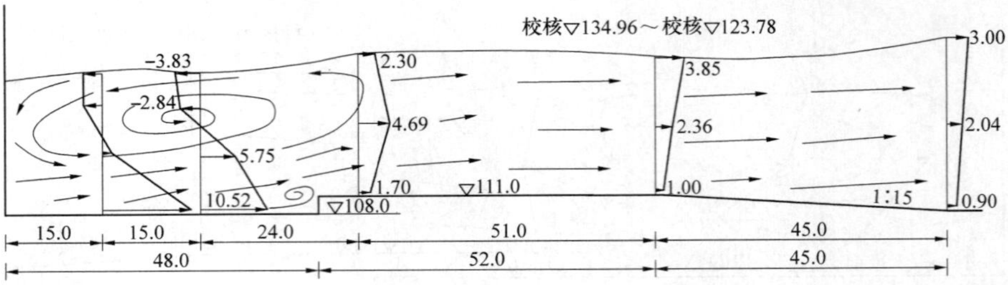

(a)校核洪水运用工况

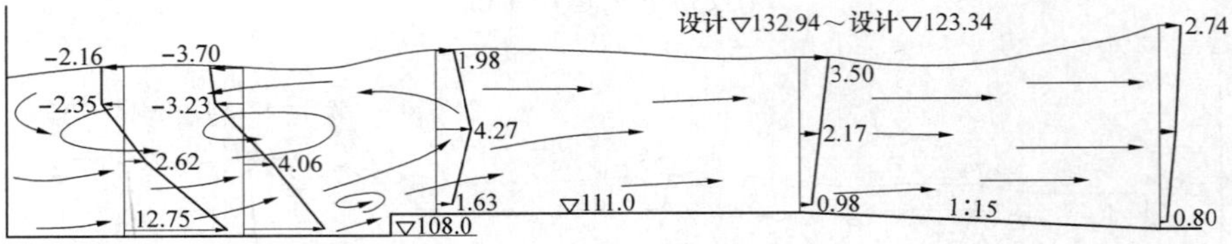

(b)设计洪水运用工况

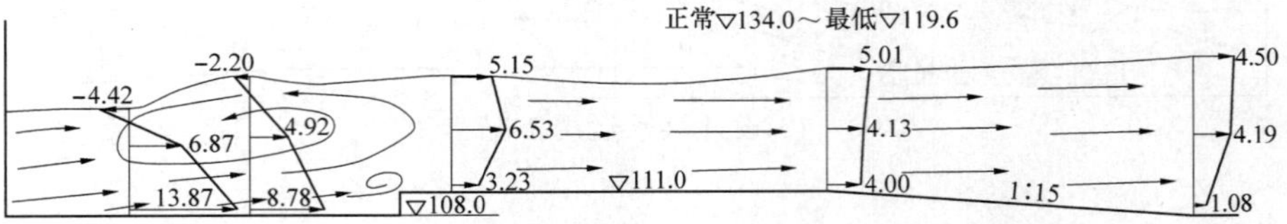

(c)正常蓄水位运用工况

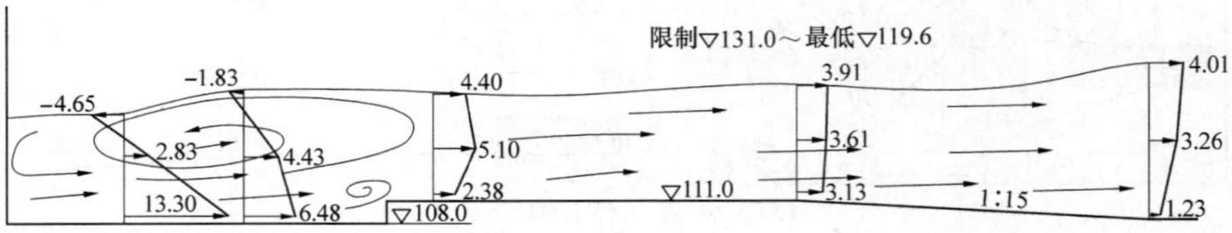

(d)汛限洪水运用工况

图 3-73　安装间下排沙洞流态及流速分布　(流速单位：m/s)

四、结论

(1)电站右侧排沙洞的平底型方案和后翘型方案的模型试验结果表明：以泄流能力和消力池消能情况而言，平底型方案和后翘型方案，差别甚小，各种运用工况下的沿程压力分布均未见洞内产生负压的不利情况出现。因此，从水力学角度讲，两种方案都可考虑采用。考虑到平底型方案消力池内泥沙淤积厚度较大，可能会影响出口闸门的开启运用，同时考虑到平底型排沙洞开挖土方量过大，增加工程费用，因此推荐后翘型排沙洞作为电站右侧排沙洞选择方案。

(2)从泄流能力、沿程压力分布和出口流速测量的成果分析，安装间下排沙洞的体型设计合理，消能方案可行。

(3)在计算排沙洞的流量系数时，如泄流能力以上下游水位差计算，应考虑恢复落差的影响因素。本试验所得的上下游水位差与泄量关系曲线$\Delta h_{尾} \sim Q$及关系曲线$\Delta h_{闸} \sim Q$可供整体模型参考选用。

(4)站右侧平底型排沙洞出口扩散和不扩散的泄流能力对比试验结果说明：有压淹没泄水洞出口设计呈平顺扩散段形式是可取的，可增大泄流能力约7%。

第九节　有压淹没泄水洞增大泄流能力的试验研究

直线平底排沙洞出口扩散方案的洞内压力分布和出口消能衔接都未出现不利水流现象，而流量系数明显较高，高达0.95左右。为此，我们进行了对比试验，并从理论上分析了流量系数偏大的原因。理论计算和模型实测结果均证实，出口适当的扩散，可以增大排沙洞泄流能力。

一、西霞院排沙洞水力学模型试验主要成果

(一)排沙洞沿程压力分布及各段水头损失

排沙洞体型见图3-63。模型上实测了校核洪水、设计洪水、汛限运用3种运用工况下压力分布，测点压力见表3-14。从表中看出，进口段和直线段压力分布比较平顺，无异常现象。出口扩散段，防淤闸门后压力明显降低，随着断面面积逐渐扩大，压力又明显回升。这种压力明显起伏变化与闸门槽的扩散和扩散段内动能与势能的相互转换有关。

表3-14　排沙洞不同运用工况测点压力

测点号		1	2	3	4	5	6	7	8	9
测点桩号		0+5.8	0+6.5	0+7.5	0+13.0	0+23.0	0+35.0	0+50.0	0+51.0	0+51.6
测点高程(m)		103.5	102.65	102.3	102.0	102.0	102.0	102.2	102.4	102.7
测点压力(m)	校核	19.91	17.88	17.45	19.60	19.18	18.67	15.39	18.85	19.03
	设计	19.73	17.82	16.91	18.86	18.48	18.01	14.91	18.61	18.85
	汛限	15.41	12.42	11.93	14.15	13.71	13.17	8.43	13.33	13.87

根据实测压力分布，3种运用工况下，进口段、洞身段和出口段水头损失以洞身流速计算的损失系数见表3-15。

表3-15　排沙洞水头损失和损失系数

运用工况	进口段		洞身段		出口段	
	水头损失(m)	损失系数	水头损失(m)	损失系数	水头损失(m)	损失系数
校核洪水	1.39	0.127	1.59	0.145	4.34	0.396
设计洪水	1.27	0.126	1.45	0.144	3.99	0.395
汛限运用	1.44	0.124	1.69	0.146	4.58	0.396

(二)排沙洞泄流能力

有压淹没排沙洞泄流能力可按下式计算：

$$Q = \mu_0 A_0 \sqrt{2gH_e} \tag{3-6}$$

式中，μ_0 和 A_0 分别为以出口断面计算的流量系数和过水面积；H_e 为有效水头，一般按进口总能头与出口平均势能差计算。如泄流能力以上下游水位差计算，有效水头 H_e 可写为 $H_e=H_u-H_d+\Delta Z$，ΔZ 称为恢复落差，ΔZ 值与洞出口处至下游水位处水流衔接有关，H_u、H_d 分别为上下游水位。

根据模型实测结果，绘制了不同有效水头与排沙洞单孔泄量关系曲线，如图 3-74 所示，并以出口扩散断面 6 m×4.5 m 计算了流量系数，结果见表 3-16。

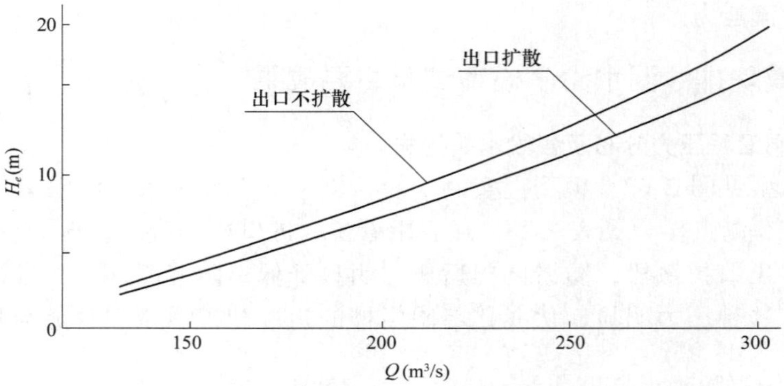

图 3-74　排沙洞不同有效水头与单孔泄量关系曲线

表 3-16　排沙洞流量系数

有效水头 (m)	出口扩散方案		出口不扩散方案
	以出口扩散断面计算	以出口闸门控制断面计算	
5.0	0.638	0.957	0.891
7.5	0.637	0.955	0.890
10.0	0.637	0.955	0.894
12.5	0.633	0.949	0.887
15.0	0.631	0.947	0.879

计算结果表明，以出口扩散断面 6 m×4.5 m 计算的流量系数约为 0.635，比文献中常见的流量系数偏小很多；而以出口闸门面积 6 m×3.0 m 计算的流量系数约为 0.953，计算结果又明显偏大。以不同断面计算流量系数差别如此之大的原因将在下节中分析讨论。

二、排沙洞出口扩散方案增大泄流能力对比试验和理论分析计算

(一)排沙洞出口不扩散方案泄流能力对比试验

为了探讨出口段扩散和不扩散对泄流能力的影响，我们专门进行了对比试验。出口不扩散方案的出口断面与出口闸门断面相同，面积均为 6 m×3 m。模型实测不同有效水

头与单孔泄量关系曲线一并绘在图 3-74 上。从图上看出，出口扩散的泄量明显比出口不扩散的泄量约大 7.0%。同时，计算了出口不扩散方案的流量系数，计算结果也列入表 3-16 中。从表中看出，在相同的有效水头下，都以出口闸门控制面积计算，出口扩散方案的流量系数比不扩散方案的要大。出口扩散使泄量增大原因只能作如下解释：由于出口扩散，出口流速减小，少损失了部分流速水头，少损失的这部分流速水头可以表示成$\left(\frac{V_t^2}{2g}-\frac{V_d^2}{2g}\right)$，$V_t$、$V_d$分别是洞身和出口流速。上述值是扩散段水流不脱离边壁、出口及洞身断面流速分布均匀时的理论值。出口扩散，泄量增大，与$\left(\frac{V_t^2}{2g}-\frac{V_d^2}{2g}\right)$有关。

(二)出口不扩散排沙洞损失系数与流量系数的理论推导

1. 损失系数

为了确定流量系数，必须求出从进口到出口各段的水头损失和损失系数。为了以后分析对比方便，计算水头损失时都是以洞身断面 A_t 流速水头为准，并将排沙洞分为 3 段。

(1)进口段

进口段水头损失以局部水头损失为主，可以写为：$\Delta h_i=\xi_i\frac{V_t^2}{2g}$，$\xi_i$为局部损失系数。

(2)直线洞身段

直线洞段水头损失以沿程摩阻损失为主，可以写为：$\Delta h_f=\lambda\frac{L}{4R}\frac{V_t^2}{2g}$，$\lambda$、$L$、$R$分别是洞身的摩阻系数、长度和断面的水力半径。

(3)出口段

包括出口闸门和闸后 3 m 直段，3 m 直段的摩阻损失很小，可以不计，出口段水头损失可以写为：$\Delta h_{og}=\xi_{og}\frac{V_t^2}{2g}$，$\Delta h_{og}$ 为出口闸门局部损失系数。

2. 流量系数的理论推导

写出排沙洞进口 1–1 断面和出口 2–2 断面能量方程，若以洞底为基面，能量方程为：

$$H_1+\frac{V_1^2}{2g}=H_2+\frac{V_t^2}{2g}+\xi_i\frac{V_t^2}{2g}+\lambda\frac{L}{4R}\frac{V_t^2}{2g}+\xi_{og}\frac{V_t^2}{2g} \tag{3-7}$$

令 $H_1+\frac{V_1^2}{2g}=H_0$，上式可写成：

$$H_0-H_2=H_e=\left(1+\xi_i+\lambda\frac{L}{4R}+\xi_{og}\right)\frac{V_t^2}{2g} \tag{3-8}$$

洞内流速可写成：

$$V_t=\frac{1}{\sqrt{1+\xi_i+\lambda\frac{L}{4R}+\xi_{og}}}\sqrt{2gH_e} \tag{3-9}$$

排沙洞出口不扩散时泄量可表示为：

$$Q_s = A_t V_t = \frac{1}{\sqrt{1+\xi_i+\lambda\dfrac{L}{4R}+\xi_{og}}} A_t\sqrt{2gH_e} \tag{3-10}$$

出口不扩散的排沙洞流量系数为：

$$\mu_s = \frac{1}{\sqrt{1+\xi_i+\lambda\dfrac{L}{4R}+\xi_{og}}} \tag{3-11}$$

进口局部损失系数ξ_i包括进口至洞身之间的全部损失系数。美国陆军工程师兵团资料显示，进口局部损失系数包括进口曲线段、叠梁闸槽、工作闸槽、通气孔、渐变段以及沿程摩阻损失系数，其值为 0.10～0.16。西霞院排沙洞进口模型实测损失系数为 0.125，在上述范围之内。洞身沿程摩阻损失系数为$\lambda\dfrac{L}{4R}$，当粗糙系数 n=0.014 时，摩阻系数λ=0.015 4，西霞院排沙洞直线洞身长 37.5 m，沿程摩阻损失系数$\lambda\dfrac{L}{4R}$=0.144，而模型实测沿程摩阻损失系数为 0.145，两者一致。出口闸门局部损失系数Δh_{og}=0.01，西霞院排沙洞模型实测值Δh_{og}=0.009 3。根据式(3-11)，参照文献给出的经验值，计算流量系数μ_s=0.895，西霞院排沙洞实测流量系数为 0.887，两者基本一致。

(三)出口扩散方案排沙洞损失系数与流量系数理论推导

1. 损失系数

为了与出口不扩散排沙洞对比方便，进口段局部水头损失、洞身沿程摩阻水头损失和出口闸门局部水头损失，仍以洞身流速计算。众所周知，渐变扩散局部水头损失比渐变收缩局部水头损失要大得多，在计算出口段水头损失时不能忽略，出口逐渐扩散的局部水头损失可以写为$\Delta h=\xi_d\dfrac{V_t}{2g}$，$\xi_d$为出口扩散局部损失系数。

2. 流量系数的理论推导

同样可写出排沙洞进口 1–1 断面和出口 2–2 断面能量方程

$$H_1+\frac{V_1^2}{2g}=H+\frac{V_d^2}{2g}+\xi_i\frac{V_t^2}{2g}+\lambda\frac{L}{4R}\frac{V_t^2}{2g}+\xi_{og}\frac{V_t^2}{2g}+\xi_d\frac{V_t^2}{2g} \tag{3-12}$$

式中，V_d为扩散段出口处平均流速。如果出口扩散均匀，水流与边壁没有脱离及不产生漩涡的情况下，则有 A_tV_t=A_dV_d，A_d为扩散段出口断面面积。因此，式(3-12)中$\dfrac{V_d^2}{2g}$可以写成$\dfrac{V_d^2}{2g}=\left(\dfrac{A_t}{A_d}\right)^2\dfrac{V_t^2}{2g}$。排沙洞出口扩散时泄量同样可写成：

$$Q = A_t V_t = \frac{1}{\sqrt{\left(\dfrac{A_t}{A_d}\right)^2+\xi_i+\lambda\dfrac{L}{4R}+\xi_{og}+\xi_d}} A_t\sqrt{2gH_e} \tag{3-13}$$

排沙洞出口扩散流量系数：

$$\mu_d = \frac{1}{\sqrt{\left(\frac{A_t}{A_d}\right)^2 + \xi_i + \lambda\frac{L}{4R} + \xi_{og} + \xi_d}} \tag{3-14}$$

比较式(3-10)和式(3-13)可以看出，出口扩散后，泄量增大或减小，取决于以下两个因素：①出口的扩散使出口流速减小，少损失了部分流速水头$\left[\frac{V_t^2}{2g}-\frac{V_d^2}{2g}\right]$；②出口的扩散，又增加了局部水头损失$\xi_d\frac{V_t^2}{2g}$。如果少损失的流速水头大于增加的局部损失水头，即$\left(\frac{A_t}{A_d}\right)^2+\xi_d<1$，排沙洞泄量增加，反之，泄量减少。

根据西霞院排沙洞模型实测资料，按式(3-13)计算，$\left(\frac{A_t}{A_d}\right)^2+\xi_d$=0.840＜1，因此出口扩散方案比出口不扩散方案泄量增大。

(四)排沙洞出口扩散泄量增大分析讨论

首先分析讨论排沙洞出口扩散时，排沙洞泄量是如何随断面的扩散而变化的。先假定出口扩散段为直线扩散，分析出口流量系数公式(3-14)如何随扩散角θ而变化，分下面3种情况讨论：

(1)当扩散段扩散角$\theta\to0$时，相当于出口不扩散的情况，$\xi_d\to0$，$\left(\frac{A_t}{A_d}\right)^2\to1$，此时出口扩散流量系数公式(3-14)与出口不扩散流量系数公式(3-11)完全相同。

(2)当扩散角 $\theta\to90°$时，出口扩散局部损失系数接近于出口突然扩散的损失系数，即$\xi_d\to1$，$\left(\frac{A_t}{A_d}\right)^2\to0$，按式(3-14)计算流量系数与式(3-11)计算流量系数也完全相同。

(3)当扩散段扩散角变化在0°＜θ＜90°时，有关于圆锥扩散损失的研究成果。当扩散角超过 8°～10°时，水流脱离边壁产生漩涡，水头损失急骤增大。关于矩形断面，还未见到正式发表的研究成果。为了论证出口扩散后，泄量是增大或减小，暂参照圆管逐渐扩散损失系数进行粗略的定性分析计算。在计算时，考虑到扩散角 θ＞10°后，水流已脱离边壁，在计算$\left(\frac{A_t}{A_d}\right)$时，$A_d$的面积 θ＝10°计算。对一最小断面半径和长度均为 3 m 的出口扩散段，当式(3-14)中$\xi_i+\lambda\frac{L}{4R}+\xi_{og}$=0.25 时，在不同扩散角 θ 时，流量系数计算结果见表 3-17。

计算结果表明，出口不扩散，θ=0°时，按式(3-14)计算流量系数为 0.895，随着扩散角 θ 的增大，流量系数逐渐增大，当扩散角 θ 达到某一值后，流量系数又逐渐减小，到扩散角 θ=90°，流量系数又恢复到 0.895。从以上粗略计算结果证实，排沙洞出口扩散，排沙洞泄量增大是无疑的。

表 3-17　不同扩散角 θ 的流量系数计算

扩散角 θ(°)	0	5	10	15	20	30	40	90
ξ_d	0	0.01	0.02	0.04	0.07	0.10	0.27	1
$\left(\frac{A_t}{A_d}\right)^2$	1	0.86	0.72	0.72	0.72	0.72	0.72	0
按式(3-14)计算 μ_d	0.895	0.945	1.009	0.995	0.980	0.967	0.937	0.895

为了进一步论证排沙洞出口扩散泄量增大的结论，不妨引用教科书和工程手册中常用的资料加以说明。流线型不扩散短管，管径为 d，管长 $L=3d$，以出口断面计算的流量系数为 0.97。圆锥扩散短管，当 $\theta=7°$时，仍按管径 d 计算，管长也为 $3d$，流量系数增大为 1.125。这是由于圆锥扩散短管损失的流速水头比不扩散短管要小，使扩散短管流量系数增大。

(五)结语和讨论

有压淹没泄水洞出口扩散，而水流不脱离边壁的情况下，泄量可以按式(3-13)计算。由于出口断面扩大。出口流速减小，少损失了部分流速水头$\left[\frac{V_t^2}{2g}-\frac{V_d^2}{2g}\right]$；出口扩散的同时，出口段又多增加了出口扩散的局部损失。少损失的流速水头值大于多增加的局部损失水头时，泄量增大。文献资料和西霞院排沙洞试验结果证实了上述结论是正确的。

有压泄水洞，出口淹没度较大及出口扩散平顺时，不会引起洞内产生负压，不会给工程带来不利影响，有压淹没泄水洞出口设计成平顺扩散段形式是可取的。

第四章　西霞院水库总体布置方案河道泥沙模型试验研究

第一节　水库河段及水库总体布置方案概况

在进行水工模型试验的同时，我们开展了黄河西霞院水库库区和下游河床演变动床模型试验。试验研究的主要内容为：①焦枝铁路桥以下砂卵石冲积扇河段河势变化对西霞院水库总体布置的影响；②西霞院坝下出流对下游温孟滩河段河道整治工程的影响；③西霞院水库回水对小浪底电站尾水位的影响。

一、河道概况

根据试验研究内容，本模型试验河段从小浪底枢纽消力池至赵沟，长度为 50 km。该河段位于由山区峡谷型河道向平原宽浅游荡性河道的过渡段上。小浪底至焦枝铁路桥为山区峡谷型河道；焦枝铁路桥至白坡为砂卵石江心洲河道；白坡至赵沟为宽浅游荡性河道。

小浪底至焦枝铁路桥河谷宽度 500～1 000 m，两岸的山嘴和碛口滩控制了河道河势；水流出焦枝铁路桥后两岸突然展宽至 4 km，水流扩散，形成众多砂卵石江心洲。水流主要分南北两股，主流靠南岸，沿南岸山坡流至王庄闸前又分为多股汊河。在坡头至堡子滩河段，多股汊河又汇集在一起，形成一股水流，以下又分汊。河中有大的砂卵石江心洲，现主流南走白鹤湾，由白鹤工程导向白坡，但大水时北股水流加强，由堡子滩向白坡分流增多。上游峡谷河段带来的砂卵石推移质在此河段堆积，形成众多的砂卵石江心滩，主要有杏园滩、西滩、王庄滩等。从小浪底至西霞院坝址，河道平均比降为 0.86‰，距坝址 11 km 以上的河段天然河床纵比降北较平缓，约为 0.23‰；距坝址 11 km 以下河道天然河床纵比降较陡，约为 1.17‰。该河段均为砂卵石河床，砂卵石覆盖层厚度为 10～40 m，江心滩及两岸滩地表面分布有细沙、沙壤土等覆盖层，下部为砂卵石层，具有较强的抗冲性。河床及滩岸可动性较小，近 30 多年来河势变化不大，河道深弘线亦无大的变化，但库区内的江心滩及两岸仍有冲滩塌岸现象。库区内无大的支流汇入，支流来水来沙量甚少。但较大支流砚瓦河的洪水及洪水时砂卵石推移质运动对库区干流河道有一定影响，由于无观测资料，现阶段模型试验未考虑支流影响问题。

白坡至赵沟为宽浅游荡性河道。为了控制河势变化，减小游荡范围，在该河段陆续修建了一些险工和护滩控导工程，如 1873 年修建的铁谢险工，1962 年兴建的白鹤工程及其后又建的白坡堵串工程，20 世纪 70 年代修建的逯村、铁炉、花园镇、开仪及赵沟等护滩控导工程。

小浪底枢纽温孟滩移民区大部分位于本试验河段内，为了保证移民区的安全，除了原有工程的上延、下延完善配套外，还修建了防护围堤。防护围堤上起洛阳市吉利区的白坡村，连接各个护滩控导工程，到大玉兰工程结束，总长度为 29 km。试验河段内原有工程及温孟滩整治规划的工程状况如表 4-1 所示。

表 4-1　试验河段整治工程状况(坝垛数)

工程状况(坝跺数)		白鹤	白坡	铁谢	逯村	花园镇	开仪	赵沟
原有工程坝数		4(垛)	1(堵串)	30	34	29	32	15
温孟滩整治工程方案	上延						10(垛)	24
	下延						5	

本次试验除了现有工程外，也布设了温孟滩整治规划的工程。模型平面布置及工程情况如图 4-1 所示。

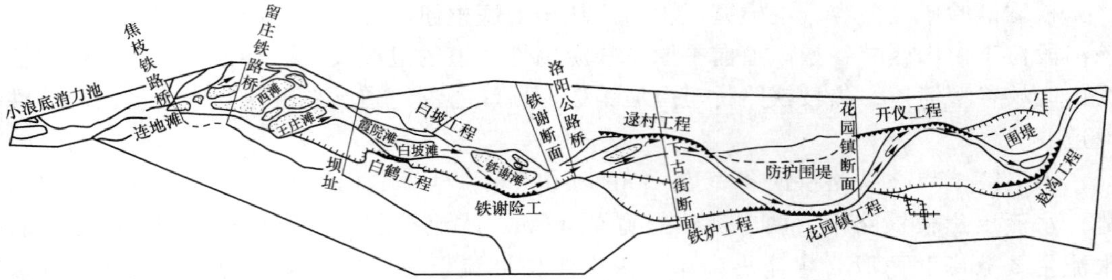

图 4-1　模型布置及工程情况

二、水库总体布置方案概况

西霞院水库位于黄河干流上，坝址位于河南省洛阳市吉利区南陈村 (北岸)和孟津县西霞院村(南岸)，上距小浪底水利枢纽 16 km，下距黄河花园口 112 km，坝址控制流域面积 69.46 万 km^2，处于由山区峡谷型河道向平原宽浅游荡河道的过渡段上。库区内有焦枝、留庄两座铁路桥，坝下游有白鹤、白坡、铁谢、逯村、花园镇、开仪、赵沟等险工或护滩工程及逯村至开仪、开仪至化工的防护围堤。

西霞院水库工程发电装机容量 21 万 kW，灌溉农田面积 7.6 万 hm^2。水库总库容 1.56 亿 m^3，最大坝高 22.0 m。设计洪水流量(P=1%)Q=9 860 m^3/s，校核洪水流量(P=0.02%) Q=13 220 m^3/s。水库正常蓄水位为 134.0 m(水位及高程均为黄海高程，以下同)，设计洪水位为 132.94 m，校核洪水位为 134.42 m，汛期限制水位为 131.0 m。

西霞院水库由非溢流土石坝段、21 孔泄洪闸、3 孔排沙闸、6 台发电机组和 2 孔排沙洞组成，其中泄洪闸、排沙闸、电站和排沙洞集中布置，统称为泄水建筑物。不同水位时的泄流能力如表 4-2 所示。

表 4-2　西霞院水库泄流能力

水位(m)	128	129	130	131	132	133	134	135
排沙闸(m^3/s)	877	923	967	1 008	1 049	1 087	1 124	1 162
泄洪闸(m^3/s)	985	2 118	3 506	5 108	6 896	8 853	10 964	13 238
总计(m^3/s)	1 862	3 041	4 473	6 116	7 945	9 940	12 088	14 440

泄水建筑物在水库工程中的位置分为 3 种不同的布置方案：①右岸滩地方案；②主槽方案；③左岸滩地方案。3 种方案的水库布置形式分别如图 4-2、图 4-3 和图 4-4 所示。

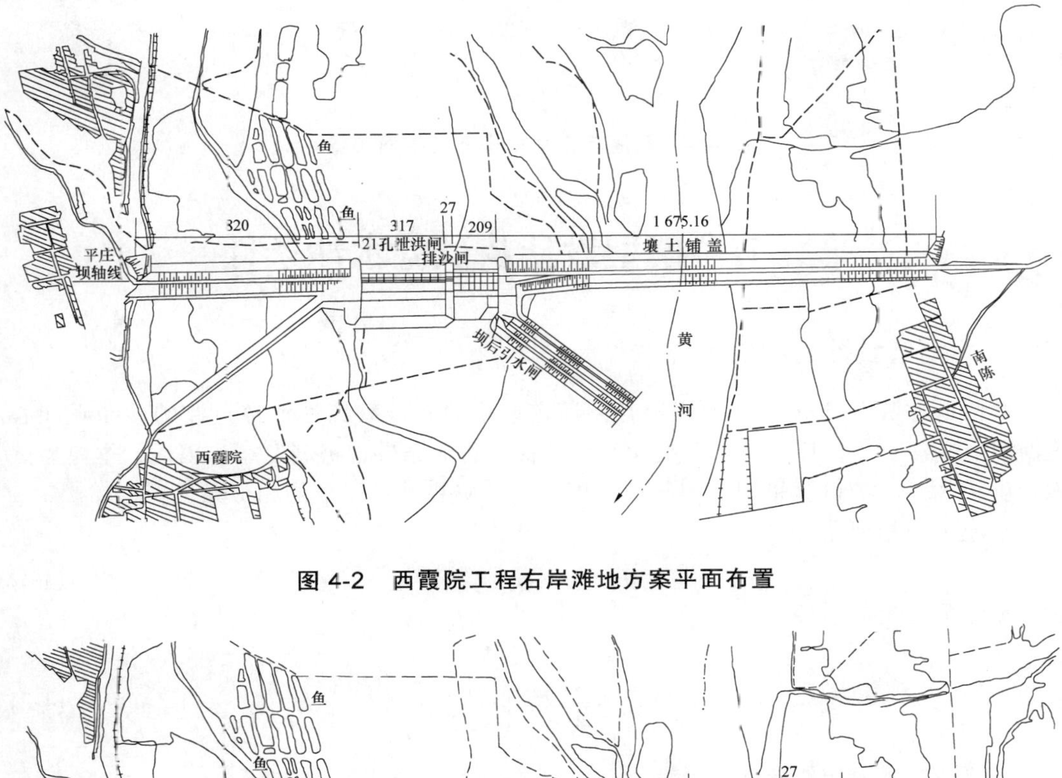

图 4-2　西霞院工程右岸滩地方案平面布置

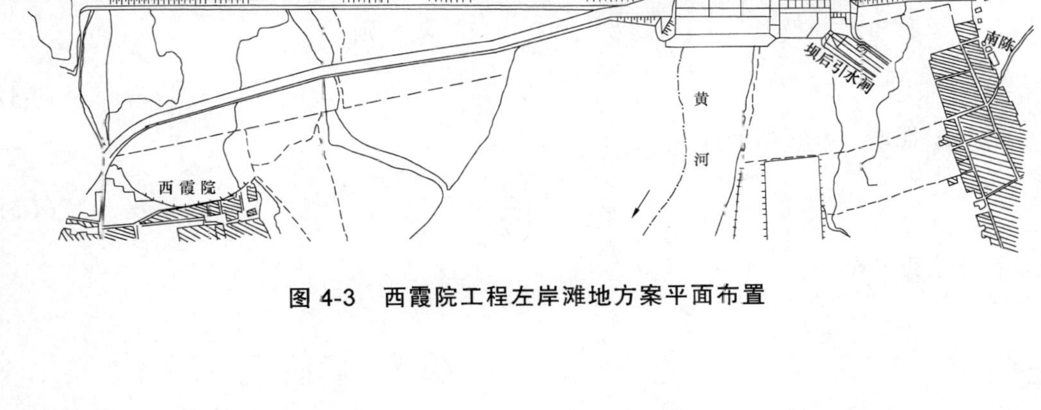

图 4-3　西霞院工程左岸滩地方案平面布置

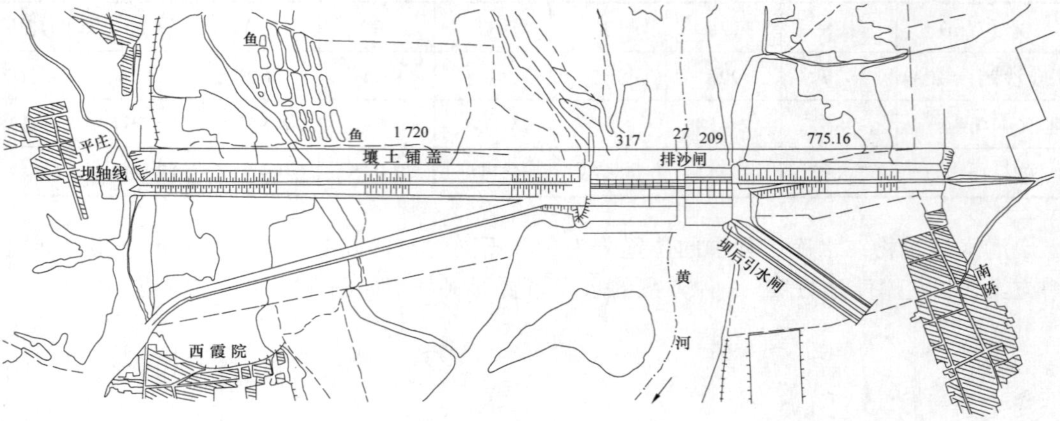

图 4-4 西霞院工程主槽方案平面布置

第二节 模型设计及试验水沙条件

一、模型设计的相似条件

西霞院水库位于黄河从山区峡谷型河道向平原宽浅游荡性河道过渡的砂卵石江心洲河段上，河宽、河床组成沿程变化很大，而且边界条件也极其复杂。因此，本模型试验难度很大。本项试验采用变态模型，模型设计主要满足以下的相似条件：

水流重力相似条件

$$\lambda_v = \lambda_H^{1/2} \tag{4-1}$$

水流阻力相似条件

$$\lambda_n = \frac{1}{\lambda_v} \lambda_H^{2/3} \left(\frac{\lambda_H}{\lambda_L} \right)^{1/2} \tag{4-2}$$

水流输沙能力相似条件

$$\lambda_G = \lambda_{G_*} \tag{4-3}$$

对于悬移质泥沙模型，$\lambda_{G_S} = \lambda_S \cdot \lambda_Q$，$\lambda_{G_{S*}} = \lambda_{S_*} \cdot \lambda_Q$，则

$$\lambda_s = \lambda_{s_*} \tag{4-4}$$

悬移质泥沙悬移相似条件

$$\lambda_\omega = \lambda_v \left(\frac{\lambda_H}{\lambda_L} \right)^{0.75} \tag{4-5}$$

河床变形相似条件

$$\lambda_{t_2}=\frac{\lambda_{\gamma_0}\lambda_L{}^2\lambda_H}{\lambda_{G_S}} \tag{4-6}$$

对于悬移质泥沙模型，式(4-6)则变为

$$\lambda_{t_2}=\frac{\lambda_{\gamma_0}}{\lambda_s}\cdot\frac{\lambda_L}{\lambda_V}=\frac{\lambda_{\gamma_0}}{\lambda_s}\lambda_{t_1} \tag{4-7}$$

泥沙起动及扬动相似条件

$$\lambda_v=\lambda_{v_c}=\lambda_{v_f} \tag{4-8}$$

河型相似条件

$$\left[\frac{\left(\frac{\gamma_s-\gamma}{\gamma}D_{50}H\right)^{1/3}}{iB^{2/3}}\right]_{模型}\approx\left[\frac{\left(\frac{\gamma_s-\gamma}{\gamma}D_{50}H\right)^{1/3}}{iB^{2/3}}\right]_{原型} \tag{4-9}$$

由于原型及模型悬沙粒径较细，一般满足 G. G.Stokes 定律，因而可确定悬沙粒径比尺：

$$\lambda_d=\left(\frac{\lambda_\omega\lambda_v}{\lambda_{\frac{\gamma_s-\gamma}{\gamma}}}\right)^{1/2} \tag{4-10}$$

以上各式中，λ_L为水平比尺；λ_H为垂直比尺；λ_V为水流流速比尺；λ_n为糙率比尺；λ_{G_S}为水流悬移质输沙率比尺；$\lambda_{G_{S*}}$为水流悬移质输沙能力比尺；λ_s为水流含沙量比尺；λ_{s_*}为水流挟沙能力比尺；λ_{t_1}为水流运动时间比尺；λ_{t_2}为河床变形时间比尺；λ_{γ_0}为淤积物干容重比尺；λ_{v_c}为泥沙起动流速比尺；λ_{v_f}为泥沙扬动流速比尺；λ_v为水流黏滞系数比尺；$\lambda_{\frac{\gamma_s-\gamma}{\gamma}}$为泥沙与水的容重差比尺；$\lambda_d$为悬沙粒径比尺；$B$为造床流量下的河宽；$H$为造床流量下的平均水深；$i$为河床比降；$\gamma_s$、$\gamma$分别为泥沙、水流的容重；$D_{50}$为床沙中值粒径。

此外，为保证模型与原型水流流态相似，还需要满足如下两个限制条件：

(1)模型水流必须是紊流，故要求模型水流雷诺数：

$$Re_m=1\,000\sim2\,000 \tag{4-11}$$

(2)模型水流运动不受表面张力的干扰，故模型水深：

$$h_m>1.5\ \text{cm} \tag{4-12}$$

按上述模型相似准则设计黄河动床模型，不仅能满足一般的水流泥沙运动相似条件，而且能较好地复演原型宽浅散乱的特性。

二、比尺确定及模型沙选择

(一)几何比尺的确定及模型变率论证

根据场地条件及试验要求，经过比选后，取模型水平比尺λ_L=800，垂直比尺λ_H=80，模型变率为 10。

模型变率的限制条件，不少学者都有专门的研究，并提出了不同的限制条件。取白坡坝址断面 Q=5 000 m^3/s 的过水断面资料(河宽 B=900 m，平均水深 H=2.1 m)，依各家公式论证所取变率的合理性。

张瑞瑾公式：

$$D_t \leqslant (\frac{1}{38}\frac{B}{H} + \frac{20}{19}) \tag{4-13}$$

窦国仁公式：

$$D_t \leqslant (1 + \frac{1}{20}\frac{B}{H}) \tag{4-14}$$

张红武公式：

$$D_t \leqslant 0.021\,3\frac{B}{H} + 0.9 \tag{4-15}$$

将白坡断面资料分别代入式(4-13)、式(4-14)、式(4-15)，变率分别小于 12.33、22.43、10.03，本模型变率为 10，都在各家公式的允许范围内，变态影响较小，可满足工程实际需要。

(二)模型沙的选择

1. 床沙的选择

小浪底至白坡河段的河床由砂卵石组成，其中值粒径 D_{50} 为 30～70 mm，用γ_s=2.65 t/m^3 的天然石子做模型沙，根据试验河段的实测资料，由式(4-9)可求出模型的砂卵石的中值粒径 D_{50} 为 3.75～8.75 mm。铺沙时，根据实地查勘的结果，将考虑原型床沙沿程分布情况铺放。

白坡至赵沟河段，床沙中值粒径 D_{50}=0.10～0.25 mm，既要保证模型小河的综合稳定性与原型相似，又要满足式(4-8)，故最后选定 D_{50}=0.018 8～0.047 mm，其底沙粒径比尺 $\lambda_D \approx 5.33$，铺沙时将考虑原型床沙沿程分布情况铺放。白坡至铁谢河段属过渡段，在模型沙铺放过程中也按查勘的比例铺放。

2. 悬沙的选择

原型悬沙的中值粒径 d_{50}=0.015～0.025 mm(7～9 月份汛期)，由式(4-1)、式(4-5)可计算得出λ_ω=1.59，将此值及 $\lambda_{\frac{\gamma_s-\gamma}{\gamma}}$=1.5 代入式(4-10)，可求得$\lambda_d$=0.872，则模型悬沙中值粒径为 d_{50}=(0.015～0.025)/0.872=0.017～0.029 mm，试验时可按原型情况具体确定进口加沙粒度。详细分析了原型及模型的水流挟沙力，求出水流挟沙力比尺 λ_{s_*}=1.73～2.32，所以，本模型含沙量比尺λ_s可近似取为 2.0。

根据以往的试验结果，作为模型设计，可取模型沙干容重 γ_{om}=0.74 t/m^3，原型沙干容重 γ_{o_p}=1.45 t/m^3，则 λ_{γ_0}=1.96，由此可求得河床变形时间比尺：

$$\lambda_{t_2} = \frac{\lambda_{\gamma_0}}{\lambda_S}\frac{\lambda_L}{\lambda_V} = \frac{1.96}{2.0} \times \frac{800}{\sqrt{80}} = 87.7$$

试验时，为了控制方便，取 $\lambda_{t_2} = 90$。

上述模型设计所得到的各比尺汇总见表 4-3。

表 4-3 模型比尺汇总

相似条件	比尺名称	比尺计算	备注
几何条件	水平比尺 λ_L	800	试验任务要求及场地条件
	垂直比尺 λ_H	80	
水流运动相似	流速比尺 λ_V	8.94	式(4-1)
	流量比尺 λ_Q	572 433	
	糙率比尺 λ_n	0.655	式(4-2)
	水流运动时间比尺 λ_{t_1}	89.49	
砂卵石河床质运动相似	砂卵石粒径比尺 λ_{D_1}	8.0	
	床沙粒径比尺 λ_{D_2}	5.33	
悬移质运动相似	沉速比尺 λ_ω	1.59	式(4-5)
	悬沙粒径比尺 λ_d	0.872	式(4-10)
	含沙量比尺 λ_s	2.0	
	河床变形时间比尺 λ_{t_2}	90	式(4-6)、(4-7)

三、试验水沙条件

根据试验任务要求并与委托单位协商，试验所采用的来水来沙分别为：

(1)根据小浪底多年汛期平均水沙过程概化而来的来水来沙条件，如表 4-4 所示。

表 4-4 西霞院水库库区及下游河床演变试验水沙过程

序号	流量 (m^3/s)	含沙量 (kg/m^3)	洪水历时 (天)	累积历时 (天)
1	3 000	15.7	9.4	9.4
2	5 000	29.6	5.3	14.7
3	7 000	100.0	0.5	15.2
4	13 670	60.6	0.3	15.5
5	7 000	50.0	0.7	16.2
6	5 000	29.6	3.5	19.7
7	3 000	15.7	15.5	35.2

(2)以小浪底设计水平 1961 年汛期水沙条件为典型年的来水来沙条件，如表 4-5 所示。

表 4-5 西霞院水库库区及下游河床演变试验水沙过程(1961 年来水来沙过程)

序号	原型日期(月-日)	历时(天)	流量(m^3/s)	含沙量(kg/m^3)
1	07-01～07-12	12	1 531	110.9
2	07-13～07-31	19	2 491	82.80
3	08-01～08-03	3	4 347	139.97
4	08-04～08-19	16	1 787	69.51
5	08-20～10-11	53	2 350	40.17
6	10-12～10-31	20	2 831	20.56

(3)综合小浪底设计水平 1959 年和 1961 年汛期水沙过程而得到的来水来沙条件，如表 4-6 所示。

表 4-6　西霞院水库库区及下游河床演变试验水沙过程
(按 1959 年、1961 年汛期来水来沙过程概化)

序号	历时(天)	流量(m^3/s)	含沙量(kg/m^3)
1	1.2	1 530	111
2	19	2 490	83
3	3	4 347	140
4	11	3 090	78
5	3	8 000	110
6	10	4 370	97
7	7	2 240	54
8	23	1 550	41

右岸滩地方案以小浪底多年平均汛期水沙过程概化的水沙条件(见表 4-4)进行了试验。该水沙过程的一个主要特点是流量较大而含沙量偏低。为了试验研究在中水大沙条件下水库上下游的河床演变，经与委托方协商，按小浪底设计水平的 1959 年、1961 年汛期来水来沙过程概化的来水来沙条件又进行了右岸滩地方案的试验。主槽布置方案和左岸滩地布置方案是按 1961 年汛期来水来沙过程 (见表 4-5)进行试验，试验中施放的水沙过程与原型要求的来水来沙过程基本相符，可以满足试验要求。

第三节　模型验证试验

试验河段内实测资料较少，为保证试验结果的可靠性，在各种布置方案正式试验之前，尽可能收集了现有实测资料，进行了以下几项验证试验。

一、水流阻力相似的验证

小浪底至赵沟之间沿程水位的测验资料较少，仅有流量 Q=800 m^3/s 时的实测资料，模型试验和原型实测的水面线见图 4-5(本书的水位及高程均为黄海高程)。由图可见，模型试验与原型实测水面线符合程度较好，另外在温孟滩河道整治模型试验过程中，对铁谢至赵沟河段的沿程水位进行了系统地验证。各级流量条件下模型水面线与原型实测结果符合程度较好。这都表明：本模型可以满足水流阻力相似条件。

二、小浪底枢纽下游消力池处天然河道水位流量关系的验证

小浪底尾水位的变化是本试验的研究重点之一，它涉及到西霞院水库坝前汛限水位和正常蓄水位的确定。西霞院水库修建前，委托单位设计计算的与模型试验实测的小浪底消力池水位流量关系见图 4-6，其符合程度可以满足试验要求。这也从另一个侧面反映了本模型可以满足水流阻力相似条件。

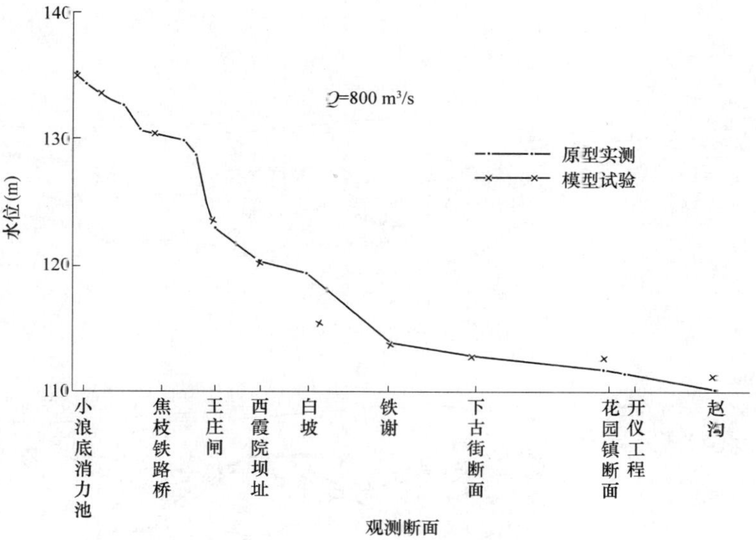

图 4-5　水面线验证

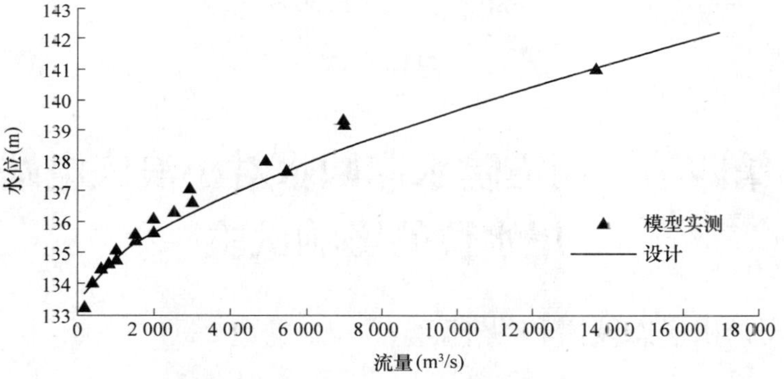

图 4-6　小浪底消力池水位流量关系

三、水库河段天然河道河势变化验证

无西霞院水库时，小浪底至赵沟河段模型试验各级流量的河势如图 4-7 所示。由于原型缺乏试验水沙条件下的实测河势资料，我们曾对该河段进行了实地查勘，并咨询了有关专家。野外查勘的结果及专家的咨询意见都表明，模型的河势与原型的河势变化基本一致。

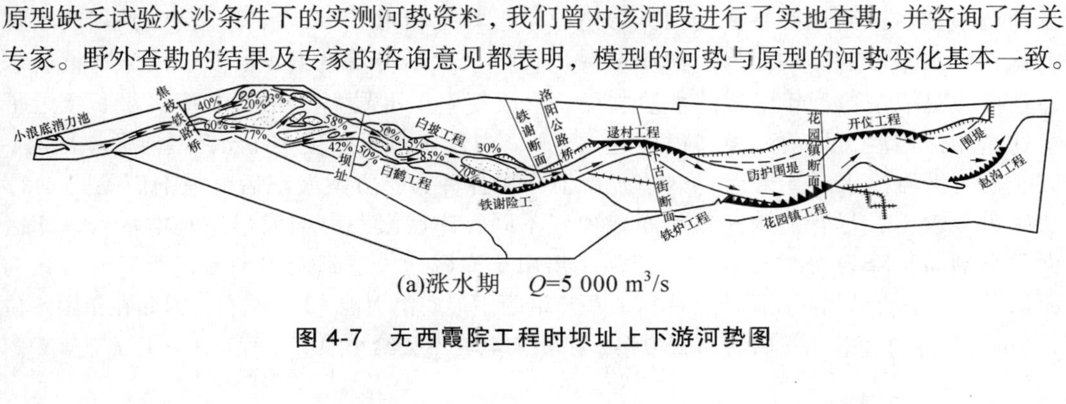

(a)涨水期　Q=5 000 m³/s

图 4-7　无西霞院工程时坝址上下游河势图

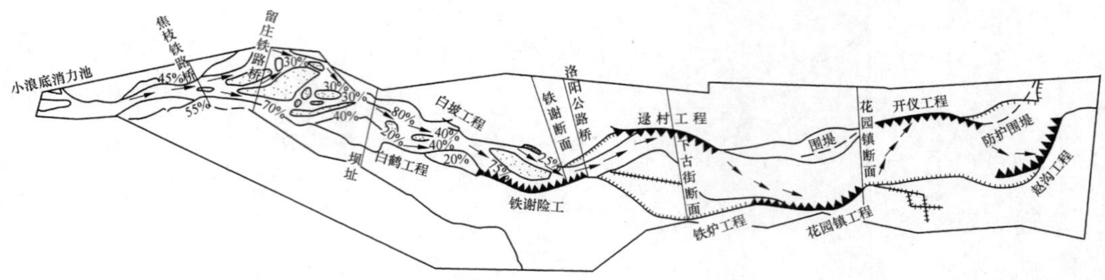

(b)洪峰期　Q=7 000 m^3/s

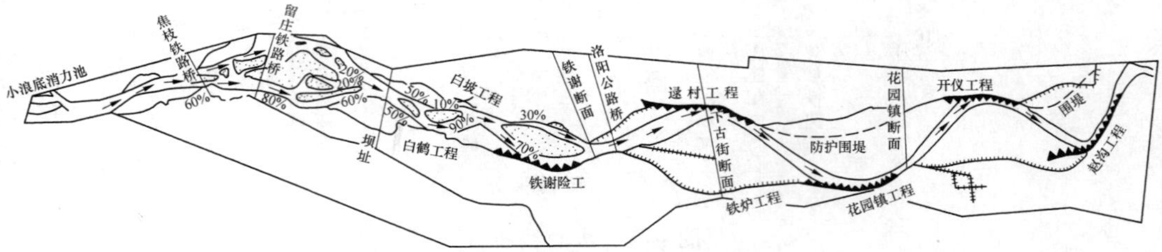

(c)落水期　Q=2 000 m^3/s

续图 4-7

第四节　西霞院水库回水对小浪底电站尾水位的影响试验

一、库区淤积形态及淤积纵剖面

水库淤积形态主要取决于水库运用方式，库区地形和进库水沙条件等因素。西霞院水库属径流式电站，库容较小，汛期低水位运用，汛限水位 131 m，非汛期正常蓄水运用，运用水位 134 m。由于壅水位较低，库容较小，水库在短时间内达到淤积平衡，因而库区将形成锥体淤积形态。

水库淤积的最终结果是使上游来的水沙在新的河床条件下全部输送出库，由此河床自动调整塑造达到相对平衡的河床形态，由于只是相对平衡，水库还会受到坝前水位变化、来水来沙的影响而发生淤积或冲刷，但水库不会发生累积淤积。由于本试验水沙条件只是一个典型年汛期的水沙过程，形成相应于汛限水位 131 m 库区淤积接近平衡的高滩深槽后，坝前滩面高程接近 129 m，尚低于汛限水位 131 m，漫滩几率减小，以后发生漫滩洪水时，滩面将继续淤积抬升。各种布置方案淤积后的纵剖面见图 4-8，从中可以看出，尽管泄水建筑物布置位置不同，库区淤积纵剖面形态基本一致，库区淤积纵剖面比降为 0.27‰左右。但需指出由于库区尚未达到淤积平衡，所形成的纵剖面比降要比平衡纵剖面比降大。库区淤积末端距小浪底消力池 4 km 左右，因而在汛限水位 131 m 运用条件下，不论哪种布置方案，淤积末端均不会给小浪底工程带来不良影响。

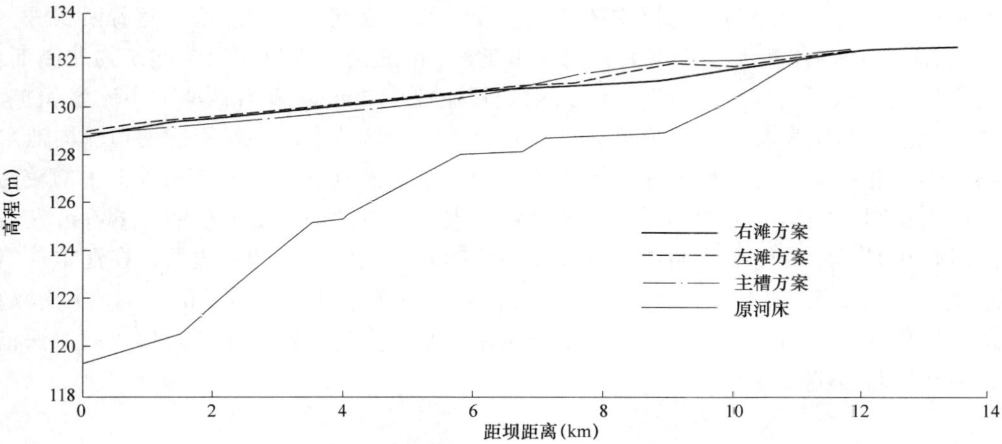

图 4-8　西霞院工程库区淤积纵剖面图

二、西霞院水库回水对小浪底电站尾水位影响

在汛期水位 131 m 库区淤积接近平衡的河床地形基础上，西霞院水库坝前正常蓄水位 134 m 时，进行了回水对小浪底电站尾水影响的试验。试验流量范围为 200～2 000 m^3/s，试验结果表明，当流量为 200～600 m^3/s 时，小浪底尾水位将抬高 0.2～1.1 m。流量越小，尾水位抬升越多，而当流量大于 600 m^3/s 时，小浪底枢纽电站尾水位抬高不明显。需要指出，由于库区滩地尚未完全达到汛限水位 131 m 的淤积平衡，相应于汛限水位 131 m 的高滩深槽平衡形态尚未完全形成，所以在正常水位 134 m 以下的过水面积偏大，回水影响试验数值可能偏少，应留有余地。

另外，在右岸滩地方案时，还进行了坝前水位 135 m 时回水对小浪底枢纽电站尾水影响的试验，试验结果表明，当流量为 1 500 m^3/s 时，小浪底枢纽尾水位仍将抬高 0.3 m 左右。因而正常蓄水位 135 m，将会降低小浪底的发电效益，不宜采用。

第五节　不同水库整体布置方案水库上下游河床演变试验

西霞院水库的修建改变了天然河道状态，水库水位的抬升将使大量泥沙在库区内淤积，使库区河势发生变化；坝下出流位置的变化，也将使下游河势发生相应的变化。各种水库布置方案上下游河势变化试验结果综述如下。

一、右岸滩地布置方案汛期多年平均水沙过程试验结果

该方案以小浪底电站多年汛期平均水沙过程概化的来水来沙条件进行试验。

(一)库区淤积

淤积初始，坝前滩地上水，在坝前形不成明显主流；水流出焦枝铁路桥后仍分南北两股，南股仍为主流，流量为 5 000 m^3/s 时，南股水流约占整断面水流的 60%。由于受

坝前水位的顶托，南北两股河道交替淤积抬升，北股分流比开始降低。随着淤积进一步的发展，坝上游南岸边滩逐渐增大并向北岸延伸，南北两股水流在泄流建筑物北侧汇合，形成顺坝流动的不利流态(见图 4-9)，最大顺坝流速达 2 m/s。随着西滩的不断淤积扩大，河道主流已较为明显，北股河道分流比只有 25%，75%的水流都经南股河道流向泄水建筑物。随着北股河道的淤死，库区形成单一的南岸主流流态，在王庄闸以上主槽较为稳定，而王庄闸至坝前的主槽不稳定，随流量的大小左右摆动，最大摆幅在 600 m 左右，当流量较小时，水流受王庄闸以上岸边地形的影响，主槽向坝的左边摆，在泄水建筑物处形成绕流。而当流量较大时(Q>4 000 m^3/s)，水流受泄水建筑物位置的影响，主槽取直，直接顶冲泄水建筑物。因而，具有小水坐湾，大水取直的特性。库区内形成高滩深槽以后，王庄闸将脱流。

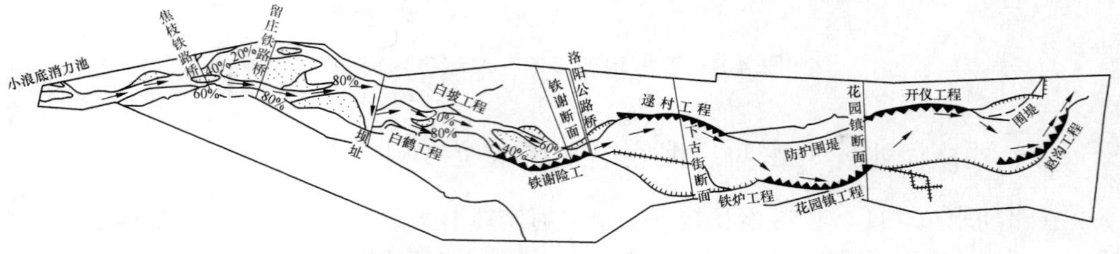

(a)涨水期　Q=5 000 m^3/s

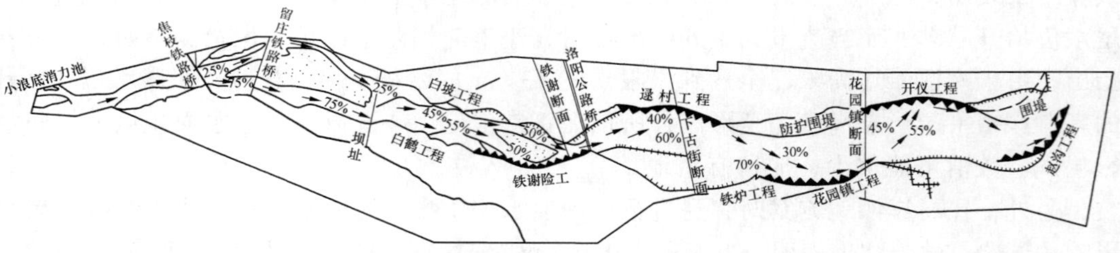

(b)洪峰期　Q=7 000 m^3/s

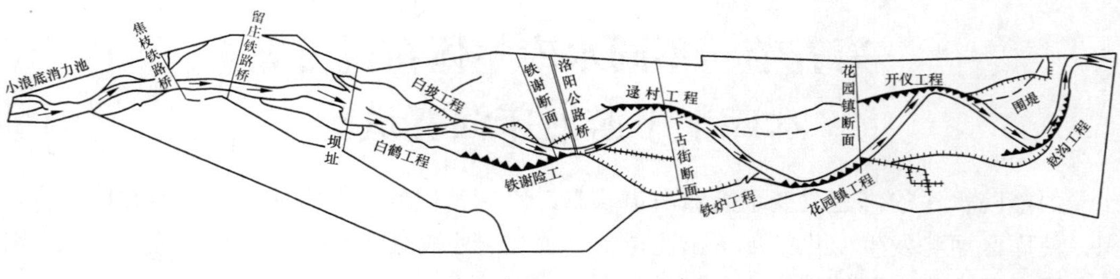

(c)落水期　Q=2 000 m^3/s

图 4-9　西霞院工程河段河势图(右岸滩地方案Ⅰ)

(二)水库下游河床演变

涨水期(Q=5 000 m^3/s)，水流出坝后，受西霞院滩的阻挡，80%水流走西霞院滩南侧，后靠白鹤工程下首。由于来流方向的改变，这时水流动力是朝着铁谢滩的北汊方向，加之白鹤、白坡工程较小不足以控导河势，故主流出白鹤工程后顺直地进入铁谢滩北汊，而仅有 40%的流量入铁谢湾，并造成原主槽大量淤积，水面宽而流速慢，为主流的进一步夺汊创造着条件。这时的主流出北汊后顶冲到铁谢险工的下延坝上，导致逯村工程靠溜位置严重下挫至 20#坝。花园镇靠溜稍有上提，而开仪工程靠溜下挫，赵沟则明显上提，见图 4-9。

洪峰期(Q=7 000 m^3/s)，水流动能大大增加，部分主流克服了霞院滩的阻碍，强大的主流向下受到铁谢滩的阻挡，50%的水流入铁谢湾，而另一半走铁谢滩北汊，但明显是北槽水面窄，流速大，而南槽则水面宽，流速慢。水流出铁谢险工后仍下挫在逯村工程 20#坝，其他工程靠溜位置均有所上提。铁谢工程以下全部漫滩，见图 4-9。

落水期(Q=2 000 m^3/s)，水流出坝后全部靠白鹤工程下行，而后入铁谢滩北槽，这时的铁谢湾已全部淤死，铁谢险工的下延坝靠主溜，逯村工程 15#坝以下靠溜，花园镇、开仪工程靠溜位置正常，而赵沟靠溜位置明显上提。

总之，采用这种大水少沙的水沙过程，最终出现的河势是白鹤工程仍靠主流，但在铁谢险工处由走南槽改为走北槽，主流由靠上弯道而改为靠下弯道下首的几道下延坝上，且导致其他工程出现下挫现象。

二、右岸滩地布置方案 1959 年与 1961 年水沙过程试验结果

本组试验仍为右岸滩地布置方案，只是改变了来水来沙过程。即将小浪底设计水平的 1959 年与 1961 年的水沙过程进行了组合和概化，使其成为中水中沙。地形仍采用 1993 年汛期地形，并对坝下游右岸滩地的微地形进行严格模拟。

(一)库区淤积

试验开始时，坝前无明显主流，库区处于强烈淤积状态。从焦枝桥以下水流仍分南北两股，南股为主流，当 Q=1 530 m^3/s 时，南股分水比占 75%；随着淤积的进一步发展，北股河道淤死，坝前主流渐渐显现，但由于两岸滩地淤积不够，主槽仍未明显形成，当流量增大到 Q=4 347 m^3/s 时，随着库区汊道的不断淤积，库区内的主槽已经逐渐形成，主流在王庄闸以下直接顶冲大坝，顶冲位置在泄流建筑物左侧 600 m 处，然后顺坝流向泄流建筑物，最大顺坝流速 2～3 m/s，库区及坝前的河势见图 4-10；当流量增至 8 000 m^3/s 时，滩地(除西滩外)均处于淹没状态。两岸滩地进一步淤高，主流仍顶冲大坝，库区及坝前的河势，见图 4-10；当流量减小至 Q=1 550 m^3/s，库区出现高滩深槽。

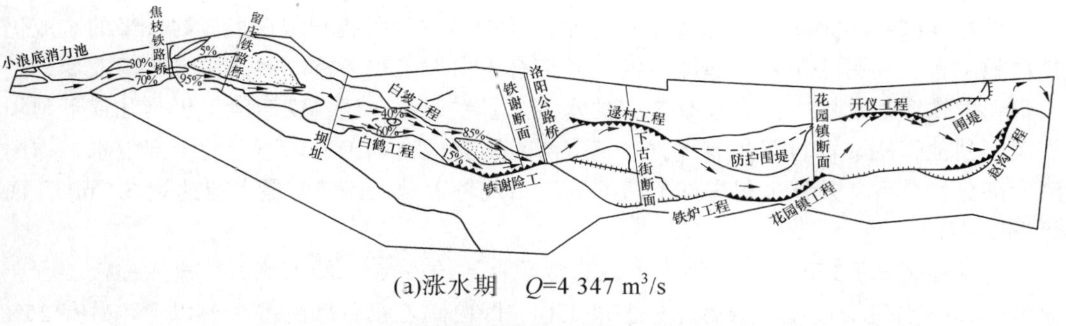

(a)涨水期 Q=4 347 m^3/s

图 4-10 西霞院工程河段河势图(右岸滩地方案Ⅱ)

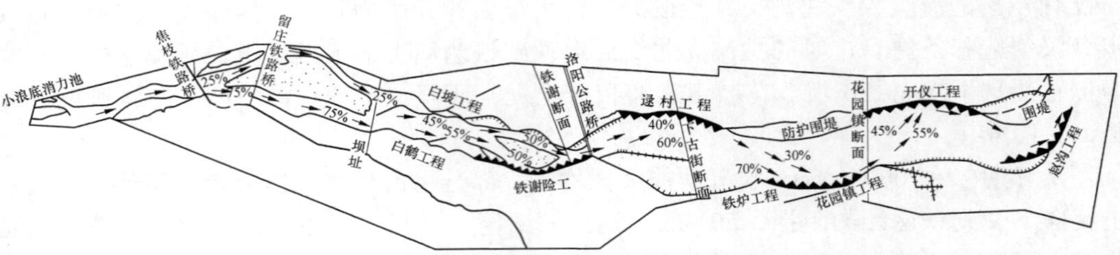

(b)洪峰期　Q=8 000 m^3/s

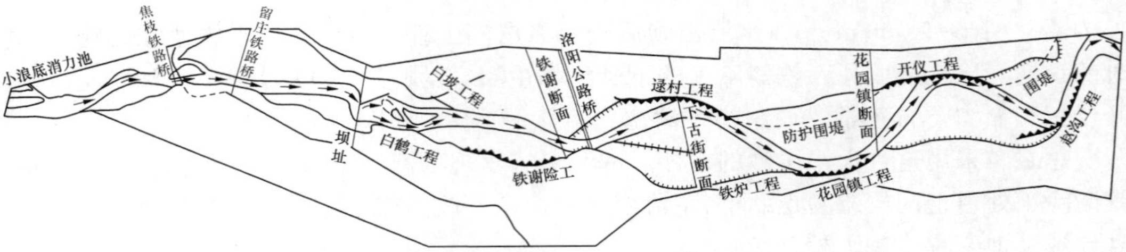

(c)落水期　Q=1 550 m^3/s

续图 4-10

(二)水库下游河床演变

试验开始时，坝下出流主要集中在槽内，霞院滩南北分流比约为 70%和 30%。80%主流靠白鹤工程，铁谢湾过流占 80%，逯村工程 5$^\#$坝以下靠溜。花园镇工程 20$^\#$坝，开仪工程 15$^\#$坝及其以下靠溜，赵沟工程 2$^\#$坝以下靠溜。

在涨水期(Q=4 347 m^3/s)，坝下主槽冲深，南岸水边从南裹头顺直到白鹤工程上首。离西霞院村边最近处约 120 m，并且没有随着流量的增加而出现向南漫水范围扩大的现象。在这级流量下，30%水流是顺南岸流向白鹤工程，另有 30%的水流是绕过霞院滩(已淹没)流入白鹤工程，即白鹤工程靠溜占 60%，而另有 40%的水流入白坡滩北汊。这两股水流在白坡工程下首汇合后，85%的水流直入铁谢滩北汊，致使该汊水流的流速大大增加，而铁谢险工前的一股河，尽管水面很宽，但因过流量只有 15%，水流流速缓慢，河床明显淤积抬高。铁谢险工的靠溜位置已有原来的上弯道下挫至下弯道下首的几道下延坝上，导致逯村工程靠溜位置下挫至 15$^\#$坝以下。其他工程靠溜位置没有很大变化，见图 4-10。

洪峰期(Q=8 000 m^3/s)，水库下泄的水流受白坡滩的阻挡分成两股，约一半的水流仍靠白鹤工程，而另一半走白坡滩北汊，并汇合于白坡工程下首。因来流方向的改变，主流仍朝着铁谢滩北汊方向，故有 80%的水流入了铁谢滩北汊，铁谢险工仍是几道下延坝靠溜，其他工程靠溜位置稍有下挫。从漫滩范围看，白鹤工程以下滩地全部上水，铁谢滩大部分被淹没，开仪工程尾部的防护围堤出现较大顺堤流速，最大流速达 3.5 m/s，河势见图 4-10。

落水期(Q=1 550 m^3/s)，坝下出流非常顺直，约占 55%的水流直接进入白鹤工程，而另有 20%水流绕过霞院滩后也靠上该工程。即白鹤工程总靠流占 75%以上。另有 25%的流量走白坡滩北汊，这两股水流在白坡工程下首汇合后全部入了铁谢滩北汊，之后顶冲铁谢险工的下延 1[#]、2[#]坝后进入逯村工程，逯村工程靠溜下挫至 20[#]坝以下。花园镇工程 18[#]坝以下，开仪工程 10[#]坝以下靠溜，赵沟工程靠溜上提至 19[#]坝以上。

三、主槽布置方案试验结果

根据委托单位意见，该方案以小浪底设计水平 1961 年汛期的水沙过程作为试验的来水来沙条件。

(一)库区淤积

试验开始时，流量 Q=1 531 m^3/s，坝前无明显主流，水流出焦枝桥后仍分南北两股，但以南股为主流(见图 4-11)；随着淤积的进一步发展，焦枝桥至坝前的汊沟渐渐都被淤积，主流渐渐明显，沿南岸原主槽流向泄水建筑物；当流量减小至 Q=2 831 m^3/s 时，北股水流分流比很小，泥沙渐渐在北股进口处淤积，形成类似拦门沙似的泥沙淤积，使进口淤死。北股河道的后半段则受坝前水位的影响形成倒灌淤积使其淤死。当遇大水时，拦门沙被带向北股河的中部，在那里发生淤积，经反复淤积最终北股河道被淤死，主流沿南岸流向泄水建筑物。库区内高滩深槽形成以后，主槽流路非常稳定，仍沿南河道原主槽流向泄水建筑物。

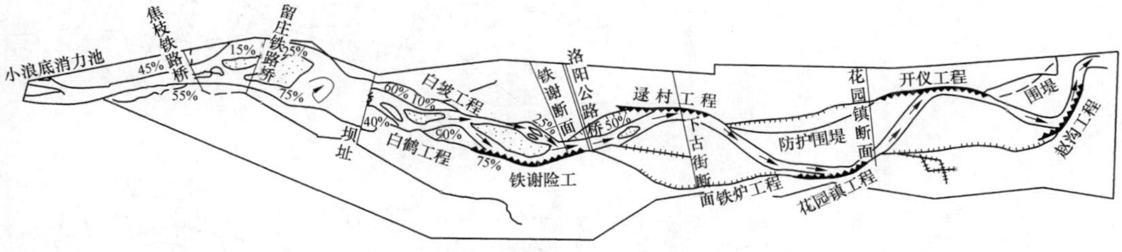

(a)涨水期　Q=1 531 m^3/s

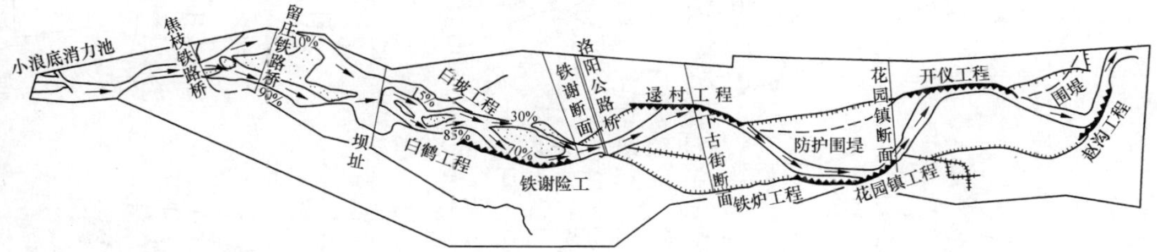

(b)洪峰期　Q=4 347 m^3/s

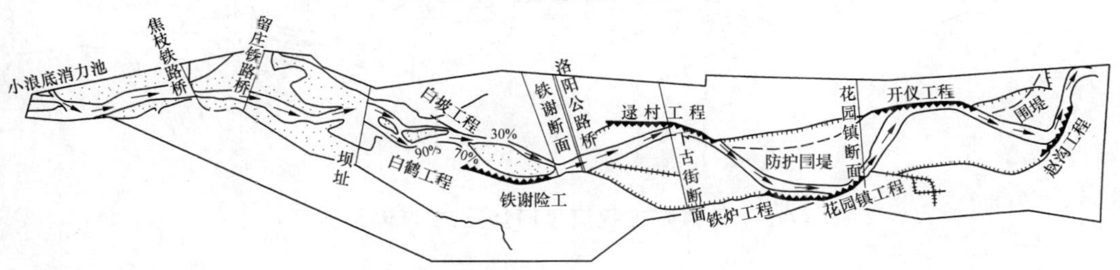

(c)落水期　Q=2 831 m^3/s

图 4-11　西霞院工程河段河势图(主槽方案)

(二)水库下游河床演变

在 2 491 m^3/s 流量下，白鹤靠溜达 90%，铁谢湾入流 60%，比西霞院水库工程修建前略有减少，其他无明显变化。在 Q=4 347 m^3/s 以后的各级流量条件下，白鹤、铁谢工程的靠溜情况均与无西霞院水库时基本相同，但在逯村、花园镇工程的靠溜位置上则有些下挫，落水时的河势与无西霞院水库时基本一致

四、左岸滩地布置方案试验结果

根据委托单位意见，该方案仍以小浪底设计水平 1961 年汛期的水沙过程作为试验的来水来沙条件。

(一)库区淤积

淤积过程与主槽布置方案基本相同，最终北股河道淤死，形成单一南股主流河势。高滩深槽形成以后，主槽流路稳定无摆动，王庄闸以上水流仍沿原主槽行进，王庄闸以下与主槽方案相比主流向北偏移，并造成王庄闸脱流。各级流量的河势见图 4-12。

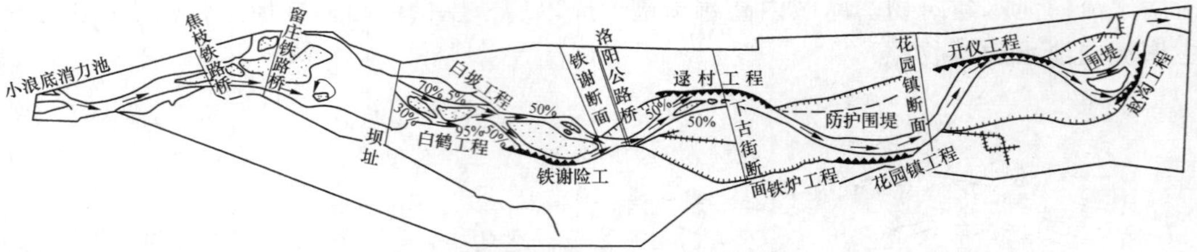

(a)涨水期　Q=1 530 m^3/s

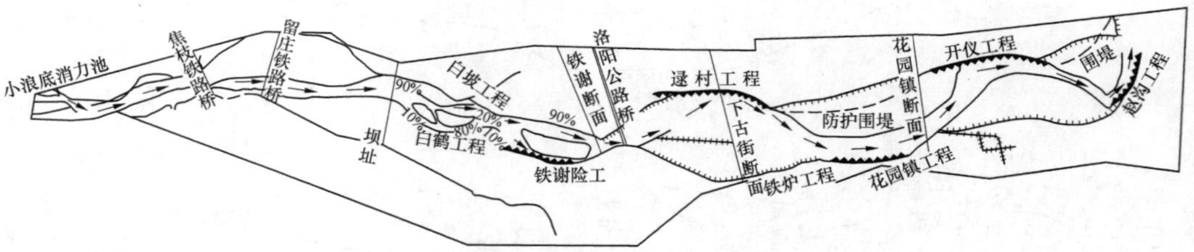

(b)洪峰期　Q=4 347 m^3/s

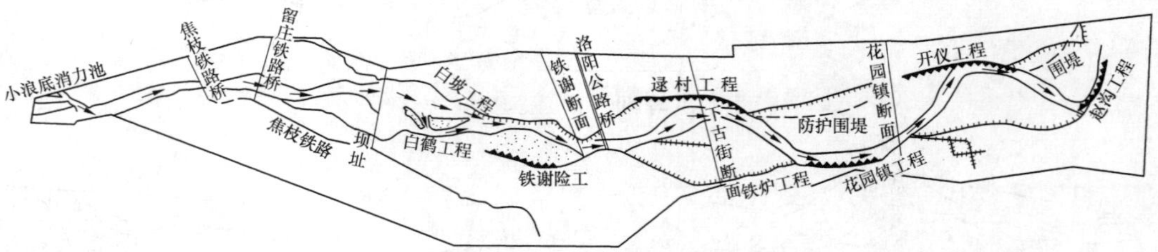

(c)落水期　Q=2 831 m^3/s

图 4-12　西霞院工程河段河势图(左岸滩地方案)

(二)水库下游河床演变

左滩方案的来水方向与无西霞院水库时相比向左岸移了约 250 m。尽管来水方向变

化不是很大，但工程靠溜下挫与右滩方案相比更严重。

涨水期(Q=1 530 m^3/s)，白鹤工程的靠溜就已出现下挫(这比右滩方案出现得早)，靠溜量占 70%，而进入铁谢湾的流量只有 35%，比其他方案同流量级下的入流小 50%左右。逯村及其以下工程靠溜位置正常。

洪峰期(Q=4 347 m^3/s)，白鹤工程靠溜下挫更加严重，而进入铁谢湾的水流只剩 10%，其余 90%的流量流入铁谢滩北汊。出汊后顶冲铁谢险工的下延坝上，导致逯村工程靠溜位置严重下挫到 $25^{\#}$坝上，较右滩方案相比下挫 5 道坝，与无西霞院工程相比下挫了近 20 道坝。其他工程的靠溜位置也有不同程度的下挫，见图 4-12。

落水期(Q=2 831 m^3/s)，白鹤工程靠溜较好，而这时的铁谢湾已完全被淤死。全部水流改入铁谢滩北汊。逯村工程仍是 $25^{\#}$坝以下靠溜。花园镇、开仪及赵沟工程的靠溜位置与右滩方案相比相差不是太大，见图 4-12。

总之，左岸滩地布置方案的最终河势变化结果与右滩方案一样，都是在铁谢湾出现主槽淤死，北汊夺流，而且逯村靠溜位置比右岸滩地布置方案相比下挫更加严重。造成这一不利河势的主要原因仍是坝下出流方向发生了变化。

由此看来，除主槽方案下游河势没发生大的变化外，右滩和左滩方案的河势均发生了较大改变。能否在右滩方案的基础上通过增加某些河道整治工程来调整河势的变化呢？为此提出了下述整治方案，试验结果是比较理想的。

第六节　右岸滩地方案上下游河道整治工程试验

右岸滩地方案由于库区内存在顺坝流及流路与泄流建筑物衔接不良等问题，坝下游则存在铁谢险工前半部脱流，逯村、花园镇等工程靠溜位置下挫等不良影响，经征得委托方的同意，为消除以上不良结果，水库蓄水运用前，在库区和下游分别修建导流护滩工程，具体布置见图 4-13。库区内的导流护滩工程长 1 360 m，下游的护滩工程以白坡工程进行下延，下延长度约 2 km，库区内导流护滩工程顶部高程 131 m，下游护滩工程顶部高程为 122 m，并以小浪底设计水平 1959 年，1961 年汛期来水来沙条件概化后的水沙过程进行试验，试验结果如下。

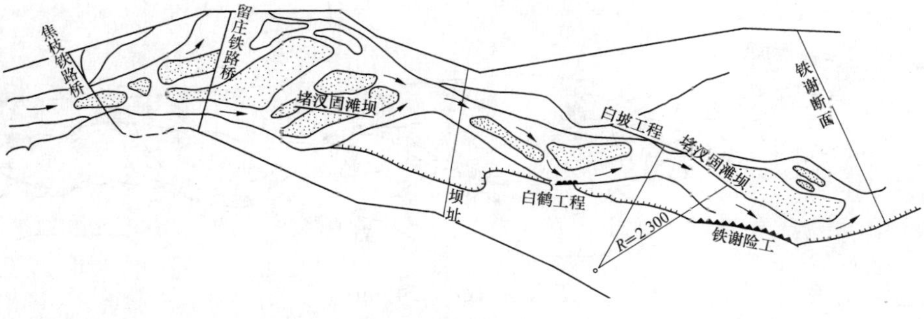

图 4-13　堵汊工程布置图　(单位：m)

一、库区淤积试验结果

试验开始时，水流受坝前水位顶托，坝前无明显的主流，库区处于强烈淤积状态。焦枝桥以下仍分南北两股，南股为主流，当 Q=1 530 m^3/s 时，南股占 80%。当南股水流到达王庄闸附近时，一部分仍沿南岸流向泄流建筑物，另一部分则顺西滩向北流向坝前；当 Q=2 490 m^3/s 时，焦枝桥北股河道渐渐淤死，水流顺南岸流向王庄闸，受导流护滩工程的影响，大部分水流顺南岸流向泄流建筑物，南岸滩地处于淤积状态，小部分水流顺西滩向北流向坝前(见图 4-14)；当 Q=8 000 m^3/s 时，水流漫滩，南北两岸滩地均淤高，但主流仍在南岸；随着洪水流量的减小(Q=2 240 m^3/s)，库区内形成单一河槽，水流顺南岸流向建筑物与之衔接良好，但此时北岸滩地尚未淤积完毕，若遇漫滩洪水仍有可能大量淤积。试验结果表明，库区经过适当整治，可以消除水流顺坝流动的不利流态及改善流路，但需指出：这种工程措施只是众多工程措施的一种，能否通过其他工程措施和非工程措施来解决存在的问题，减少工程量和工程造价，仍需进一步开展深入细致的试验研究工作。

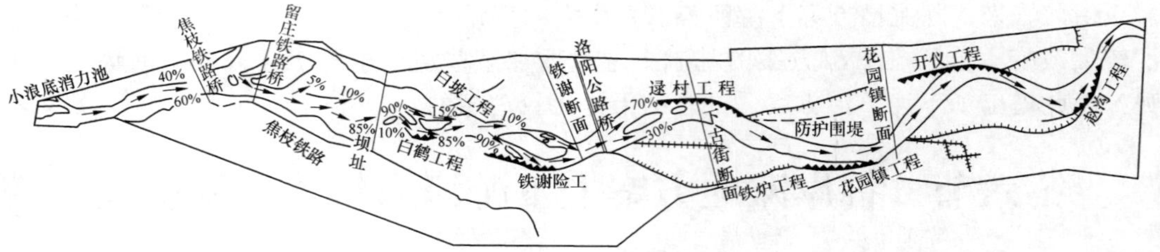

(a)涨水期　Q=2 490 m^3/s

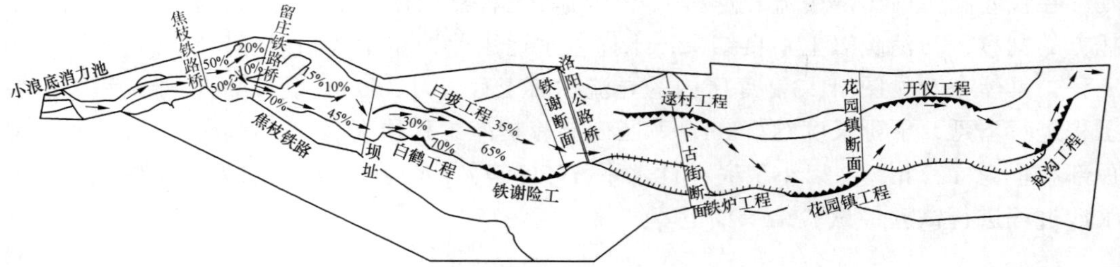

(b)洪峰期　Q=8 000 m^3/s

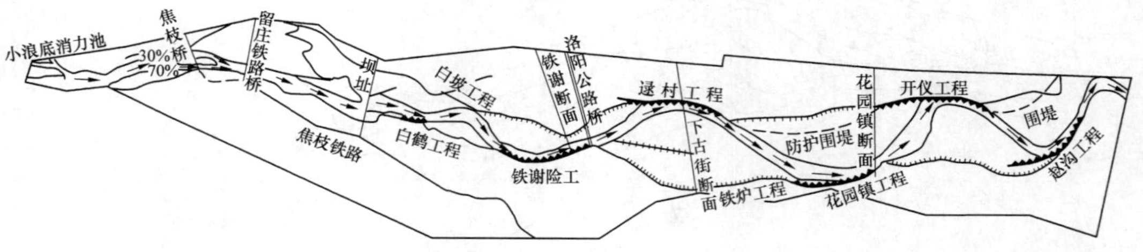

(c)落水期　Q=2 240 m^3/s

图 4-14　右岸滩地方案加整治工程

二、水库下游河床演变试验结果

为了增加白坡工程的控导能力，将白坡工程下延约 2 km，下延的部分为半径 R=2 300 m 的弯坝(弯坝尾部还可将铁谢滩护起)，同时为了保证原铁谢滩北汊的分流比，保持北汊原口门的宽度并将汊口一段的坝顶高程降至河底高程，初步的试验结果是：

涨水期(Q=2 490 m^3/s)，白鹤工程仍靠主流，而后直趋铁谢湾的北汊，但受白坡下延整治工程的控导，仅有 10%的水流入北汊，而 90%的水流进入铁谢湾。铁谢险工从 4[#]坝～填弯坝靠溜(与西霞院水库工程修建前相同)。逯村工程 3[#]坝以下着大溜，其他工程着溜位置均正常，整个流路与温孟滩规划整治的流路非常一致，见图 4-14。

洪峰期(Q=8 000 m^3/s)，因泄洪闸全部开启，坝下出流与涨水期明显不同。出流分为两股，约占 70%的主流是顺南岸下行，河底明显刷深，水边距西霞院村边最近处约 100 m。主流受白鹤工程顶托后直趋向白坡整治工程的汊口，因汊道底部不发生冲刷，仅有 35%的水流进入该汊，而约 60%的水流受整治工程的控导而入铁谢湾。这与无整治工程同流量相比分流比增加了 40%。但这时又出现了一个新问题，因北汊过流面积固定，部分水流来不及入槽而漫向北岸滩地，自白坡工程到下古街断面的北岸滩地漫水范围比加整治工程前大大增加，见图 4-14。逯村工程 5[#]坝以下着大溜，该工程以下滩地漫水至围堤根，并出现了一定的顺堤流速，其他工程靠溜均正常。

落水期(Q=2 240 m^3/s)，全部流路单一归顺，各工程靠溜位置与没建西霞院水库工程前相同，见图 4-14。新建的白坡堵串控导护滩起到了较好的控制河势作用。

由此看出，整治工程的修建基本能起到控制河势的作用，可变不利河势为有利河势。但工程的规划还是初步的，还需要进一步研究它的下延长度，弯道半径及所留汊口的大小等问题。

第七节　试验结论

通过上述试验研究，可以得到以下几点初步的结论：

(1)在汛限水位 131.00 m，正常蓄水位 134.00 m 的条件下，库区淤积末端距小浪底消力池 4 km 左右，当来流流量为 200～600 m^3/s 时，西霞院水库回水将使小浪底电站尾水抬高 1.1～0.2 m(流量越小，小浪底电站尾水位抬高的越多)，当来流流量大于 600 m^3/s 时，西霞院水库的回水对小浪底电站尾水位则无明显的影响。

(2)主槽和左岸滩地布置方案，库区经过淤积，最终形成稳定的单一流路，水流与电站、泄水建筑物衔接较好。

(3)右岸滩地布置方案在库区淤积过程中都出现水流顺坝流动的不利流态，最大顺坝流速达 2～3 m/s。所形成的流路在电站左侧 600～800 m 处顶冲大坝以后，顺坝流向电站和泄洪闸，大水时有取直的趋势。但由于试验水沙过程和库区造床试验还需要进一步研究，仍需在下一阶段继续试验研究。

(4)为了改变右岸滩地布置方案水流顺坝流动的不利流态，根据河南黄河河务局有关专家的建议，并征得委托单位的同意，在王庄滩上下游修建护滩导流工程(工程长 1 360 m)

试验结果表明，工程修建后基本上可以消除水流顺坝流动的不利流态，所形成的流路与泄水建筑物的衔接也有所改善。但需要指出的是，该方案的试验只是初步的试验结果，水沙条件也较单一，该工程措施的可靠性或能否通过其他非工程措施解决水流顺坝流动的问题，仍需进行深入细致的试验研究工作。

(5)西霞院水库坝下游河床演变的试验结果：

①右岸滩地布置方案。该方案坝下出流的位置较无西霞院水利枢纽时主流的位置向右岸移动了 800 m。两种来水来沙条件的试验结果表明：尽管两组试验过程中的河势变化有所差异，但其最终结果基本上是一致的，与无西霞院工程时相比，主流脱离铁谢湾的主槽而流入铁谢滩的北汊河，使铁谢湾上部的主槽完全被淤死，从而导致逯村工程靠溜严重下挫以及花园镇工程、开仪工程也出现不同程度的下挫现象。造成这种不利河势的主要原因为，坝下出流的位置较无西霞院工程时主流的位置发生了较大的变化，加之白鹤、白坡工程不能起到控制河势等因素所造成的。

②主槽布置方案。此方案条件下的试验结果表明：因主流方向没有发生变化，因而坝下游的河势与没建西霞院水利枢纽前相比基本上是一致的，即主流靠白鹤工程后而入铁谢湾，铁谢以下各工程也均靠主流。所不同之处仅是逯村工程在落水期靠溜的位置稍有下挫。

③左岸滩地布置方案。该方案坝下出流位置与主槽布置方案相比向左移了约 250 m。试验结果表明，河势变化的最终结果与右岸滩地布置方案基本一致，主流出白鹤工程后直接流入铁谢滩的北汊，将铁谢湾的上部淤死。水流出铁谢滩北汊后顶冲到铁谢险工的下延坝上，而后下挫到逯村工程下首，同时还造成了以下几处工程靠溜位置的下挫。

④右岸滩地布置方案加整治工程。为了改善上述不利河势，根据河南黄河河务局有关专家的建议，并征得委托单位的同意，将白坡工程下延了约 2 km 长的弯坝(此工程还起到保护稳定铁谢滩的作用)。同时为了保证铁谢滩南北两汊的分流比，保持原汊口口门的宽度，并将北汊口门处工程顶部高程降低至原河床高程。试验结果表明，铁谢滩北汊的分流可以保持在 35%以下，该工程可有效地将主流导入铁谢湾。由于铁谢险工的靠溜得到恢复，从而使逯村及其以下几处工程靠溜位置与没修西霞院枢纽工程前无明显的变化。

以上是以某一年水沙过程概化的来水来沙条件下所得到的试验结果，可做为设计单位规划设计和选定工程布置方案时的参考依据。由于问题的复杂性，尚有进一步开展深入细致试验研究的必要性。

第二篇　初设阶段试验研究

第五章　西霞院工程总体布置优化方案整体模型试验研究

第一节　工程总体布置优化方案工程概况

委托部门给出的西霞院工程试验特征指标见表 5-1。

表 5-1　试验特征指标

名　称	单　位	数值	备　注
校核洪水位	m	134.70	
设计洪水位	m	132.87	
正常蓄水位	m	134.00	
汛期限制水位	m	131.00	
最低尾水位	m	119.65	
电　站	MW	4×35	单机最大引用流量 346.1 m^3/s

西霞院工程建筑物主要由拦河土坝、电站、排沙洞、排沙闸、排沙底孔、泄洪闸及引水闸组成，工程整体布置见图 5-1。泄水建筑物坝段上游左右侧均设有圆弧导墙，导墙迎水面垂直，顶高程 135 m，底高程 106 m。右侧导墙弧长 150 m，左侧导墙弧长 300 m，圆弧导墙半径均为 350 m。下游右侧设平顺护岸，在桩号 0+1 090 m 处用半径为 300 m 的圆弧形护岸与河道边岸相接。

泄洪闸共设 21 孔，每孔净宽 12 m，闸段总宽 322 m。堰体采用 WESⅢ型曲线剖面，堰面曲线方程 $y=x^{1.836}/9.424$，堰顶高程 126.40 m，堰顶设 12 m×7.9 m 平板检修门和 12 m×9 m 弧形工作门各一道。上游闸底板高程 116.00 m，与 30 m 长的水平浆砌石铺盖相接，再往上由斜坡为 1∶4 的浆砌石护面与库区河床相接。下游采用底流消能，消力池底高程 112.50 m，池深 3 m，池长 52 m。在消力池段每 7 孔用导墙隔开，导墙顶高程 126.50 m，长度至消力池末端。消力池后依次接钢筋混凝土、浆砌石、干砌石海漫段，海漫总长 112 m。海漫末端设底宽 6.0 m，深 2.0 m，顶宽 18.0 m 的抛石防冲槽。下游用 1∶4 斜坡与开挖后河床相连。泄洪闸体型详见图 5-2。

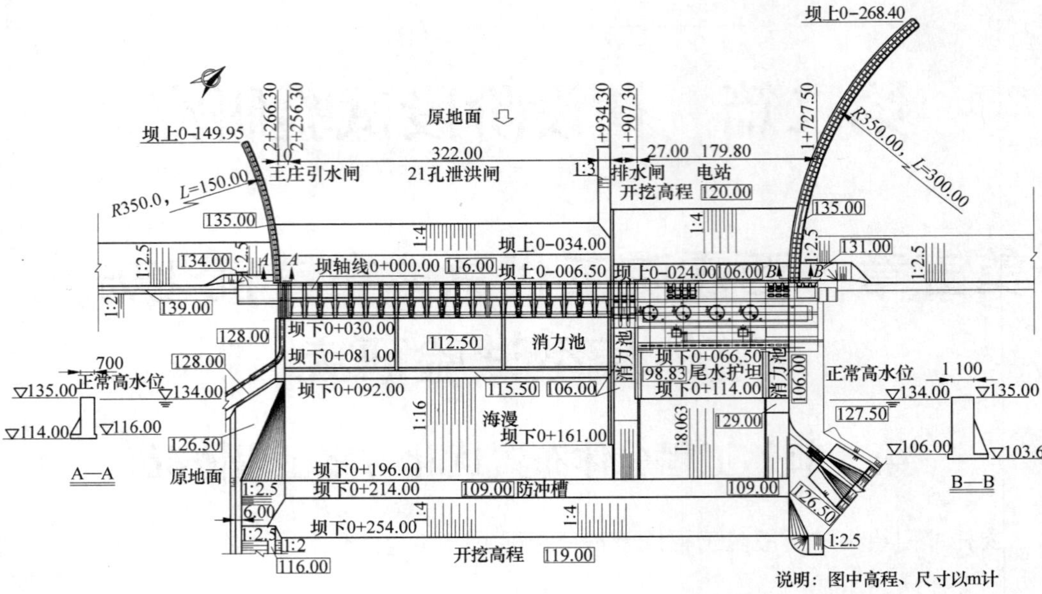

图 5-1　优化方案工程整体布置

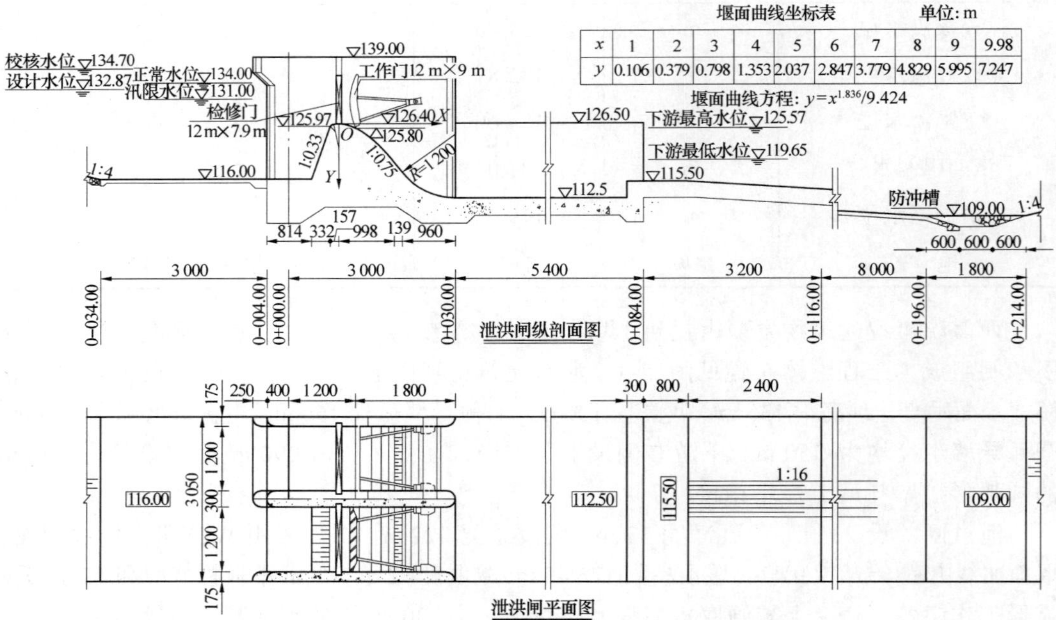

x	1	2	3	4	5	6	7	8	9	9.98
y	0.106	0.379	0.798	1.353	2.037	2.847	3.779	4.829	5.995	7.247

图 5-2　优化方案泄洪闸体型　（单位：高程，m；尺寸，cm）

3 孔排沙闸布置在泄洪闸左侧，进出口底板高程均为 106.00 m。闸室采用胸墙式闸孔布置，进口设 5 m×3.8 m 的平板检修门和 5 m×3.3 m 的平板工作门，出口设 5 m×16 m 的平板检修门，排沙闸闸室长度为 45 m。上游为 20 m 长的混凝土防冲板，高程 106.00 m。

用 1∶4 斜坡和上游开挖后的河床(高程 120.00 m)相接。下游未设消力池，而采用了长度为 55 m 的钢筋混凝土水平护坦，下接长 100 m 的海漫和防冲槽相连。为减少下游尾水的相互影响，闸后左侧设顶高程为 117.00 m 的导墙与电站隔开，右侧设顶高程为 126.50 m 的导墙与泄洪闸隔开，布置详见图 5-3。

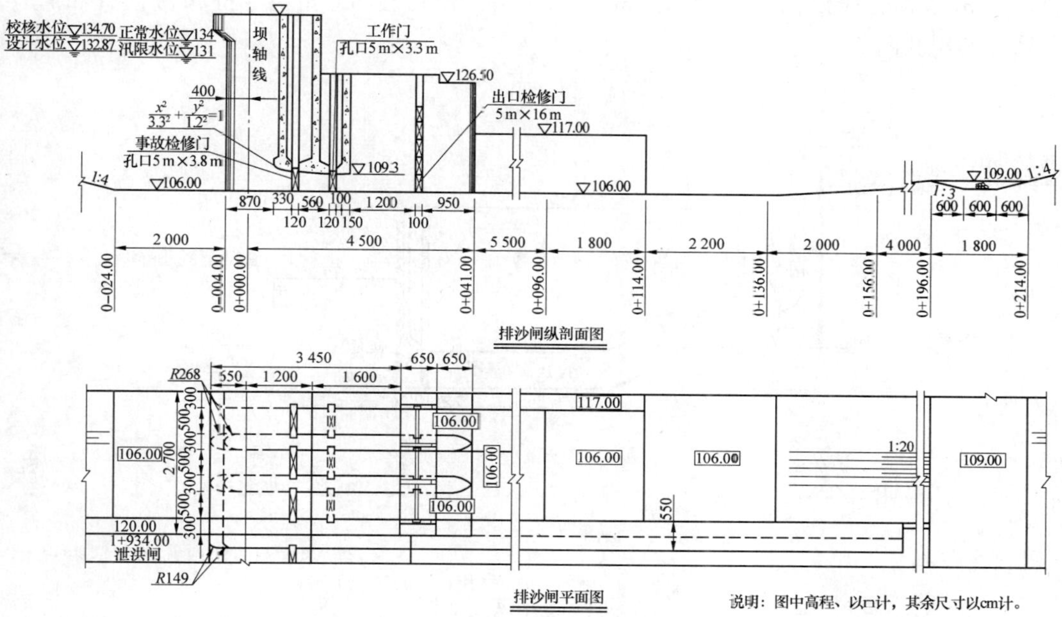

图 5-3　优化方案排沙闸体型

电站机组为轴流式，共 4 台。电站坝段轴线与泄洪闸坝段轴线一致。机组进口底高程 114.00 m，出口底高程 98.83 m，电站坝段出口两侧有高程为 117.00 m 的导墙，将排沙闸和安装间下排沙洞隔开，布置见图 5-4。

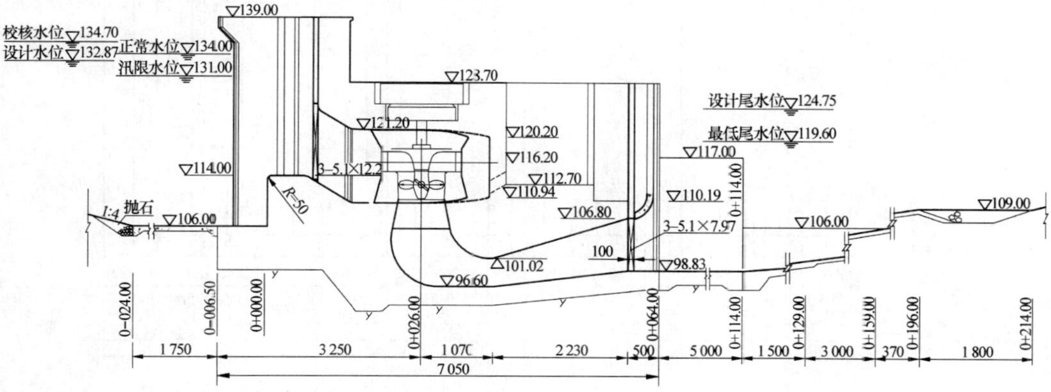

图 5-4　优化方案电站体型（单位：高程、闸孔，m；尺寸，cm）

电站机组之间设有排沙底孔，共 3 孔。排沙底孔进口底高程 106.00 m，进口有

4.0 m×6.5 m 的事故门和 4.0 m×6.0 m 的平板工作门，出口设 4.0 m×6.0 m 挡沙检修门。底部用圆弧曲线连接，以改善流态，出口底高程和电站出口高程相同，具体布置见图 5-5(a)。

电站的安装间下布置有 3 孔排沙洞。洞底水平，进出口底高程均为 106.00 m，进口设有 5 m×3.8 m 检修门和 5 m×3.3 m 的工作门，出口设 5.0 m×3.3 m 事故门，布置详见图 5-5(b)及图 5-6。

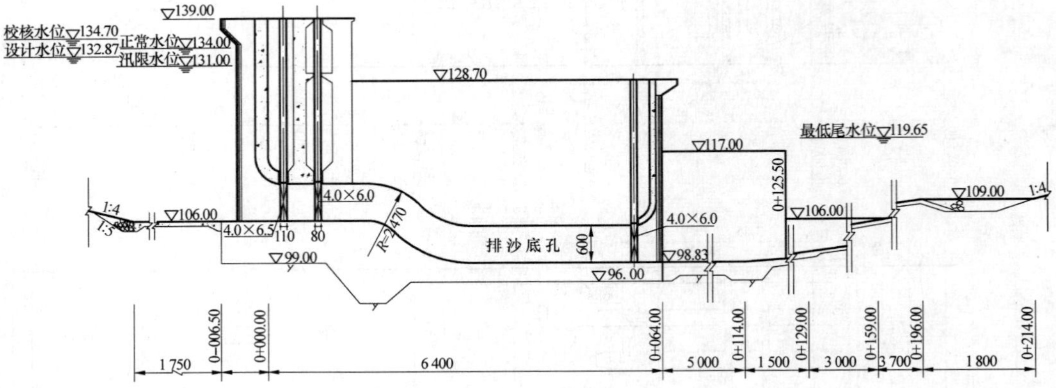

说明：图中高程、闸孔以m计，其他尺寸以cm计。

(a)排沙底孔纵剖面图

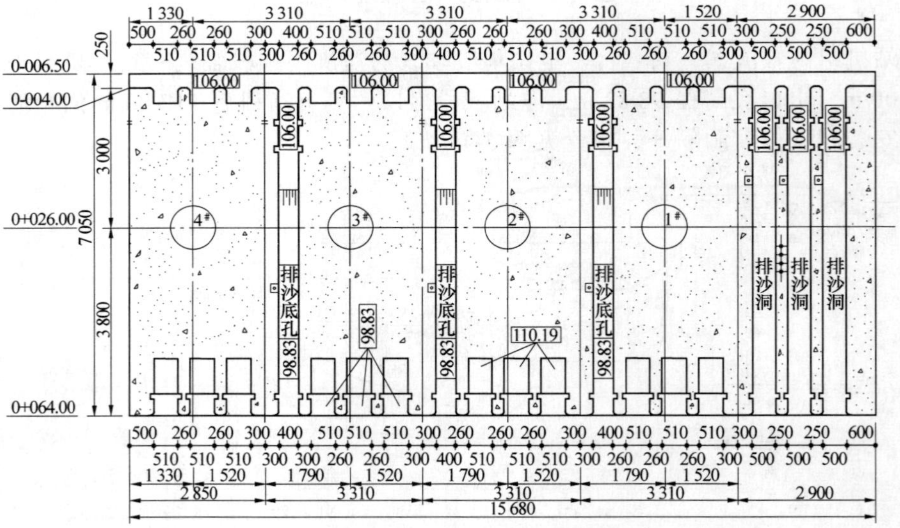

说明：图中高程以m计，其他尺寸以cm计。

(b)排沙底孔及排沙洞流道平面图

图 5-5　优化方案排沙底孔布置

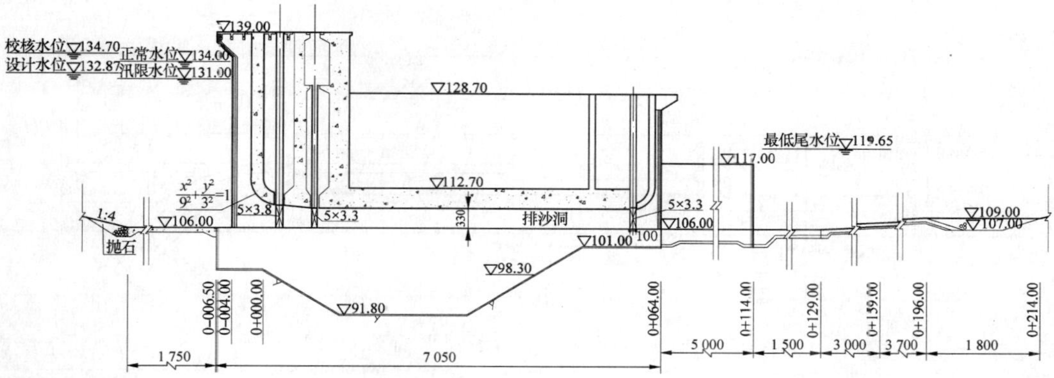

图 5-6　优化方案安装间下排沙洞布置

紧邻泄洪闸右侧是一孔冲沙闸和一孔引水闸(王庄引水闸)，冲沙闸和引水闸前是高程为 116 m 的水平铺盖。冲沙闸进口底高程 125.00 m，采用胸墙式闸孔布置，设有 2 m×1.8 m 的检修门和 2 m×1.5 m 的平板工作门，出口下游底板用曲线段和泄洪闸消力池相接。王庄引水闸进口底高程为 126.00 m，亦采用胸墙式闸孔布置，检修门和平板工作门尺寸与冲沙闸相同，出口下游底板也用曲线段与消力池相接，消力池底高程为 123.50 m，详见图 5-7。

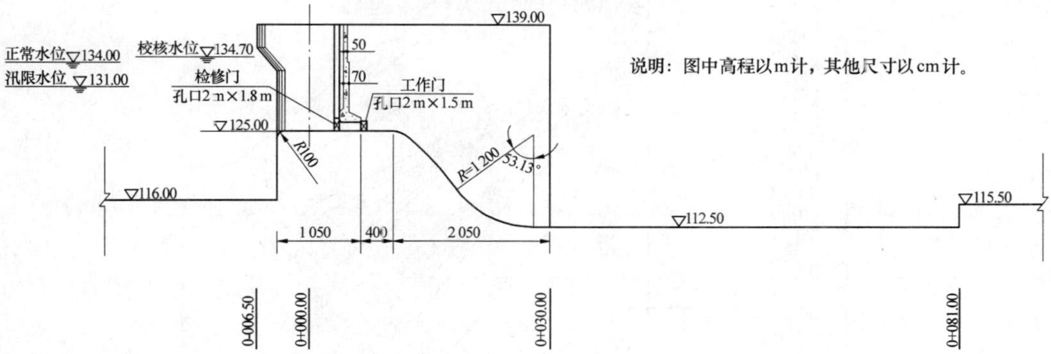

(a)冲沙闸纵剖面图

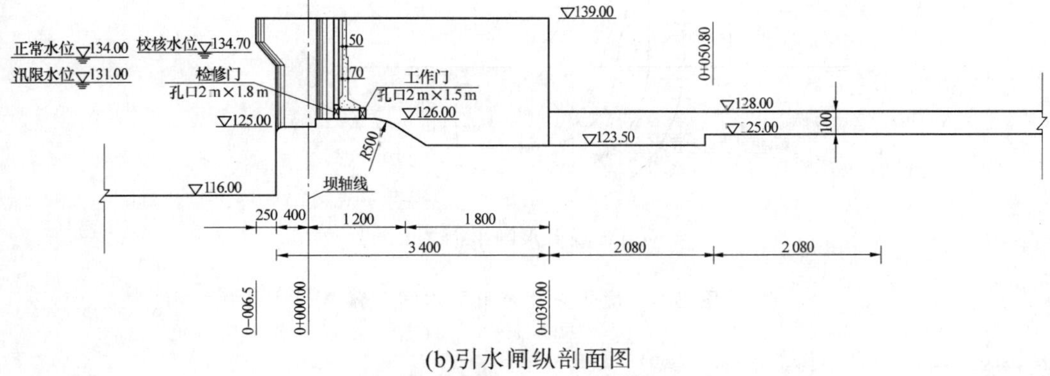

(b)引水闸纵剖面图

图 5-7　优化方案冲沙闸及王庄引水闸布置

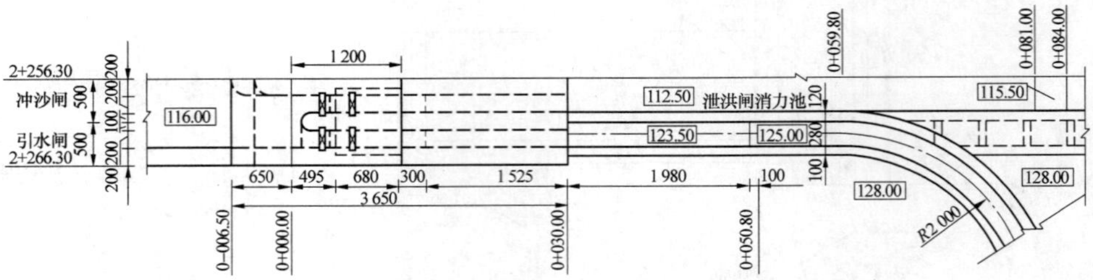

(c)冲沙闸及王庄引水闸平面图

续图 5-7

电站尾水左侧设 3 孔灌溉引水闸。闸室选用平底胸墙闸孔形式，进出口底高程均为 116.50 m，设 2.5 m×4.0 m 的检修门和 2.5 m×3.5 m 的平板工作门，工作门后通过渐变段与梯形断面渠道相连，结构布置详见图 5-8。

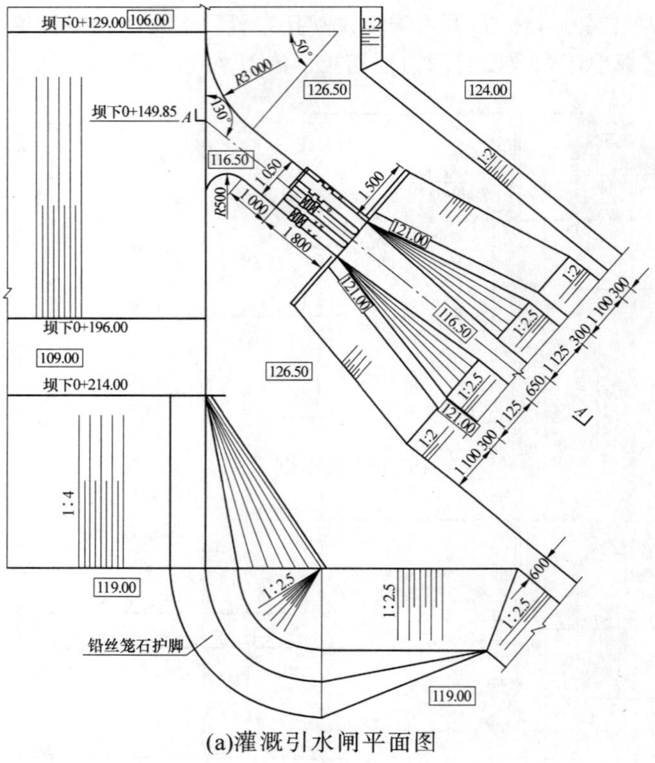

(a)灌溉引水闸平面图

图 5-8 优化方案灌溉引水闸布置

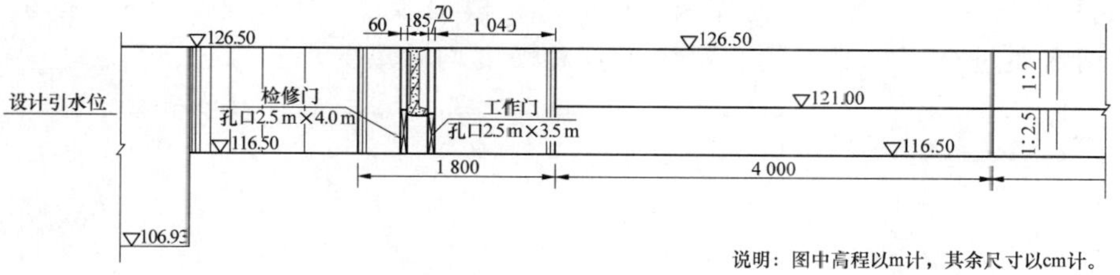

(b)A—A 剖面图

续图 5-8

第二节　枢纽整体模型设计及枢纽下游水位验证

一、试验研究内容

模型试验研究内容有：

(1)复核泄洪闸、排沙闸(洞)、排沙底孔的泄流能力。

(2)复核各泄水建筑物下游消能防冲设施的尺寸，根据消能效果，提出修改意见。

(3)论证工程泄流、排沙规模的合理性，研究泄水建筑物上下游淤积形态过程，实测坝前漏斗形态，并研究为防止电站淤堵，排沙建筑物的运用方式。

(4)观测各种运用工况下泄水建筑物流态及流速分布，研究下游砂卵石冲刷、堆积及泥沙淤积对电站尾水的影响。

(5)研究排沙建筑物与电站分流分沙比。

(6)根据各种运用工况下泄水建筑物流态及流速分布，研究泄水建筑物下游导墙的长度、形式和高度及对下游流态的影响，并提出修改意见。

(7)研究上游导墙的长度、高度、体型及基础冲刷，并观测顺坝流情况。

(8)研究灌溉引水闸布置的合理性、引水保证率、分流分沙比，并提出改进意见。

(9)观测王庄引水闸引水的含沙量，研究其进口淤堵问题，分流分沙比大小。

二、枢纽整体模型设计

(一)模型设计相似准则

动床水工模型试验的模型设计应满足几何形态、水流运动和泥沙运动等相似条件。模型设计遵循相似准则，见第二章第二节模型设计部分。从试验研究的任务和要求可以看出，模型需为正态。由场地及供水条件，取几何比尺$\lambda_L=\lambda_H=100$。

(二)模型沙选择

1. 悬移质模型沙选择

委托单位为本试验提供了两种泥沙中径资料，一是含沙量大于等于 90 kg/m^3 时，d_{50}=0.028 mm；二是含沙量小于 90 kg/m^3 时，d_{50}=0.017 mm。根据设计提供的泥沙中径及泥沙组成，原型悬移质泥沙中床沙质部分中径为 0.045 ~ 0.049 mm，试验取 d_{50}=0.047

mm。试验仍选用郑州热电厂粉煤灰为模型沙，模型沙级配曲线见图 5-9。按试验规范对试验用水质进行了检测，钙、镁含量及总硬度均满足要求。

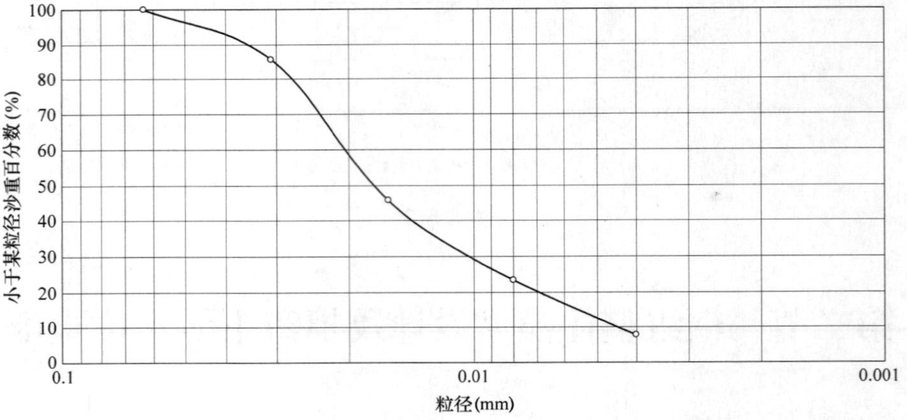

图 5-9　悬移质模型沙颗粒级配曲线

2. 砂卵石模型沙的选择

西霞院坝址实测砂卵石颗粒级配曲线见图 5-10。$D_{50}\approx 45$ mm。经比较，选精制无烟煤滤料来模拟砂卵石。无烟煤容重为 1.6 t/m^3，干容重 0.95 t/m^3，由式(2-7)可得 λ_D=20.97。根据粒径比尺计算结果，选择不同粒径的无烟煤进行掺混搭配，$D_{50}\approx 2$ mm，见图 5-10。

根据相似准则及所选用的模型沙计算得模型比尺值见表 5-2。

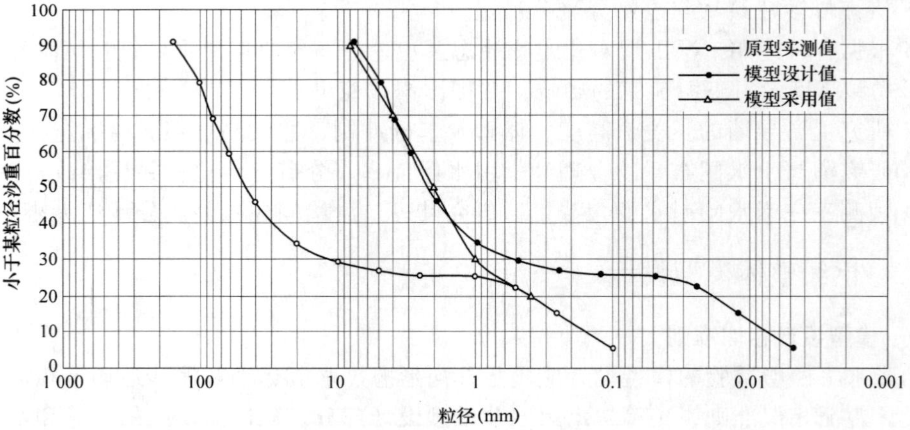

图 5-10　模拟砂卵石颗粒级配曲线

(三)整体模型范围、模型制作、模型循环系统及仪器设备

根据设计部门要求，枢纽整体模型需要模拟坝上游 3 km、坝下游 1.5 km、泄水建筑物右侧 0.5 km、泄水建筑物坝段及左侧将近 1 km 的范围。

从西霞院泥沙模型试验报告可以看出，无论大水大沙还是中水中沙条件，最终形成的库区平衡流路都是一致的。库区稳定流路主要受泄水建筑物位置、库水位及入流方向的影响。从模型包括的范围可知，上游主河槽靠模型右侧，而泥沙模型试验报告中形成的最终流路也在现有主河槽位置，因此将模型进水口布置在上游右侧主河槽位置。下游水位按设计部门提供的下游水位流量关系确定，尾水位控制断面在坝下 0+250 m 处。

表 5-2　模型比尺汇总

相似条件	比尺名称	比尺	依据	备注
几何相似	水平比尺 λ_L	100		
	垂直比尺 λ_H	100		
水流运动相似	流速比尺 λ_v	10		
	流量比尺 λ_Q	100 000		
	水流运动时间比尺 λ_{t_1}	10		
	糙率比尺 λ_n	2.15		
砂卵石河床质运动相似	容重比尺 λ_{γ_s}	1.69	模型沙为精煤粒	γ_{sm}=1.6 t/m^3
	相对容重比尺 $\lambda_{\left(\frac{\gamma_s-\gamma}{\gamma}\right)}$	2.83		
	粒径比尺 λ_D	20.97		
悬移质运动相似	容重比尺 λ_{γ_s}	1.29	模型沙为粉煤灰	γ_{sm}=2.1 t/m^3
	相对容重比尺 $\lambda_{\left(\frac{\gamma_s-\gamma}{\gamma}\right)}$	1.55		
	沉速比尺 λ_ω	10		
	粒径比尺 λ_d	2.25		
	含沙量比尺 λ_S	4.0		
	冲淤时间比尺 λ_{t_2}	4.0		
	起动流速比尺 λ_V	10		

工程过水建筑物除泄洪闸堰面用水泥浆精心刮制外，其余部分均用有机玻璃制作，下游消力池、护坦和海漫用水泥砂浆精细抹面。库区地形采用设计单位提供的 1997 年绘制的地形图制作，考虑到库区试验主要研究水库修建后的淤积问题，因此库区地形按定床制作，用水泥砂浆粉面。为了研究上游导墙局部冲刷问题，将上游导墙边局部范围内开挖到一定深度，按颗粒组成铺设精煤粒模拟砂卵石，铺设高程与地面齐平。为研究泄水建筑物下游局部冲刷问题，下游地形从防冲槽开始至 0+350 m 断面做成动床，也按河床颗粒组成铺设精煤粒模拟砂卵石，铺设形状与设计开挖边界一致，深度至防冲槽以下 10 m，然后灌水，使之密实，再修整至设计高程。其余地形按设计单位提供的地形图做成定床。防冲槽和下游右侧护岸跟脚处的散抛石按原型粒径 0.3～0.5 m 考虑，然后按砂卵石粒径比尺换算至模型，材料也是精煤粒。

模型进口清水流量用电磁流量计和矩形薄壁堰量测，浑水流量用孔口箱控制，可准确控制模型进口含沙量。模型泥沙级配测量采用西安理工大学生产的光电颗分仪，含沙量用比重瓶法测量，流速采用探头小且灵敏度高的电阻式浑水流速仪观测。冲淤地形用水准仪和黄科院研制的浑水地形仪测量，流态观测利用人工描绘及摄像机录制结合进行。循环系统布置见图 5-11。

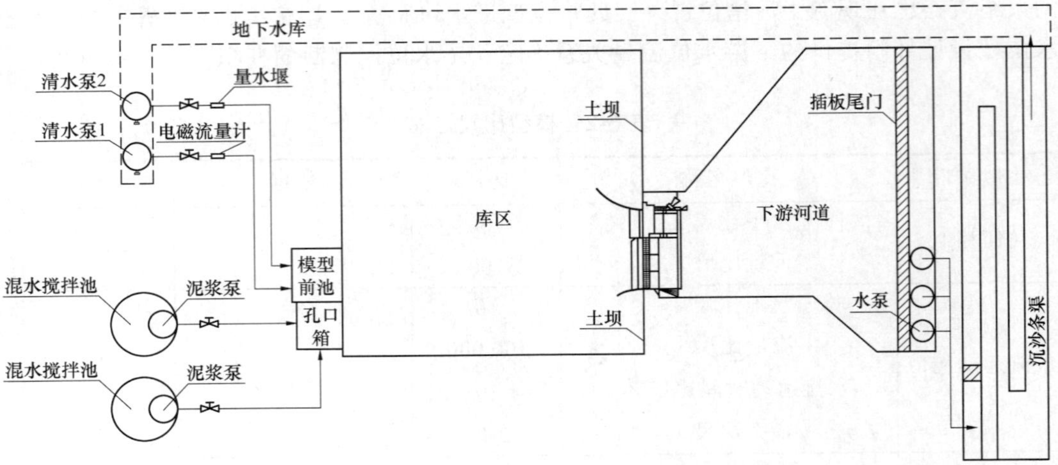

图 5-11　模型循环系统示意图

三、枢纽下游水位验证及霞院滩两侧汊河分流

设计下游河床糙率为 0.025，由糙率比尺计算的模型糙率为 0.012。根据以往模型试验的结果，模型中河床及岸壁采用水泥砂浆光滑抹面可以达到本模型糙率要求。在进行下游河道地形制作时，首先对地形控制断面加密(0.2～0.5 m 一个断面)，然后，用水泥砂浆精细抹面。

地形制作完成后，下游每 200 m 布置一个水位测量断面，然后按设计部门提供的坝下游 4# 断面(0+1 095 m)水位控制进行验证试验。在不同流量条件下，对沿程水位、2#(0+450 m)和 4# 断面流速进行测量，推算模型河道糙率。结果表明，在试验流量范围内(2 000～8 000 m^3/s)，模型实测糙率为 0.022～0.026，基本符合设计糙率要求。

通过实测 2# 断面和坝下 0+250 m 断面水位，可以看出，2# 断面水位与设计值基本接近，而坝下 0+250 m 断面水位与设计值差别稍大，结果见图 5-12 和图 5-13。

为了判断影响水位的原因，通过对坝下水面线详细测量发现，坝下 0+250 m 断面受到泄水建筑物泄洪和防冲槽局部地形开挖的影响，断面平均流速比原河道流速减小，势能增大，水位升高，随流量升高，水位升高较大，见图 5-14。因此，建议用 2# 断面作为下游水位的控制断面。

对下游左侧锥坡后水流扩散情况进行观测，其扩散角随下泄流量增大而减小，对应 2# 断面水流向左扩散角度为：Q<2 000 m^3/s，扩散角约为 25°；Q=2 000～4 500 m^3/s，扩散角为 20°；Q>4 500 m^3/s，扩散角为 15°。

根据设计要求，对下游霞院滩两侧汊河分流情况进行了观测，结果见表 5-3。可以看出，不考虑泥沙淤积(清水试验)情况下，霞院滩北股河分流流量随总泄量增大而增大。

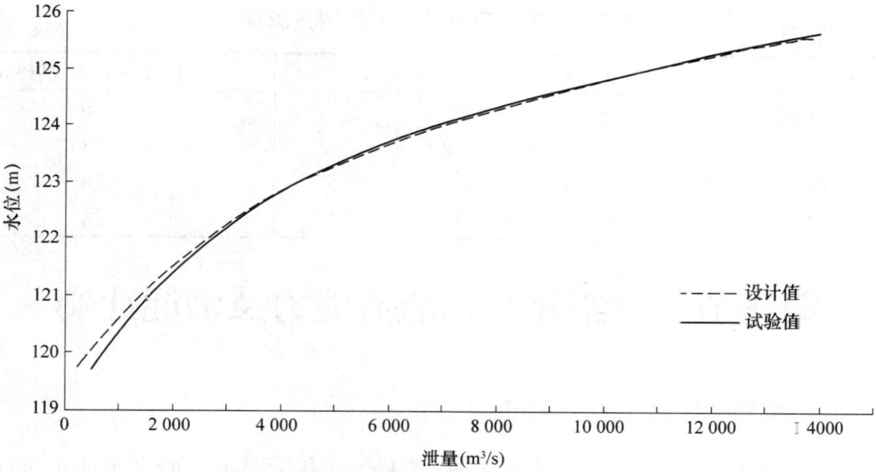

图 5-12　下游 2# 断面(0+450 m)水位流量关系

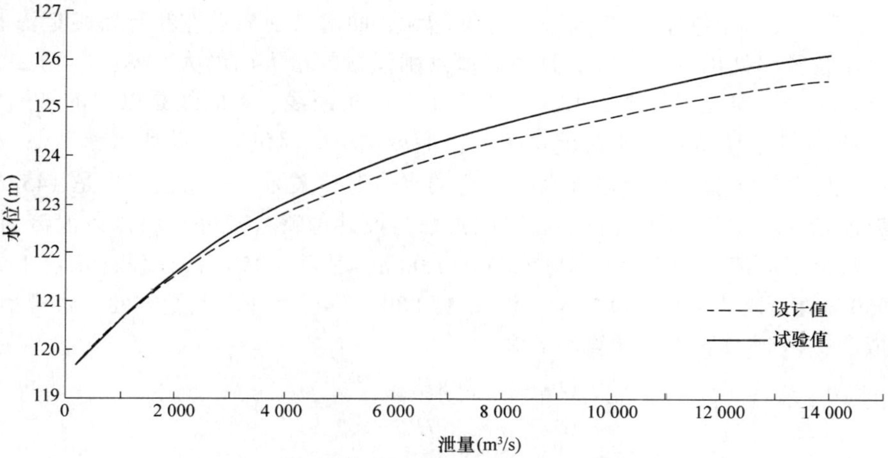

图 5-13　下游 0+250 m 断面水位流量关系

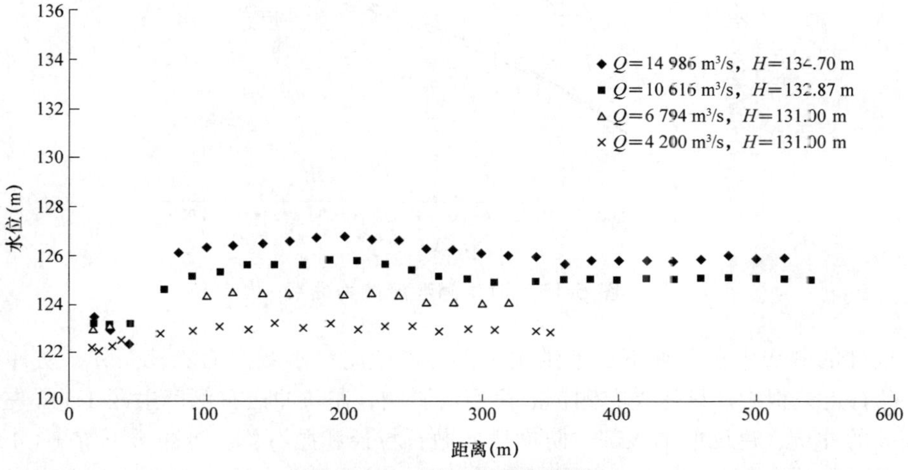

图 5-14　坝下水面线变化

表 5-3　工程下游霞院滩两侧分流量

总泄量(m^3/s)	北股分流流量(m^3/s)	北股分流比例(%)
3 500	562	16
5 000	1 228	24
6 000	1 593	26
7 000	2 087	30

第三节　枢纽建筑物泄流能力及消能冲刷

一、泄洪闸泄流能力及消能冲刷

泄洪闸是西霞院工程的主要泄水建筑物。21 孔全开情况下，泄洪闸前水位较低时，泄流量较小，闸前行近流速也较小，闸前左岸和右岸的水位基本一致。随着闸前水位升高，泄流量增大，泄洪闸前行近流速也逐渐增大，而电站前靠近左侧导墙附近流速很小，使得闸前左右导墙处出现水位差，且随着泄洪闸泄量的增大而增大。模型实测 21 孔泄洪闸闸门全开时的下泄流量见图 5-15。图中给出了两条曲线，上曲线是以坝前左侧导墙(距坝轴线 145 m)处水位拟合的水位泄量关系。泄洪闸单独泄洪时，此处水面平稳，行近流速较小；下曲线是坝前右侧导墙处水位拟合的水位泄量关系，距坝轴线也是 145 m。该部位行近流速较大。比较可知，左导墙泄流关系与设计值符合较好。由该条泄流曲线可查得各特征水位下泄流量分别为: 汛限水位 131.00 m，泄量 4 950 m^3/s；设计水位 132.87 m，泄量 8 650 m^3/s；校核水位 134.70 m，泄量 12 880 m^3/s。为计算泄量方便，将模型实测数据进行拟合，得到如下泄量计算经验式。

$$Q_{泄洪闸左}=398H_{左}^{\ 1.652} \tag{5-1}$$

$$Q_{泄洪闸右}=380H_{右}^{\ 1.730} \tag{5-2}$$

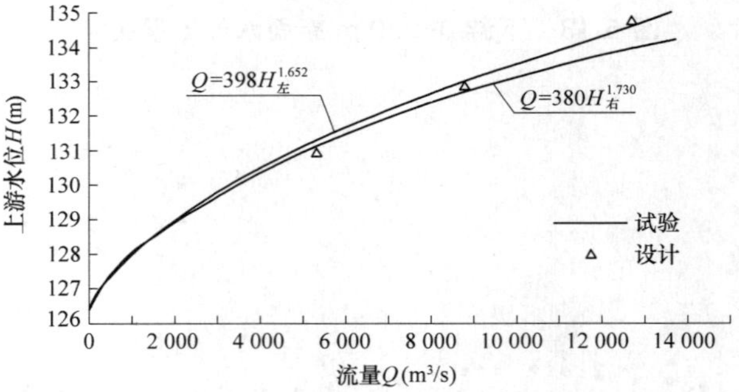

图 5-15　泄洪闸泄流能力曲线

在设计的各级水位条件下，泄洪闸下游均产生淹没水跃，消能较充分，防冲槽轻微冲刷，抛石走失很少。只是受右侧扩散段回流影响，在防冲槽右侧产生深 1.5 m 左右，宽度约 8 m 的冲坑，建议增加该部位防冲槽的抛石粒径和抛石量。防冲槽下游 1∶4 斜坡冲刷后，河床表面粗化，大部分卵石粒径达 0.2 m 以上。下游未因导墙长度和高度不足出现不利流态。图 5-16 是校核水位时，下游冲刷地形及流速分布。从泄流量、消能效果及冲刷情况来看，泄洪闸设计基本合理。

二、排沙闸泄流能力及消能冲刷

因为排沙闸出口高程远较下游水位低，在设计的各级水位下均呈淹没出流状态。模型实测排沙闸 3 孔全开时，上下游水头差 ΔH 与泄流量 Q 关系见图 5-17。图中水头差是

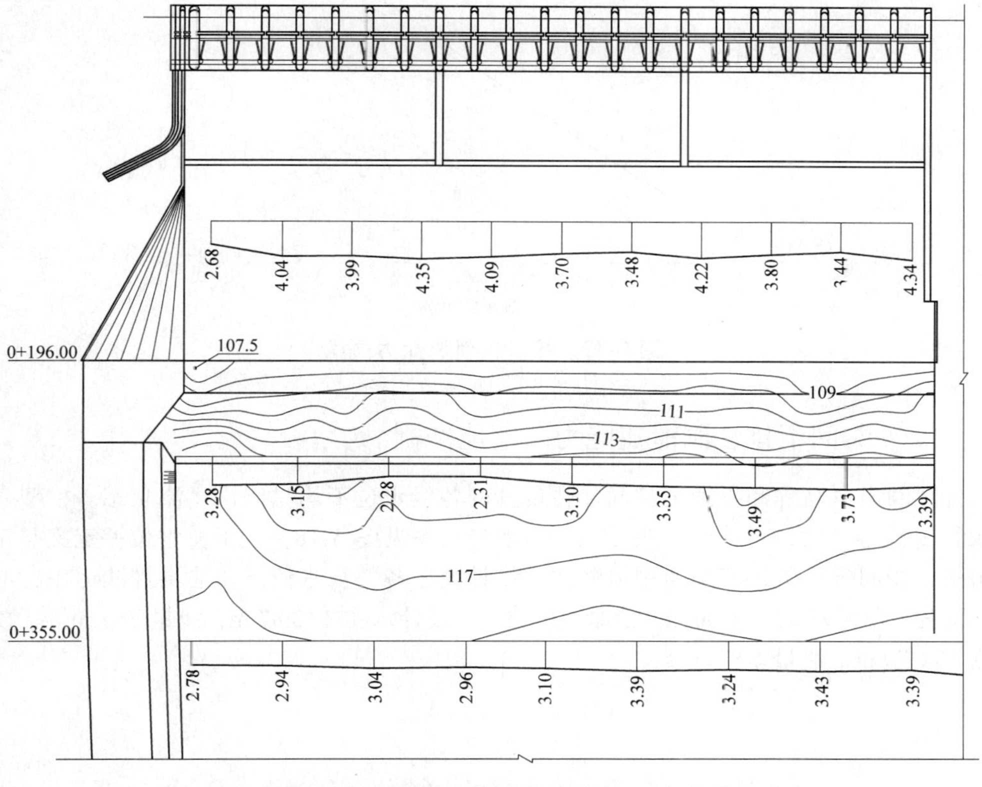

图 5-16　泄洪闸下游冲刷地形及流速分布　(流速单位：m/s)

上游水位(距坝轴线 145 m 左导墙处)和坝下 0+250 m 处左岸锥坡处水位之差。各特征水位下，泄洪排沙运用时的泄流量分别为：汛限水位 131.00 m，泄量 564 m^3/s；设计水位 132.87 m，泄量 611 m^3/s；校核水位 134.70 m，泄量 666 m^3/s。与设计值相比，试验值偏大，为精确确定排沙闸泄量，建议制作尺寸较大的单体模型进一步研究。根据模型实测资料拟合经验关系式如下：

$$Q_{\text{排沙闸}}=139\Delta H^{0.715} \tag{5-3}$$

排沙闸出口左侧导墙顶高程为 117 m，下泄水流漫过导墙，在电站出口形成较大范围的逆时针回流，并从 4#机组出口右侧进入排沙闸流道中，在排沙闸闸墩尾部产生较强的顺时针回流。建议增加左侧导墙高度。库水位 131～134.7 m 时，排沙闸进口处各闸墩之间均产生间断凹陷漩涡，漩涡直径可达 1 m 左右，能吸入漂浮物。

从实测冲刷结果看，在校核水位时，由于下游水位较高，上下游水头差不大，防冲槽冲刷并不严重。最不利的组合是上游为正常蓄水位 134 m，排沙闸单独排沙运用，下游水位较低的情况。此时，排沙闸下的防冲槽发生冲刷，冲刷坑底高程可达 104.6 m，冲刷坑宽度在 12 m 左右。建议对排沙闸后防冲槽采取铅丝石笼防护，确保工程安全。此外，测得海漫段浆砌石起点处底部流速可达 5 m/s 左右，应保证施工质量。

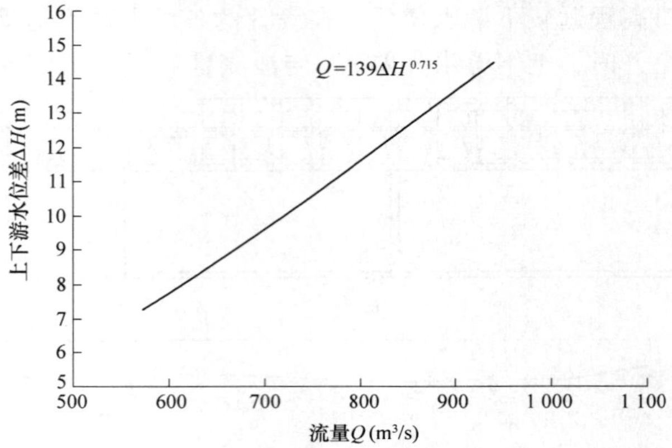

图 5-17　排沙闸泄流能力曲线

三、安装间下排沙洞泄流能力及消能冲刷

排沙洞出口高程和排沙闸相同，在设计的各级水位下均呈淹没出流状态。模型实测排沙洞 3 孔全开时，上下游水头差 ΔH 与泄量关系见图 5-18。上下游水位差定义与排沙闸相同。相同条件下，模型实测值略大于设计值。各特征水位下，泄洪排沙运用时的泄量分别为：汛限水位 131.00 m，泄量 536 m^3/s；设计水位 132.87 m，泄量 567 m^3/s；校核水位 134.70 m，泄量 607 m^3/s。

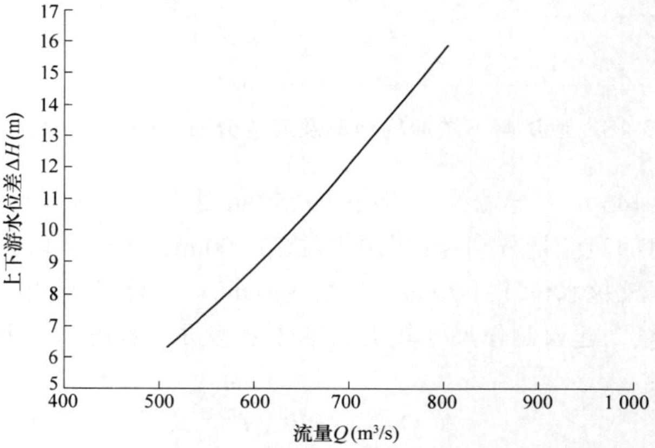

图 5-18　排沙洞泄流能力曲线

同样，根据模型实测数据，可以拟合出如下经验关系式：

$$Q_{排沙洞}=203\Delta H^{0.496} \tag{5-4}$$

排沙洞出口右侧导墙顶高程也为 117 m，下泄水流在电站出口形成较大范围的顺时针回流。然后从 1#机组出口左侧进入排沙洞流道中，排沙洞出口处产生较强的顺时针回流。建议增加右侧导墙高度，防止回流产生。进口处同样会产生能吸入漂浮物的间断凹陷漩涡。

排沙洞出口紧贴左岸，下泄水流扩散不好。在上下游水头差较大，如上游为正常蓄水位 134 m，排沙洞排沙运用，下游水位较低的情况下，防冲槽部位及左侧边墙(扭面部位)处河床均发生较强冲刷。防冲槽冲刷坑底高程达 104.6 m，冲刷坑宽度在 10 m 左右；造成左边墙处铅丝石笼下蛰移位，建议防冲槽采用铅丝石笼进行防护，并加大左边墙处铅丝石笼铺设范围。海漫段浆砌石起点处底部流速也达 5 m/s 左右，应确保施工质量。

四、电站排沙底孔泄流能力及消能冲刷

排沙底孔出口各级水位条件下均为高淹没度出流。模型实测 3 孔底孔全开时泄量关系见图 5-19。图中水头差 ΔH 的定义与排沙闸相同。各特征水位下，泄洪排沙运用时的泄量分别为：汛限水位 131.00 m，泄量 744 m^3/s；设计水位 132.87 m，泄量 788 m^3/s；校核水位 134.70 m，泄量 838 m^3/s。与设计比较可知，模型实测值大于设计值。考虑到排沙洞是经常运用的泄水建筑物，也建议制作单体模型进一步试验研究。

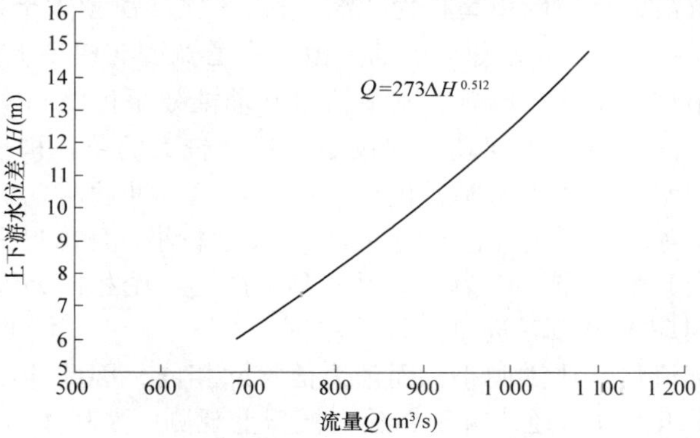

图 5-19　排沙底孔泄流能力曲线

根据模型实测数据，拟合排沙底孔泄量经验关系式如下：

$$Q_{排沙底孔}=273\Delta H^{0.512} \tag{5-5}$$

排沙底孔出口较低，全开泄流时，下游水面相对平稳，电站出口回流较弱。而排沙底孔进口也有间断凹陷漩涡产生。

当上游为汛限水位，下游水位较低时，排沙底孔下游冲刷最严重。排沙底孔出口的防冲槽冲刷底高程可达 105 m 左右，尽管冲坑范围较小，设计部门也应当加以重视。建议采取铅丝石笼防护。

五、王庄引水闸及冲沙闸泄流能力及消能衔接

王庄引水闸进口底高程为 126 m。在各种运用工况下，出口均为自由出流。王庄引水闸泄流孔口尺寸较小，试验采用体积法量测泄量，实测闸门全开时水位流量关系见图 5-20。图中库水位是坝轴线上游 50 m 右侧导墙处水位。

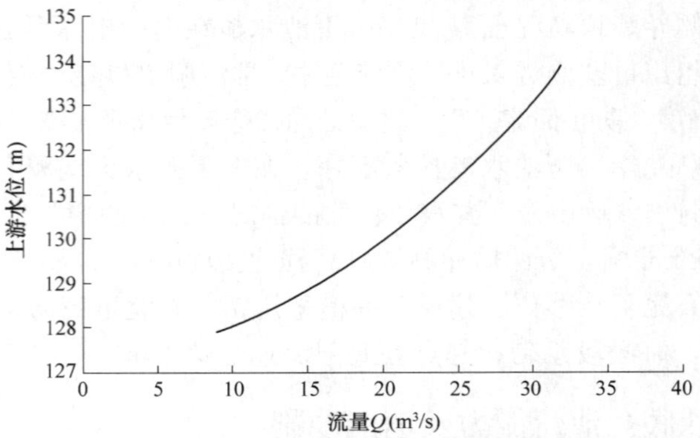

图 5-20　王庄引水闸泄流能力曲线

由图 5-20 可以看出，汛限水位 131 m 和正常蓄水位 134 m 时，模型实测泄量分别为 23.84 m^3/s 和 32.18 m^3/s，远大于设计值 15.56 m^3/s 和 21.54 m^3/s。分析原因认为，王庄引水闸胸墙较厚，底缘水平，其流量系数应参照短压力进水口体型选取，设计选取的流量系数可能偏小。另外，工作门出口底板向下弯曲，也可能对泄量造成一定影响。

王庄引水闸下游消力池边墙顶高程为 128 m。由于实际泄量大于设计值，边墙高程明显不足，翻滚的水流可以从墙顶越过。因消力池及渠道宽度在模型上仅 2～3 cm，消能效果观测及流速测量困难。受缩尺影响，其泄流量和消能效果可能与实际情况也会有一定差别。考虑到泄量、压力分布等问题，建议制作尺寸较大的单体模型对其进行研究。

为保证引水闸引水，紧邻引水闸左侧设一孔冲沙闸，冲沙闸孔口尺寸和王庄引水闸相同，只是进口底板高程低 1 m。由于冲沙闸孔口尺寸较小，且出口和泄洪闸共用一个消力池，模型难以率定其泄流量。因为孔口尺寸和王庄引水闸相同，设计可参考王庄引水闸泄量关系曲线，但应考虑二者进口高程的差别。

冲沙闸下泄单宽流量比泄洪闸小，而消力池尺寸相同，因此冲沙闸下游消能效果很好。但冲沙闸过流面压力分布还有待于在放大模型上观测。因其体型与王庄引水闸近似，可考虑在一个单体模型上略做修改，进行试验研究。

六、坝下灌溉引水闸引水能力及消能衔接

在设计提供的引水闸上下游水位条件下，其过流流态为宽顶堰淹没出流。模型采用体积法量测泄流量，闸门全开状态下实测值和设计值非常接近。各特征水位时的泄量见表 5-4。表中闸前水位是闸轴线与电站下游左边墙交汇处水位，闸后水位是闸后扩散段末端水位。鉴于模型中引水闸尺寸也较小，为慎重起见，建议制作较大尺寸模型进行研究。

表 5-4　灌溉引水闸泄量

闸前水位(m)	闸后水位(m)	泄量(m^3/s)	
		设计值	试验值
119.88	119.676	53.26	54.55
120.29	120.026	66.39	66.82
120.65	120.324	79.01	78.89
120.95	120.575	90.65	89.93

七、工程总泄流能力

根据上述单个泄水建筑物泄量，按设计要求进行组合，结果见表 5-5。表中下游水位是 0+250 m 处水位。比较可知，模型实测总泄量与设计总泄流量在泄洪排沙运用时接近。这表明，设计的泄水建筑物孔口尺寸是合适的。

表 5-5　西霞院枢纽工程优化方案泄水建筑物泄流能力　（单位：m^3/s）

运用工况		泄洪闸	排沙洞	排沙闸	试验总泄量	设计总泄流量(下游水位)
汛限水位 131.00 m	排沙，下游 121.05 m		635	718	1 353	1 000(119.65 m)
	泄洪排沙，下游 123.64 m	4 950	546	579	6 075	6 000(123.65 m)
正常蓄水位 134.00 m	排沙，下游 121.12 m		721	8 864	1 585	1 000(119.65 m)
设计洪水位 132.87 m	泄洪排沙，下游 124.80 m	8 650	572	619	9 841	9 870(124.75 m)
校核洪水位 134.70 m	泄洪排沙，下游 125.59 m	12 880	607	675	14 162	13 860(125.57 m)

第四节　上游导墙、下游锥坡和护岸及防冲槽后冲刷和堆积

一、上游两侧导墙冲刷

上游右侧导墙在校核洪水 134.7 m 时，由于泄洪闸前行近流速较大，导墙内外水位差达 0.9 m，在导墙头部产生绕流冲刷，导墙头部绕流流速达 3 m/s，导墙头部迎水面冲深达 8 m，冲坑底部高程约 117 m；左侧导墙头部绕流流速只有 1.5 m/s 左右，冲刷相对轻一些，但迎水面冲坑深也达 5 m。鉴于左侧导墙设计埋深达 16.4 m，右侧导墙底高程为 114.0 m，为安全起见，建议设计进行导墙稳定复核。冲刷坑地形见图 5-21。冲刷坑上部最宽达 20 m，顺导墙方向长约 30 m。

二、下游左岸锥坡冲刷

在下游左岸锥坡处，因水流扩散，形成绕流冲刷。在电站坝段泄量不大的情况下(800 m^3/s)，尽管锥坡处流速只有 2.5 m/s 左右，但已产生了宽约 10 m、长约 20 m 的冲刷坑，冲刷坑最深点高程至 113.5 m，设计护脚铅丝石笼已有下蛰迹象。校核洪水时，冲刷坑底高程深达 110.5 m，铅丝石笼被水流冲刷移位。对此应考虑加强防护，建议铺设的铅丝石笼底宽增加至 8 m 左右。

三、下游右侧护岸冲刷

根据试验结果看，校核洪水时，右侧护岸冲刷最严重。在此情况下，桩号 0+1 090 m

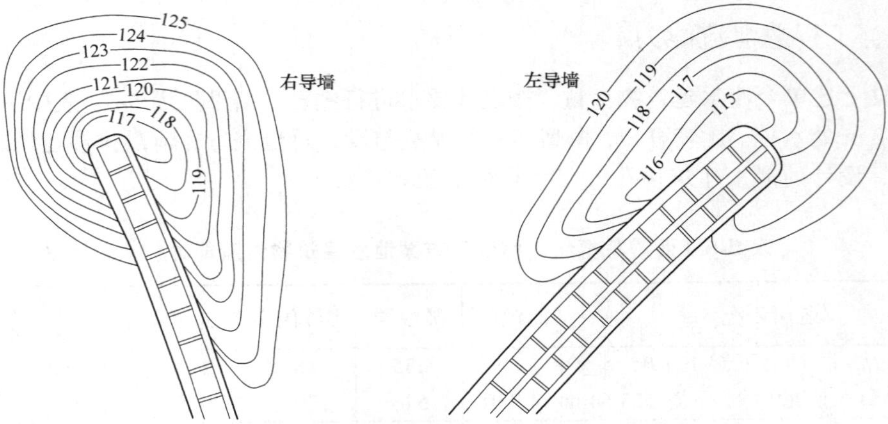

图 5-21　上游导墙处冲刷坑地形　（高程：m）

上游 80 m 和下游 100 m 范围，护岸跟脚处的散抛石已全部被冲失，而右侧护岸其他部位抛石未发生严重冲刷。建议对冲刷严重的护岸增大散抛石粒径、散抛石范围或采取铺设铅丝石笼防护，防止险情发生。

四、防冲槽后砂卵石河床冲刷和堆积物

根据单个泄水建筑物和全部泄水建筑物按设计要求工况试验结果看，防冲槽下游的砂卵石遭受冲刷后，大部分堆积在坝下 0+450 m～0+800 m 断面之间，堆积物高度最高可达 3 m 左右，堆积体一般不连续分布。据观测，对电站下游尾水位影响不大。

第五节　枢纽上下游造床过程河床演变

库区造床就是在一定的来水来沙条件下，库区逐渐达到冲淤平衡状态，形成新河道的过程。为了解边界条件变化对造床的影响，设计部门提出了两种造床试验条件：一种是来流流量及含沙量恒定；另一种是来流流量和含沙量为变化过程。下面对试验结果分别进行叙述和讨论。

一、恒定造床流量演变过程

设计造床流量 4 200 m^3/s，含沙量 60 kg/m^3。全开电站右侧 3 孔排沙闸、机组之间的 3 孔排沙底孔、安装间下 3 孔排沙洞及 $1^{\#}$～$9^{\#}$泄洪闸，相应上游水位 131.12 m，下游水位 122.85 m，试验时间相当于原型 240 小时。

造床试验初期，库区水深较大，水流挟带的泥沙首先在库区末端淤积，沙滩逐渐出露，原有的主河槽被淤死。随时间延长，出露的沙滩越来越多，流路散乱，形成多股河槽。而且，每股河槽摆动不定，流路变化迅速。因出口泥沙含量很小，建筑物下游未产生泥沙淤积。

随着这种水流形态向坝前推进，小河槽数目减少，逐渐形成流路相对稳定的三股河槽。其中两股折向库区北部，顺模型左侧边墙(坝长方向桩号 0+1 742 m)向坝前推进，泥

沙沿程落淤后，较清的水流自坝前约 1.2 km 处折向泄水坝段，从上游左侧导墙前流过；而另一股流路较顺直，挟带泥沙向泄水建筑物前运行。该阶段，出库泥沙含量渐大。因泄水建筑物下游左侧地形较高，分流较少，过流不畅，泥沙开始落淤。

造床试验后期，流向库区北侧的两股河槽逐渐萎缩消失，而流路较顺直的南股河槽逐渐发育展宽，形成正对电站坝段的单一河槽，3#～9#泄洪闸为侧向进流。坝上游 600 m 处，河宽约 200 m；坝上游 150 m 处，河宽仅 120 m。这期间，靠库区南岸边也曾出现一股汊河，其挟带的泥沙在泄水坝段右侧库区淤积。当库区逐渐达到冲淤平衡状态(模型进口含沙量与泄水建筑物出口含沙量相等)，下泄水流含沙量随之增高，下游左侧淤积速度加快，最终形成沙滩出露，和霞院滩(在坝下 0+1 000 m 附近)连成一体，使得霞院滩北股河断流。当北股断流后，下游水位抬升，试验实测 2#断面水位与设计值基本一致。

因造床试验时机组不发电，对应机组下游单宽流量较小，泥沙在防冲槽部位逐渐落淤，形成沙滩出露。沙滩头部在防冲槽下游 0+250 m 附近，尾部在坝下游约 0+350 m 处，沙滩最宽达 30 m，在其左右形成两股河。上下游达到冲淤平衡状态时的地形、河势及流速分布(垂线平均流速)见图 5-22。为绘图方便，将坝前 100 m 处流速向上游做了挪动。

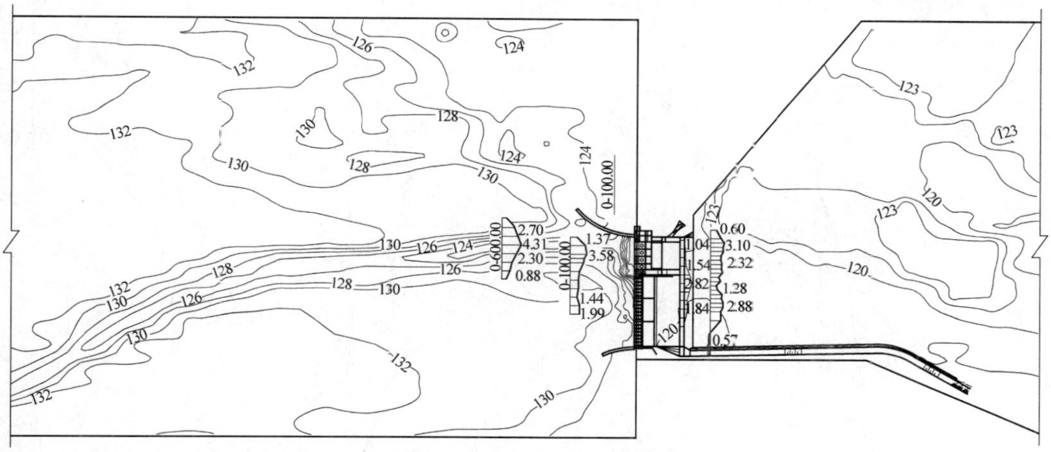

图 5-22　恒定流造床试验冲淤平衡后地形、河势及流速　(流速单位：m/s)

在造床试验过程中，受左侧导墙布置的影响，上游主流很难运行至电站左侧土坝前，土坝前是一水深较大的清水区。在上游来流向泄水坝段运行时，土坝前形成强度较小的回流区，模型实测流速仅 0.3 m/s 左右。由于流速小，水流带至坝前的泥沙也少，库区达到淤积平衡时，坝前泥沙淤积厚度只有 1 m 左右；右侧导墙相对较短，淤积过程中，右侧土坝前流速可达 1.5 m/s，库区达到淤积平衡时，该处泥沙淤积厚度约 3 m。

造床试验后期，主河槽已基本形成，但沿主槽左侧滩边仍有一些小汊沟向库区北部流去，落淤后的清水集中从左侧导墙头部流过，汇入电站前主河槽，使得导墙头部冲刷略有加重，冲刷坑最深点高程达 114.2 m，冲刷坑范围 20 m 左右。右侧导墙头部绕流冲刷结果与校核洪水时差别不大，冲刷坑底高程约 117 m。

二、非恒定水沙过程河床演变

设计提供的造床流量过程见表 5-6。根据恒定流量造床试验结果可以看出，上游形成的稳定河槽宽度较小。与设计部门讨论后认为，因电站坝段前河床高程低于泄洪闸坝段，导致泄洪闸分流比减小，主流偏向电站坝段。同时电站坝段泄水建筑物进口较低，可能对坝前水流有向下拉动作用，使主流集中河槽变窄。因此，设计部门要求将泄洪闸上游河道高程也开挖至 120 m，和电站坝段前河道高程相同，尽量降低因分流比不同对河道宽度的影响，开挖边界线见图 5-23。

表 5-6　非恒定水沙过程

流量(m^3/s)	含沙量(kg/m^3)	时间(天)
2 490	40	2
4 347	60	2
6 000	60	1
8 000	80	1
4 347	60	2
2 240	40	2

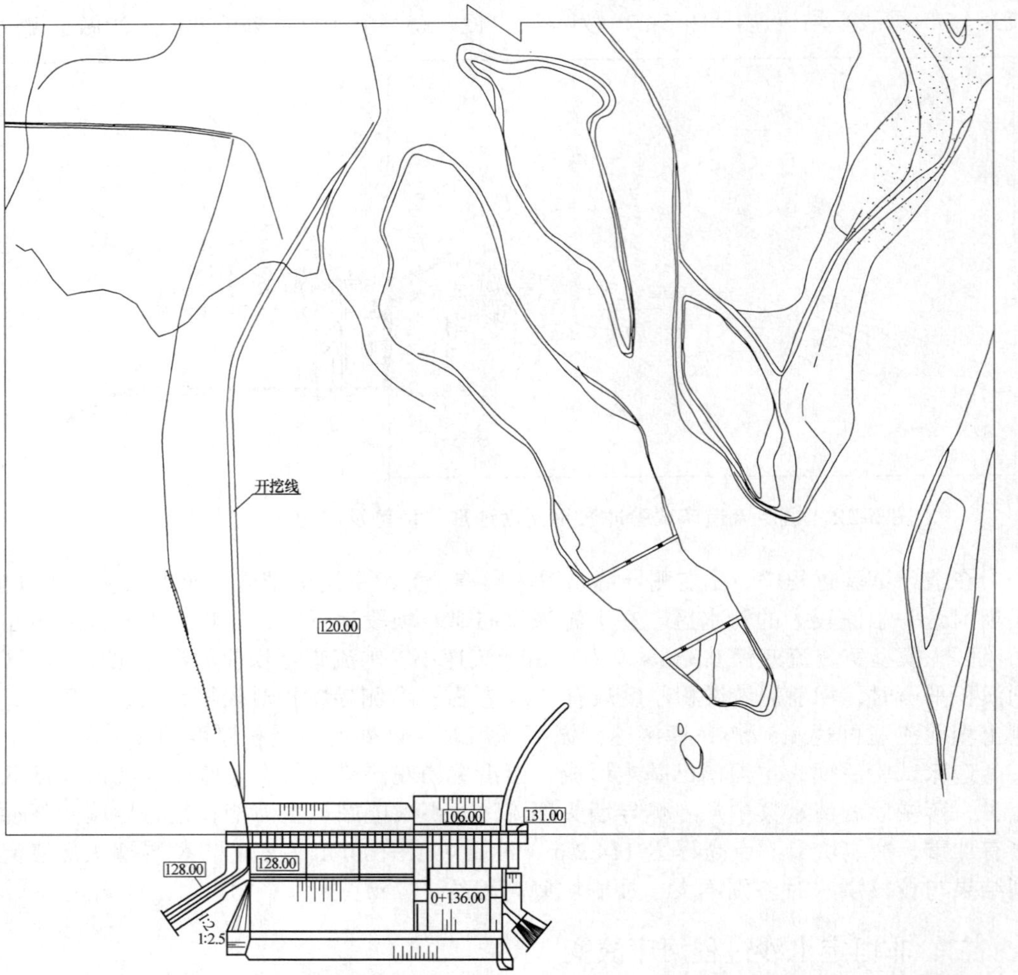

图 5-23　流量过程造床试验泄水建筑物前地形开挖范围示意图

因为本次试验泄量过程是随时间变化的，泄水建筑物开启也随之变化。设计开启原则：首先全开排沙建筑物，然后是泄洪闸自左向右按顺序开启。上游水位保持在 131 m。下游水位按 2[#]断面水位流量关系控制。

试验结果表明，因来流流量是变化的，库区淤积速度与流量恒定造床时有所差别，但造床过程中的淤积形态变化是相近的。也表现为深水落淤、沙滩出露、流路散乱、最终形成单一河槽的过程。

当流量由 6 000 m^3/s 降为 4 340 m^3/s，经 1 天的时间，泄水建筑物前已形成稳定河槽。由于大流量时泄洪闸全部参与泄洪，闸前的单宽流量较大，使得稳定后河槽正对排沙闸至 14[#]泄洪闸孔之间。电站坝段为侧向进流，电站前形成平行坝轴线的冲刷漏斗，漏斗顶宽在排沙洞前窄，约 60 m，在排沙闸前宽，约 80 m。此时，坝上游 600 m 处，河宽约 220 m；坝上游 150 m 处，河宽约 210 m。库区土坝前泥沙淤积厚度在 1～3 m 之间。

前两级流量时，出库泥沙较少，下游左侧淤积缓慢。流量至 6 000 m^3/s 以后，下游左侧泥沙淤积速度加快。由于流量 8 000 m^3/s 的时间只有 1 天，下游左侧滩地未完全出露，霞院滩左侧仍然过流，但过流量已经很小。流量由 8 000 m^3/s 降至 6 000 m^3/s 以后，上游水位降低，左侧滩地出露，霞院滩北股河已不过流。机组下游河道仍有沙滩出露，滩头位于防冲槽附近，滩尾在坝下游 0+350 m 附近，滩地最宽达 40 m。上下游达到冲淤平衡状态时(流量 2 240 m^3/s)的地形、河势及垂线平均流速分布见图 5-24。

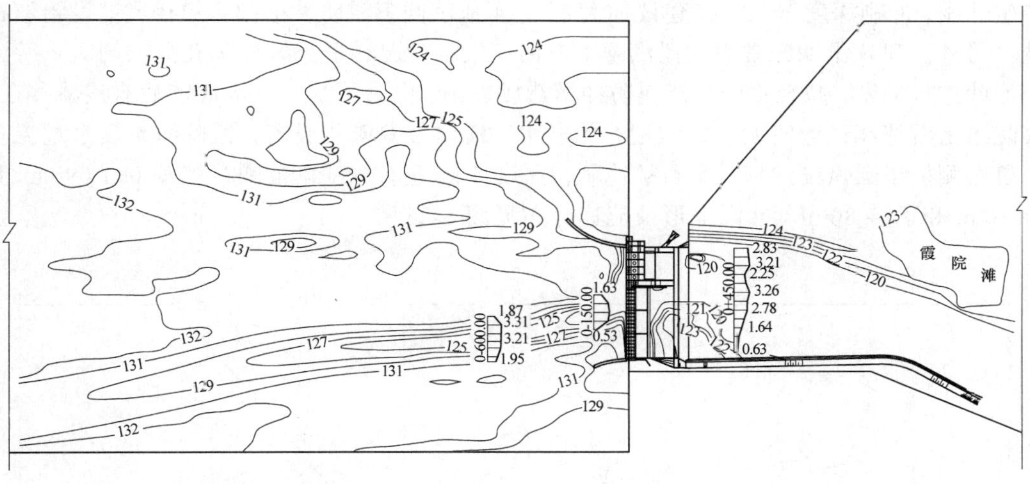

图 5-24　流量过程造床试验冲淤平衡后地形、河势及流速　(流速单位：m/s)

与恒定流量造床试验结果类似，导墙头部也因水流集中绕流使冲刷加重，实测左侧导墙头部冲刷坑最深点高程达 110.6 m，冲刷坑上部宽 20 m 左右，顺导墙方向长约 35 m；右侧导墙头部冲刷坑最深点高程约 115 m，冲刷坑尺寸与校核洪水时一致。右侧导墙头部冲刷坑底高程已接近导墙底高程 114 m。考虑到模型两侧没有将原河道全部模拟，实际造床过程中的流路可能与本试验不尽一致，两侧土坝前的流速和淤积情况会有一定差别，导墙头部的绕流冲刷也会有所变化。与设计部门商榷后认为，影响导墙头部冲刷的因素很多，如来流方向、导墙末端扩散角、导墙体型及防护措施等。因此，对导墙头部冲刷问题还有待于下一步另行试验研究。

第六节　设计洪水和校核洪水枢组流场及冲淤形态

一、设计洪水枢纽上下游流场及冲淤形态

根据任务要求，在汛期运用试验库区冲淤平衡的基础上进行设计水位消能冲刷试验，观测上下游导墙及下游冲刷等。试验条件：上游水位 132.87 m，泄量 9 870 m^3/s，含沙量 80 kg/m^3。泄水建筑物开启组合如下：全开 3 个底孔、3 条排沙洞、3 孔排沙闸及 $1^{\#}$～$14^{\#}$、$15^{\#}$、$17^{\#}$、$19^{\#}$、$20^{\#}$、$21^{\#}$泄洪闸(因为排沙底孔参与泄洪，使得模型泄量大于设计值，为保证试验水位与设计要求水位一致，采取关闭两孔泄洪闸的办法提高模型水位)。

已形成的平衡河槽较窄，来水 9 870 m^3/s 使河槽冲深展宽，向主槽两侧漫溢，并在原有滩沿冲出一些沟槽。两侧导墙头部受到绕流冲刷，但因坝前水位较高，导墙上游过流宽度较大，绕流冲刷坑深度并未超过造床试验时的冲深。泄水建筑物左侧土坝前产生较多的泥沙淤积，淤积厚度达 0.5～2 m。

由于泄洪闸几乎全部开启，泄洪闸下游淤积泥沙被逐渐冲走。但在洪水初期，因右侧淤积泥沙未被完全冲开，下泄水流发生集中过流现象，$1^{\#}$～$10^{\#}$泄洪闸下游防冲槽普遍产生冲刷，冲刷深度 1～2 m。建议加大 $1^{\#}$～$14^{\#}$泄洪闸下游防冲槽抛石粒径或铺设铅丝石笼。另外，建议汛期经常观测泄洪闸下游回流淤积状况，适当开启某孔泄洪闸对下游淤积泥沙进行冲刷，减轻集中过流对防冲槽造成冲刷。电站下游 0+300 m 前后有浅滩存在，霞院滩上游造床试验时淤积的滩地开始漫水，流向霞院滩北股河，霞院滩也漫水过流。下游右侧护岸圆弧段护脚散抛石被冲刷，深度 1 m 左右，冲刷范围在桩号 0+1 090 m 上游 10 m 和下游 80 m。冲淤地形及流速分布见图 5-25。

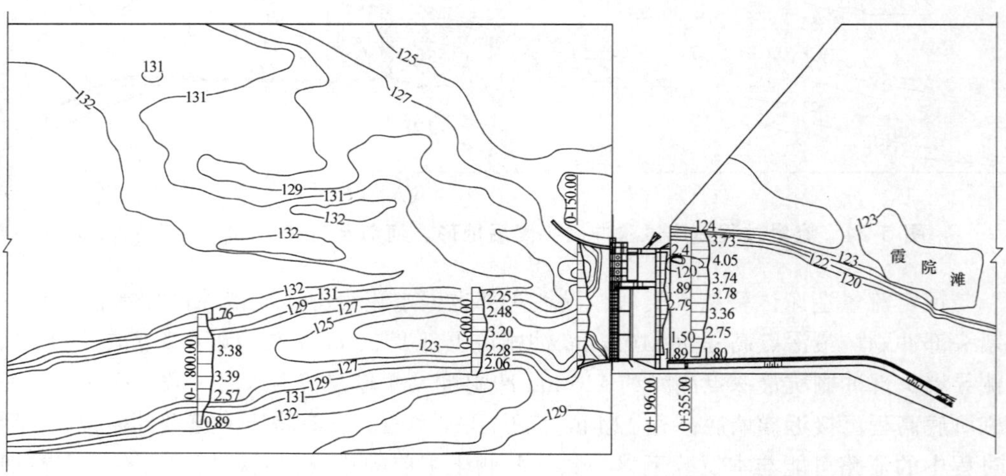

图 5-25　设计洪水冲淤地形及流速(优化方案)　(流速单位：m/s)

二、校核洪水枢纽上下游流场及冲淤形态

在设计洪水消能冲刷试验后的地形基础上进行校核洪水试验，观测上下游导墙及下游冲刷等。试验条件：上游水位 134.7 m，泄量 13 860 m^3/s，含沙量 60 kg/m^3。泄水建筑物开启组合如下：全开 3 个底孔、3 条排沙洞、3 孔排沙闸及 1#～21#泄洪闸。和设计洪水试验同样的原因，必须关闭两孔(16#、18#)泄洪闸提高模型水位至 134.7 m。

随来流流量继续增大，坝上游河槽继续冲深展宽。由于坝前水位较高，两侧导墙头部冲刷并不比造床试验时严重。泄水建筑物左侧土坝前泥沙进一步落淤，淤积厚度达 0.5～2 m。由于设计洪水已将淤积泥沙完全冲走，下泄水流比较均匀，泄洪闸下游防冲槽冲刷未再加剧。电站下游 0+250 m 前后有浅滩存在。因下游水位增高，霞院滩及上游滩地漫水，霞院滩北股河过流。下游右侧护岸圆弧段护脚散抛石冲刷深度和范围增大，在桩号 0+1 090 m 上游 70 m 和下游 100 m 之间，大部分散抛石被冲走。冲淤地形及流速分布见图 5-26。

根据设计洪水和校核洪水消能冲刷试验结果看，库区河道冲深展宽，大量泥沙随水流运动至泄水建筑物两侧土坝前落淤。两侧土坝前未产生顺坝流现象，上游导墙头部冲深与造床试验相比未再增加。当遭遇较大洪水时，泄洪闸下游防冲槽有可能因水流集中造成冲刷，建议加大抛石粒径或设铅丝石笼。下游护岸因泄量增大会产生散抛石大量走失，建议铺设铅丝石笼防护。

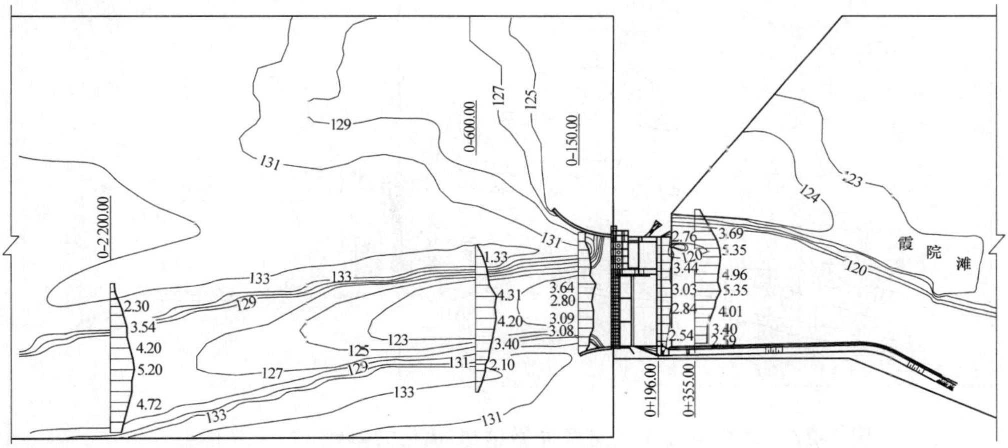

图 5-26　校核洪水冲淤地形及流速　(流速单位：m/s)

第七节　汛期调度运用枢纽流场及冲淤形态

一、汛限水位 131 m 调度运用枢纽上下游流场及冲淤形态

汛限水位调度运用试验的组次及来流来沙条件见表 5-7。要求库区达到冲淤平衡时观测河势、上游导墙及泄水建筑物前的流速垂线分布、泥沙颗粒垂线分布、坝前冲刷漏斗形态及上下游导墙附近地形。

表 5-7　汛限水位调节运用试验组次及来流来沙条件

试验组次	上游水位(m)	流量(m^3/s)	含沙量(kg/m^3)
1	131	2 000	30
2	131	4 000	60
3	131	6 000	80

调节运用方式：800 m^3/s≤Q≤2 000 m^3/s 时，$Q_{发电}$=0.75Q，$Q_{排沙}$=Q–$Q_{发电}$；Q>2 000 m^3/s 时，$Q_{发电}$=1 400 m^3/s，其余排沙。泄水建筑物开启顺序：排沙底孔、排沙洞(闸)、泄洪闸。

(一)组次 1 试验水沙条件

在造床试验后的地形基础上，进行了该组试验。开启 4 台机组及 1# 和 2# 排沙底孔。结果表明，库区河势与造床试验结束时相比变化不大，河槽宽度在 200 m 左右，河槽正对排沙闸和 1#～13# 泄洪闸，电站为侧向进流，电站前形成顶宽 50～80 m 的冲刷漏斗。河势及冲淤地形见图 5-27。电站下游 0+250 m 前后河心滩依然存在，霞院滩北股不过流，泄洪闸后产生回流淤积，淤积高程在 120 m 左右。上游导墙和下游护岸冲刷深度未超过造床试验。

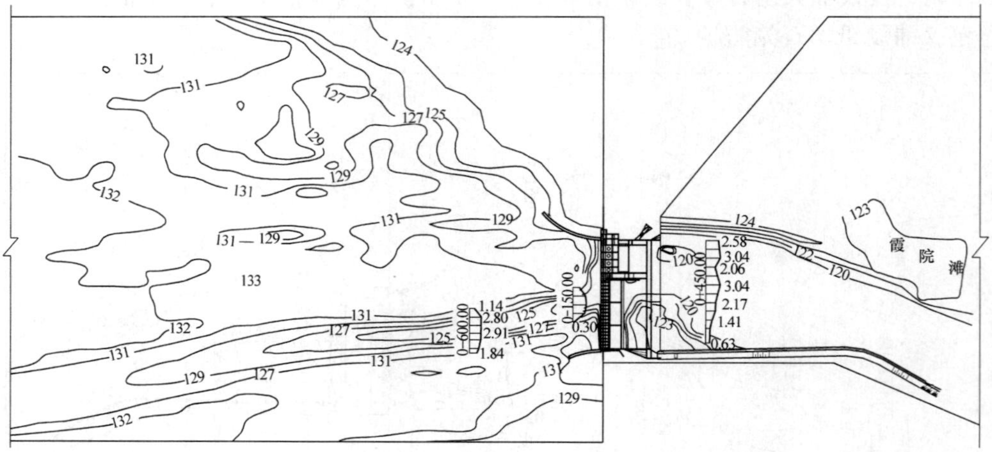

图 5-27　试验组次 1 河势及冲淤地形(优化方案)　(流速单位：m/s)

由图可以看出，上游导墙处因泥沙淤积而不靠流，所以不存在冲刷问题。电站坝段为侧向进流，从表面看，水流顶冲至冲沙闸后转向排沙洞方向(平行坝轴线行进)，并在排沙洞和 2# 机组前形成逆时针回流区。由于水面下流速方向不易确定，试验中只能根据水面流向进行水下流速测量，不一定为流速最大值，其结果仅供参考。实测 1#、2# 机组进口前流速最大值一般在进口底板上约 4 m 处，3#、4# 机组受主河槽来流影响，最大流速靠近水面；2# 底孔前最大流速在进口底板上约 3 m 处；排沙闸同样受来流影响，最大流速在表面。

底孔和机组前含沙量垂线分布规律是一致的，即上小下大。但因漏斗区水流紊动强度较大，垂线含沙量大小差别不大。依据多次测量结果，取平均值，电站前上部含沙量为 25～28 kg/m^3，4 台机组进口底部含沙量一般在 29～30 kg/m^3 之间，底部与上部之比为 1.04～1.1；底孔进口底部含沙量为 30～35 kg/m^3，与上部含沙量之比为 1.07～1.4。受水流紊动影响，4# 机组(靠近主槽)前垂线含沙量分布较均匀。

通过垂线泥沙颗粒分布测量可知，电站坝段前泥沙颗粒呈上细下粗分布。对底孔和机组前垂线泥沙粒径进行测量分析，以泥沙中值粒径 d_{50} 为标准进行对比，底部与上部 d_{50} 之比为 1.05～1.3；机组前垂线泥沙粒底部与上部 d_{50} 之比为 1.05～1.15。

电站前冲刷漏斗形态及门前清范围与来流流量及泄水建筑物开启组合有关。模型实测电站坝段前冲淤漏斗上部宽度为 60～80 m，排沙洞前漏斗宽度小于排沙闸前漏斗宽度，漏斗纵剖面见图 5-28。

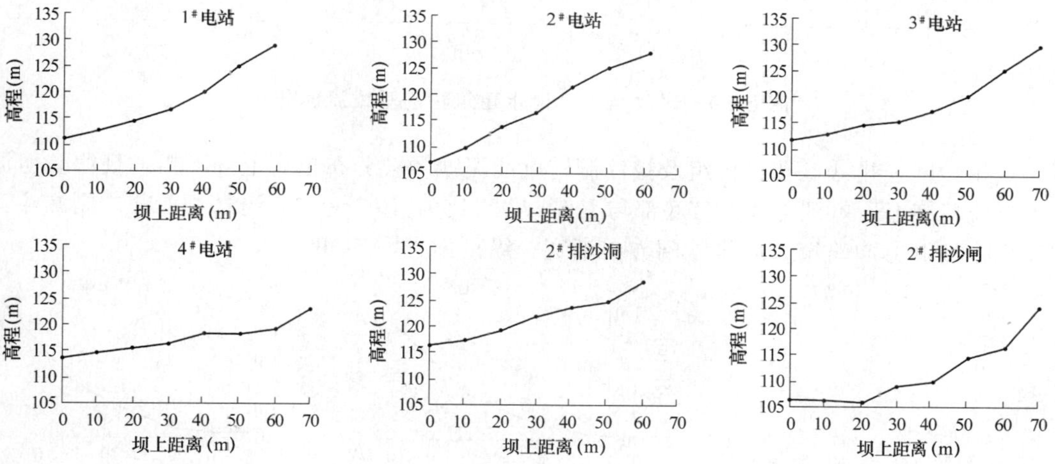

图 5-28　试验组次 1 电站前冲刷漏斗纵剖面

(二)组次 2 试验水沙条件

在组次 1 试验后的地形上进行试验，孔口开启组合如下：开启 4 台机组、3 个底孔、3 条排沙洞、3 孔排沙闸及 2#、4#、6# 泄洪闸。

结果表明，库区河势、河槽与建筑物位置关系及电站进流流态与试验组次 1 相比变化不大，坝前河槽略展宽，宽度约 220 m，电站前形成顶宽 60～80 m 的冲刷漏斗。河势及冲淤地形和试验组次 1 类似，霞院滩北股不过流。泄洪闸开启 3 孔后，1#～7# 泄洪闸后淤积泥沙被冲走，出流与电站坝段泄流汇合流向下游。上游导墙和下游护岸冲刷与试验组次 1 相比基本没有变化。各泄水建筑物前流速垂线实测结果见图 5-29。

各泄水建筑物前含沙量垂线分布都存在上小下大规律。但上下差值则随泄水建筑物的位置不同而不同，靠近河槽的建筑物上下差值小，远离河槽的上下差值略大。电站前上部含沙量为 53～56 kg/m^3，4 台机组进口底部含沙量一般在 58～64 kg/m^3 之间，二者之比为 1.04～1.21；底孔进口底部含沙量为 61～68 kg/m^3，与上部之比为 1.09～1.28；排沙闸上部和下部含沙量差值一般小于 5 kg/m^3；排沙洞前含沙量上下最大差值约 15 kg/m^3；泄洪闸下泄水流含沙量与来流基本一致。

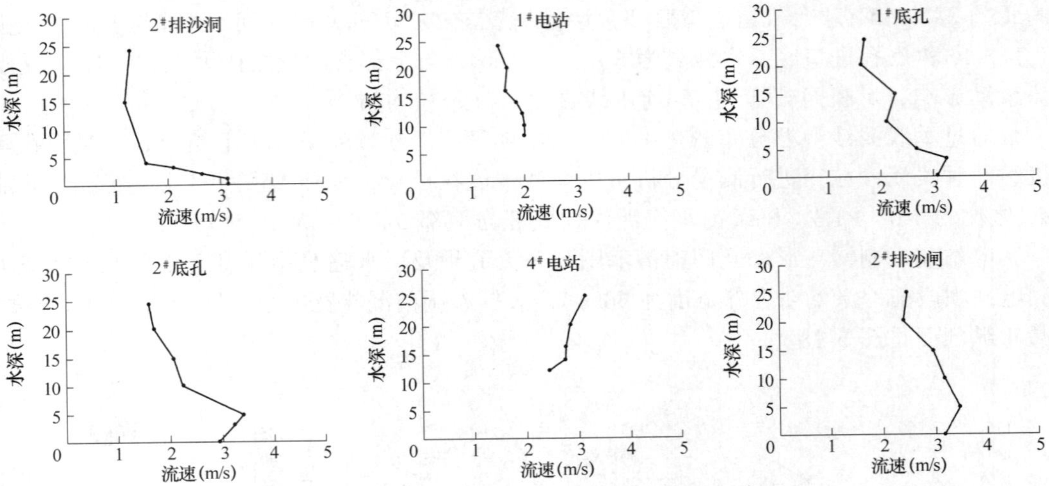

图 5-29　试验组次 2 泄水建筑物前垂线流速分布

排沙闸、排沙底孔、机组及排沙洞前垂线泥沙颗粒分布也有上细下粗的规律。但泥沙颗粒粗细上下差别不大，其底部与上部 d_{50} 之比为 1.02～1.2。电站坝段前冲刷漏斗宽度靠排沙洞方向略窄，靠排沙闸方向渐宽，纵剖面见图 5-30。

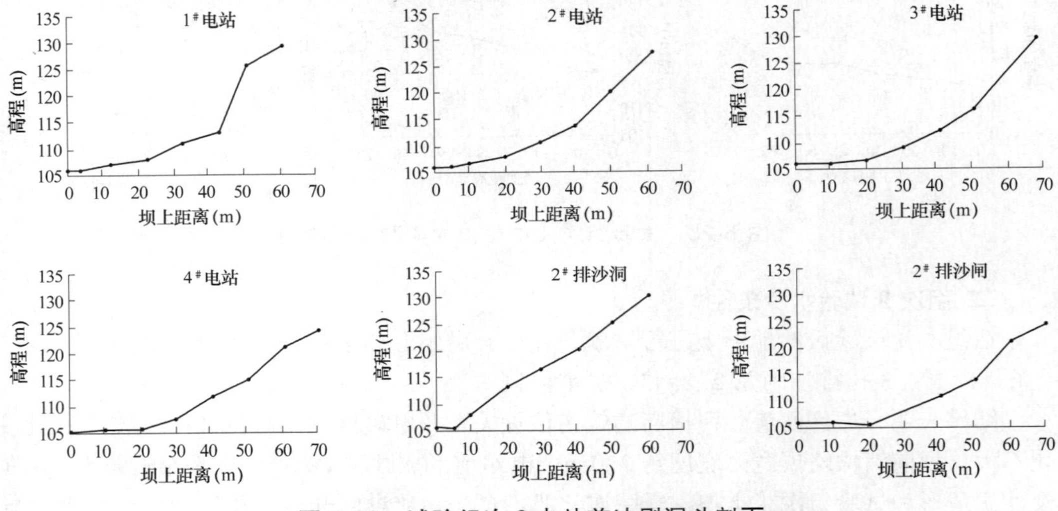

图 5-30　试验组次 2 电站前冲刷漏斗剖面

(三)组次 3 试验水沙条件

在组次 2 试验后的地形上进行试验，孔口开启组合如下：全开 4 台机组、3 个底孔、3 条排沙洞、3 孔排沙闸及 1#～9#、11#、13#、14#泄洪闸。

库区河势、河槽与建筑物位置关系及电站进流流态和前两组试验相比变化不大，但因 12 孔泄洪闸参与泄洪，坝前河槽展宽明显，宽度约 280 m，电站前冲刷漏斗顶宽仍为 60～80 m。河势及冲淤地形见图 5-31。电站下游流路和冲淤情况与试验组次 2 类似，霞院滩北股不过流。因泄洪闸开启了 12 孔，1#～14#闸孔后淤积泥沙被冲走。上游导墙和下游护岸冲刷与试验组次 2 相比基本没变化。各泄水建筑物前流速垂线实测值见图 5-32。

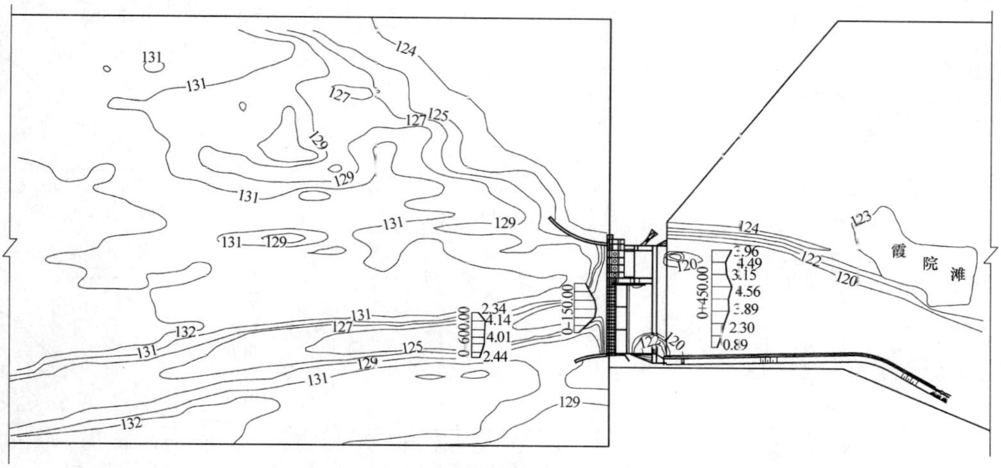

图 5-31　试验组次 3 河势及冲淤地形　（流速单位：m/s）

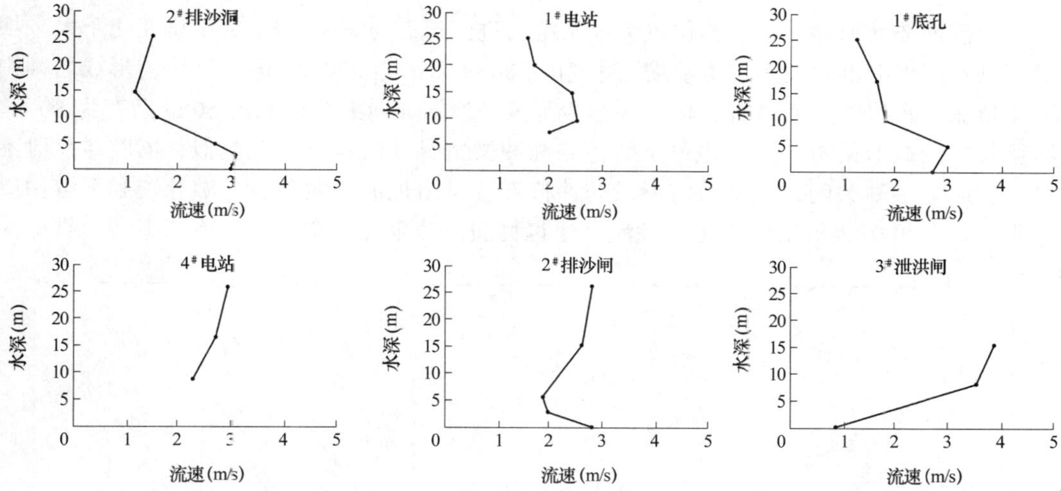

图 5-32　试验组次 3 泄水建筑物前垂线流速分布

各泄水建筑物前含沙量垂线分布规律和试验组次 2 一致。电站前上部含沙量在 70～78 kg/m^3 之间，机组、底孔、排沙闸及排沙洞进口底部含沙量与上部含沙量之比分别为 1.05～1.12、1.1～1.23、1.1 和 1.2 左右，泄洪闸下泄水流含沙量与来流一致。

排沙闸、排沙底孔、机组及排沙洞前底部与上部 d_{50} 之比为 1.05～1.2。电站坝段前冲刷漏斗纵剖面见图 5-33。

二、汛期水位 129 m 调度运用枢纽上下游流场及冲淤形态

试验条件：在汛限水位组次 3 试验后的地形基础上进行该组试验，上游水位 129.00 m，泄量 3 000 m^3/s，含沙量 120 kg/m^3。泄水建筑物开启组合如下：开启 4 台机组、3 个底孔、

3 条排沙洞、3 孔排沙闸。

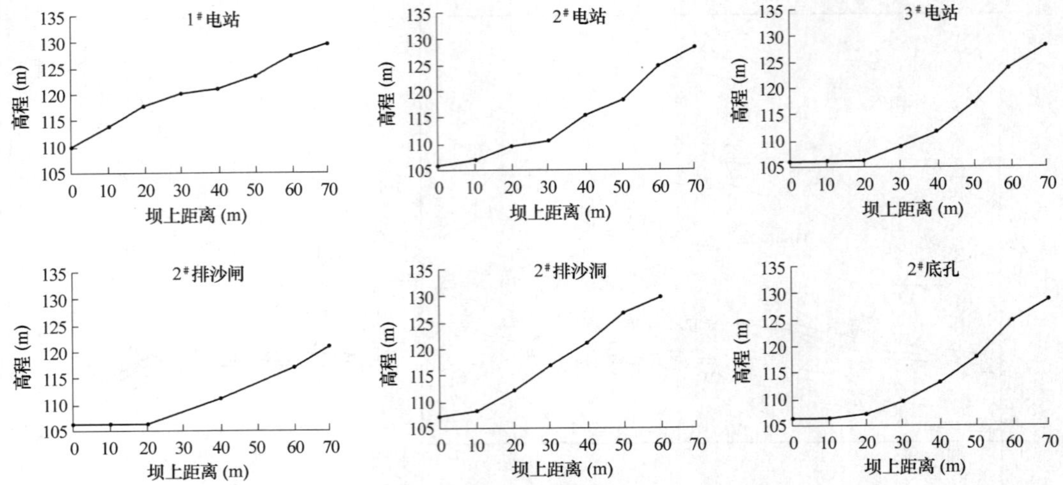

图 5-33　试验组次 3 电站前冲刷漏斗地形剖面

库区河势、河槽与建筑物位置关系及电站进流流态与试验组次 3 相比变化不大。坝前河槽宽度因泄洪闸关闭发生萎缩，宽度由 280 m 缩窄至 220 m。电站坝段前形成的冲刷漏斗顶宽因水位降低而略有变化，从排沙洞至排沙闸方向漏斗顶宽由 50 m 渐变为 80 m。河势及冲淤地形见图 5-34。电站下游流路和冲淤情况与试验组次 3 类似，霞院滩北股不过流。因泄洪闸关闭，其下游海漫及防冲槽部位又出现泥沙淤积。上游导墙和下游护岸冲刷与试验组次 3 相比没变化。各泄水建筑物前流速垂线分布规律与前几组试验类似。

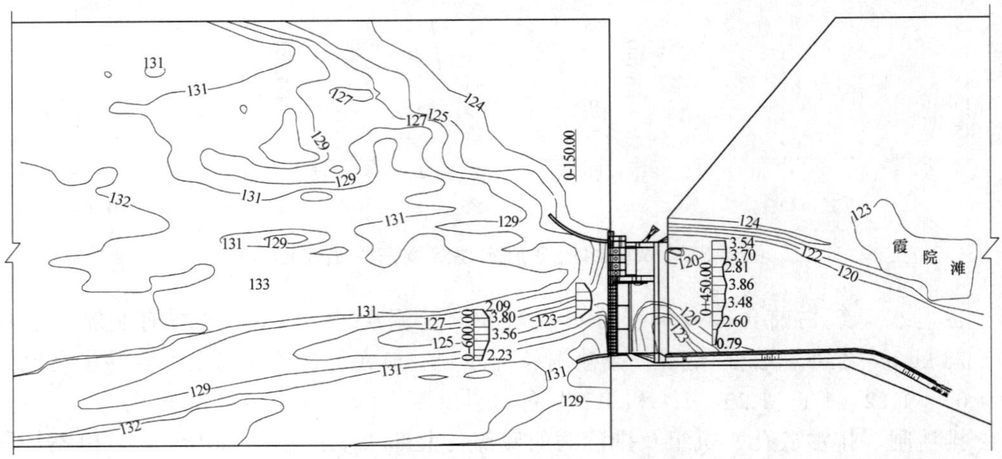

图 5-34　试验组次 4 河势及冲淤地形　(流速单位：m/s)

各泄水建筑物前含沙量垂线分布规律和试验组次 3 一致。电站前上部含沙量在 107～117 kg/m^3 之间，机组、底孔、排沙闸及排沙洞进口底部含沙量与上部含沙量之比分别为 1.05～1.15、1.05～1.25、1.05～1.1 和 1.1～1.25。

排沙闸、排沙底孔、机组及排沙洞前垂线泥沙颗粒分布规律与试验组次 3 相同，其底部与上部 d_{50} 之比为 1.05～1.2。电站坝段前冲刷漏斗纵剖面见图 5-35。

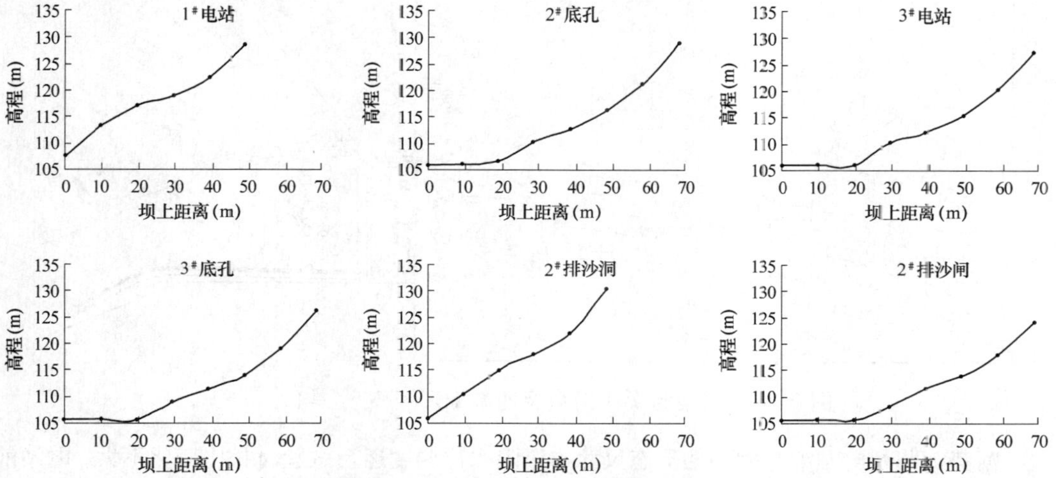

图 5-35　试验组次 4 电站前冲刷漏斗纵剖面

三、汛期水位 132 m 调度运用枢纽上下游流场及冲淤形态

设计要求在上游水位 132 m，河势流路相对稳定，进出口含沙量基本相同后，进行表 5-8 条件下试验。观测各泄水建筑物进口含沙量垂线分布，分流分沙比、电站前漏斗形态库区冲淤地形等。

表 5-8　试验组次及来流来沙条件(汛期水位 132 m)

试验组次	上游水位(m)	流量(m^3/s)	含沙量(kg/m^3)
1	132	2 500	30
2	132	2 500	100
3	132	4 200	150
4	132	6 000	100

运用方式：$Q_{发电}$=1 400 m^3/s，其余排沙。泄水建筑物开启顺序：排沙底孔、排沙洞(闸)、泄洪闸。

(一)组次 1 试验水沙条件

在校核洪水试验后的地形基础上进行该组试验。开启 4 台机组、3 个底孔及 2#排沙洞。因为前期校核洪水形成的河槽较宽，本次试验是一个回淤过程。冲淤基本平衡后的河势及地形见图 5-36。可以看出，河势流路与造床试验冲淤平衡后的河势基本一致。坝前 600 m 处，河槽宽度在 300 m 左右，河槽正对排沙闸和 1#～13#泄洪闸，电站仍为侧向进流，电站前冲刷漏斗顶宽 60～80 m。电站下游桩号 0+250 m 前后河心滩依然存在，霞院滩北股不过流，泄洪闸因关闭，其后部又产生回流淤积。

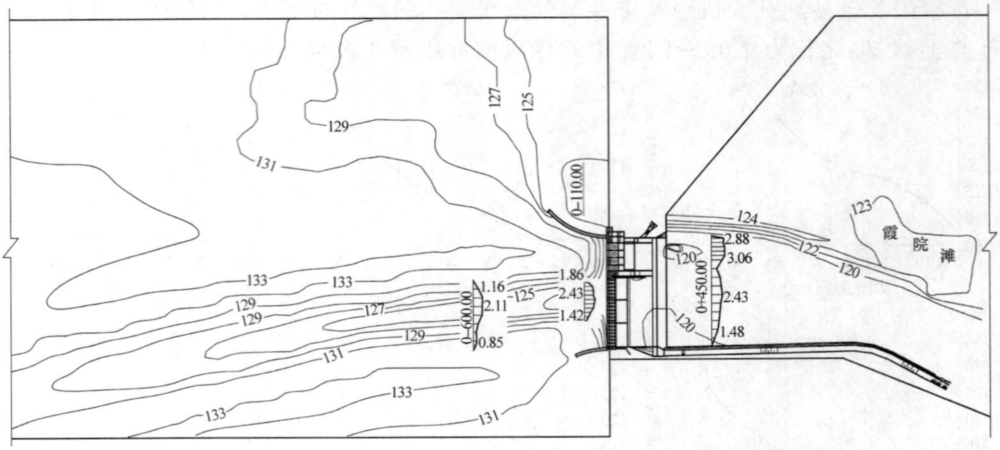

图 5-36　试验组次 1 河势及冲淤地形　(流速单位：m/s)

河势流路及电站前冲刷漏斗形态尺寸与汛限水位调度运行试验时相比变化不大，电站前垂线含沙量分布规律相同。机组进口底部含沙量与上部含沙量之比为 1.05～1.2；底孔进口底部含沙量与上部含沙量之比为 1.1～1.3。靠近主槽部位坝前垂线的含沙量分布相对均匀。

对泄水建筑物出流含沙量进行多次测量，取平均。机组出流含沙量相差不大，均值为 27 kg/m^3。各底孔含沙量也接近，均值为 32 kg/m^3。底孔出流含沙量与相邻机组之比为 1.03～1.25。泥沙颗粒也是底孔略粗于机组，二者中值粒径 d_{50} 之比为 1.02～1.15。排沙洞出流含沙量最大，这与排沙洞前的回流淤积有关。

电站坝段前冲刷漏斗纵剖面见图 5-37。与调节运行试验结果相比可知，只要电站坝段泄量变化不大，冲刷漏斗形态和尺寸就比较相似。

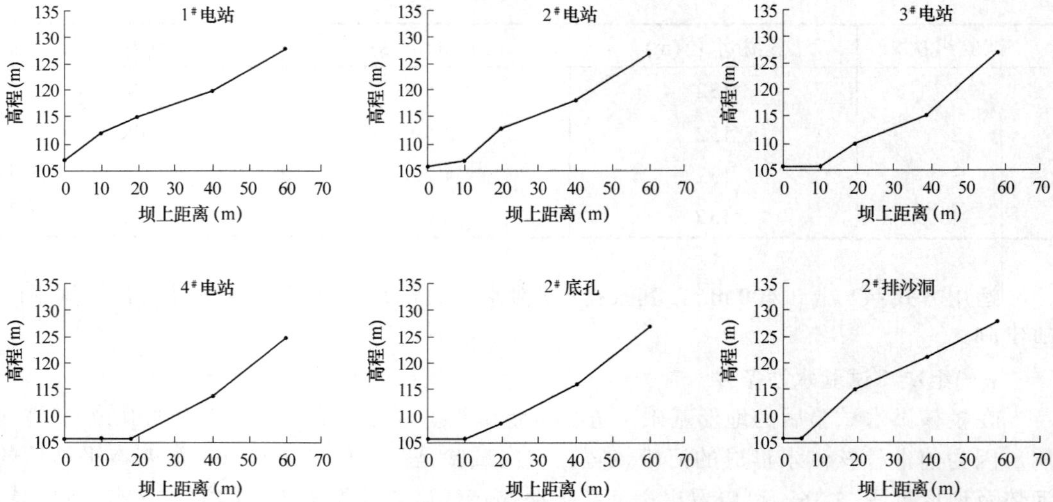

图 5-37　试验组次 1 电站前冲刷漏斗纵剖面

(二)组次 2 试验水沙条件

试验条件：在组次 1 试验后地形基础上进行试验。来流流量和组次 1 相同，为 2 500 m^3/s，含沙量为 100 kg/m^3，仍开启 4 台机组、3 个底孔及 2$^\#$ 排沙洞。结果表明，来流含沙量由 30 kg/m^3 增加至 100 kg/m^3，河势、河槽宽度与组次 1 试验基本一致，只是靠近坝前的河槽略微缩窄。电站前冲刷漏斗形状和尺寸变化很小，下游流路及地形也基本未变。

电站前机组进口底部含沙量与上部含沙量之比为 1.05～1.2；底孔进口底部含沙量与上部含沙量之比为 1.05～1.25。排沙洞进口前底部与表面含沙量之比为 1.08～1.25。

底孔出流含沙量与相邻机组之比为 1.05～1.2。泥沙颗粒也是底孔略粗于机组，二者中值粒径 d_{50} 之比为 1.02～1.1。

电站坝段前冲刷漏斗纵剖面与组次 1 试验结果相比，变化不大，仅排沙洞前泥沙淤积剖面坡度略陡。

(三)组次 3 试验水沙条件

试验条件：来流流量为 4 200 m^3/s，含沙量为 150 kg/m^3，开启 4 台机组、3 个底孔、3 条排沙洞、3 孔排沙闸及 1$^\#$、3$^\#$ 泄洪闸。试验结果表明：来流流量增大后，河槽略展宽，坝前 600 m 处河宽达 325 m，河槽比较顺直。靠近坝前河槽位置基本不变，电站前冲刷漏斗顶宽为 60～80 m。电站下游流路及地形变化很小，1$^\#$～3$^\#$ 泄洪闸下游淤积泥沙被冲开。冲淤基本平衡后的河势及地形见图 5-38。

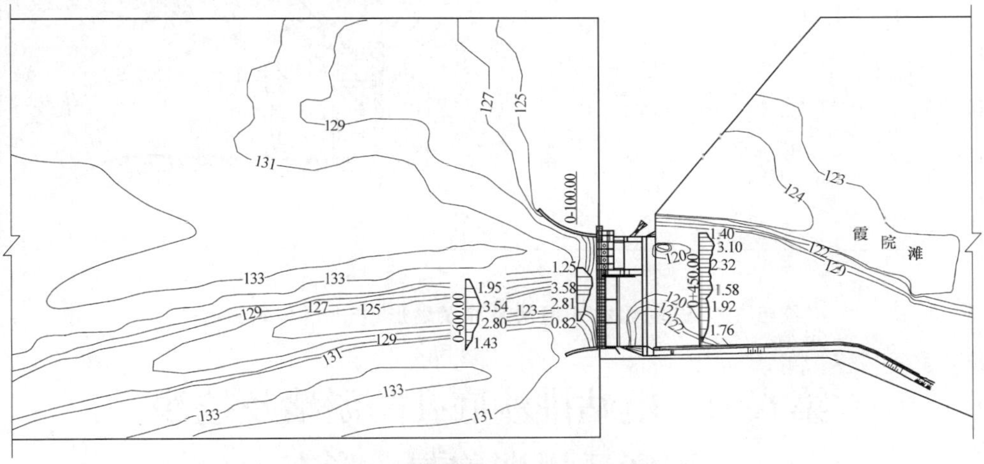

图 5-38 试验组次 3 河势及冲淤地形 (流速单位：m/s)

机组进口前底部含沙量与上部含沙量之比为 1.05～1.15；底孔进口底部含沙量与上部含沙量之比为 1.05～1.2；排沙洞进口底部与表面含沙量之比为 1.1～1.2；排沙闸进口底部与表面含沙量之比为 1.05～1.1。

各泄水建筑物出流含沙量差别不大。底孔出流含沙量与相邻机组之比为 1.05～1.17；底孔与机组出口泥沙中值粒径 d_{50} 之比为 1.02～1.1。

电站坝段前冲刷漏斗水下地形剖面与前两组试验结果相比，变化不大。

(四)组次 4 试验水沙条件

来流量为 6 000 m^3/s，含沙量为 150 kg/m^3，在组次 3 试验地形基础上试验。开启 4 台机组、3 个底孔、3 条排沙洞、3 孔排沙闸及 1$^\#$～8$^\#$ 泄洪闸。试验结果表明，来流流量增大后，河槽继续展宽，坝前 600 m 处河宽达 355 m。河势变化不大。靠近坝前河槽位置不变，电站前冲刷漏斗顶宽仍保持 60～80 m。电站下游流路及地形变化很小，4[#]～8[#]泄洪闸下游淤积泥沙也被冲开，对应防冲槽略有冲刷，深度 0.5 m 左右。冲淤基本平衡后的河势及地形见图 5-39。

机组进口底部含沙量与上部含沙量之比为 1.05～1.1；底孔进口底部含沙量与上部含沙量之比为 1.05～1.15；排沙洞进口前底部与表面含沙量之比为 1.1～1.2；排沙闸进口前底部与表面含沙量之比为 1.05～1.1。泄洪闸下泄水流含沙量与来流一致。

各泄水建筑物出流含沙量差别也不大。模型实测底孔出流含沙量与相邻机组之比为 1.05～1.2。底孔与机组出口泥沙中值粒径 d_{50} 之比为 1.02～1.15。

因电站坝段总泄量和试验组次 3 基本相等，所以电站前冲刷漏斗形状尺寸和试验组次 3 基本一致，漏斗纵剖面差别也很小。

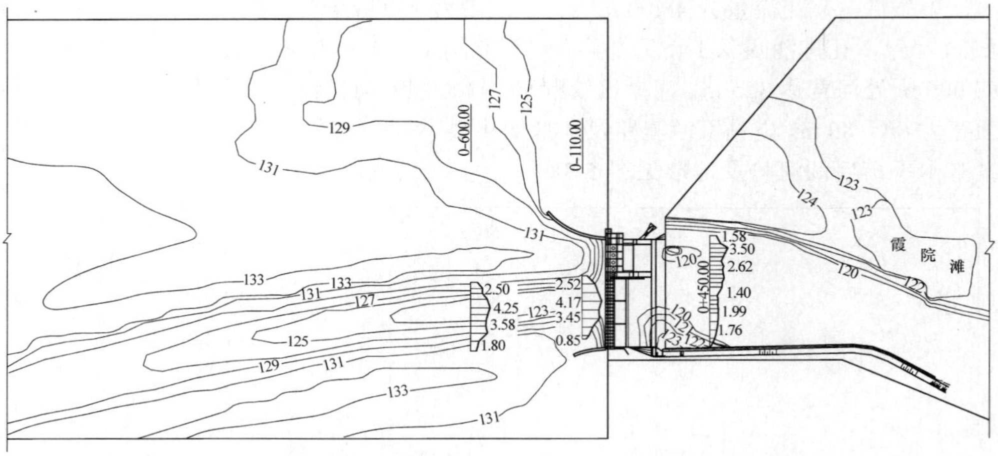

图 5-39　试验组次 4 河势及冲淤地形　（流速单位：m/s）

第八节　电站排沙底孔防淤堵及拉沙调度运用坝前漏斗形态

试验主要研究库区淤积平衡状态下，电站前底孔淤积速度和底孔开启后拉沙情况。同时，研究机组与底孔不同开启组合时，进口前淤积变化。结果分述如下。

一、汛期底孔关闭时进口淤积速度和开启时拉沙效果

(一)组次 1 试验水沙条件

试验条件：上游水位 131 m，流量 800 m^3/s，含沙量 40 kg/m^3。观测只开电站机组时底孔前淤积面升高速度、淤积地形，并观测在该淤积状态下，打开底孔后，淤积泥沙冲开时间。为了观测底孔打开对两侧机组前拉沙效果，2[#]和 3[#]机组全开，1[#]机组局部开启调节上游水位。淤积完成后，开 2[#]底孔拉沙。前期地形是第七节汛期水位 132 m 第 4 试验组次淤积地形。

流量 800 m^3/s、含沙量 40 kg/m^3 长时间运行后，形成的平衡河槽见图 5-40。由图可

见，库区河槽宽度减小很多，坝上 600 m 处河槽宽度仅 90 m，坝前河槽王对 5[#]～13[#]泄洪闸，电站为侧向进流。

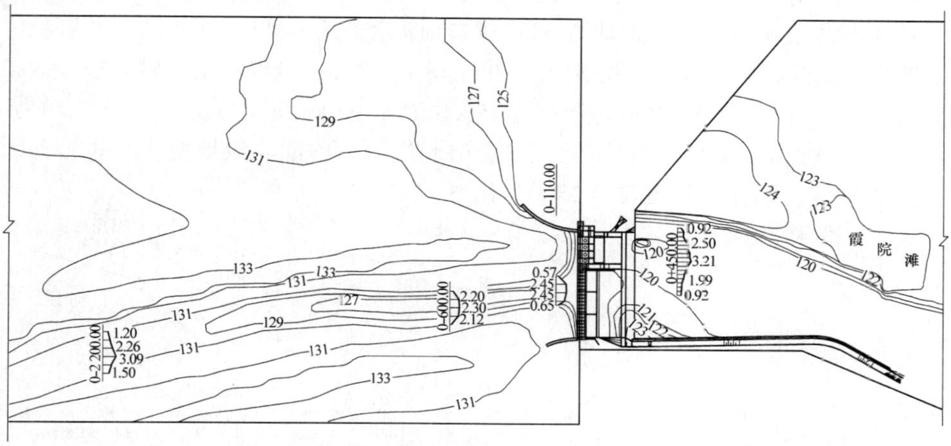

图 5-40　防淤堵试验组次 1 库区河势及地形（流速单位：m/s）

试验结果表明，由于 1[#]～3[#]机组发电过水，1[#]和 2[#]底孔前泥沙分别淤积至 113.7 m 和 113.8 m 高程，3[#]底孔前淤到 116.4 m 高程。各底孔前泥沙淤积速度差别不大，淤积到 110 m 及 113.5 m 高程，分别用了 4 小时和 9 小时(原型时间，下同)。电站前淤积漏斗顶宽为 50～55 m，漏斗纵剖面见图 5-41。

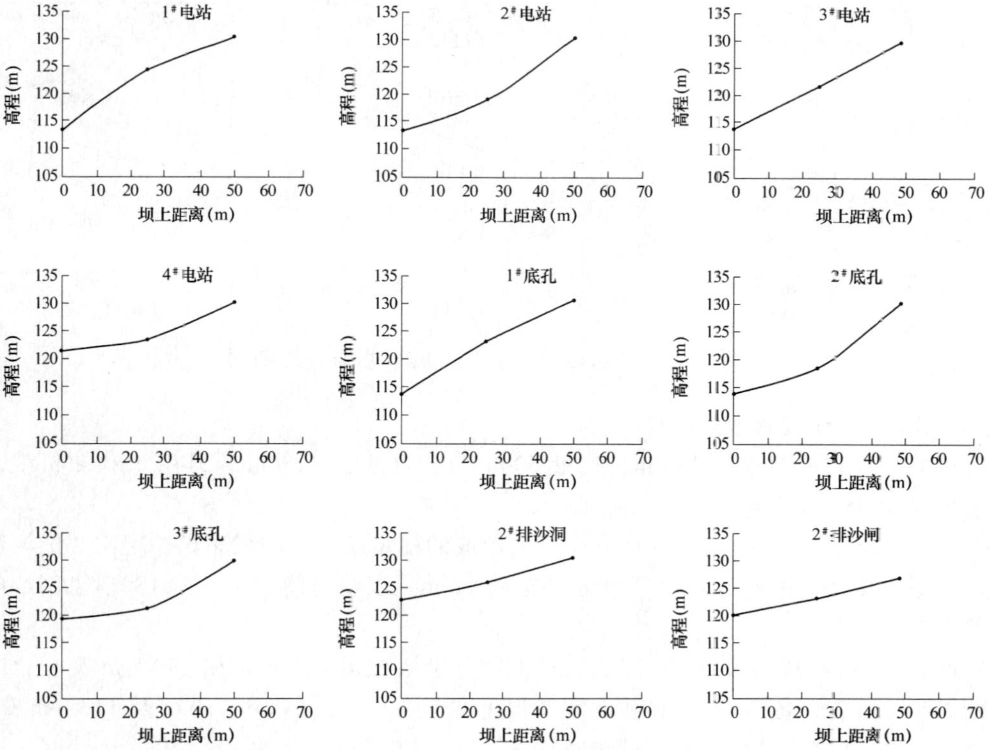

图 5-41　防淤堵试验组次 1 拉沙前漏斗纵剖面

在淤积达到稳定时，开启 2#底孔拉沙，并关闭 1#机组，用 2#机组调控水位。试验观测到，2#底孔从闸门全开到开始排沙过水，原型时间仅半分钟左右。底孔开始排沙后，进口淤积的泥沙很快被冲掉，2#及 3#机组进口前泥沙淤积高程随之降低。冲刷稳定时，2#及 3#机组进口前泥沙淤积高程分别为 110 m 及 111.5 m。可以看出，底孔拉沙效果是非常明显的。底孔与机组出口含沙量分别为 45 kg/m^3 和 37 kg/m^3 左右，二者之比约为 1.22。拉沙前后，电站前漏斗顶宽变化不大，只会引起进水口前漏斗纵坡变化。拉沙前，漏斗纵坡缓，拉沙后，漏斗纵坡变陡，结果见图 5-42。

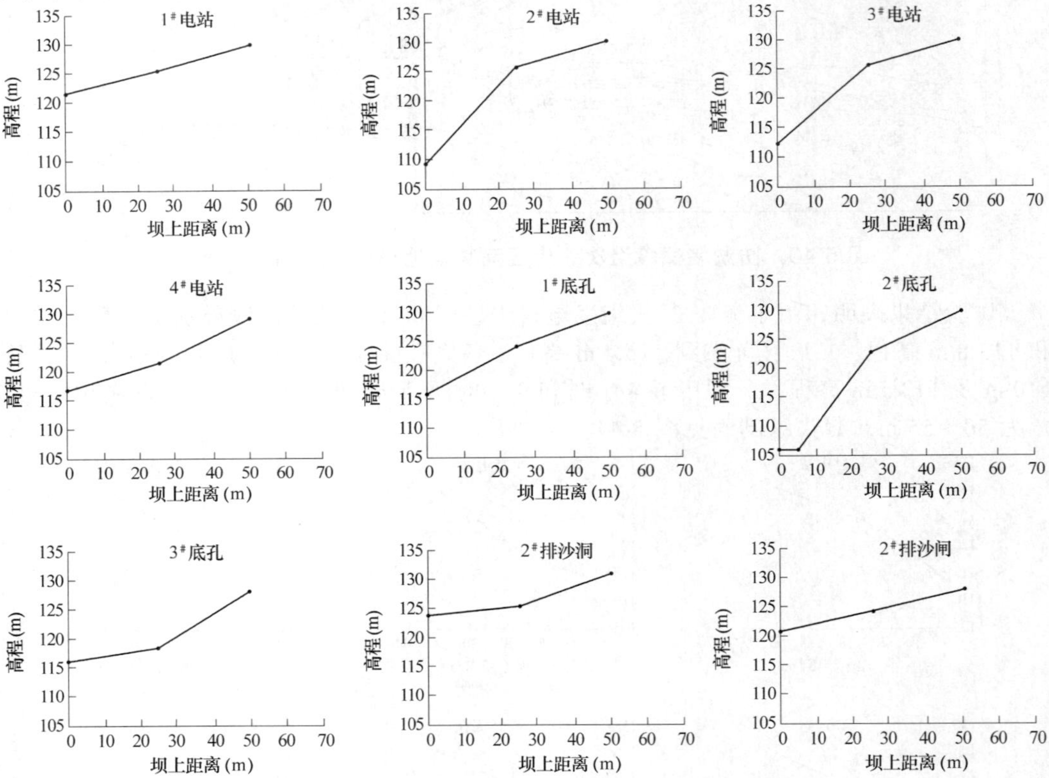

图 5-42　防淤堵试验组次 1 拉沙后漏斗纵剖面

(二)组次 2 试验水沙条件

试验条件：上游水位 131 m，流量 600 m^3/s，含沙量 8 kg/m^3，开启 1#和 2#机组，前期地形是防淤堵试验组次 1 的地形。

流量 600 m^3/s、含沙量 8 kg/m^3 运行后形成的稳定河势与防淤堵试验组次 1 的河势一致，河槽宽度略有缩窄，坝上 600 m 处宽约 80 m。坝前河槽正对 5#～13#泄洪闸，电站为侧向进流。

底孔前淤积稳定后，1#和 2#底孔前泥沙分别淤积至 113.6 m 和 114.8 m 高程，3#底孔前淤到 118.2 m 高程。各底孔前泥沙淤积速度差别不大，淤积到 110 m 及 113.6 m 高程，分别用了 24 小时和 48 小时(原型时间)，3#底孔前淤到 117 m 高程，用了 64 小时。电站前淤积漏斗顶宽 50～55 m，漏斗纵剖面见图 5-43。

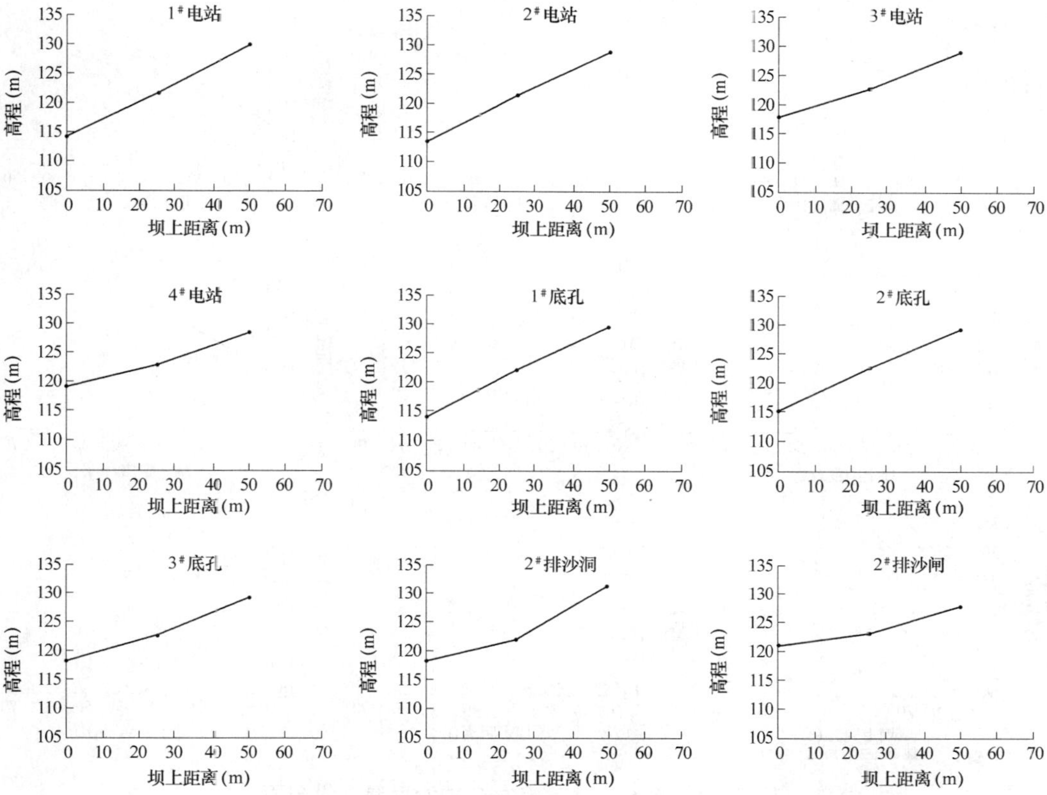

图 5-43　防淤堵试验组次 2 拉沙前漏斗纵剖面

在淤积达到稳定时，开启 3#底孔拉沙，并关闭 2#机组，控制坝前水位不变。试验观测到，3#底孔从全开到开始排沙过水，原型时间 2 min 左右。但过流约半分钟，因进口淤积泥沙塌落，排沙洞洞口被淤堵，出现断流现象，又过约 1 min，底孔才开始排沙，此后，未再断流。排沙洞正常排沙后，进口淤积的泥沙很快被冲掉。冲刷稳定时，3#及 4#机组进口前泥沙淤积高程分别为 113 m 及 114 m，漏斗纵剖面见图 5-44。根据 3#底孔两侧机组前泥沙淤积高程可以看出，底孔拉沙漏斗两侧坡度较陡。底孔与机组出口含沙量差别很小，经多次测量取平均值，分别为 8.5 kg/m^3 和 7.2 kg/m^3 左右，二者之比约为 1.2。出口泥沙粒径基本一致。

由于模型沙的淤积固结过程与原型沙不一定完全相似，因此防淤堵及拉沙试验的时间参数仅能做为定性参考。

二、汛期底孔与机组联合运用电站前漏斗冲淤形态

试验条件：上游水位 131 m，流量 800 m^3/s，含沙量 16 kg/m^3。

(一)试验组次 1(1#、3#机组和 2#底孔)联合运用

在防淤堵试验组次 2 的地形基础上进行试验，开启 1#、3#机组和 2#底孔。为保证水

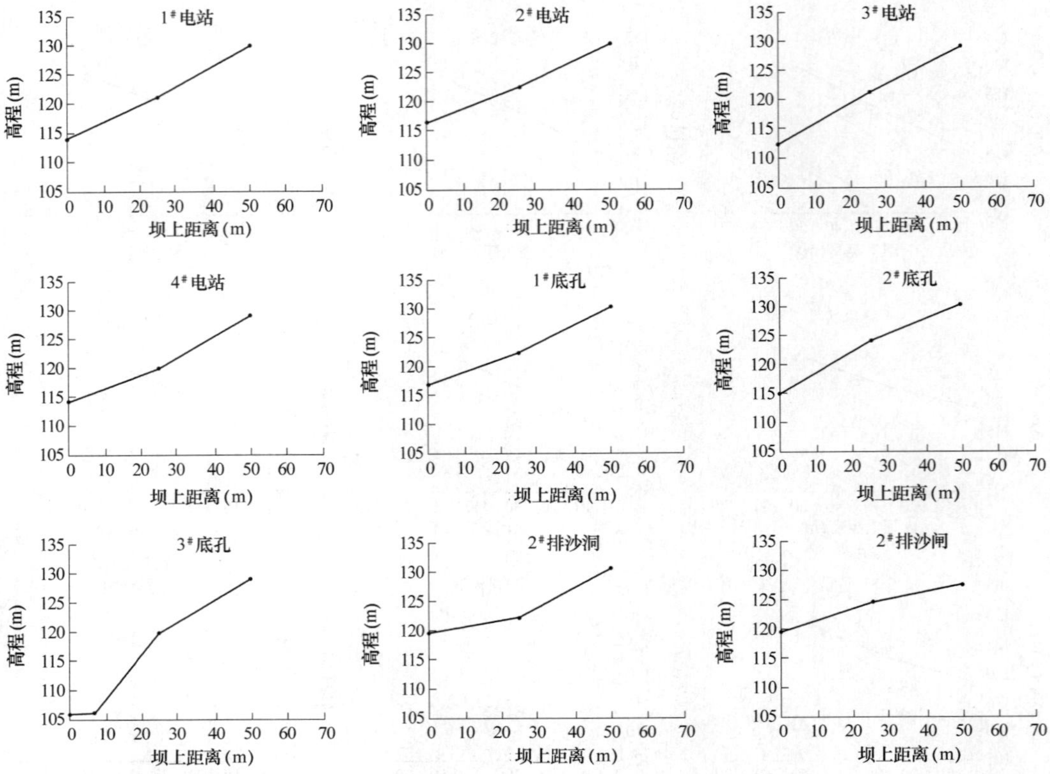

图 5-44　防淤堵试验组次 2 拉沙后漏斗纵剖面

位不变，底孔局部开启。结果表明，$2^{\#}$底孔泄量 100 m^3/s，可以保持底孔前 2 m 范围内无泥沙淤积。同时能保证 $3^{\#}$机组前泥沙淤积高程不超过 110 m。电站前冲淤漏斗顶宽 50～55 m，底孔和机组出流含沙量差别很小，出口泥沙粒径也基本一致。

(二)试验组次 2($1^{\#}$、$3^{\#}$机组和 $1^{\#}$、$3^{\#}$底孔)联合运用

在试验组次 1 试验后地形基础上进行该组试验。开启 $1^{\#}$、$3^{\#}$机组和 $1^{\#}$、$3^{\#}$底孔进行试验，其中底孔局部开启。结果表明，$1^{\#}$、$3^{\#}$底孔各泄 100 m^3/s，可以保持底孔前 2 m 范围内无泥沙淤积。同时能保证 $1^{\#}$、$3^{\#}$机组前泥沙淤积高程不超过 111 m 左右。电站前冲淤漏斗顶宽变化不大，仍为 50～55 m。底孔和机组出流含沙量差别不大，出口泥沙粒径也基本相同。

三、非汛期底孔与机组联合运用下游冲刷

非汛期正常高水位 134 m，下泄流量小、含沙量低情况下，下游水位较低，当排沙建筑物排沙时，上下游水位落差较大。此时，有可能对下游造成冲刷。

试验条件：上游水位 134 m，泄流量 600 m^3/s，含沙量 6 kg/m^3，开启 1 台机组发电和 1 个底孔排沙联合运用。

结果发现，1 台机组和相邻 1 个排沙底孔组合泄水时，下游冲刷最严重。对应底孔出

口的防冲槽可冲刷至 105 m 高程。电站下游汛期运用形成的沙滩，受底孔与机组下泄水流冲刷，随泄流时间延长，沙滩逐步被水流淘刷，直至消失。

第九节　王庄引水闸及下游灌溉引水闸引水引沙观测

一、王庄引水闸引水引沙观测

王庄引水闸设计引水流量 15 m^3/s，取水保证率 70%。试验过程中，除设计洪水和校核洪水试验，其他试验工况下均处于开启状态。

结果表明，不管上游主河槽在坝前的哪个部位，王庄引水闸只要不关闭，总会在泄洪闸前形成一通向主河槽的流道。模型实测流道宽度在 8～15 m 之间。当来流含沙量较大时，引水闸前泥沙淤积还是比较严重的，应经常开启冲沙闸拉沙。否则，泥沙淤积面将很快达到引水闸进口底板高程。冲沙闸开启拉沙，可以保证引水闸前河底高程与冲沙闸底板高程在半径约 10 m 范围内门前清。

王庄引水闸前水深较小，模型上难以测量垂线含沙量，因此只对出口平均含沙量进行观测。实测结果为：当来流流量较大、含沙量较高(流量 2 000 m^3/s 以上、含沙量 30 kg/m^3 以上)时，来流含沙量与王庄引水闸出口平均含沙量之比在 1.05～1.3 之间；当来流流量、含沙量小(流量 800 m^3/s 以下、含沙量 16 kg/m^3 以下)时，比值为 1.05～1.2。来流泥沙粒径与王庄引水闸出口泥沙粒径差别不大，二者之比在 1.03～1.15 之间。

二、灌溉引水闸引水引沙观测

根据汛期多组试验观测，只要排沙洞过流，灌溉引水闸前就能保持畅通的流道，引水流量可以满足设计要求。当排沙洞长期关闭，机组或底孔泄流会在引水闸进口附近产生回流，造成泥沙淤积。在此条件下，当灌溉引水闸持续引水时，可保证进口前泥沙淤积高程和引水闸底板高程相同；当灌溉引水闸也长期关闭时，引水闸前泥沙淤积可达水面高程，形成沙滩出露。

测量结果表明，由于电站坝段各泄水建筑物泄水时，下游水流紊动较强，水流含沙量垂线分布比较均匀。当排沙洞不泄流时，灌溉引水闸引水含沙量比来流含沙量略低，二者之比一般为 1.05～1.2。当排沙洞泄水时，由于其出口含沙量一般比来流含沙量略大，且水流紊动强烈，含沙量垂线分布更加均匀，若此时引水闸引水，则引水含沙量与来流含沙量相等，甚至比来流含沙量还大。所以，在排沙洞泄流时，应尽量少引水甚至不引水。

第十节　枢纽总体布置优化方案试验小结

枢纽总体布置优化方案试验取得的主要结论包括：

(1)各种运用条件下，模型实测泄流能力与设计值基本一致。

(2)上游导墙头部冲刷深度已接近导墙底部设计高程。由于影响导墙头部冲刷的因素很多，建议对导墙冲刷问题进行专项试验研究。

(3)正常蓄水位条件下，排沙闸和排沙洞单独泄流排沙时，可造成对应的防冲槽产生冲刷。建议对排沙闸及排沙洞后防冲槽采取铺设铅丝石笼防护措施。

(4)下游 0+250 m 断面，受泄洪闸泄流及防冲槽下游坡影响，随流量增大，模型实测水位与设计差值增大，建议用与设计值符合较好的 2# 断面(0+450)作为下游水位的控制断面。

(5)下游左岸锥坡处，因水流扩散，形成绕流冲刷。校核洪水时，冲刷坑底高程深达 110.5 m，铅丝石笼被水流冲刷移位。建议铺设的铅丝石笼底宽增加至 8 m 左右。

(6)校核洪水时，下游右侧护岸在桩号 0+1 090 m 上游 80 m 和下游 100 m 范围，护岸跟脚处的散抛石已经全部被冲失，建议增大护脚散抛石的块度、抛石槽尺寸或设铅丝石笼防护。

(7)当泄洪闸长期关闭时，发电排沙会在泄洪闸下游海漫及防冲槽附近产生回流淤积。当泄洪闸泄流时，会产生水流集中，造成防冲槽冲深 1～2 m，建议加大泄洪闸下游防冲槽抛石粒径或采取铅丝石笼防护。

(8)王庄引水闸或冲沙闸只要开启，就会在泄洪闸前形成宽 8～15 m 的流道，引水有保证。但应保持该流道常流水，否则，会引起流道泥沙淤积，造成引水困难。

(9)灌溉引水闸在各种运用工况下都能引到水。但在运行过程中，要经常观察引水口泥沙淤积情况，适时开启排沙洞，对引水口附近的泥沙进行冲刷。

(10)电站下游左侧受潜滩的影响，分流较少，流速较小，泥沙逐渐落淤，最终形成滩地，使得霞院滩北股河断流。随泄量增大，下游水位升高，左侧滩地发生漫流，但因流速较小，泥沙继续淤积，形成水面有多高，滩面有多高的局面，北股河最终断流。

(11)根据两次造床试验可知，当电站前河床开挖至 120 m 高程时，主河槽正对电站坝段，河槽较窄；当泄洪闸前河床高程也开挖至 120 m 时，主河槽相对较宽。

(12)在电站坝段为侧向进流状态时，汛期各种调度运用条件下，电站前冲刷漏斗顶宽度都变化不大，为 50～80 m。漏斗纵向坡度为 13°～28°。

(13)电站前含沙量垂线分布较均匀，底孔出流含沙量略大于机组出流含沙量，二者之比在 1.05～1.35 之间；底孔出流泥沙粒径也略大于机组，二者中径 d_{50} 之比为 1.02～1.25。

(14)由于模型沙的淤积固结过程与原型沙不一定完全相似，因此防淤堵及拉沙试验的时间参数仅能做为定性参考。

第六章　西霞院工程初设阶段河道泥沙模型试验研究

第一节　工程概况及枢纽河段河道特征

一、工程概况及试验研究内容

(一)工程概况

黄河西霞院工程最大坝高 46.0 m，水库总库容 1.62 亿 m^3，设计洪水流量 9 870 m^3/s，校核洪水流量 13 940 m^3/s。水库正常蓄水位为 134.0 m，设计洪水位 132.87 m，校核洪水位 134.70 m，汛期限制水位 131.0 m。

西霞院工程的运用方式为：主汛期(7～9 月)洪水含沙量大，水库按汛期限制水位 131.0 m 运用，并按入库流量泄洪，当入库流量大于汛期限制水位泄流能力时，滞洪运用；非汛期(10 月～次年 6 月)按正常蓄水位 134.0 m 运用，日内有 0.5 m 左右浮动。

西霞院工程主要建筑物有土坝、21 孔泄洪闸、6 台发电机组、6 孔排沙洞等，排沙洞位于电站两侧，泄洪、排沙、发电建筑物集中布置在大坝中部。泄洪闸为主要泄水建筑物，采用开敞式闸型布置，堰顶高程 126.4 m，堰型为 WESⅣ型曲线实用堰，闸室长 35 m，闸孔总净宽 252 m。闸下游采用消力池底流消能，消力池段总长度 55 m，消力池后接 100 m 长海漫段。

(二)试验研究内容

西霞院工程作为小浪底水利枢纽的反调节水库，工程布置和运用方式对小浪底电站尾水位及下游河段河道整治工程的影响问题，除用资料分析和数学模型计算外，还需进行模型试验，进行综合分析论证。水利部水电规划设计总院对西霞院工程可行性研究报告的审查意见(水规设[1997]22 号)第 4.8 条中也明确指出“……初设阶段应结合模型试验，分析复核库区泥沙淤积论证枢纽防沙设施布设的合理性以及工程布置对下游河势的影响。”因此，西霞院工程设计部门黄委会勘测规划设计研究院委托黄委会黄河水利科学研究院进行西霞院工程泥沙模型试验研究。

依据泄水建筑物在工程中位置的不同，西霞院工程共有 3 种布置方案，即右岸滩地布置方案、左岸滩地布置方案和主槽布置方案。各方案的布置见图 6-1。

针对工程布置设计中需要解决的问题，委托单位要求本项泥沙模型试验的研究任务主要包括以下几方面：

(1)在开展西霞院工程修建前河势变化试验的基础上，分别对在左、右岸滩地及主槽布置泄水建筑物的方案进行试验，测试坝址下游河势变化情况，并通过试验，研究使下游保持原河势所需采取的工程措施。

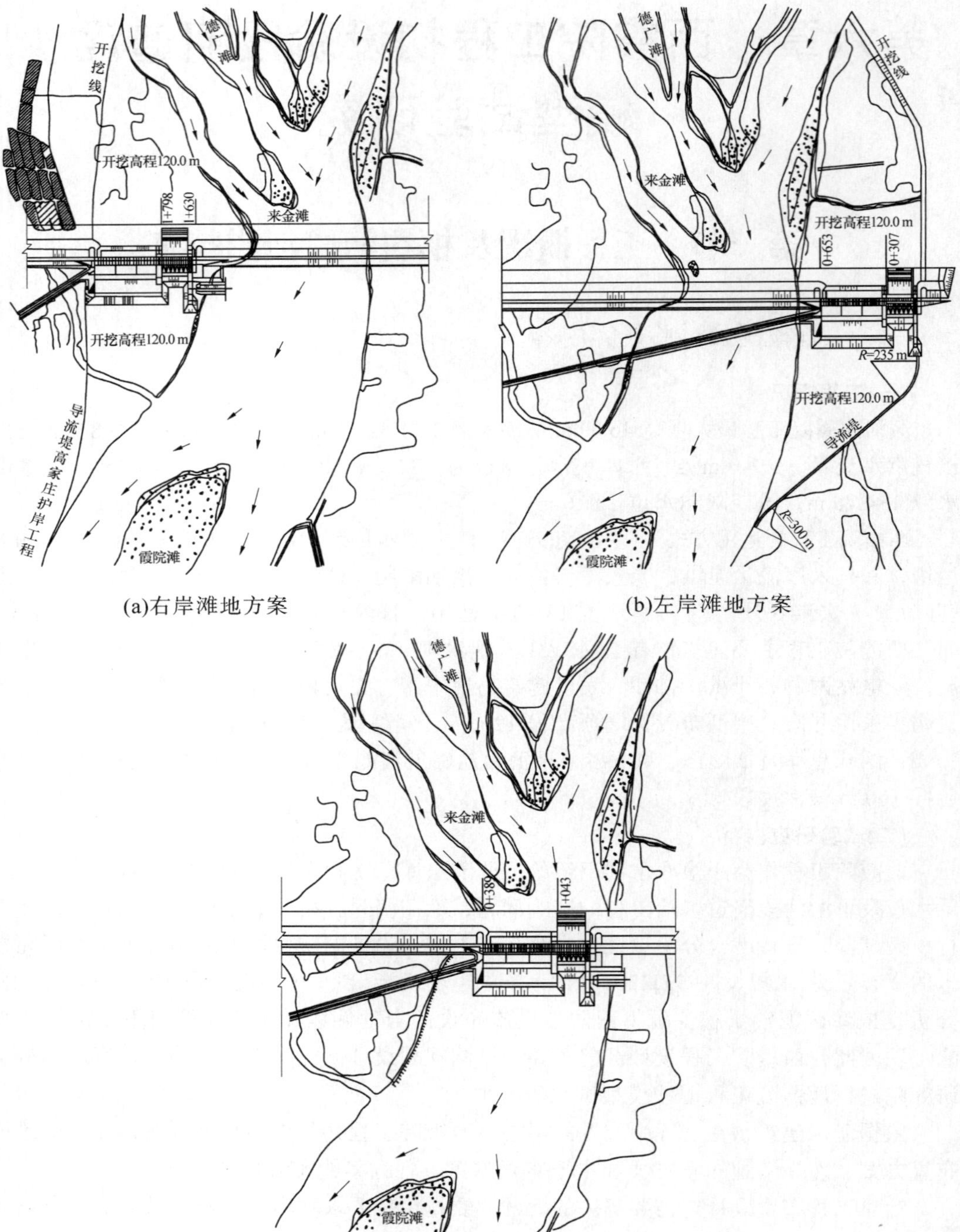

(a)右岸滩地方案　(b)左岸滩地方案

(c)主槽方案

图 6-1　西霞院工程平面布置图

(2)采用丰、平、枯不同水沙组合(或系列年)进行库区泥沙淤积形态(库区纵、横断面形态)的变化试验，观测库区稳定流路的形成过程，验证水库淤积平衡后的纵、横断面形态及其对小浪底坝下水位的影响。

(3)为使试验的精度能为工程设计提供可靠的资料，委托单位要求本模型水平比尺不大于 600，此外要求试验提出的枢纽布置方案及保持下游原河势所需采取的工程措施应得到河务部门的认可。

(4)施工导流试验，通过对非汛期施工导流时库区河势变化及堰前水位的观测，检验围堰设计的安全合理性。

二、工程河段河道特征

西霞院库区位于黄河中游尾段由山区峡谷型河道向平原宽浅游荡型河道的过渡性河段上。西霞院工程回水至小浪底枢纽消力池下，库区长 16 km。小浪底至焦枝铁路桥(长 8 km)为峡谷型河道，河宽 500～1 000 m，两岸的山嘴和碛石滩控制了河道河势；水流出焦枝铁路桥后两岸突然展宽至 3～4 km，水流扩散，多股分流，属于峡谷出口的分汊河型。由上游峡谷带来的砂卵石推移质堆积在焦枝铁路桥以下河段，形成众多河心滩，面积较大的有连地滩、西滩、王庄滩等，滩上常年有人居住，表面分布有粗沙、沙壤土、黏性土等覆盖层，下部为砂卵石层，具有较强的抗冲性。现状水流出焦枝铁路桥后基本上分为南、北、中 3 股，3 股水流在南陈村西南坡头汇合，故西霞院坝址选择在黄河主流集中的南陈村西。

从小浪底至西霞院坝址，河道平均比降为 0.86‰；距坝址 11 km 以上的河段天然河床纵比降比较平缓，约为 0.23‰；坝址 11 km 以下的河段天然河床纵比降较陡，约为 1.17‰。

西霞院水库入库站为小浪底水文站，距西霞院南陈坝址 16 km，1955 年设站观测，1992 年因兴建小浪底水库下移 4 km。库区无大的支流汇入，来水来沙量甚少，河长大于 5 km 的支流只有 5 条，最大的支流为砚瓦河，河长 29 km，支流均无水文泥沙观测资料。小浪底站沙量主要集中于汛期，7 月、8 月尤为突出。汛期水沙量分别占全年的 59% 和 85.6%。据 1974～1988 年的实测资料统计，小浪底与三门峡的泥沙粒径接近，中值粒径为 0.024 mm。

第二节　模型设计和验证

一、模型设计

(一)模型设计相似条件

西霞院工程位于黄河从峡谷型河道向宽浅游荡型河道过渡的河段上，河床组成沿程变化很大，而且边界条件也极其复杂，无疑给模型设计带来了很大的困难。库区河段几十年来河势变化甚微，上游来水中挟带的泥沙，对该河段而言，基本上属于冲泻质。工程修建后，汛限水位 131.0 m，此高程较坝址上游数公里范围内的滩面高，库区无疑将发生严重淤积，悬移质运动所引起的冲淤变化，构成了河床变形的主体部分，因此在试验模拟方面主要考虑悬移质泥沙运动相似。在模型设计上遵循相似条件，详见第四章第二节模型设计部分。

(二)几何比尺、平面布置及模型沙材料

根据试验要求及场地条件，取库区模型平面比尺 λ_L=600，垂直比尺 λ_H=60,几何变率 D_t=10。模型的平面布置见图 6-2，模拟范围由小浪底至花园镇，长 39.2 km。多年来，黄科院曾对天然沙、煤屑及电厂煤灰等各种模型沙进行了土力学特性、重力特性等基本特性的试验分析，认为本试验取郑州热电厂粉煤灰作为模型沙较为适当。

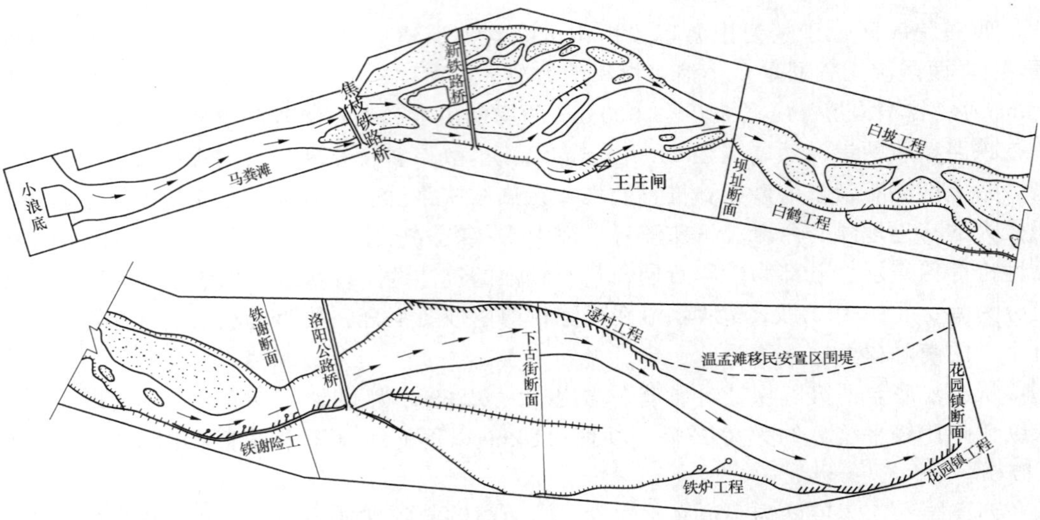

图 6-2　模型平面布置图

(三)比尺计算

小浪底至铁谢河段，河床由砂卵石组成，抗冲能力较强，断面冲淤变化不大。对比西霞院库区河段 20 世纪 60～90 年代卫星图片可以看出：河势基本不变，除了王庄闸下游因修建引黄大渠使南股河局部裁弯外，该河段一直保持多股河的平面形态。白鹤桥位断面图(西霞院坝址下游约 2.5 km)，1985 年 5 月的主流深弘点高程为 115.5 m，比 1933 年洪水过后的主流深弘点高程仅高 0.1 m，大断面形态基本相同，见图 6-3。

与黄河下游河道的剧烈冲淤变化相比，本河段变化甚微，因此该河段河床质模拟上应以阻力相似、起动相似和河型相似为主要的相似条件，故选用不同粗度的天然沙做模型床沙。模型制作上根据原型不同位置及高程床沙取样结果，分段分层铺沙，白坡至铁谢按实地查勘调查结果，河床逐步过渡为砂质河床。模型比尺计算结果见表 6-1。

黄河水利科学研究院 1995 年进行的“南水北调中线穿黄模型试验”和“小浪底移民安置区温孟滩河段河道整治模型试验”，模型试验范围为小浪底—京广铁桥，水平比尺 λ_L=600、垂直比尺 λ_H=60，与本次西霞院库区泥沙模型试验几何比尺一致，经过 1982

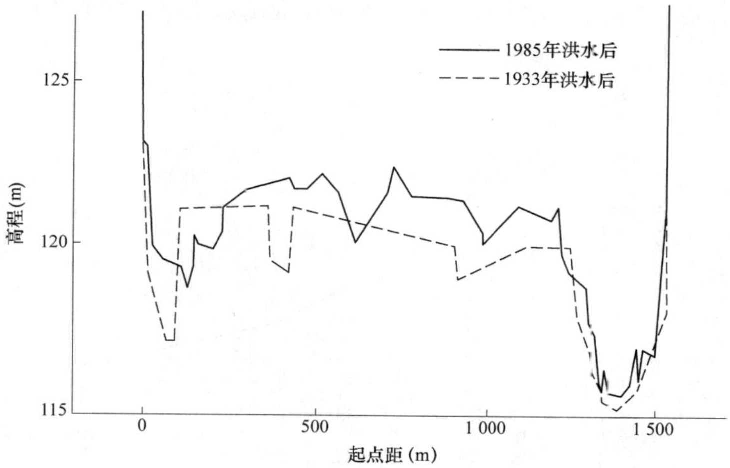

图 6-3　东霞院东—白坡西断面比较图

表 6-1　模型比尺计算表

比尺名称	比尺值	备注
水平比尺 λ_L	600	根据场地条件确定
垂直比尺 λ_H	60	水流运动黏滞系数比尺
水流运动时间比尺 λ_{t_1}	77.5	λ_v=0.718
流速比尺 λ_v	7.75	容重差比尺
糙率比尺 λ_n	0.626	$\lambda_{\gamma_s-\gamma}$=1.5
沉速比尺 λ_w	1.38	干容重比尺
悬移质泥沙粒径比尺 λ_d	0.81	λ_{γ_0}=1.93
砂卵石床沙粒径比尺 λ_D	6.0	
含沙量比尺 λ_s	1.8	
河床变形时间比尺 λ_{t_2}	83	

年洪水验证试验，认为含沙量比尺 λ_s=1.8，相应地河床变形时间比尺 λ_{t_2}=83，能够使模型在水流阻力、平面河势变化、河床冲淤变形等方面与原型相似。由于河床变形时间比尺 λ_{t_2} 与水流运动时间比尺 λ_{t_1} 颇为接近，因而避免了以往库区泥沙模型常遇到的时间变态问题。西霞院库区河段原型实测资料很少，难以进行较为完整的验证试验，故本模型根据上述两模型的验证试验结果，取含沙量比尺 λ_s=1.8 和河床变形时间比尺 λ_{t_2}=83。

二、模型验证试验

西霞院库区河段实测水文泥沙资料不多，难以进行较为完整的验证试验。在模型制作完成后，根据 1 : 5 000 “黄河西霞院库区地形图”上标注的水位资料调查当时小浪底水文站实测流量在 750 m³/s 左右，用相应的水力条件进行检验，结果表明模型水位与原型实测资料吻合良好(如图 6-4 所示)，说明本模型满足水流阻力相似条件。

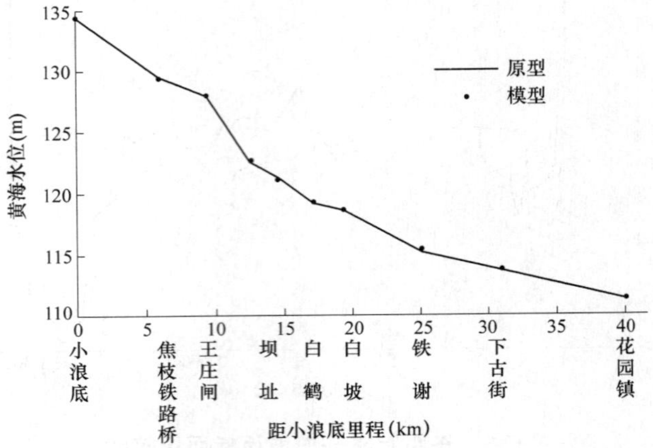

图 6-4　原始河道沿程水面线(Q=750 m³/s)

第三节　枢纽修建后对下游河势影响试验

一、试验水沙条件

为研究泄水建筑物不同布置方案对下游河势及河道整治工程的影响，根据委托部门要求及模型水沙循环系统条件，初步进行中水中沙和大水大沙试验，模型试验在施放中水中沙过程后，连续施放大水大沙过程。

(一)中水中沙过程

历时 34 天，总水量为 60.51 亿 m³，总沙量 3.93 亿 t，平均流量为 2 060 m³/s，平均含沙量 65.08 kg/m³。水沙过程见表 6-2。

表 6-2　中水中沙过程

原型日期(月-日)	流量(m³/s)	含沙量(kg/m³)	累计历时(天)
08-01	800	5.34	1
08-02	800	3.15	2
08-03	800	2.76	3
08-04	2 987	14.8	4
08-05	2 532	66.7	5
08-06	2 113	58.1	6
08-07	800	21.5	7
08-08	2 202	53.6	8
08-09	3 074	120.7	9

续表 6-2

原型日期(月-日)	流量(m^3/s)	含沙量(kg/m^3)	累计历时(天)
08-10	3 555	173.3	10
08-11	2 002	73.8	11
08-12	800	7.29	12
08-13	800	4.98	13
08-14	800	4.34	14
08-15	3589	22.6	15
08-16	2087	30	16
08-17	800	16.2	17
08-18	800	3.49	18
08-19	5 000	196.4	19
08-20	4 336	103.6	20
08-21	2 002	75.3	21
08-22	2 394	67.8	22
08-23	2 932	76	23
08-24	2 211	52.7	24
08-25	800	13.6	25
08-26	2 548	45.6	26
08-27	2 327	31.6	27
08-28	2 244	29.7	28
08-29	800	2.73	29
08-30	5 000	14.4	30
08-31	3 111	81.6	31
09-01	1 000	42.5	32
09-02	1 000	38.2	33
09-03	1 000	11.2	34

(二)大水大沙过程

历时 27 天，总水量为 63.89 亿 m^3，总沙量 6.32 亿 t，平均流量为 2 738 m^3/s，平均含沙量 98.97 kg/m^3。水沙过程见表 6-3。

表 6-3　大水大沙过程

序号	流量(m^3/s)	含沙量(kg/m^3)	历时(天)	累计历时(天)
1	1 530	111	4	4
2	2 490	83	5	9
3	4 347	140	1	10
4	3 090	78	5	15
5	8 000	230	0.5	15.5
6	4 370	97	3	18.5
7	2 240	54	3	21.5
8	1 550	11	5	26.5

二、试验边界条件

库区河段初始地形依照“黄河西霞院库区 1：5 000 地形图”(1986 年版图式，1997 年 8 月成图)制作。坝址下游河段依照黄河下游河道地形图确定河段整治工程位置，用 1995 年汛后实测大断面塑造铁谢—花园镇河道地形。初始河势同 1995 年汛后。

坝址下游白鹤至铁谢险工之间的河势变化主要受工程和铁谢滩的控制。三门峡水库修建前，现白坡工程所在位置曾有一北股河，后由于白坡堵汊，主流一直走南股，只是在白坡下首 800 m、铁谢滩北部有一串沟，枯水期断流，汛期有一定的分流。为此，河南河务局规划设计了四道堵串坝，以稳定下游河道河势。黄河“96 · 8”洪水过后，铁谢滩北部串沟淤积严重，该段地形制作时，参照了“96 · 8”洪水后的地形。

尾门水位根据花园镇历史实测资料，点绘其水位～流量关系曲线，同时用铁谢站 1996 年设防水位进行推延，最终得到委托部门认同的水位～流量关系如表 6-4。

表 6-4　尾门水位～流量关系(大沽高程)

流量(m^3/s)	500	1 000	2 000	4 000	6 000
水位(m)	113.8	114.21	114.82	115.37	115.76
流量(m^3/s)	8 000	10 000	12 000	14 000	16 000
水位(m)	116.12	116.45	116.76	117.05	117.25

三、未修建枢纽情况下河势变化

黄河小浪底枢纽兴建以后，在连地滩料场下游相继修建了北地护滩工程、西滩护村工程、王庄滩护村工程、坡头护岸工程、南陈护岸工程和高家庄护岸工程。黄河出小浪底后，经马粪滩、焦枝铁路桥进入库区河段，该段主流沿南岸行洪，原连地滩北股因小浪底二标挖料场公路的修建，过流量很小。主流行至王庄新闸附近被长明滩、王庄滩分成两部分，一股折向东南，经新媳妇滩、西滩护村工程，下行至坡头护岸工程继续东流；另一股顺王庄闸下游引黄渠、经王庄滩护村工程，绕过德广滩、来金滩，与北股流在南陈护岸工程处交汇。两股流分流比相当，在试验来水来沙条件下，各级流量都基本保持这种河势不变(见图 6-5)。

当流量超过 3 000 m^3/s 时，二标挖料场北股及西滩中股都有少量分流，但由于含沙量较大，很快在进口处形成拦门沙，使其后的相同流量都不再过流。长明滩和王庄滩中部的串沟在 5 000 m^3/s 流量以上也有分洪现象(见图 6-6)，落水后串沟淤积严重，水流恢复原来的河势仍按原来的两股流路行洪。

两股河交汇处，德广滩和来金滩方向来的南股流直冲北岸的南陈护岸工程，而且因自南向北的河床坡降大，水流顶冲较为严重。在中水中沙作用下，顶冲位置有所下挫，故紧靠坝址下游处右岸发生淤积，而且大水的作用直接影响霞院滩的水流分配，其结果使霞院滩北股有所发育，改变了初始两汊的分流比例，主流经北股导向白鹤工程下延坝段，如图 6-7 所示。

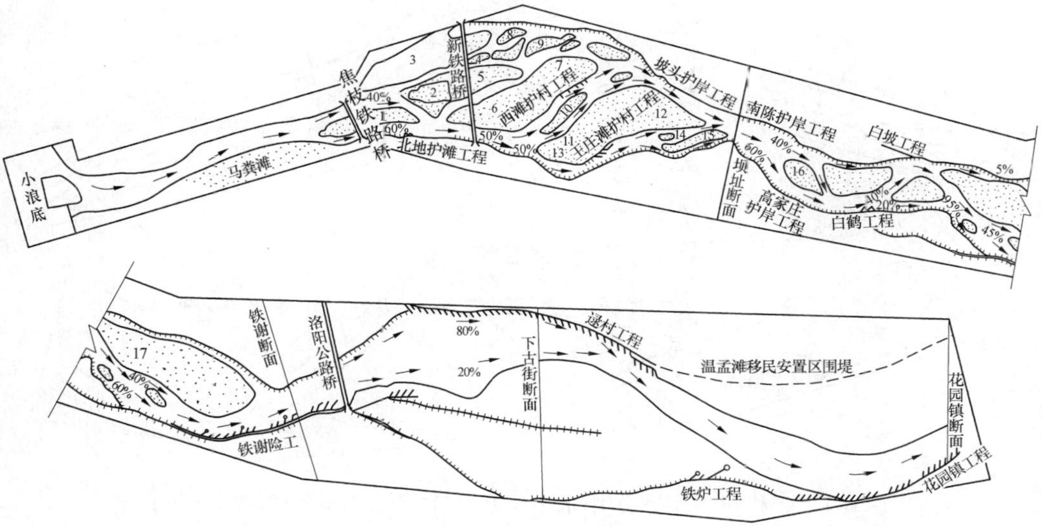

1—大皇庙滩；　2—二标挖料场；　3—十一局挖料场；　4—蒲草滩；　5—连地滩；
6—柿林滩；　7—西滩；　8—栋树滩；　9—油坊滩；　10—新媳妇滩；
11—长明滩；　12—坡头滩；　13—王庄滩；　14—德广滩；　15—来金滩；
16—霞院滩；　17—铁谢滩

图 6-5　无枢纽时河势图(中水中沙 8 月 4 日，Q=2 986.97 m^3/s)

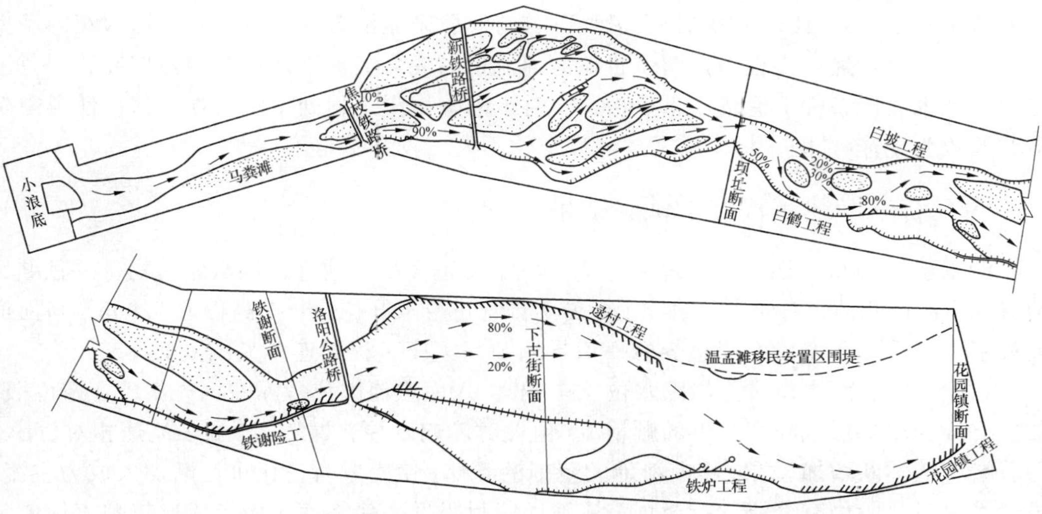

图 6-6　无枢纽时河势图(中水中沙 8 月 19 日，Q=5 000 m^3/s)

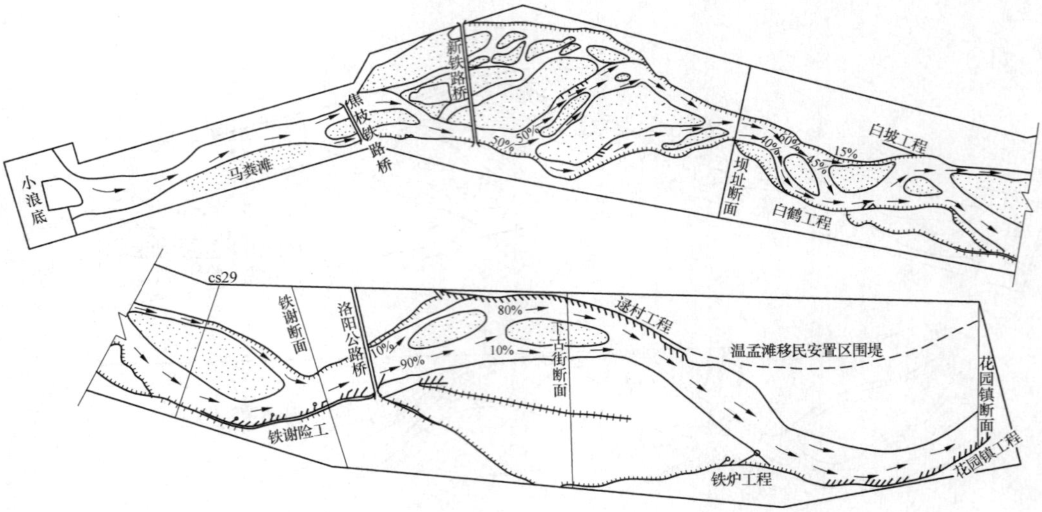

图 6-7 无枢纽时河势图(中水中沙 8 月 31 日，Q=3 110.78 m³/s)

大河出白鹤工程后，河势也较稳定，主流由白鹤送至白坡，约 20%从白鹤下首直接进入铁谢湾。铁谢滩北股在 3 000 m³/s 流量左右时开始分流，分流量与大河流量成正比，其进口处随含沙量的增加淤积比较明显。试验初始，主流弯顶紧靠白坡工程下首，随着流量的增加，水流所需弯道半径也增加，弯顶下移。因此，若要保持铁谢段单股河的流势，白坡堵串势在必行。铁谢工程上首河中有一心滩，小水时主流在右股，大溜靠填弯坝上首；大水时，主流趋直，左右两股所占比例相当，大溜直趋填弯坝。铁谢送流至逯村工程时，在洛阳公路桥下游水流分成两股，主流在逯村上延 1#～3#坝着溜靠工程行洪，南股流量较小，占 10%～20%，在逯村下首与北股来流汇合，变成单股河送入花园镇控导工程。主流在逯村工程的着溜位置随大河流量的变化上提下挫，但均在控导工程范围之内。大水大沙条件下流量为 8 000 m³/s 时，南陈护岸工程处主流弯顶下移，使得霞院滩北股成为主流(见图 6-8)。总之，河势变化不大，较为稳定。

四、右岸滩地布置方案试验结果

泄水建筑物布置在右岸滩地后，为了使水流正面平顺地进入泄水建筑物，并且顺畅地流入下游白鹤湾，对泄水建筑物上下游滩地均进行了开挖，开挖高程为 120 m，与河道高程基本齐平，下游沿右岸边界修一道导墙与高家庄工程相连，见图 6-1。

试验开始，库水位升至汛限水位 131.0 m，入库主流因位置靠右，先淤王庄滩南股，然后北股在坝前形成较大范围的顺坝流。但此时库内水深普遍较大，顺坝流速相对较小。随着淤积的不断增加，加之坝前滩地大范围的开挖，使南股所占比重逐渐加大成为主流，虽然大水时北股仍有分流，行至坝前流速已降得很低，最终库区内形成比较顺直的单一流路。由于该组水沙系列相对较短，相对稳定流路形成后，没有反复的淤滩过程，故库区内滩面尚未完全达到汛限水位。

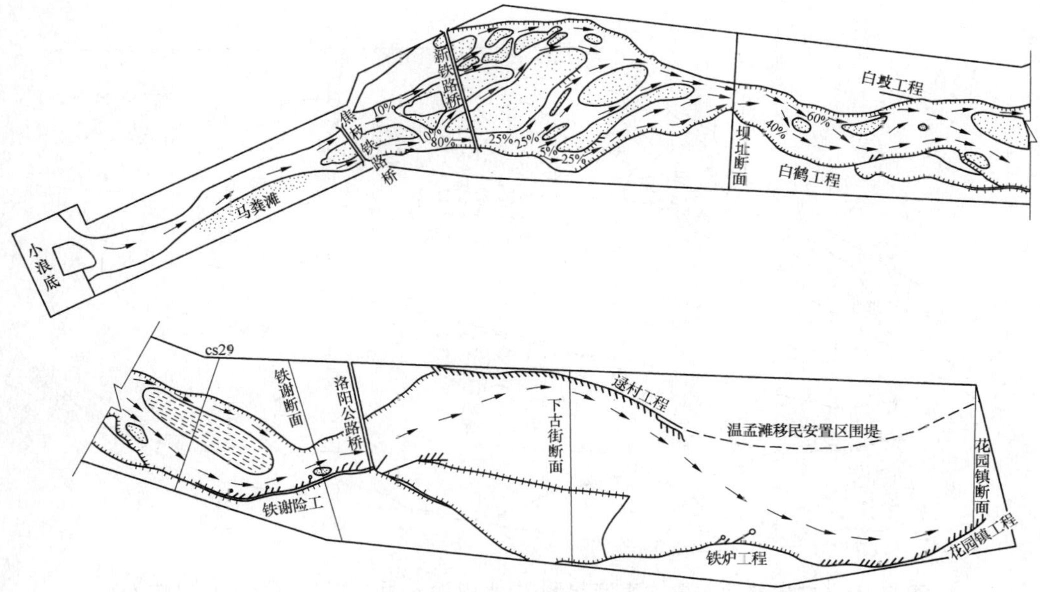

图 6-8 无枢纽时河势图(大水大沙，$Q=8\ 000\ m^3/s$)

通过泄水建筑物的主流经下游右岸导墙直接进入白鹤湾，少部分水流绕到霞院滩原北股，由于其流量较小，流速变低，淤积加重，随着放水时间的延长，辶流量在不断减少，北股最终被淤塞，只是在大流量时有少量分流。不同时段枢纽下游河势变化如图 6-9～图 6-11 所示，经过白鹤湾的调整，主流仍导向白坡，其下河势变化基本在控导工程控制范围内。与无建筑物时河势比较，主要变化发生在坝址至白坡之间，白鹤工程前变成了单股河。

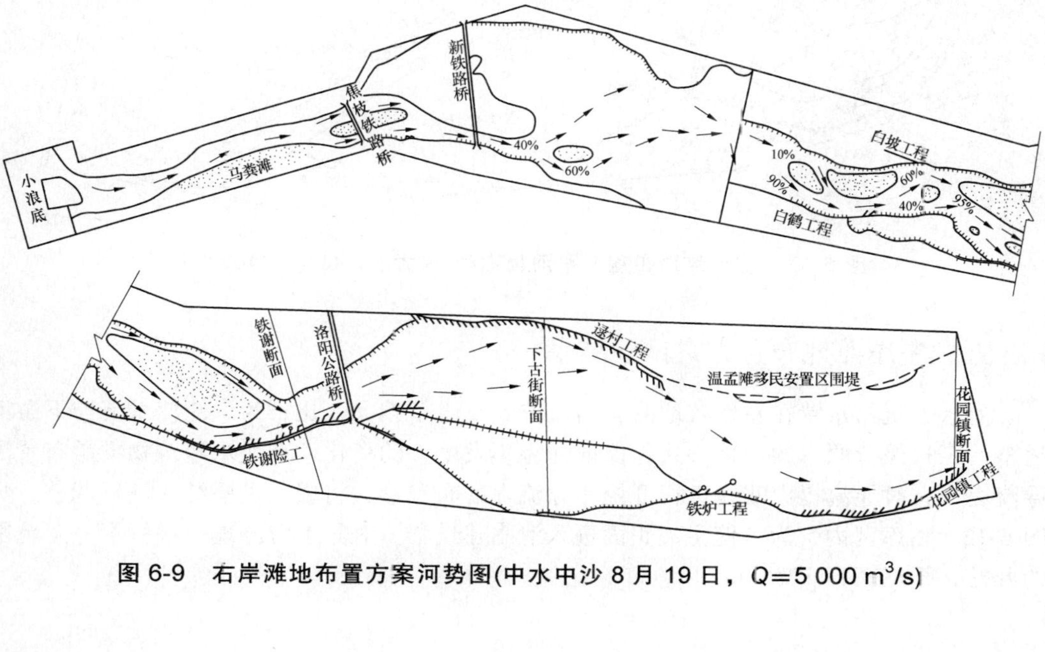

图 6-9 右岸滩地布置方案河势图(中水中沙 8 月 19 日，$Q=5\ 000\ m^3/s$)

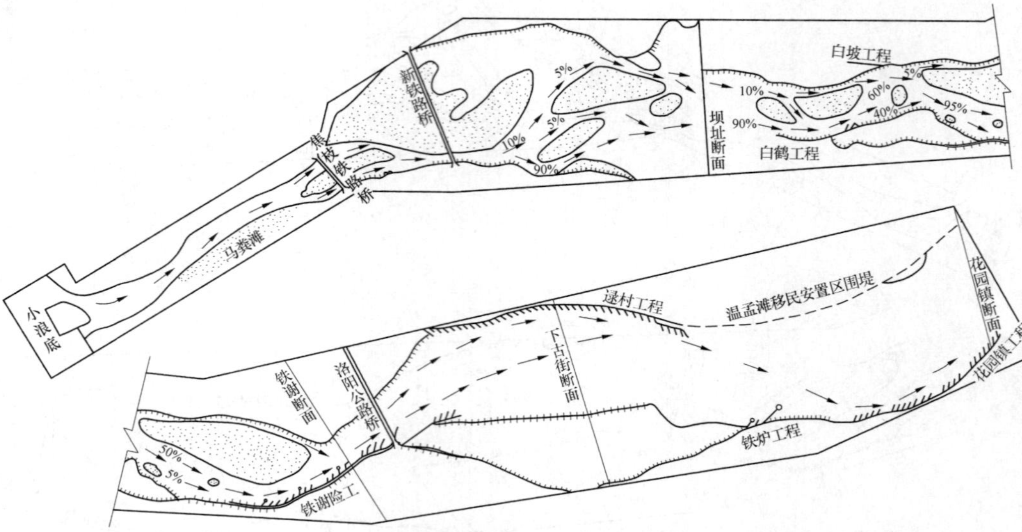

图 6-10 右岸滩地布置方案河势图(中水中沙 8 月 30 日，$Q=5\ 000\ m^3/s$)

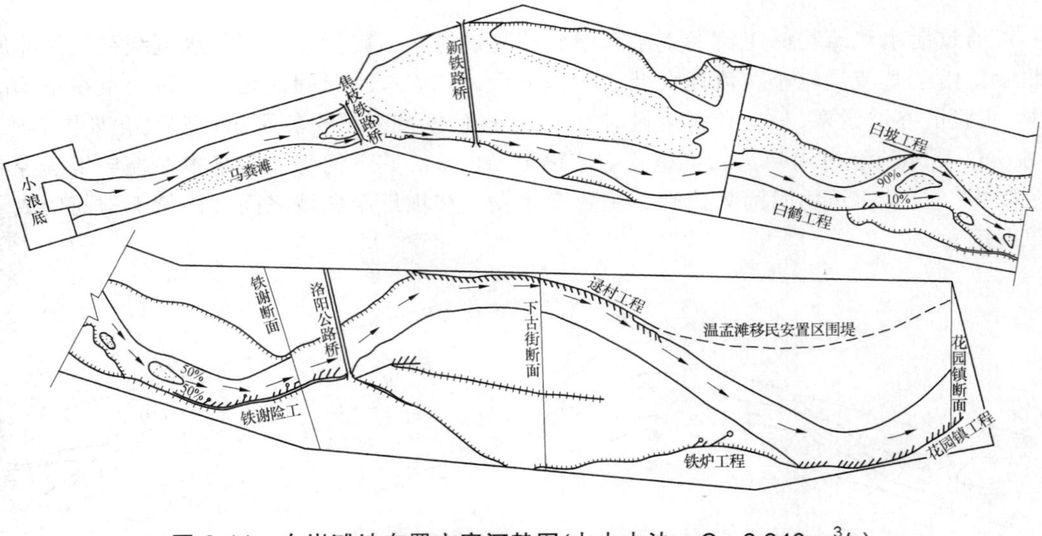

图 6-11 右岸滩地布置方案河势图(大水大沙，$Q=2\ 240\ m^3/s$)

五、左岸滩地布置方案试验结果

泄水建筑物布置在左岸滩地后，出流位置发生了较大变化，为了能使水流与下游河道整治工程保持原有的衔接方式，保证河势不发生大的变化，在泄水建筑物下游布置了导流堤，且对导流堤内滩地进行开挖，导流堤的布置形式将根据试验结果进行调整，见图 6-12。在库区内，为了使主流正面进入泄水建筑物，对其上游滩地也进行了一定范围的开挖，开挖高程 120.0 m

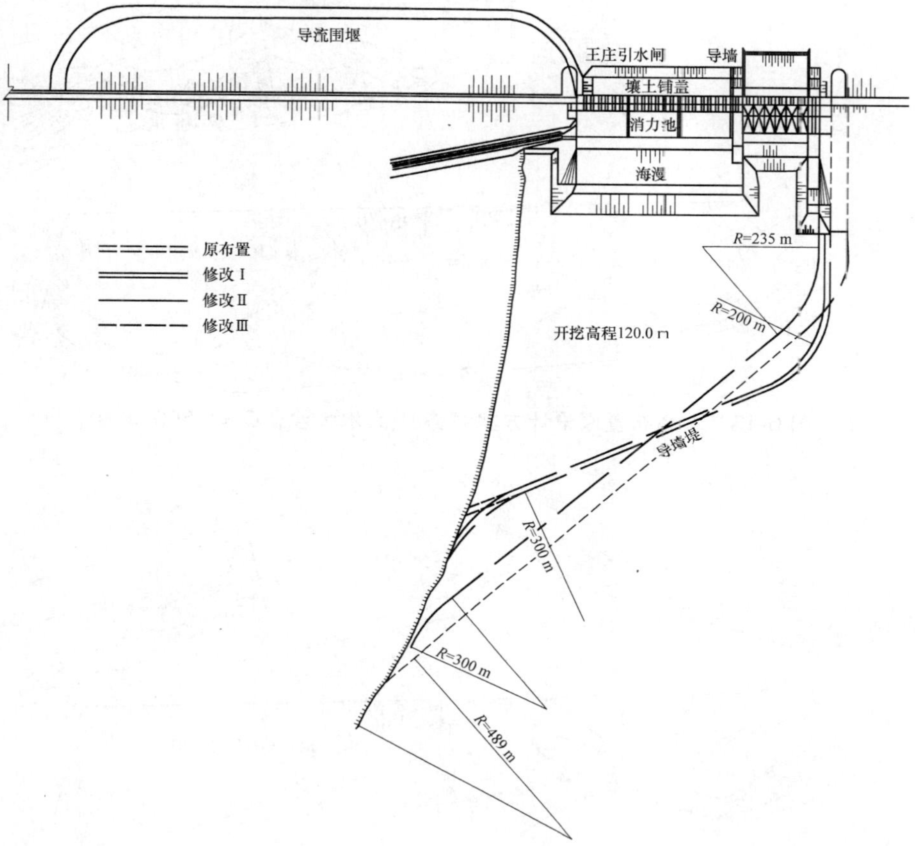

图 6-12　左岸滩地方案下游导流堤修改布置图

(一)原设计方案

根据前述右岸滩地布置方案模型试验发现，库区在上述水沙条件下尚未达到淤积平衡，库区淤积形态还需更长系列水沙过程的试验。而对下游河势演变试验来讲，水库蓄水运用初期，绝大部分泥沙在库区落淤，出库沙量相对较少。因此，左岸滩地布置方案试验中对沙量较大时的入库含沙量没有严格按设计要求控制(偏小)，库区淤积相对较少，尚未形成相对稳定的流路。不同时段河势变化如图 6-13～图 6-15 所示。泄水建筑物下游与没有枢纽时的河势相比，霞院滩南股分流比明显增大，大约 80%水流通过南股被导入白鹤湾，而且由于坝下导流堤的作用，着溜部位靠高家庄护村工程上首，超出了该工程的防护范围，使该段滩岸冲刷严重。其下河势与无建筑物时相比变化不大。以上现象说明坝下导流堤向南导流作用过强，为了增加霞院滩北股分流比并同时减弱对高家庄上首滩岸的冲刷，试验对坝下导流堤末端局部形式进行了修改，并进行了修改布置方案试验。

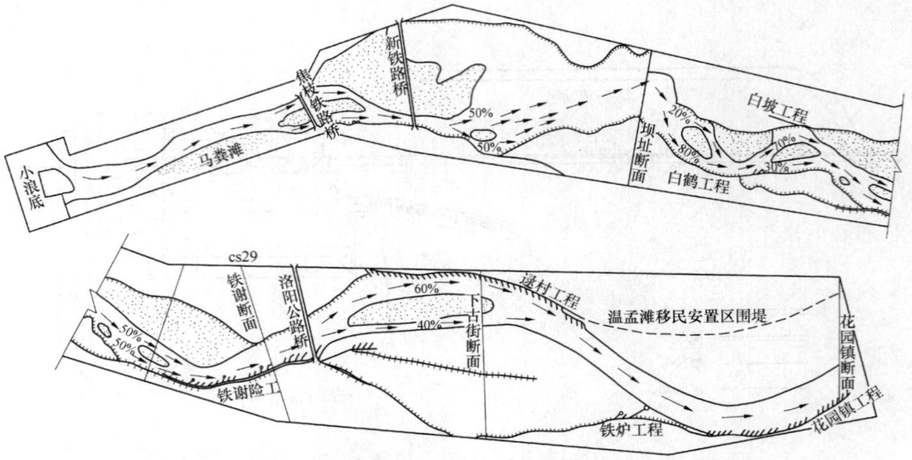

图 6-13　左岸布置原设计方案河势图(大水大沙，$Q=1\ 550\ m^3/s$)

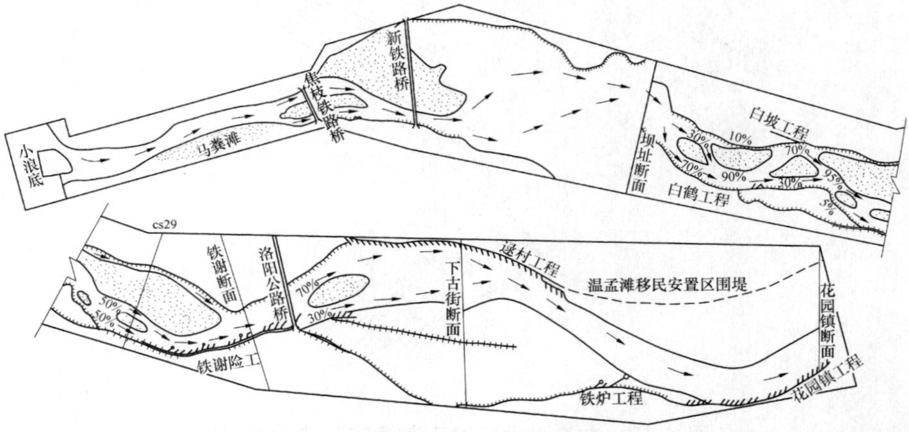

图 6-14　左岸布置原设计方案河势图(中水中沙 8 月 4 日，$Q=2\ 986.97\ m^3/s$)

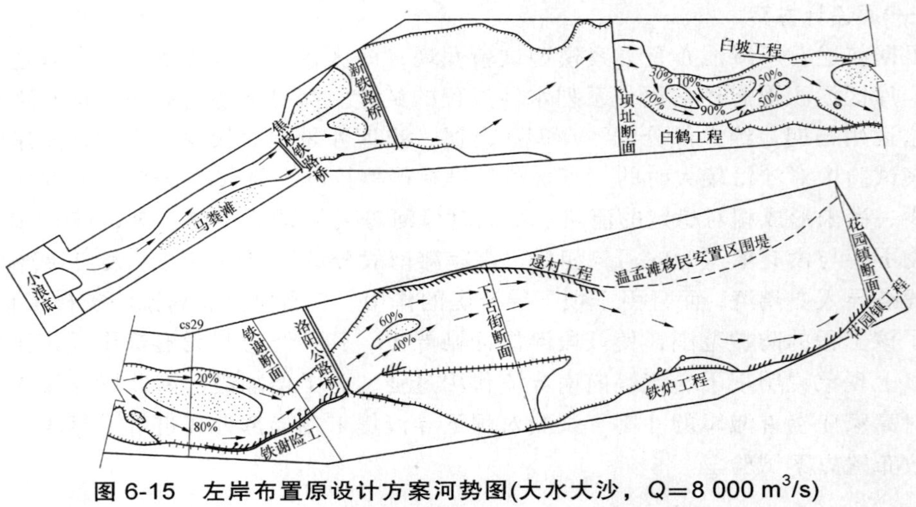

图 6-15　左岸布置原设计方案河势图(大水大沙，$Q=8\ 000\ m^3/s$)

(二)修改布置方案(1)

试验发现，对出库水流方向起决定作用的是导流堤的位置和导流堤与泄水建筑物之间的夹角，导流堤末端的局部修改仅使霞院滩北股分流量略有增加但对整个河段河势影响很小，下游河势变化基本同原设计方案。为了反映工程修建后在设计洪水情况下下游河道对河势的适应情况，在大水大沙过程中 8 000 m^3/s 流量后又增加了半天的 9 800 m^3/s 设计洪水。不同时期坝址下游局部河段河势变化如图 6-16～图 6-18 所示。设计洪水时除了坝前水位增加，下游滩地淹没范围扩大外，河势同 8 000 m^3/s 流量时基本一致。说明工程修建后即使黄河下游发生 9 800 m^3/s 的设计洪水也不至于引起本河段大的河势变化。同时也可以看出，修改布置方案(1)不能改变该河段的不利局面，只有改变导流堤的位置和方向，才能减轻高家庄工程上首滩岸的冲刷和增大霞院滩北股的分流量，为此继续进行修改布置方案(2)的试验。

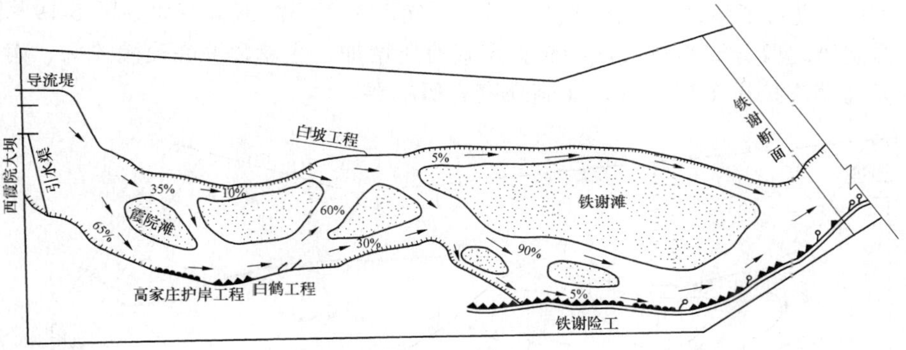

图 6-16　左岸滩地修改布置方案(1)局部河段河势图(中水中沙，$Q=2\ 986.97\ m^3/s$)

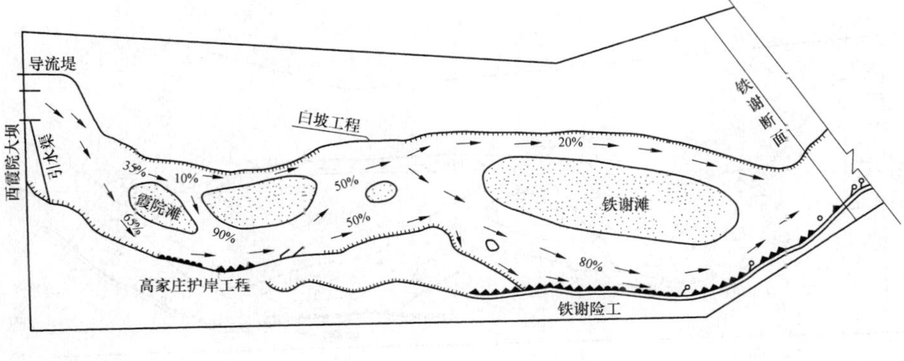

图 6-17　左岸滩地修改布置方案(1)局部河段河势图(大水大沙，$Q=8\ 000\ m^3/s$)

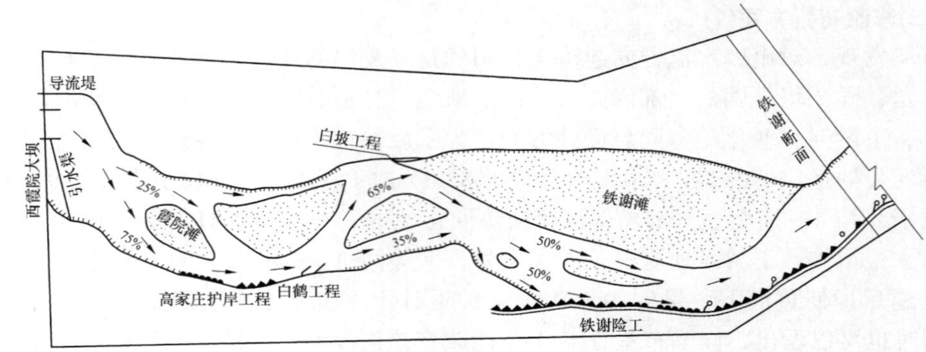

图 6-18　左岸滩地修改布置方案(1)局部河段河势图(大水大沙，$Q=1\ 550\ m^3/s$)

(三)修改布置方案(2)

根据上述导流堤布置方案中存在的问题，将导流堤向下游倾斜，改变进入下游河道的水流方向，进行了修改布置方案(2)试验。不同流量下下游河势变化如图 6-19～图 6-22 所示，霞院滩北股分流量较前两种布置形式有所增加，主流顶冲在霞院滩头，南股水流着溜点靠高家庄护岸工程上首，冲刷强度有所减弱。

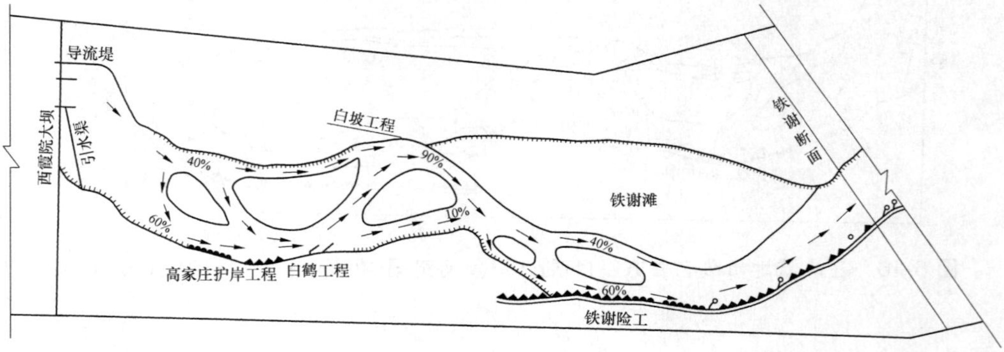

图 6-19　左岸滩地修改布置方案(2)局部河段河势图(大水大沙，$Q=1\ 530\ m^3/s$)

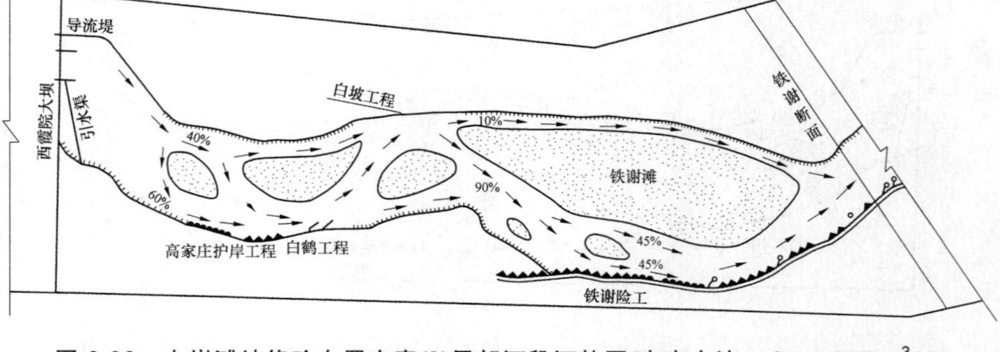

图 6-20　左岸滩地修改布置方案(2)局部河段河势图(大水大沙，$Q=4\ 347\ m^3/s$)

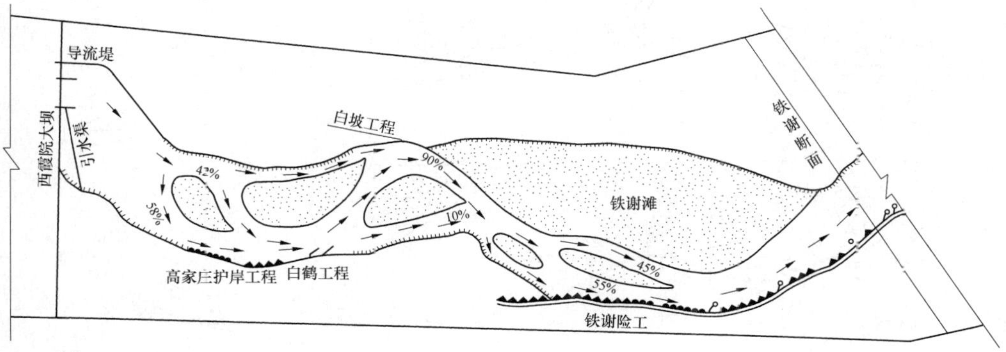

图 6-21　左岸滩地修改布置方案(2)局部河段河势图(大水大沙，$Q=1\ 550\ m^3/s$)

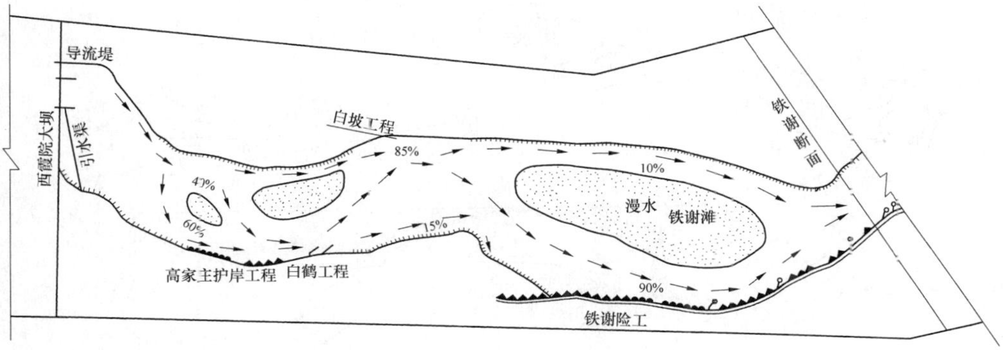

图 6-22　左岸滩地修改布置方案(2)局部河段河势图(大水大沙，$Q=8\ 000\sim9\ 870\ m^3/s$)

通过以上试验可以看出，导流堤位置的改变直接影响霞院滩南北两股河的分流比，霞院滩本身则相当于一天然节点，在导流堤位置偏向下游时，其北股分流量增加，其滩嘴将会受到十分严重的冲刷。

由于枢纽布置的需要，在导流堤倾斜方向不变的情况下位置有所下移，其试验结果将在库区淤积试验中进行阐述。

六、主河槽布置方案枢纽上下游河势变化

水库蓄水至汛限水位后，初始库区淤积过程和前述基本一致。随着主流位置的不断改变，使库区普遍淤积，库区滩面露出，约束水流使其逐渐形成相对稳定的流路。主槽布置方案因泄水建筑物布置在原河道中，出库水流与下游河道衔接显得较为顺畅，而且扩散范围较大，对霞院滩的冲刷明显弱于左岸滩地布置方案。各级流量下对下游的影响也较小。由于泄洪闸靠右岸，坝下出流始终保持霞院滩南北两股分流比为 4 : 6，其下游河势基本无大的变化。不同时期的河势变化如图 6-23～图 6-25 所示。

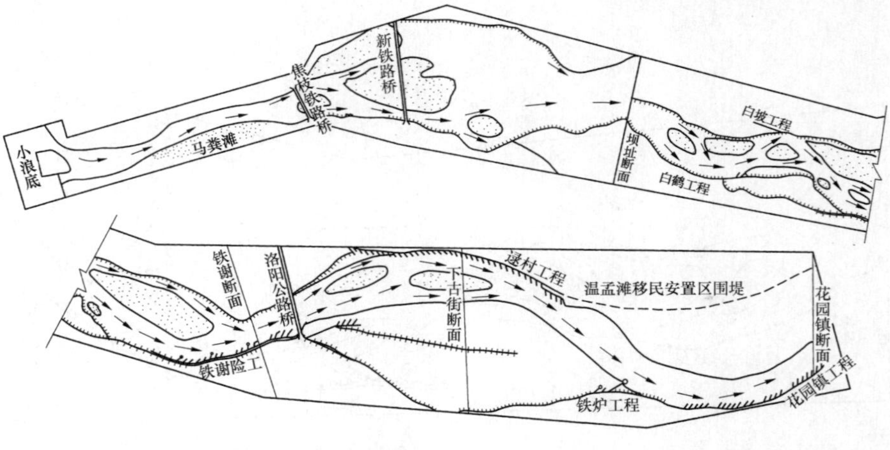

图 6-23　主槽布置方案河势图(中水中沙 8 月 4 日，$Q=2\,986.97\ m^3/s$)

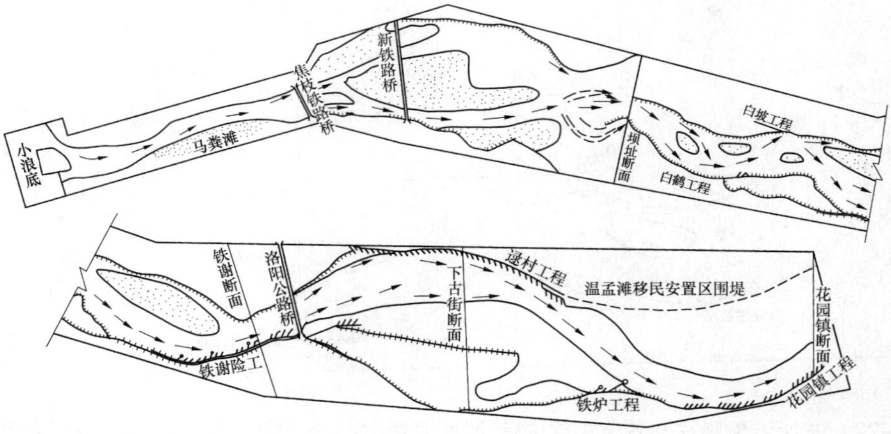

图 6-24　主槽布置方案河势图(中水中沙 8 月 30 日，$Q=5\,000\ m^3/s$)

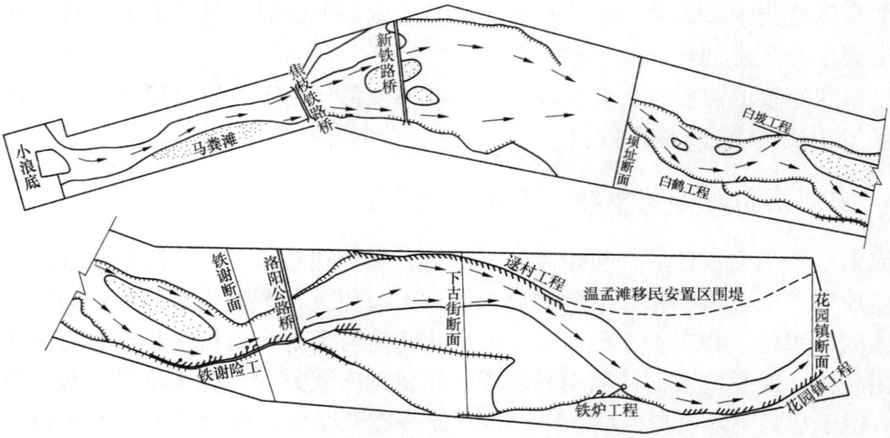

图 6-25　主槽布置方案河势图(大水大沙，$Q=8\,000\ m^3/s$)

总之，在上述给定水沙条件下，根据试验结果，无论左岸滩地布置方案还是右岸滩地布置方案，对下游河势的影响主要发生在坝址到白坡河段，霞院滩均起分流节点的作用，使其南北两股水流所占比例有所改变。此外，由于白坡工程处水流弯顶下移，该段滩岸冲刷加剧，白坡堵串工程上马后将发挥巨大作用。主槽方案因泄水建筑物位置处于原河道中，水流扩散范围大，对下游河势的影响较小，而且不需增加护岸导流工程，从枢纽修建后下游河势变化来看，主槽方案较优。

第四节　枢纽不同布置方案库区淤积形态试验

工程修建后，库区内水流边界条件发生了很大变化，水深增大，流速降低，对黄河这样的多泥沙河流，无疑将发生严重淤积。鉴于库区河段地形复杂，汊道较多，尤其是坝址断面壅水后河宽达 3 km，在库区泥沙淤积、河床演变过程中是否会出现对枢纽建筑物不利的河势等，都是需要研究的问题。考虑到进行枢纽修建对下游河势影响试验时采用的水沙系列较短，尚未能使库区达到淤积平衡状态，故委托单位又给出了汛期典型系列年水沙条件，进行库区淤积形态试验。

一、试验水沙及边界条件

该组水沙过程系在小浪底枢纽设计出库系列中选取平水平沙、平水丰沙、丰水丰沙 3 个代表年，取其 7～9 月 3 个主汛期作为实际施放水沙条件。委托部门要求在完成平水平沙过程后，连续进行平水丰沙和丰水丰沙试验，以观察库区淤积过程及库区纵横剖面形态变化。平水平沙系列，总水量 155.21 亿 m^3，总沙量 10.36 亿 t；平水丰沙系列，总水量 148.84 亿 m^3，总沙量 15.25 亿 t；丰水丰沙系列，总水量 206.17 亿 m^3，总沙量 18.10 亿 t。

库内地形条件同前。由于小浪底连地滩施工料场在小浪底工程竣工后要恢复原西滩北股分流量，根据委托单位意见，进行库区淤积试验时拆除了二标挖料场四周围堤及公路，使西滩北股分流比达到 30%左右。此外，除北地护滩工程外，库区内其他护村护滩工程均拆除。为了详细观测库区淤积过程，在坝址上游均匀布置了 20 余个观测断面，并且在模型制作完成后，根据模型地形资料对水库库容进行了计算，计算所得原型库容比较见表 6-5，两者相差不大，这从另一侧面反映了模型制作的精度还是比较高的。

表 6-5　水库库容对比表

水位(m)	130	131	132	133	134	135
原型库容(亿 m^3)	0.59	0.77	0.98	1.21	1.45	1.70
模型库容(亿 m^3)	0.58	0.76	0.96	1.16	1.38	1.60

泄水建筑物的运用方式，以始终保持坝前水位为汛限水位 131.0 m 进行控制。当入库流量大于 131.0 m 时所能下泄流量后，泄水建筑物全部打开敞泄，直到坝前水位达到 131.0 m 后再进行控制运用。根据设计要求，131.0 m 时的总泄量为 6 000 m^3/s，正式试验前对不同布置形式的泄水建筑物总泄流量进行了检验，其误差约为 0.1%。

二、左岸滩地布置方案库区淤积过程

试验初始，库区水位控制在 131.0 m，水流行至王庄新闸附近水面骤然变宽，见图 6-26(a)。水流自焦枝铁路桥处分为南北两股，北股流量占 20%～30%，其中大部分水流通过连地滩北侧汊道(常称西滩北股)进入库区北部，南股经过北地护滩工程后，在西滩中股有少量分流，然后沿原主河道流入库区。主流进库方向主要靠右岸山体与柿林滩部分未被淹没的高滩来控制，至 cs17～cs18 断面附近，水深明显增加，流速减弱，水流挟沙力也大大减小，大量泥沙纷纷在此落淤。平水平沙过程历经数天后，王庄滩和长明滩头处因入库泥沙淤积而形成心滩，主流在流向泄洪闸的过程中，受入流状态影响，在北部库区形成一个逆时针方向的立轴环流。从表层看，该环流对库区南部入流状况有一定影响。类似地，王庄滩所在的南部库区水深浅，面积小，形成的与北部库区恰好反向的立轴环流，强度也明显偏弱。使原始河道在王庄新闸处分汊的两股水流，主要靠右股向下游运行，同时右股首先发生淤积。当该河段河底淤高后，主流开始偏向原左股河道。此时对北部库区而言，因西滩北、中股进入库区的水量所占比例较小，且壅水后库区北部水深大，需要达到淤积平衡的时间长，再加上西滩北股在进口段的淤积，更减少其分流量，故库区北部淤积较少，相对而言，是一个深水区。受泄水建筑物位置和淤积地形的影响， 王庄新闸处左股所占比例明显大于右股。而 cs18 断面下游滩面水深 2～3 m，无固定边界约束的主流并不完全沿原河道流路下行，见图 6-26(b)。此时库内水深普遍较大，在坝前尚未形成明显主流线。随着淤积过程的不断发展，主流线向下游推进而渐渐显露出来，基本上沿图 6-26(c)所示的流路到达坝前。主流经过区域，泥沙淤积明显。在主流造床过程中，坝前尚未达到淤积平衡且流速较小时，主流能够顺畅地进入泄洪闸，而随着北部河床的淤高，南部河底高程相对较低，使主流带逐渐地南移。在平水平沙条件下持续一个月左右，主流两侧滩唇基本显现，形成相对稳定的流路如图 6-26(d)所示，

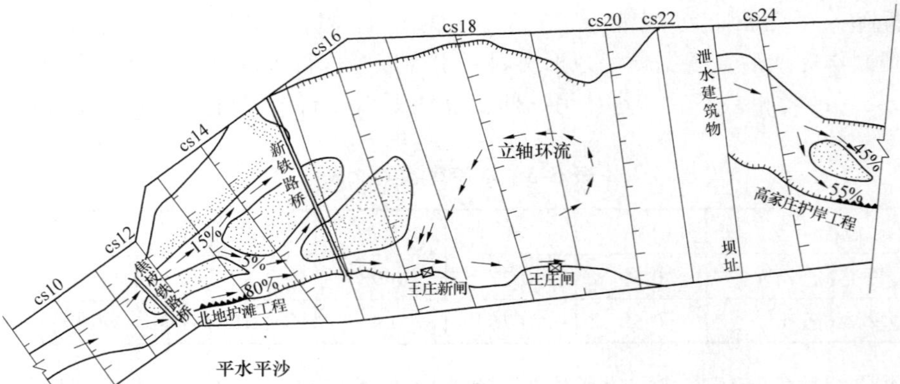

(a)

图 6-26　左岸滩地布置方案库区淤积过程河势图

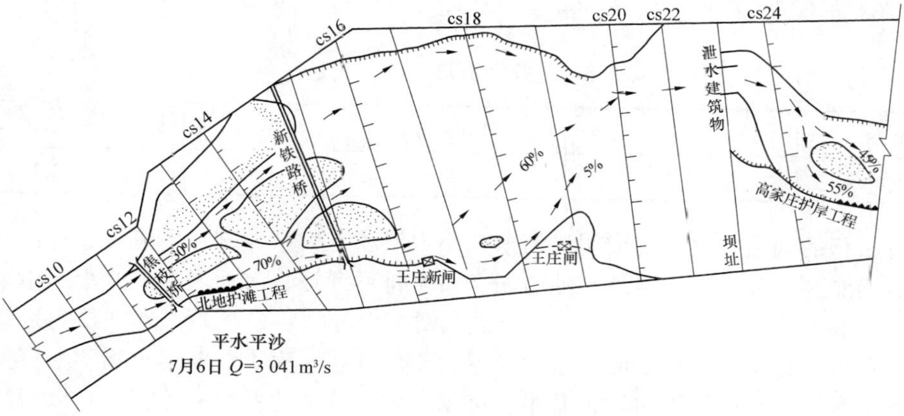
cs10
cs12
cs14
cs16
cs18
cs20
cs22
cs24
泄水建筑物
新铁路桥
焦枝桥
30%
70%
60%
5%
45%
55%
北地护滩工程
王庄新闸
王庄闸
坝址
高家庄护岸工程
平水平沙
7月6日 Q=3 041 m³/s

(b)

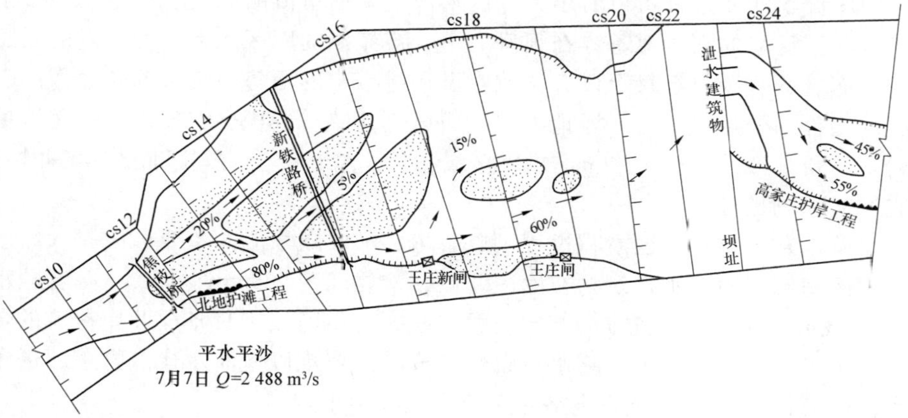
cs10
cs12
cs14
cs16
cs18
cs20
cs22
cs24
泄水建筑物
新铁路桥
焦枝桥
20%
80%
5%
15%
60%
45%
55%
北地护滩工程
王庄新闸
王庄闸
坝址
高家庄护岸工程
平水平沙
7月7日 Q=2 488 m³/s

(c)

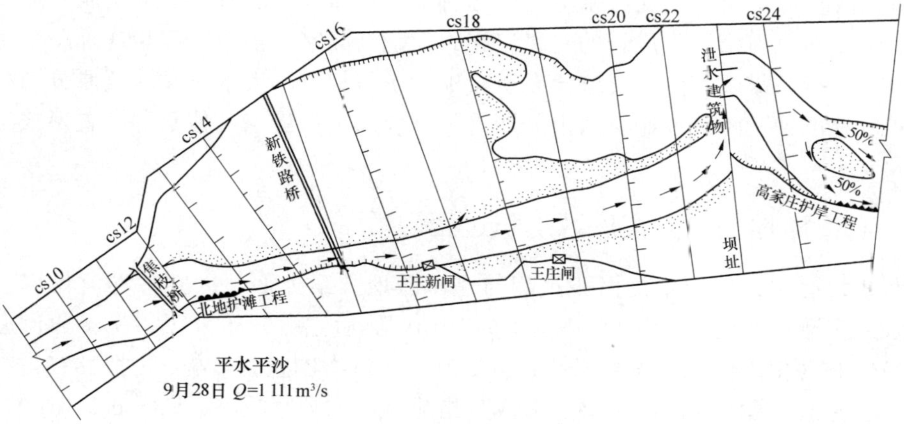
cs10
cs12
cs14
cs16
cs18
cs20
cs22
cs24
泄水建筑物
新铁路桥
焦枝桥
50%
50%
北地护滩工程
王庄新闸
王庄闸
坝址
高家庄护岸工程
平水平沙
9月28日 Q=1 111 m³/s

(d)

续图 6-26

泄洪闸右侧存在顺坝流的范围达 600～800 m，实测最大表面流速如表 6-6 所示。

表 6-6　顺坝流最大表面流速

$Q(m^3/s)$	2 500	3 000	4 000	5 000
$V_{max}(m/s)$	2.0	2.5	2.8	3.2

随着淤积的继续，逐渐形成明显河槽，小水淤积，大水冲刷，当流量超过槽蓄能力后，水流漫滩，使整个库区滩地泥沙落淤，清水排回河道，滩面淤高，3 个主汛期后所有滩地淤积高程均超过 131.0 m。库内形成相对高滩深槽后，主流基本在槽内运行。大水大沙过程流量达 8 000 m^3/s 时，进库流量大于 131.0 m 库水位时建筑物下泄流量，故库水位不断壅高，焦枝桥下游滩地基本上被水淹没，西滩北股也有分流，在以后流量减小、库水位降低过程中，主流又回归到原主槽位置，依然难以消除坝前顺坝流现象。从上述库区河床淤积演变过程可以看出，库区形成的新河道流路完全是在淤积地形上产生的，原影响河道河势的河漫滩基本在河底之下，被淹没的库区滩地高程较高的是王庄滩和长明滩，而且其位置位于最上段，该滩对淤积过程中的河势演变起到较大作用。根据黄河西霞院工程综合物探报告，滩地表层组成属全新统，冲积层上部为浅黄色沙壤土，局部为粉土与粉细沙，厚度 0～7 m，当库区淤积后，主流在滩上运行时，其抗冲性较差，原滩地表层淤积物被冲蚀。

由左岸滩地布置方案库区淤积过程可以看出，形成顺坝流的主要原因是入库水流的位置紧靠库区南侧，而泄水建筑物在库区北侧，南北间距 2.5 km 左右， 两者顺水流方向距离仅 5.5 km，且进库水流方向基本自西向东，上游河段不具备向北岸挑流的弯道，在没有固定边界约束的条件下，靠水流自然形成的河弯难以使泄水建筑物正面进流，故若要使水流能够形成正面进流的流路，必须增加导治工程。

在进行左岸滩地布置方案试验时，坝下导流堤为修改布置形式(3)，由于其位置较前几种布置形式更靠下游，因此霞院滩北股分流量有所增加。随着淤积的发展，通过泄水建筑物的水流在原河槽中形成新的右岸河床边界，与高家庄护岸工程相连。小水时，主流沿导流堤下行，霞院滩南股分流比有所减少，淤积加重，大水时又恢复原分流状况。因霞院滩所处位置，滩头冲刷仍然十分严重。白鹤以下河势与其他几种布置形式类似，变化不大。

三、右岸滩地布置方案库区淤积过程

水库开始运用，库内水流淤积过程与左岸滩地方案类似，因立轴环流作用，主流主要沿原王庄滩右股流向泄洪闸，见图 6-27(a)；然后主流开始分汊，呈多股流态势，见图 6-27(b)；并使库区北部发生淤积，但受泄水建筑物位置的影响，右股始终占有一定比例并逐渐变大，见图 6-27(c)；最后形成直指泄洪闸的顺直流路，见图 6-27(d)。在右岸滩地方案库区淤积河势演变过程中，主流不流经最北侧，虽然西滩北股分流会造成库区北部的淤积，但其量毕竟较小，故库区北部淤积不够充分，使得北部滩区存在明显的横比降。大水大沙过程中流量为 8 000 m^3/s 条件下，库水位升高，西滩北股分流，而在流

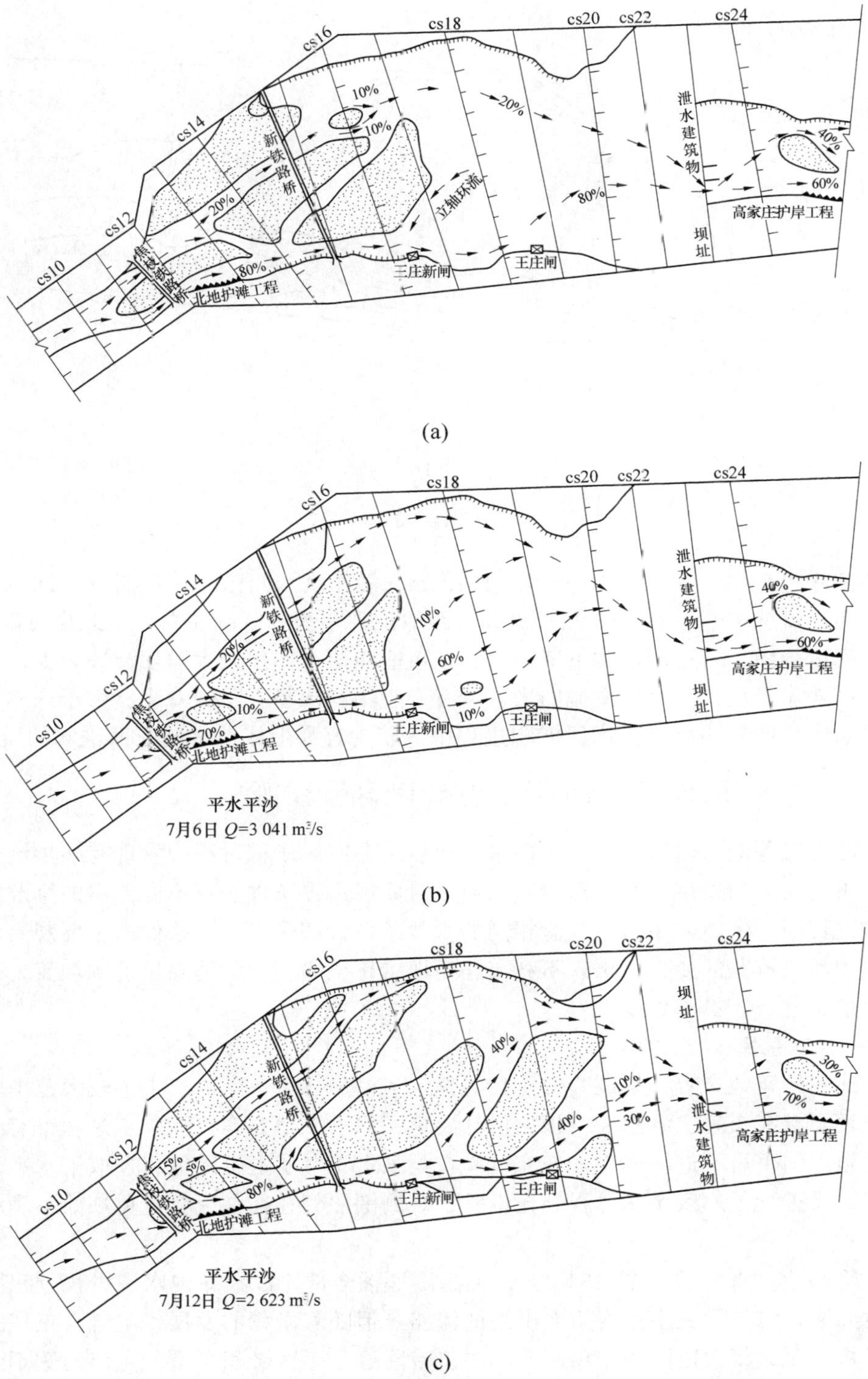

图 6-27　右岸滩地布置方案库区淤积过程河势图

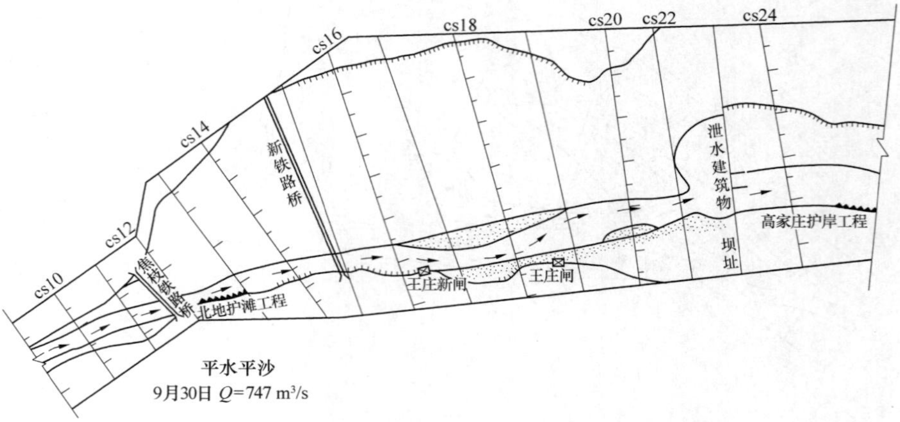

(d)

续图 6-27

量减小落水过程中，库水位迅速降至 131.0 m，漫滩洪水归槽时顺坝而行，试验中测得其最大表面流速可达 1.8 m/s，顺坝流起点距泄洪闸左侧 800 m 左右。由此也可以得出，枢纽实际运行中，若控制水位下降速度，也可避免落水产生较大顺坝流速。大水过后，北部滩区普遍淤高，落水后主流归槽，没有产生不利河势。总的看来，由于进库水流方向与泄水闸位置较为顺直，库区淤积过程中，较为容易形成泄水闸正面进水的流路。

四、左岸滩地布置方案消除顺坝流工程措施试验

西霞院工程泄水建筑物布置于左岸滩地后，在库区淤积过程中发现有顺坝流现象。为避免不利河势的发生，委托部门要求通过对库区边界条件进行不同方案的修改。在补充试验过程中，依然采用与原试验相同的水沙条件，即平水平沙条件，主要观察库区淤积过程中河势流路的变化，出现不利流路后即中止试验。为了消除坝前顺坝流，采取如下工程措施进行了补充试验。

(一)施工围堰不拆除效果

前述左岸滩地布置方案试验中，相对稳定河槽形成后，库内产生了较大范围的顺坝流，但模型没有布置上游围堰。根据设计要求，原型滩地方案实际施工过程中有上游围堰，且施工结束后不进行拆除。补充试验在模型上布置了上游围堰，选取平水平沙年水沙条件，又进行了库区淤积过程补充试验，观测围堰的存在是否会避免坝前不利河势的发生。

试验初始，水库蓄水至 131.0 m，上游围堰被全部淹没，库内水流淤积过程同原左岸滩地方案，初步形成主流直指泄洪闸的流路。但随着淤积的发展，主流自王庄滩下游逐渐南移，形成较大范围的顺坝流。在主流带附近，库区淤积严重，主流两侧不断有滩面出露。主流顶冲大坝后，由于坝前施工围堰的存在，尤其当顶冲位置在趋近围堰右端与大坝连接处时，主流折向上游后又流向泄洪闸，而该处水流曲率半径很小，致使主流

在坝址附近更加偏向南岸。流路的加长使该股流路阻力增大而逐渐被淤死，主流通过西滩中股流向北岸东寨处，由库区平面形态可以看出，主流在西滩中股处转折流路不顺，当该股水流达到淤积平衡后，主流又沿原流路流向王庄新闸，在前期两段流淤积后的中部相对低凹区下行，一度曾出现图 6-28 所示横河，主流自王庄新闸流向北岸，在东寨前弯道坐弯后挑向泄洪闸。但随着淤积的进一步发展，库区河床不断抬高，河道最终形成与水沙相适应的流路，与左岸滩地方案时基本一致，坝前仍有较大范围的顺坝流。试验结果说明，由于围堰紧靠坝址，起不到控导水流的作用，因此上游围堰的存在不能改变不利河势的发生。

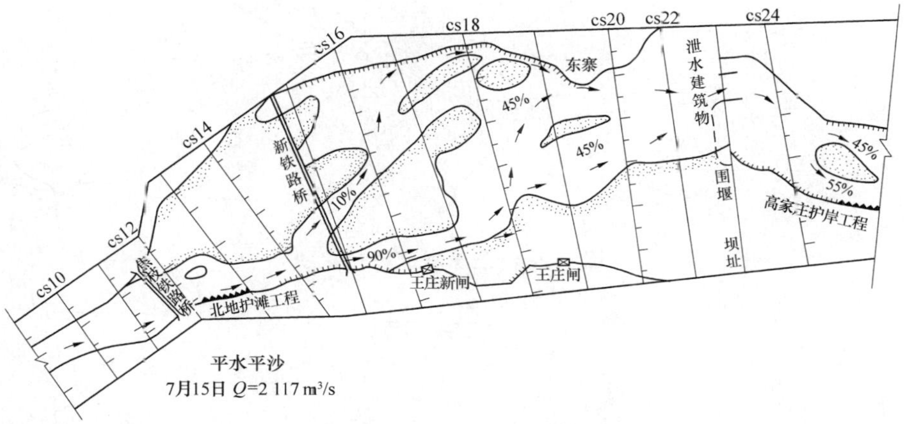

图 6-28　左岸滩地布置方案库区淤积过程河势图(坝前设施工围堰)

(二)王庄老闸处设控导工程效果

为了消除坝前顺坝流，设计部门首先从施工容易、投资较小的角度出发，并且总结前期试验的经验，将工程布置在离坝址有一定距离的王庄闸处，沿原河道右岸滩地布置一处控导工程，工程总长 300 m，由 3 道丁坝组成，自上而下长度分别为 80 m、90 m、100 m(如图 6-29 所示)。试图通过该工程将主流挑至泄水建筑物前，解决侧向进流问题。

试验初始，库区淤积发展过程与前述基本一致，控导工程基本不发挥太大作用，见图 6-30(a)，在形成流向泄洪闸的初始流路后，主流不断南移。遇控导工程后，由于工程挑流长度不够，不能将主流挑向北部，且南部水深相对较大，水流在向下游推进时呈多股形态，见图 6-30(b)。当南部库区淤积平衡后最终形成与左滩方案相近的流路，见图 6-30(c)，主流直接顶冲在泄洪闸右侧 800 m 左右处。试验表明，该方案控导工程位置仍然离坝址太近且长度不够，在试验来水来沙条件下不能有效地控制坝前河势，使建筑物侧向进流的局面没有得以改善。同时也说明，改变库区河势只有在上游修建控导工程才行。

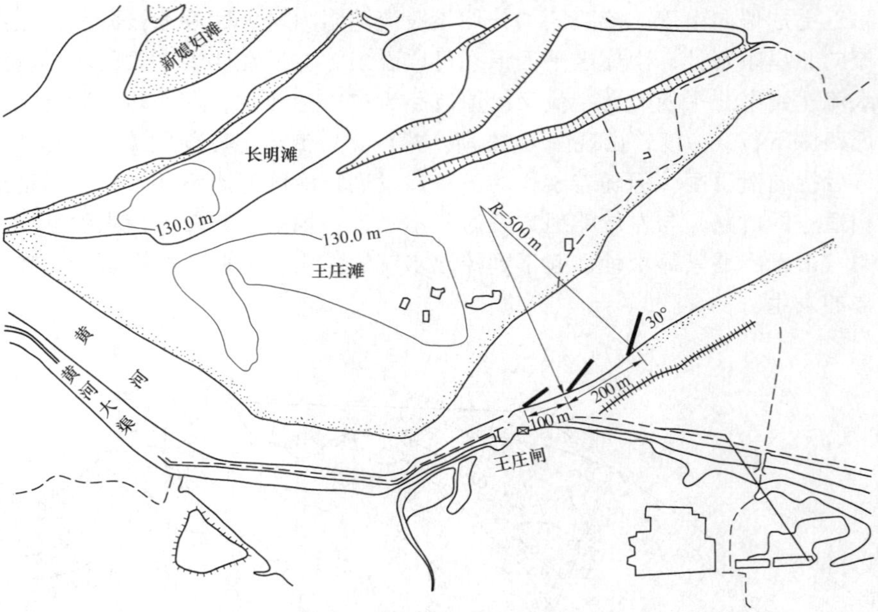

图 6-29 王庄闸工程布置图

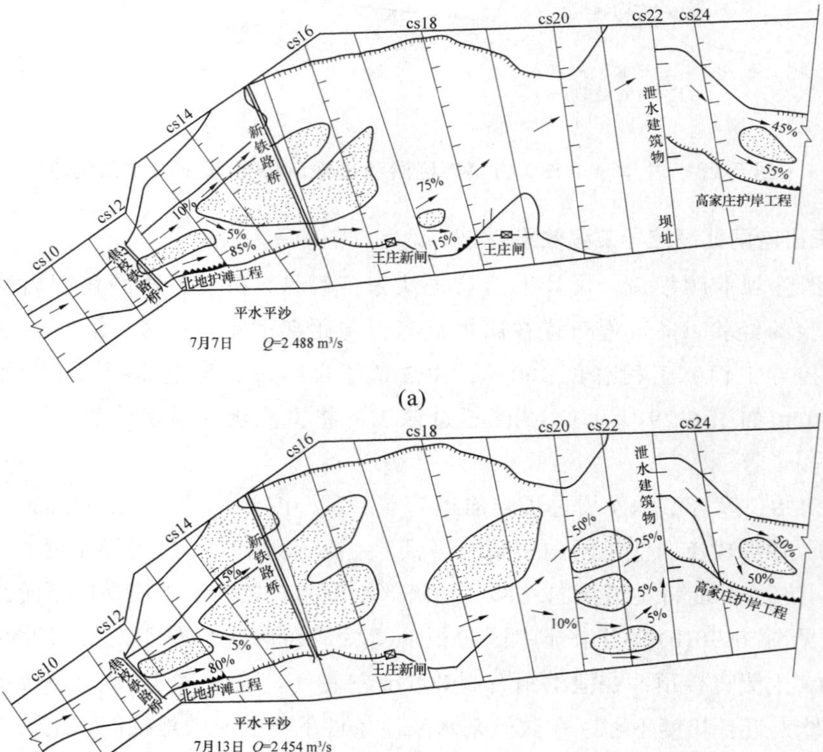

图 6-30 左岸滩地布置方案库区淤积过程河势图(王庄闸处加工程)

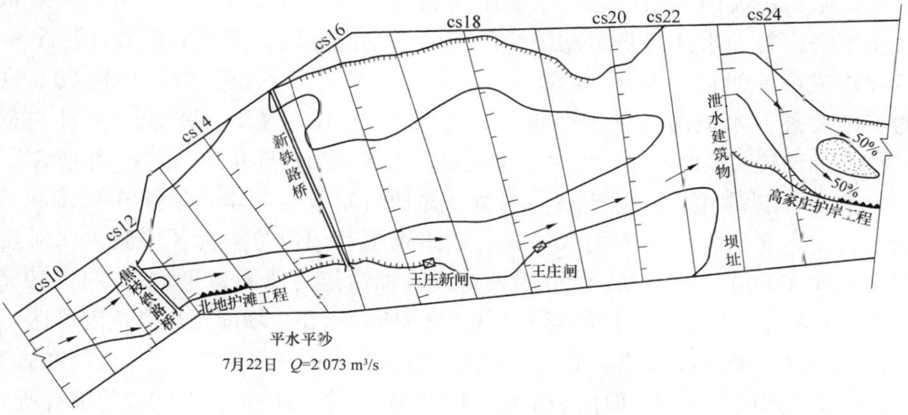

(c)

续图 6-30

(三)王庄新闸处设控导工程效果

总结在王庄老闸处设控导工程的经验，该方案将工程布置在王庄新闸处，工程总长500 m，将原始河道右股堵死，在连坝末端设置两道分别长 60 m、80 m 的丁坝，工程布置见图 6-31。

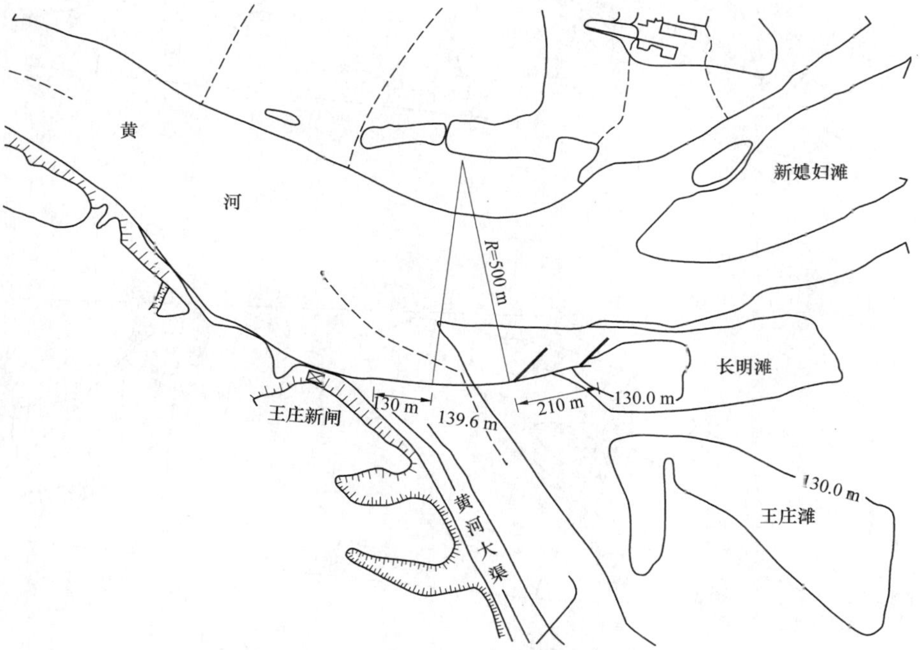

图 6-31　王庄新闸工程布置图

由于该工程位于回水末端，主流入库后首先受到工程的控导作用。试验初始主流被挑向左岸，沿图 6-32(a)所示流路流到坝前。随着淤积的发展，首先在图 6-32(b)所示位置心滩出露，使得主流因不断向北流动受阻而逐渐南移。而库区下部尚未达到淤积平衡，受泄水建筑物位置和水沙自身运动规律的影响，主流分汊，其中右股在库区最南部绕一大弯后顺坝流向泄洪闸，见图 6-32(c)，因流速较小，还不至于对大坝构成威胁。随着淤积的不断发展，水流向泄洪闸处集中，见图 6-32(d) 。在平水平沙一个月左右，形成图 6-32(e)所示比较有利的流路。此时，将流量变为 8 月 18 日 4 387 m^3/s，相应含沙量为 40 kg/m^3，在该级流量作用下，主槽横向展宽，并使右岸成为凹岸，见图 6-32(f)。其后的数级流量下，左岸有所淤积，但仍未形成对建筑物不利的河势。为了检验大水对流路的影响，模型施放 6 000 m^3/s 流量大水(因模型此时加沙能力所限，平均含沙量 30 kg/m^3)左右，其结果使右岸不断蚀退，最终形成图 6-32(g)所示流路，坝前顺坝流范围可达 400～500 m。落水后主流在 6 000 m^3/s 流量形成的槽内运行，坝前仍有顺坝流。王庄新闸布置工程后，对水流的控导作用明显加强，但由于工程长度有限，最终只使坝前顺坝流范围有所减小，而不能完全消除。试验也说明，无论对水流怎样控导，库区总要首先发生普遍淤积，使整个库区河底高程淤积到一定程度，然后才能形成对水流有一定约束的边界和相对稳定的流路。

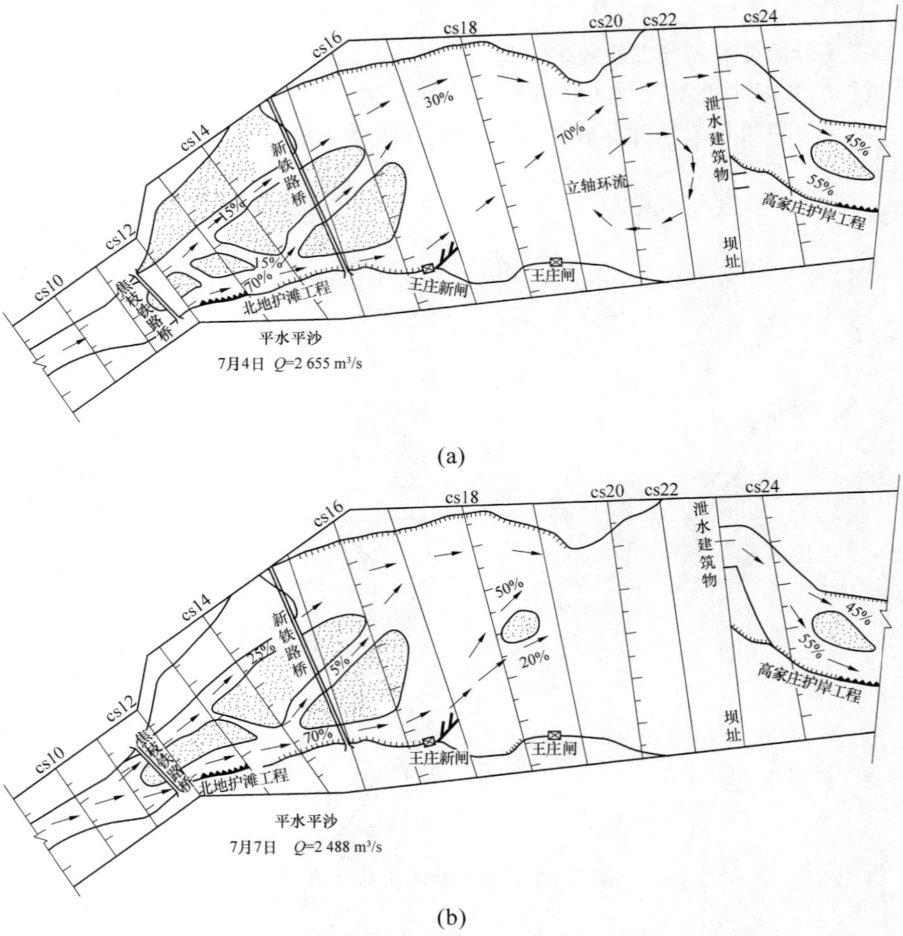

图 6-32　左岸滩地布置方案库区流程过程河势图(王庄新闸处加工程)

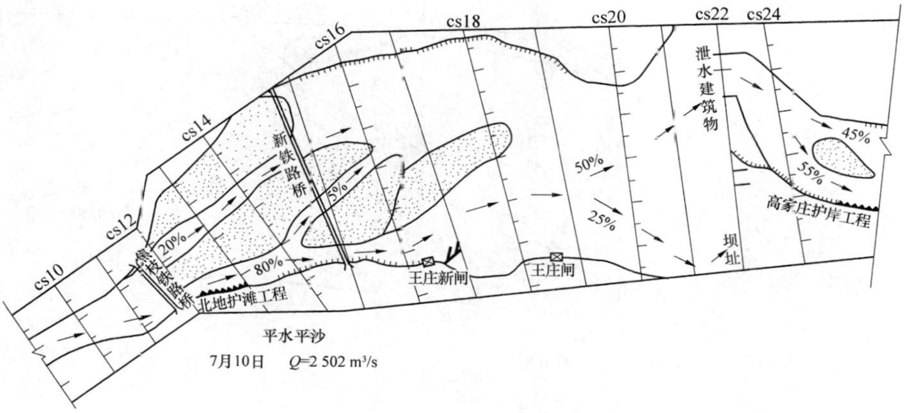
cs10
cs12
cs14
cs16
cs18
cs20
cs22
cs24
新铁路桥
焦枝铁路桥
北地护滩工程
王庄新闸
王庄闸
泄水建筑物
坝址
高家庄护岸工程
20%
80%
5%
50%
25%
45%
55%
平水平沙
7月10日　Q=2 502 m³/s

(c)

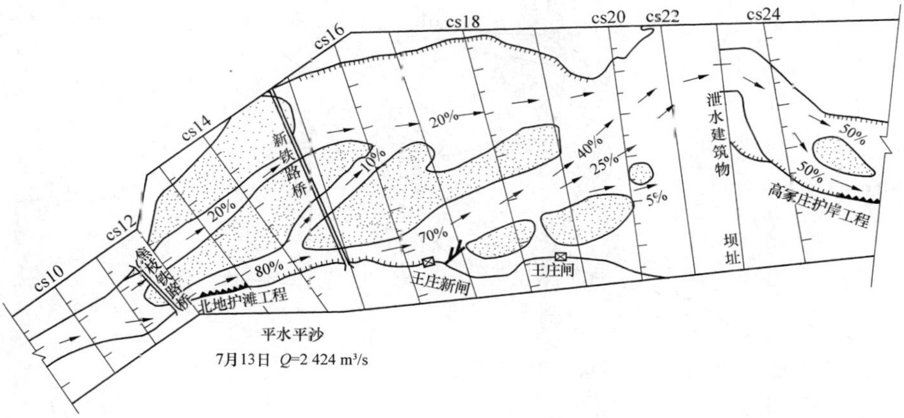
cs10
cs12
cs14
cs16
cs18
cs20
cs22
cs24
新铁路桥
焦枝铁路桥
北地护滩工程
王庄新闸
王庄闸
泄水建筑物
坝址
高家庄护岸工程
20%
80%
10%
70%
40%
25%
5%
50%
平水平沙
7月13日　Q=2 424 m³/s

(d)

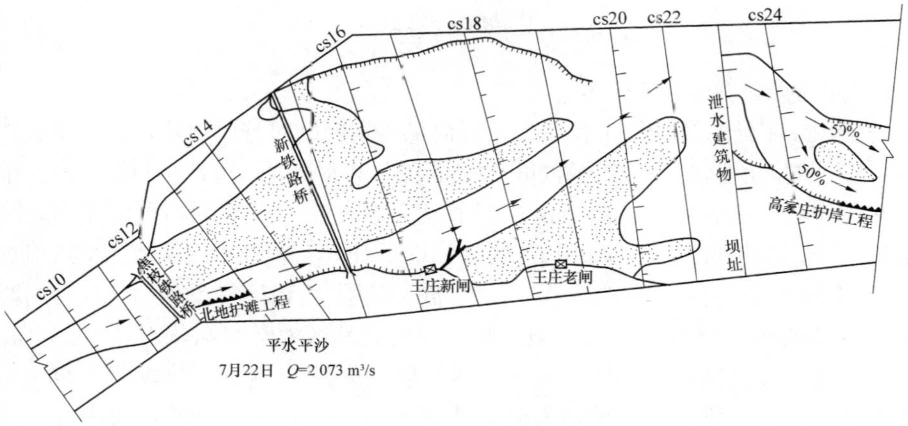
cs10
cs12
cs14
cs16
cs18
cs20
cs22
cs24
新铁路桥
焦枝铁路桥
北地护滩工程
王庄新闸
王庄老闸
泄水建筑物
坝址
高家庄护岸工程
50%
平水平沙
7月22日　Q=2 073 m³/s

(e)

续图 6-32

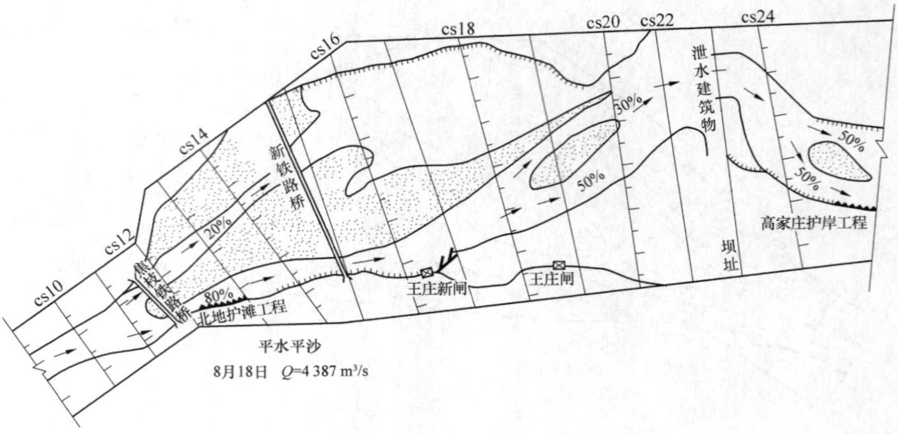

(f)

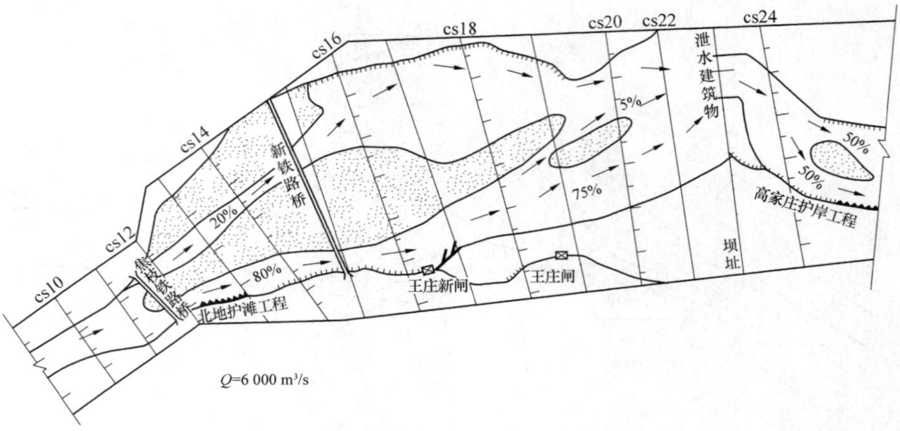

(g)

续图 6-32

(四)王庄滩控导整治工程效果

前述王庄新闸处布置控导工程后，没能消除建筑物侧向进流现象，工程加长将会增加投资。而王庄滩位于主流入库的关键部位，并且滩顶相对较高，设计将新媳妇滩大部分滩地挖至与河底相当的高程 126.0 m，同时，用挖出的沙料把王庄新闸右股河堵死，并沿原左股河滩沿修一道高程 132.0 m 的导流堤(见图 6-33)，以达到使泄水建筑物正面进流的目的。

试验开始，受导流堤的控导作用，主流被直接送到库区北部，流向泄洪闸，见图 6-34(a)。主流流经之处河底被逐渐淤高，而此时库区南部水深相对较大，主流在导流堤末端发生转折，绕过新淤成的滩地流向泄洪闸，见图 6-34(b)。数级流量作用后，北部淤积范围加大，使主流进一步偏向南侧，见图 6-34(c)。在坝前形成顺坝流，主流顶冲范围约在泄洪闸右侧 400 m，2 000 m^3/s 流量下测的顺坝流速 2 m/s。随着淤积的发展，主流向北摆动，顺坝流范围缩小，见图 6-34(d)。最后将原淤积滩地全部冲蚀，形成对泄洪闸较为有利的流路，见图 6-34(e)。

但值得注意的是，主流在北摆过程中，左岸滩沿不断后退，直到顶冲在东寨山坡上，该处山体抗冲性较差时应采取必要的防护措施。大水大沙 6 000 m³/s 流量时，导流堤顶部漫水，8 000 m³/s 流量下全部过流，漫滩水流在汇向泄洪闸时也产生一定流速的顺坝流，但流速较小。落水后南部滩地被普遍淤高，归槽水流依然沿原流路流向泄洪闸。从试验上看，控导工程偏长，若减短导流堤并使其末端下挫，可使主流顺已建的坡头护岸工程而下，减少对左岸的冲刷。

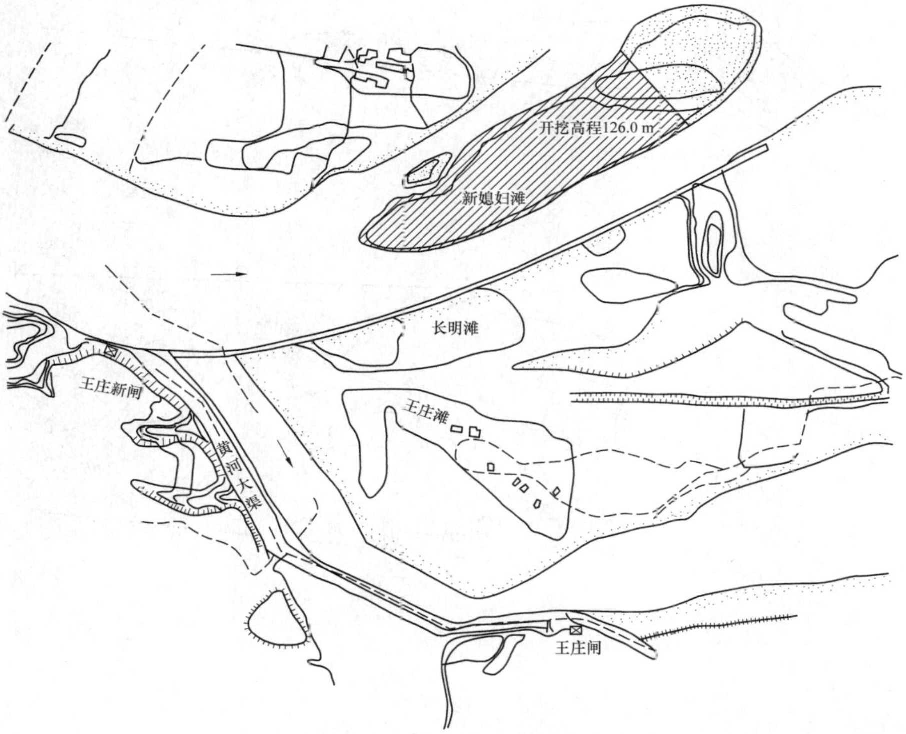

图 6-33 加强王庄滩工程布置图

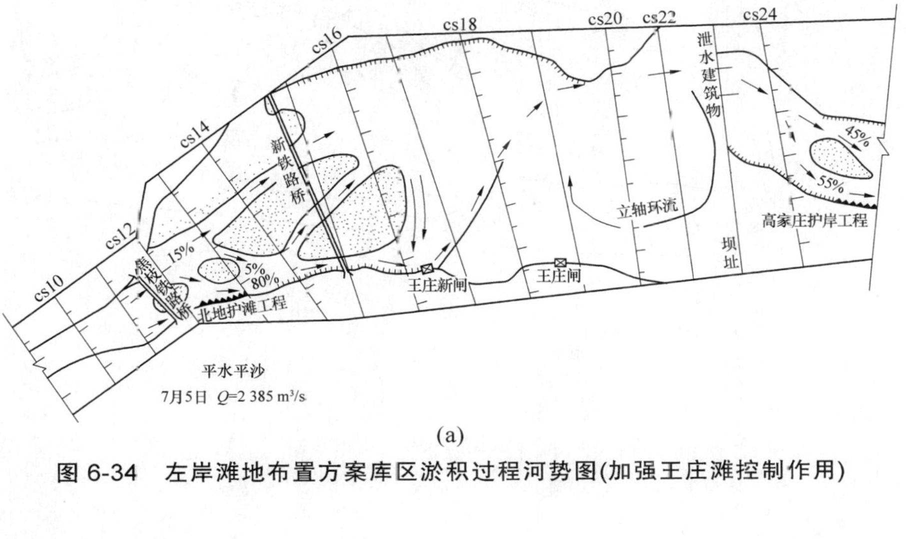

(a)

图 6-34 左岸滩地布置方案库区淤积过程河势图(加强王庄滩控制作用)

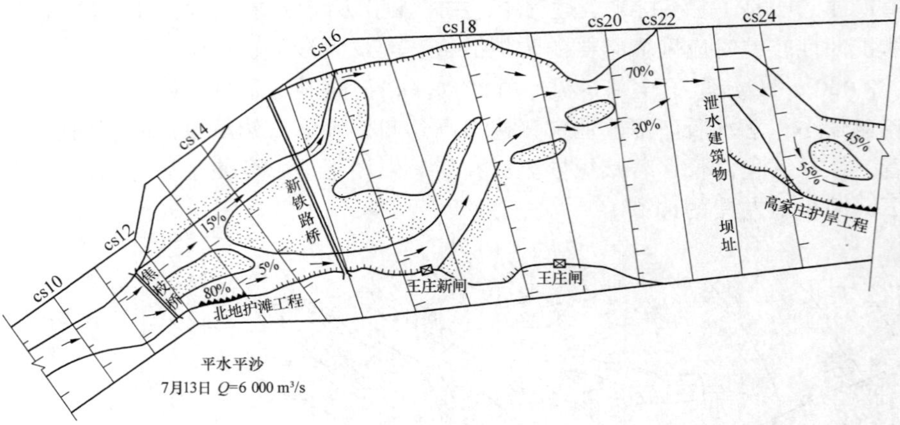
cs10
cs12
cs14
cs16
cs18
cs20
cs22
cs24
70%
30%
泄水建筑物
45%
55%
高家庄护岸工程
坝址
新铁路桥
15%
5%
80%
焦枝桥
北地护滩工程
王庄新闸
王庄闸
平水平沙
7月13日 Q=6 000 m³/s

(b)

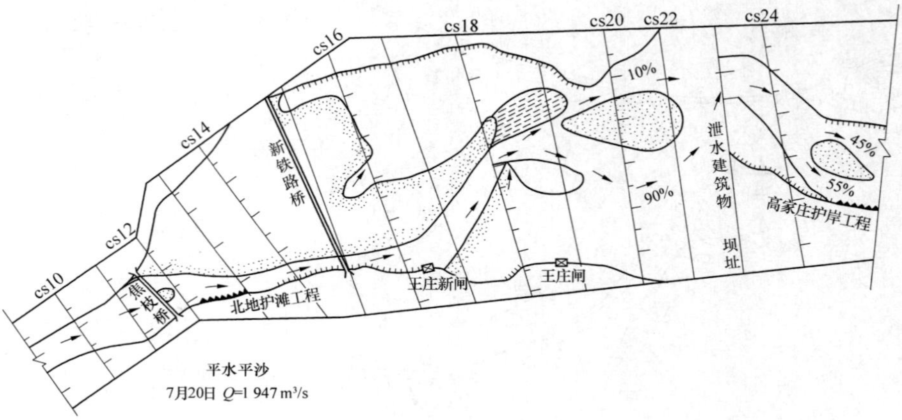
cs10
cs12
cs14
cs16
cs18
cs20
cs22
cs24
10%
90%
泄水建筑物
45%
55%
高家庄护岸工程
坝址
新铁路桥
焦枝桥
北地护滩工程
王庄新闸
王庄闸
平水平沙
7月20日 Q=1 947 m³/s

(c)

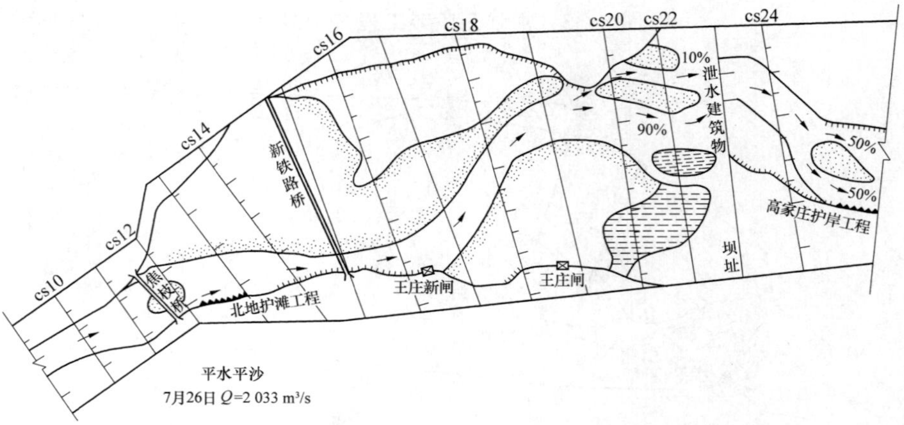
cs10
cs12
cs14
cs16
cs18
cs20
cs22
cs24
10%
90%
泄水建筑物
50%
50%
高家庄护岸工程
坝址
新铁路桥
焦枝桥
北地护滩工程
王庄新闸
王庄闸
平水平沙
7月26日 Q=2 033 m³/s

(d)

续图 6-34

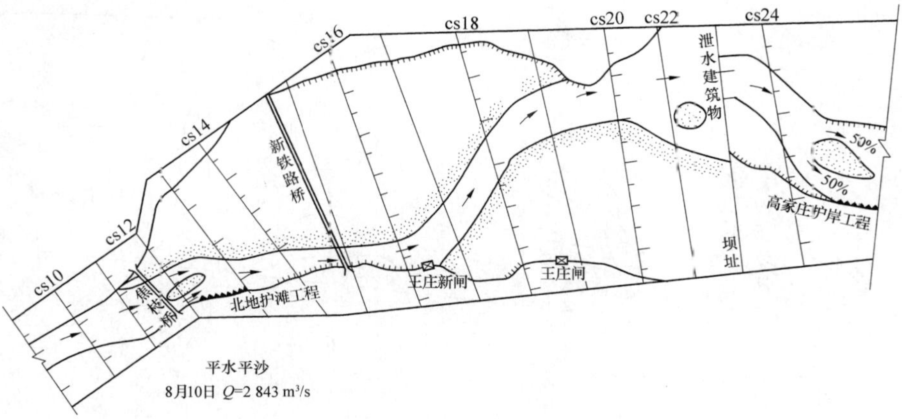

(e)

续图 6-34

五、主槽布置方案库区淤积过程

根据前期试验研究成果，给定水沙条件中平水平沙系列一个主汛期即可使库区达到相对淤积平衡状态，故本次试验只选平水丰沙和丰水丰沙两个主汛期。

试验开始，主流受表层环流的作用，依然在王庄新闸处偏向南部，但 7 月 4 日和 5 日的两级大于 4 000 m^3/s 流量的高含沙水流使主流带附近大面积强烈淤积，并将北股淤死，而库区北部则远没达到淤积平衡，结果水流呈多股流向北部，见图 6-35(a)。随着淤积的发展，滩面和主流线均向坝前推进，见图 6-35(b)，逐渐地受泄水孔位置的影响，在坝前分汊并形成偏向泄洪闸的流路，只是南部库区的漫滩水流在流向泄洪闸时有大约 1 m/s 的顺坝流速，见图 6-35(c)。库区基本达到淤积平衡时的流路，见图 6-35(d)。丰水丰沙流量 8 000 m^3/s 时，整个库区滩地全部淹没，落水后没有改变原已形成的河势。

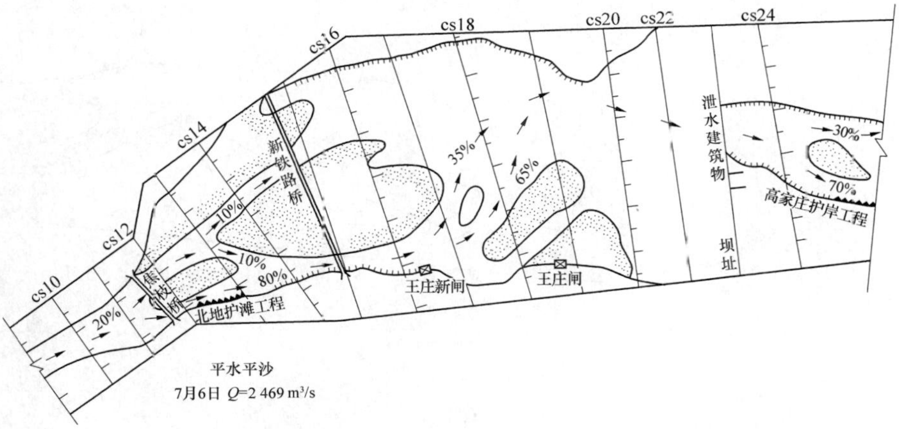

(a)

图 6-35　主槽布置方案库区淤积过程河势图

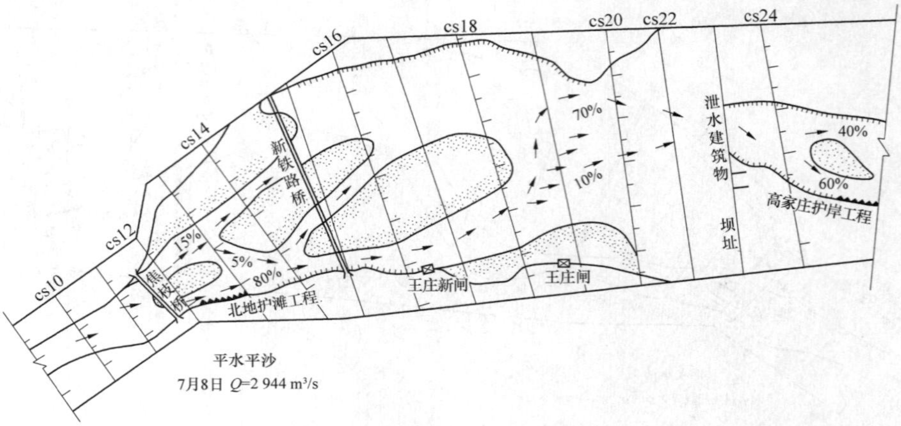
cs10
cs12
cs14
cs16
cs18
cs20
cs22
cs24
新铁路桥
焦枝桥
15%
5%
80%
70%
10%
40%
60%
泄水建筑物
坝址
高家庄护岸工程
北地护滩工程
王庄新闸
王庄闸
平水平沙
7月8日 Q=2 944 m³/s

(b)

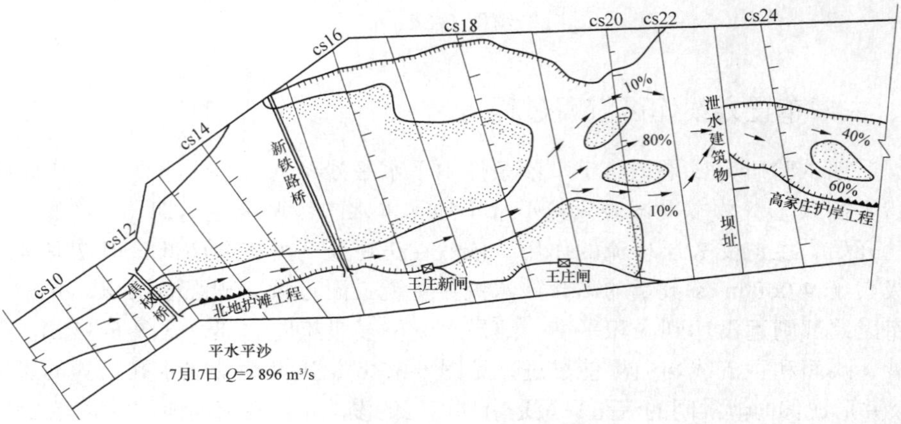
cs10
cs12
cs14
cs16
cs18
cs20
cs22
cs24
新铁路桥
焦枝桥
10%
80%
10%
40%
60%
泄水建筑物
坝址
高家庄护岸工程
北地护滩工程
王庄新闸
王庄闸
平水平沙
7月17日 Q=2 896 m³/s

(c)

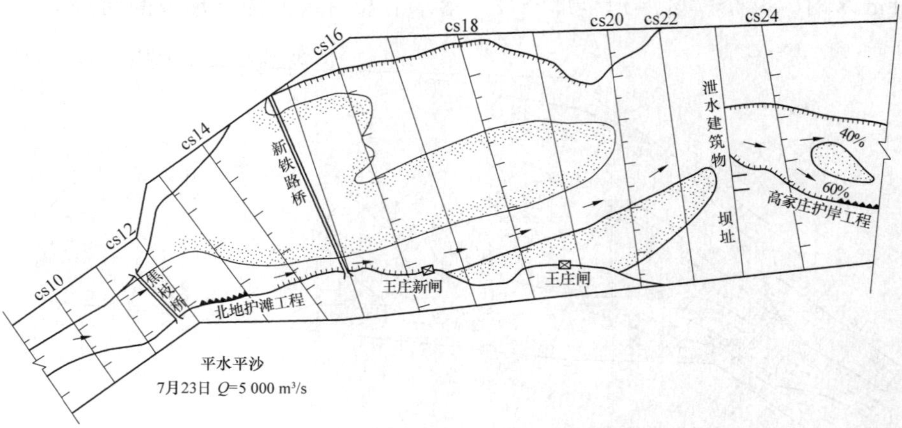
cs10
cs12
cs14
cs16
cs18
cs20
cs22
cs24
新铁路桥
焦枝桥
40%
60%
泄水建筑物
坝址
高家庄护岸工程
北地护滩工程
王庄新闸
王庄闸
平水平沙
7月23日 Q=5 000 m³/s

(d)

续图 6-35

需要指出的是，由于原型河道地形复杂，心滩众多，滩面常年有群众居住，水库蓄水运用后，滩面构筑物等的抗冲性及位置在模型上很难精确模拟，而这方面对河势的变化可能造成一定的影响；此外，水库淤积形态还与水库运用方式、来水来沙条件、泥沙颗粒级配等多种因素有关。在水库运用初期，泥沙淤积造床尚在发展的过程中，较为稳定的库区流路尚未形成，因此有必要加强库区内河势的观测，防止畸形河势发生带来的不利影响。

六、不同布置方案库区淤积形态及对小浪底坝下水位的影响

从很多组次库区淤积试验可以看出，不论泄水建筑物布置在什么位置，淤积规律都是一致的。挟带泥沙的水流在库内落淤后，使河床边界条件发生改变。反过来影响流路，直到库区普遍淤高到一定程度，滩面露出水面，形成与水沙相适应的河床形态，稳定流路即可形成。试验过程中，对不同布置方案每个主汛期结束后的地形均进行了详细测量，为了反映大流量的造床作用，丰水丰沙过程 8 月 25 日 Q=5 553 m^3/s 结束后停水对库区地形也进行了测量。因 8 月 18～25 日均是大水，库内主槽普遍冲刷，而其后流量相对较小，至试验结束时未再漫滩，图 6-36～图 6-41 给出了不同布置方案坝前库区 cs20

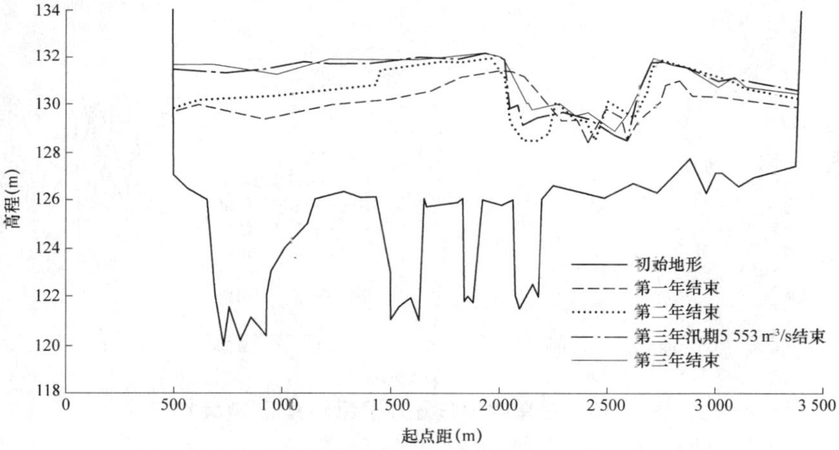

图 6-36　左岸滩地布置方案断面套汇图(cs20)

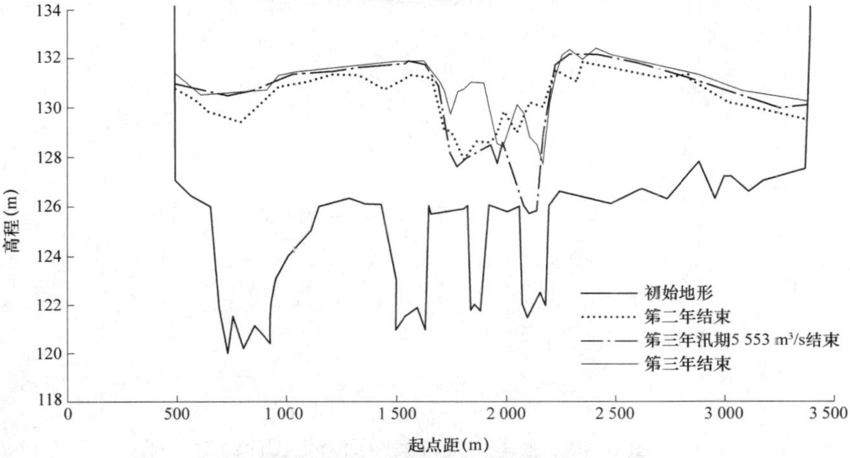

图 6-37　主槽布置方案断面套汇图(cs20)

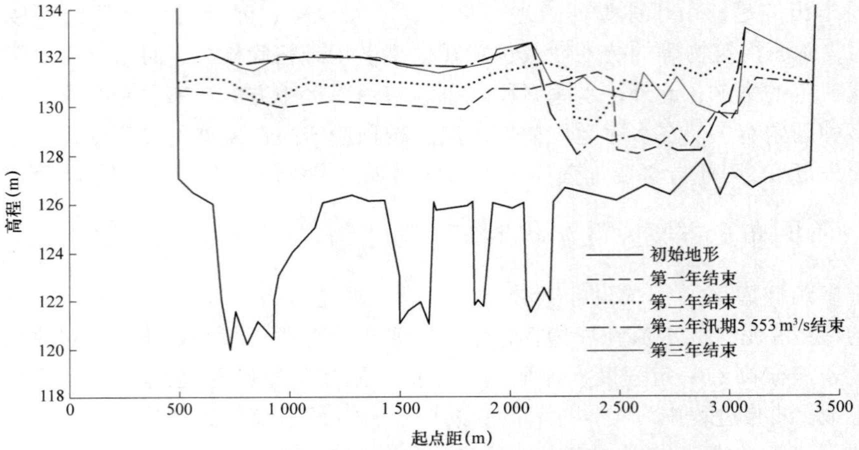

图 6-38 右岸滩地布置方案断面套汇图(cs20)

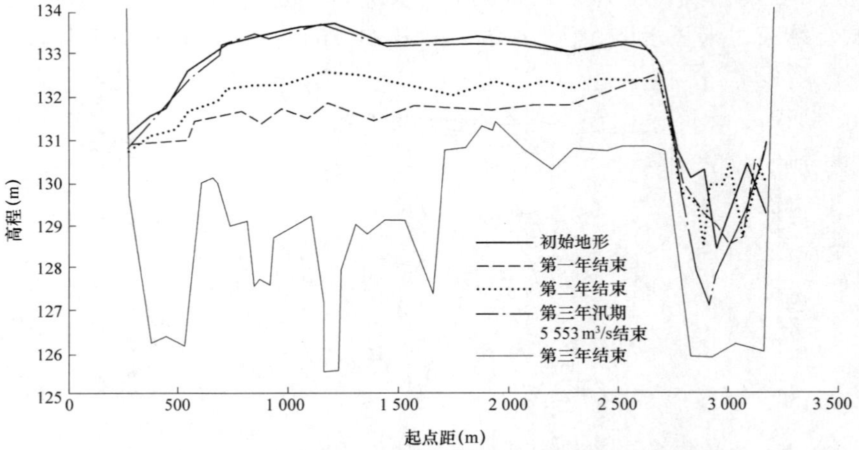

图 6-39 左岸滩地布置方案断面套汇图(cs16)

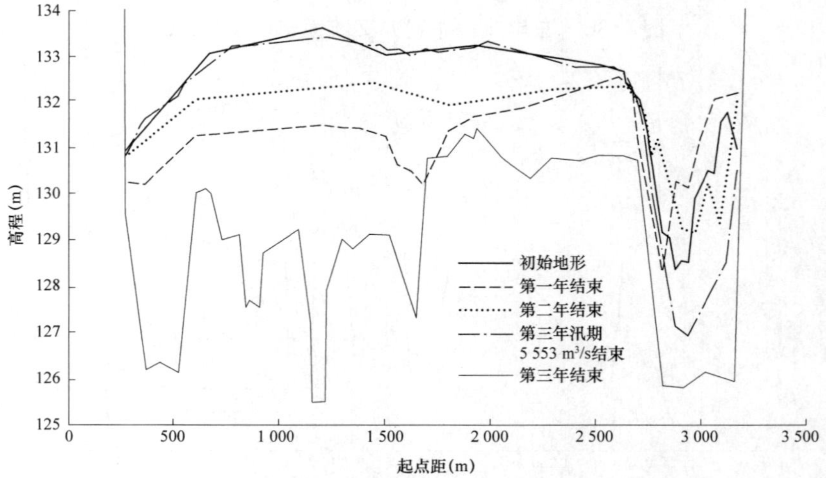

图 6-40 主槽布置方案断面套汇图(cs16)

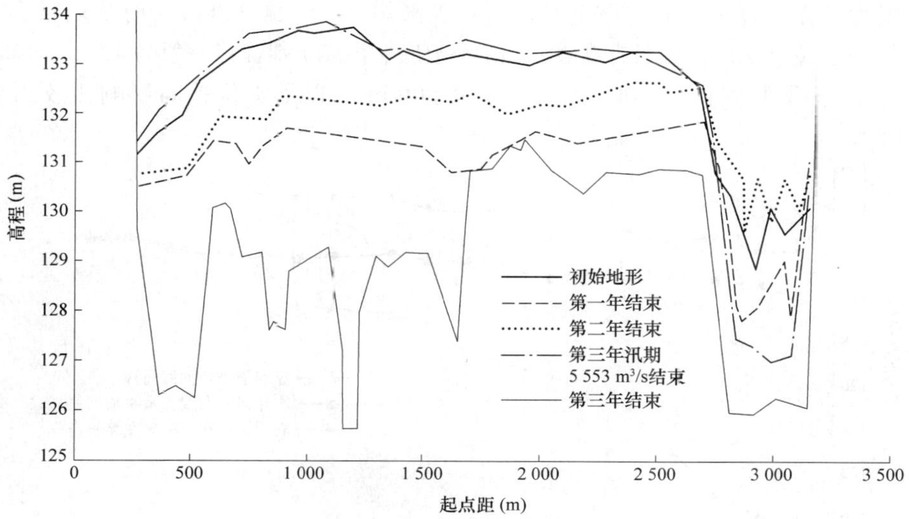

图 6-41　右岸滩地布置方案断面套汇图(cs16)

及 cs16 断面套绘图，可以看出，造床流量下河槽宽度一般为 500～600 m，河槽平均深度多为 3.3～3.6 m，相应地河槽横断面面积为 1 800～2 000 m^2。

试验对 Q=5 553 m^3/s 结束后测得主槽河底平均高程进行了计算，结果绘于图 6-42 中。图 6-43 为第三年结束后库区滩、槽纵剖面。试验表明坝前河底平均高程 130 m，纵剖面淤积末端距坝 12 km，淤积末端不影响小浪底坝下河床，距坝尚有一定距离。

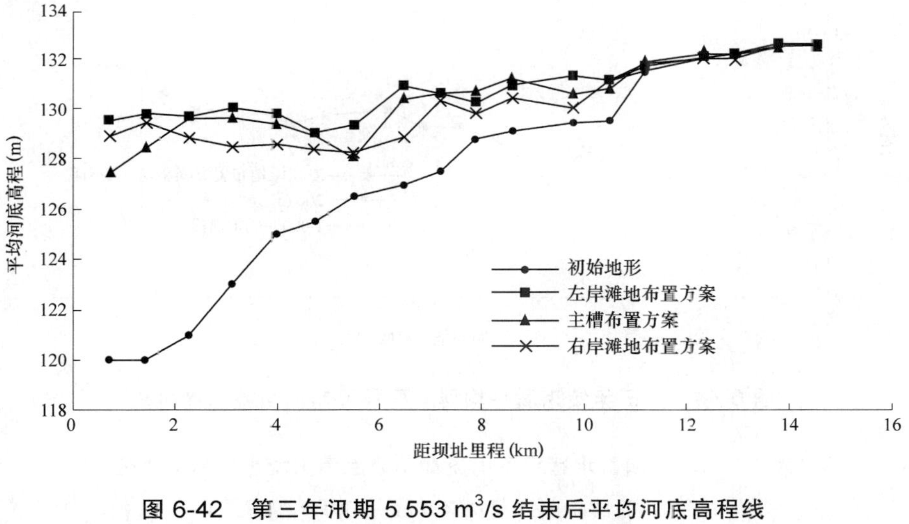

图 6-42　第三年汛期 5 553 m^3/s 结束后平均河底高程线

3 个主汛期的淤积试验结束后，将库水位升高到正常蓄水位 134.0 m，对小流量时小浪底消力塘出口断面水位进行了测量。图 6-44 为第三年结束后平均河底高程纵剖面及非汛期蓄水运用流量 200 m^3/s 和 1 000 m^3/s 水面线。可以看出，水库淤积平衡后非汛期蓄水运用的回水曲线特点。模型实测水位与设计水位相比，对消力塘水位的影响随流量的减小而增加。在流量 800 m³/s 以上时水位不受影响；在流量 700 m³/s 时受回水影响，水位升高 0.1 m；流量 200 m³/s 时升高 0.75 m。小浪底非汛期下泄流量一般为 400～1 000 m³/s，西霞院水库非汛期蓄水位 134.0 m，在流量 600 m³/s 以下水位抬高影响比较明显，如表 6-7 所示。

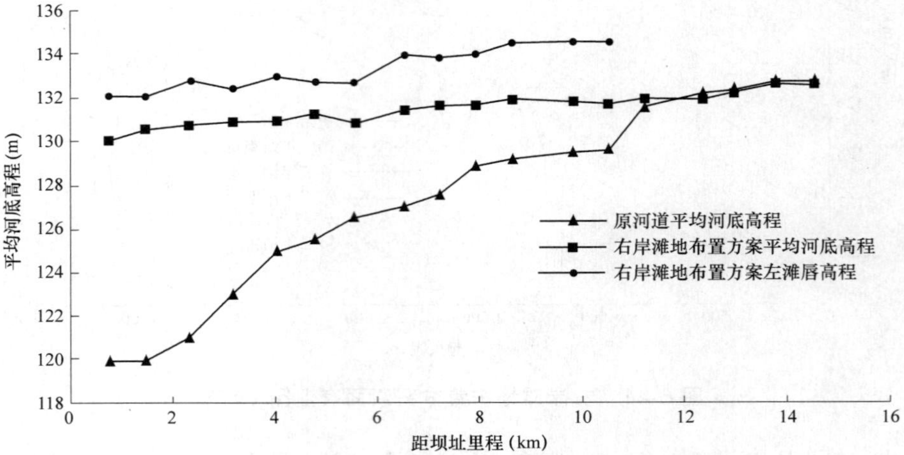

图 6-43　第三年结束后平均河底高程及滩唇高程线

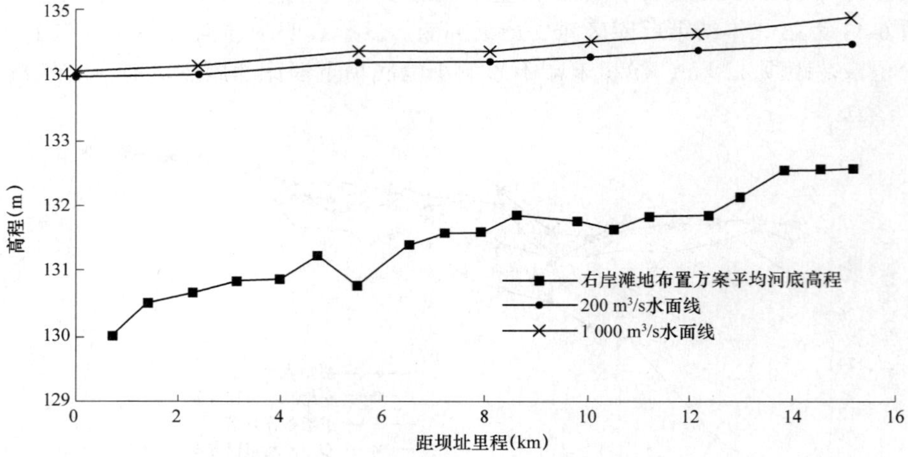

图 6-44　第三年结束后平均河底高程及非汛期蓄水水面线

表 6-7　非汛期蓄水运用不同流量小浪底消力塘出口断面水位

(西霞院库水位 134.0 m，黄海高程系统)

流量(m³/s)	200	400	600	700	800	1 000
设计计算(m)	133.65	134.05	134.32	134.45	134.58	134.83
模型实测(m)	134.40	134.43	134.52	134.55	134.58	135.83
差值(m)	+0.75	+0.38	+0.20	+0.1	0	0

在泄水建筑物不同布置方案库区淤积过程试验中，对坝址上游水面线进行了大量组次的测量，泄水建筑物位置的不同对其上游水面线影响不大。库区基本上表现为大水冲刷、小水淤积的河道特征。在洪水流量 8 000 m^3/s 时，水库滞洪运用，坝前滞洪水位 132.25 m；各级流量下消力塘出口断面水位与设计水位相比(见表 6-8)，可以看出同流量下变化较小，可见水库汛期限制水位 131 m 时运用不影响小浪底坝下水位。

表 6-8　汛期蓄水运用不同流量小浪底消力塘出口断面水位

(西霞院库水位 131.0 m，黄海高程系统)

流　量(m^3/s)	2 000	4 387	8 000
设计计算(m)	135.68	137.10	138.79
模型实测(m)	135.70	137.08	138.80
差　值(m)	+0.02	−0.02	+0.01

第五节　施工导流试验

一、试验水沙及边界条件

为研究不同泄水建筑物布置方案在施工导流期上游水位及河势变化，以确保围堰设计的安全和合理，要求通过试验给出在设计流量 1 560 m^3/s 时的坝前流态及水位。由于施工导流在非汛期进行，含沙量较低，试验时取含沙量为零。鉴于变态模型的局限性，泄水建筑物进口处边界条件复杂，流速场的失真将直接影响其局部流态，因此本模型只能给出未考虑导流回水区域泥沙淤积影响下的坝前水位及河势。不同泄水建筑物布置方案时施工围堰位置见图 6-45、图 6-46。

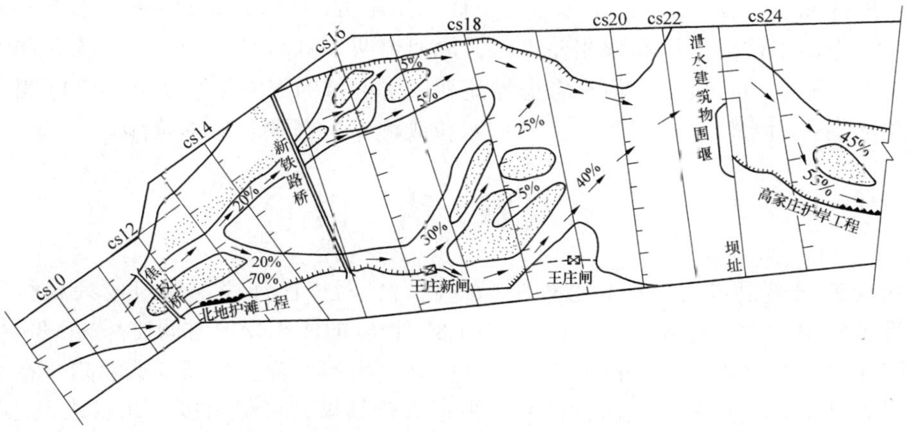

图 6-45　左岸滩地布置方案导流试验河势图($Q=1\ 560\ m^3/s$)

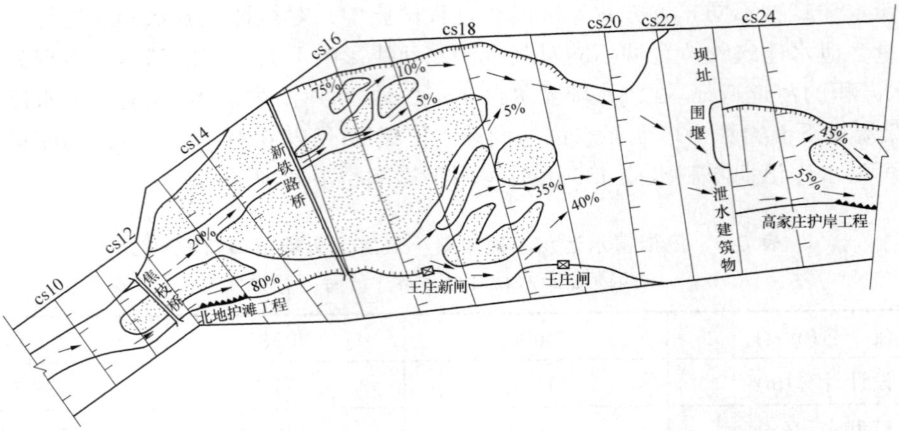

图 6-46　右岸滩地布置方案导流试验河势图(Q＝1 560 m^3/s)

二、试验方法及结果

由于变态模型对排沙洞边界模拟不能完全相似，其泄量和设计要求难以完全符合，而施工导流期排沙洞的泄量占有较大比重，为此试验中首先对排沙洞的泄量进行率定控制，使其满足设计要求。试验开始，控制上游来流量及上游水位，根据设计部门提供的“西霞院泄水建筑物泄流曲线计算表”数据资料，上游水位为 126.50 m 时，排沙洞总泄量是 921.49 m^3/s。当满足上述要求时，控制边界条件不变，然后施放设计流量 1 560 m^3/s，并使泄洪闸敞泄。

试验测得左岸滩地布置方案上游围堰堰前水位为 127.65 m，右岸滩地布置方案堰前水位为 127.72 m。左岸滩地布置方案堰前水位较右岸略低，可能和堰前水位测量位置安装在泄洪闸南部有关，使左岸滩地布置方案在测针处有一定的行近流速。左、右岸滩地布置方案库区回水范围相近，回水末端在王庄老闸附近，其河势如图 6-45、图 6-46 所示。此时，由于上游水位与滩面高程相差不大，原河道两岸滩地对河势变化继续发挥较大的作用，无大的不利河势发生。但未考虑导流期回水区域的泥沙淤积及其影响问题，所以应在导流期加强回水区泥沙淤积、河势和水位观测，适时调整应对措施。

第六节　结　语

本次模型试验以黄河模型相似理论为基础，针对库区河段河床组成特点和研究内容，进行了模型设计，选取含沙量比尺 λ_s=1.8，相应的河床变形时间比尺 λ_{t_2}=83 与水流运动时间比尺比较接近，使本模型避免了以往悬沙模型严重的时间变态缺陷。在给定水沙及边界条件下，进行大量组次的试验，根据试验结果，可得出以下几点认识：

(1)修建西霞院工程并采取相应的配套工程措施后，对下游河势的影响一般不超过铁谢以下，其中左滩方案需增建下游导流堤保持霞院滩南北两汊的分流比例，霞院滩冲刷较为严重；右滩方案经较长水沙系列造床后，最终将霞院滩北汊淤死。主槽方案相对较优，不需增加导治工程，又对下游河床边界影响较小。

(2)在库区淤积造床过程中，河势演变主要发生在淤积平衡之前，相对平衡河槽形成后，右岸滩地布置方案入流较为顺畅，但 8 000 m^3/s 的流量漫滩水流归槽时可产生 2 m/s 左右的顺坝流；主槽方案在王庄滩右股先被淤死，主流自库区北部向南演变过程中，也可使泄水建筑物正面进流；左岸滩地布置方案将产生较大范围的顺坝流，在上游回水入口处设置导治工程后，顺坝流现象可削减或消除。

(3)由于坝址断面河宽较大，库区淤积过程中产生的滩面横比降往往使漫滩水流在流向泄洪闸时产生一定流速的侧向进流，因此土坝边坡必须采取必要的防护措施。

(4)从顺坝流现象及对下游河势影响等方面综合来看，右岸滩地布置方案、主槽方案较优，左岸滩地布置方案次之。

(5)正常蓄水位 134.0 m 运用时，对小浪底枢纽尾水的影响随流量的减小而增加，当流量大于 700 m^3/s 时，对小浪底尾水位无明显影响。

(6)施工导流试验表明，在设计流量为 1 560 m^3/s 的条件下，导流围堰堰顶高程可满足设计要求，库区无不利河势发生。但由于试验为清水条件，在导流期若回水区域发生泥沙淤积，库区河势会有变化，因此应在导流期加强泥沙淤积、河势和水位观测。

第七章　西霞院工程总体布置推荐方案整体模型试验

第一节　总体布置推荐方案工程概况及试验简况

一、推荐方案工程概况

该方案除优化方案的冲沙闸、王庄引水闸和 8#～21#泄洪闸体型尺寸不变外，其他泄水建筑物体型尺寸都做了改动。此外，坝前库区右侧设施工堆渣场，面积 95.50 m²，堆渣体顶高程 133 m。泄水坝段上游左右侧仍设圆弧导墙，导墙迎水面坡度 1∶0.2，顶高程 135 m，底高程 118 m。右侧导墙弧长 150 m，圆弧半径 300 m。左侧导墙弧长 300 m，圆弧半径 306 m。下游右侧护岸圆弧形半径改为 1 000 m，起点桩号为 0+925.06 m，末端桩号为 0+1 419.46 m。工程整体布置见图 7-1。

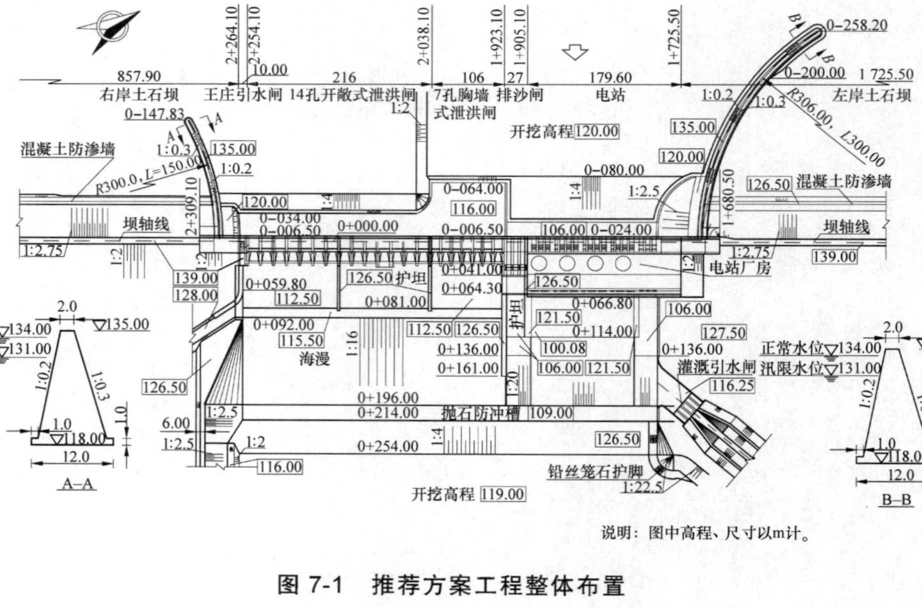

图 7-1　推荐方案工程整体布置

泄洪闸仍设 21 孔，8#～21#闸孔体型与优化方案相同。1#～7#孔堰顶降低至 121 m，堰顶处设胸墙，胸墙底缘为一段圆弧，底高程 127.0 m，每孔净宽 12 m。堰体采用抛物线型曲线剖面，堰面曲线方程 $y=x^2/32.50$，堰顶设平板检修门和弧形工作门各一道。上游闸底板和铺盖高程与优化方案相同，但对应的上游河床高程由原来的 124 m 左右开挖至 120.0 m。下游消力池、海漫及抛石防冲槽布置同优化方案。1#～7#孔泄洪闸体型见图 7-2。

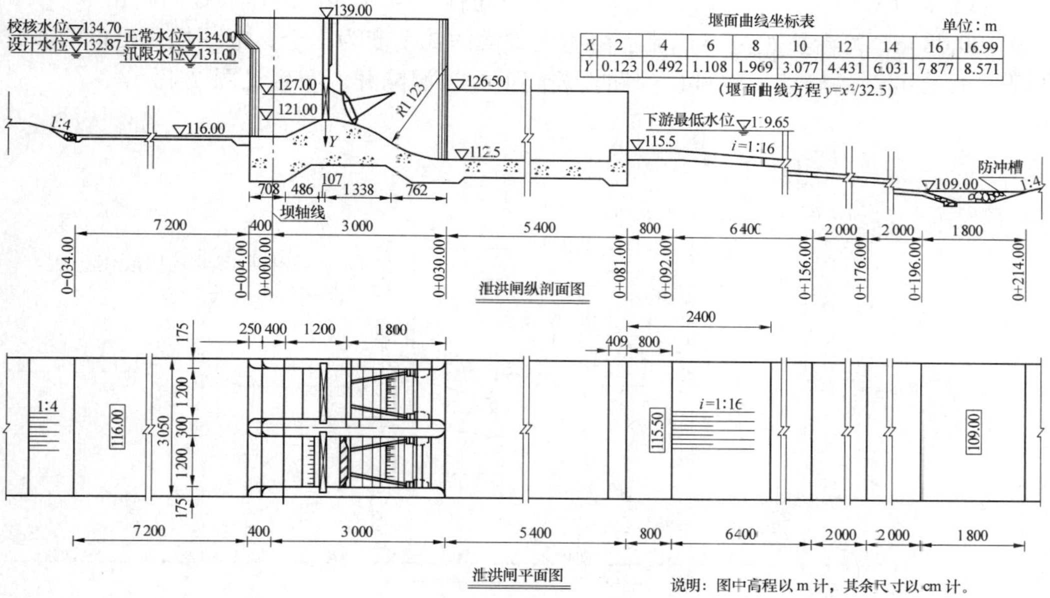

堰面曲线坐标表　　单位：m

X	2	4	6	8	10	12	14	16	16.99
Y	0.123	0.492	1.108	1.969	3.077	4.431	6.031	7.877	8.571

（堰面曲线方程 $y=x^2/32.5$）

图 7-2　推荐方案 1[#]～7[#]泄洪闸体型

泄洪闸左侧的 3 孔排沙闸布置形式、闸孔宽度、进出口底板高程、上游与河床的连接方式及下游护坦、海漫、防冲槽均和优化方案相同。只是工作门孔口高度由原来的 3.3 m 增大至 4.2 m，闸后左侧导墙顶高程改为 121.5 m，布置详见图 7-3。

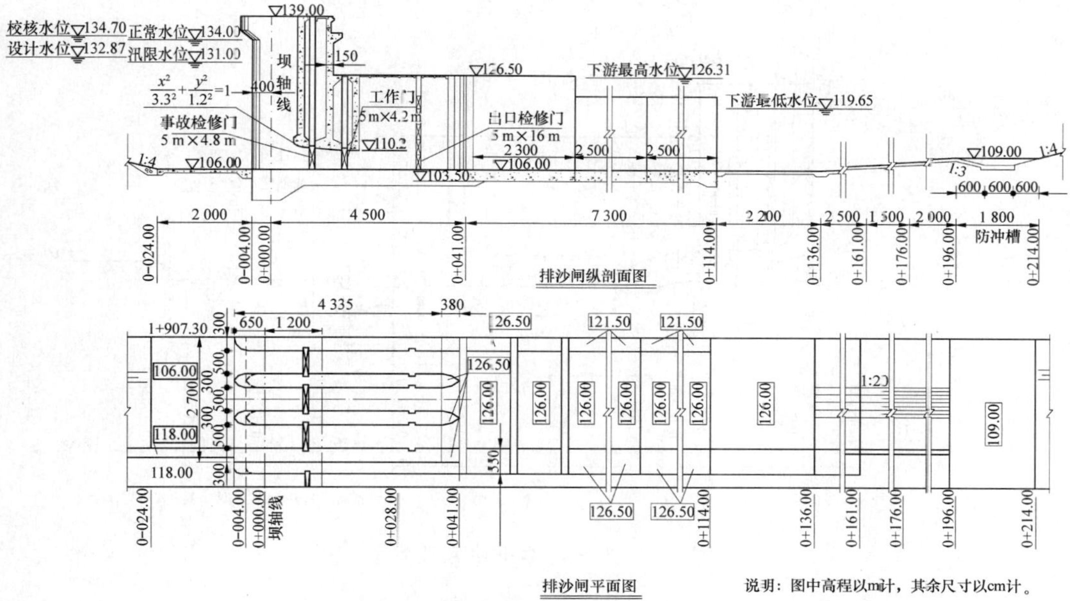

图 7-3　推荐方案排沙闸体型

电站 4 台机组仍为轴流式。机组进口底板高程 114.00 m，出口底板高程由 98.83 m 改为 100.08 m，每台机组进出口流道由优化方案的 3 个变为 2 个，电站坝段出口两侧有高程为 121.50 m 的导墙，将排沙闸和安装间下排沙洞隔开，布置见图 7-4。

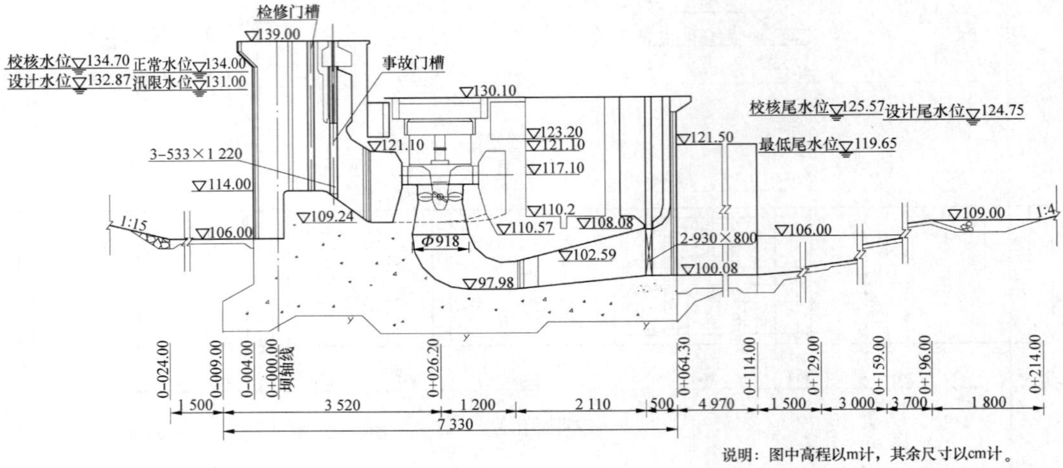

图 7-4　推荐方案机组体型

电站机组之间的排沙底孔保持 3 孔不变，进口底高程为 106.00 m，出口底高程和机组出口一致。平板工作门尺寸由优化方案的 4.0 m×6.0 m 改为 3.0 m×5.0 m，出口设 3.0 m×5.0 m 挡沙检修门，具体布置见图 7-5。

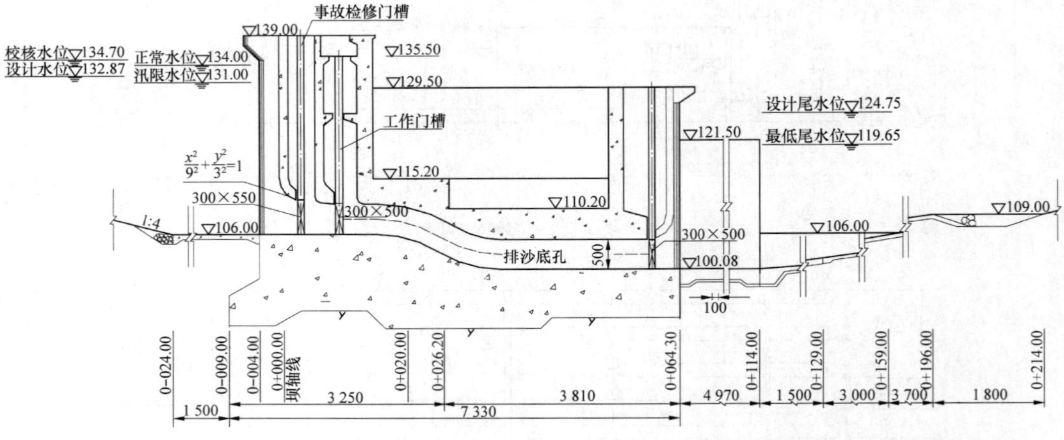

图 7-5　推荐方案排沙底孔体型

电站安装间下的 3 孔排沙洞进出口底高程保持优化方案的 106.00 m，洞底水平。工作门尺寸由优化方案的 5 m×3.3 m 调整为 5 m×4.2 m，布置详见图 7-6。

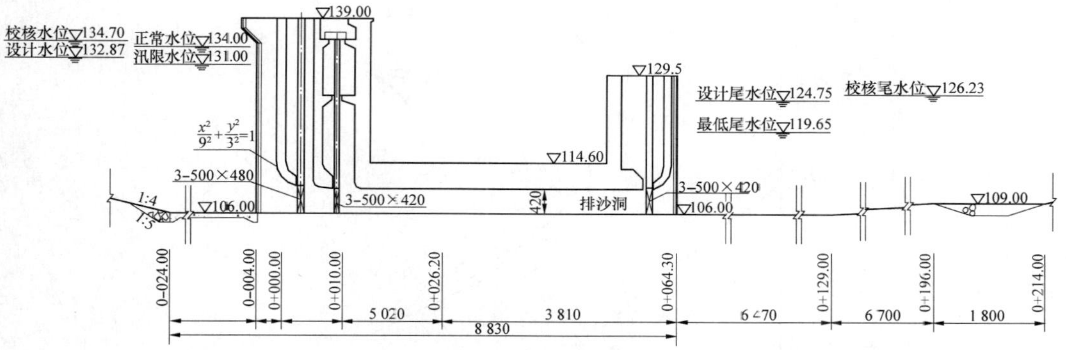

说明：图中高程以m计，其他尺寸以cm计。

图 7-6　推荐方案安装间下排沙洞布置

电站尾水左侧的灌溉引水闸增大了引水规模，由 3 孔增加为 5 孔。闸室仍采用平底胸墙闸孔型式，闸底板高程为 116.25 m，设 5.0 m×4.5 m 的检修门和 5.0 m×4.0 m 的平板工作门，闸室通过渐变段与下游梯形断面渠道相连，结构布置见图 7-7。

二、试验概况

枢纽总体布置推荐方案试验仍在几何比尺 1：100 正态枢纽整体模型上进行，模型设计及试验研究内容详见第五章第二节。

第二节　建筑物泄流能力及消能冲刷

一、泄洪闸泄流能力及消能冲刷

8#～21#泄洪闸体型尺寸未变，其泄量关系可采用式(5-1)和式(5-2),但泄流孔数应由 21 孔改为 14 孔。1#～7#泄洪闸体型尺寸改变后，对其进行了流量率定。结果表明，堰流与孔流分界水位是 129 m,由堰流向孔流过渡的水流流态是比较平稳的,但库水位升到 131 m 左右时，即使来流流量固定不变，库水位也会发生大幅度升降，水位变幅达 2 m。通过分析观察，发现泄洪闸胸墙底缘设计不当。由于墙底缘末端水平，当库水位升高到某一值时，胸墙底缘大部分脱流，并且脱流流态不稳定，从而造成泄流不稳定，泄流曲线见图 7-8。图中库水位是左侧导墙处水位。

与设计部门商榷后，决定对胸墙体型进行修改。修改共进行了 3 次，主要对胸墙底缘体型进行修改，同时减小孔口尺寸。修改 1，胸墙底缘压坡 1：4；修改 2，胸墙底缘压坡 1：3；修改 3，胸墙底缘压坡 1：2。胸墙底高程相同，均为 126 m。

结果表明，胸墙底部压坡为 1：4 和 1：3 时，都会产生胸墙底缘脱流现象。当压坡达 1：2 时，才出现稳定的泄流曲线，见图 7-8。胸墙底缘放大图附于图 7-8。

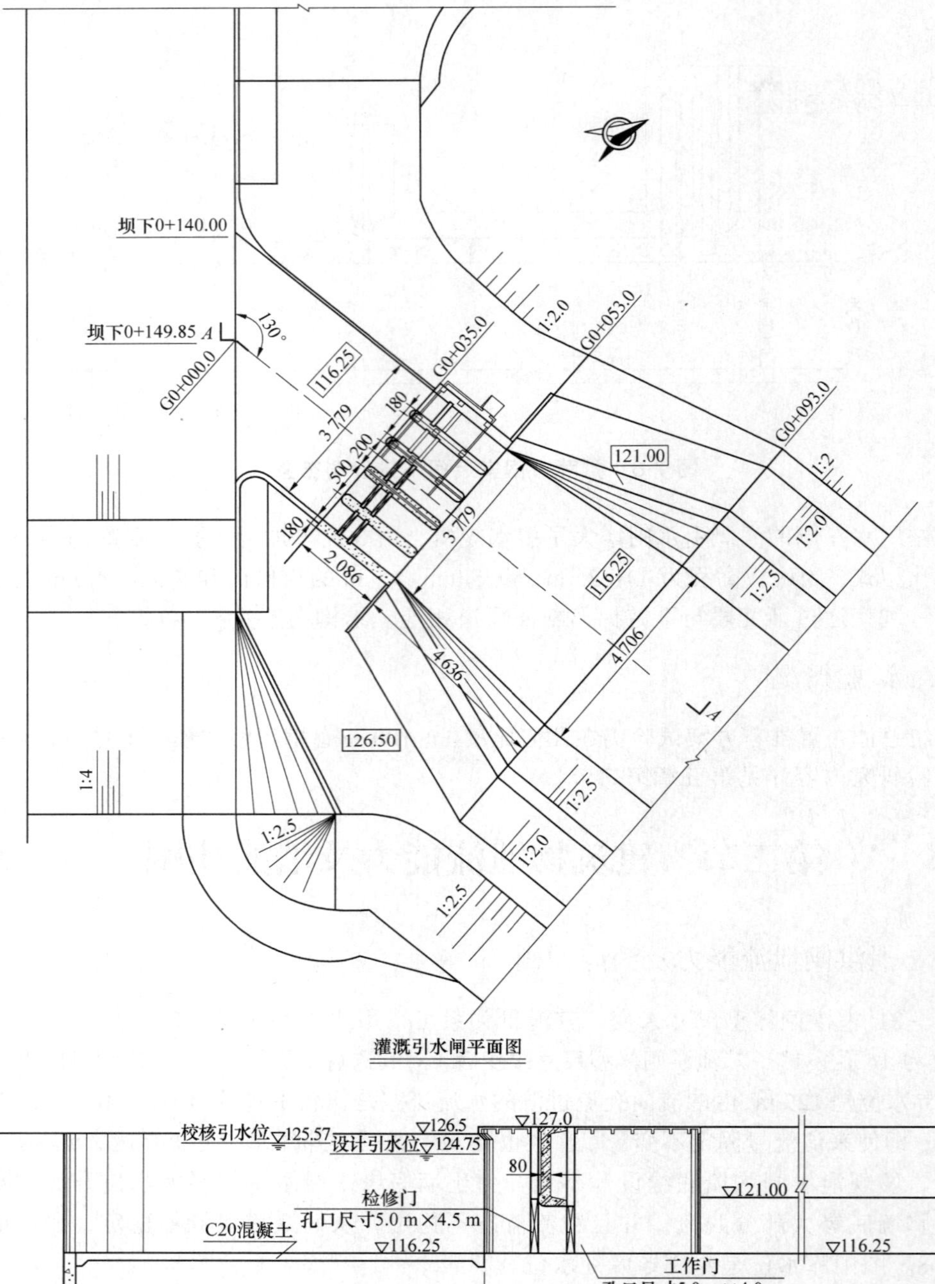

灌溉引水闸平面图

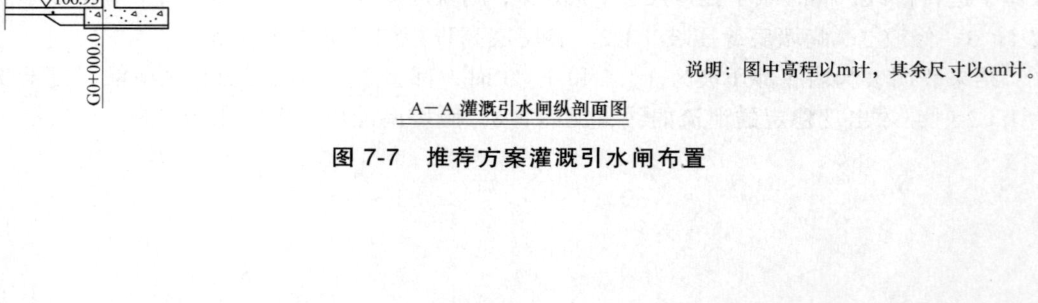

说明：图中高程以m计，其余尺寸以cm计。

A－A 灌溉引水闸纵剖面图

图 7-7　推荐方案灌溉引水闸布置

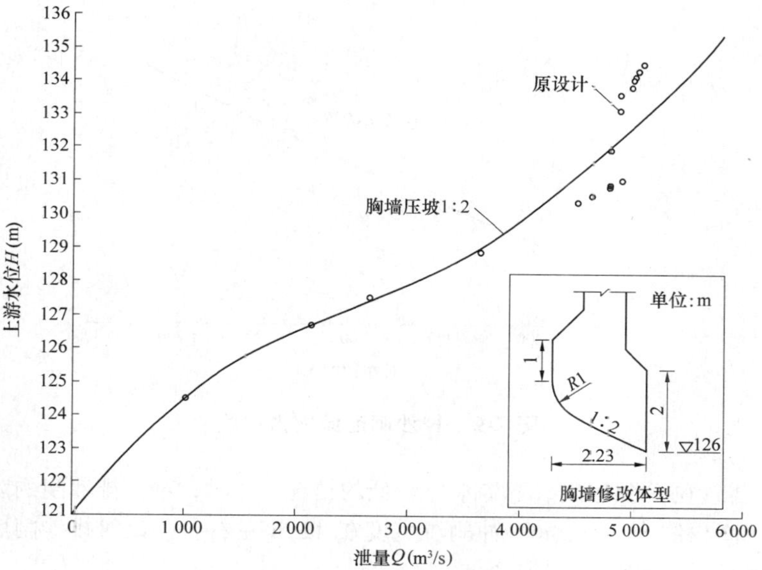

图 7-8　1#～7#泄洪闸泄流曲线

体型改变后的 1#～7#泄洪闸下游也能产生淹没水跃，消能也比较充分，但因下泄单宽流量较大，对应 1#～7#泄洪闸的防冲槽产生了较严重冲刷。校核水位情况下，冲刷最深达 5.6 m，高程达 103.4 m，冲刷坑宽度约 20 m，位置对应 1#～2#泄洪闸。设计部门提出 1#～7#泄洪闸应进一步修改，使下泄单宽流量与 8#～21#泄洪闸相同。由于时间等原因，模型未能进行体型修改试验。为了初步判断体型修改后下游冲刷情况，控制 1#～7#泄洪闸下泄单宽流量与 8#～21#泄洪闸相同进行试验。结果表明，单宽流量减小以后，下游消能充分，防冲槽冲刷情况与 8#～21#泄洪闸差别不大，防冲槽冲深仅 0.3 m 左右。由此可见，1#～7#泄洪闸修改体型后，在保证单宽流量和 8#～21#泄洪闸相同情况下，消能冲刷可以满足设计要求。

二、排沙闸泄流能力及消能冲刷

排沙闸体型修改后，各级水位下均呈淹没出流状态。模型实测排沙闸 3 孔全开时，上下游水头差 ΔH 与泄量关系见图 7-9。图中水头差是上游水位(位置同泄洪闸)和坝下 0+450 m 处水位之差。根据模型实测资料拟合的经验关系式如下：

$$Q_{\text{排沙闸改}}=211\Delta H^{0.689} \tag{7-1}$$

排沙闸出口左侧导墙顶高程为 121.5 m，下泄流量超过 2 000 m³/s 时，排沙闸闸墩尾部仍产生较强的顺时针回流。库水位 131～134.7 m 时，排沙闸进口处各闸墩之间均产生间断凹陷漩涡，漩涡直径可达 1 m 左右，能吸入漂浮物。

由于排沙闸孔口高度加大，下泄单宽流量相应增加，在正常蓄水位且总泄量较小时，排沙闸出口虽然是淹没出流，但淹没度已非常小。从实测结果看，在校核水位时，由于下游水位较高，防冲槽冲刷并不严重，防冲槽冲深约 1 m。最不利的组合仍是上游为正常

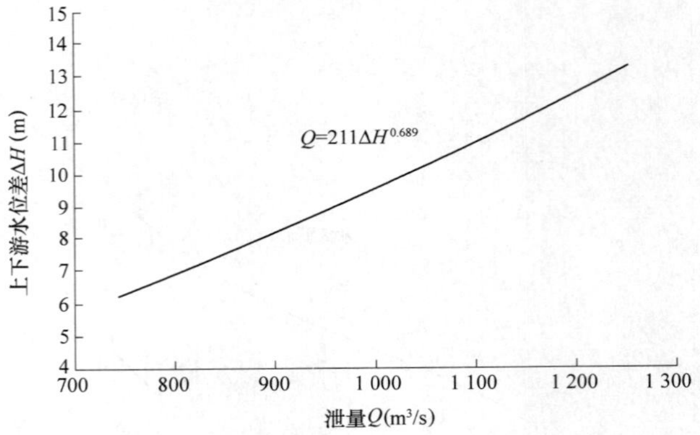

图 7-9　排沙闸泄流能力曲线

水位 134 m、排沙闸单独运用、下游水位较低的情况。此时，对应排沙闸的防冲槽发生冲刷，冲刷坑底高程约为 104.2 m。冲刷坑宽度在 12 m 左右。建议对排沙闸后防冲槽采取铺设铅丝石笼防护，确保工程安全。

三、安装间下排沙洞泄流能力及消能冲刷

排沙洞各级水位下均为淹没出流状态。模型实测排沙洞 3 孔全开时，上下游水头差 ΔH 与泄量关系见图 7-10。

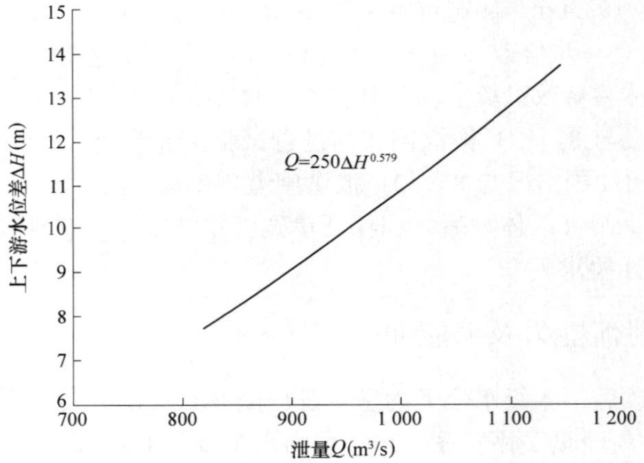

图 7-10　排沙洞泄流能力曲线

上下游水位定义与排沙闸的上下游水位定义一致。同样，根据模型实测数据，可以拟合出如下经验关系式：

$$Q_{\text{排沙洞改}}=250\Delta H^{0.579} \tag{7-2}$$

排沙洞出口右侧导墙顶高程为 121.5 m，下泄流量大时，排沙洞出口处产生较强的顺时针回流。排沙洞进口会产生直径 1 m 的间断凹陷漩涡。

下游冲刷最不利的组合仍是上游为正常水位 134 m、排沙洞单独排沙、下游水位较低

的情况。防冲槽部位冲刷坑底高程约 104 m，冲刷坑宽度约 10 m。建议对防冲槽采取铺设铅丝石笼防护措施。

四、排沙底孔泄流能力及消能冲刷

因排沙底孔孔口尺寸减小，泄流量相应减小，各级水位条件下均为高淹没度出流。实测 3 孔底孔全开时泄量关系见图 7-11。图中水头差 ΔH 的定义与排沙洞相同。

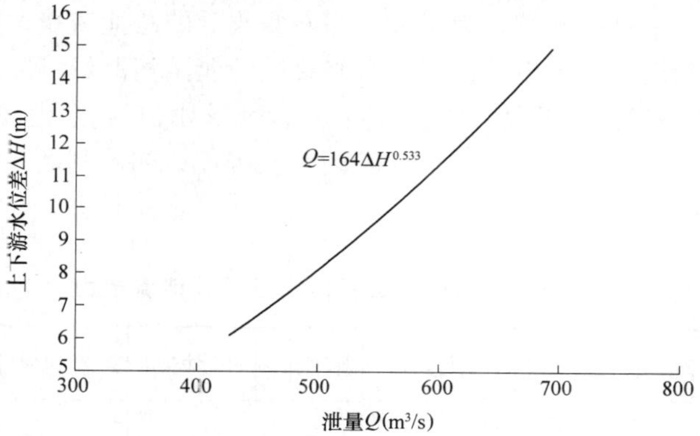

图 7-11 排沙底孔泄流能力曲线

根据模型实测数据，拟合排沙底孔泄量经验关系式如下：

$$Q_{\text{排沙底孔改}}=164\Delta H^{0.533} \tag{7-3}$$

因为底孔出口单宽流量减小，即使在最不利的组合情况下(上游正常水位 134 m、底孔单独排沙、下游水位较低)，对应的防冲槽冲刷也不严重，冲刷坑底高程仅为 108.4 m。底孔全开泄流时，下游水面平稳，底孔进口有间断凹陷漩涡产生。

五、坝下灌溉引水闸泄流能力

灌溉引水闸改为 5 孔后，过流流态仍为宽顶堰淹没出流。模型中采用薄壁堰量测泄流量。各特征水位时的泄量见表 7-1。表中闸前水位是闸轴线与电站下游左边墙交会处水位，闸后水位是闸后扩散段末端水位。可以看出，电站尾水高时，试验与设计接近；尾水低时，试验值大于设计值。鉴于模型中引水闸孔口尺寸较小，为消除缩尺造成的影响，建议制作较大尺寸模型进行研究。

表 7-1 5 孔灌溉引水闸泄量

设计闸前水位(m)	闸后水位(m)	泄量(m^3/s)	
		设计值	试验值
119.6	119.29	202.73	272
120.1	119.72	255.11	287
120.46	120.03	295.71	297
120.77	120.287	332.55	310

六、推荐方案工程总泄流能力

根据推荐方案单个泄水建筑物泄量，按设计要求进行组合，结果见表 7-2。表中下游水位是 0+450 m 处水位。可以看出，模型实测总泄量均大于设计总泄量，而且有较大的富裕量。之后，设计对 1#～7#泄洪闸的孔口尺寸进行了调整，每孔宽度改为 9 m，孔口高度改为 4.5 m。鉴于模型修改比较复杂，时间紧迫，与设计部门商榷后，决定在以后的泄洪闸断面模型试验中进行研究。为了大致判断修改后的总泄流量，根据已有的 1#～7#泄洪闸模型实测泄量反求流量系数，再计算修改后的泄洪闸泄量(假定泄洪闸修改前后的流量系数不变)。结果表明，在汛限水位、设计水位及校核水位时，总泄量分别为 7 838 m^3/s、10 898 m^3/s 和 14 285 m^3/s，比设计总泄流量略大。因此，初步判断 1#～7#泄洪闸修改后总泄量可以满足设计要求。

表 7-2　西霞院工程泄水建筑物泄流能力　　（单位：m^3/s）

运用工况		泄洪闸	排沙洞	排沙闸	试验总泄量	设计总泄量(下游水位)
汛限水位 131.00 m	排沙，下游 121.41 m		926	1 002	1 928	1 000(119.65 m)
	泄洪排沙，下游 124.64 m	7 740	730	756	9 226	6 000(123.65 m)
正常蓄水位 134.00 m	排沙，下游 121.65 m		1 072	1 192	2 264	1 000(119.65 m)
设计洪水位 132.87 m	泄洪排沙，下游 125.34 m	10 837	805	848	12 490	9 870(124.75 m)
校核洪水位 134.70 m	泄洪排沙，下游 125.88 m	14 187	882	946	16 015	13 860(125.57 m)

第三节　库区堆渣体对库区流态影响和上游导墙、下游锥坡及护岸冲刷情况

一、库区堆渣对库区流态影响

试验发现，库区设置的堆渣体距河道主流带较近，当来流流量较大时，堆渣体头部对来流有明显的挑流作用，使主流向库区北部偏移，同时堆渣体头部受到水流的顶冲。其结果可能会在左侧土坝前形成顺坝流，对土坝和左侧导墙头部造成严重冲刷；同时堆渣体受主流顶冲后，会使大量堆渣冲至库区，影响流路变化。

根据试验结果，与设计部门商榷后，对堆渣体头部形状进行调整。调整后堆渣体头部体型见图 7-12。结果表明，调整后，各级水位下，主流偏移和水流顶冲堆渣体现象基本消除。但在大流量时，顺堆渣体迎水面流速比较大，实际工程中应采取一定的防护措施。

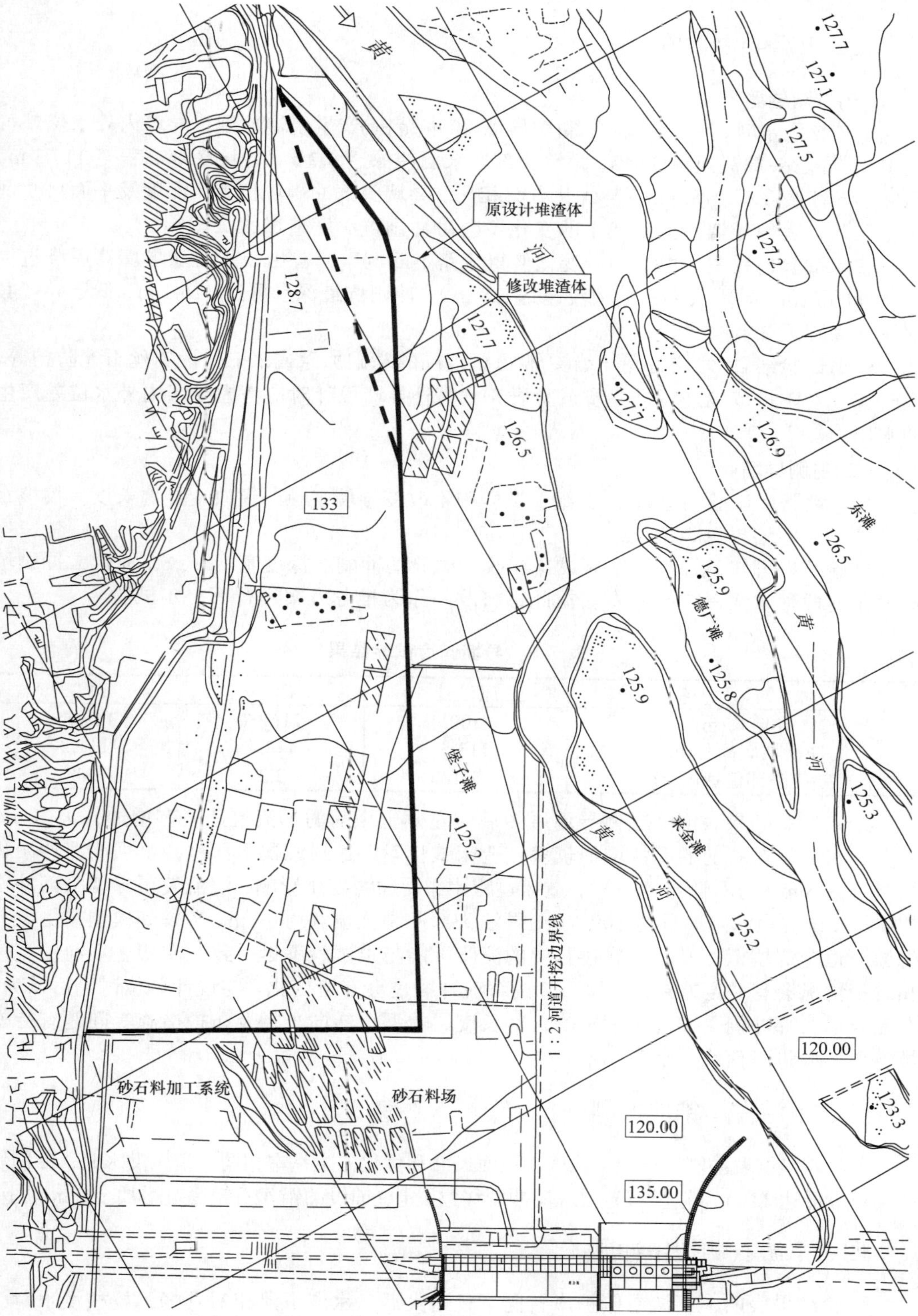

图 7-12　库区堆渣体体型修改示意图

二、上游导墙冲刷

(一)右侧导墙

在校核洪水时，右侧导墙头部(顺导墙 20 m 范围)产生绕流冲刷，导墙内外水位差可达 1 m，导墙头部流速约 3 m/s，导墙头部迎水面冲深达 6.7 m，冲坑底部高程至 117.3 m，已低于导墙底高程 118.0 m。与优化方案相比，导墙头部冲刷坑位置、深度及平面尺寸都相差无几。表明导墙断面形状小的变化不会对冲刷坑深度造成太大影响。

造床试验过程中，由于冲淤变化使得流路不断调整，曾出现水流从导墙背后绕过导墙头部的流态，导墙头部处最大流速达 3.8 m/s，冲刷坑最深点可达 115.1 m，低于导墙底部设计高程近 3 m。

根据试验结果，建议右侧导墙头部 30 m 范围的基础加深或采取铺设铅丝石笼防护等。同时建议对防护范围进行进一步试验研究。另外导墙设计时应考虑导墙内外水位差产生的水压力。

(二)左侧导墙

左导墙长度试验共进行了 3 组，试验中不改变导墙半径，仅改变导墙长度。校核水位条件下试验结果见表 7-3。

试验结果可知，推荐方案原设计和改一试验的冲刷坑深度基本一致，而改二冲刷坑深度比前两种方案深 2 m 左右。据此，将改一作为推荐方案进行下一步试验。

表 7-3　导墙长度试验结果

指　　标	原设计	改一	改二
导墙长(m)	300	216.67	149.75
冲刷坑底高程(m)	113.5	113.4	111.2
导墙头部流速(m/s)	2.1	2.2	2.8

造床试验结果表明，左侧导墙减短后，左侧土坝前的水流流速略有增加，为 1 m/s 左右，水流带至坝前的泥沙增加较多，造床试验库区达到淤积平衡时，土坝前泥沙淤积最厚可达 5 m。与右侧导墙一样，造床过程中，受冲淤变化影响，绕流使得导墙头部冲刷加重，冲刷坑最深点高程达 109.6 m，导墙头部冲刷坑顶宽约 20 m。考虑到模型左侧没有将原河道全部模拟，实际造床过程中的流路可能与本试验不尽一致，左侧土坝前的流速和淤积情况会有一定差别，导墙头部的绕流冲刷也会有所变化。与设计单位讨论后认为，左侧导墙头部冲刷受多种因素影响，其长度、体型、转向半径及防护措施等问题有待安排专项试验进行研究。

三、下游左岸锥坡冲刷

下游左岸锥坡冲刷坑位置、深度、平面尺寸和优化方案基本相同。校核洪水时，冲刷坑底高程最低达 110 m，铅丝石笼被水流冲刷移位。建议铺设的铅丝石笼底宽增加至 8 m 以上。

四、下游右侧护岸冲刷

试验结果表明，下游右侧护岸转向半径增大后，水流下泄相对顺畅，校核洪水时，右侧护岸桩号 0+1 100 m 上下游跟脚抛石槽略有冲刷，冲深约 1.0 m。而右侧护岸其他部位抛石未发生冲刷。为增加安全系数，建议右侧护岸桩号 0+1 100 m 上游 50 m 和下游 80 m 范围，抛石槽加宽 2 m、加深 1 m 或采取铅丝石笼防护。

第四节　枢纽上下游造床过程演变

设计部门要求 8#～21#泄洪闸上游河道高程保持原地形高程不变，1#～7#泄洪闸上游河道高程开挖至 120 m，和电站坝段前河道高程相同。泄洪闸右侧库区设堆渣体，顶高程 133 m，参见图 7-1 和图 7-12。设计提供的造床水沙变化过程同优化方案，见表 5-6。

泄水建筑物开启原则：首先开启排沙建筑物，然后是泄洪闸自左向右按顺序开启。上游水位保持汛限水位 131 m。下游水位按 2#断面水位控制。

试验表明，由于库区堆渣体占一定的库容且距进口较近，模型进口主流带淤积速度比优化方案快，但造床过程中的淤积形态变化是一致的，都出现淤积、沙滩出露、流路散乱、最终形成单一河槽的过程。

造床过程中，流量从 6 000 m^3/s 降为 4 340 m^3/s，经 1 天的时间，泄水建筑物前就会形成稳定河槽。由于 1#～7#泄洪闸下泄单宽流量最大，主槽偏向电站坝段。坝前形成的稳定河槽位置在 3#机组和 14#泄洪闸孔之间。坝上游 600 m 处，河宽约 350 m；坝上游 150 m 处，主河槽宽 240 m，水面达右侧导墙，宽约 400 m。比较可以看出，推荐方案造床形成的稳定河槽明显比优化方案宽。分析认为，1#～7#泄洪闸堰顶高程降低、闸前河床开挖及单宽泄量加大是主要影响因素。

电站坝段大部分为侧向进流，电站前形成平行坝轴线的冲刷漏斗，漏斗纵向宽度在排沙洞前窄，约 60 m，在 3#机组前宽，约 80 m。1#～7#泄洪闸堰顶高程降低后，对应闸前无泥沙淤积的范围可达 25 m。泄水建筑物两侧土坝前泥沙淤积厚度一般在 2～3 m 之间，最厚可达 5 m。

下游左侧泥沙淤积情况和优化方案相同。造床试验结束后，流量 6 000 m^3/s 以下，霞院滩北股不过流。机组下游河心滩出现的位置、形状及平面尺寸与优化方案差别不大。上下游达到冲淤平衡状态时(流量 2 240 m^3/s)的地形、河势及垂线平均流速分布见图 7-13。

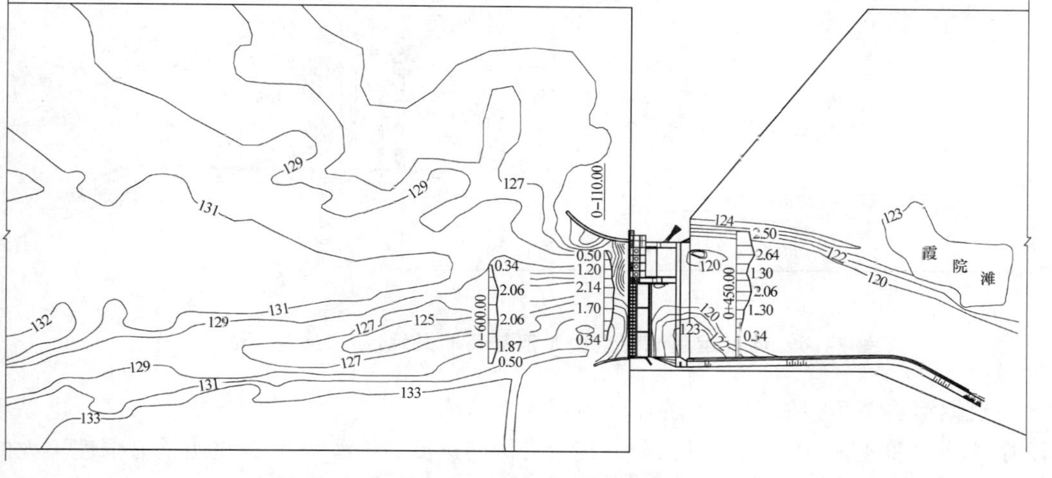

图 7-13　造床试验冲淤平衡后地形、河势及流速　(流速单位：m/s)

第五节　汛期调度运用时枢纽上下游流场及冲淤形态

一、汛限水位 131 m 不同水沙条件调节运用

汛期调度运用试验的组次及来流条件见表 5-7。观测内容与优化方案相同，即冲淤平衡时的河势、上游导墙及泄水建筑物前的流速垂线分布、泥沙颗粒垂线分布、坝前冲刷漏斗形态及上下游导墙附近地形。

调度运用方式和优化方案相同：800 $m^3/s \leqslant Q \leqslant 2\ 000\ m^3/s$ 时，$Q_{发电}=0.75Q$，$Q_{排沙}=Q-Q_{发电}$；$Q>2\ 000\ m^3/s$，$Q_{发电}=1\ 400\ m^3/s$，其余排沙。泄水建筑物开启顺序依次为：排沙底孔、排沙洞(闸)、泄洪闸。

(一)组次 1 试验水沙条件

在造床试验后的地形基础上进行，上游水位 131 m，流量 2 000 m^3/s，含沙量 30 kg/m^3。开启 4 台机组及 1#～3#排沙底孔。

结果表明，库区河势与造床试验结束时相比变化不大，坝前 600 m 处河槽宽度在 300 m 左右，主河槽正对 3#排沙底孔至 13#泄洪闸。电站坝段 3#排沙底孔以左为侧向进流，形成顶宽 60～80 m 的冲刷漏斗。河势及冲淤地形见图 7-14。电站下游 0+250 m 前后河心滩依然存在，霞院滩北股不过流，泄洪闸后产生回流淤积。造床达到平衡后，上游右导墙处为静水区，左导墙迎水面长约 150 m 为淤积的滩地，背水面为静水区，试验过程中未再发生冲刷。泄量 2 000 m^3/s，下游护岸护脚散抛石未受冲刷。

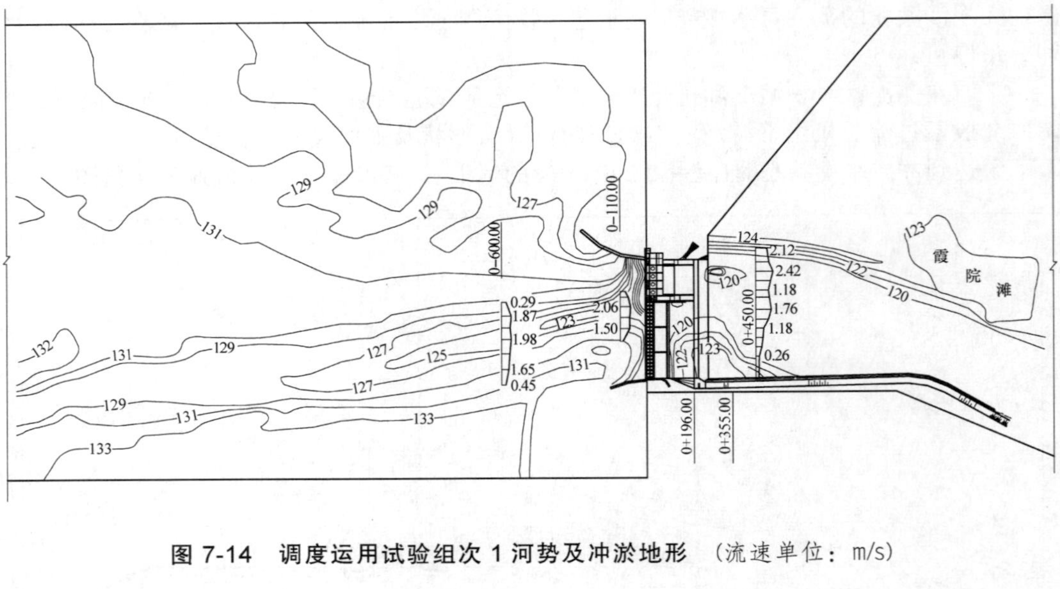

图 7-14　调度运用试验组次 1 河势及冲淤地形　(流速单位：m/s)

根据河势图可以看出，上游导墙附近因泥沙淤积，基本上是滩地或静水区。电站坝段除排沙闸和 4#机组为正向进流外，其余为侧向进流，排沙洞和 2#机组前有强度不大的逆时针回流区。

底孔和机组前含沙量垂线分布规律均呈上小下大，但垂线含沙量大小差别不大。4#机组正对主河槽，来流顶冲作用使得水流紊动强烈，进口垂线含沙量非常均匀，表面与底部含沙量基本一致。1#～3#机组进口底部含沙量与上部含沙量相差为 2～5 kg/m^3，二者之比为 1.05～1.18。3#底孔受水流顶冲影响，进口底部含沙量与上部含沙量相差很小，二者之比约为 1.05。1#～2#底孔进口底部含沙量为 31～35 kg/m^3，上部含沙量为 26～29 kg/m^3，二者之比为 1.1～1.3。

电站坝段前，垂线泥沙颗粒呈上细下粗规律分布。与含沙量垂线分布规律类似，即 4#机组前垂线泥沙颗粒分布均匀，1#机组前泥沙颗粒底部略大于表面。对底孔前垂线泥沙粒径进行测量分析可知，底部与上部泥沙中值粒径 d_{50}之比为 1.05～1.25；对机组前垂线泥沙粒径观测，底部与上部 d_{50}之比小于 1.05。

电站坝段前冲刷漏斗纵剖面见图 7-15。由图可以看出，从 1#机组至 4#机组漏斗纵坡有逐渐变缓的趋势。

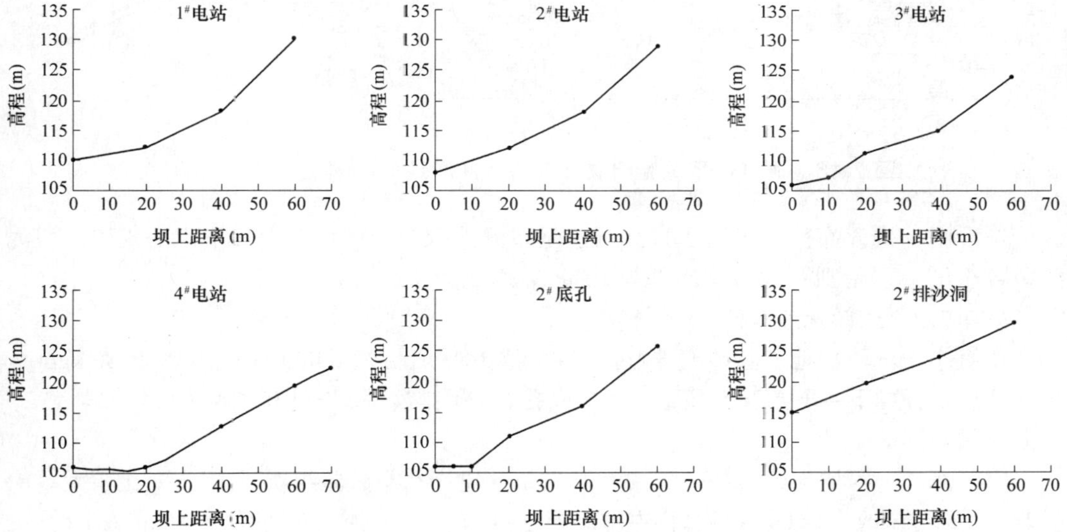

图 7-15　调度运用试验组次 1 电站前冲刷漏斗纵剖面

(二)组次 2 试验水沙条件

在组次 1 试验的基础上进行，上游水位 131 m，流量 4 000 m^3/s，含沙量 60 kg/m^3。孔口开启组合如下：开启 4 台机组、3 个底孔、3 条排沙洞、3 孔排沙闸，用 1#泄洪闸调节水位。

库区河势、主河槽与建筑物位置关系及电站进流流态与试验组次 1 相比变化不大，坝前 600 m 处河槽展宽至 350 m，电站前冲刷漏斗顶宽 60～80 m。河势及冲淤地形见图 7-16。电站下游流路和冲淤情况与试验组次 1 类似。因泄洪闸仅开启 1 孔，闸后淤积泥沙冲开的宽度不大，3#～21#泄洪闸后淤积泥沙仍存在。上游右导墙和下游护岸抛石未受冲刷。电站下游 0+250 m 前后河心滩依然存在，霞院滩北股不过流。

电站前底部和上部含沙量如下：4 台机组进口底部含沙量一般在 60～64 kg/m^{3}之间，

上部含沙量为 54～59 kg/m³，二者之比为 1.02～1.15；底孔进口底部含沙量为 62～69 kg/m³，与上部含沙量之比为 1.05～1.3；排沙闸上部和下部含沙量基本相等；排沙洞前含沙量上下差值为 5～15 kg/m³；泄洪闸下泄水流含沙量与来流一致。

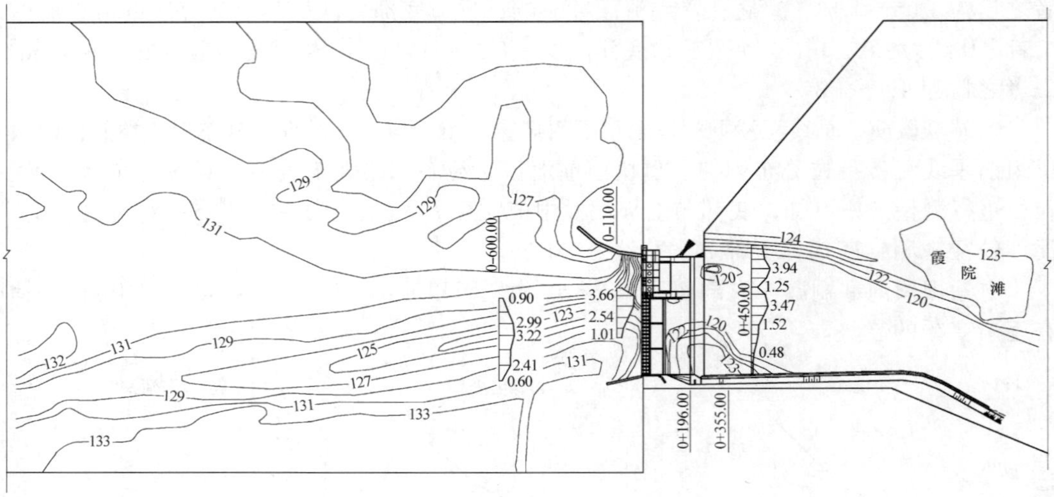

图 7-16　调度运用试验组次 2 河势及冲淤地形　(流速单位：m/s)

排沙闸、排沙底孔、机组及排沙洞前垂线泥沙颗粒分布也有上细下粗的规律。但泥沙颗粒粗细上下差别不大，其底部与上部 d_{50} 之比为 1.05～1.2。

(三)组次 3 试验水沙条件

在组次 2 试验后地形基础上进行。上游水位 131 m，流量 6 000 m³/s，含沙量 80 kg/m³。孔口开启组合如下：开启 4 台机组、3 个底孔、3 条排沙洞、3 孔排沙闸及 1#、3#、5#、7#泄洪闸。

库区河势、河槽与建筑物位置关系及电站进流流态与试验组次 2 相比变化不大。库区地形大部分未改变，只是主河槽向左侧略展宽，坝前 600 m 处河槽展宽至 380 m。6 000 m³/s 流量试验初期，原河槽滩沿漫水，有部分泥沙落淤。电站前形成的冲刷漏斗顶宽仍为 60～80 m。电站下游流路和冲淤情况与试验组次 2 类似，霞院滩北股河不过流。泄洪闸开启后，3#～7#闸孔下游淤积泥沙被冲走，防冲槽冲刷深度小于 0.5 m。上游导墙未受冲刷，下游护岸散抛石冲刷轻微。库区和下游河道地形变化很小，可参见图 7-16。河道流速分布也与图 7-14 基本相同，只是流速略有增加，坝上 110 m 和 600 m 处最大流速分别为 4.21 m/s 和 4.02 m/s；坝下 450 m 处最大流速为 4.48 m/s。

电站坝段各泄水建筑物前垂线流速实测值见图 7-17。因为电站坝段总泄量与前一组试验相比变化不大，因此流速差别也很小。

电站坝段各泄水建筑物前含沙量垂线分布规律和试验组次 2 一致。电站前上部含沙量在 75～79 kg/m³ 之间，机组、底孔、排沙闸及排沙洞进口底部含沙量与上部含沙量之比分别为 1.03～1.15、1.05～1.3、1.05 和 1.1～1.3，泄洪闸下泄水流含沙量与来流一致。电站前垂线泥沙颗粒底部与上部 d_{50} 之比为 1.02～1.2。

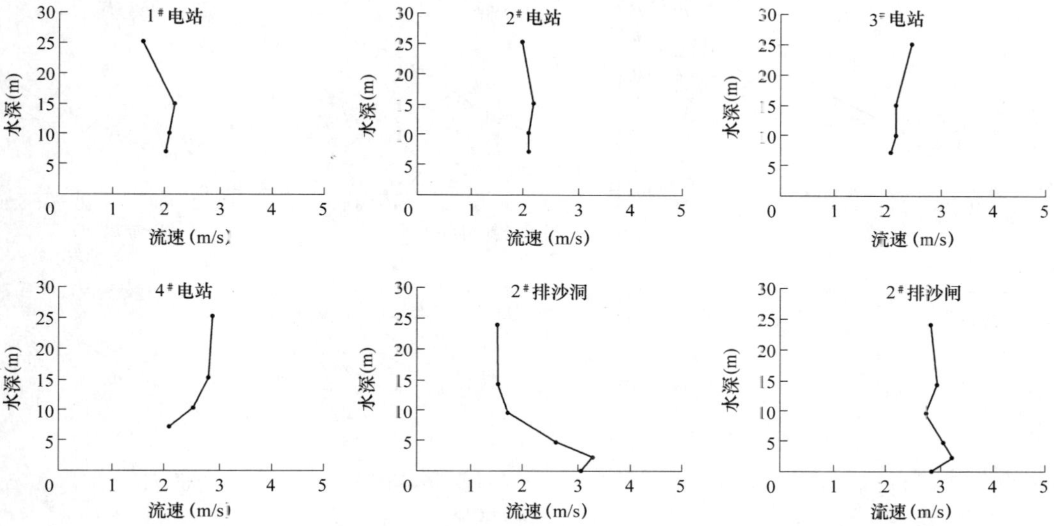

图 7-17　调度运用试验组次 3 泄水建筑物前垂线流速分布

由于电站坝段总泄流量和试验组次 2 基本一致，泄水建筑物开启组合相同，形成的坝前冲刷漏斗纵剖面也差别很小。

二、汛期水位 129 m 调度运用枢纽流场及冲淤形态

在汛限水位试验水沙条件组次 3 试验基础上进行。上游水位 129 m，流量 3 000 m^3/s，含沙量 120 kg/m^3。泄水建筑物开启组合如下：开启 4 台机组、3 个底孔、3 条排沙洞，用 2#排沙闸调控水位。

上游来流量减小、坝前水位降低后，河道下切，河宽萎缩，坝上游 600 m 处河宽约 290 m。因泄洪闸关闭，坝前河槽右侧产生淤积，主河槽宽度缩窄至 250 m。电站前的冲刷漏斗顶宽为 50～80 m。河势与图 7-16 相比变化很小，滩沿以外地形无变化，河槽内地形变化也不大。主河槽流速分布：坝上 110 m 和 600 m 处最大流速分别为 3.37 m/s 和 3.12 m/s；坝下 450 m 断面最大流速为 3.45 m/s。电站下游流路和冲淤情况与试验组次 2 类似。因泄洪闸关闭，其下游海漫及防冲槽部位又出现泥沙淤积。上游导墙和下游护岸散抛石未发生冲刷。

电站前含沙量垂线分布规律和试验组次 3 基本一致。上部含沙量为 119～110 kg/m^3，机组、底孔、排沙闸及排沙洞进口底部含沙量为 120～135 kg/m^3，与上部含沙量之比分别为 1.02～1.1、1.05～1.2、1.05 和 1.23。

电站坝段泄水建筑物前垂线泥沙颗粒底部与上部 d_{50} 之比为 1.02～1.2。电站坝段前冲刷漏斗纵剖面见图 7-18。

三、汛期水位 132 m 调度运用枢纽流场及冲淤形态

为区别于优化方案的运行次序，推荐方案定流量试验安排在汛期调度运用试验之后进行。要求在上游水位 132 m、河势流路相对稳定、进出口含沙量基本相同条件下进行试验。观测各泄水建筑物进口含沙量垂线分布，分流分沙比、电站前漏斗形态、库区冲淤

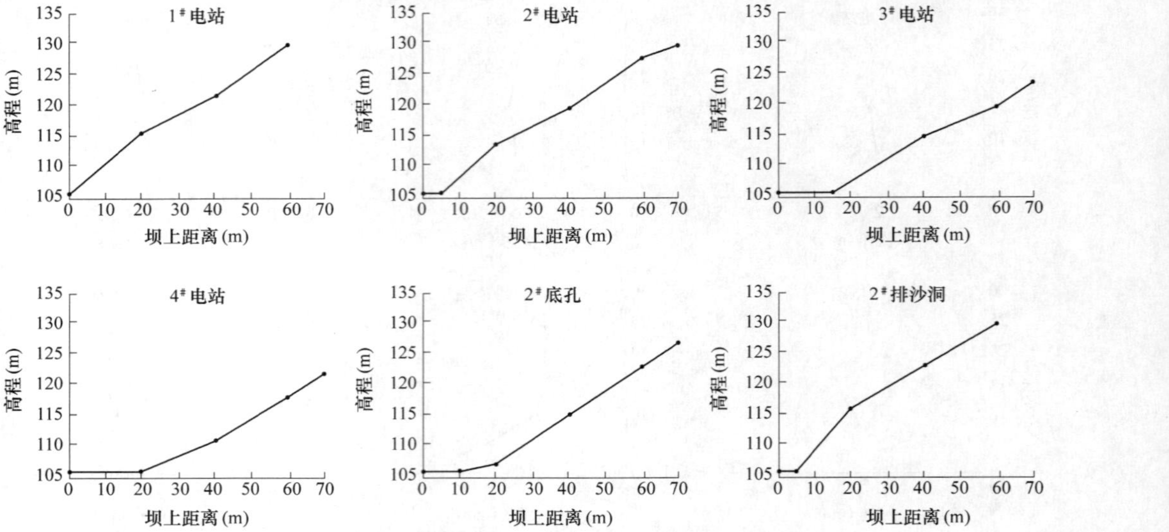

图 7-18　调度运用试验组次 4 电站前冲刷漏斗纵剖面

地形等。试验条件和组次同优化方案，见表 5-8。运用方式：$Q_{发电}$=1 400 m³/s，其余排沙。泄水建筑物开启顺序：排沙底孔、排沙洞(闸)、泄洪闸。

(一)组次 1 试验水沙条件

在汛期调度运用试验组次 4 基础上进行。上游水位 132 m，流量 2 500 m³/s，含沙量 30 kg/m³。开启 4 台机组、3 个底孔(565 m³/s)及 2# 排沙洞(319 m³/s)，用 1# 排沙洞(216 m³/s)调控水位。

试验流量与前一组相差不大，形成的河槽宽度也基本相同。由于库水位升高 1 m，河槽滩沿泥沙进一步淤高，冲淤基本平衡后的河势及地形见图 7-19。

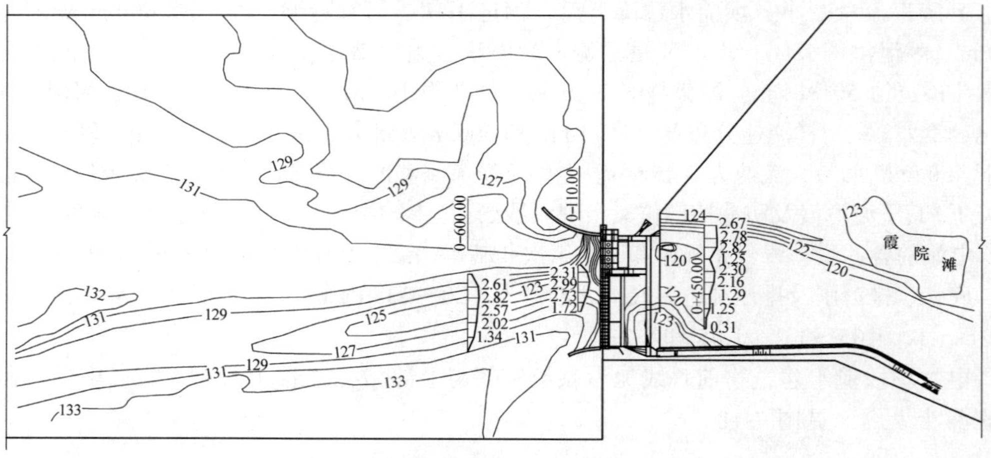

图 7-19　试验组次 1 河势及冲淤地形　（流速单位：m/s）

与前组试验相比，河势流路变化不大，坝前 600 m 处河槽宽度约 290 m，主河槽正对排沙闸和 1#～13#泄洪闸，电站前冲刷漏斗顶宽 60～80 m。电站下游河心滩依然存在，霞院滩北股不过流，因泄洪闸不过流，闸下游继续产生回流淤积。

结果表明，各进水口前流速分布和流速值与调节运用试验结果基本一致。虽然库水位升高 1 m，但对垂线含沙量分布影响不大，电站前垂线含沙量分布仍表现为上小下大，靠近主槽部位垂线含沙量分布相对均匀。上部含沙量为 26～28 kg/m^3，机组进口底部含沙量为 30～32 kg/m^3，与上部含沙量之比为 1.03～1.2；底孔进口底部含沙量为 31～36 kg/m^3，与上部含沙量之比为 1.05～1.3。

对各泄水建筑物出流含沙量进行多次测量，机组出流含沙量为 27～30 kg/m^3。各底孔含沙量也接近，为 31～36 kg/m^3。底孔出流含沙量与相邻机组之比为 1.05～1.3。泥沙颗粒也是底孔略粗于机组，二者中值粒径 d_{50}之比为 1.05～1.15。排沙洞出流含沙量为 33～37 kg/m^3。电站坝段前冲刷漏斗纵剖面见图 7-20。

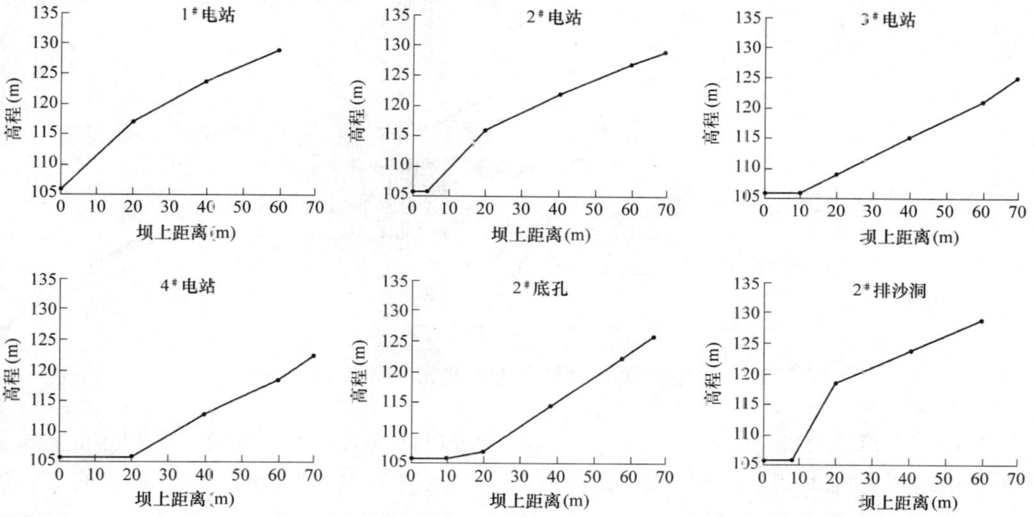

图 7-20　试验组次 1 电站坝段前冲刷漏斗纵剖面

(二)组次 2 试验水沙条件

在试验组次 1 的基础上进行。上游水位 132 m，流量 2 500 m^3/s，含沙量 100 kg/m^3。因来流流量与试验组次 1 相同，仍开启 4 台机组、3 个底孔(565 m^3/s)及 2# 排沙洞(319 m^3/s)，用 1# 排沙洞(216 m^3/s)调控水位。

结果表明，来流含沙量由 30 kg/m^3 增加至 100 kg/m^3，河势、河槽宽度、电站前冲刷漏斗、下游流路及地形与试验组次 1 结果相比变化不大。冲淤基本平衡后的河势及地形与图 7-19 相比变化不大。

电站前上部含沙量为 92～98 kg/m^3，机组进口底部含沙量为 100～106 kg/m^3，与上部含沙量之比为 1.02～1.16；底孔进口底部含沙量为 102～118 kg/m^3，与上部含沙量之比为 1.05～1.28。靠近主槽部位坝前垂线含沙量分布相对均匀。排沙洞进口前底部含沙量为 108～120 kg/m^3，与表面含沙量之比为 1.1～1.3。

各泄水建筑物出流含沙量测量结果：底孔出流含沙量为 102～115 kg/m^3，机组出流含沙量为 94～98 kg/m^3，底孔与相邻机组之比为 1.06～1.22。底孔与机组泥沙中值粒径 d_{50}之比为 1.01～1.15。电站坝段前冲刷漏斗纵剖面与组次 1 试验结果相比变化不大。

(三)组次 3 试验水沙条件

在组次 2 试验后地形基础上进行。上游库水位 132 m，流量 4 200 m^3/s，含沙量 150 kg/m^3。

开启 4 台机组、3 个底孔(534 m^3/s)、3 条排沙洞(900 m^3/s)、3 孔排沙闸(970 m^3/s)，用 1[#]泄洪闸调控库水位。

结果表明，来流流量增大后，河势变化不大，河槽略展宽，坝前 600 m 处河宽为 350 m，河槽比较顺直。靠近坝前河槽位置基本不变，电站前冲刷漏斗顶宽为 60～80 m。电站下游流路及地形变化很小，1[#]泄洪闸下游靠左导墙部位淤积泥沙被冲开。冲淤基本平衡后的河势及地形见图 7-21。

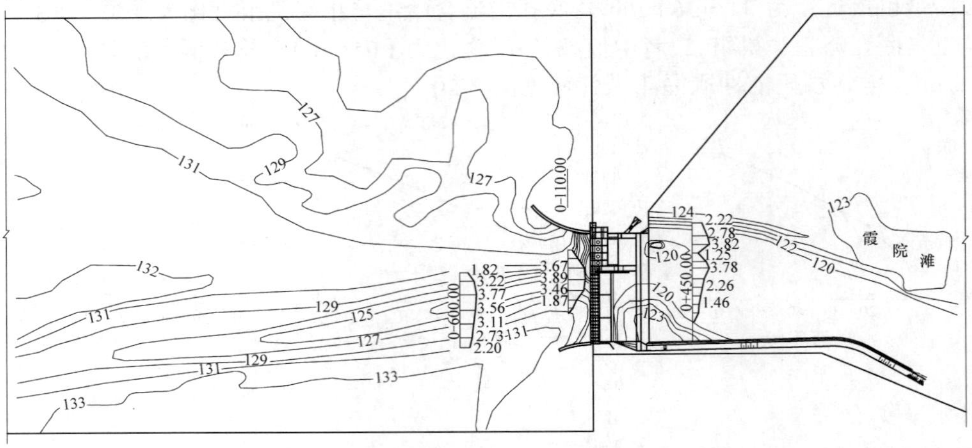

图 7-21　试验组次 3 河势及冲淤地形（流速单位：m/s）

电站前上部含沙量为 144～147 kg/m^3，机组进口底部含沙量为 152～158 kg/m^3，与上部含沙量之比为 1.03～1.1；底孔进口底部含沙量为 157～174 kg/m^3，底孔进口底部含沙量与上部含沙量之比为 1.07～1.2。靠近主槽部位坝前垂线含沙量分布相对均匀。排沙洞进口前底部与表面含沙量之比为 1.05～1.22。

各泄水建筑物出流含沙量测量结果：底孔出流含沙量为 155～168 kg/m^3，机组出流含沙量为 145～150 kg/m^3，排沙闸含沙量为 151～155 kg/m^3，排沙洞流含沙量为 155～168 kg/m^3，底孔与相邻机组之比为 1.04～1.16。底孔泥沙颗粒略粗于机组，二者中值粒径 d_{50} 之比为 1.05～1.15。电站坝段前冲刷漏斗纵剖面与前两组试验结果相比，变化不大。

(四)组次 4 试验水沙条件

在组次 3 试验后地形基础上进行。上游水位 132 m，流量 6 000 m^3/s，含沙量 100 kg/m^3。开启 4 台机组(1 400 m^3/s)、3 个底孔(509 m^3/s)、3 条排沙洞(845 m^3/s)、3 孔排沙闸(911 m^3/s)，开 1[#]、3[#]、5[#]、7[#]泄洪闸(2 335 m^3/s)调控库水位。

结果表明，来流量增大后，河槽继续展宽，坝前 600 m 处河宽为 370 m。电站前冲刷漏斗顶宽保持 60～80 m。电站下游流路及地形变化很小，1[#]～7[#]泄洪闸下游淤积泥沙被冲开，对应防冲槽略有冲刷，深度 0.5 m。冲淤基本平衡后的河势及地形见图 7-22。

电站前上部含沙量为 94～97 kg/m^3，机组进口底部含沙量为 102～110 kg/m^3，与上部含沙量之比为 1.04～1.17；底孔进口底部含沙量为 104～114 kg/m^3，与上部含沙量之比为 1.06～1.21。排沙洞进口前底部与表面含沙量之比为 1.1～1.32；排沙闸进口前底部与表面含沙量之比为 1.05～1.1；泄洪闸下泄水流含沙量与来流一致。

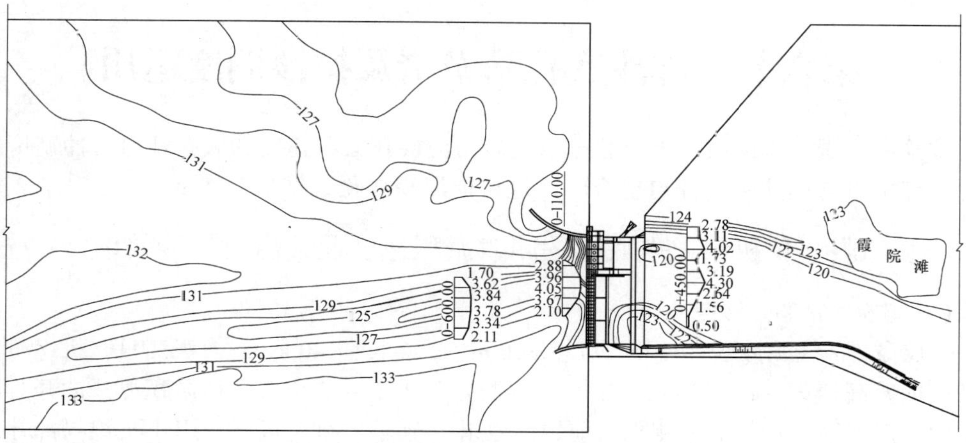

图 7-22　试验组次 4 河势及冲淤地形　（流速单位：m/s）

各泄水建筑物出流含沙量测量结果：底孔出流含沙量为 104～113 kg/m^3，机组出口含沙量为 96～101 kg/m^3，底孔与相邻机组之比为 1.1～1.2；排沙闸含沙量为 102～105 kg/m^3，排沙洞流含沙量为 105～116 kg/m^3，底孔与机组出口泥沙中值粒径 d_{50} 之比为 1.06～1.15。

电站坝段前冲刷漏斗纵剖面见图 7-23。因电站坝段总泄量和试验组次 3 相差不大，因此二者形成的坝前漏斗形状及纵坡也基本一致。

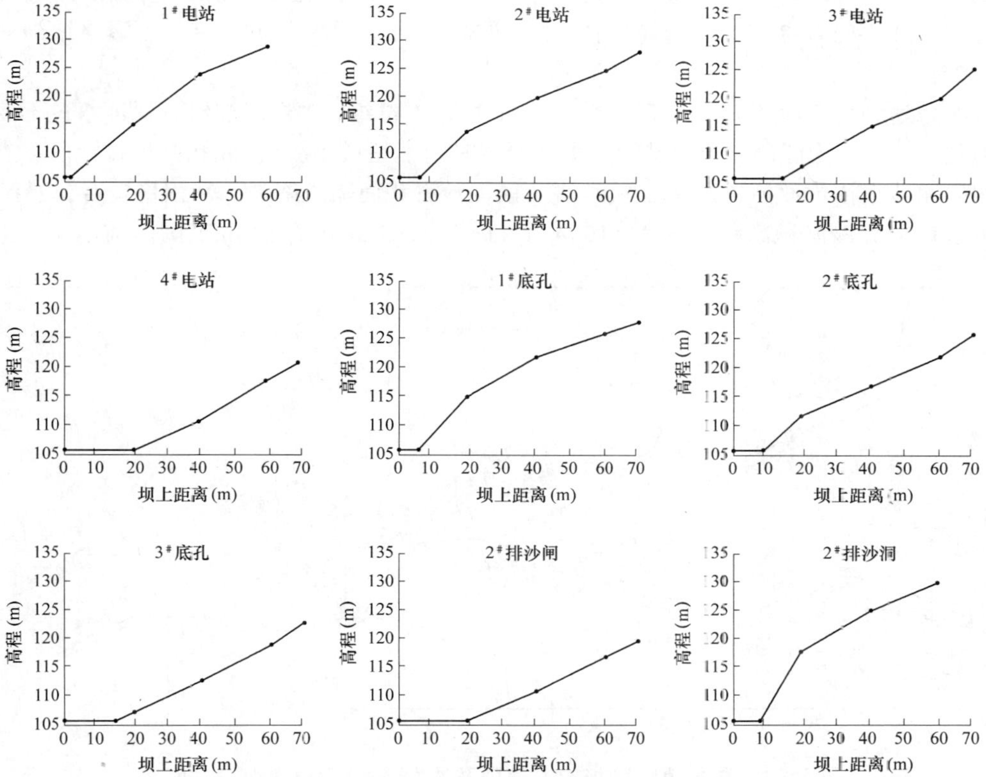

图 7-23　试验组次 4 电站前冲刷漏斗纵剖面

第六节　排沙底孔防淤堵及拉沙调度运用

试验主要研究库区淤积平衡状态下，电站前底孔淤积速度和底孔开启后冲刷情况；同时研究机组与底孔不同开启组合时，进口前淤积变化，结果分述如下。

一、汛限水位机组发电底孔关闭时淤积速度及开启时拉沙效果

(一)组次 1 试验水沙条件

试验条件：上游水位 131 m，流量 800 m^3/s，含沙量 40 kg/m^3。观测只开机组时底孔前淤积面升高速度。淤积达到稳定时，观测打开 1 个或 2 个底孔后淤积泥沙冲开时间。

为了观测底孔打开对两侧机组前拉沙效果，全开 2#和 3#机组，用 1#机组局部开启调节上游水位进行淤积试验。淤积完成后开 2#底孔或开 2#和 1#底孔拉沙。前期地形是试验第 4 组次。

长时间运行后，形成的平衡河槽见图 7-24。由图可见，库区河槽宽度减小很多，坝上 600 m 处河槽宽度为 90 m 左右，主河槽正对 4#机组至 4#泄洪闸，电站坝段 4#机组以左为侧向进流。

上游河槽稳定后，观测结果表明，1#和 2#底孔前泥沙淤积至 113.8 m 高程，3#底孔前淤到 116.9 m 高程。各底孔前泥沙淤积速度基本一致，淤积到 110 m 及 113.5 m 高程，分别用了 4 小时和 8 小时(原型时间)。电站前淤积漏斗顶宽为 40～50 m，漏斗纵剖面见图 7-25。

淤积达到稳定时，开启 2#底孔拉沙，并关闭 1#机组，2#机组控泄，保证水位不变。观测到，2#底孔从打开到开始排沙过水，原型时间不超过 1 min。底孔开始排沙后，进口淤积的泥沙很快被冲掉，2#及 3#机组进口前泥沙淤积面随之降低。冲刷稳定时，2#及 3#机组进口前泥沙淤积高程分别为 110 m 及 111.5 m，2#底孔前 54 m 范围门前清。

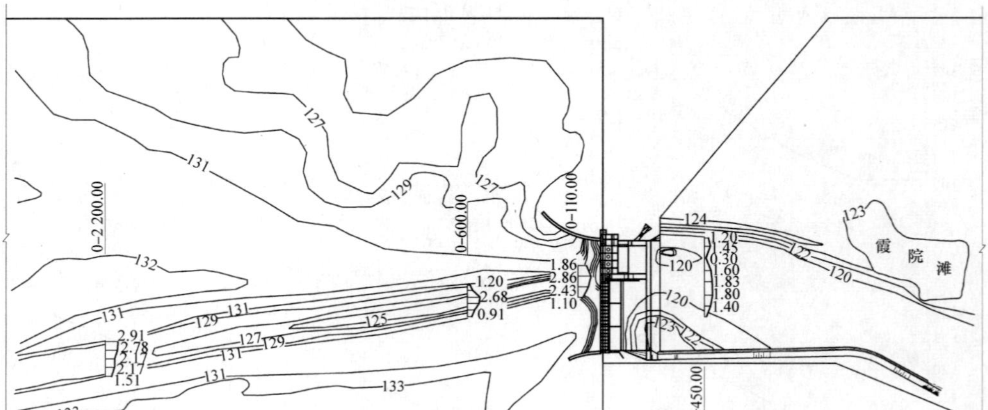

图 7-24　防淤堵试验组次 1 河势及冲淤地形　(流速单位：m/s)

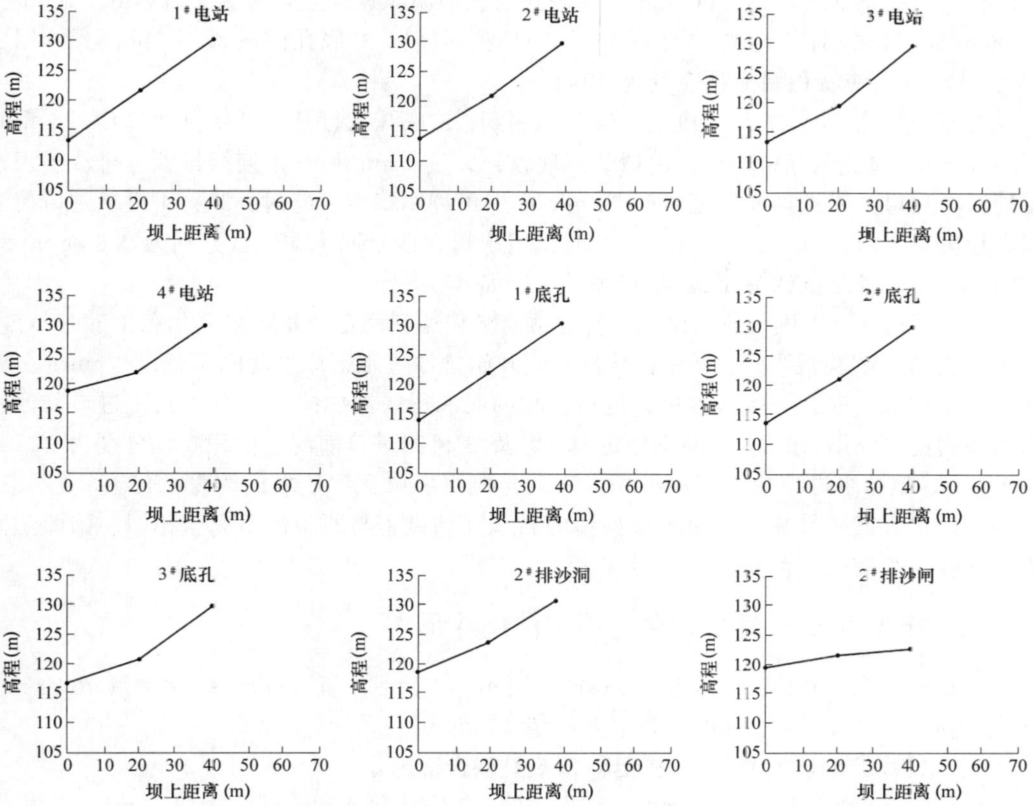

图 7-25　防淤堵试验组次 1 拉沙前冲刷漏斗纵剖面

结果表明，底孔拉沙效果是非常明显的。底孔与机组出口含沙量平均值分别为 44 kg/m^3 和 38 kg/m^3 左右，二者之比约为 1.16。拉沙前后，电站前漏斗顶宽变化不大，只是泄水建筑物开启会引起进水口前漏斗局部坡度变化。

按设计要求，还进行了开启 2 个底孔拉沙效果试验。在淤积达到稳定时，开启 2$^{\#}$底孔和 1$^{\#}$底孔拉沙，并关闭 1$^{\#}$和 3$^{\#}$机组。试验观测到，2 个底孔从打开到开始排沙过水，原型时间一般不超过 1 min。底孔开始排沙后，进口淤积的泥沙很快被冲掉，2$^{\#}$及 3$^{\#}$机组进口前泥沙淤积高程随之降低。冲刷稳定时，1$^{\#}$及 3$^{\#}$机组进口前泥沙淤积高程分别为 111 m 及 112 m，2$^{\#}$机组进口前泥沙淤积高程为 107 m。底孔与机组出流的含沙量之比约为 1.1。

(二)组次 2 试验水沙条件

试验条件：上游水位 131 m，流量 600 m^3/s，含沙量 8 kg/m^3，开启 1$^{\#}$和 2$^{\#}$机组，前期地形是防淤堵试验组次 1 的地形。

流量 600 m^3/s、含沙量 8 kg/m^3 运行后形成的平衡河槽的位置及宽度与防淤堵试验组次 1 的结果基本一致。实测坝上 600 m 处宽约 85 m。坝前主河槽的位置也和试验组次 1 相同。

结果表明，1$^{\#}$、2$^{\#}$底孔前和 1$^{\#}$、2$^{\#}$机组前泥沙淤积高程基本相同，在 113.5～113.8 m 之间，3$^{\#}$底孔前淤到 118.2 m 高程。各底孔前泥沙淤积速度差别不大，淤积到 110 m 及 113.6 m 高程，分别用了 22 小时和 45 小时(原型时间)，3$^{\#}$底孔前淤到 117 m 高程，用了 60 小时。电站前淤积漏斗顶宽约为 50 m。

开 3$^{\#}$底孔拉沙，关闭 2$^{\#}$机组。试验观测到，3$^{\#}$底孔从打开到开始排沙过水，原型时间约 3 min。过流约 1 min 后，出现断流现象，又过 1 min 后开始连续排沙。排沙洞正常排沙后，进口淤积地形在原型时间 20 min 内即可冲刷稳定。此时，3$^{\#}$及 4$^{\#}$机组进口前淤积高程分别为 112 m 及 114 m。底孔与机组出口含沙量取平均值，分别为 8.8 kg/m^3 和 7.2 kg/m^3，二者之比约为 1.2。出口泥沙粒径基本一致。

重新开启 1$^{\#}$、2$^{\#}$机组放水试验，使电站前淤积达到稳定。开启 2$^{\#}$底孔和 1$^{\#}$底孔拉沙，关闭 2$^{\#}$机组。试验观测到，1$^{\#}$底孔从打开到开始排沙过水，原型时间不超过 1 min；2$^{\#}$底孔打开就过水。底孔开始排沙后，进口淤积的泥沙很快被冲掉，2$^{\#}$及 3$^{\#}$机组进口前泥沙达到冲刷稳定仅用 10 min。冲刷稳定时，1$^{\#}$及 3$^{\#}$机组进口前泥沙淤积高程分别为 111 m 及 112 m，2$^{\#}$机组进口前无泥沙淤积。底孔与机组出口含沙量之比约为 1.15。

与优化方案结果相同，由于模型沙的淤积固结过程与原型沙不完全相似，因此防淤堵及拉沙试验的时间参数仅供定性参考。

二、汛期底孔与机组联合运用坝前漏斗形态

试验水沙条件和优化方案相同：(a)上游水位 131 m，流量 800 m^3/s，含沙量 16 kg/m^3；(b)上游水位 131 m，流量 600 m^3/s，含沙量 12 kg/m^3。

(一)试验水沙组次(a)1$^{\#}$、3$^{\#}$机组和 2$^{\#}$底孔联合运用

开启 1$^{\#}$、3$^{\#}$机组和 2$^{\#}$底孔试验。结果表明，2$^{\#}$底孔前 2 m 范围内无泥沙淤积。3$^{\#}$机组前泥沙淤积高程不超过 110 m。电站前冲淤漏斗顶宽 50～60 m。由于主流底孔和机组出流含沙量差别不大，二者之比为 1.05～1.25。出流泥沙粒径也基本一致，二者中值粒径 d_{50}之比为 1.05～1.15。

(二)试验水沙组次(a)1$^{\#}$、3$^{\#}$机组和 1$^{\#}$、3$^{\#}$底孔联合运用

在前一组试验地形基础上开启 1$^{\#}$、3$^{\#}$机组和 1$^{\#}$、3$^{\#}$底孔进行试验，底孔局部开启。结果表明，1$^{\#}$、3$^{\#}$底孔各泄 100 m^3/s，可以保持底孔前 2 m 范围内无泥沙淤积。同时能保证 1$^{\#}$、3$^{\#}$机组前泥沙淤积高程不超过 111 m。电站前冲淤漏斗顶宽变化不大，仍为 50～60 m。底孔和机组出流含沙量之比为 1.05～1.25。出口泥沙中值粒径 d_{50}之比为 1.02～1.15。

(三)试验水沙组次(a)1$^{\#}$、3$^{\#}$机组和 1$^{\#}$底孔联合运用

在前一组试验地形基础上开启 1$^{\#}$、3$^{\#}$机组和 1$^{\#}$底孔试验，底孔局部开启。结果表明，1$^{\#}$底孔前 2 m 范围内无泥沙淤积。1$^{\#}$机组前泥沙淤积高程 110 m。底孔和机组出流含沙量之比为 1.05～1.15。出口泥沙中值粒径 d_{50}之比为 1.01～1.05。

(四)试验水沙组次(a)1$^{\#}$、3$^{\#}$机组和 1$^{\#}$、2$^{\#}$底孔联合运用

在前一组试验地形基础上开启 1$^{\#}$、3$^{\#}$机组和 1$^{\#}$、2$^{\#}$底孔，组合后进行试验，结果表明，1$^{\#}$底孔和 2$^{\#}$底孔前 2 m 范围内无泥沙淤积。1$^{\#}$机组和 3$^{\#}$机组前泥沙淤积高程分别为 111 m 和 109 m，2$^{\#}$机组前泥沙淤积高程为 107 m。底孔和机组出流含沙量之比为 1.05～

1.15。出口泥沙中值粒径 d_{50} 之比为 1.02～1.05。

(五)试验水沙组次(a)1#、3#机组和 3#底孔联合运用

在前一组试验地形基础上开启 1#、3#机组和 3#底孔。结果表明，3#底孔前 2 m 范围内无泥沙淤积。1#和 3#机组前泥沙淤积高程分别为 113.8 m 和 110 m，2#机组前泥沙淤积高程为 117 m，4#机组前泥沙淤积高程为 112 m。底孔和机组出流含沙量之比为 1.05～1.15。出口泥沙中值粒径 d_{50} 之比为 1.01～1.05。

(六)试验水沙组次(a)1#、3#机组和 2#、3#底孔联合运用

开启 1#、3#机组和 2#、3#底孔进行试验。结果表明，2#、3#底孔前 2 m 范围内无泥沙淤积。1#机组和 3#机组前泥沙淤积高程分别为 113.8 m 和 107 m，2#机组前泥沙淤积高程为 111 m，4#机组前泥沙淤积高程为 113 m。电站前冲淤漏斗顶宽 50～60 m。底孔和机组出流含沙量之比为 1.05～1.2。出口泥沙中值粒径 d_{50} 之比为 1.01～1.05。

(七)试验水沙组次(b)1#、3#机组和 2#底孔联合运用

上游水位 131 m，流量 600 m^3/s，含沙量 12 kg/m^3。开启 1#、3#机组和 2#底孔进行试验。结果表明，因来流流量变化不大，库区河势及河槽宽度变化很小，电站仍为侧向进流。2#底孔前 2 m 范围内无泥沙淤积。1#机组和 3#机组前泥沙淤积高程分别为 114 m 和 109 m，2#机组前泥沙淤积高程为 111 m，4#机组前泥沙淤积高程为 117 m。电站前冲淤漏斗顶宽 50～55 m。底孔和机组出流含沙量之比为 1.05～1.15。出口泥沙中值粒径 d_{50} 之比为 1.02～1.05。

(八)试验水沙组次(b)1#机组和 1#、3#底孔联合运用

在前一组试验地形基础上试验，上游水位 131 m，流量 600 m^3/s，含沙量 12 kg/m^3。由于 1 台机组最大泄流量为 346.1 m^3/s，而设计要求泄量为 400 m^3/s，出现矛盾。为使试验正常进行，将电站泄量由 400 m^3/s 改为 346.1 m^3/s，同时增大底孔泄量，保证水位符合试验要求。

开启 1#机组和 1#、3#底孔试验。结果表明，1#、3#底孔前 2 m 范围内无泥沙淤积。1#机组前泥沙淤积高程为 111 m，2#机组前泥沙淤积高程为 112 m，3#和 4#机组前泥沙淤积高程分别为 112 m 和 111 m。电站前冲淤漏斗顶宽 50～55 m。底孔和机组出流含沙量之比为 1.05～1.2。出口泥沙中值粒径 d_{50} 之比为 1.04～1.08。

(九)试验水沙组次(b)1#、3#机组和 1#底孔联合运用

上游水位 131 m，流量 600 m^3/s，含沙量 12 kg/m^3。开启 1#、3#机组和 1#底孔试验。结果表明，1#底孔前 2 m 范围内无泥沙淤积。1#、3#机组前泥沙淤积高程分别为 110 m 和 114 m，2#机组前泥沙淤积高程为 111 m，4#机组前泥沙淤积高程为 117 m。电站前冲淤漏斗顶宽 50～55 m。底孔和机组出流含沙量之比为 1.03～1.1。出口泥沙中值粒径 d_{50} 之比为 1.01～1.05。

(十)试验水沙组次(b)2#机组和 1#、3#底孔联合运用

上游水位 131 m，流量 600 m^3/s，含沙量 12 kg/m^3。开启 2#机组和 1#、3#底孔试验。结果表明，1#、3#底孔前 2 m 范围内无泥沙淤积。2#机组前泥沙淤积高程为 109 m，1#、3#和 4#机组前泥沙淤积高程分别为 110 m、111 m 和 113 m。电站前冲淤漏斗顶宽 50～55 m。底孔和机组出流含沙量之比为 1.05～1.15。出口泥沙中值粒径 d_{50} 之比为 1.02～1.1。

(十一)试验水沙组次(b)1#、3#机组和 3#底孔联合运用

上游水位 131 m，流量 600 m^3/s，含沙量 12 kg/m^3。开启 1#、3#机组和 3#底孔试验。结果表明，3#底孔前 2m 范围内无淤积。1#、3#机组前淤积高程分别为 114 m 和 109 m，2#和 4#机组前淤积高程分别为 116 m 和 112 m。底孔和机组出流含沙量之比为 1.09～1.2。出口泥沙中值粒径 d_{50}之比为 1.05～1.15。

(十二)试验水沙组次(b)3#机组和 1#、2#底孔联合运用

上游水位 131 m，流量 600 m^3/s，含沙量 12 kg/m^3。开启 3#机组和 1#、2#底孔。结果表明，1#、2#底孔前 2 m 范围内无淤积。3#机组前淤积高程为 108 m，1#、2#和 4#机组前淤积高程分别为 110 m、107 m 和 115 m。底孔和机组出流含沙量之比为 1.03～1.1。出流泥沙中值粒径 d_{50}之比为 1.02～1.12。

三、非汛期机组和底孔联合运用，底孔下游冲刷

试验条件：在机组与底孔组合试验后的地形基础上试验。上游水位 134 m，泄流量 600 m^3/s，含沙量 6 kg/m^3，开启 1 台机组发电和 1 个底孔排沙组合试验。

试验结果表明，1 台机组和相邻 1 个底孔组合泄水时，对应底孔出口的防冲槽冲刷深度仅 0.5 m，比优化方案底孔下游冲刷大大减轻。电站下游的河心滩受下泄水流冲刷变小，但最终还有宽 10 m，长 30 m 的沙滩存在。

第七节　设计洪水、校核洪水上下游流场及冲淤形态

一、设计洪水库区流场及冲淤形态

根据任务要求，在汛期运用试验库区冲淤平衡的基础上进行设计水位消能冲刷试验，观测上下游导墙及下游冲刷等。试验条件：上游水位 132.87 m，泄量 9 870 m^3/s，含沙量 80 kg/m^3。泄水建筑物开启组合：3 个底孔、3 条排沙洞及 3 孔排沙闸全开；8#～17#、19#及 21#泄洪闸全开；1#～7#泄洪闸控泄，使下泄单宽流量与 8#～21#泄洪闸相同(设计洪水位时，模型泄量略大于设计值，同时排沙底孔参与泄洪，为保证水位一致，采取关闭两孔泄洪闸的办法调控模型水位)。

由于前期试验形成的平衡河槽较窄，仅 90 m 左右，河槽滩沿高程已达 132 m。试验初期，来水对河槽冲深展宽，并向主槽两侧漫溢，在原有滩沿冲刷出大量沟槽。两侧导墙头部受到绕流冲刷，但因坝前水位较高，导墙上游过流宽度较大，绕流冲刷坑深度并未超过造床试验时的冲深。泄水建筑物左侧土坝前泥沙淤积厚度达 1.5～2.5 m，土坝前流速较小，未出现顺坝流现象。

由于模型进行了汛期和非汛期试验，经历了较长时间和多次放水试验，库区泥沙淤积物经过了多次充水浸泡、出露固结。在设计洪水冲刷下，河槽冲深展宽速度相对较慢。13#～21#泄洪闸有较长的时间是侧向进流状态。库区达到基本冲淤平衡状态所用时间比优化方案试验长了近 1 倍。

洪水初期，由于泄洪闸开启顺序是从左至右，1#泄洪闸先开，其下游淤积泥沙首先

被冲走，随 2#～21#泄洪闸顺序开启，下游冲刷向右侧发展。当泄洪闸下游右侧淤积泥沙未被完全冲开时，下泄水流发生集中过流现象，1#～10#泄洪闸下游防冲槽普遍产生冲刷，冲刷深度 1～3 m。建议设计加大 1#～14#泄洪闸下游防冲槽抛石粒径或铺设铅丝石笼防护。同时，建议汛期运行过程中，视泄洪闸后泥沙淤积情况，开启某个泄洪闸孔对下游淤积泥沙进行冲刷，保证宽敞的下泄通道，避免汛期集中冲刷。

电站下游 0+300 m 断面附近的河心滩被水淹没变为浅滩，霞院滩上游，造床试验时淤积形成的滩地开始漫水，流向霞院滩北股河，霞院滩也开始漫水过流。下游右侧护岸圆弧段桩号 0+1 100 m 上下 20 m 范围内护脚散抛石略有冲刷，冲刷深度约 0.5 m。冲淤地形及流速分布见图 7-26。

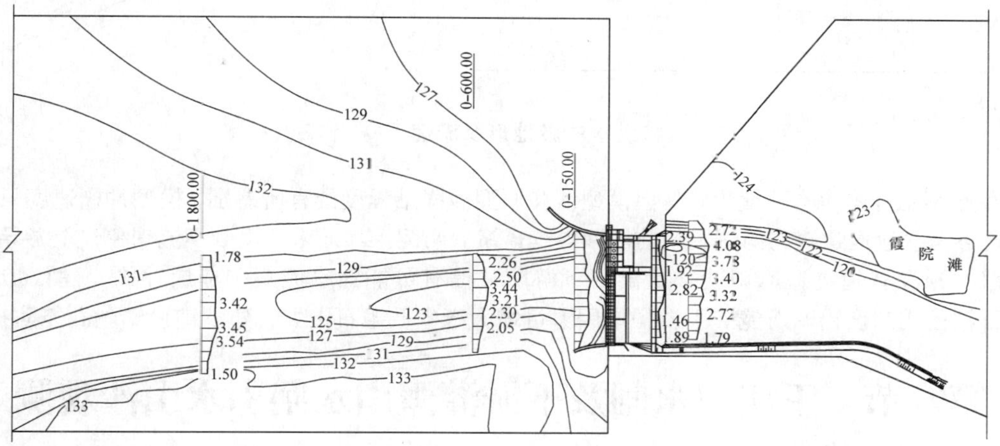

图 7-26　设计洪水河势及冲淤地形（流速单位：m/s）

二、校核洪水

在设计水位试验的地形基础上进行校核洪水试验，观测上下游导墙及下游冲刷等。试验条件：上游水位 134.7 m，泄量 13 860 m^3/s，含沙量 60 kg/m^3。和设计洪水试验时相同，泄水建筑物开启组合为 3 个底孔、3 条排沙洞及 3 孔排沙闸全开；8#～17#、19#及 21#泄洪闸全开；控制 1#～7#泄洪闸下泄单宽与 8#～21#泄洪闸相同。

随来流流量增大，坝上游河槽继续冲深展宽。由于坝前水位较高，两侧导墙头部冲刷深度未超过造床试验。泄水建筑物左侧土坝前泥沙进一步落淤，淤积厚度达 0.5～2 m，两侧土坝前流速较小。

因设计洪水已将泄洪闸下游淤积泥沙完全冲走，下泄水流比较均匀，泄洪闸下游防冲槽冲刷未再加剧。霞院滩及上游滩地漫水，流向霞院滩北股河。下游右侧护岸圆弧段护脚散抛石冲刷深度和范围增大，在桩号 0+1 100 m 上游 40 m 和下游 70 m 范围，冲深约 1 m，建议采取铅丝石笼防护。冲淤地形及流速分布见图 7-27。

从推荐方案设计洪水和校核洪水消能冲刷试验结果看，由于模型经历多次放水试验，库区淤积泥沙产生一定的固结现象，库区河道冲深展宽速度比优化方案慢。这种现

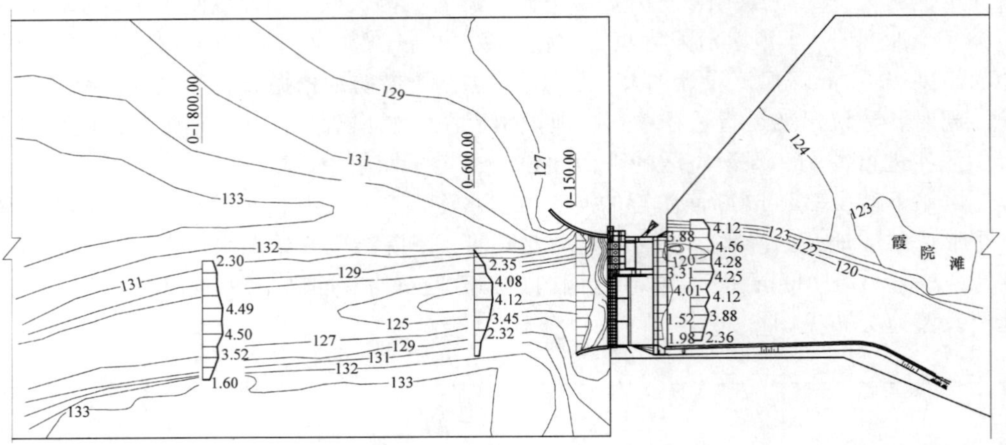

图 7-27　校核洪水冲淤地形及流速（流速单位：m/s）

象在原型工程中也有可能出现，但模型沙和原型沙固结程度会有所差别，模型冲刷速度只做定性参考。泄水建筑物两侧土坝前泥沙继续落淤。两侧土坝前未产生顺坝流现象，上游导墙头部冲深没有超过造床试验。泄洪闸下游防冲槽有可能因水流集中造成冲刷，建议加大抛石粒径或铺设铅丝石笼。下游护岸因泄量增大产生散抛石走失，建议铺设铅丝石笼防护。

第八节　王庄引水闸及下游灌溉引水闸引水引沙观测

虽然推荐方案形成的主河槽略偏向电站坝段，但王庄引水闸只要常引水，同样会在泄洪闸前形成宽度为 8～15 m 的流道，与优化方案结果一致。推荐方案中，引水闸前泥沙淤积也比较严重，应经常开启冲沙闸拉沙。否则，泥沙淤积面将很快达到引水闸进口底板高程。

来流含沙量与王庄引水闸出口平均含沙量之比为 1.05～1.35，来流泥沙粒径与王庄引水闸出口泥沙粒径之比为 1.03～1.1。

灌溉引水闸泄量规模扩大后，在各种运用工况下都能满足引水要求，但在运行中应经常监测引水口处泥沙淤积情况，适时打开排沙洞冲刷进水口前淤积的泥沙，保证引水量和含沙量满足设计要求。

第九节　枢纽总体布置推荐方案试验小结和讨论

鉴于模型边界条件复杂，同时涉及水工、泥沙两方面问题，加之试验项目繁杂，方案改动较大等原因，试验经历了半年之久。通过试验和设计部门的密切合作，在众多专家学者的指导下，对西霞院工程的泄流能力、消能冲刷、上游导墙长度、下游护岸冲刷、电站前垂线流速和含沙量分布规律、电站进口防淤堵效果、底孔和机组联合运用时的分流分沙比及引水闸引水防沙等问题进行了较详细的试验研究，主要结果如下：

(1)当 1#～7#泄洪闸孔口尺寸改为宽 9 m、高 4.5 m 后，在各种运用条件下，枢纽的泄流能力均能满足设计泄量要求。

(2)上游左导墙减短后，导墙头部冲刷深度与原设计基本相同，造床试验过程中，未出现顺坝流现象，左侧土坝前流速约为 1 m/s。上游导墙头部冲刷较深，与设计部门商榷后认为，影响导墙头部冲刷的因素复杂，需安排专项试验进行研究。

(3)1#～7#泄洪闸堰顶降低、体型修改后，库区形成的河槽较宽，并使主河槽稳定在泄水坝段的中间，可使泄洪顺畅。

(4)汛期各种调度运用条件下，电站前冲刷漏斗宽度和纵向坡度变化不大，在 50～80 m 之间。漏斗纵向坡度与优化方案基本一致。

(5)电站前含沙量分布较均匀，底孔出流含沙量略大于机组出流含沙量，二者之比在 1.05～1.35 之间；泥沙粒径底孔也略大于机组，二者中径 d_{50} 之比在 1.02～1.25 之间。

(6)正常蓄水位条件下，排沙闸和排沙洞单独泄流排沙时，可造成下游防冲槽冲刷。建议排沙闸及排沙洞后防冲槽采取铺设铅丝石笼防护措施。

(7)下游左岸锥坡处，绕流冲刷仍较严重，建议铅丝石笼铺设范围增宽至 8 m。校核洪水时，下游右侧护岸在桩号 0+1 100 m 上游 40 m 和下游 70 m 范围，冲深约 1 m，建议增大护脚散抛石块度或者铺设铅丝石笼。

(8)泄洪闸长期关闭时，电站坝段发电排沙会在泄洪闸下游海漫及防冲槽附近产生回流淤积。当泄洪闸泄流时，可能产生水流集中，造成防冲槽冲刷。建议加大泄洪闸下游防冲槽抛石粒径或铺设铅丝石笼防护。另外也可在汛期依据均匀、对称、安全调度运用原则经常开启某些孔泄洪闸对下游淤积泥沙进行冲刷。

(9)虽然坝前河槽偏向电站坝段，但王庄引水闸或冲沙闸只要开启，也会在泄洪闸前形成宽 8～15 m 的流道，使引水有保证。但应保持该流道常流水，否则会引起流道泥沙淤积，造成引水困难。经常开启冲沙闸对引水流道畅通、防止引水闸淤堵和减小引水含沙量有较好效果。

(10)灌溉引水闸在各种运用工况下都能引到水，基本满足引水量要求。运行中，要经常观察引水口泥沙淤积情况，适时开启排沙洞对引水口附近的泥沙进行冲刷。

(11)含沙水流长期作用下，电站下游左侧受潜滩的影响，泥沙逐渐落淤，使得霞院滩北股河断流。下游 0+250 m 处水位受泄流大小和防冲槽局部开挖的影响，与设计值差别较大，建议采用 0+450 m 处水位作为下游控制水位。

(12)排沙底孔孔口尺寸减小后，仍能起到降低机组进口泥沙淤积高程的作用。同时避免了下游防冲槽严重冲刷。

(13)排沙底孔前泥沙淤积速度和来流含沙量密切相关，含沙量大，淤积速度快。底孔前的泥沙淤积高程尽可能控制在 114 m 以下，一是可减小过机泥沙，再者可防止泥沙长时间淤积固结，造成闸门启闭困难。模型沙的淤积固结过程与原型沙不完全相似，防淤堵及拉沙试验的时间参数仅供定性参考。

(14)由于王庄引水闸、冲沙闸、灌溉引水闸孔口尺寸较小，会受到一定程度的缩尺影响。试验结果与实际有一定差别，建议加大比尺，通过单体模型进一步研究；对排沙闸、排沙洞、排沙底孔及 1#～7#泄洪闸体型也有待于深入研究。

第三篇　技施阶段试验研究

第八章　建筑物终结布置单体模型试验研究

第一节　开敞式泄洪闸终结布置试验

一、开敞式泄洪闸工程概况及模型设计

(一)工程概况

泄洪闸是枢纽工程的主要泄水建筑物，共 21 孔，其中开敞式泄洪闸 14 孔，胸墙式泄洪闸 7 孔。

开敞式泄洪闸每孔净宽 12 m，堰型为 WES 型实用堰，堰顶高程 126.40 m，堰顶设置 12 m×7.9 m 平板检修门和 12 m×9 m 弧形工作门。泄洪闸上游闸底板高程 118.00 m，与闸前水平壤土铺盖相接，铺盖长 30 m，以 1：4 的坡度与上游河床相连。泄洪闸下游采用底流消能，消力池长 49 m，池深 2 m，池底板高程 114.00 m，消力池尾坎末端顶高程 116.00 m。下游是长 114 m 海漫，由前至后依次是 74 m 混凝土海漫、20 m 浆砌石海漫和 20 m 干砌石海漫，坡度均为 i=0.067 3。海漫末端接防冲槽，槽深 2.5 m，底部长 6 m，顶部长 21 m，顶部高程 109.00 m，防冲槽下游河床的开挖坡度为 1：4。开敞式泄洪闸布置见图 8-1。

(二)试验研究内容

试验研究内容有：

(1)验证泄洪闸的泄流能力。

(2)观测上下游水流的衔接情况，验证开敞式泄洪闸体型的合理性，并提出修改方案。

(3)验证泄水建筑物下游消能防冲设计的合理性，并提出推荐的防冲措施。

(4)对泄洪闸的流量、流速、水面线和坝面压力进行观测。

(5)观测侧向进流对泄洪闸泄流能力的影响。

(6)观测进口不同淤积高程对泄洪闸泄流能力的影响。

(三)模型设计和制作

根据试验任务、场地及供水条件，试验采用正态断面模型，几何比尺 $\lambda_L=\lambda_H=50$。由于原设计泄洪闸为两孔一联，缝墩和中墩相间布置，为使试验选取的坝段具有代表性，

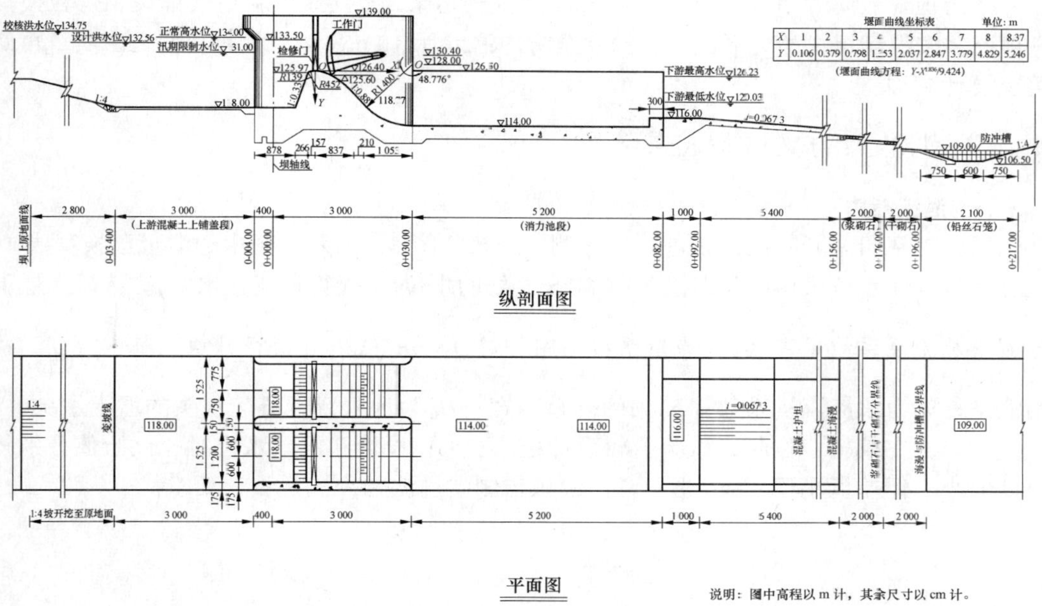

图 8-1　开敞式泄洪闸布置

模型选 1 个整墩，2 个半墩、2 个整闸孔，来流流道宽为：1.75+12+3+12+1.75＝30.50 m。根据佛汝德相似律，同时考虑阻力相似，可求得：

流速比尺：

$$\lambda_v = \lambda_L^{1/2} = 7.07 \tag{8-1}$$

水流运动时间比尺：

$$\lambda_{t_1} = \lambda_L / \lambda_V = \lambda_L / \lambda_H^{1/2} = 7.07 \tag{8-2}$$

流量比尺：

$$\lambda_Q = \lambda_v \lambda_L \lambda_H = \lambda_L^{5/2} = 17\ 677.67 \tag{8-3}$$

糙率比尺：

$$\lambda_n = \lambda_L^{1/6} = 1.92 \tag{8-4}$$

模型溢流坝和闸墩采用有机玻璃制作，消力池及海漫用水泥砂浆光滑粉制。为方便下游水流流态和河床冲刷的观测，下游流道一侧安装透明玻璃。防冲槽内铅丝石笼的模拟，可按散粒体泥沙起动流速公式，如沙莫夫公式推求比尺。当模型采用的铅丝石笼与原型容重相同时，可推导出铅丝石笼粒径比尺 λ_d 和重量比尺 λ_G 如下：

铅丝石笼粒径比尺　　$\lambda_d=\lambda_L$　　(8-5)

铅丝石笼重量比尺　　$\lambda_G=\lambda_L^3$　　(8-6)

据此，模型防冲槽内的铅丝石笼采用塑料窗纱缝制，内装小石子，用电子秤称重。防冲槽内铅丝石笼有两种规格，一种原型尺寸为 1 m×1 m×1.5 m，重 3.15～3.3 t，模型尺寸 2 cm×2 cm×3 cm，重 25.2～26.4 g；另一种原型尺寸 1 m×1 m×1 m，重 2.1～2.2 t，模型尺寸 2 cm×2 cm×2 cm，重 16.8～17.6 g。

下游地形从防冲槽开始至 0+450 m 断面做成动床，按河床颗粒组成铺设精煤粒模拟砂卵石，按设计提供的地形铺设，深度至防冲槽以下 10 m，然后灌水，使之密实，再修整至设计高程。

二、原设计方案试验成果

(一)泄流能力

试验对闸门全开时的泄量进行了量测，结果如图 8-2 所示，图中的泄量已换算成 14 孔总泄量。库水位采用的是泄洪闸前 82.5 m 处的水位(记入行近流速水头)。特征水位下的流量及流量系数见表 8-1，流量系数采用公式 $Q = mB_0\sqrt{2g}H_0^{3/2}$ 进行计算。其中，Q 为过闸流量；m 为堰流流量系数；B_0 为闸孔总净宽；H_0 为计入行近流速水头的堰上水头。

可知，在校核水位时，试验值较设计值小 1%；设计和汛限水位时，试验值分别较设计值小，但差值小于 5%，当不考虑淤积与侧向进流时，满足设计要求。

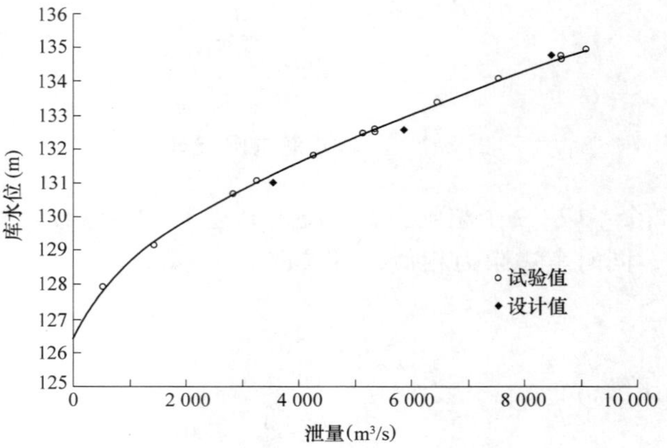

图 8-2　库水位与泄量关系曲线

表 8-1　各特征水位下流量及流量系数

库水位(m)	试验值		设计值	(试验–设计)/设计
	泄量(m^3/s)	流量系数	泄量(m^3/s)	
131.00	3 300	0.45	3 448	–0.043
132.56	5 380	0.47	5 539	–0.029
134.75	8 808	0.49	8 941	0.010

为了研究淤积对泄洪闸泄量的影响，我们将进口分别铺设至 120.0 m 和 123.3 m 高程，以模拟不同淤积高程，并进行试验量测，结果见表 8-2 和图 8-3。

由表 8-2 可知，当闸前淤积到 120.00 m 高程时，其泄量和未淤积时一致，即对泄洪闸泄量影响不大；当淤积高程达到 123.3 m，其泄量略有减少，且泄量减小值随闸前水位的升高而增加，最大减少约 2%。

表 8-2 不同淤积高程特征水位下的泄量

闸前水位(m)	泄量(m^3/s)		
	不淤积	淤积高程(m)	
		120.00	123.30
131.00	3 300	3 300	3 230
132.56	5 380	5 380	5 335
134.75	8 808	8 808	8 650

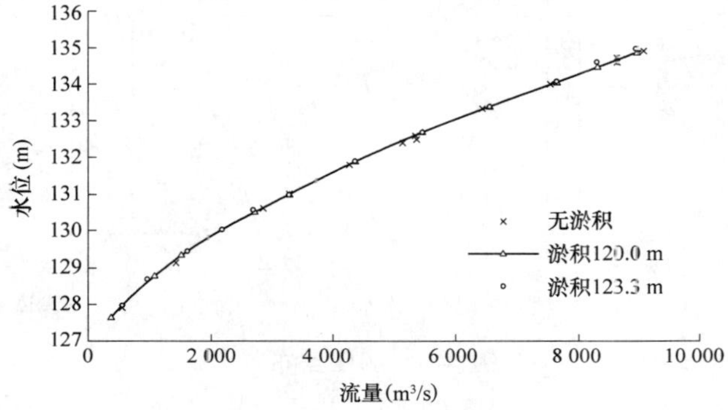

图 8-3 闸前不同淤积高程时水位与泄量关系曲线

由试验观测可知，按照设计提供的各特征水位对应的下游水位进行控制，闸孔出流均为自由出流，在各特征水位时，下游水位对泄量没有影响。

西霞院整体试验表明，随着闸前冲淤变化，泄洪闸的进流有可能为侧向进流。为了研究侧向进流对泄洪闸流量的影响，试验将泄洪闸由正向进流改为垂直于闸墩轴线的侧向进流进行试验量测，模型实测泄洪闸在侧向进流时水位流量关系如图 8-4 所示。

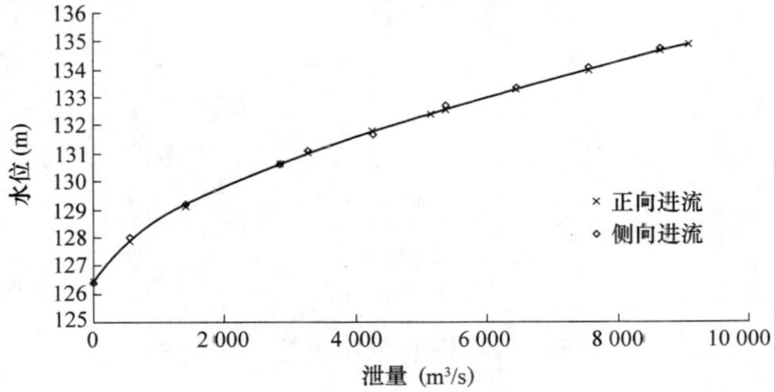

图 8-4 不同进流方向时水位泄量关系

由图 8-4 可知，泄洪闸在侧向进流时，其泄量和正向进流时相比略有减小，减小量小于 1%。纠其原因，一方面是由于侧向进流进闸室时产生绕流，挤压过流宽度；另一方面堰上水流在垂直方向上未受到任何约束，可以自由变化。因此，堰上过流面积变化不大，即对泄量影响较小。

(二)堰面和闸墩压力分布

本试验在整孔闸孔内堰面中心线上布置了 10 个测压点，中孔右侧布置了 9 个测压点，中孔左侧布置了 8 个测压点，左侧边墩侧壁布置了 7 个测压点。各测点见图 8-5。

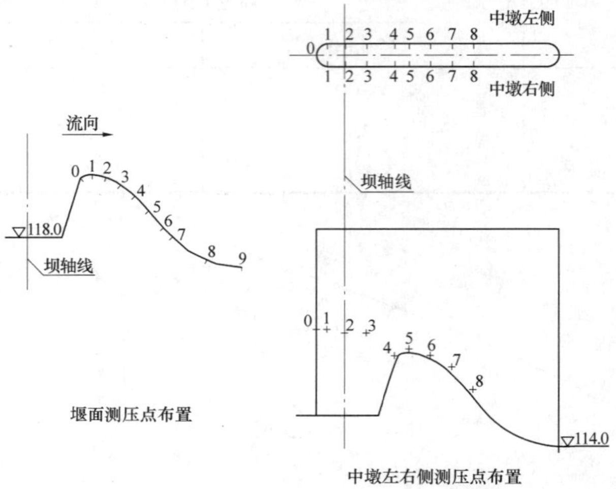

图 8-5　测压点布置

模型实测各测点压力分布见图 8-6。

由图 8-6 可知，堰面压力变化比较平顺，设计水位时堰面无负压出现。校核水位时堰面局部出现负压，负压最大值出现在 1 号测点，其值为 2.2 m 水柱，但未超出设计规范堰面负压的允许值。从堰面压力看，堰面设计是合理的。

可以看出，闸墩压力变化较平顺，在桩号 0+009.00 ～0+015.00 内有一低压区，此低压区与堰面负压区相对应。

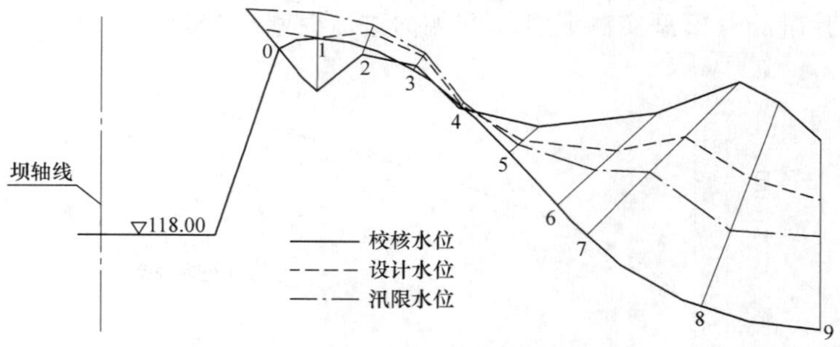

图 8-6　各特征水位下堰面压力分布

(三)闸下游消能衔接

试验对各特征水位下的水面线和流速进行了测量，各特征水位下闸室段水面变化及闸室下游流速见图 8-7。试验观察到，除墩头两侧绕流产生局部水面凹陷及检修门槽内有立轴漩涡外，闸室内水面光滑平顺。在各特征水位下，消力池内均产生淹没水跃。闸下水流通过水跃消能后，消力池末端流速大大降低，经过海漫的调整，至防冲槽断面，流速分布亦趋于正常。从闸室段水面线、水跃及流速调整情况看，泄洪闸的堰面曲线、消力池及海漫的尺度设计是合适的。

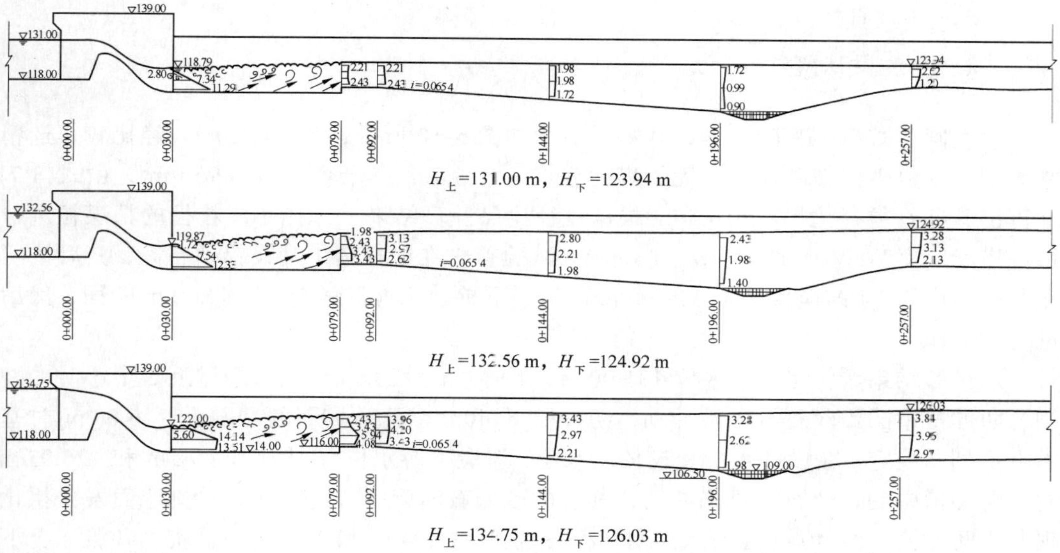

图 8-7　各特征水位下闸室段水面变化及闸室下游流速（流速单位：m/s）

试验结果表明，在各级特征水位下，消力池内均形成淹没水跃。为了判断在某一库水位条件下，下游是否出现远驱式水跃，我们进行了如下试验，即保持上游某一库水位不变，调节下游水位直至发生临界水跃，此时的下游水位称为安全水位。当下游水位低于该水位时，下游将发生远驱式水跃，实测结果见图 **8-8**。由图可知，设计提供上游水位 131.00 m、132.56 m、134.75 m 所对应的下游水位均在淹没水跃区。

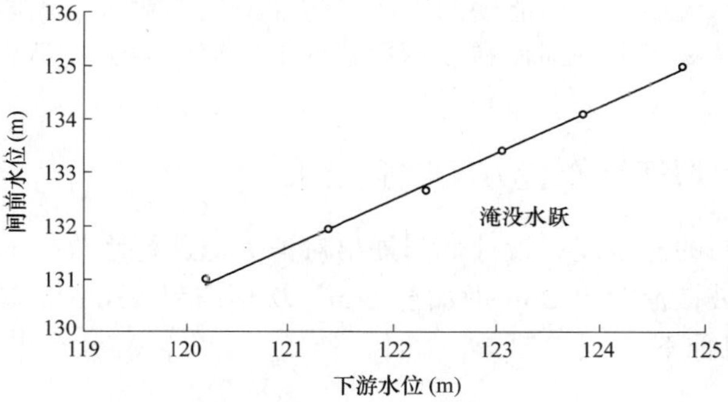

图 8-8　开敞式泄洪闸安全水位临界曲线

(四)泄洪闸下游砂卵石河床冲刷

为了解防冲槽及其下游砂卵石河床的冲刷情况，模型还进行了下游局部冲刷试验。根据泥沙起动相似和散粒体起动流速公式可导出：

$$\lambda_D = \lambda_H / \lambda^{3/2}_{(\frac{\gamma_s-\gamma}{\gamma})} \tag{8-7}$$

式中　D——砂卵石粒径比尺；

λ_H——垂直比尺；

$\lambda_{(\frac{\gamma_s-\gamma}{\gamma})}$——相对容重比尺。

泄洪闸下游河床为砂卵石，其颗粒级配如图 5-10 所示，D_{50}=45 mm。经比较，选精制无烟煤滤料来模拟砂卵石。无烟煤的容重为 1.6 t/m^3,其干容重为 0.95 t/m^3，由式(8-7)计算出砂卵石粒径比尺λ_D=10.50。根据粒径比尺计算结果，选择不同粒径的精煤粒进行掺混搭配，模型沙中值粒径 $D_{50}\approx$4.3 mm。试验首先在防冲槽中铺设铅丝石笼，其后按河床开挖坡度 1：4 铺模型沙至 119.00 m 高程，下游动床地形铺至 0+480.00 m 断面，然后进行试验。

从试验结果看，在上游水位 131.00 m，下游水位 123.94 m 时，经过近 3 个小时的冲刷，防冲槽中的铅丝石笼未被冲动，防冲槽下 40m 河床砂卵石处冲刷至 116.00 m 时基本上达到了稳定。在设计水位和校核洪水位，对应下游水位分别为 124.92 m 和 126.03 m 时，防冲槽中的铅丝石笼仍未冲动，其后的砂卵石河床则普遍下切，冲刷床面发生粗化现象，防冲槽下游 40 m 处河床冲刷高程分别为 115.24 m 和 113.00 m，实测各级工况下下游河床冲刷情况见表 8-3。从下游河床冲刷情况来看，在各种工况下，防冲槽基本满足消能要求。

表 8-3　防冲槽下游河床冲刷高程　（单位：m）

闸前水位	131.00	132.56	134.75
冲刷高程	116.00	115.24	113.00

由于断面模型水流出闸后不能横向扩散，防冲槽处单宽流量比原型单宽流量大，冲刷也实际严重。但从表可知，即使在该不利条件下，河床冲刷也不会对防冲槽及海漫构成威胁。

三、消力池体型终结布置方案试验成果

为了增加泄洪闸的淹没度，设计部门提出对消力池进行修改。消力池底坡由平坡改为 i=0.020 4 的斜坡，池深由 2 m 增加至 3 m，坎顶高程 116 m，其他尺寸不变，如图 8-9 所示，试验结果如下。

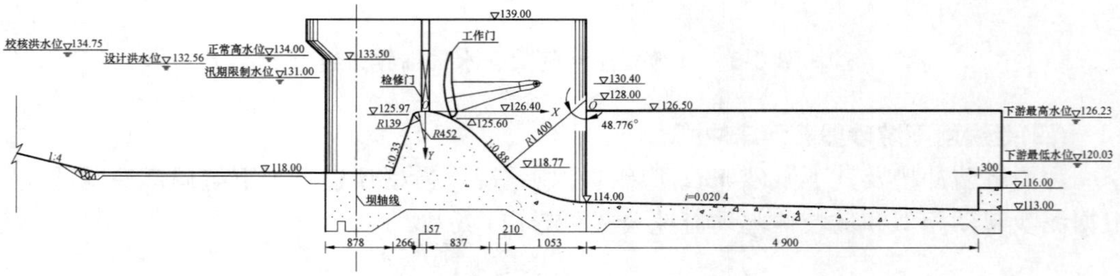

图 8-9　消力池修改布置体型　（单位：高程，m；尺寸，cm）

(一)堰面和闸墩压力分布

消力池体型修改后，对堰面和闸墩压力重新进行观测，3 个特征水位下各测点压力分布见图 8-10。由图可知，在各级水位时泄洪闸各部位压力同原方案基本一致，汛限水位与设计水位时均未量测到负压。在校核水位时，堰面出现负压，负压最大值出现在 1 号测点(桩号 0+009.00 m)，其值为 1.9 m 水柱，未超出设计规范堰面负压的要求。

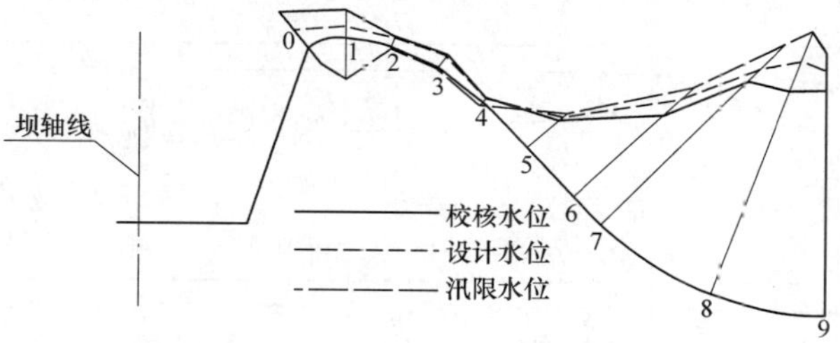

图 8-10 消力池修改堰面压力分布

(二)闸墩流态及流速分布

表 8-4 为两种消力池体型下，消力池尾坎断面流速。图 8-11 为 3 个特征水位泄洪闸下游流态、流速分布图。从表 8-4 和图 8-11 可以看出，相同水流条件下，消力池体型修改后，虽然池深增加，但由于消力池池底由平坡改为斜坡，在汛限水位和设计水位时，消力池下游水流流态与原方案相比变化不大。各级流量时，消力池下游各断面流速分布基本一致。

由图 8-11 可以看出，在各级特征水位下，泄洪闸下泄水流经过消力池消能后，又经过海漫的调整，至防冲槽断面，流速分布已趋于正常。从闸下水面线及流速调整情况看，消力池及海漫的设计基本满足消能要求。

表 8-4 消力池尾坎流速比较

闸前水位(m)	0+257.00 m 断面水位(m)	终结方案		原设计修改方案	
		消力坎上(0+079.00 m)		消力坎上(0+079.00 m)	
		流速(m/s)		流速(m/s)	
		底部	平均	底部	平均
131.00	123.94	2.50	1.99	2.43	2.15
132.56	124.92	3.25	2.36	3.43	2.82
134.75	126.05	4.62	3.47	4.08	3.97

(三)下游消能及冲刷

试验对设计提供的 3 个特征水位进行了冲刷观测，试验结果表明，在各工况下，当冲刷稳定后，防冲槽中的铅丝石笼都未被冲动，其后的砂卵石河床下切，床面粗化。表 8-5 为防冲槽下游 0+257.00 m 断面处河床冲刷高程。从表 8-5 可以看出，消力池修改后，下游河床冲刷情况同原方案，即从各级流量冲刷结果来看，防冲槽的设计及防护满足消能要求。

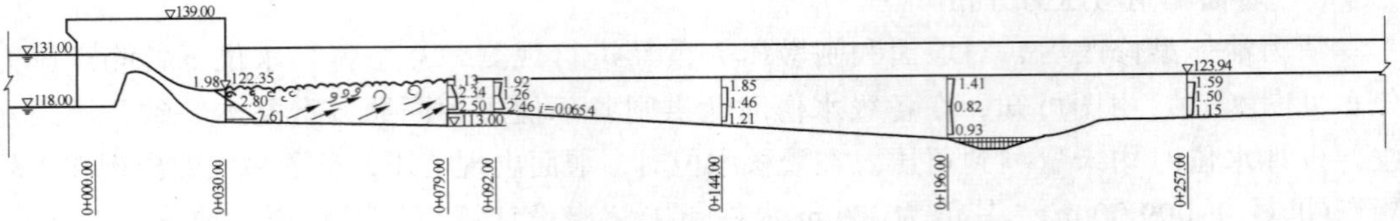

$H_{上}$=131.00 m，$H_{下}$=123.94 m

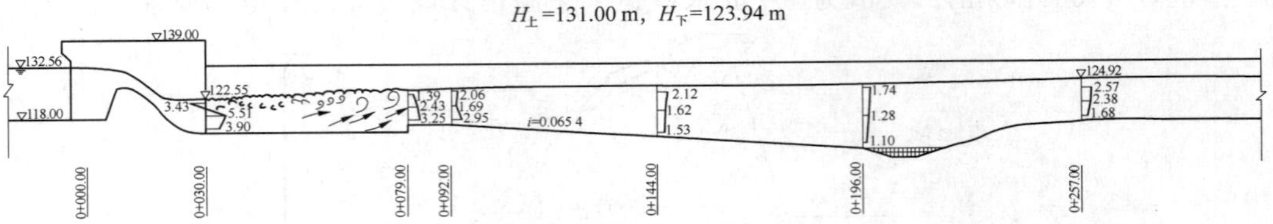

$H_{上}$=132.56 m, $H_{下}$ =124.92 m

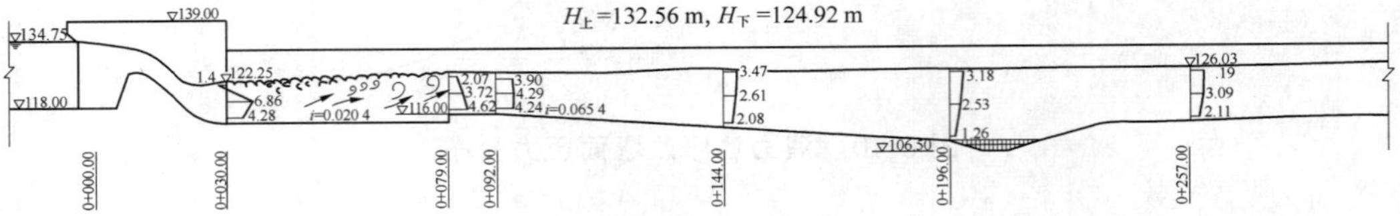

$H_{上}$=134.75 m, $H_{下}$=126.03 m

图 8-11　各特征水位下闸室段水面变化及闸室下游流速　(流速单位：m/s)

表 8-5　防冲槽下游河床冲刷高程

上游水位(m)		131.00	132.56	134.75
下游 0+257.00 m 水位(m)		123.94	124.92	126.03
0+257.00 m 冲刷高程(m)	原方案	116.00	115.24	113.00
	修改方案	116.64	115.64	113.00

四、结语

由上述试验结果可得出以下几点结论：

(1)在校核水位时，泄洪闸泄量较设计小 1%；在设计水位和汛限水位时，泄量较设计分别小 2.9%和 4.3%。

(2)泄洪闸闸前泥沙淤积超过 123.3 m 高程后，其泄量略有减小。

(3)侧向进流对开敞式泄洪闸泄量影响不大。

(4)堰面压力变化比较平顺，闸前水位在校核水位时，堰面开始出现负压。负压最大值为 2.2 m 水柱，但未超出设计规范对堰面负压的允许值。从堰面压力看，堰面设计是合理的。

(5)各级水位下泄洪闸堰顶水面线平顺光滑，消力池及海漫上的流速分布符合正常规律。从闸室段水面线、消力池及海漫段流速分布看，泄洪闸堰面曲线、消力池及海漫尺寸设计合理。

(6)在各特征水位下，消力池内均发生淹没水跃。

(7)校核水位时，防冲槽后河床冲至 113.00 m 高程，但防冲槽保持完好，防冲槽设计满足消能要求。

(8)消力池修改后，下游各断面流速分布和冲刷与原方案相比，变化不大。

第二节　胸墙式泄洪闸终结布置试验

一、胸墙式泄洪闸工程概况及模型设计

(一)工程概况

随着设计工作的深入，初设阶段对工程布置、建筑物体型做了进一步优化，其中将1#～7#孔泄洪闸由开敞式改为胸墙式，为验证该体型的合理性而进行了水工模型试验。

胸墙式泄洪闸的布置形式如图 8-12 所示。每孔净宽 9 m，堰型为实用堰，堰顶高程 121.00 m，胸墙厚 2.23 m，胸墙底缘型式为 R=1 m 的圆弧段与 1∶2 的压坡连接，胸墙底缘高程 125.5 m。泄洪闸上游闸底板高程 118.00 m，长 72 m，并以 1∶4 的坡度与上游河床相接。泄洪闸下游采用底流消能，消力池长 49 m，其底板高程 114.00 m，池深 2 m，坎顶高程 116.00 m。消力池下为 114 m 长的海漫，其中 74 m 混凝土、20 m 浆砌石和 20 m 干砌石，坡度为 0.067 3。紧接着是防冲槽，末端以 1∶4 反坡与下游原河床相接。防冲槽内铺放铅丝石笼有两种尺寸，其中底层铅丝石笼尺寸为 1 m×1 m×1.5 m，重 3.15～3.3 t；表面铅丝石笼尺寸 1 m×1 m×1 m，重 2.1～2.2 t。下游为砂卵石河床。

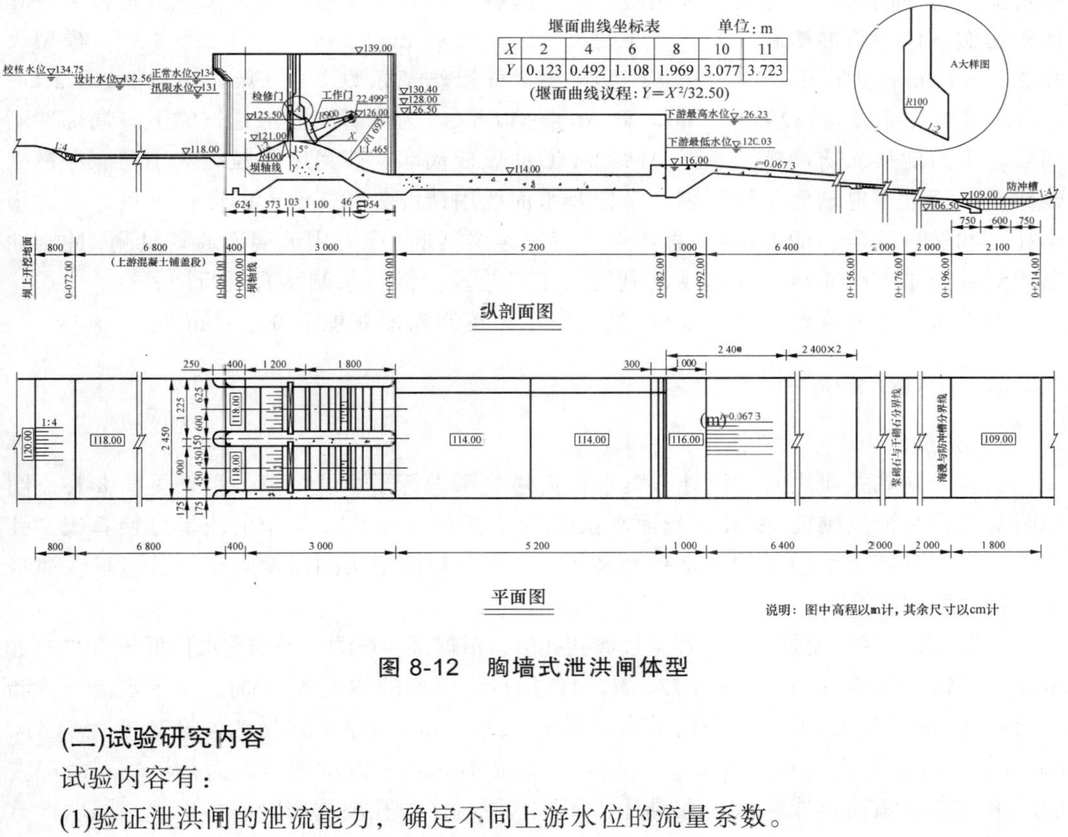

X	2	4	6	8	10	11
Y	0.123	0.492	1.108	1.969	3.077	3.723

图 8-12　胸墙式泄洪闸体型

(二)试验研究内容

试验内容有：

(1)验证泄洪闸的泄流能力，确定不同上游水位的流量系数。

(2)验证胸墙式泄洪闸体型的合理性，上下游水流的衔接情况，并提出推荐体型。

(3)验证泄水建筑物下游消能防冲设计的合理性，并提出推荐的防冲措施。

(4)对泄洪闸的流量、流速、水面线和溢流坝面压力进行观测。

(5)观测侧向进流对泄洪闸泄流能力的影响。

(6)观测进口不同淤积高程对泄洪闸的影响。

(7)探讨胸墙式泄洪闸的淹没出流判别标准。

(三)模型设计

模型按重力相似准则设计为正态，根据试验要求及场地条件，几何比尺选择为 1：50。本模型主要遵循水流运动相似准则及砂卵石运动相似准则，各参数比尺关系见式(8-1)～式(8-7)。

原型混凝土糙率 n_p=0.014，要求模型糙率 n_m=0.007 3，泄洪闸的闸室段采用有机玻璃制作，有机玻璃实测糙率 0.007 3～0.008 5，模型糙率基本满足阻力相似要求。

由于原设计泄洪闸为两孔一联，缝墩和中墩相间布置，为使试验选取的坝段具有代表性，模型选 1 个整墩，2 个半墩、2 个整闸孔，模拟闸段宽度共计 1.75+9+3+9+1.75=24.50 m。模拟长度 660 m，其中闸上 180 m，闸下 480 m。

泄洪闸闸室段采用透明的有机玻璃制作，上、下游河床及下游消力池、海漫用水泥砂浆光滑粉制。闸室下游放置在长约 11 m 的玻璃水槽内，以便观测下游水流流态和冲刷情况。防冲槽内的铅丝石笼采用塑料窗纱缝制成砂袋来模拟，模型尺寸分别按重量和体积相似制作，防冲槽底部铅丝笼原型尺寸为 1 m×1 m×1.5 m，重 3.15～3.3 t，模型尺寸 2 cm×2 cm×3 cm，重 25.2～26.4 g；防冲槽表面铅丝笼原型尺寸 1 m×1 m×1 m，重 2.1～2.2 t，模型尺寸 2 cm×2 cm×2 cm，重 16.8～17.6 g。为了研究泄水建筑物下游局部冲刷问题，下游地形从防冲槽开始至 0+480m 断面做成动床，按河床颗粒组成用精煤粒模拟砂卵石。流量用电磁流量计控制，水位及水面线用精度为 0.1 mm 的测针测量，流速用毕托管和长科院研制的 LS-401 直读式小型流速仪测量，压力用玻璃连通管量测，冲刷地形用测针及水准仪量测，流态观测利用人工描绘及摄像机录制结合进行。

上游水位布置坝轴线以上 99 m 处；尾水位控制断面在坝下 0+257 m 处。

二、原设计方案试验成果

(一)泄流能力

试验对胸墙式泄洪闸原设计方案水位流量关系进行了系统量测，结果见图 8-13，图中闸前水位为泄洪闸前 99 m 处断面水位(包括行近流速水头)，图中的流量已换算成 7 孔的总泄量。各特征水位下的泄量见表 8-6。由表可知模型实测泄量大于设计泄量，泄量满足设计要求。

胸墙式泄洪闸泄流是由堰流逐渐过渡到孔流，根据试验观测，当闸前水位低于 127.56 m (e/H_0=0.71，e 为闸孔高度，e=4.73，H_0 为包括行进流速的堰上水头)时，过闸水流与胸墙完全脱开，此时过流为堰流。当闸前水位高于 128.19 m(e/H_0=0.66, e 为闸孔高度，e=4.73，H_0 为包括行进流速的堰上水头)，过闸水流呈孔流状态，泄洪闸出流为孔流时，由于胸墙阻水，在胸墙前形成壅水。在设计和校核水位时，每孔闸的胸墙前各出现一间歇性贯

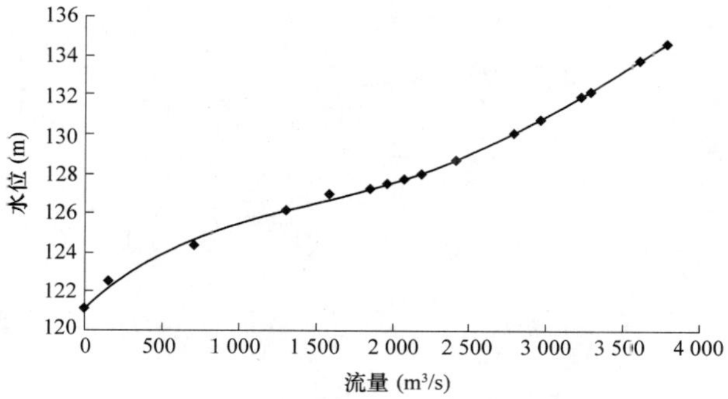

图 8-13　1#～7#孔胸墙式泄洪闸水位流量关系

表 8-6　特征水位下的流量和流量系数

闸前水位(m)	试验值			设计值	(试验−设计)/设计
	流量(m^3/s)	流量系数	流量系数	流量(m^3/s)	
		e=4.5	e=4.73		
131.00	3 025	0.762	0.725	2 834	0.067
132.56	3 368	0.789	0.751	3 202	0.052
134.75	3 800	0.817	0.777	3 679	0.033

通漩涡，漩涡直径约 1 m。设计提供的各级特征水位时的流态皆为孔流。由模型实测结果并采用孔流泄流计算公式(8-8)，对各级特征水位下的流量系数进行计算，闸孔底板为实用堰，由于孔口位置在堰顶下游 2.73 m 处，按堰顶计算孔口高度(胸墙低缘高程与堰顶高程之差)4.5 m，实际过流孔口高度(胸墙低缘高程与对应堰面高程之差)4.73 m，流量系数分别按两种孔口高度计算，结果一并列入表 8-6 中。

$$Q = \mu nbe\sqrt{2gH_0} \tag{8-8}$$

式中，Q 为过闸流量；μ为孔流流量系数；n 为闸孔孔数；b 为每孔闸的净宽；e 为闸孔的孔高；H_0为计入行近流速水头的堰上水头。

当泄洪闸体型一定时，堰上水头是影响孔流流量系数的主要因素，图 8-14 为流量系数与堰上水头的关系，图中流量系数根据式(8-8)计算求得，其中 e 采用实际孔口高度 4.73 m。由图可知，流量系数随着堰上水头的增加而增大，整理出一经验公式，$\mu = 0.9232 - 0.4232\dfrac{e}{H}$ (e/H_0=0.35～0.69)，供设计参考。

(二)堰面和胸墙压力分布

为观测泄洪闸各部分的压力分布，分别在堰面中心线上、中墩两侧和左边墩上布置了多个测压点，各测点布置见图 8-15。

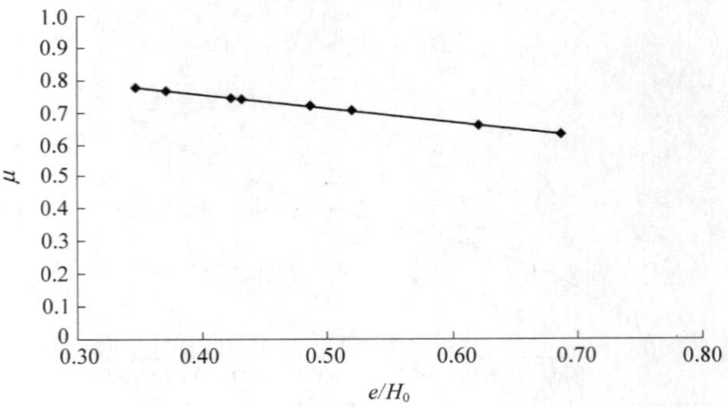

图 8-14　孔流流量系数与堰上水头的关系

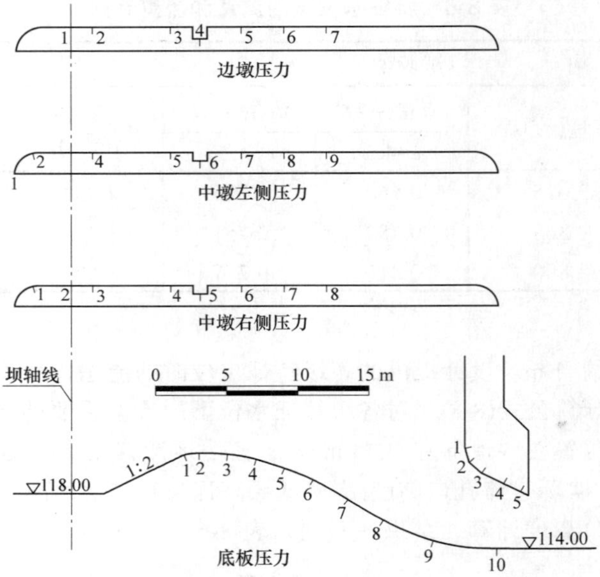

图 8-15　测压点布置图

各特征水位下测点压力值见表 8-7，堰面及胸墙压力分布如图 8-16。由表及图可知，在各级特征水位下，堰面和闸墩上各测点的压力值均为正值，压力变化基本平顺。从压力分布来看，堰面设计基本合理；但胸墙底缘弧段产生负压，其负压值随闸前水位升高而增大，校核水位时负压值为 1.37 m 水柱，胸墙上产生负压的主要原因是胸墙底缘水流脱离边界所造成的。

(三)闸下消能

西霞院泄洪闸出流与下游衔接和消能方式为底流型衔接消能。原设计消力池的池长 49 m，池深 2 m，池底板高程为 114 m，尾坎高程 116 m，试验分别观测了各级特征水位下的消力池流态、量测了桩号 0+030、0+079、0+091、0+144、0+196、0+254 等各断面的流速及水深，其成果见表 8-8 和图 8-17。

表 8-7　各特征水位下的压力

位置	测点编号	1	2	3	4	5	6	7	8	9	10
	闸前水位(m)	压力(m 水柱)									
堰面	131.04	4.88	4.33	3.18	2.13	1.18	1.03	3.43	6.33	6.98	5.83
	132.34	5.43	4.28	3.13	1.88	0.83	0.88	3.68	6.73	7.48	6.13
	134.43	6.18	5.13	3.08	1.48	0.33	0.58	4.08	7.33	8.13	6.63
中墩左	131.04	1.38	0.03	0.63	0.98	7.73	6.78	2.63	1.63	1.73	
	132.34	2.58	1.33	2.33	2.08	8.63	7.03	2.63	1.48	1.68	
	134.43	4.38	3.18	4.28	3.98	10.13	2.93	2.68	1.18	1.48	
中墩右	131.04	0	0.63	0.88	7.88	7.23	2.63	1.68	1.33		
	132.34	1.33	2.28	2.23	8.93	8.03	2.63	1.38	1.18		
	134.43	3.28	4.33	4.23	10.48	9.48	2.63	1.13	1.03		
左侧墩	131.04	0.68	1.03	7.88	6.83	2.38	1.33	0.13			
	132.34	2.23	2.98	8.88	7.68	2.38	1.23	0.13			
	134.43	4.23	4.13	10.33	8.88	2.38	1.18	0.18			
胸墙	131.04	1.98	−0.42	−0.42	0.43	0.53					
	132.34	2.53	−0.82	−0.67	0.63	0.38					
	134.43	3.23	−1.37	−0.92	1.03	0.33					

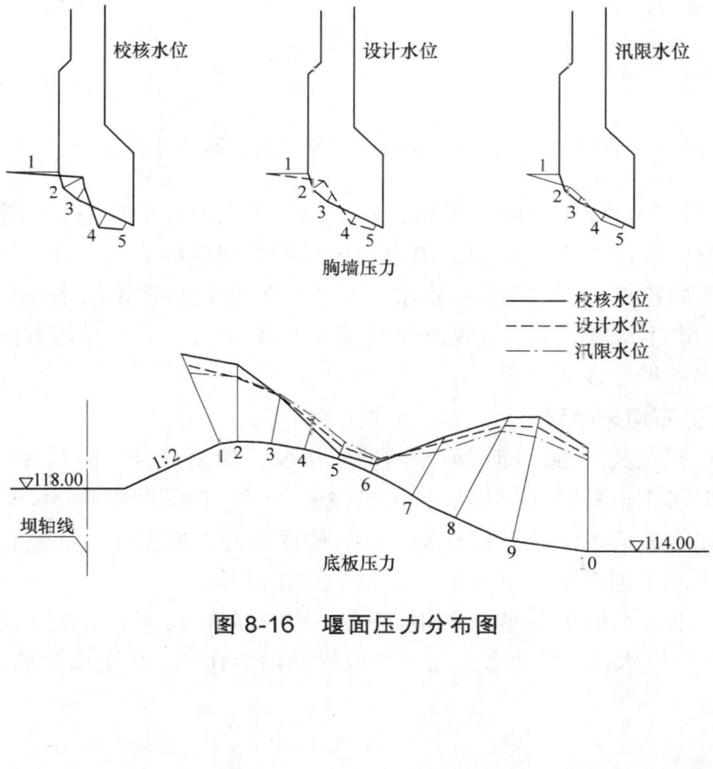

图 8-16　堰面压力分布图

表 8-8　消力池尾坎流速及消力池流态

闸前水位(m)	下游水位(m)	消力坎流速(m/s)		消力池流态
		底部	平均	
131.00	122.38	12.45	11.82	远驱水跃
132.56	124.92	5.150	3.720	淹没水跃
134.75	126.03	2.430	3.410	淹没水跃

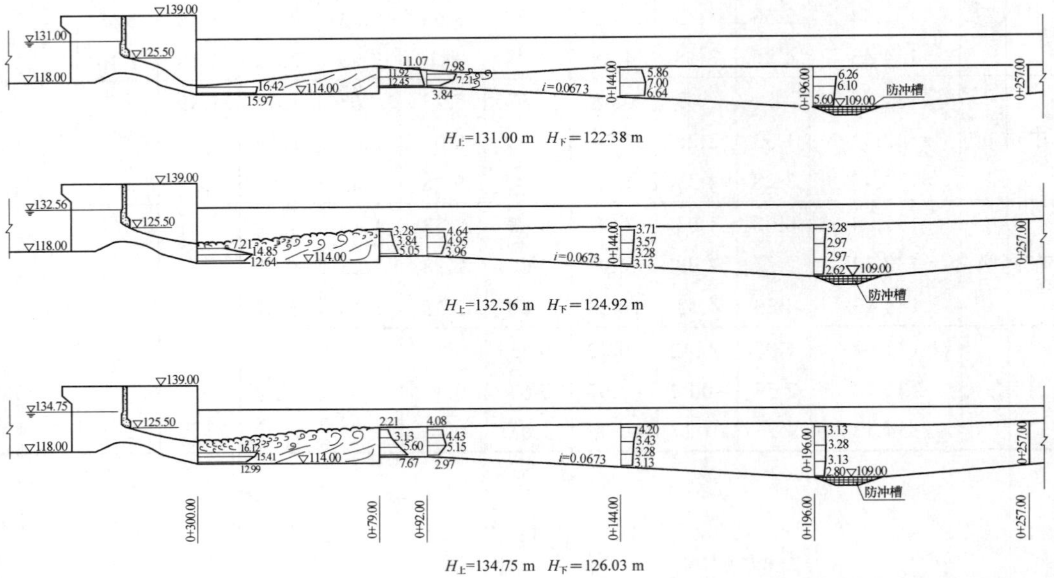

说明：图中高程以m计，其余尺寸以cm计

图 8-17　胸墙式泄洪闸下游流速、流态分布图

由试验结果可知，校核水位 134.75 m 时，消力池内能够形成完整的淹没水跃，且消能较为充分；设计水位 132.56 m 时，消力池内虽形成完整的淹没水跃，但尾坎上底部流速较大，消能不如校核水位时充分；汛限水位 131.00 m 时，泄洪闸下泄水流直接冲出消力池，在海漫上产生水跃，消力池尾坎平均流速约 11.82 m/s。可见该方案消力池的池深不够，消力池体型尺寸需要修改。

(四)闸下砂卵石河床冲刷

为了解防冲槽及其下游砂卵石河床的冲刷情况，模型进行了局部冲刷试验。

泄洪闸下游河床选精制无烟煤滤料来模拟砂卵石。模型沙中径 D_{50}≈4.3 mm。

试验首先在防冲槽中铺设铅丝石笼，其后按河床开挖坡度 1:4 铺模型沙至 119.00 m 高程，下游动床地形铺至 0+480 m 断面，然后放水试验。

试验表明：汛限水位 131.00 m，相应下游水位 122.38 m 时，下泄水流直接冲出消力池，并在海漫上形成水跃，即消力池起不到应有的消能作用，水流余能较大，如 0+196 m

断面水流底部流速较大约 6 m/s，对河床具有较强的冲刷能力。试验观测到，该工况下，防冲槽下游砂卵石河床很快被冲刷下切，形成冲刷坑。防冲槽中的个别铅丝石笼下蜇滑进冲刷坑内，由于该方案消力池不满足消能要求，需要进一步修改因此未对该方案下游冲刷进行详细量测。

三、胸墙体型修改方案比较试验

原设计胸墙厚度 2.23 m，胸墙底缘为 R=1 m 的圆弧段与 1:2 的压坡衔接。由于在各级特征水位下，胸墙上均存在着负压，为了消除负压，对胸墙进行了如图 8-18 所示的 5 种体型修改，胸墙体型参数见表 8-9。表中 5 种胸墙体型底缘最低点高程都是 125.5 m，且胸墙下的堰面型式一样。

表 8-9　胸墙体型对泄洪闸泄量的影响

掏墙体型修改			闸前不同水位时泄量(m^3/s)		
方案	胸墙体型参数	胸墙厚度(m)	131.00 m	132.25 m	134.75 m
原设计	$R=1$ 弧段与压坡 s=1：2	2.23	3 035	3 368	3 800
改 1	$R=2$ 弧段与压坡 s=1：2	2.23	3 055	3 395	3 850
改 2	$\frac{x^2}{4.5^2}+\frac{y^2}{1.5^2}=1$　s=1：2	2.23	3 060	3 410	3 860
改 3	$\frac{x^2}{6^2}+\frac{y^2}{2.5}=1$　s=1：1.3	2.23	2 865	3 230	3 650
改 4	$R=0.5$ 弧段与压坡 s=1：2	1.125	2 850	3 170	3 580
改 5	$\frac{x^2}{5.7^2}+\frac{y^2}{1.9^2}=1$　s=1：3	5.93	3 178	3 580	4 065

(一)胸墙体型对泄量影响

试验对表 8-9 中 5 种胸墙修改体型进行了水位流量关系的量测，并将各方案特征水位时的泄量值统计于表 8-9 中。泄洪闸胸墙体型见图 8-18。

当上下游水位一定时，影响胸墙式泄洪闸泄流能力主要因素有堰面体型和胸墙体型，当堰面体型不变时，胸墙体型(胸墙厚度和压坡)是影响泄流的主要因素。从表 8-9 中可以看出，原设计、改 1 及改 2 三个方案中胸墙厚度和压坡坡度相同，仅胸墙进口局部曲线变化，在同一水流条件下，泄量变化不大；改 3 与原设计相比，仅压坡变陡，相同水流条件下，其泄量约减少 5%。泄量之所以减小主要是泄洪闸堰面为实用堰，当胸墙压坡变陡，出孔水流由于惯性压迫水舌，减小了过流面积。改 4 与原设计相比，压坡相同，胸墙变薄，其泄量减少约 6%，改 4 泄量减少的主要原因是压坡位置上移，实际过流孔口高度减小的缘故；改 5 同原设计相比，胸墙厚度增加，压坡变缓，其泄量增加较多，为 5%～7%。改 5 泄量的增加主要是胸墙加厚压坡变缓造成的。可见，当堰型一定时，胸墙压坡是影响泄量的主要因素，当胸墙厚度一定时，压坡越缓流量系数越大。

(二)胸墙体型对压力分布影响

为了选择较好的胸墙体型，试验对表 8-9 中的各胸墙体型压力分别进行了量测，各方案的测压点沿程均匀布置。改 4 胸墙较薄，布置了 3 个测压点，改 5 胸墙厚，共布置了 7 个测压点，其余布置 5～6 个，表 8-10 为校核水位 134.75 m 时各体型测点压力值。

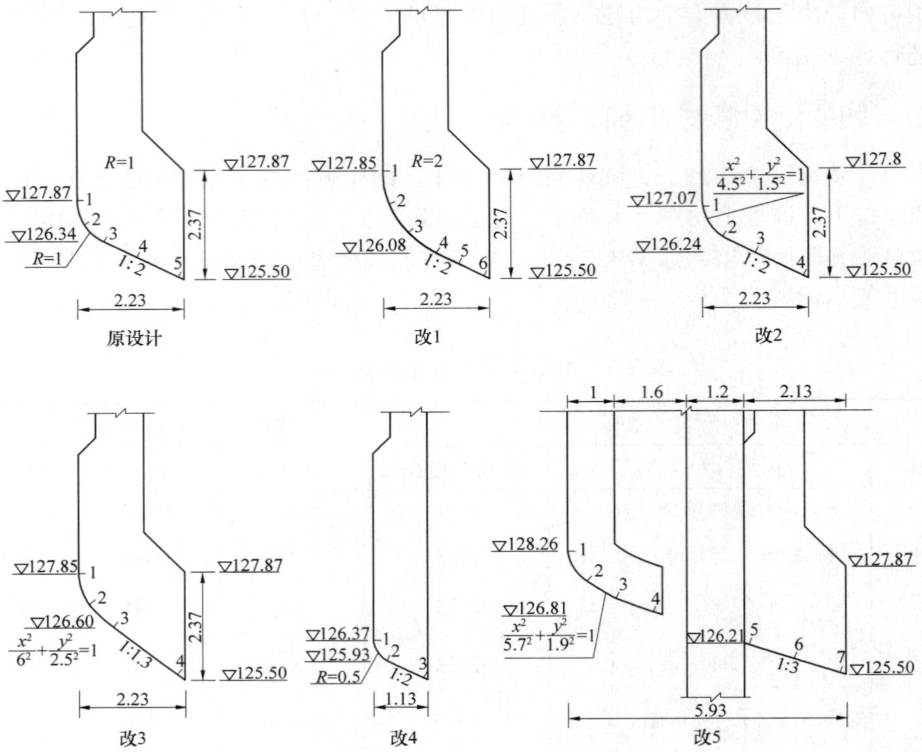

图 8-18　胸墙修改布置图　(单位：m)

表 8-10　胸墙压力(上游水位 134.75 m)

测点编号	1	2	3	4	5	6	7
原设计	3.23	−1.37	−0.92	1.03	0.53		
改 1	4.71	2.43	−0.9	−0.41	0.88	0.43	
改 2	3.01	−1.87	−0.36	1.47	0.69		
改 3	4.88	1.54	2.77	3.08	1.68		
改 4	2.18	−3.57	−1.97				
改 5	3.02	0.13	1.38	2	1.71	1.47	0.35

由表 8-10 可知，改 1 同原设计相比，由于胸墙进口圆弧半径增大，进口流线较为平顺，因而压力有所改善，最大负压由 1.37 m 水柱减小到 0.9 m 水柱。改 2 进口曲线为椭圆，但由于进口高程降低，压力并未改善，负压反而增大。改 3 由于压坡变陡，进流平顺因而无负压，但由于该胸墙体型进口高程抬高，使得进口检修门尺寸增大，受闸门启闭机容量限制，因而该体型未被采用。改 4 胸墙体型较薄，进口高程较低，胸墙底缘水流绕流造成较大负压，因而该体型不可取。改 5 胸墙体型加厚，检修门尺寸减小，过孔水流平顺，未产生负压。总之当胸墙厚度相对较小时，其压坡不能过缓，过缓会引起负压，更不利者还会引起胸墙底缘水流脱流，泄流不稳定。对于表 8-9 中的改 5 胸墙体型，

由于在各级特征水位下，胸墙上均无负压，且对应流量系数大，建议设计采用。

四、消力池修改方案比较试验

根据原设计试验中存在的问题，对消力池尺寸进行了多组次的调整和观测，选取如表 8-11 所示 3 种体型进行了系统量测，其尾坎断面和防冲槽断面(0+196 m)的流速统计于表 8-11。

表 8-11 各特征水位下断面流速

方案	消力池参数	闸前水位(m)	闸下0+257 m断面水位(m)	流速(m/s) 桩号 0+079 m		流速(m/s) 桩号 0+196 m		消力池流态	胸墙体型
				底部	表面	底部	表面		
原设计	池长：49 m 池深：2 m 坎高程 116 m	131	121.72	12.45	11.81	5.6	6	131.00 m 水位：未形成水跃 132.56 m 水位：淹没水跃 134.75 m 水位：淹没水跃	原设计
		131	122.38						
		132.56	124.92	5.05	4.06	2.62	2.96		
		134.8	126	7.67	4.65	2.8	3.09		
改1	池长：48 m 池深：3.5 m 坎高程 116 m	131	121.72					131.00 m 水位：淹没水跃，海漫上产生二次水跃 132.56 m 水位：淹没水跃 134.75 m 水位：淹没水跃	改 2
		131	122.38	5.33	9.19	2.62	3.25		
		132.56	124.92	3.71	3.79	2.43	3.09		
		134.8	126	4.64	3.73	1.4	2.14		
改2	池长 48 m 池深：2.5 m 坎高程 115 m	131	121.72					131.00 m 水位：淹没水跃，海漫上产生二次水跃 132.56 m 水位淹没水跃 134.75 m 水位：淹没水跃	改 5 e=4.73
		131	122.38	5.45	4.83	1.98	2.78		
		132.56	124.92	7.07	3.13	2.7	2.82		
		134.8	126	4.64	3.49	1.98	2.52		
改3	池长：48 m 池深：2.5 m 坎高程 114 m	131	121.72	7.41	6.32	1.98	2.85	131.00 m 水位：淹没水跃海漫上无二次水跃 132.56 m 水位：淹没水跃 134.75 m 水位：淹没水跃	改 5 e=4.31
		131	122.38	6.18	5.24	1.5	2.53		
		132.56	124.92	4.2	3.79	1.72	2.65		
		134.8	126	5.51	3.77	1.98	2.64		

(一)消力池修改体型一

该体型与原设计相比，池长减短 1 m，池深增加 1.5 m，池底板由平坡 i=0 改为 i=0.031 25 的斜坡,尾坎高程 116 m 不变。试验结果表明，由于池深增加，在设计水位和校核水位时消力池内均能形成完整的淹没水跃。从表 8-11 也可以看出，消力池下游相应断面流速较原设计小，即消力池消能率有所增大；在汛限水位 131.00 m 时，虽然消力池内形成了淹没水跃，但在海漫上又产生水跃，表明消力池尾坎偏高，需要降低。

(二)消力池修改体型二

该体型是在体型一的基础上将消力池尾坎降低 1 m，即降到 115 m 高程。试验表明，在汛限水位 131.00 m 时，海漫上仍然产生水跃，表明尾坎高程还高，需要进一步降低。该方案的胸墙采用表 8-9 中的改 5 体型，由于胸墙加厚，压坡变缓，相应泄量增加 5%，因而相应工况下的流速值较修改体型一大。

(三)消力池修改体型三

该消力池尺寸(如图 8-19)是在修改体型二的基础上，保持池深 2.5 m 和池长 48 m 不变，将尾坎高程降至 114 m。胸墙体型采用图 8-18 中的改 5 体型，同原设计相比，胸墙厚度由 2.23 m 增加到 5.93 m。胸墙压坡由 1∶2 变缓到 1∶3，由于该体型下泄洪闸的流量系数增大，考虑到西霞院工程总体泄量规模要求，和委托单位商榷后决定将胸墙修改 5 体型平行下移 0.4 m，即孔口高度(胸墙低缘高程与堰顶高程之差)由 4.5 m 减小到 4.1 m。

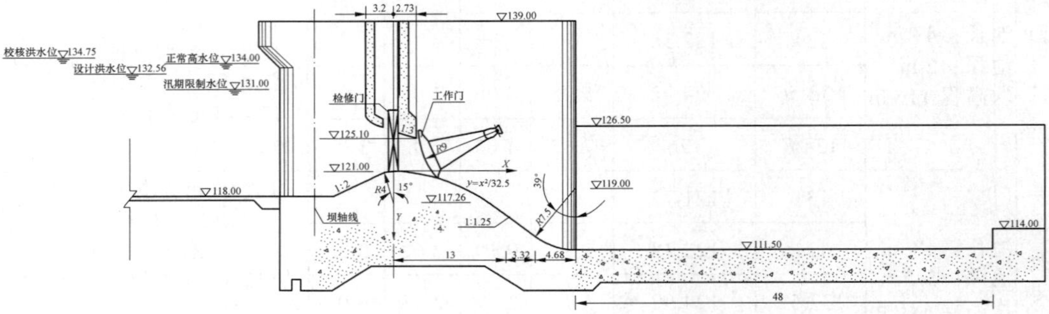

图 8-19　泄洪闸修改体型布置图　（单位：m）

防冲槽布置型式与位置同原方案，该方案下各特征水位的消力池流态、水深、流速成果见图 8-20。

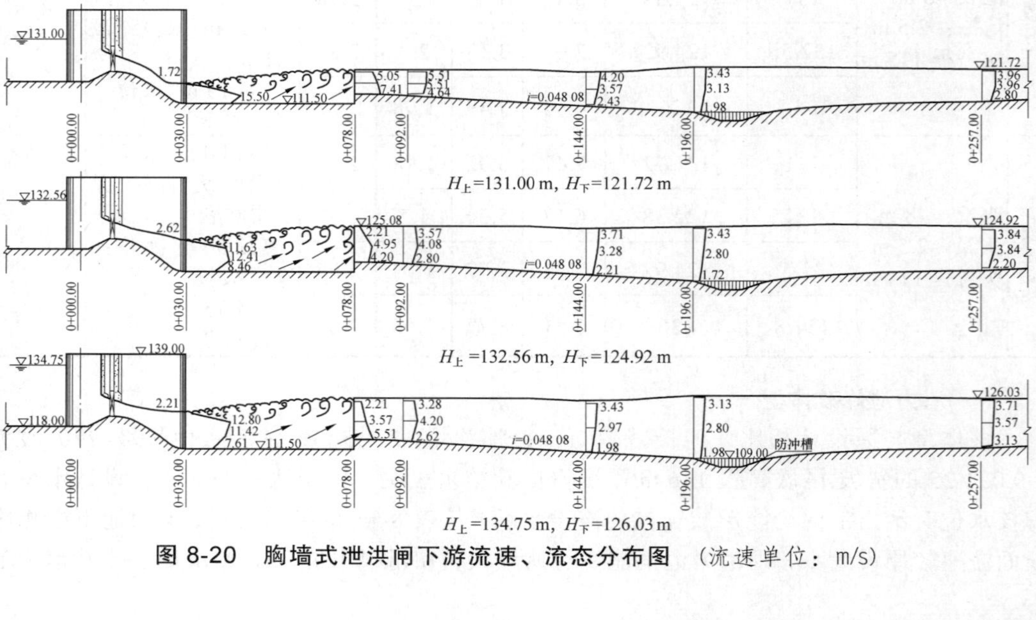

图 8-20　胸墙式泄洪闸下游流速、流态分布图　（流速单位：m/s）

由图可知，在各级特征水位下，消力池内均能形成淹没水跃，设计水位和校核水位时消力池基本能满足消能要求；在汛限水位 131.00 m，当下游水位为 122.78 m 时，消力池内能够形成完整的淹没水跃，且消能较为充分，海漫上水流波动相对较小；当下游水位为 121.72 m 时，消力池内水跃的跃首刚好进入闸室，即水跃的淹没度较小，消能也较为充分，但由于下游水位较低，海漫上水流波动较大。如果设计允许，在保持消力池池深不变的条件下尾坎及池底高程适当降低，有利于改善下游流态。

试验表明，在各级特征水位下，泄洪闸下泄水流经过消力池消能后，池末端流速大大降低，又经过海漫的调整，至防冲槽断面，流速分布已趋于正常。从闸下水面线及流速调整情况看，消力池及海漫的设计是合理的。

为了判断在某一库水位条件下，下游是否出现二次水跃，我们进行了如下试验，即保持上游某一库水位不变，调节下游水位，当海漫上发生水跃时，我们就称此时的下游水位为安全水位。当下游水位低于该水位时，下游海漫上将产生二次水跃，实测结果见图 8-21。从图可以查到，对应闸前水位 131.00 m，当下游水位低于 121.25 m 时，海漫上将产生二次水跃。

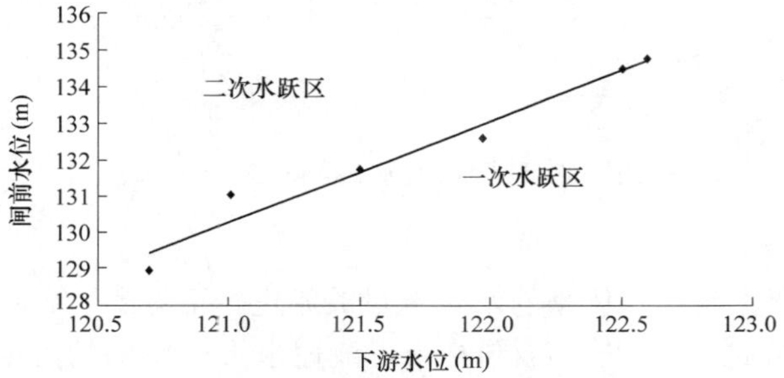

图 8-21　二次水跃临界线

试验对 3 个特征水位进行了冲刷观测。试验结果表明，在各工况下，当冲刷稳定后，防冲槽中的铅丝石笼都未被冲动，其后的砂卵石河床下切，床面粗化。表 8-12 为防冲槽下游 0+257 m 断面处河床冲刷高程，由表可知，由于汛限水位时下游水位较低，水头差较大，各断面流速较大，因而冲刷较设计和校核水位时严重，该工况最为不利。但从各级冲刷结果来看，防冲槽的设计及防护基本满足消能要求。

表 8-12　防冲槽下河床冲刷高程

闸前水位(m)	131.00	132.56	134.75
下游 0+257m 断面水位(m)	121.72	124.92	126.03
断面冲刷高程(m)	111.64	112.99	112.89
原地面高程(m)	119	119	119
冲刷深度(m)	7.36	6.01	6.11

五、胸墙式泄洪闸推荐体型试验结果

经过多方案试验比较，泄洪闸采用方案三体型时，汛限水位 131.00 m，当下游水位低于 121.25 m 时，在海漫上产生二次水跃。而泄洪闸单孔开启时，设计提供下游水位为 121.07 m 低于安全水位，产生二次水跃，不满足消能要求。对消力池参数做进一步调整，调整后消力池尺寸如图 8-22 所示。为了与修改后消力池衔接，将堰面末端反弧半径由 7.5 m 调整为 18.03 m，下接 1∶4 的斜坡，修改后消力池长 53 m(包括 1∶4 斜坡段)，池底高程为 110.5 m，消力池尾坎高程 113.5 m，池深 3 m。

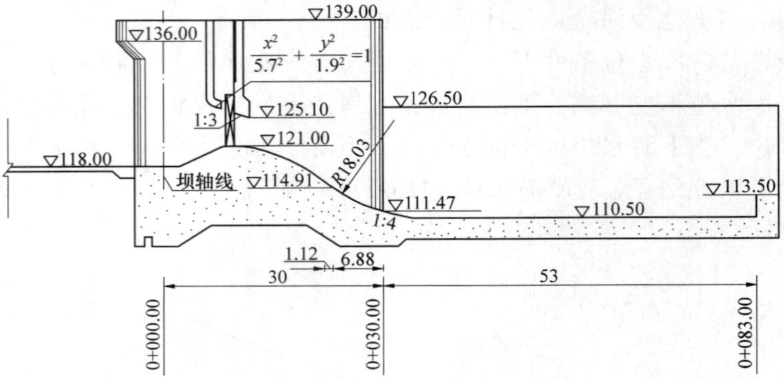

图 8-22　胸墙式泄洪闸推荐体型　（单位：m）

(一)泄流能力

试验对胸墙式泄洪闸推荐体型的水位流量关系进行了量测，结果如图 8-23 所示。图中闸前水位为泄洪闸前 99 m 处水位(包括行近流速水头)，图中的流量已换算成 7 孔的总泄量。

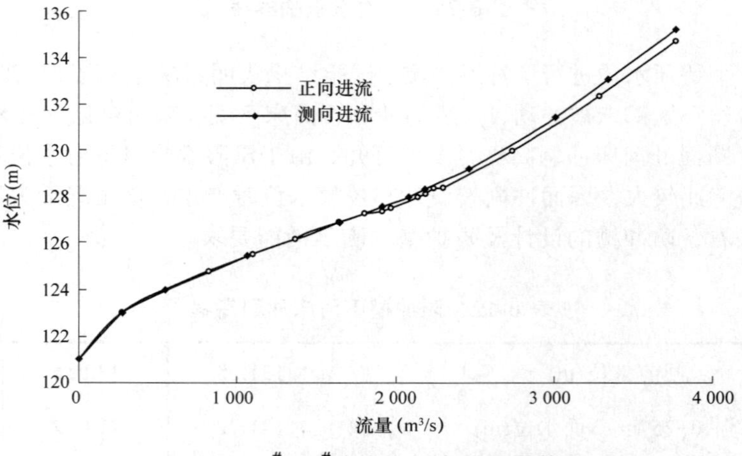

图 8-23　1#～7#孔泄洪闸水位泄量关系

各特征水位下的泄量见表 8-13，根据试验观测，当闸前水位低于 127.34 m ($e/H_0=0.69$)时，过闸水流与胸墙完全脱开，过闸水流为堰流；当闸前水位高于 128.28 m ($e/H_0=0.62$)，过闸水流呈孔流状态；其间为过渡流态。设计提供的各级特征水位时的流态皆为孔口自由出流。由模型实测结果并采用孔流泄流计算公式，分别按孔口计算高度 4.1 m(胸墙低缘高程与堰顶高程之差)与实际过流孔口高度 4.31 m(胸墙低缘高程与对应堰面高程之差)计算各级特征水位下的流量系数，结果列入表 8-13 中。对比表 8-13 和表 8-6 可知，由于胸墙改 5 体型同原设计相比，胸墙加厚，压坡变缓，其流量系数增大较多。由表 8-13 可知模型实测泄量大于设计泄量，泄量满足设计要求。

表 8-13　特征水位下的流量和流量系数

闸前水位(m)	0+257 m 断面水位(m)	试验值			设计值
		流量(m^3/s)	流量系数		流量(m^3/s)
			e=4.1	e=4.31	
131.00	121.72	3 000	0.83	0.789	2 938.8
132.56	124.92	3 325	0.855	0.814	3 214
134.75	126.03	3 762	0.887	0.844	3 565

图 8-24 为孔流时流量系数与堰上水头关系，由图给出泄洪闸流量系数计算公式(公式中 e=4.31 m 采用实际过流孔口高度)，$\mu=1.034\ 4-0.574\ 8\ e/H_0$，式中 e/H_0 适用范围为 0.32～0.62，该式子可供设计参考。

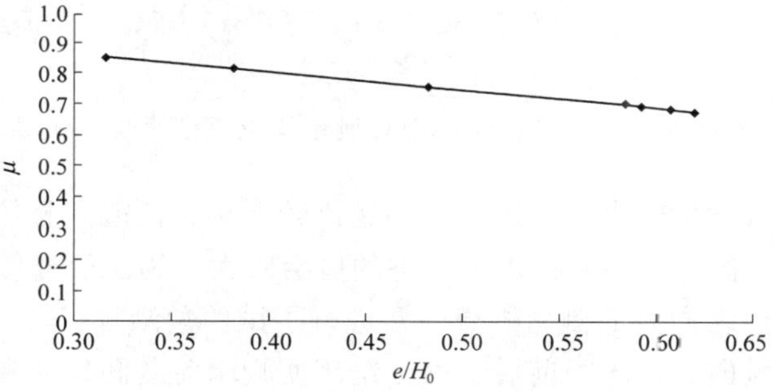

图 8-24　孔流流量系数与堰上水头关系(e=4.31 m 采用实际过流孔口高度)

为了探讨闸前泥沙淤积对泄量的影响，试验进行了闸前无泥沙淤积和有泥沙淤积两种情况的观测。闸前原设计开挖高程 118 m，将闸前地形铺至 120 m 高程，以模拟闸前淤积到 120 m 高程时对泄量影响。分别从小流量到大流量进行量测，该项测量时，胸墙采用改 3 体型，量测结果如图 8-25。由图可知，闸前产生泥沙淤积对泄洪闸泄量影响较小。

按照试验研究内容，研究了下游淹没对泄量的影响，试验中逐渐抬高下游水位(虚拟水位)，使泄洪闸出流处于淹没状态，并进行量测。图 8-26 为不同流量时的上下游水位关系。由图可知，对于每一级流量，当下游水位小于某一临界值时，泄洪闸为自由出流，下游水位的改变对泄洪闸泄量无影响。当下游水位高于此临界值时，闸前水位随着下游水位的升高而升高较快，此临界水位与泄量有关，且随着泄量的增大而升高。从图中还可以看出，设计提供的各特征水位下的下游水位，淹没度较小，对泄量影响也较小。

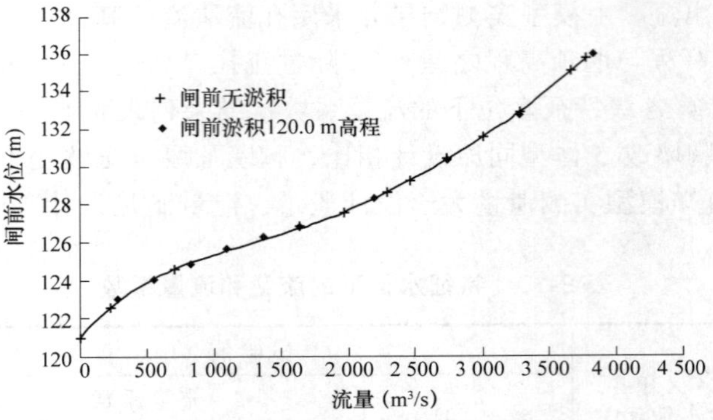

图 8-25　1#～7#孔泄洪闸水位泄量关系(胸墙为椭圆接 1∶3 压坡)

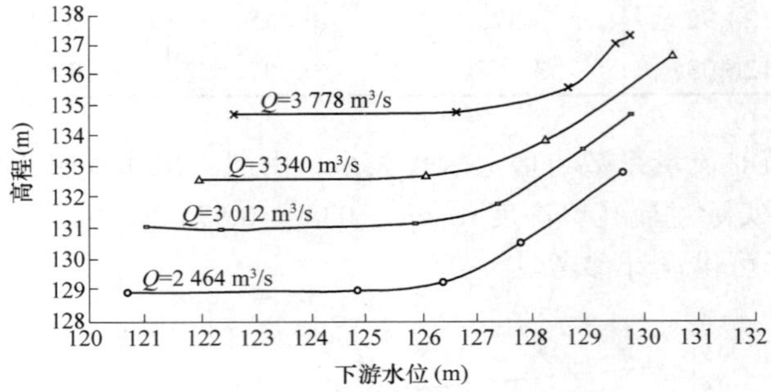

图 8-26　1#～7#孔泄洪闸总泄量与上下游水位的关系

由于黄河来流含沙量较大，库区淤积问题比较严重，西霞院整体试验结果表明，泄洪闸在造床过程中，闸前出现侧向进流流态的机会较大。为了研究侧向进流的影响，将泄洪闸的进流改为由左向右的侧向进流，并进行了试验量测。

由试验可知，侧向流进入闸前后，由于绕流使胸墙前漩涡尺寸和强度增大较多，试验测得各级水位下的漩涡尺寸以及漩涡外缘涡流流速见表 8-14。由表可知，在各级水位下，右孔漩涡的尺寸较左孔大，右孔漩涡最大尺寸约 8.5 m×6.25 m，距涡心约 4 m 处涡流最大流速达 5.51 m/s。侧向进流出现这种不利的水流现象，在调度运行中应加以重视。

表 8-14　漩涡尺寸及漩涡流速

闸前水位(m)	漩涡直径(m)				涡流流速(m/s)
	右孔		左孔		
	顺水流	垂直水流	顺水流	垂直水流	
131.00	8.5	4.5	3	2	5.51
132.56	8.5	4.5	5.5	3	5.4
134.75	8.5	6.25	6.5	4	4.92

试验量测到泄洪闸在侧向进流时水位流量关系如表 8-15，即侧向进流对其泄量影响

较小；当闸孔过流为孔流时，侧向进流较正向进流时泄量减小，减小值随水位的升高而增大，在校核水位 134.75 m 时，其泄量约减小 2.2%，原型上侧向进流对 7 孔泄洪闸泄量的影响要小于 2%。侧向进流增强了胸墙前的漩涡强度，漩涡的存在，一方面加大了局部能量损失，同时减小过流面积，造成泄量减小。

表 8-15　侧向进流对泄量的影响

闸前水位(m)		131.00	132.56	134.75	备注
泄量(m^3/s)	正向进流	3 000	3 325	3 762	自由出流
	侧向进流	2 940	3 260	3 680	自由出流

(二)堰面、胸墙及闸墩压力分布

试验分别在堰面中心线上、中墩两侧、左边墩分别布置了测压孔。试验量测该体型下特征水位下的各测点压力见表 8-16。表 8-17 为侧向进流条件下对应各测点压力值。由表 8-16 及表 8-17 可以看出，堰面体型修改后，在各级特征水位时，堰面压力变化基本平顺，汛限水位和设计水位时堰面上无负压；在校核水位时，堰面局部出现负压，但负压值较小仅 0.11 m 水柱，侧向进流时负压值略增大，为 0.16 m 水柱。从压力分布来看，堰面设计基本合理；胸墙加厚，压坡变缓，各级水位下胸墙及闸墩上均无负压，从水力学角度来说，该泄洪闸体型是合理的。

表 8-16　正向进流各测压点桩号高程及压力

测针号	位置	桩号	测压点高程(m)	压力(m 水柱) 131.00 m	132.56 m	134.75 m
1	底板	0+007.97	120.9	3.83	3.93	3.88
2		0+009.00	121	2.98	2.93	2.73
3		0+011.00	120.88	1.95	1.7	1.1
4		0+013.00	120.51	1.37	1.02	0.47
5		0+015.00	119.89	0.59	0.44	–0.11
6		0+017.00	119.03	0.2	1.05	1
7		0+020.00	117.26	3.67	5.47	6.02
8		0+022.00	115.80	4.73	4.98	5.98
9		0+025.32	113.14	8.64	12.04	13.11
10		0+027.50	111.9	9.73	13.58	14.83
11		0+029.90	111.5	13.08	15.33	16.78
1	中墩左侧	0–004.00	129.5	1.88	3.33	5.53
2		0–001.75	129.6	0.73	2.23	4.63
3		0+008.90	128.8	1.58	3.23	5.68
4		0+009.50	128.9	1.58	3.23	5.48
5		0+015.50	120.95	7.23	8.18	9.48
6		0+017.00	121.35	4.68	5.13	5.88
7		0+020.00	121.3	1.63	1.33	1.03
8		0+023.50	120.4	0.98	0.78	0.48
9		0+026.01	119.05	0.73	1.43	1.43

续表 8-16

测针号	位置	桩号	测压点高程(m)	压力(m 水柱)		
				131.00 m	132.56 m	134.75 m
1	中墩右侧	0–001.75	129.6	0.43	2.13	4.53
2		0+008.9	128.8	1.28	3.18	5.48
3		0+009.50	128.9	1.43	3.18	5.38
4		0+015.50	120.95	7.73	8.83	10.33
5		0+017.00	121.35	5.03	5.48	6.18
6		0+020.00	121.3	2.08	1.93	1.73
7		0+023.50	120.4	1.18	1.08	0.73
8		0+026.01	119.05	0.38	1.18	1.28
1	左边墩	0+008.9	128.8	1.48	3.23	5.43
2		0+009.50	128.9	1.63	3.23	5.38
3		0+015.50	120.95	7.53	8.53	10.03
4		0+017.00	121.35	5.58	5.93	6.88
5		0+020.00	121.3	2.13	2.13	1.98
6		0+023.50	120.4	1.03	1.03	0.98
7		0+026.01	119.05	0.73	1.68	1.68
1	胸墙	0+005.8	127.86	2.37	2.42	3.32
2		0+006.05	127.1	0.38	0.38	0.53
3		0+006.8	126.7	0.98	1.28	1.93
4		0+007.25	126.43	1.25	1.75	2.6
5		0+009.85	126.02	0.46	0.91	1.56
6		0+010.665	125.455	0.83	1.23	1.68
7		0+11.48	125.18	0.35	0.5	0.7

表 8-17　侧向进流各测压点桩号高程及压力

测针号	位置	桩号	高程(m)	压力(m 水柱)		
				131.00 m	132.56 m	134.75 m
1	底板	0+007.97	120.90	3.08	2.78	2.63
2		0+009.00	121.00	2.38	2.08	1.58
3		0+011.00	120.88	1.75	1.35	0.70
4		0+013.00	120.51	1.32	0.97	0.32
5		0+015.00	119.89	0.59	0.24	-0.16
6		0+017.00	119.03	0.25	0.65	0.85
7		0+020.00	117.26	3.67	5.47	6.02
8		0+022.00	115.80	4.73	4.98	5.98
9		0+025.32	113.14	8.64	12.04	13.04
10		0+027.50	111.90	11.43	13.83	14.73
11		0+029.90	111.50	13.63	15.73	16.28
1	中墩左侧	0–004.00	129.50	1.83	3.28	5.23
2		0–001.75	129.60	0.78	2.43	4.23
3		0+008.90	128.80	1.63	3.38	5.08
4		0+009.50	128.90	1.53	2.98	4.68
5		0+015.50	120.95	7.03	8.03	9.18

续表 8-17

测针号	位置	桩号	高程(m)	压力(m 水柱)		
				131.00 m	132.56 m	134.75 m
6		0+017.00	121.35	5.08	5.78	6.18
7		0+020.00	121.30	1.98	1.58	1.28
8		0+023.50	120.40	1.18	0.88	0.53
9		0+026.01	119.05	0.78	1.08	1.33
1	中墩右侧	0–001.75	129.60	1.43	2.78	4.93
2		0+008.9	128.80	2.13	3.53	5.63
3		0+009.50	128.90	2.03	3.43	5.43
4		0+015.50	120.95	7.73	8.58	9.78
5		0+017.00	121.35	5.28	5.63	6.23
6		0+020.00	121.30	1.83	1.63	1.28
7		0+023.50	120.40	0.98	0.78	0.48
8		0+026.01	119.05	0.33	0.83	5.93
1	左边墩	0+008.90	128.80	0.68	1.78	
2		0+009.50	128.90	0.73	1.68	
3		0+015.50	120.95	7.28	8.48	5.48
4		0+017.00	121.35	5.53	6.18	6.83
5		0+020.00	121.30	2.63	2.73	2.63
6		0+023.50	120.40	1.33	1.23	1.08
7		0+026.01	119.05	0.88	1.53	1.68
1	胸墙	0+005.8	127.86	2.47	2.97	4.12
2		0+006.05	127.10	0.58	0.83	1.33
3		0+006.80	126.70	1.18	1.63	2.43
4		0+007.25	126.43	1.50	2.00	2.90
5		0+009.85	126.02	0.96	1.46	2.16
6		0+010.67	125.46	0.98	1.28	1.78
7		0+011.48	125.18	0.40	0.50	0.75

(三)闸下消能和冲刷

试验对该方案下各特征水位下的消力池流态、水深、流速分别进行了量测，结果见表 8-18 及图 8-27。

表 8-18　消力池尾坎流速及消力池水流流态

闸前水位(m)	0+257 m 断面水位(m)	消力坎上(0+078 m)			消力池水流流态
		流速(m/s)		水深(m)	
		底部	平均		
131	121.72	7.41	6.23	7.5	淹没水跃
131	122.38	6.18	5.24	7.85	淹没水跃
132.56	124.92	4.20	3.79	10.5	淹没水跃
134.75	126.03	5.51	3.77	11.6	淹没水跃

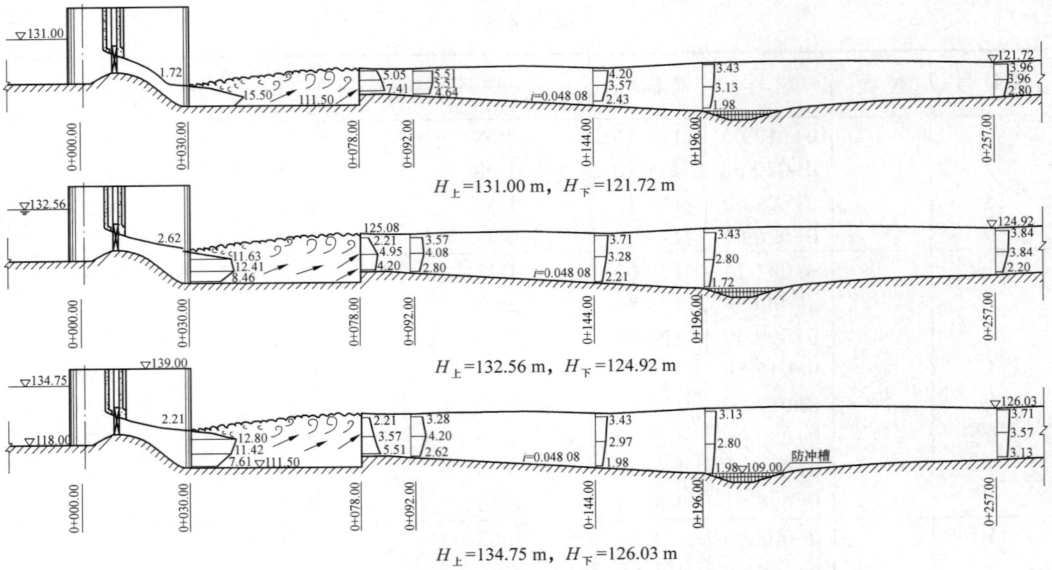

图 8-27　胸墙式泄洪闸下游流速、流态分布图　（流速单位：m/s）

由图和表可知，在各级特征水位下，消力池内均能形成淹没水跃，设计水位和校核水位时消力池基本能满足消能要求；在汛限水位 131 m，当下游水位为 122.78 m 时，消力池内能够形成完整的淹没水跃，且消能较为充分，海漫上水流波动相对较小；当下游水位为 121.72 m 时，消力池内水跃的跃首刚好进入闸室，即水跃的淹没度较小，消能也较为充分，但由于下游水位较低，海漫上水流波动较大。如果设计允许，在保持消力池池深不变的条件下尾坎及池底高程适当降低，有利于改善下游流态。

试验表明，在各级特征水位下，泄洪闸下泄水流经过消力池消能后，池末端流速大大降低，又经过海漫的调整，至防冲槽断面，流速分布已趋于正常。从闸下水面线及流速调整情况看，消力池及海漫的设计是合理的。

为了判断在某一库水位条件下，下游是否出现二次水跃，我们进行了如下试验，即保持上游某一库水位不变，调节下游水位，当海漫上发生水跃时，称此时的下游水位为安全水位。当下游水位低于该水位时，下游海漫上将产生二次水跃，实测结果见图 8-28。

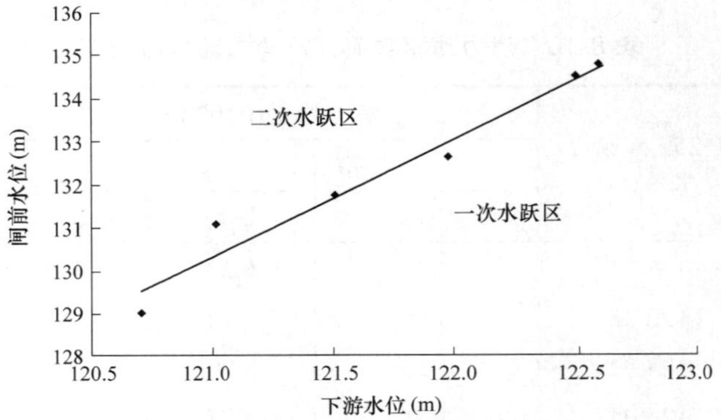

图 8-28　二次水跃临界线

从图可以查到，对应闸前水位 131 m，当下游水位低于 121.25 m 时，海漫上将产生二次水跃。

试验结果表明，在各工况下，当冲刷稳定后，防冲槽中的铅丝石笼都未被冲动，其后的砂卵石河床下切，床面粗化。表 8-19 为防冲槽下游 0+257 m 断面处河床冲刷高程，由表可知，由于汛限水位时下游水位较低，水头差较大，各断面流速较大，因而冲刷较设计和校核水位时严重，该工况最为不利。但从各级冲刷结果来看，防冲槽的设计及防护满足消能要求。

表 8-19　防冲槽下河床冲刷高程

闸前水位(m)	131	132.56	134.75
0+257 m 断面水位(m)	121.72	124.92	126.03
冲刷高程(m)	112.43	113.98	113.8

(四)消力池体型修改试验

由试验结果可知，对应汛限水位 131 m，当下游水位低于 121.25 m 时，在海漫上将产生二次水跃。而泄洪闸单孔开启时，下游水位为 121.07 m，低于临界水位，不满足消能要求，消力池尺寸需要进一步调整。为此，设计单位提出了如图 8-29 所示的体型，该体型下的孔口尺寸、胸墙体型、堰面曲线试验推荐体型一致，只是堰面末端反弧半径由 7.5 m 增至 18.03 m，下接 1∶4 的斜坡，消力池池底高程由 111.5 m 降至 110.5 m，消力池尾坎高程由 114 m 降至 113.5 m，池深由 2.5 m 增加到 3 m，消力池池长 51 m(包括斜坡段)。按设计单位要求，对表 8-20 所示组次进行了放水量测，对于 1、2 组次，由于无法模拟单孔泄流，仅将下游水位控制在单孔开启泄流时的水位进行量测(仅供设计参考)。

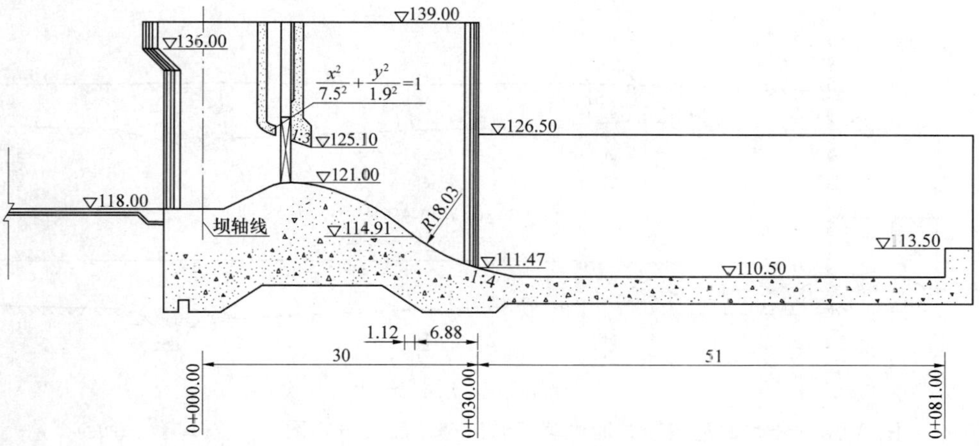

图 8-29　胸墙式泄洪闸修改体型　(流速单位：m/s)

表 8-20 试验工况

组次	闸前水位(m)	0+257 m 断面水位(m)	备注
1	131	121.33	相当于开启 1 孔
2	131	121.72	相当于开启 2 孔
3	131	122.38	全开
4	132.56	124.92	全开
5	134.75	125.82	全开

1. 水流流态及流速分布

表 8-21 为各工况对应尾坎断面流速，图 8-30 为三个特征水位泄洪闸下游流速、流态分布图。

表 8-21 消力池尾坎(0+083 m)流速和水深

闸前水位(m)	0+257 m 断面水位(m)	流速(m/s)		水深(m)	消力池水流流态
		底部	平均		
131.00	121.33	5.69	4.78	7.45	临界水跃
131.00	121.72	5.60	3.77	8.25	淹没水跃
131.00	122.38	4.95	3.27	9.00	淹没水跃
132.56	124.92	5.69	3.23	11.25	淹没水跃
134.75	125.82	5.86	3.16	11.90	淹没水跃

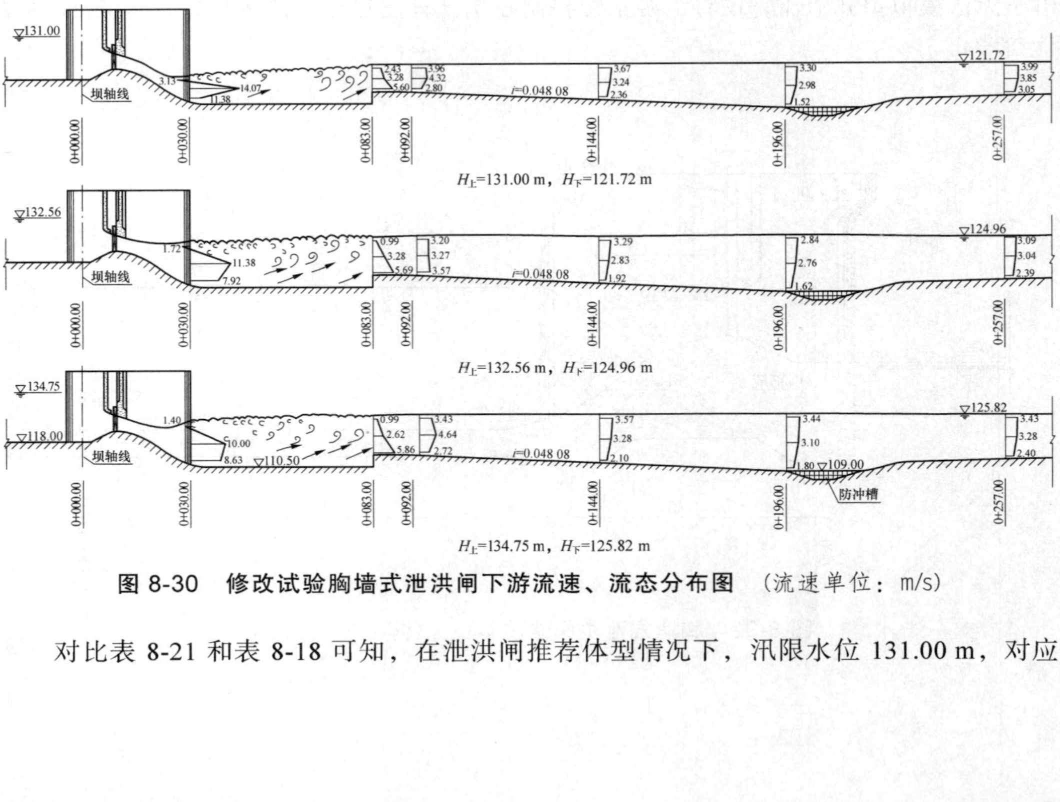

图 8-30 修改试验胸墙式泄洪闸下游流速、流态分布图 (流速单位：m/s)

对比表 8-21 和表 8-18 可知，在泄洪闸推荐体型情况下，汛限水位 131.00 m，对应下游水位 121.72 m 和 122.38 m 时，消力池下游水面波动减小，消力池尾坎断面流速明显减小。在设计水位和校核水位时，消力池尾坎断面底部流速略有增加。

由图 8-30 可以看出，在三级特征水位下，泄洪闸下泄水流经过消力池消能后，池末端流速大大降低，又经过海漫的调整，至防冲槽断面，流速分布已趋于正常。从闸下水面线及流速调整情况看，消力池及海漫的设计是较为合理的。

下游安全水位实测结果见图 8-31。从图可以查到，对应闸前水位 131.00 m，当下游水位低于 120.2 m 时，海漫上将产生二次水跃。

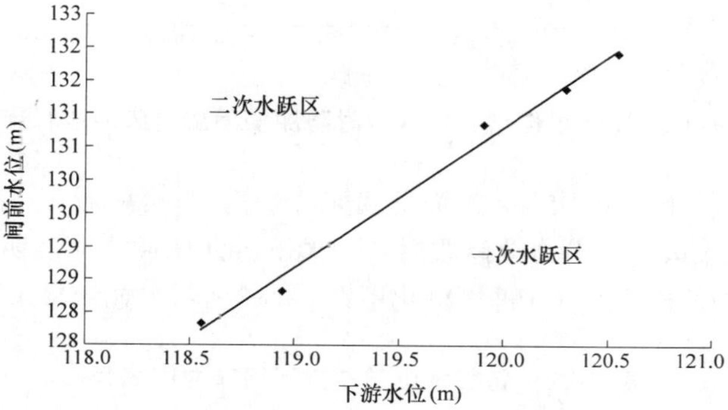

图 8-31　修改试验海漫上产生二次水跃临界线

2. 下游冲刷

试验对表 8-20 中 3～5 工况进行了冲刷观测。试验结果表明，在 3 种工况下，当冲刷稳定后，防冲槽中的铅丝石笼都未被冲动，其后的砂卵石河床下切，床面粗化。图 8-32 为汛限水位 131.00 m 时防冲槽下游河床冲刷纵剖面图；图 8-33 为设计水位与校核水位防冲槽下游河床冲刷纵剖面图。

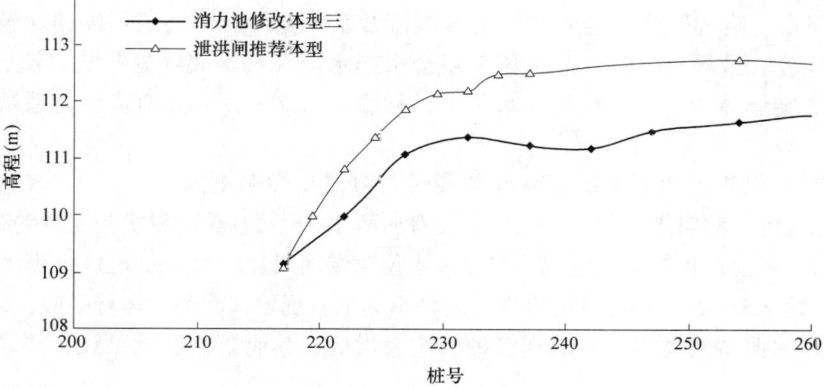

图 8-32　汛限水位 131.00 m 时防冲槽下游河床冲刷纵剖面

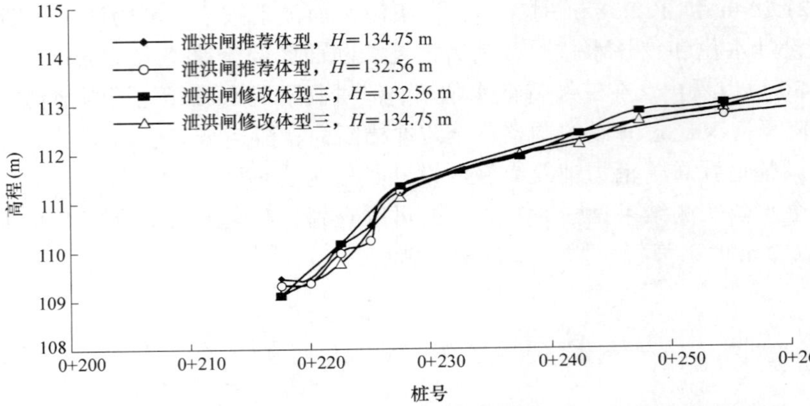

图 8-33 设计水位与校核水位时防冲槽下游河床冲刷纵剖面

表 8-22 为防冲槽下游 0+257 m 断面处河床冲刷高程。可以看出，汛限水位 131.00 m，对应下游水位 122.38 m 时，消力池修改后防冲槽下游河床冲刷深度明显减轻，在设计水位与校核水位时，防冲槽下游河床冲刷变化不大。即从各级冲刷结果来看，满足消能要求。

表 8-22 特征水位防冲槽下河床冲刷高程

闸前水位(m)	汛限水位 131.00	设计水位 132.56	校核水位 134.75
0+257.00 m 断面水位(m)	121.72	124.92	126.03
冲刷高程(m)	112.74	112.74	112.89
原地面高程(m)	119	119	119
冲刷深度(m)	6.26	6.26	6.11

六、结语

(1)原设计方案中，模型实测泄洪闸泄流量满足设计要求，但由于消力池的池深小，在汛限水位 131.00 m 时，消力池内不能形成水跃，而是在海漫产生水跃，下游冲刷较为严重。

(2)胸墙式泄洪闸体型修改试验表明，当堰型一定时，胸墙底缘压坡是影响泄量和负压的主要因素。胸墙厚度一定时，压坡越缓流量系数越大。当胸墙厚度相对较小时，其压坡不能过缓。过缓不仅会引起负压，还会引起水流在胸墙底缘处脱流，流态不稳。

(3)改 5 胸墙体型，在各级特征水位下，胸墙上均无负压，且对应流量系数大，建议设计采用。

(4)经试验观测，闸前淤积 120 m 高程时，对泄量影响不大。

(5)试验表明，侧向进流泄量较正向进流有所减小，校核水位时泄洪闸泄量约减少 2.2%。侧向进流时，闸前产生较大的漩涡，如校核水位时漩涡尺寸约 8.5 m×6.3 m，距涡心约 4 m 处涡流流速达 5.51 m/s。侧向进流出现的这种不利水流现象，在调度运行中应加以重视。

(6)推荐的泄洪闸体型，考虑到多种影响因素后，其泄量仍能满足设计要求，可供设计采用。

(7)推荐的泄洪闸体型，泄洪闸闸墩及胸墙在各级特征水位下均无负压。在校核水位时，堰面上产生负压，负压值不大，约为 0.11 m 水柱。侧向进流时，底板上负压增大，约为 0.16 m 水柱，但未超出规范[1]对堰面负压的允许值。从压力分布来看，该泄洪闸体型是合理的。

(8)推荐的消力池尺寸，汛限水位 131.00 m 时对下游消能与冲刷得到明显改善。但在泄洪闸单孔开启时，由于下游水位 121.33 m 偏低，水面波动较大，运行时应予注意。

(9)各级特征水位下，泄洪闸下泄水流经过消力池消能后，末端流速大大降低，又经过海漫的调整，至防冲槽断面，流速分布已趋于正常。从闸下水面线及流速调整情况看，泄洪闸的消力池及海漫的设计是合理的。从冲刷结果来看，防冲槽的设计及防护上都能满足消能需要。

第三节　排沙闸修改布置试验

一、工程概况及试验研究内容

(一)工程概况

三孔排沙闸布置在泄洪闸左侧，进出口底板高程均为 106.00 m。闸室采用胸墙式闸孔布置，进口设 5 m×4.8 m 的平板事故检修门和 5 m×4.2 m 的平板工作门，出口设 5 m×16 m 的平板检修门，排沙闸闸室长度为 45 m。上游设 20 m 长的混凝土防冲板，高程 106.00 m，用 1∶4 斜坡和上游开挖后的河床(高程 120.00 m)相接。下游未设消力池，而采用了长度为 73 m 的钢筋混凝土水平护坦，下接长 82 m 的海漫和防冲槽相连，防冲槽后用 1∶4 斜坡与下游河床相接。为减少下游尾水的相互影响，闸后左侧设顶高程为 122.00 m 的导墙与电站隔开，右侧紧接闸室设顶高程为 126.50 m 的导墙与泄洪闸隔开，排沙闸布置详见图 8-34。

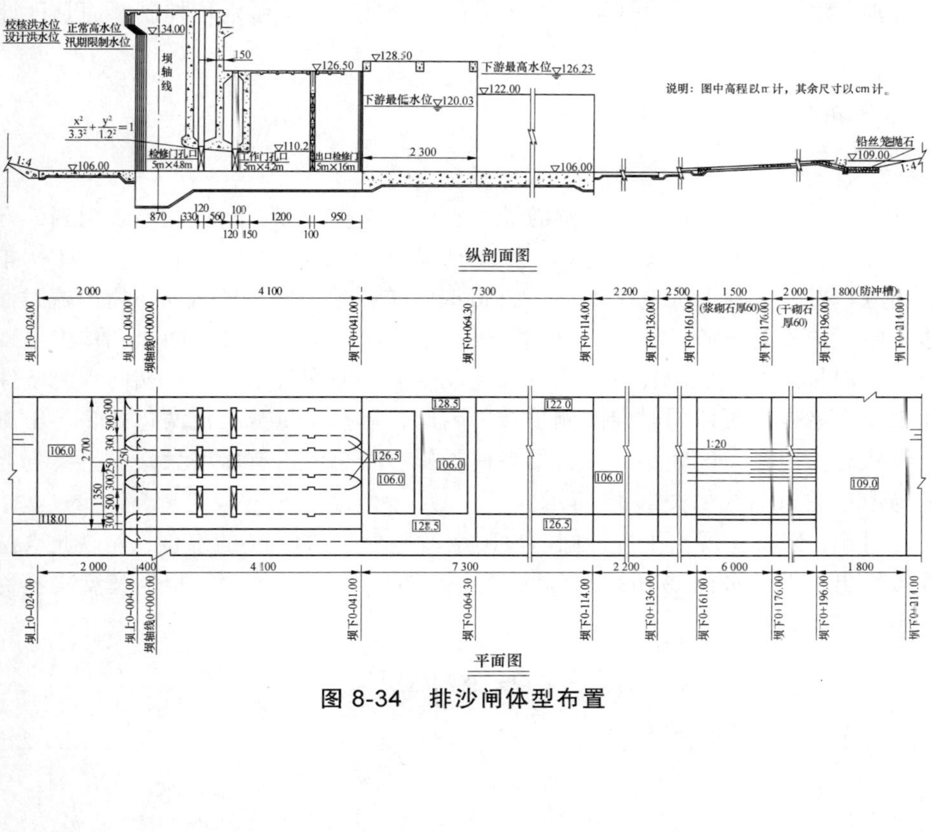

图 8-34　排沙闸体型布置

(二)试验研究内容

要求对排沙闸进行以下内容的观测：

(1)验证排沙闸的泄流能力，测量闸下恢复落差，综合分析其流量系数；

(2)测量不同工况下的沿程压力分布、出口水面线及流速分布；

(3)确定胸墙体型及压坡坡度；

(4)检验闸下消能防冲设计。

二、模型设计及制作

根据试验研究内容，本试验采用正态单体模型，按重力相似定律设计，在满足试验精度的前提下，取模型几何比尺 $\lambda_L=50$。本模型主要遵循水流运动相似准则及砂卵石运动相似准则，各参数的比尺关系见式(8-1)～式(8-7)。选精制无烟煤来模拟砂卵石。模型沙中值粒径 $D_{50}\approx 4.3$ mm。

排沙闸单体模型模拟范围:上游桩号为 0–280.00 m，下游桩号约为 0+610 m，包括 3 孔排沙闸。排沙闸闸室段采用透明有机玻璃制作，上、下游河床表面及下游消力池、海漫用水泥砂浆精细抹面。为观测下游流态及冲刷情况，排沙闸出口下游为 11 m 长的玻璃水槽，水槽内边壁与排沙闸边孔内边壁平齐。铅丝石笼的模拟与本章第一节相同。

为研究泄水建筑物下游局部冲刷问题，下游地形从防冲槽开始至 0+450 m 断面做成动床，按河床颗粒组成铺设无烟煤模拟砂卵石。铺设形状与设计开挖边界一致，深度至防冲槽以下 10 m，达到 99.00 m 高程，然后灌水，使之密实，再修整至下游河床实际高程 119 m。

上游水位测针设在坝上 0−100 m 的上游闸中心线上，下游水位控制断面是设计提供的坝下 0+257 m 处。

三、排沙闸原方案试验成果

(一)泄流能力

根据设计，排沙闸运用时上下游的最大水位差为 13.2 m。通过试验观测到，当排沙闸 3 孔全开、上下游水位差 $\Delta H_{下}$小于 11 m 时(库水位与 0＋257 m 处水位之差)，排沙闸为淹没出流；当上下游水位差在 11～13.2 m 时，排沙闸由淹没出流向自由出流过渡，由于两边孔闸室岸墙与下游导墙呈一直线，出闸水流两侧不能扩散，两边孔首先出现自由出流现象，但是流态不稳定，自由出流和淹没出流现象交替出现。在相同水流条件下，中间孔出流在墩尾处可以同时向两侧扩散。因此，单宽流量减小比两边孔多，出流一直保持淹没状态，但淹没度较小，综合结果使得排沙闸总泄量有所增大，模型实测上下游水位差与泄量关系曲线如图 8-35 所示。

作为对比，试验还观测了排沙闸出口闸墩墩尾处(0+041 m)的水位，并以此水位作为下游水位给出上下游水位差 $H_{墩}$和流量的关系，也绘于图 8-35 中。根据模型实测资料可以拟合经验关系式如下：

$$Q=282.9\Delta H_{下}^{0.541\,8} \tag{8-9}$$

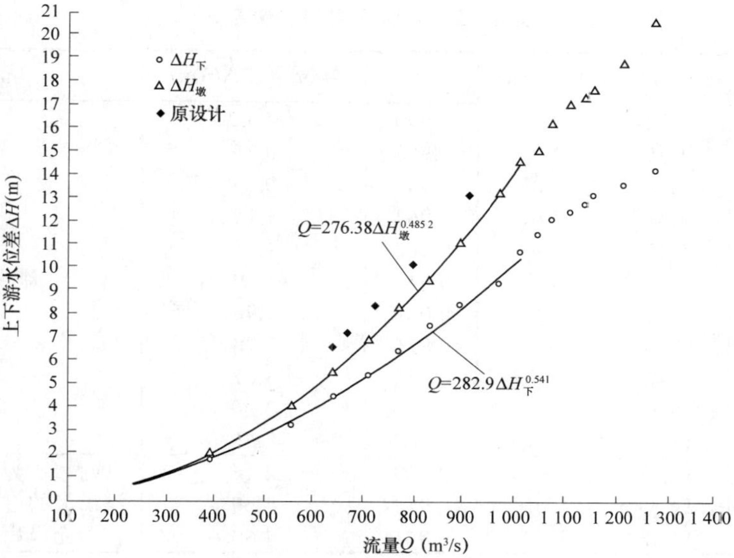

图 8-35　原设计排沙闸 3 孔全开泄流能力

$$Q = 276.38\Delta H_{墩}^{0.485\ 2} \tag{8-10}$$

上述两公式适用于 $\Delta H_{下} \leqslant 11\text{m}$；$\Delta H_{墩} \leqslant 15.5\ \text{m}$。

排沙闸淹没出流的流量计算公式可以用下式表示

$$Q = \mu A\sqrt{2g\Delta H} \tag{8-11}$$

式中　A——闸孔过水面积；

ΔH——上下游水头差；

μ——流量系数。

根据模型实测上下游水位差 ΔH 资料，用式(8-11)反求流量系数，结果列于表 8-23，供设计参考采用。

由表 8-23 可以看出，排沙闸工作门出口处水位较下游 0+257 m 处水位低，两者水位差值称为恢复落差 ΔH，模型实测 ΔH 也列于表中。实际上，控制排沙闸泄量的作用水头，不是上游水位与下游 0+257 m 处水位之差 $\Delta H_{下}$，而是上游水位与闸墩墩尾处水位之差 $\Delta H_{墩}$。显然，若用下游 0+257 m 处水位计算的水位差 $\Delta H_{下}$代入式(8-11)进行流量设计，其泄量是偏小的。上下游水头差理应用 $\Delta H + \Delta H_{下}$才符合实际，即采用闸墩墩尾处水位作为下游水位设计的泄量才是比较符合实际的。

将设计泄量也绘于图 8-35，可以看出模型实测值($\Delta H_{下} \sim Q$)大于设计值，原因是设计选取的流量系数偏小并且未考虑恢复落差所致。需要说明的是，试验中观测到中孔水流出闸室后向两边扩散，单宽流量减小，首先出现淹没出流现象，使得中孔水位高于两边孔水位。当上下游水头差较大时，尤为明显，其差值可达 1～3 m。而在闸墩墩尾处，3 孔水位趋于一致，为统一计算，试验是以墩尾处水位代替闸孔出口处水位来计算恢复落差的。

表 8-23　排沙闸实测流量系数

流量(m^3/s)	$\Delta H_{下}$(m)	$\Delta H_{墩}$(m)	$\mu_{墩}$	恢复落差ΔH(m)	备注
231	0.72	0.70	0.990	−0.02	淹没出流
389	1.75	2.00	0.986	0.25	
552	3.22	4.07	0.982	0.85	
637	4.46	5.61	0.964	1.15	
708	5.41	6.96	0.962	1.55	
767	6.52	8.41	0.948	1.89	
829	7.56	9.51	0.964	1.95	
892	8.40	11.18	0.956	2.78	
970	9.40	13.27	0.955	3.87	
1 013	10.67	14.63	0.950	3.96	
1 048	11.45	15.10	0.967	3.65	
1 079	12.13	16.28	0.959	4.15	两边孔为自由出流到淹没出流的过渡阶段，中间孔为淹没出流
1 111	12.50	17.10	0.963	4.60	
1 142	13.18	17.78	0.971	4.60	

在本试验条件下，当上下游水位差大于 11 m 时，两边孔出流处于淹没出流向自由出流的过渡状态，用淹没出流计算式(8-11)计算的流量系数$\mu_{墩}$接近 1，仅供设计参考。

排沙闸单体实测泄量和几何比尺为 1∶100 的整体模型试验结果差别不大，当上下游水位差在 6～11 m 范围内，相同水位差条件下的泄量差值在 3%左右。

(二)不同运用工况下的沿程压力分布

为观测排沙闸沿程的压力分布，在排沙闸中间闸孔顶板和底板中心线上共布设 13 个测压点，具体位置见图 8-36。

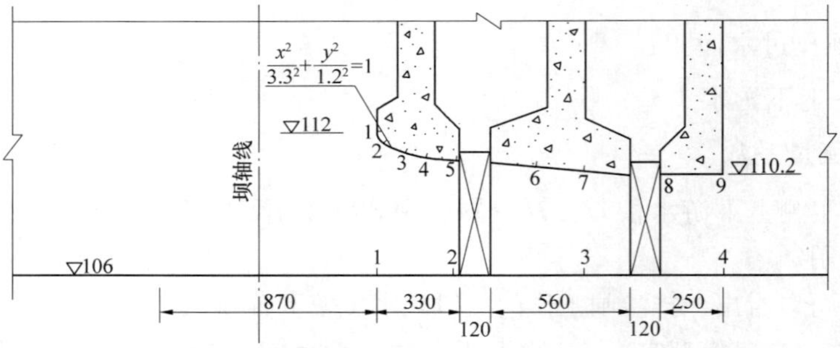

图 8-36　排沙闸测压点布置图　(单位：高程，m；尺寸，cm)

按设计提供的如表 8-24 所列的 5 种运用工况进行试验观测，表中下游水位为 0+257 m 处水位。

表 8-24　排沙闸压力测量运用工况

运用工况	1	2	3	4	5
上游水位(m)	131	131	132.56	134.75	134
下游水位(m)	124.34	120.8	125.26	126.23	120.8

表 8-25 为排沙闸在不同运用工况下的测点压力值。可以看出：运用工况 1、3、4 时，上下游水头差较小，底板及顶板各点压力均为正值，压坡线符合正常分布规律；当上下游水位差较大时，即工况 5 情况下，进口顶板椭圆曲线段有负压存在，最大负压达 4 m 水柱。

表 8-25　排沙闸压力测量结果　（单位：m 水柱）

编号		桩号	高程(m)	工况 1	工况 2	工况 3	工况 4	工况 5
顶部	1	0+004.70	112.00	11.18	5.58	11.83	12.63	3.23
	2	0+004.95	111.54	7.99	0.19	8.39	8.24	-4.06
	3	0+005.85	111.09	9.94	3.44	10.54	10.64	0.04
	4	0+006.75	110.89	11.74	6.44	12.89	13.89	4.09
	5	0+008.00	110.80	13.33	8.73	14.28	15.08	7.23
	6	0+011.05	110.53	14.30	10.25	15.30	16.40	9.20
	7	0+012.95	110.36	13.92	9.52	14.87	15.67	8.27
	8	0+016.00	110.20	11.88	6.03	12.63	13.13	2.83
	9	0+018.50	110.20	12.73	7.78	13.58	14.28	5.33
底部	1	0+004.70	106.00	21.63	19.38	22.93	24.53	19.98
	2	0+008.00	106.00	19.93	16.58	21.03	22.13	16.28
	3	0+012.95	106.00	18.13	13.53	19.08	19.93	11.78
	4	0+018.50	106.00	16.53	11.83	17.83	18.73	9.63

四、排沙闸体型修改方案 1 的试验成果

分析后认为，进口顶板椭圆曲线短轴较短，在上下游水头差较大时，水流流线不适应较陡的顶边界，形成脱流现象，从而出现较大的负压。因此，从加长椭圆曲线短轴入手，对进口顶板椭圆曲线进行修改，修改后方程为 $\frac{x^2}{3.3^2}+\frac{y^2}{1.7^2}=1$，修改体型及测压点布置见图 8-37。

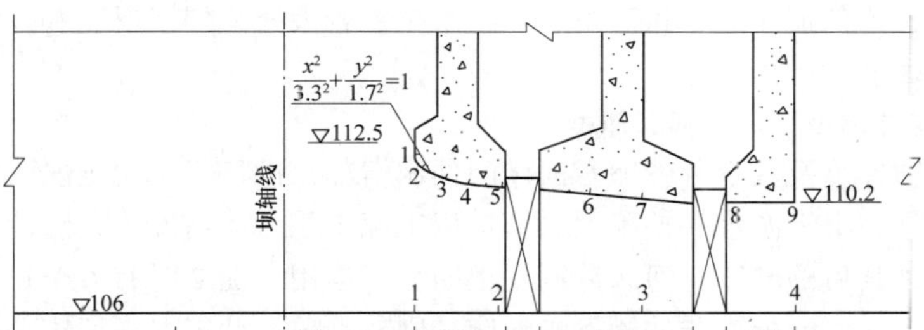

图 8-37　排沙闸体型修改方案 1 各测压点布置图　（单位：高程，m；尺寸，cm）

(一)不同工况下沿程压力分布

进口顶板体型修改后，5 种二况下的各测点压力值见表 8-26。从各点压力值看出，

各种工况下顶板进口都没有负压出现，压坡线也符合正常分布规律，表明体型修改合理。对泄量观测表明，在相同运用工况下，排沙闸进口顶板体型修改前后的泄量基本无变化。

表 8-26　排沙闸顶板体型修改后各测点压力值　　（单位：m 水柱）

编号		桩号(m)	高程	工况 1	工况 2	工况 3	工况 4	工况 5
顶部	1	0+004.7	112.5	13.93	11.63	15.13	16.38	9.38
	2	0+004.95	111.851	9.33	3.28	10.28	10.68	0.08
	3	0+005.85	111.21	9.77	3.52	10.57	10.82	0.02
	4	0+006.75	110.927	11.10	6.00	12.00	12.45	3.55
	5	0+008.00	110.8	12.83	8.53	13.93	14.48	6.98
	6	0+011.05	110.531	14.00	10.15	15.05	15.95	9.25
	7	0+012.95	110.363	13.62	9.42	14.67	15.27	8.17
	8	0+016.00	110.2	11.53	6.13	12.38	12.68	3.83
	9	0+018.5	110.2	12.48	7.58	13.43	13.88	5.38
底部	1	0+004.7	106	21.53	19.48	22.83	24.33	20.28
	2	0+008.00	106	19.73	16.38	20.88	22.03	15.88
	3	0+012.95	106	17.88	13.43	18.83	19.63	11.68
	4	0+018.5	106	16.93	11.68	17.73	18.43	9.63

(二)下游出口水面线及流速分布

排沙闸顶板进口体型修改后，进行了各种工况下的下游消能防冲试验。在排沙闸出口下游共布置了 6 个测速断面，对流道中线流速进行测量。测量断面分别为坝下 0+016 m(工作门出口)、0+041 m(出口闸墩墩尾)、0+114 m、0+161 m、0+196 m 和 0+257 m。

图 8-38 分别为 5 种工况下的流态和流速分布图。从图中可以看出 0+016 m 和 0+041 m 断面底部流速较大，都超过 10 m/s，均为正向流速。水流表面为一旋滚，其流速为反方向，旋滚长度不超过 0+104 m。进入海漫后，流速逐渐调整，至海漫末端，流速分布已接近正常的明渠均匀流流速分布。当上下游水头差较大时，即工况 2 和 5 情况下，下游闸墩墩尾处水面波动很大。

(三)下游防冲槽及砂卵石河床冲刷

为了观测防冲槽及其下游砂卵石河床的冲刷情况，进行了不同工况下的冲刷试验。从试验结果看，在上下游水头差不大，即运用工况 1、3、4 情况下，防冲槽中的铅丝石笼都未被冲动，其后的砂卵石河床冲刷不很明显。运用工况 2 时有 6 个铅丝石笼下滑至距防冲槽末端 3～8 m 处，防冲槽下游河床冲刷较严重。此工况下河床普遍下切，冲刷坑最深点高程为 106.2 m，距防冲槽末端 33 m，计算冲刷坑上游坡度为 1∶11.8，表明冲刷坑上游边坡是非常稳定的；运用工况 5 时防冲槽中有 10 个铅丝石笼下滑到距防冲槽末端 5～9 m 处，此时防冲槽后的河床冲刷严重。最深点位置距防冲槽末端 38 m，高程 103.3 m，以此计算冲刷坑上游坡度为 1∶6.7，也是比较稳定的。实测各级工况下防冲槽附近河床冲刷情况见图 8-39。

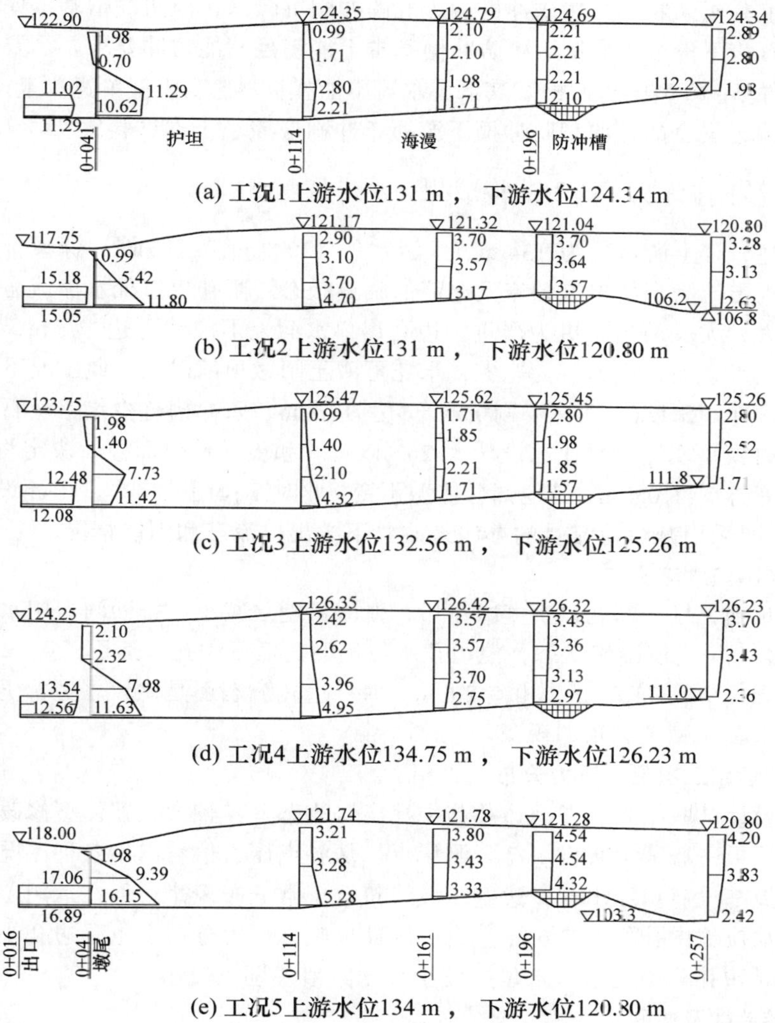

(a) 工况1上游水位131 m，下游水位124.34 m

(b) 工况2上游水位131 m，下游水位120.80 m

(c) 工况3上游水位132.56 m，下游水位125.26 m

(d) 工况4上游水位134.75 m，下游水位126.23 m

(e) 工况5上游水位134 m，下游水位120.80 m

图 8-38　排沙闸下游水面线及流速分布　(流速单位：m/s)

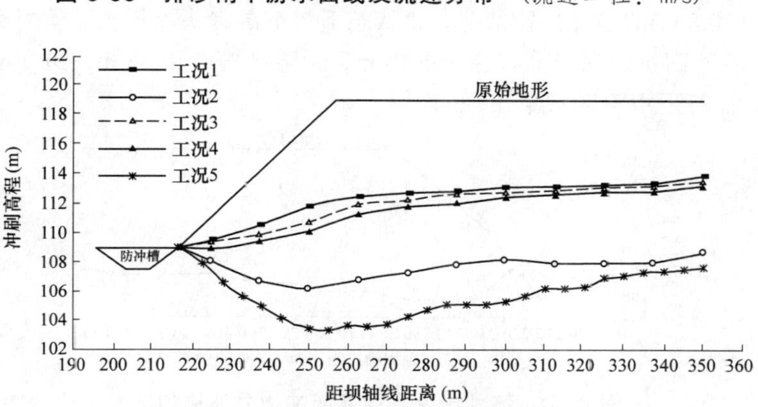

图 8-39　排沙闸下游河床冲刷坑形状

从总体上分析来看，虽然防冲槽后形成的冲刷坑较深，但防冲槽基本保持稳定，仅有少量铅丝石笼下滑至防冲槽后，防冲槽基本上能满足消能防冲要求。需要说明的是，在本试验条件下，模型中防冲槽及其下游水流不能横向扩散，模型单宽流量比实际要大，冲刷结果是偏于安全的，原型防冲槽下游河床冲刷应该小于本试验值。

五、排沙闸修改方案 2 试验成果

由前所述，当上游水位为 134 m、下游水位 120.8 m(工况 5)时，原设计方案及体型修改 1 排沙闸出流为自由出流到淹没出流的临界状态。闸孔出口处水流流态极不稳定，水面波动很大，尤其两边孔更为严重。边孔出口水面上下波动可达 2.5 m，水流随机拍打闸孔出口挡水胸墙，流态较为恶劣，水花可溅至闸墩顶部以上。此工况下，下游冲刷也比较严重，冲刷深度(水面至冲刷坑底部)达 17.5 m，防冲槽有少量铅丝石笼下滑，同时在工况 5 时模型实测泄量比原设计大 26%以上。和委托单位商榷后决定将体型修改 1 的进口顶板平行下移 0.4 m，其他部分体型不变。此时工作门孔口高度由原设计 4.2 m 减至 3.8 m，试图采用减少泄流量的办法来改善下游出口流态和消能情况。

(一)下游出口水流流态

试验观测到，排沙闸孔口高度减小后，泄流量随之减小。排沙闸运用水头范围内，3 孔出口基本上呈淹没出流状态，但边孔水位仍明显低于中孔。运用工况 5 时边闸孔出口水深 9.25 m，中孔 11.85 m，相差 2.6 m。而且边孔流态还是比较恶劣，仍有水流拍打出口胸墙及水花飞溅至墩顶的现象。

(二)不同运用工况沿程压力分布

根据原设计试验结果，考虑边孔与中孔出口流态差异较大，在体型修改时又在排沙闸边孔闸孔顶板中心线上布设了 7 个测压点。从各点压力值看出，各种工况下，中孔和边孔进口顶板都没有负压出现，边壁压坡线符合正常分布规律。但在运用工况 5 时，由于边孔出口水位比中孔偏低 2.6 m 左右，因此反映在压力分布上也是边孔小于中孔。其他运用工况时边孔与中孔出口水位差较小，压力值差别也较小。

(三)下游消能及冲刷

考虑到闸孔出口流态较差，体型还需进一步修改，所以只观测非汛期运用工况(上游 134 m，下游 120.8 m)的消能冲刷情况，此状态下上下游水头差最大。模型实测结果见图 8-40。防冲槽后冲刷坑最深点高程为 105.55 m，距防冲槽末端 33 m，防冲槽内铅丝石笼均保持稳定，没有下滑滚动现象出现。

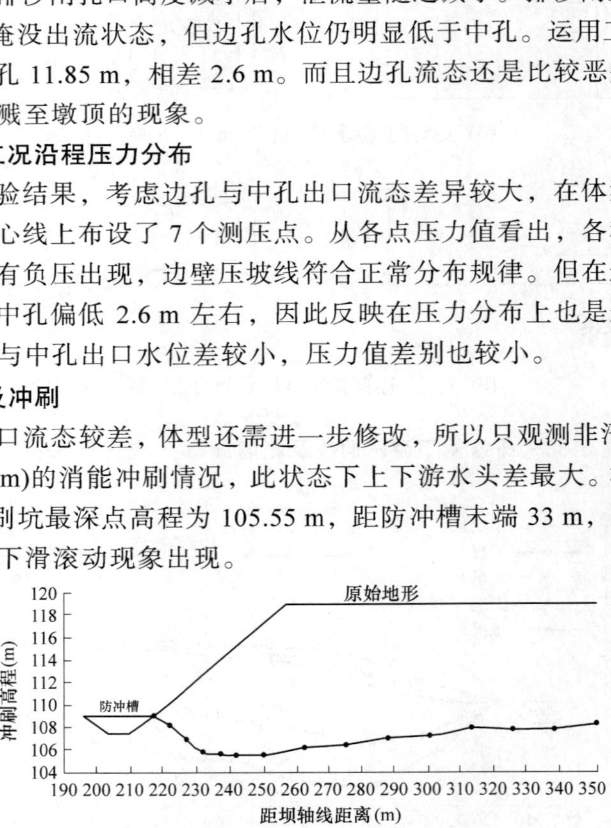

图 8-40　体型修改方案 2 防冲槽后冲刷情况

六、排沙闸体型修改方案 3 试验成果

虽然修改方案 2 下游冲刷坑深度有所减小，但闸孔出口流态并没有明显改善，仍需进一步修改。由于中孔与边孔出口水深受墩尾单宽流量影响，因此从改变墩尾单宽流量入手进行修改。与设计部门商讨后将闸墩墩尾改成图 8-41 的形状，即保持墩尾断面 3 孔出流宽度相等，其余体型尺寸保持不变。

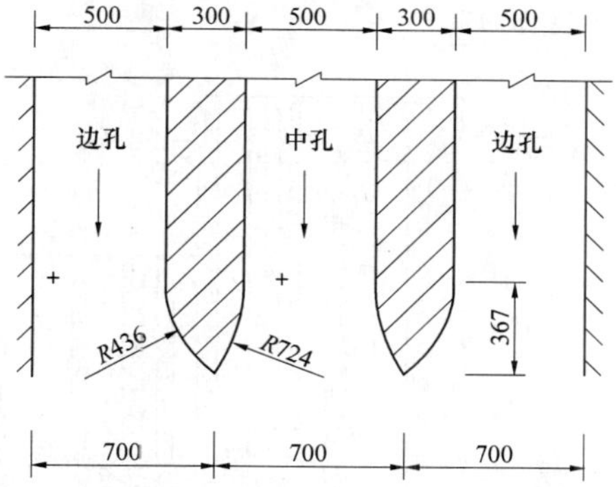

图 8-41　修改方案 3 闸墩墩尾体型　（单位：cm）

运用工况 5 条件下实测中间闸孔出口水深 11.5 m，边孔水深 9.5 m 左右，二者相差约 2 m，压力分布正常，流速分布与修改方案 2 差别不大。该方案闸孔出口流态比修改方案 2 略有改善，但仍有水流拍打出口胸墙的恶劣流态，需进一步修改。

七、排沙闸体型修改方案 4 试验成果

根据修改方案 3 的修改思路，进一步将闸墩墩尾改成图 8-42 的形状，即中间闸孔不扩散，仅边孔扩散。

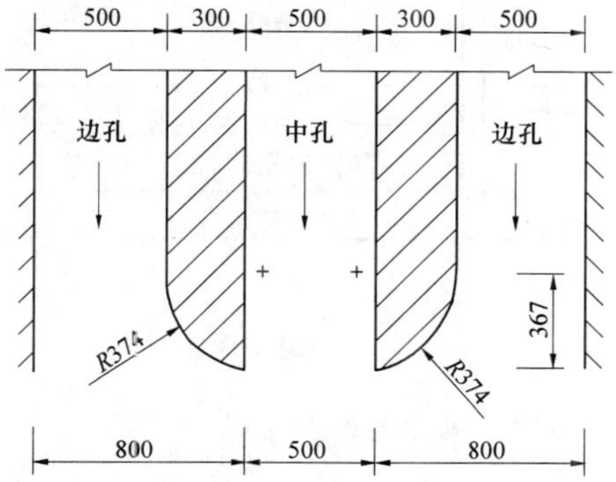

图 8-42　修改方案 4 闸墩墩尾体型　（单位：cm）

对设计提供的 5 种运用工况条件下闸孔出口水深进行观测，发现中孔和边孔的平均水深基本一致，差别很小。虽然闸孔出口水深趋于一致，但水面波动较大，仍有水流拍打胸墙的现象，设计要求做进一步修改。

八、排沙闸体型修改方案 5 试验成果

根据西霞院整体试验结果可知，排沙洞出口无闸墩对水流的约束，出口流态相对较好。而排沙闸出口受闸墩的约束，水流扩散不利，闸墩之间单宽流量较大，水流波动也较大。因此，将排沙闸出口闸墩取消即可消除闸孔出口不利流态。由于排沙闸结构稳定的要求，设计只允许下游闸墩缩短 13 m，同时因稳定要求，将上游闸墩缩短 6 m，其他尺寸与修改方案 4 相同，见图 8-43。

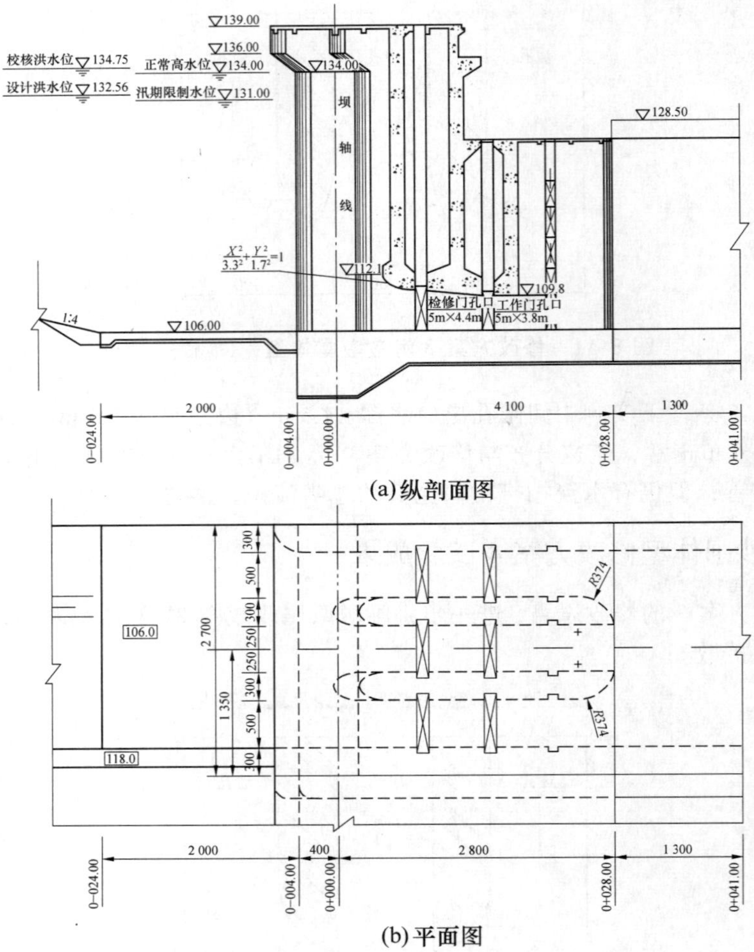

图 8-43　修改方案 5 排沙闸体型（单位：高程，m；尺寸，m/s）

(一)压力分布及出口流态

首先观测闸孔出口流态，结果表明，下游闸墩缩短后，闸孔出口流态大大改善，各运用工况下，中孔与边孔出口水深差均小于 0.2 m，闸孔出口水面波动明显减小，一般小于 1 m，除工况 5 条件下水流还略有拍打闸孔出口胸墙的现象外，其他工况基本消除了此水流现象。各运用工况下排沙闸顶板与底板均无负压出现，压力符合正常分布规律，

结果见表 8-27。

表 8-27　修改方案 5 排沙闸压力

编号		桩号	高程(m)	工况 1	工况 2	工况 3	工况 4	工况 5
中孔顶部	1	0+004.7	112.1	14.58	11.71	16.13	17.43	11.38
	2	0+004.95	111.451	11.58	7.18	13.28	13.98	5.73
	3	0+005.85	110.81	11.82	7.07	13.32	13.92	4.92
	4	0+006.75	110.527	12.00	7.30	13.50	14.20	5.35
	5	0+008.00	110.4	12.43	8.58	13.68	14.43	5.43
	6	0+011.05	110.131	14.30	10.50	15.65	16.45	9.70
	7	0+012.95	109.963	13.27	8.77	14.57	15.67	7.02
	8	0+016.00	109.8	13.03	8.41	14.43	15.08	6.53
	9	0+018.5	109.8	13.18	8.58	14.48	15.13	6.63
中孔底部	1	0+004.7	106	21.68	19.83	23.23	24.88	21.18
	2	0+008.00	106	19.88	16.88	21.33	22.73	16.93
	3	0+012.95	106	18.18	14.18	19.53	20.68	13.28
	4	0+018.5	106	16.48	11.88	18.28	18.63	10.23
边孔顶部	1	0+004.7	112.1	14.38	11.51	16.18	17.63	11.53
	2	0+004.95	111.451	11.33	6.63	12.93	13.83	4.58
	3	0+005.33	111.1	11.63	6.93	13.08	14.08	4.88
	4	0+005.85	110.81	11.52	6.15	12.82	13.62	4.12
	5	0+006.75	110.527	12.30	6.98	13.45	14.40	4.90
	6	0+008.00	110.4	14.08	10.16	15.33	16.38	9.38
	7	0+018.5	109.8	13.08	8.03	14.23	15.08	6.23

(二)泄流能力

在设计各运用工况范围内，排沙闸均为淹没出流，模型实测排沙闸 3 孔全开时，上下游水位差与泄量关系曲线见图 8-44，图中 $\Delta H_{下}$和 $\Delta H_{墩}$意义同前。根据模型实测资料拟合经验关系式如下：

$$Q = 208.5\Delta H_{下}^{0.6199} \tag{8-12}$$

$$Q = 209.56\Delta H_{墩}^{0.5618} \tag{8-13}$$

将设计泄量也绘于图 8-44，可以看出：随着工作门孔口高度由原设计 4.2 m 减至 3.8 m，过流面积减小，泄流量随之减小，模型实测泄量($\Delta H_{下}\sim Q$)大于设计值 11%～16%，考虑到总泄量规模要求，设计要求不将闸孔尺寸进一步减小。

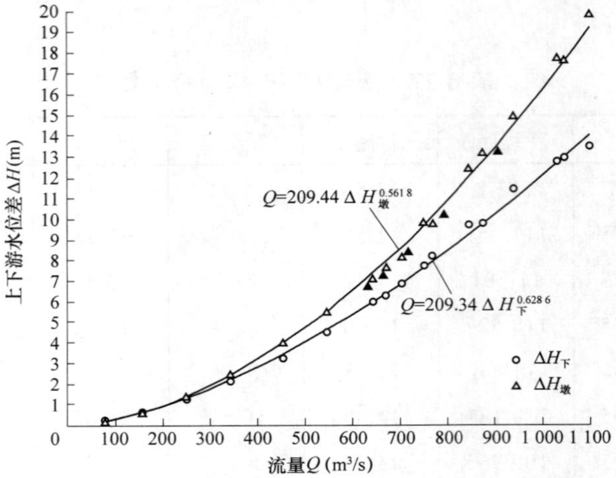

图 8-44　修改方案 5 排沙闸泄流能力曲线

根据上述试验资料用式(8-11)计算流量系数，列于表 8-28，供设计参考。

表 8-28　修改方案 5 排沙闸实测流量系数

流量(m^3/s)	$\Delta H_{下}$(m)	$\Delta H_{墩}$(m)	$\mu_{墩}$	恢复落差ΔH(m)
1 100	14.10	19.90	0.977	5.80
1 048	13.33	17.63	0.989	4.30
939	11.72	15.27	0.952	3.55
845	10.04	12.51	0.947	2.47
751	7.91	9.81	0.950	1.91
641	6.08	7.12	0.952	1.04
548	4.53	5.37	0.936	0.84
454	3.24	3.79	0.924	0.55
344	2.16	2.41	0.878	0.26
250	1.23	1.31	0.867	0.08

(三)闸下水面线及流速分布

对 5 种运用工况下的水面线及流速进行了观测。在排沙闸出口下游共布置了 6 个测速断面，对流道中线流速进行测量。测量断面分别为坝下 0+016 m(工作门出口)、0+028 m(出口闸墩末端)、0+114 m、0+161 m、0+196 m(防冲槽起点)和 0+257 m。

图 8-45 为 5 种工况下的水面线及流速分布图。可以看出 0+016 m 和 0+028 m 断面底部流速较大，都超过 10 m/s，均为正向流速。水流表面为一旋滚，其流速为反方向，旋滚长度不超过 0+100 m。进入海漫后，流速逐渐调整，至海漫末端，流速分布已接近正常的明渠均匀流流速分布。

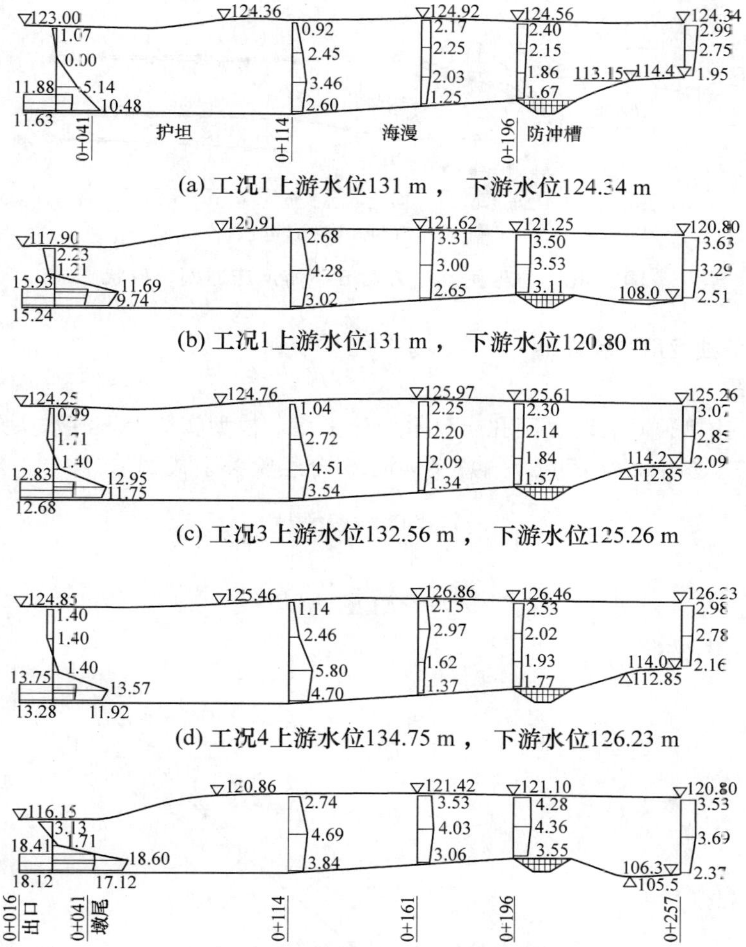

(a) 工况1上游水位131 m， 下游水位124.34 m

(b) 工况1上游水位131 m， 下游水位120.80 m

(c) 工况3上游水位132.56 m， 下游水位125.26 m

(d) 工况4上游水位134.75 m， 下游水位126.23 m

(e) 工况5上游水位134 m， 下游水位120.80 m

图 8-45　修改方案 5 排沙闸水面线及流速分布（流速单位：m/s）

(四)闸下消能及冲刷

为了解防冲槽及其下游砂卵石河床的冲刷情况，模型进行了冲刷试验。从试验结果看，在各种工况下，防冲槽中的铅丝笼都未被冲动。运用工况 1、3、4 情况下，其后的砂卵石河床冲刷不很明显。当下游水位为 120.8 m，运用工况 2 时，河床普遍下切，最深点高程为 107.75 m，距防冲槽末端 16 m，冲刷坑上游坡度为 1∶12.8，缓于原设计；运用工况 5 时，防冲槽后的河床冲刷较严重，最深点位置距防冲槽末端 26 m，高程 105.50 m，比原方案此工况下的冲刷坑底高程高 2.2 m。通过计算可知，虽然冲刷坑最深点与防冲槽之间的距离比原设计近，但冲刷坑上游坡度为 1∶7.4，也缓于原设计，防冲槽保持稳定。实测各级工况下防冲槽附近河床冲刷情况见图 8-46。从总体分析来看，各种工况下，防冲槽都能满足消能防冲要求。

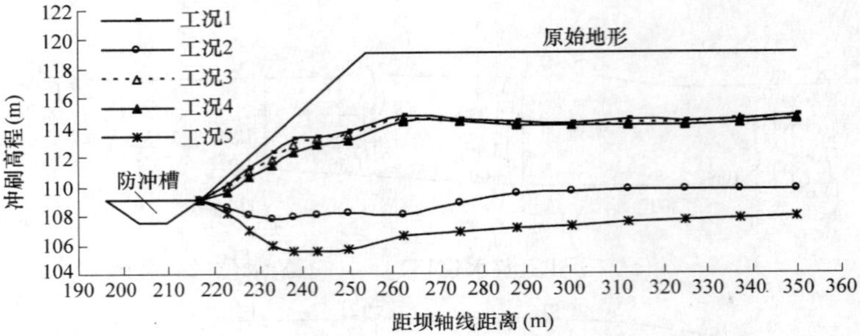

图 8-46　排沙闸修改方案 5 下游河床冲刷坑形状

(五)中孔单独运用试验成果

1. 泄流量

排沙闸中孔单独开启时，闸孔出口水面较平稳。模型实测上下游水头差与泄量关系曲线见图 8-47，图中 $\Delta H_{下}$ 和 $\Delta H_{墩}$ 意义同前,拟合经验关系式如下：

$$Q = 74.721\Delta H_{下}^{0.5419} \tag{8-14}$$

$$Q = 77.126\Delta H_{墩}^{0.522} \tag{8-15}$$

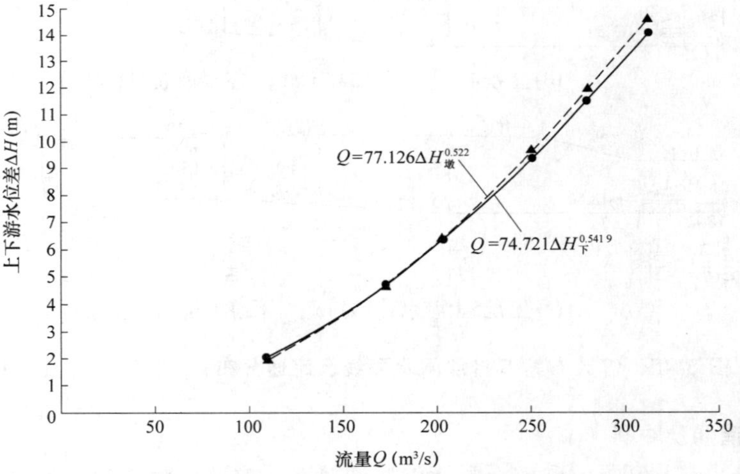

图 8-47　排沙闸修改方案 5 中孔开启泄量曲线

根据上述试验资料用式(8-11)计算流量系数，列于表 8-29 中，恢复落差也列于其中。可以看出，在小流量时，以 0+257 m 处水位计算的恢复落差为负值。这表明小流量时，下游形成正常水深的位置应在 0+257 m 断面以前，即真正的恢复落差计算断面应在 0+257 m 断面以前。实际上随着流量变化，下游形成正常水深的位置也在变化，以下游某一固定断面水位来计算不同流量时的恢复落差是有误差的，因此表中计算的恢复落差仅供参考。表中 $\mu_{墩}$ 是以闸墩墩尾处水位做为下游水位计算的流量系数。

表 8-29　排沙闸修改方案 5 中孔开启实测流量系数

流量(m^3/s)	$\Delta H_{下}$(m)	$\Delta H_{墩}$(m)	$\mu_{墩}$	恢复落差ΔH(m)
313	14.02	14.61	0.973	0.59
282	11.44	11.83	0.973	0.39
250	9.36	9.70	0.956	0.34
203	6.33	6.31	0.963	−0.02
172	4.76	4.72	0.942	−0.04
110	2.00	1.95	0.932	−0.05

2. 压力及消能

排沙闸中孔开启时，按设计要求，试验量测了上游水位 134 m、下游水位 120 m 和上游水位 131.68 m、下游水位 120.24 m 两种工况下的压力，压坡线符合正常分布规律。因只有中孔单独开启，下泄流量较小，防冲槽后河床冲刷不明显。

(六)两边孔运用试验成果

1. 泄流量

两边孔开启时，闸孔出口水面波动比中孔单独开启时略大。模型实测排沙闸两边孔全开时，上下游水头差与泄量关系见式(8-16)和式(8-17)，$\Delta H_{下}$和$\Delta H_{墩}$意义同前。

根据模型实测资料拟合关系式如下：

$$Q = 142.97\Delta H_{下}^{0.590\,5} \tag{8-16}$$

$$Q = 146.44\Delta H_{墩}^{0.547\,6} \tag{8-17}$$

2. 压力及消能冲刷

排沙闸两边孔开启时，试验量测了上游水位 134 m、下游水位 120 m 和上游水位 131.35 m、下游水位 120 m 两种工况下的右边孔顶板中心线上的压力。从各点压力值看出，此两种工况下右边孔顶板进口都没有负压出现，压坡线也符合正常分布规律。防冲槽后河床冲刷不严重，无明显冲刷坑；海漫末端已接近明渠均匀流流速分布规律。

(七)修改方案 5 试验小结

根据修改方案 5 结果可以看出，闸孔出口流态相对较好，水面波动小于 1 m，除工况 5 外基本消除了水流拍打闸孔出口胸墙的现象，中孔和边孔出口水深差在设计水位时小于 0.2 m；中孔和边孔的顶板和底板均无负压，压力符合正常分布规律；3 孔闸门全开时，泄量满足设计要求；海漫末端流速已接近明渠均匀流分布规律，防冲槽下游冲刷坑深度比原设计小 2 m 左右，防冲槽内铅丝石笼保持稳定，无下滑滚动现象发生。据此，确定修改方案 5 为推荐方案。

九、结论

根据原设计方案及 5 次修改试验得出以下几点结论，供设计参考。

(1)原设计条件下，出流受闸墩分隔及闸墩墩尾扩散影响，中孔与边孔出口水深相差可达 3 m。中孔为相对稳定的淹没出流，而边孔在上下游水头差较大时为淹没出流到自由出流的临界状态。闸孔出口水流紊动较大，水流拍打闸孔出口胸墙，溅起的水花可达闸墩顶部；排沙闸进口顶部出现 4 m 水柱的负压；防冲槽有少量铅丝石笼滑进冲刷坑。

(2)通过修改排沙闸进口顶板曲线、减小工作门孔口尺寸、缩短排沙闸前后闸墩长度等一系列措施，提出修改方案 5 为推荐方案。该体型闸孔出口水面波动小于 1 m，除工况 5 外基本消除了水流拍打闸孔出口胸墙的现象，中孔与边孔平均水深相差小于 0.2 m；排沙闸顶板与底板均无负压，压力符合正常分布规律；在设计提供的运用工况范围内，与设计值相比，模型实测泄量有 11%～16%的富余量，考虑到总泄量规模要求，设计要求不将闸孔尺寸进一步减小；下游流速在海漫末端已接近明渠均匀流分布规律，防冲槽下游冲刷坑深度比原设计小 2 m 左右，防冲槽内铅丝石笼保持稳定，无下滑滚动现象发生。

(3)排沙闸在设计运用工况范围内均为淹没出流，在计算泄流量时应考虑恢复落差对其影响，试验提供的 3 孔全开、中孔单独开启、两边孔开启时的上下游水位差与泄量关系曲线 $\Delta H_{下}\sim Q$、$\Delta H_{墩}\sim Q$ 及关系式可供设计参考。

(4)从泄流能力、压力分布、下游冲刷等结果看，推荐方案满足设计要求，但排沙闸出口水面波动仍可达 1 m，而且在运用工况 5 时，仍有水流拍打闸孔出口胸墙的现象。考虑到模型与原型存在缩尺影响，原型中水流波动幅度和拍打胸墙的现象可能比模型中严重。同时，推荐方案在总体布置上使得排沙闸前缘和相邻的泄水建筑物前缘形成长度为 6 m 的错位，给坝顶交通带来不便。

根据西霞院整体试验结果，排沙洞出口没有闸墩对水流的约束，水流流态相对较好，而排沙闸出口受闸墩的约束，水流扩散不利，水流波动较大。若将排沙闸改为排沙洞，排沙闸出口不利的水流流态问题将得到改善。为安全考虑，建议将排沙闸改为排沙洞。

第四节　排沙洞终结布置试验

一、工程概述

(一)电站右侧排沙闸改为排沙洞缘由

排沙闸通过模型试验对体型多次修改后，闸孔出口水面波动仍较大，而且在运用工况 5(上游水位 134 m，下游水位 120.8 m)时，仍有水流拍打闸孔出口胸墙的现象。考虑到模型与原型存在缩尺影响，原型中水流波动幅度和拍打胸墙的现象可能比模型更严重。同时，试验推荐的排沙闸结构布置形式其前缘和相邻的泄水建筑物前缘形成长度为 6 m 的错位，给坝顶交通带来不便。为此，将排沙闸改为排沙洞。

(二)排沙洞原设计方案体型布置

电站右侧排沙洞共设 3 孔，进出口底板高程均为 106.00 m。闸室采用胸墙式布置。进口段长 13.55 m，包括进口渐变段、平板事故检修闸门和平板工作门，检修门和工作门孔口尺寸分别为 5 m×4.8 m 和 5 m×4.2 m。进口渐变段顶部为 1/4 椭圆曲线，曲线方程

为 $\frac{x^2}{4.8^2}+\frac{y^2}{2.4^2}=1$。洞身直线段长为 48.95 m，洞身为 5 m×4.2 m 矩形断面。出口段长 5.8 m，包括出口平板检修闸门和出口扩散段，扩散段顶部为 1/4 椭圆曲线，曲线方程为 $\frac{x^2}{4.2^2}+\frac{y^2}{2.1^2}=1$。上游设 20 m 长的混凝土防冲板，高程 106.00 m，用 1∶4 斜坡和上游开挖后的河床(高程 120.00 m)相接。下游设长度为 49.7 m 的钢筋混凝土水平护坦，下接长 82 m 的海漫和防冲槽相连，防冲槽后用 1∶4 斜坡与下游河床相接。为减少下游尾水的相互影响，洞后左侧设顶高程为 122.00 m 的导墙与电站隔开，右侧设顶高程为 126.50 m 的导墙与泄洪闸隔开，布置详见图 8-48。

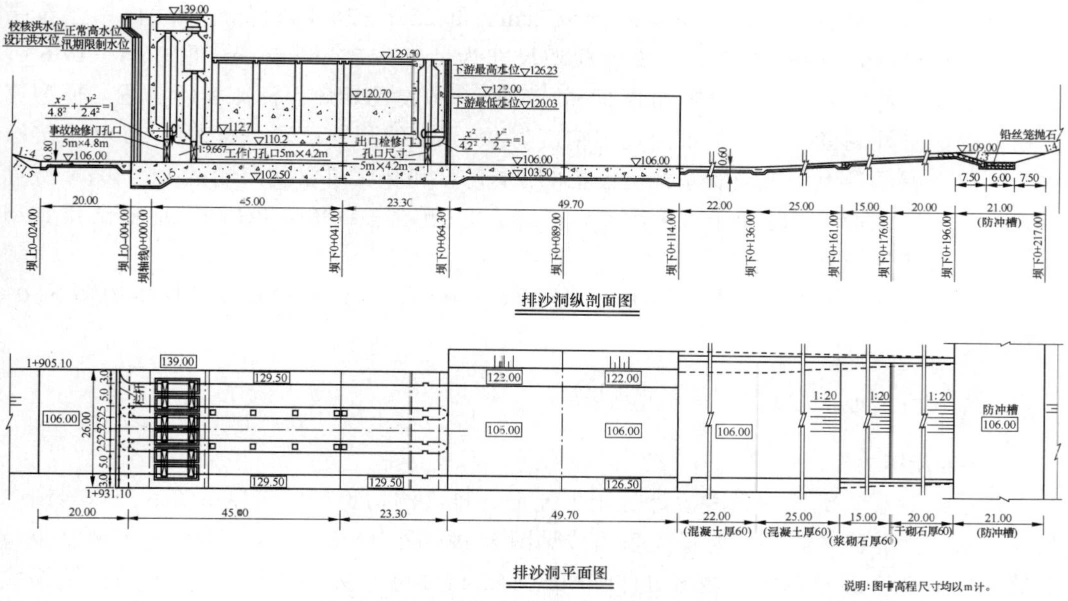

图 8-48　排沙洞原设计方案体型布置图

(三)试验研究内容

(1)验证排沙洞的泄流能力，测量洞出口的恢复落差，综合分析各级上下游水位的流量数。

(2)验证进出口体型的合理性。

(3)量测不同工况下的沿程压力分布及流速分布。

(4)观测工作闸门在不同工况开启、关闭的过程中，工作门后流态，特别注意是否出现明满流现象，分析其危害。

(5)分析特征水位与相应工况下游水位时的消能效果，验证下游消能防冲设计的合理性，提出合理的防冲措施。

(6)观测闸门启闭过程洞内明满流状态时脉动压力。

二、模型设计及制作和量测

试验采用正态单体模型，按重力相似定律设计，在满足试验精度的前提下，取模型几何比尺 $\lambda_L = 50$。本模型主要遵循水流运动相似准则及砂卵石运动相似准则，各参数的比尺关系见式(8-1)～式(8-7)。选精制无烟煤来模拟砂卵石，模型沙中值粒径 D_{50}≈4.3 mm。

排沙洞单体模型模拟范围：上游桩号为 0–280.00 m，下游桩号约为 0+610 m，包括 3 孔排沙洞。排沙洞采用透明有机玻璃制作，下游消力池和海漫用水泥砂浆精细抹面。为观测下游水流流态及冲刷情况，排沙洞出口下游为 11 m 长的玻璃水槽，水槽内边壁与排沙洞边孔内边壁平齐。防冲槽内的铅丝石笼采用塑料窗纱缝制成装有天然小石子的砂袋来模拟，尺寸和重量按相似率控制，防冲槽底部铅丝笼原型尺寸为 1 m×1 m×1.5 m，重 3.15～3.3 t，模型尺寸为 2 cm×2 cm×3 cm，重 25.2～26.4 g；防冲槽表面铅丝笼原型尺寸 1 m×1 m×1 m，重 2.1～2.2 t，模型尺寸为 2 cm×2 cm×2 cm，重 16.8～17.6 g。

下游从防冲槽开始至 0+450 m 断面做成动床，铺设无烟煤至河床实际高程。模型流量用电磁流量计测读，水位及水面线用精度为 0.1 mm 的测针读取，压力用 20#针头接橡皮管连通在测压排上的玻璃管量测，流速采用毕托管和长江科学院研制的 LS–401A 型直读式旋浆流速仪量测。脉动压力采用 CYG06 压力传感器、DPM－8H 动态应变仪和 IBM 计算机进行测量和计算处理。

上游水位测针布置在坝上 0–100 m 处；下游水位的控制断面是设计提供的坝下 0+257 m 处。

三、排沙洞原设计方案试验结果

(一)泄流能力

通过试验观测到，在各种设计运用工况下，排沙洞均为有压淹没出流。当排沙洞 3 孔全开时，上下游水位差与泄量关系曲线见图 8-49，图中 $\Delta H_{下}$和 $\Delta H_{墩}$分别是上游水位与下游桩号 0+257 m 处和闸墩墩尾处(桩号 0+064.3 m)的水位差。用图中流量水位差关系式可计算相应流量。

排沙洞淹没出流的流量计算公式为

$$Q = \mu A\sqrt{2g\Delta H} \tag{8-18}$$

式中　A——闸孔过水面积；

　　ΔH——上下游水头差；

　　μ——流量系数。

用式(8-18)反求流量系数，见表 8-30。由表可以看出，排沙洞出口处水位较下游 0+257 m 处水位低，两者水位差值称为恢复落差 Δh。实际上，控制排沙洞泄量的作用水头，是上游水位与闸墩墩尾处(桩号 0+64.3 m)水位之差，而不是与桩号 0+275 m 处水位之差。即恢复落差的存在对泄量的影响比较大，若用下游 0+257 m 处水位计算的水位差 $\Delta H_{下}$进行流量设计，其泄量是偏小的。上下游水头差理应用 $\Delta h+\Delta H_{下}$才符合实际，即采用闸墩墩尾处水位作为下游水位设计的泄量才是比较符合实际的。

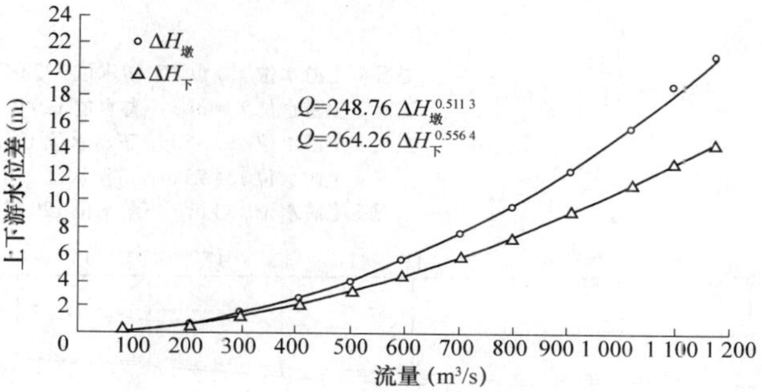

图 8-49　原设计方案泄流能力曲线

表 8-30　原设计方案排沙洞流量系数计算表

流　量(m^3/s)	$\Delta H_{下}$(m)	$\Delta H_{墩}$(m)	恢复落差 Δh(m)	流量系数 $\mu_{墩}$
1 173	14.47	21.03	6.56	0.917
1 095	13.06	18.76	5.70	0.906
1 017	11.32	15.61	4.29	0.923
907	9.40	12.29	2.89	0.928
798	7.37	9.66	2.29	0.920
704	5.90	7.59	1.69	0.916
595	4.35	5.44	1.08	0.914
501	3.07	3.92	0.84	0.907
407	2.16	2.58	0.42	0.908
297	1.23	1.47	0.23	0.879
203	0.55	0.67	0.13	0.891

(二)不同运用工况下的沿程压力分布

为观测排沙洞沿程的压力分布，在排沙洞进出口顶板和洞身顶板中心线上共布设 19 个测压点，具体布置见图 8-50。

按设计提供的 5 种运用工况进行试验观测，见表 8-31，模型实测泄流量也列于其中。

表 8-31　原设计方案排沙洞压力测量运用工况

运用工况	1	2	3	4	5
上游水位(m)	131	131	132.56	134.75	134
下游水位(0+275 m)(m)	123.94	120.52	125.00	126.03	120.52
模型实测泄量(m^3/s)	784	977	814	882	1 124

排沙洞在不同运用工况下的测点压力值见图 8-50。从图可以看出：各种运用工况下，顶板各点压力均为正值，压坡线符合正常分布规律，说明其体型设计是合理的。

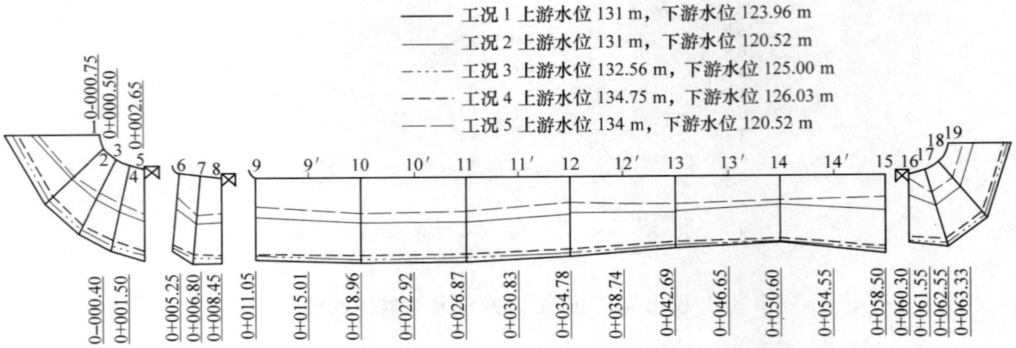

图 8-50　排沙洞原设计方案压力分布图

(三)排沙洞的出口流速分布

试验分别量测了 5 种工况下各断面流速。在排沙洞出口下游共布置了 6 个测速断面，对流道中线流速进行测量。测量断面分别为坝下 0+064.3 m(出口闸墩墩尾)、0+114 m、0+161 m、0+196 m 和 0+257 m。

试验结果表明，工况 2、5 水跃不太稳定，导致海漫上水流波动较大。洞出口 0+064.3 m 断面底部流速较大，都超过 10 m/s，工况 5 时流速最大，最大值 17.85 m/s。总体上看，水流进入海漫后，流速逐渐调整，至海漫末端，流速分布已接近正常的明渠均匀流流速分布。

(四)下游防冲槽和砂卵石河床冲刷情况

从试验结果看，在上下游水头差不大即运用工况 1、3、4 情况下，防冲槽中的铅丝石笼都未被冲动，其后的砂卵石河床冲刷不太严重。在运用工况 2、5 时，防冲槽中的铅丝石笼虽未被冲动，但防冲槽下游河床冲刷严重，河床普遍下切，工况 5 时冲刷坑最深点高程为 103 m，距防冲槽末端 25 m；实测各级工况下防冲槽附近河床冲刷情况见图 8-51。从试验结果来看，虽然防冲槽后形成的冲刷坑较深，但防冲槽内铅丝石笼未冲动，不会危及海漫安全，基本上能满足消能防冲要求。由于模型中防冲槽及其下游水流不能横向扩散，单宽流量比实际的要大，模型测得的防冲槽下游河床冲刷深度是偏于深一些。

(五)工作门在不同工况启闭时的流态

试验观测，在工况 1、3、4 情况下，由于下游水位较高，工作门在匀速启闭过程中，闸门无论是按 1 m/mim 的速度启闭，还是按 2 m/mim 的速度启闭，门后洞身段均为有压流。在工况 2 情况下，工作门在匀速启闭过程中，门后洞身段出现明满流过渡流态，闸门在相对开度 e=1/8 和 e=1/4 时洞内流态为有压流；在相对开度大于 e=1/2 时，洞内出现过渡流态，工作门后局部范围内产生一气囊，其后洞内充满水体；在相对开度 e=3/4 时，洞身段内出现一水跃，水跃不稳，位置在 0+030.83 m～0+042.69 m 处，即 0+043.0 m 之前洞内水流为明流，而其后下游洞内充满水体。在工况 5 时，工作门在匀速启闭过程中，门后闸门在相对开度 e=1/8 时，洞身段为压力流，闸门在相对开度 e=1/4 时，门后洞身

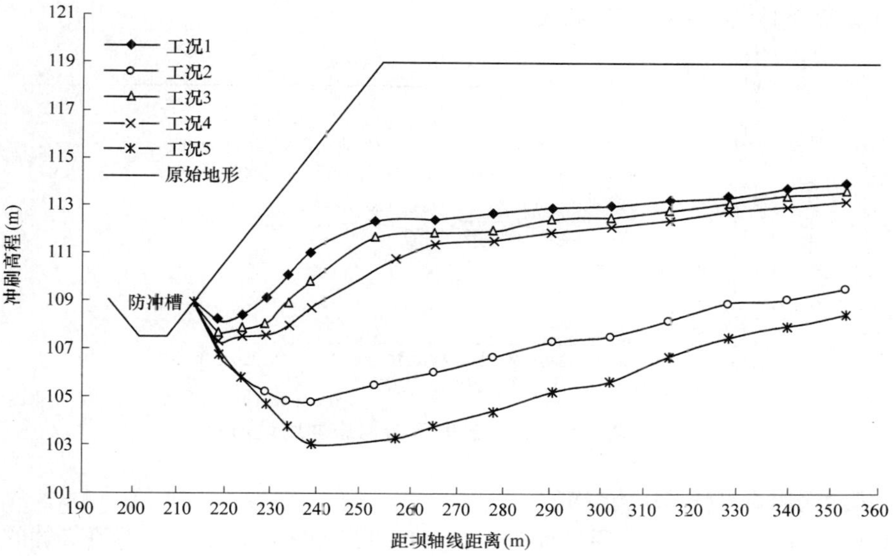

图 8-51 原设计方案排沙洞下游河床冲刷坑剖面图

前段有少量的气泡产生；当闸门相对开度大于 1/4，洞身段水流处于明满流过渡流态，在相对开度 e=1/2 时，洞身段内出现一水跃，水跃位于桩号 0+039.5 m～0+044.5 m 之间；闸门在相对开度 e=3/4 时，水跃位于 0+048.5 m～0+051.0 m 之间。考虑到洞身内水跃大量掺气，应适当增大门井通气孔尺寸。

试验量测了 3 种工况、不同闸门开度的压力，在工况 1 情况下，由于下游水位较高，门后洞身段水流均为有压流，不同闸门开度下，洞身段的压力均为正压，且压力值较大。在工况 2 情况下，门后洞身段水流处于明满流过渡流态，在 e=3/4 开度时，洞身段内出现一水跃，水跃不稳，位置在 0+030.83 m～0+042.69 m 处。在工况 5 情况下，由于上下游水位差较大，水跃推至洞尾。

(六)排沙洞中孔开启或两边孔开启洞内压力及消能冲刷

试验观测排沙洞单孔及两边孔过流时，下游流态和消能冲刷情况，我们选择设计提供的最不利工况(上游水位 134 m、下游水位 120.09 m)进行试验量测。

1. 中孔单独开启时的压力和下游消能冲刷

试验量测了排沙洞中孔单孔开启时的压力(上游水位 134 m、下游水位 120.09 m)，此工况下中孔顶板没有出现负压，压坡线也符合正常分布规律。

试验还量测了中孔单独开启时的下游冲刷情况。从试验结果可看出，因只有中孔单独开启，下泄流量较小，洞出口水面较平稳，下游防冲槽后河床冲刷程度较 3 条洞全开明显减弱，防冲槽后河床冲刷坑高程均高于防冲槽高程 109 m。

2. 两边孔开启下游冲刷情况

排沙洞两边孔开启时，试验观测了排沙洞最不利工况：上游水位 134 m、下游水位 120.52 m，同时为了比较又量测了上游水位 131 m、下游水位 120.52 m 工况时的下游消能情况。两边孔开启时，洞出口水面波动比中孔单独开启时略大，但防冲槽后河床冲刷仍较 3 条洞全开时浅，冲刷坑形状见图 8-52。

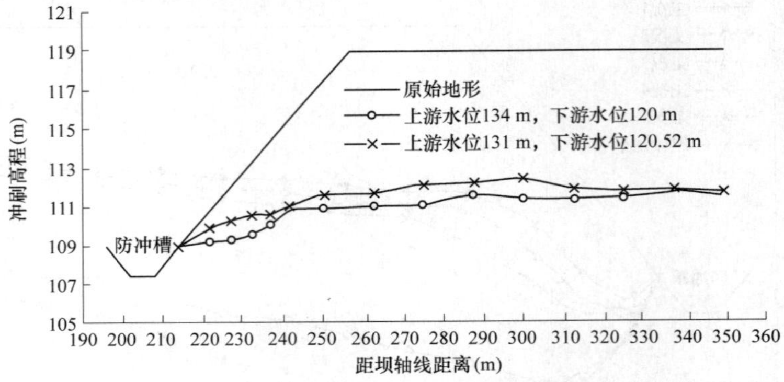

图 8-52　两边孔开启时下游河床冲刷坑形状

(七)排沙洞洞身段脉动压力量测

试验中发现工作闸门在启闭过程中，洞内产生强烈水跃，出现明满流交替的水流现象，为了解洞内脉动压力特性对排沙洞的结构稳定影响，对排沙洞内的脉动压力进行了测试。

1. 测点布置

水流脉动压力特性与水流内部结构有密切关系。考虑到闸门局部开启过程中洞内有水跃产生，为观测小开度时(洞内水深较小)洞内水流脉动压力，同时为了方便安装传感器，在左边孔的左侧边壁上布置了 3 个位置较低的测点，洞顶中线处布置了 2 个测点，测点桩号及高程见图 8-53。

排沙洞脉压力测点桩号、高程

编号	桩号(m)	高程(m)
1	0+013.300	110.20
2	0+055.750	110.20
3	0+055.750	106.75
4	0+023.975	106.75
5	0+010.550	106.75

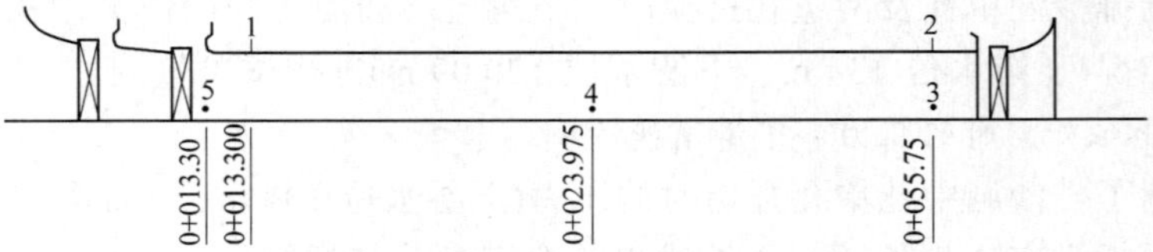

图 8-53　排沙洞脉动压力测点布置图

2. 量测仪器及信号处理

脉动压力量测仪器及信号处理系统见框图。

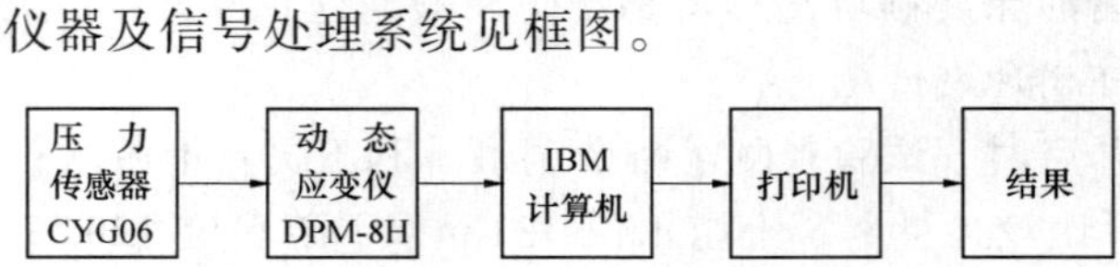

根据采样定理，采样间隔 $\Delta t = 1/2f_c$，其中 f_c 为最大分析频率，水流脉动压力频率一般在 1～50 Hz，取 $f_c = 50$ Hz，则采样间隔 $\Delta t = 0.01$ s，试验样本长度选用 10.24 s。

分别计算各测点脉动压力最大值、最小值、均值、均方根以及概率密度分布、自功率谱和自相关等。

3. 脉动压力试验结果及分析

1)脉压幅值

脉动压力幅值特性多用脉压强度均方根 σ 或脉动压力系数 $N = \sigma / V_0^2 / 2g$ (V 为闸门孔口平均流速)描述。脉动压力均方根 σ 反映了水流紊动程度和水流平均紊动能量，测点脉压强度与测点处水流结构和流速大小密切相关。表 8-32 为不同闸门开度下各测点脉动压力均方根及脉压系数。由表 8-32，各测点脉压均方根随闸门开度不同而不同。当闸门开度为 1/8 和 1/4 时，洞内流态为有压流，脉压值随闸门开度增大而增大，随着水头的升高而增大。由于 5#测点位于闸门后，在相同工况条件下，此部位流速较其他测点大，而上部为一强紊动漩涡区，因此水流脉动强度较其他测点大；闸门开度 1/2 时，库水位达 134 m 时，洞内产生水跃，2#、3#测点位于水跃强烈紊动区，最大脉压强度达 1.43 m 水柱。闸门开度 3/4，库水位 134 m 时，洞内水跃推至洞尾，1#测点位于空腔中，2#测点处于半淹没状态，其余测点位于明流段高流速区，5#测点脉压值仍较大。

由表 8-32 知，在不同开度下，多数测点脉动压力系数在 0.1 以下，而在闸门附近以及水跃区时脉动压力系数大于 0.1，最大脉动压力系数达 0.191。

表 8-32　不同闸门开度下各测点脉动压力均方根及脉压系数

试验工况	测点编号	闸门开度							
		e=1/8		e=1/4		e=1/2		e=3/4	
		均方根 σ(m)	脉压系数 N	均方根 σ(m)	脉压系数 N	均方根 σ(m)	脉压系数 N	均方根 σ(m)	脉压系数 N
上游水位 131.0 m 下游水位 120.52 m	1	0.39	0.055	0.27	0.048	0.66	0.072		
	2	0.38	0.053	0.26	0.046	0.18	0.02	0.66	0.058
	3	0.17	0.024	0.17	0.03	0.17	0.018	0.58	0.051
	4	0.16	0.022	0.22	0.039	0.42	0.046	0.1	0.009
	5	0.83	0.117	1.07	0.191	0.71	0.077	0.94	0.083
上游水位 134.0 m 下游水位 120.52 m	1	0.69	0.062	0.56	0.076				
	2	0.65	0.059	0.24	0.033	1.43	0.127	0.7	0.048
	3	0.25	0.023	0.22	0.03	1.14	0.101	0.69	0.047
	4	0.23	0.021	0.31	0.042	0.15	0.013	0.12	0.008
	5	0.9	0.081	1.28	0.174	0.91	0.081	0.87	0.06

水流最大可能单倍振幅可采用公式 $A_{\max\sim\min} = \pm 3\sigma$ 进行计算。

2)脉压频谱特性

功率谱是脉动压力重要特征之一，功率谱图反映了脉动能量在频域上的分布。应用谱分析可求得功率谱密度随频率的变化及优势频率的数值特征。根据模型实测结果可知，水流脉动压力概率分布接近正态。2[#]测点和5[#]测点的自功率频谱图、概率密度分布图见图 8-54、图 8-55。表 8-33 为各测点水流脉动压力优势频率，由表可知，闸门开启过程，水流紊动特性属低频大脉动。

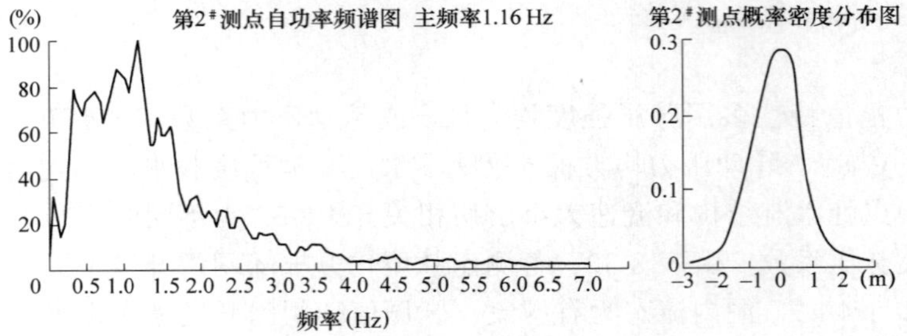

(a)库水位 131 m

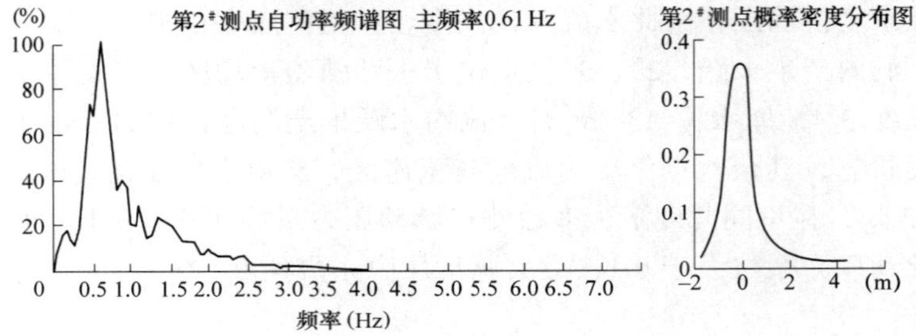

(b)库水位 134 m

图 8-54　2[#]测点的自功率频谱、概率密度分布

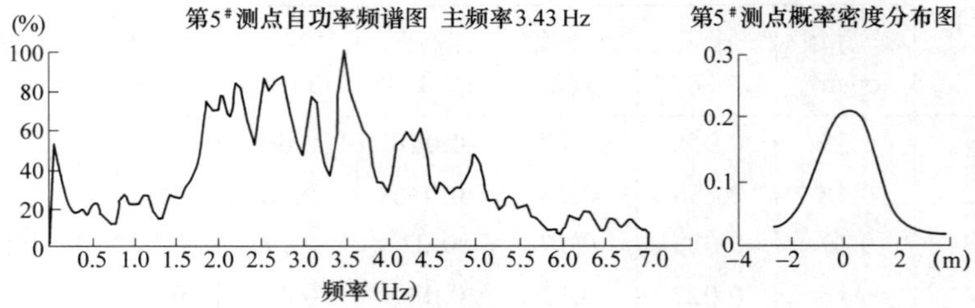

(a)库水位 131 m

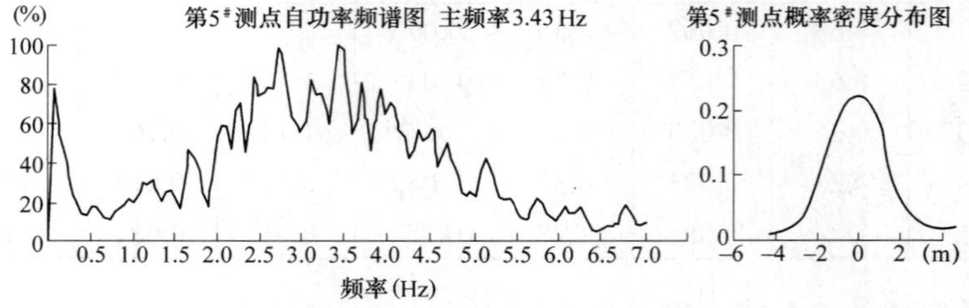

(b)库水位 134 m

图 8-55　5[#]测点的自功率频谱、概率密度分布

表 8-33　各测点水流脉动压力优势频率　（单位：Hz）

编号	上游水位 131 m，下游水位 120.52 m				上游水位 134 m，下游水位 120.52 m			
	e=1/8	e=1/4	e=1/2	e=3/4	e=1/8	e=1/4	e=1/2	e=3/4
	主频率(f)	主频率(f)	主频率(f)	主频率(f)	主频率(f)	主频率(f)	主频率(f)	主频率(f)
1	0.055	0.055	0.111		0.055	0.055		
2	0.055	0.055	0.055	1.160	0.055	0.055	0.387	0.608
3	0.055	0.055	0.055	0.497	0.055	0.055	0.387	0.442
4	0.055	0.055	0.111	0.276	0.055	0.055	0.111	0.055
5	2.597	3.481	2.200	0.553	3.500	3.426	0.718	0.553

以上结果表明，洞身的脉压强度和上下游水头差及工作门开启度关系密切，而且洞身每一点的脉压强度随工作门开度变化而变化。脉压强度较大值一般出现在水流紊动较强的工作门后及洞内出现水跃的部位。由脉压测点的水流最大可能单倍振幅 $A_{max\sim min}=\pm3\sigma$ 及时均压力比较可知，工作门局部开启状态下，洞身有可能出现瞬时负压。经计算，2#测点负压值最大可达 0.86 m 水柱(上游水位 134 m，下游水位 120.52 m)。

四、排沙洞修改方案试验成果

针对原设计方案中排沙洞洞身段出现的明满流过渡不稳定流态问题，对排沙洞的体型布置进行了改动，即将平板工作门由洞首移至洞尾。同时根据西霞院工程总体泄流规模，将排沙洞工作门尺寸相应减小。

该方案同原设计方案相比，工作闸门位置由进口段移至出口段，尺寸由 5 m×4.2 m 减小为 4.5 m×3.8 m。进出口底板高程、上游与河床的连接方式及下游护坦、海漫、防冲槽均和原设计方案相同。进口段长 12.95 m，包括进口渐变段、备用检修门槽和事故门，检修门和事故门孔口尺寸分别为 4.5 m×6.4 m 和 4.5 m×4.8 m。进口渐变段顶部为 1/4 椭圆曲线，曲线方程为 $\frac{x^2}{4.8^2}+\frac{y^2}{1.6^2}=1$。洞身段分为两部分：一部分为平直线段，长 25.95 m，洞身为 4.5 m×4.8 m 矩形断面；另一部分为渐变段，顶板压坡为 1∶20 的斜直线，起点桩号 0+036.6 m，末端桩号为 0+056.6 m。出口段长 6.7 m，包括出口平板工作闸门、出口平板检修闸门和出口扩散段，工作门和检修门孔口尺寸分别为 4.5 m×3.8 m 和 4.5 m×5.1 m。扩散段顶部为 1/4 椭圆曲线，曲线方程为 $\frac{x^2}{3.8^2}+\frac{y^2}{1.3^2}=1$。闸室段总长和体型一相同，都是 68.30 m。布置详见图 8-56。

(一)泄流能力

在设计运用工况范围内，排沙洞均为淹没出流，排沙洞 3 孔全开时，模型实测上下游水位差与泄量关系曲线见图 8-57，图中$\Delta H_{下}$和$\Delta H_{墩}$意义同前。根据模型实测资料拟合经验关系式附于图中。

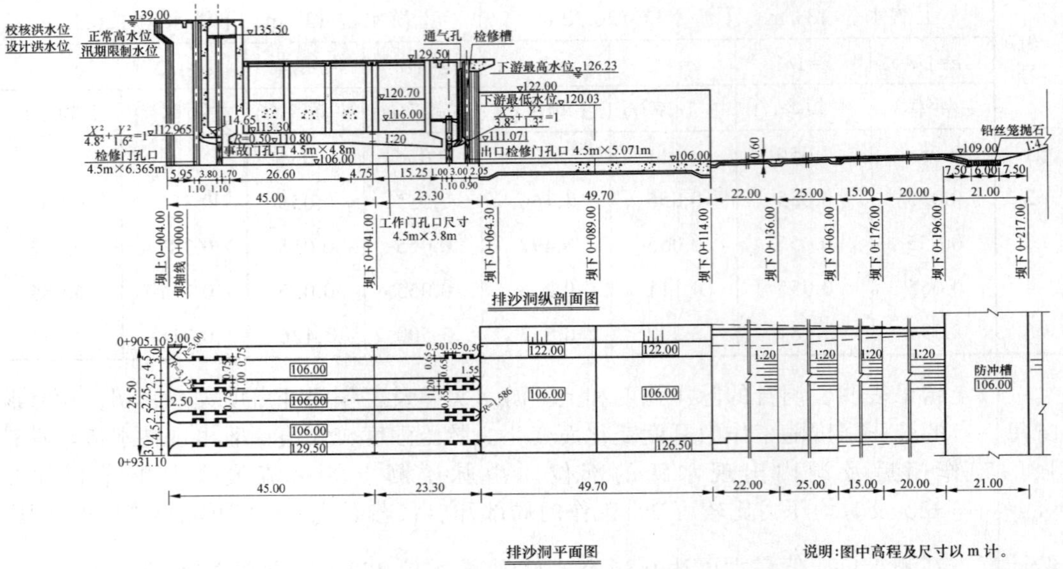

图 8-56　排沙洞修改方案体型布置

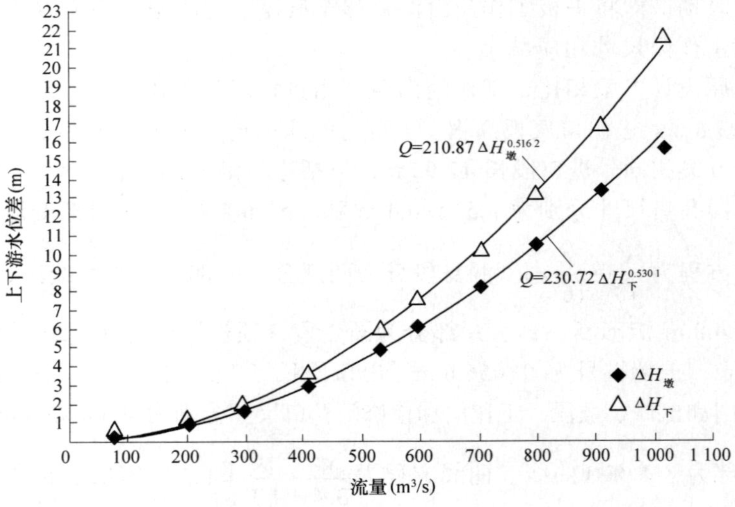

图 8-57　修改方案泄流能力曲线

表 8-34 为各设计工况下模型实测泄量。与原设计方案相比，由于排沙洞工作门孔口尺寸减小，泄流量随之降低，但仍然满足设计要求。根据上述试验资料计算流量系数，列于表 8-35。

表 8-34　修改方案不同运用工况下泄量

运用工况	1	2	3	4	5
上游水位(m)	131	131	132.56	134.75	134
下游水位(m)	124.32	120.80	125.30	126.23	120.80
泄　量(m^3/s)	631	790	660	718	906

表 8-35　流量系数计算表

流量(m^3/s)	$\Delta H_{下}$(m)	$\Delta H_{墩}$(m)	流量系数 $\mu_{墩}$	恢复落差 Δh(m)
1 017	15.62	21.47	0.966	5.85
907	13.31	16.89	0.972	3.58
798	10.49	13.19	0.967	2.69
704	8.16	10.19	0.971	2.03
595	6.11	7.60	0.950	1.48
532	4.82	5.93	0.961	1.11
407	2.97	3.49	0.959	0.52
297	1.61	1.90	0.951	0.28
203	0.81	0.97	0.911	0.16
78	0.13	0.15	0.900	0.02

(二)沿程压力

在排沙洞进出口顶板和洞身顶板中心线上共布设 19 个测压点按设计单位提供的 5 种运用工况进行压力试验观测，观测成果见表 8-36。从表可以看出，各种运用工况下，顶板各点压力均为正值，16#测压点处压力最小。在有通气孔情况下 16#测压点处压力为 0.34 m 水柱；无通气孔时，16#测压点处压力为负 0.41 m 水柱。

表 8-36　修改方案压力测量结果

测点部位	编号	测点桩号	测点高程(m)	压　力(m 水柱)					
				工况 1	工况 2	工况 3	工况 4	工况 5	
								有通气孔	无通气孔
进口段	1	0–000.75	112.365	11.18	6.58	12.13	12.63	6.28	5.63
	2	0–000.40	111.808	11.19	5.89	11.94	12.34	5.19	4.54
	3	0+000.50	111.481	11.91	7.16	12.86	13.26	6.46	6.16
	4	0+001.50	111.116	13.33	9.28	14.28	15.08	9.03	9.03
	5	0+002.65	110.911	14.08	10.38	15.08	15.93	10.28	10.13
	6	0+005.25	110.800	13.35	9.50	14.40	15.30	9.44	10.05
	7	0+006.80	110.800	14.65	11.30	15.75	16.85	11.70	11.40

续表 8-36

测点部位	编号	测点桩号	测点高程(m)	压力(m 水柱)					
				工况 1	工况 2	工况 3	工况 4	工况 5	
								有通气孔	无通气孔
进口段	8	0+008.45	110.800	13.70	9.65	14.70	15.55	9.40	9.44
	9	0+011.05	110.800	14.35	10.60	15.30	16.30	10.75	11.20
洞身段	10	0+018.96	110.800	14.50	11.00	15.50	16.45	11.15	11.05
	11	0+026.87	110.800	14.60	11.05	15.60	16.70	11.40	11.30
	12	0+034.78	110.800	13.80	9.80	14.75	15.60	9.69	9.55
	13	0+042.69	110.550	13.65	9.35	14.45	15.25	9.15	8.80
	14	0+050.60	110.300	13.10	8.44	13.90	14.55	7.85	7.35
出口段	15	0+058.50	109.800	12.60	7.35	13.20	13.55	5.94	5.69
	16	0+060.30	109.800	9.60	3.15	10.05	9.75	0.34	–0.41
	17	0+061.55	109.926	12.42	7.32	13.07	13.42	6.22	5.62
	18	0+062.55	110.192	12.90	8.10	13.50	14.25	7.30	6.60
	19	0+063.33	111.071	12.02	7.12	12.87	13.37	6.42	5.97

(三)排沙洞的出口流速分布

流速量测断面布置与原设计方案相同，从 5 种工况下的流速分布可以看出，各断面流速分布规律与原设计方案基本一致。由于修改方案洞身工作门尺寸减小，过流单宽流量减小，对应各断面流速相应减小，下游水流波动也相应减小。

(四)下游防冲槽及砂卵石河床冲刷

模型进行了表 8-37 中设计工况下的冲刷试验。从试验结果看，工况 1、3、4 情况下，防冲槽中的铅丝石笼都未被冲动，其后的砂卵石河床冲刷也不严重。在运用工况 2 时，防冲槽中的铅丝石笼未被冲动，防冲槽下游河床冲刷坑最深点高程为 107.05 m，距防冲槽末端 15 m；工况 5 时下游河床冲刷虽较严重，但防冲槽中的铅丝石笼仍未被冲动，冲刷坑最深点高程为 105.15 m，距防冲槽末端 25 m。实测各级工况下防冲槽下游河床冲刷情况见图 8-58。总体上看，各工况下的冲刷较原设计方案有所改善。

(五)中孔单独运用不同开度时的试验结果

试验观测了左右孔全关和中孔局部开启情况下，各种设计工况泄量、流态和压力。

表 8-37　修改方案排沙洞下游消能运用工况

运用工况	1	2	3	4	5
上游水位(m)	131	131	132.56	134.32	134
下游水位(m)	123.92	120.52	124.96	125.84	120.52

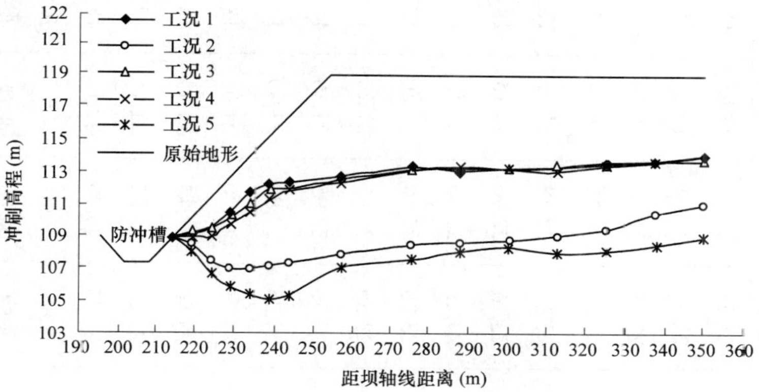

图 8-58 下游河床冲刷坑形状

1. 中孔单独运用的泄流能力和流态

试验观测了工况 2 和工况 5 中孔单独运用、不同闸门开度时的泄量，列于表 8-38。

表 8-38 修改方案不同闸门开度泄量

闸门相对开度		1/8	1/4	1/2	3/4
泄量(m^3/s)	上游水位 131 m 下游水位 120.8 m	16	47	110	149
	上游水位 134 m 下游水位 120.8 m	23	63	125	172

试验观测到工作门全开、事故门匀速关闭过程中，门后洞身段出现明满流过渡流态。工作门在 e=1/8、e=1/4、e=1/2 和 e=3/4 开度时，事故门关闭过程中，事故门后洞身段均为有压流，没有出现明满流过渡流态。

2. 工作闸门在不同开度时的压力

试验量测了 3 种工况、不同闸门开度的压力，列于表 8-39。

由表可看出，在工况 1、2、5 情况，不同闸门开度下，洞身段的压力均为正压，压坡线符合正常分布规律。

五、排沙洞修改方案下游消能工局部体型修改试验成果

为了增加消能，减轻下游河床冲刷，并减少海漫段基础开挖量，在排沙洞修改方案护坦末端设 2 m 高的尾坎，相当于把原设计海漫起点高程提高 2 m。这样就形成了一个池深 2.0 m、池长 47.7 m。池底高程为 106 m 的消力池，消力池下游改为 i=0.012 的反坡，布置如图 8-59 所示。

表 8-39　修改方案 3 种工况不同闸门开度时的压力分布

编号	桩号	高程(m)	工　况　1				工　况　2				工　况　5			
			e=1/8	e=1/4	e=1/2	e=3/4	e=1/8	e=1/4	e=1/2	e=3/4	e=1/8	e=1/4	e=1/2	e=3/4
1	0+003.05	112.365	18.68	18.43	17.43	15.58	18.83	18.28	16.53	13.68	21.53	21.08	18.83	15.33
2	0+003.35	111.808	19.19	18.94	17.89	15.99	19.39	18.94	16.99	13.84	22.09	21.64	19.24	15.34
3	0+003.85	111.481	19.56	19.31	18.36	16.61	19.76	19.31	17.46	14.61	22.41	21.96	19.76	16.26
4	0+004.85	111.116	19.93	19.73	18.98	17.38	20.23	19.88	18.28	15.88	22.88	22.58	20.68	17.53
5	0+005.85	110.911	20.13	19.98	19.23	17.83	20.43	20.13	18.58	16.43	23.13	22.78	21.03	18.33
6	0+006.85	110.800	20.25	20.15	19.35	17.95	20.55	20.30	18.70	16.55	23.25	22.90	21.15	18.45
7	0+010.15	110.800	20.30	20.15	19.45	18.20	20.55	20.30	18.95	17.00	23.25	23.00	21.40	19.05
8	0+016.68	110.800	20.25	20.15	19.45	17.90	20.70	20.30	18.75	16.55	23.30	22.90	21.20	18.30
9	0+023.20	110.800	20.30	20.15	19.45	18.05	20.70	20.30	18.90	16.75	23.30	22.95	21.20	18.60
10	0+029.73	110.800	20.25	20.15	19.40	18.10	20.60	20.30	18.90	16.80	23.30	22.95	21.30	18.80
11	0+036.25	110.800	20.25	20.15	19.45	18.15	20.60	20.30	18.90	16.85	23.25	22.90	21.30	18.80
12	0+041.25	110.800	28.13	20.15	19.35	17.85	20.60	20.25	18.70	16.45	23.25	22.90	21.05	18.30
13	0+046.25	110.550	28.38	20.35	19.45	17.85	20.85	20.45	18.85	16.25	23.50	23.15	21.15	18.10
14	0+051.25	110.300	28.58	20.55	19.60	17.85	21.05	20.65	18.80	16.15	23.70	23.25	21.15	17.70
15	0+056.25	109.800	21.25	21.05	20.35	18.25	21.55	21.25	19.70	16.60	24.25	23.95	22.10	18.20
16	0+058.35	109.800	13.70	13.30	13.15	13.05	8.69	8.75	8.35	8.25	7.85	7.90	7.69	7.50
17	0+059.35	109.926	13.57	13.22	12.97	12.87	8.57	8.62	8.07	8.27	8.57	8.77	8.77	9.32
18	0+060.35	110.192	13.30	12.90	12.70	12.60	8.30	8.35	8.00	7.70	7.45	7.30	7.30	6.70
19	0+061.35	111.071	12.42	12.02	11.82	11.72	7.42	7.42	7.12	6.82	6.52	6.42	6.42	5.92

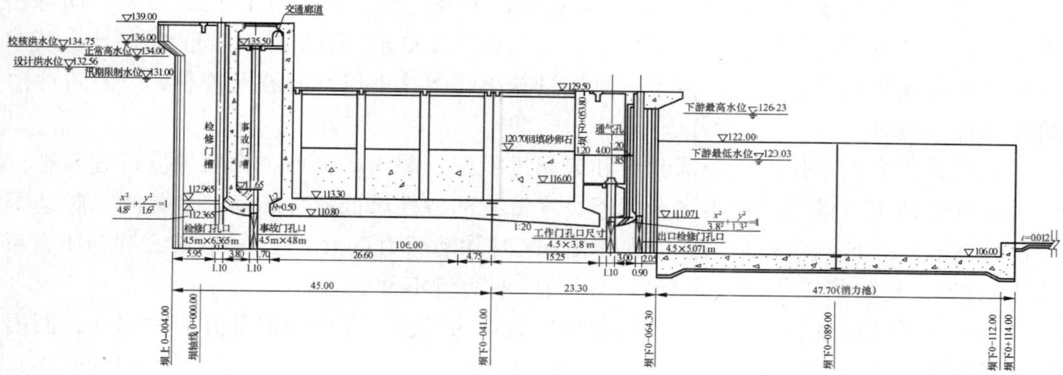

图 8-59 排沙洞修改方案下游消能工布置图 (单位：m)

为了便于对比，测速断面同原设计方案。由结果可知，排沙洞下游增设消力池池坎后，增加消力池消能率，并将底部高流速水流挑向水面，水流进入海漫后，各断面底部流速比原设计方案明显减小。

图 8-60 为 5 种工况下防冲槽附近河床冲刷情况。试验结果表明，5 种水流条件下，防冲槽中的铅丝石笼都未被冲走，其后的沙卵石河床均不同程度的冲刷，其中工况 1、3、4 冲刷较轻，工况 2、5 相对严重。工况 5 时冲刷坑最深点高程为 106.25 m，距防冲槽末端 20 m。对于工况 1、3、4 由于下游水深较深，增设消力池后，对下游冲刷影响较小。但对工况 2、5 增设消力池后对下游冲刷还是有所改善，建议设计采用。

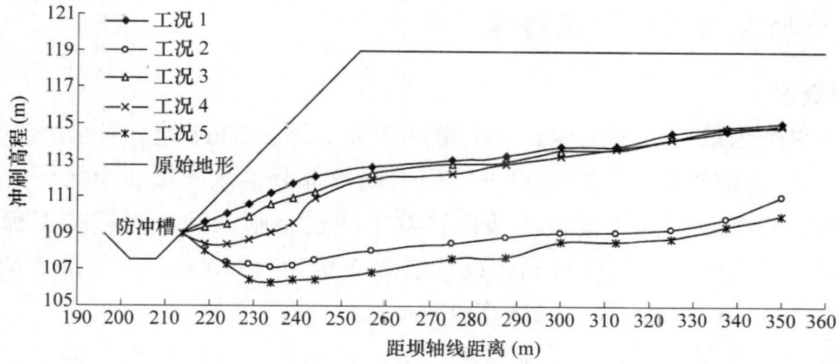

图 8-60 排沙洞下游设消力池池坎后各工况河床冲刷坑形状

六、结语与建议

(1)当排沙洞出口为淹没出流时，恢复落差对泄量的影响非常大，应该引起足够重视，否则可能造成浪费。试验量测水位流量关系曲线及计算关系式，可供设计采用，今后运用中应注意下游水尺位置对泄量影响。

(2)原设计方案试验量测 5 种运用工况洞身压力均为正值，符合正常压力分布规律；出洞水流进入海漫后，流速逐渐调整，至海漫末端，流速分布已接近正常的明渠均匀流流速分布。5 种运用工况防冲槽中的铅丝石笼都未被冲动，在运用工况 2、5 时，防冲槽下游河床冲刷较深，工况 5 时冲刷坑最深点高程为 103 m，距防冲槽较近约 25 m。若中孔单独开启或两边孔开启时，由于下泄流量较小，闸孔出口水面波动较小，下游防冲槽后河床冲刷较轻。

原设计方案在工作闸门局部开启和启闭过程中，洞内产生不利的明满流过渡流态，经对洞身脉动压力量测，在不同开度下，水流紊动特性属低频大脉动。多数测点脉动压力系数在 0.1 以下，而在闸门附近以及水跃区时脉动压力系数大于 0.1，最大脉动压力系数达 0.191，建议将工作门移至洞口，以消除明满流不利状态。

修改方案试验量测 5 种运用工况洞身压力均为正值，工作门局部开启过程中，洞内均为有压流。

(3)下游各断面流速分布规律与原设计方案相似，由于修改方案洞身工作门尺寸减小，过流单宽流量减小，对应各断面流速相应减小，下游水流波动也相应减小，各工况下游冲刷较原设计方案有所改善。

(4)排沙洞下游增设消力池池坎后，增加消力池消能率，并将底部高速水流挑向水面，水流进入海漫后，各断面底部流速明显减小。对于工况 1、3、4 由于下游水深较深，增设消力池后，对下游冲刷影响较小。但对工况 2、5 增设消力池池坎后，下游冲刷有所改善，建议设计采用。

第五节　王庄引水闸单体模型试验

一、工程概况及试验研究内容

(一)工程概况

原王庄引水闸为地方已建工程，位于南陈坝址上游 3.5 km 处，引水灌溉农田 0.67 万 hm^2。西霞院工程建成蓄水后，将淹没王庄引水闸及部分输水干渠，为保证已建灌区灌溉及附近村镇用水要求，按同等规模和条件补建王庄引水闸。结合西霞院工程运用，重建的王庄引水闸，汛期汛限水位 131 m，设计引水流量为 15 m^3/s；正常蓄水位 134 m，加大设计流量为 20 m^3/s。设计取水保证率 70%。

王庄引水闸布置在西霞院工程泄洪闸右侧，采用胸墙式闸孔布置体型，进水口底板高程为 126.0 m，比左侧冲沙闸底板高程高 1.0 m，进口段设检修门和工作门各一道，均采用平板闸门。工作门孔口尺寸为 2 m×1.5 m(宽×高)，工作门前胸墙底缘水平，拐角用半径为 0.25 m 的圆弧圆化处理，胸墙前检修门孔口尺寸为 2 m×1.8 m(宽×高)。工作门出口底板用半径为 5 m 的正反两段圆弧及水平距离为 1.26 m 的斜直线段过渡，与消力池相接。消力池底板高程为 123.50 m、池深 1.5 m、池宽 2.0 m，在 0+030 m 断面，左边墙突扩 0.8 m，池宽由 2.0 m 增至 2.8 m，消力池尾坎桩号为 0+050 m，坎顶高程 125.0 m。消力池后接矩形弯道段、渐变扩散段与下游梯形渠道相接。渐变扩散段起点底板高程为 125.0 m，扩散段长度 L=30 m，底宽由 2.8 m 渐变至 3.0 m。梯形渠道底宽 b=3.0 m，边坡系数 m=2.0，底坡 i=1/1 000，渠顶高程 128.0 m，原设计布置见图 8-61。

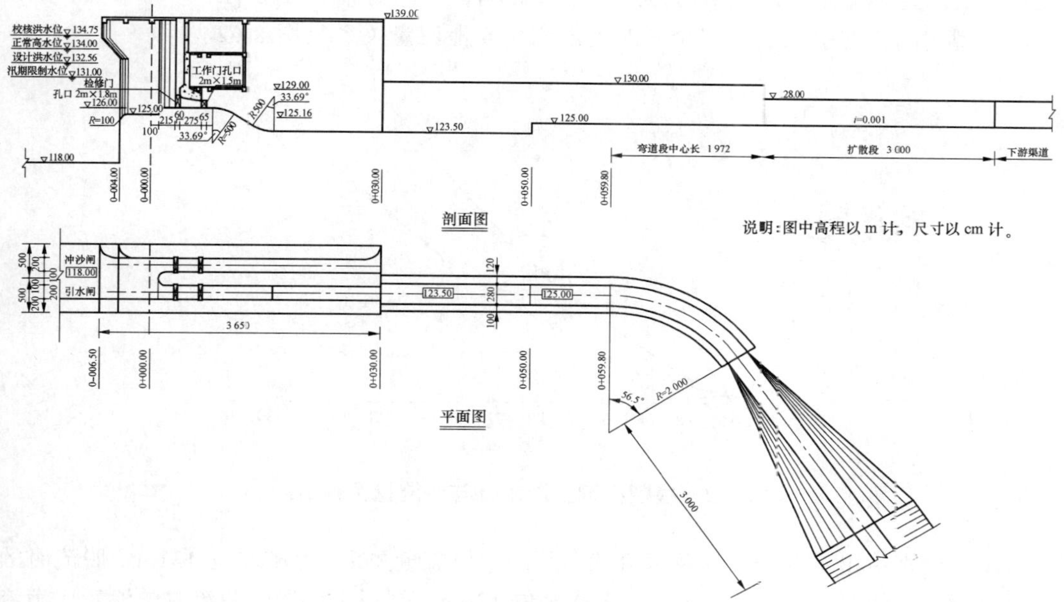

图 8-61 王庄引水闸原设计布置图

(二)试验研究内容

试验观测内容如下：

(1)库水位与泄量关系。

(2)进行常规的水力学观测。

(3)上游水位 131～134 m、控制引水流量 15 m^3/s 时，闸门局部开启的高度。

(4)观测侧向进流对泄量的影响。

(5)观测进口不同淤积高程对泄量的影响。

二、模型设计及制作

根据试验要求，模型设计为正态，几何比尺 $\lambda_L = \lambda_H = 20$。模型主要遵守重力相似和阻力相似条件，各参数比尺关系参见式(8-1)、式(8-3)和式(8-4)。

王庄引水闸模型均用有机玻璃制作(有机玻璃糙率 n=0.007 8～0.008 6，按糙率比尺换算成原型为 0.013～0.014，与原型混凝土糙率接近，满足阻力相似)，上游库区和下游渐变扩散段及渠道采用 1∶3 水泥砂浆抹面精制。

三、原设计方案试验成果

(一)泄流能力

试验表明，由于胸墙底缘水平，在孔流状态下，水流流线不适应胸墙底缘体型，在胸墙底缘圆弧拐角处产生脱流现象。它与水流的扰动有关，有时脱流有时满流，而且一旦处于脱流或满流状态，又相对比较稳定，除非受到外界对水流的较强扰动，流态才会发生改变。这种流态的改变对泄量造成很大影响，不同的流态会得到不同的水位泄量关系。模型实测王庄引水闸闸门全开时上游水位与泄流量关系见图 8-62。

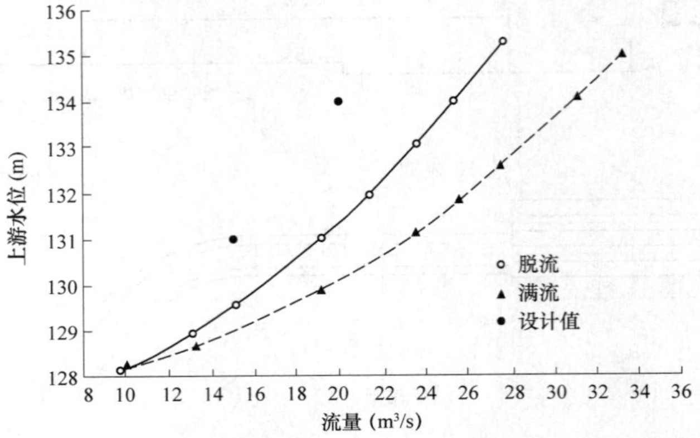

图 8-62　模型实测上游水位与泄流量关系曲线

图中分别给出了脱流状态及满流状态下的水位流量关系。上游水位 131 m，脱流时的泄量比满流时的泄量小 4 m^3/s 左右；上游水位 134 m，闸门出口泄流脱流时的泄量比满流时的泄量小 6 m^3/s 左右。孔流状态时可能出现两种出流流态，一种是出口满流状态，水流流线在胸墙底缘圆弧拐角下游产生分离现象，由于水流吸附作用，出口呈满流状态，胸墙底缘形成较大负压，此时类似于短压力进水口出流，泄流量较大；另一种流态是受到一定强度的外界干扰时，水流脱离胸墙底缘，在胸墙底缘圆弧拐角处就出现自由水面。此时胸墙底缘下部产生一个和大气相连的空腔，闸孔孔口处自由水面距胸墙底为 0.32～0.34 m，空气可由此自由补入，此种流态类似于直角锐缘胸墙孔口出流，泄流量较小。

将设计值也绘于图 8-62，可知上游水位 131 m 时，试验泄量比设计泄量大 27%～54%(脱流～满流)；上游水位 134 m 时，试验泄量比设计泄量大 26%～56%(脱流～满流)。根据流态和实测泄量结果，表明胸墙体型及工作闸门孔口尺寸需要修改。

(二)压力分布

本试验在胸墙底部布置了 5 个测压点，在闸底板布置了 8 个测压点，测压点位置、桩号及高程见表 8-40。试验量测了上游水位为 131 m 时的压力，出流为满流状态。结果也列于表 8-40。可以看出水位 131 m 时，胸墙底缘 2#测点负压为 3.62 m 水柱，3#测点负压为 2.99 m 水柱；因此对胸墙体型进行修改。

四、引水闸进口胸墙体型修改试验

(一)胸墙体型修改 1

针对原设计出现的问题，试验对胸墙底缘进行了修改。将原设计胸墙拐角 R=0.25 m 的 1/4 圆弧修改为椭圆曲线，曲线方程为 $\frac{x^2}{0.7^2}+\frac{y^2}{0.35^2}=1$。工作门孔口尺寸由原设计的 2 m×1.5 m 改为 2 m×1.2 m，顶板压坡为 1∶8.52，详见图 8-63。

表 8-40 原设计测压点布置及压力

位置	编号	桩 号	高 程(m)	压 力(m 水柱)
				库水位 H=131 m
胸墙底部	1	0+003.75	127.8	0.64
	2	0+003.82	127.62	–3.62
	3	0+004.00	127.55	–2.99
	4	0+005.20	127.53	0.03
	5	0+006.40	127.51	0.03
闸底板	1	0+001.00	126.00	4.14
	2	0+005.20	126.00	1.30
	3	0+008.00	126.00	0.42
	4	0+009.45	125.79	–0.43
	5	0+010.77	125.16	0.22
	6	0+012.03	124.34	2.70
	7	0+013.48	123.715	3.63
	8	0+014.80	123.50	3.50

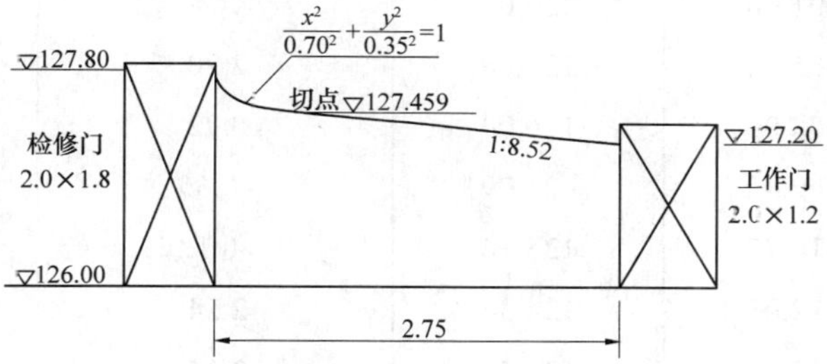

图 8-63 进口体型修改方案 1 （单位：m）

由试验结果得知，胸墙底缘脱流现象已消除，不管对水流如何扰动，出流总是保持满流状态。实测闸门全开时泄量见图 8-64。由图可知，上游水位 131 m，泄量为 19.44 m^3/s；上游水位 134 m，泄量为 26.00 m^3/s。比原设计泄量分别大 29.6%和 30%。从泄量来看，还需对孔口尺寸进行调整。

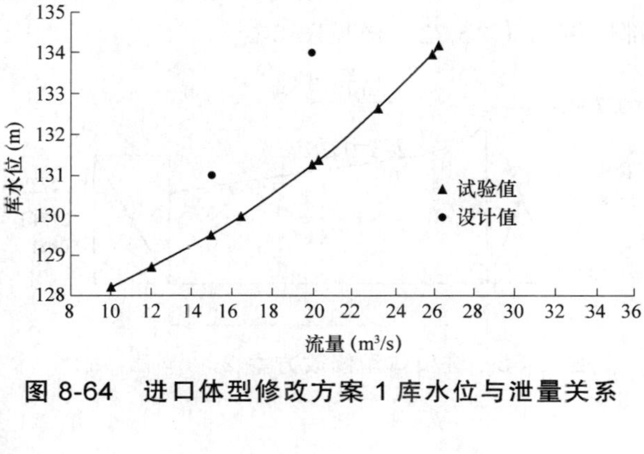

图 8-64 进口体型修改方案 1 库水位与泄量关系

体型修改方案 1 在进口胸墙底部布置了 7 个测点，桩号及高程见表 8-41。闸门全开压力实测结果列于表 8-41。上游水位 134 m 时，胸墙底部 2#点负压减小为 1.24 m 水柱，3#点负压减小为 1.75 m 水柱，底板压力与原设计相比变化不大。可以看出，胸墙体型修改后，顶板负压明显减小，但未完全消除，有必要进一步修改胸墙体型。

表 8-41　进口体型修改 1 测点布置及压力

位置	编号	桩号	高程(m)	压力(m 水柱)	
				库水位 H=131 m	库水位 H=134 m
胸墙底部	1	0+003.75	127.8	1.00	1.68
	2	0+003.85	127.62	–0.64	–1.24
	3	0+004.05	127.51	–0.95	–1.75
	4	0+004.25	127.47	–0.23	1.07
	5	0+004.85	127.39	0.93	1.63
	6	0+005.65	127.30	0.72	1.30
	7	0+006.50	127.20	0.14	0.30
闸底板	1	0+001.00	126.00	4.58	7.00
	2	0+005.20	126.00	2.20	2.88
	3	0+008.00	126.00	0.22	–0.26
	4	0+009.45	125.79	–0.65	–1.51
	5	0+010.77	125.16	–0.12	–0.56
	6	0+012.03	124.34	2.24	2.48
	7	0+013.48	123.72	3.15	3.76
	8	0+014.8	123.5	2.88	2.94

(二)胸墙体型修改 2

根据修改方案 1 结果，为消除顶板负压并使泄量与设计值接近，进一步对胸墙底缘体型和孔口尺寸进行修改。椭圆方程修改为 $\frac{x^2}{0.90^2}+\frac{y^2}{0.45^2}=1$，工作门孔口高度由 1.2 m 减为 1.0 m，胸墙底部压坡为 1∶5.72，详见图 8-65。

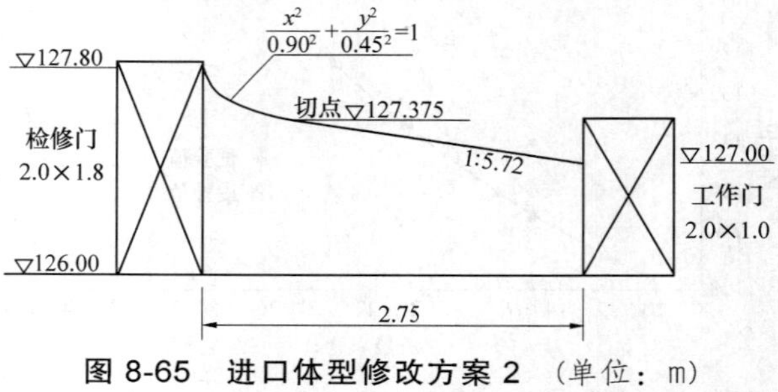

图 8-65　进口体型修改方案 2　(单位：m)

1. 泄流能力

试验观测到，当闸门全开时，孔流流态时可以保持稳定的满流状态。闸门全开实测泄量见图 8-66。库水位 131 m 时，泄量为 15.87 m^3/s；库水位 134 m，泄量为 21.18 m^3/s。与相应的设计值 15 m^3/s 和 20 m^3/s 接近。考虑到灌区的引水要求，试验又观测了闸门不同开度(0.8 m、0.6 m、0.4 m)时的水位泄量关系，绘于图 8-66，特征水位下不同开度时的泄量列于表 8-42，供设计参考选用。试验过程中，设计要求观测不同水位条件下，控制引水流量为 15 m^3/s 的闸门开度，实测结果见表 8-43，供设计参考。

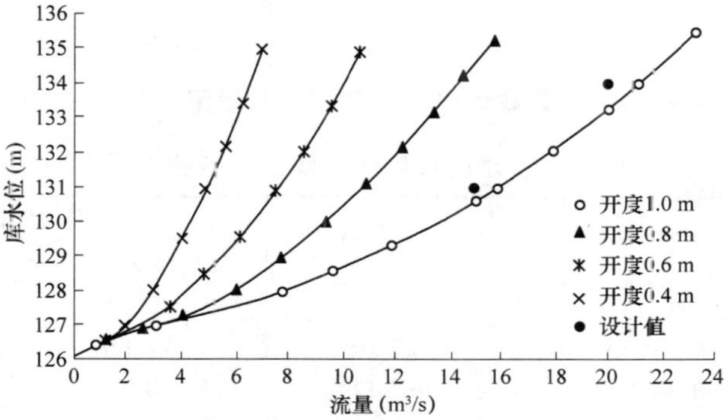

图 8-66 进口体型修改方案 2 不同闸门开度时库水位与泄量关系

表 8-42 王庄引水闸不同闸门开度泄量

闸门开度(m)		1.0	0.8	0.6	0.4
泄量(m^3/s)	库水位 H=131 m	15.87	10.83	7.73	5.00
	库水位 H=134 m	21.18	14.47	10.15	6.68

表 8-43 控制引水流量为 15 m^3/s 的工作门开启高度

库水位(m)	131	132	133	134
试验开度(m)	0.96	0.92	0.87	0.825

2. 压力分布

修改方案 2 测压点布置见图 8-67。闸门全开状态下，试验量测了库水位 131 m 和 134 m 时的压力，结果见表 8-44 及图 8-68。可以看出胸墙底部负压已全部消除，底板还存在一定负压区，但最大负压值仅 1.25 m 水柱，考虑到该处流速仅 10 m/s 左右，估计不会产生空化空蚀现象。进口体型修改达到了预期目的，建议设计采用该进口体型。

3. 闸下沿程水面线及流速分布

在引水闸出口下游共布置了 7 个测量断面，前两个断面在消力池内(桩号 0+014.8 m、0+030 m)，后 5 个断面分别为消力坎上(0+050 m)、渐变扩散段起点、渐变扩散段中点和末端(渠道起点)。下游渠道水深按设计值控制，测量结果见表 8-45，水深和流速为流道中线实测值(下同)。

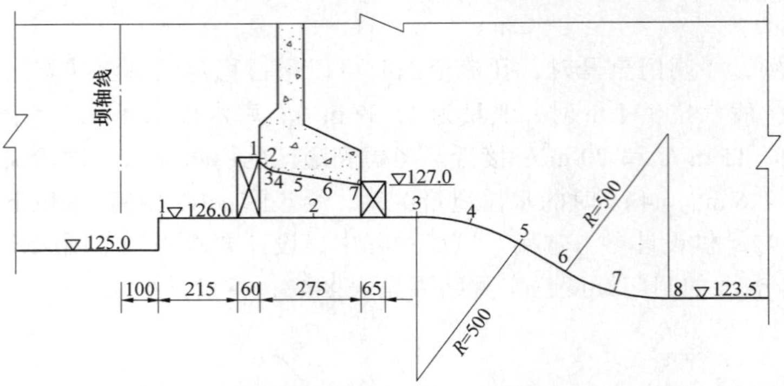

图 8-67　进口体型修改 2 测压点布置图　（单位：m）

表 8-44　引水闸进口体型修改 2 各测点压力

位置	编号	桩号	高程(m)	压力(m 水柱)	
				库水位 H=131 m	库水位 H=134 m
胸墙底部	1	0+003.75	127.80	2.08	3.98
	2	0+003.85	127.59	1.15	2.19
	3	0+004.05	127.47	0.88	1.76
	4	0+004.25	127.40	0.92	1.80
	5	0+004.85	127.29	1.57	2.93
	6	0+005.65	127.15	1.23	2.27
	7	0+006.50	127.00	0.50	0.84
闸底板	1	0+001.00	126.00	4.52	7.32
	2	0+005.20	126.00	2.70	4.00
	3	0+008.00	126.00	0.18	−0.28
	4	0+009.45	125.79	−0.53	−1.25
	5	0+010.77	125.16	−0.24	−0.60
	6	0+012.03	124.34	1.94	1.60
	7	0+013.48	123.72	2.88	3.35
	8	0+014.80	123.50	2.58	2.58

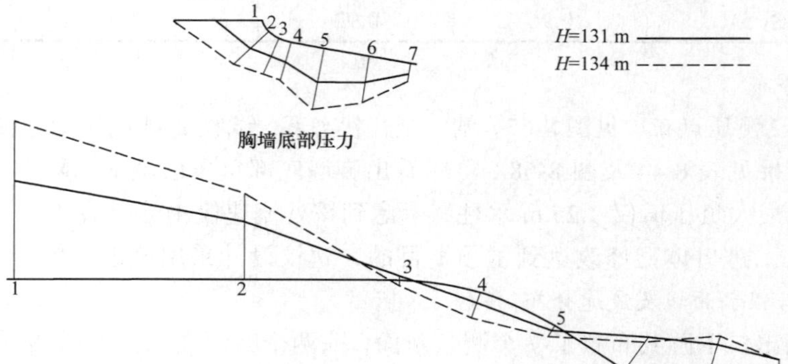

图 8-68　进口胸墙体型修改方案 2 压力分布图

表 8-45　进口体型修改 2 下游各断面水深及垂线平均流速

位置或桩号	H=131 m，Q=15.87 m^3/s		H=134 m，Q=21.18 m^3/s	
	水深(m)	流速(m/s)	水深(m)	流速(m/s)
孔口	1.00	7.86	1.0	9.39
0+014.80	0.86	8.71	0.88	11.67
0+030.00	3.70	2.55	3.22	3.44
0+050.00	2.16	3.04	2.60	3.54
扩散段起点	1.70	4.51	1.74	4.92
扩散段中点	1.00	4.98	1.10	5.50
渠道起点	1.41	3.35	1.63	2.74

试验观测表明，库水位 131 m 时，水跃头部在 0+012 m 断面，消力池内形成淹没度不大的水跃。过坎水流产生水面跌落。试验观测表明，坎后水面波动较大，水面较低部位的水深已接近临界水深。水流进入扩散段后，因底坡变陡，使得水流进一步加速，呈急流状态。由于下游渠道水流为缓流，因此在扩散段中点下游约 2 m 处产生二级水跃。

库水位 134 m 时，消力池内产生远驱水跃，水跃头部在 0−017 m 断面。因为消力池较长，消力池尾坎处水面仍较平稳，垂线流速分布也恢复正常。从消能衔接看，消力池长度过长，消力池水深不能满足正常蓄水位 134 m 消能设计要求。尾坎下游流态和库水位 131 m 时类似，扩散段也有水跃产生。

根据上述试验情况，引水闸进口胸墙体型修改方案 2 满足设计要求，推荐设计采用。但引水闸下游消能不能满足设计要求，因此需要对下游消能工体型进行修改。

五、引水闸下游消能工修改试验成果

(一)消能工修改方案 1

根据试验结果，设计部门又对下游渠道线路实际地形进行了测量。根据测量结果，统筹考虑后对消力池体型、渠道的底坡及渠道底部高程进行了调整设计。重新调整设计的体型称之为修改方案 1，布置见图 8-69。进口工作门尺寸及胸墙体型与进口体型修改方案 2 相同。

由图可知，该方案消力池底板高程由原来的 123.5 m 降低到 122.7 m，消力池从闸底板反弧末端开始，池长 L=20 m，池坎高 h=1.5 m。引水闸出口底板正、反两圆弧相接的斜直段水平距离由原来的 1.26 m 延长到 2.43 m，闸底板反弧末端桩号为 0+015.98 m，引水渠边墙从此处开始对称扩散至 0+030 m 断面，消力池宽度由 2.0 m 渐变至 3.0 m。以下过水断面宽度保持 3 m 不变直到扩散段起点，消力池尾坎桩号由 0+050.00 m 改为 0+035.98 m，从该断面到扩散段起点底板水平。扩散段长度仍为 30 m，底板改为水平，下接梯形断面渠道，渠道起点高程为 124.2 m，渠道底坡 i=1/5 000。

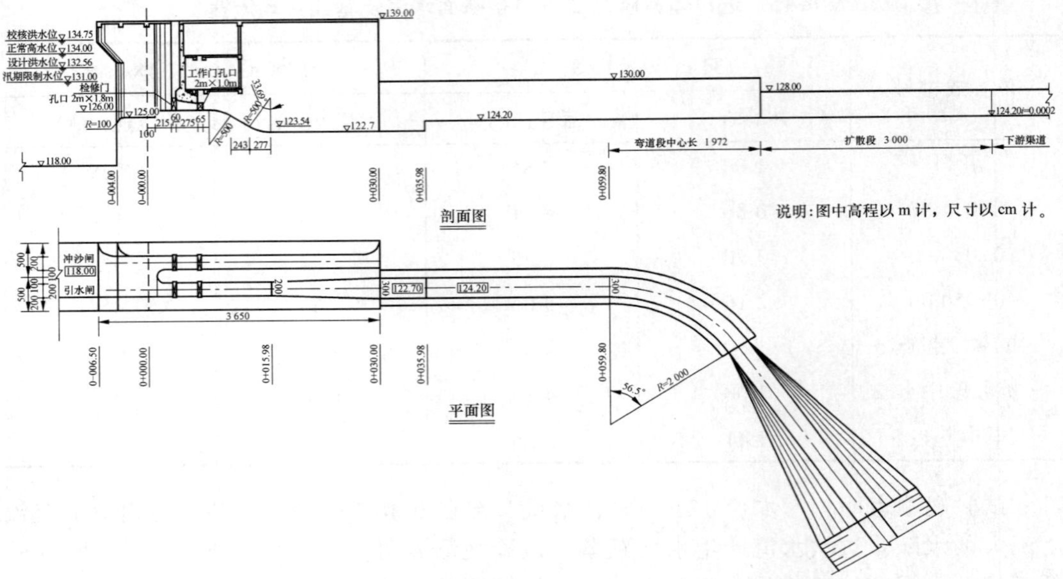

图 8-69　引水闸下游体型修改方案 1 布置

试验观测表明，库水位 134 m，消力池内产生临界水跃，出闸水流受工作门槽影响，在两边墙处产生高约 1 m 的水翅。水翅冲进水跃头部后溅起很高的水花，最高可达 132 m 高程，飞溅距离可达 20 m 开外。水流过消力池尾坎后，水面仍然产生跌落现象，水面波动依然较大，但与原设计相比，因流道水深增加，流速减小和水面波动有所减小。受弯道离心力影响，水流进入扩散段后在右岸产生较大范围的回流，回流区长度达 37 m，最宽达 3 m，回流流速 1 m/s 左右，同时扩散段水面波动较大，波高可达 0.8 m。由于下游渠道底坡变缓，正常水深增加，扩散段内未能形成水跃。库水位 131 m 时的水流流态与此类似，扩散段水面波高约 0.6 m。为提高水跃淹没度及消除扩散段的回流，下游消能工体型需进一步进行修改。

(二)消能工修改方案 2

试验采用增加消力池水深，即增大水跃淹没度的办法处理；扩散段产生回流主要是因扩散段进口断面流速较大，水流脱离边界造成的，因此设法降低扩散段进口流速即可解决。据此进行如下修改：将消力池增设实体消力坎，坎高 1.8 m，坎顶宽 1.0 m，消力坎桩号为 0+035.98 m，与修改方案 1 消力池尾坎桩号相同；为增加消能效果，坎后设二级消力池，池深 0.5 m，尾坎桩号为 0+050 m；二级池尾坎顶高程为 123.2 m，其后保持底板水平至扩散段起点，然后以反坡与下游渠道相连，渠道底坡和断面尺寸同修改方案 1。

试验得知，库水位 134 m 时，因消力池尾坎顶高程升高，消力池内形成淹没水跃，水花飞溅高度和距离比修改方案 1 减小，但仍能飞溅到边墙以外；水流过消力池尾坎后形成不太完整的二次水跃，即有时出现波状水跃；二级消力池后水深比修改方案 1 增加 1 m 左右，使得流道流速和水面波动减小；扩散段出口右岸回流消失，但扩散段水面波动仍较大，波高未见减小。库水位 131 m 时流态与库水位 134 m 时类似。因此，需进一步修改，以消除水花飞溅现象。

(三)消能工修改方案 3

在修改方案 2 的基础上，将消力坎高度增加至 2.0 m，坎顶宽 0.8 m，坎顶高程 124.7 m；其他尺寸与修改方案 2 相同。

试验观测表明，库水位 134 m 时，水跃淹没度增大，水花飞溅出消力池的现象已基本消除。由于消力坎高度增加，二级消力池内形成了稳定的完整水跃，二级池后的水面更趋平稳；扩散段水面波动幅度变化不大。

(四)消能工修改方案 4

根据修改方案 3 试验观测，发现产生二次水跃的部位水深较大，底部流速较小，二级消力池池深可以减小。因此，试验将消力坎后的二级消力池底抬高 0.5 m。其他尺寸同修改方案 3。

试验结果得知，二级消力池抬高后，闸下游流态与修改方案 3 相比基本一致，二次水跃的位置也没有变化，水面线及流速变化也很小。

根据上述试验结果，认为闸下游消能工修改方案 4 可以满足设计的要求，推荐设计采用。

综合进口胸墙体型修改 2 和下游消能工体型修改方案 4，给出试验推荐体型布置见图 8-70。为使资料完整，又对试验推荐体型布置条件下库水位 131 m 及 134 m 时的引水闸进口段压力进行了测量，结果表明，压力值及分布规律和进口体型修改方案 2 基本一致，见表 8-46。

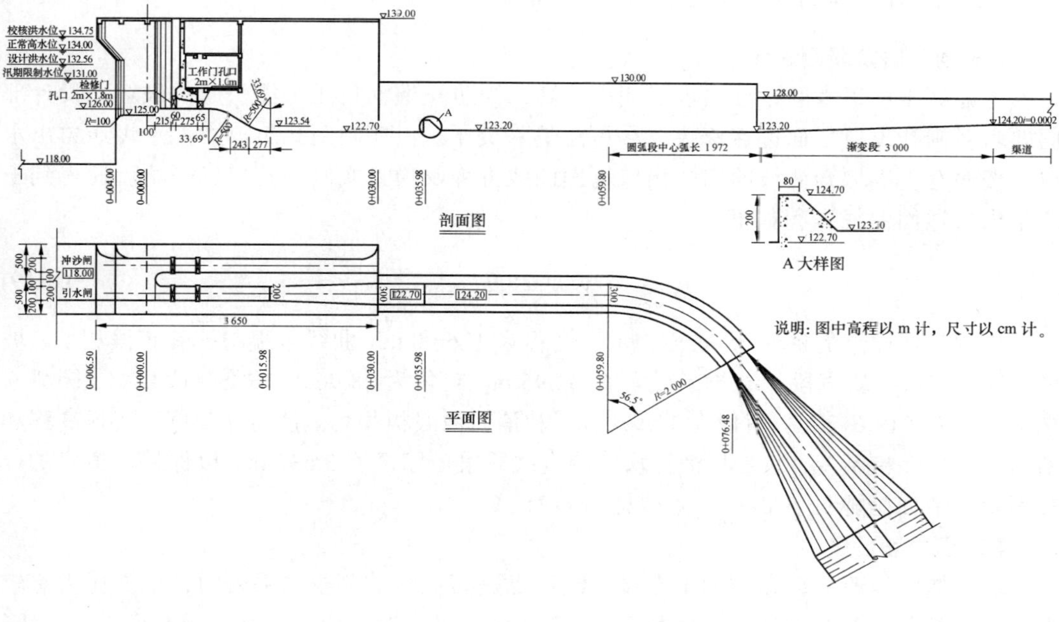

图 8-70　王庄引水闸推荐方案体型布置

表 8-46　引水闸推荐体型进口段压力

位置	编号	桩号	高程(m)	压力(m 水柱)	
				库水位 H=131 m	库水位 H=134 m
胸墙底部	1	0+003.75	127.80	2.08	3.98
	2	0+003.85	127.59	1.07	2.19
	3	0+004.05	127.47	0.90	1.76
	4	0+004.25	127.40	0.96	1.80
	5	0+004.85	127.29	1.59	2.93
	6	0+005.65	127.15	1.25	2.27
	7	0+006.5	127.00	0.48	0.84
闸底板	1	0+001.00	126.00	4.56	7.32
	2	0+005.20	126.00	2.72	4.00
	3	0+008.00	126.00	0.18	–0.28
	4	0+009.45	125.786	–0.55	–1.25
	5	0+010.77	125.16	–0.14	–0.60
	6	0+011.99	124.35	1.37	1.60
	7	0+013.20	123.54	1.86	3.35
	8	0+014.52	122.91	3.21	2.58
	9	0+015.98	122.70	4.14	4.98

六、闸孔出口堰面修改

(一)闸孔出口堰面设计

考虑到王庄引水闸设计引水保证率较高，为防止堰面负压可能引起的破坏，设计部门要求对闸孔出口堰面进行修改，尽可能消除负压。王庄闸闸孔出口类似于短压力出水口，按照有胸墙堰面曲线给出的出口堰面曲线方程及模型实测闸孔出口平均流速得到王庄闸出口堰面曲线方程如下：

$$y=x^2/28.9 \tag{8-19}$$

方程坐标原点的桩号为 0+008.1 m，高程为 126.00 m。曲线末端与一斜直段相切，坡度为 1∶1.806，斜直段下端与半径为 R=6.395 m、转角为 28.969° 的圆弧段相切，圆弧末端桩号为 0+019.612 m，高程为 122.70 m，和消力池底板相切。消力池长度、底板高程和消力坎尺寸保持不变，只是将消力坎后的直线段渠道缩短了 3.632 m，以保持弯道段的位置不变。堰面坐标见表 8-47，体型见图 8-71。

(二)压力和泄量

堰面曲线修改后，在堰面上布设了测压点进行测量。测量结果表明，堰面压力有较大改善，库水位 131 m 时，堰面无负压，库水位 134 m 时，堰面局部区域有很小的负压，最大负压值仅 0.15 m 水柱，结果见图 8-72。

表 8-47 闸孔出口堰面曲线坐标

X(m)	0	2	4	6	8	8.515	11.612
Y(m)	0	0.138	0.554	1.245	2.215	2.5	3.3
说明	原点				曲线末端	直线段末端	圆弧末端

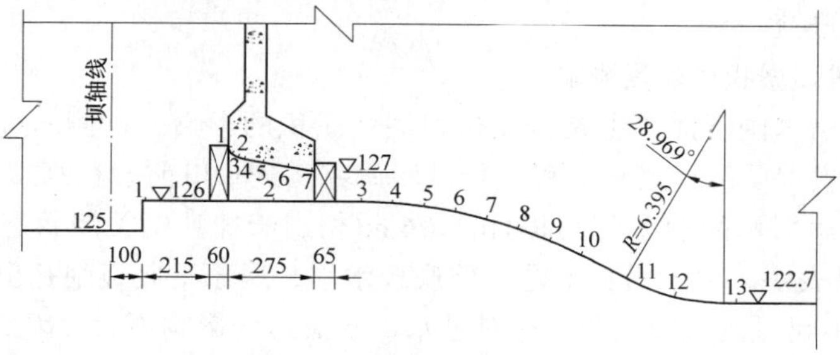

图 8-71 闸孔出口堰面体型 （单位：高程，m；尺寸，cm）

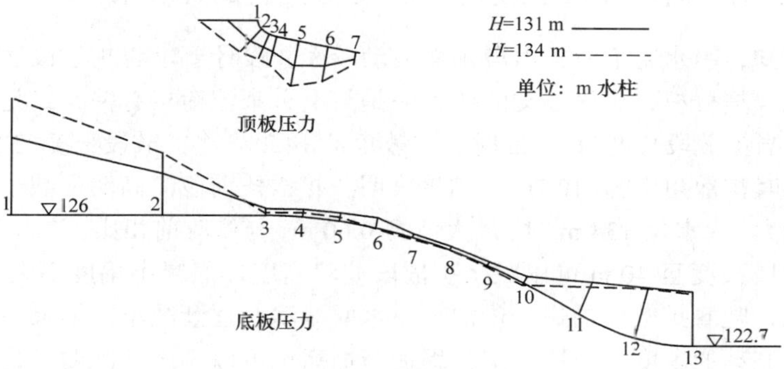

图 8-72 闸孔出口堰面修改后进口段压力分布

与设计部门商榷后认为，鉴于最高蓄水位 134 m 时，堰面负压较小，堰面流速不大，而水流空化数较大，估计不会出现空蚀破坏，确定采用该堰面曲线。

闸孔出口堰面曲线修改后，对泄量进行了观测，结果与进口胸墙体型修改方案 2 相比，泄量没有变化，设计运行仍可采用图 8-66 水位流量关系。

(三)消能效果和下游水流情况

由于只对闸孔出口堰面进行了修改，与推荐体型布置试验结果相比，从水流流态、消能效果、水面线及流速分布看差别不大。虽然消力池进口处水花飞溅出消力池的现象已基本消除，但考虑到模型缩尺影响，原型水花飞溅及雾化现象比模型要强得多。因此，建议设计在消力池进口断面前后一定范围内的边墙顶部加以防护。

七、引水闸侧向进流及闸前淤积对泄流能力影响试验成果

由于黄河来流含沙量较大，库区淤积问题比较严重，西霞院整体试验结果表明，引水闸前出现侧向进流流态的机会很大。设计要求对引水闸侧向进流及进口淤积进行试验

研究。

(一)引水闸侧向进流对泄量影响

依据西霞院整体试验实测的引水闸前侧向进流时的流道宽度和流向，使闸前来流平行于闸轴线，流道宽度为 15 m。实测结果表明，由于引水闸孔口尺寸较小，泄量不大，闸前流速较小，闸孔前流态与正向进流时差别不大，泄量与正向进流也一致，实测进口段压力也与正向进流一致。

(二)引水闸进口淤积对泄量影响

为研究王庄引水闸下泄流量是否受进口泥沙淤积的影响，在侧向进流条件下，在引水闸进口前分别模拟了两组淤积高程进行试验研究，进水口前淤积高程分别为 124 m(相当于冲沙闸开启后引水闸前淤积高程)和 126 m(相当于冲沙闸关闭状态下引水闸前淤积高程)。观测结果表明，由于引水闸进口前底板水平，属于平底板闸孔出流，闸前淤积高程达到 126 m，不超过闸底板高程，这对进水口水流流线影响不大。因此，在这两种淤积高程条件下，对引水闸泄量均不产生影响。

八、引水闸下游渐变段长度对水面波动影响试验成果

由前述可知，引水闸下游扩散段水面波动较大，设计要求将扩散段适当加长后观测波动变化情况。据分析，水面波动的产生一是与上游来流衔接有关，二是与扩散段的扩散角度有关。当扩散段长度为 30 m 时，扩散角是 14.2°，将扩散段长度增加至 40 m 进行试验观测，此时扩散角度为 10.76°。结果表明，扩散段前段波高明显减小，但扩散段末端波高变化不大，库水位 134 m 时，最大波高 0.60 m，与修改前相比，波高仅降低 0.20 m。表明增加扩散段长度至 40 m 可以减小扩散段波浪高度，但减小幅度不大。

可以预见，随着扩散段的进一步加长，水面波动会逐渐减小，如果不增加扩散段长度，而视水面波动的高度和范围，把渠堤适当加高也可以解决该问题。是增加扩散段长度还是增高渠堤高程，设计根据工程量大小决定。

九、结论和建议

(1)原设计进口胸墙底缘体型欠佳，水流在胸墙底缘圆弧拐角处产生脱流现象，使得闸孔出口流态和泄量处于不稳定状态，原设计消力池长度富余较大。正常蓄水位 134.0 m 时又出现远驱水跃，水流进入扩散段后呈急流状态，并在扩散段产生二次水跃，胸墙底缘和消能工需要修改。

(2)原设计方案胸墙底缘 1/4 圆弧接水平直线段改为椭圆曲线，后接(1∶5.72)直线压坡，工作门孔口高度由 1.5 m 改为 1.0 m 后，闸孔出流稳定，胸墙底缘负压消除，进口段压力分布正常，库水位 131 m 和库水位 134 m 条件下，试验泄量比设计值大 5.8%，满足设计要求。

(3)闸下消能工布置经多次修改，试验将原设计消力池改为池坎结合的消力池(消能工修改方案 4。一方面消除了消力池内水花飞溅现象，同时使水流在消力坎后产生稳定的二次水跃，增加消能率，使坎后流道内水面平稳，扩散段回流消失。

(4)由于闸前水深较大，行近流速较小，侧向进流对引水闸泄量和进口段压力分布没有明显影响。

(5)引水闸属于平底板闸孔出流，闸前淤积对进水口水流流线影响不大，即使闸前淤积高程和闸底板平齐，对引水闸泄量影响也非常微小。

(6)扩散段长度由 30 m 增长至 40 m 后，扩散段水面波动有所减小，但波高仅降低 0.2 m，设计可根据工程量大小比较决定是否加长扩散段。

(7)闸孔出口堰面曲线修改后，堰面负压基本消除，满足设计要求，堰面建议采用修改方案。

第六节　枢纽上游左导墙冲刷与防护试验

一、概述

为防止枢纽上游顺坝流的产生，同时使泄水建筑物前来流平顺，在泄水坝段上游两侧设圆弧形导墙，顶部高程 135 m(黄海高程，下同)，导墙前后河床高程为 120.00 m，河床组成为砂卵石，枢纽整体布置及导墙体型见图 8-73。

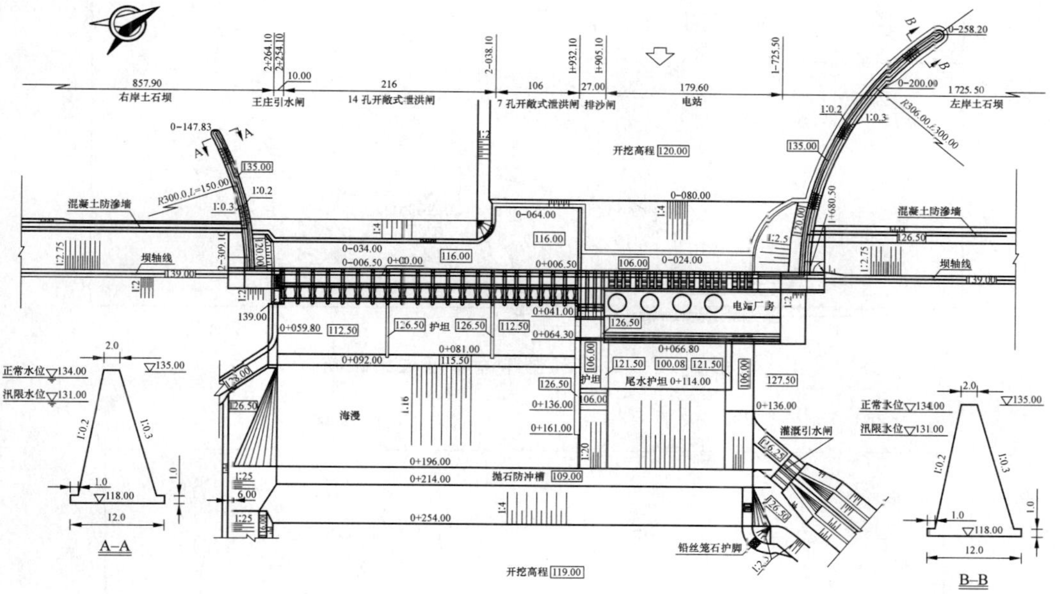

说明：图中高程尺寸以m计。

图 8-73　西霞院整体布置推荐方案及导墙

2002 年进行的西霞院工程整体模型试验研究过程中发现，在水库建成后的初始运用阶段，即库区还没有淤积的情况下，坝前来流比较平顺，上游左导墙前的冲刷并不严重。校核洪水条件下，模型实测冲刷坑底部高程仅为 113.5 m。而最严重的冲刷则发生在库区淤积造床过程中，在造床试验过程中，由于坝前冲淤变化使得流路不断调整，曾出现一股水流沿水库左岸行至左侧土坝坝段，然后绕过左侧导墙头部经泄水建筑物下泄，结果使得左导墙头部绕流冲刷严重，冲刷坑最深点高程达 109.6 m。

经整体试验修改，推荐方案左导墙圆弧长度由 300 m 减为 216.67 m，导墙圆弧半径及横断面体型不变，导墙头部桩号为 0–203.02 m，但冲刷坑深度与原设计相比基本未变。与设计单位商榷后决定，对左导墙长度、体型及防护措施进行专项试验研究，提出合理的导墙体型及防护措施，以确保上游导墙的稳定和安全。该试验是 1∶100 枢纽整体模型上经过局部概化后进行的。模型设计相似准则及模型沙选择详见第五章第二节。

二、概化模型边界条件和来流条件确定

枢纽总体布置推荐方案整体模型造床试验过程中产生最大冲刷深度时，导墙前来流方向见图 8-74，模型概化后的边界条件和来流条件见图 8-75。左导墙推荐体型方案尺寸见图 8-76。

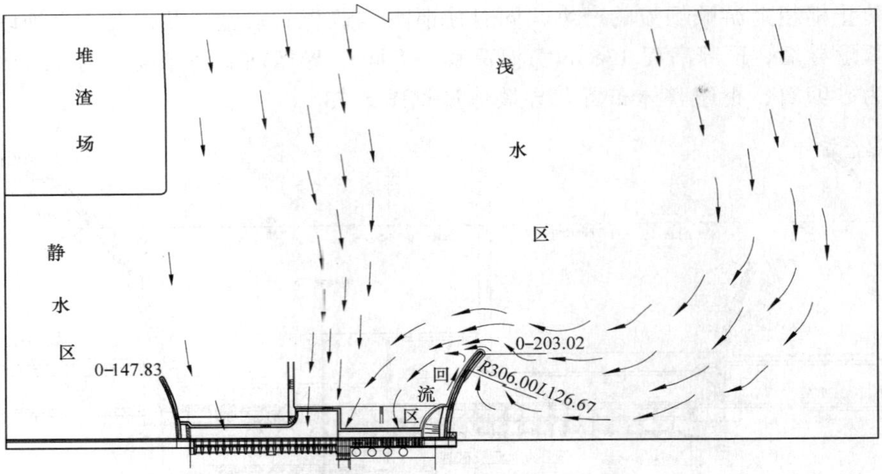

图 8-74　西霞院整体造床过程流路图

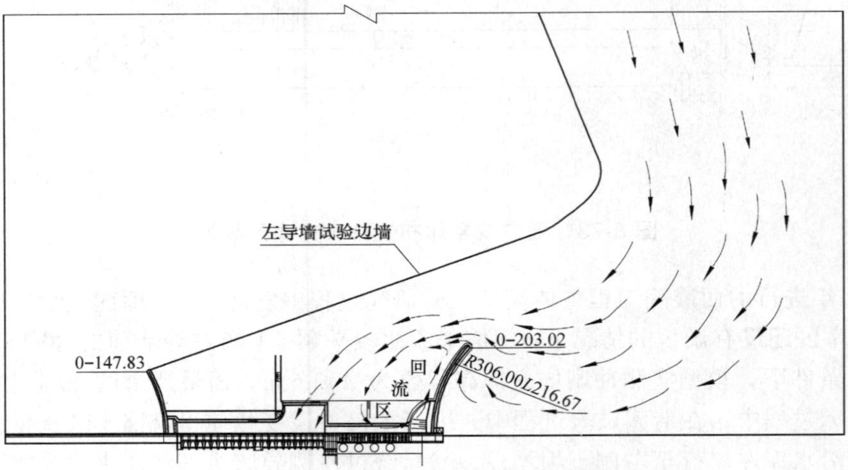

图 8-75　左导墙概化后的边界条件及流路图

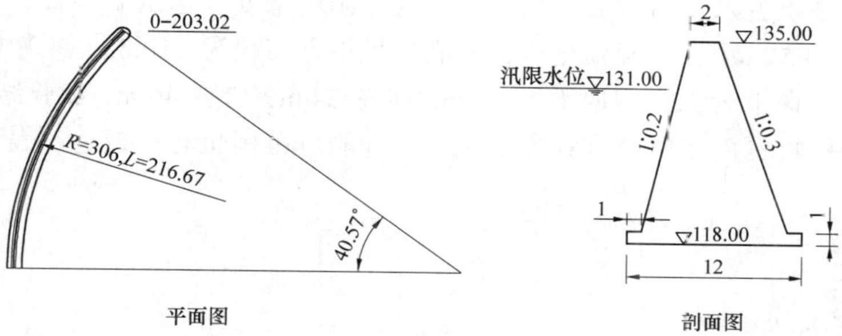

图 8-76　左导墙整体推荐方案体型图（单位：m）

概化模型验证试验结果表明，冲刷稳定后，冲刷坑最深点高程为 109.48 m，与整体试验冲刷坑深度 109.6 m 接近。此时，导墙头部最大流速 V_{max}=3.58 m/s，与整体模型试验结果 V_{zmax}=3.6 m/s 基本一致。冲刷坑范围以导墙头部为中心，向上游 36 m，向下游 25 m，向左 29 m，向右 42 m，与整体试验结果也基本一致，导墙前来流流速及冲刷坑地形见图 8-77。概化模型导墙冲坑形态和深度与枢纽整体模型试验成果基本一致，利用概化模型研究导墙体型、冲坑形态和深度以及防护措施是可行的。

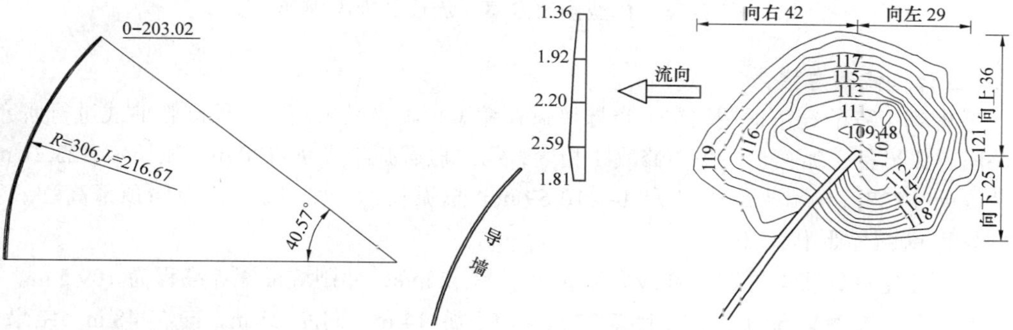

(a)整体模型推荐体型（单位：m）　(b)导墙前来流流速分布（单位：m/s）　(c)导墙前局部冲刷地形（单位：m）

图 8-77　冲刷坑率定试验流速及冲刷地形

三、导墙体型修改方案试验结果

分析认为，导墙前冲刷坑形成主要是因水流绕流引起的，因此修改试验应尽可能使导墙外形符合水流流线，减少对水流的扰动，共进行了 7 种体型比较方案试验。

(一)体型修改方案 1

采用圆弧复合曲线，加长导墙弧长，使导墙头部与来流方向一致。第一段圆弧半径 R=306 m，弧长 L=148.75 m，夹角 θ=27.85°；第二段圆弧半径 R=120 m，弧长 L=122.21 m，夹角 θ=58.35°；第三圆段弧半径 R=50 m，弧长 L=21.14 m，夹角 θ=24.22°；导墙顶部高程、横断面形状保持原设计不变，导墙头部中心点桩号 0–207.59 m。总弧长 ΔL=292.1 m。

试验仍保证上游水位 131 m，来流条件与冲刷坑深度率定试验一致。实测导墙头部最大流速 V_{max}=3.57 m/s，冲刷稳定后，冲刷坑最深点高程为 110.83 m。冲刷坑范围，以导墙头部为中心向上游 22 m，向下游 13 m，向左 24 m，向右 40 m，试验结果见图 8-78。可以看出，冲刷坑深度比整体推荐方案略小，冲刷坑范围也有所减小，表明体型修改思路是正确的。

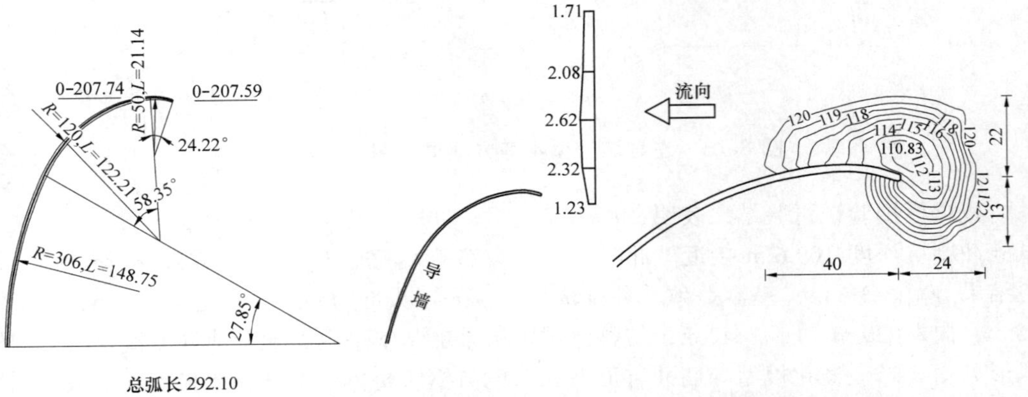

(a)修改方案 1 体型(单位：m)　(b)流速分布(单位：m/s)　(c)冲刷地形(单位：m)

图 8-78　体型修改方案 1 流速及冲刷地形

(二)体型修改方案 2

考虑到工程的经济适用情况，将导墙弧长缩短，试验又采用了二段圆弧曲线进行研究。第一段圆弧半径、弧长、夹角与修改 1 相同，第二段圆弧半径 R=120 m，弧长 L=123.21 m，夹角 θ=58.83°；导墙头部桩号为 0–210.69 m，总弧长ΔL=271.96 m，导墙顶部高程、宽度、导墙横断面形状均不变。

冲刷稳定后，实测导墙头部最大流速 V_{max}=3.62 m/s，冲刷坑最深点高程为 109.5 m。冲刷坑范围，以导墙头部为中心向上游 33 m，向下游 14 m，向左 25 m，向右 48 m，结果见图 8-79。该体型与体型修改方案 1 相比，冲刷坑深度略有增加，冲刷坑范围也略有增大。

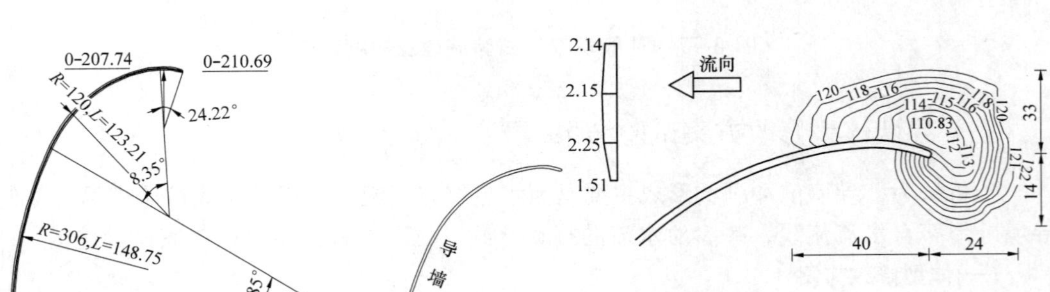

(a)修改方案 2 体型(单位：m)　(b)流速分布(单位：m/s)　(c)冲刷地形(单位：m)

图 8-79　修改方案 2 流速及冲刷地形

(三)体型修改方案 3

考虑到修改方案 1 冲刷坑深度略小，说明 3 段圆弧复合曲线对水流的适应性可能好一些。因此，试验仍采用 3 段圆弧复合曲线，只是将导墙总长度减小。第一段圆弧半径、弧长、夹角与方案 1 相同；第二段圆弧半径 $R=120$ m，弧长 $L=54.47$ m，夹角 $\theta=26.01°$；第三段圆弧半径 $R=50$ m，弧长 $L=21.14$ m，夹角 $\theta=24.22°$；导墙头部桩号为 0–196.18 m，总弧长 $\Delta L=224.36$ m。

冲刷稳定后，实测导墙头部最大流速 $V_{max}=3.64$ m/s，冲刷坑最深点高程为 110.58 m。测得冲刷坑范围，导墙头部向上游 43 m，向下游 15 m，向左侧 23 m，向右侧 55 m，冲坑深度与修改方案 1 接近，详见图 8-80。这表明冲刷坑深度与导墙头部形状关系密切。

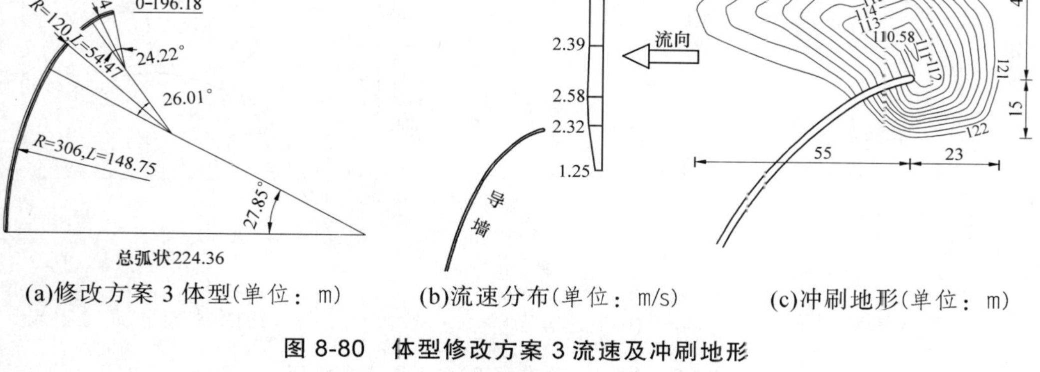

(a)修改方案 3 体型(单位：m)　(b)流速分布(单位：m/s)　(c)冲刷地形(单位：m)

图 8-80　体型修改方案 3 流速及冲刷地形

(四)体型修改方案 4

在修改方案 3 的基础上，截去第二弧段。此时，第一段圆弧半径、弧长、夹角不变，第二段圆弧半径 $R=50$ m，弧长 $L=21.14$ m，夹角 $\theta=24.22°$，导墙头部桩号为 0–163.03 m，总弧长 $\Delta L=169.89$ m。

保持水流条件与冲刷坑深度率定试验一致。实测导墙头部最大流速 $V_{max}=3.62$ m/s，冲刷稳定后，冲刷坑最深点高程为 109.3 m。冲刷范围，导墙头部向上游 31 m，向下游 7 m，向左侧 20 m，向右侧 48 m，见图 8-81。试验得知，与整体推荐方案相比，冲刷坑

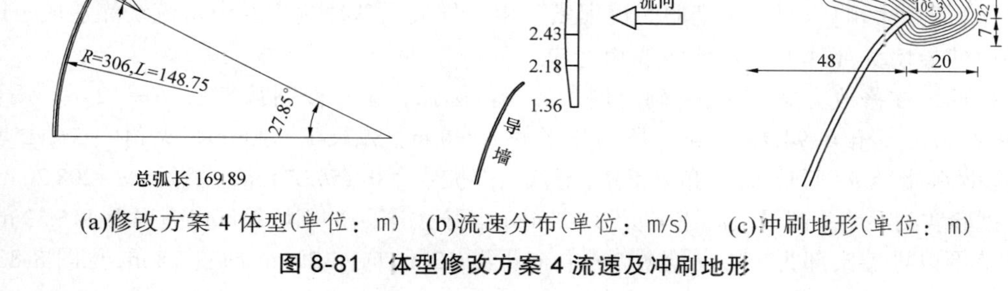

(a)修改方案 4 体型(单位：m)　(b)流速分布(单位：m/s)　(c)冲刷地形(单位：m)

图 8-81　体型修改方案 4 流速及冲刷地形

深度未减少，冲刷坑范围差别不大，只是冲刷坑平面形状有所改变。

(五)体型修改方案 5

仍为二圆弧复合曲线，试验在修改方案 4 的基础上，加长导墙头部弧长，第一段圆弧半径、弧长、夹角和方案 1 相同，第二段圆弧半径 R=40 m，弧长 L=55 m，夹角 θ=78.8°，导墙头部桩号 0–166.58 m，总弧长ΔL=203.75 m。

保证来流条件与冲刷坑深度率定试验一致。实测导墙头部最大流速 V_{max}=3.59 m/s，冲刷稳定后，冲刷坑最深点高程为 111.30 m。导墙头部冲刷范围向上游 25 m，向下游 9 m，向左 19 m，向右 45 m，见图 8-82。由此可见，导墙头部冲刷坑深度和导墙头部体型密切相关。

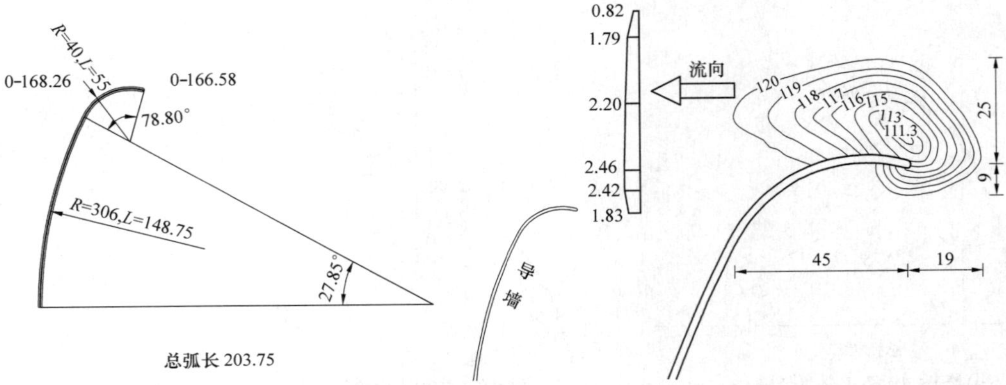

(a)修改方案 5 体型(单位：m)　(b)流速分布(单位：m/s)　(c)冲刷地形(单位：m)

图 8-82　体型修改方案 5 流速及冲刷地形

(六)体型修改方案 6

将体型修改方案 5 第二段圆弧截短，则圆弧半径 R=40 m，弧长 L=40.6 m，夹角 θ=58.15°，第一段圆弧半径、弧长、夹角和方案 1 相同，导墙头部桩号为 0–168.16 m，总弧长ΔL=189.35 m。

试验实测导墙头部最大流速 V_{max}=3.63 m/s，冲刷稳定后，冲刷坑最深点高程为 110.68 m。冲刷范围以导墙头部为中心向上游 37 m，向下游 15 m，向左 20 m，向右 45 m，与修改体型 5 结果差别不大。

(七)体型修改方案 7

经过一系列导墙体型修改试验，可以看出导墙长短对冲刷坑深度影响不大，而导墙头部体型则是影响冲刷坑深度的关键因素。由于导墙头部冲刷主要由水流绕流造成，因此必须使导墙头部体型与水流流线相适应。

据此，在修改方案 6 的基础上增加第三段圆弧，第三段圆弧半径 R=12 m，弧长 L=19.85 m，夹角 θ=94.78°。第二段圆弧半径 R=40 m，弧长 L=39.6 m，夹角 θ=56.72°。第一段圆弧半径 R、弧长 L、夹角 θ 不变，导墙头部桩号为 0–156.274 m，总弧长ΔL=208.20 m。

试验实测导墙头部最大流速 V_{max}=3.62 m/s，冲刷稳定后，冲刷坑最深点高程为 115.53 m。冲坑范围以导墙头部为中心向上游 29 m，向下游 12 m，向左 20 m，向右 78 m，见图 8-83。

由图可以看出，由于导墙头部转角与水流流线方向基本一致，冲刷坑深度也大大减小。因此，将该体型定为导墙推荐体型。

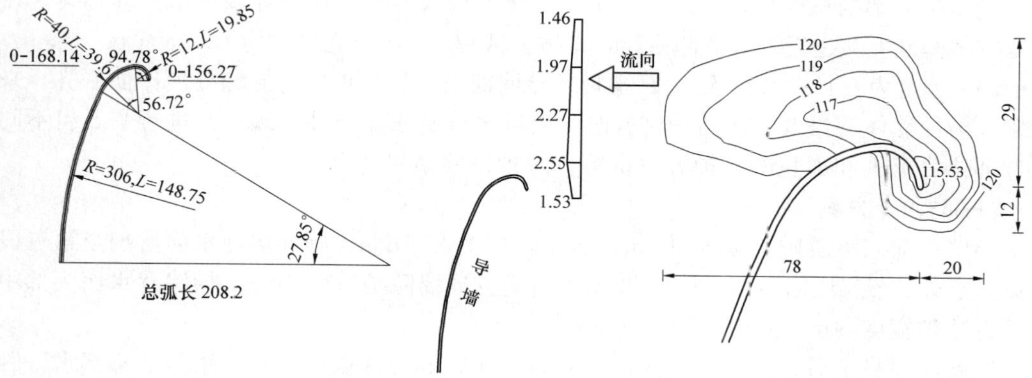

(a)修改方案 4 体型(单位：m)　(b)流速分布(单位：m/s)　(c)冲刷地形(单位：m)

图 8-83　体型修改方案 7 流速及冲刷地形

(八)修改方案体型参数及冲坑形态和深度汇总比较

为了对比方便，将各修改方案体型尺寸、左导墙前冲刷坑范围及冲刷坑底高程统计后列于表 8-48，从表中看出体型修改方案 7 冲坑深度最浅，推荐设计采用。

表 8-48　左导墙体型修改方案试验比较

试验方案	体型				无防护			
	中心半径 R(m)	角度(°)	弧长 L(m)	总弧长 ΔL(m)	导墙头部最大流速(m/s)	冲坑范围		冲刷坑底高程(m)
						长(m)	宽(m)	
整体推荐方案	306	40.57	216.67	216.67	3.58	71	61	109.48
修改 1	306 120 50	27.85 58.35 24.22	148.75 122.21 21.14	292.1	3.47	64	35	110.83
修改 2	306 120	27.85 58.83	148.75 123.21	271.96	3.62	73	47	109.50
修改 3	306 120 50	27.85 26.01 24.22	148.75 54.47 21.14	224.36	3.64	78	58	110.58
修改 4	306 50	27.85 24.22	148.75 21.14	169.89	3.62	68	38	109.30
修改 5	306 40	27.85 78.8	148.75 55.00	203.75	3.59	64	34	111.30
修改 6	306 40	27.85 58.15	148.75 40.60	189.35	3.63	65	52	110.68
修改 7 (推荐方案)	306 40 12	27.85 56.72 94.78	148.75 39.6 19.85	208.2	3.62	98	41	115.53

四、导墙体型推荐方案防护试验结果

经多种方案的试验比较，最后选定导墙体型修改方案 7 作为导墙体型推荐方案。在推荐方案基础上又进行导墙头部铅丝石笼防护试验。铅丝石笼尺寸均为 1 m×1 m×1 m(长×宽×高)，重量为 2.1～2.2 t。铅丝石笼紧靠导墙铺设一层，顶部与导墙处河床面平齐。来流条件与导墙体型修改 7 无防护试验时的上游水位及来流条件一致，共进行了 5 组不同防护部位、范围和面积的防护方案试验，防护试验结果如下。

(一)防护 1 方案

导墙头部向下游防护宽度 12 m，向左防护宽度 16 m，顺导墙迎水面防护至第三段圆弧起点处，第三段圆弧 $R=12$ m 圆弧中点垂直导墙防护宽度 20 m，导墙背水面头部中心垂直防护宽度 5 m，防护总面积 760 m^2。

试验冲刷稳定后，冲刷坑最深点高程为 114.93 m。冲刷坑范围，距导墙头部水平距离 39 m，向上最宽 35 m，冲坑长度 85 m，冲坑边沿距导墙约 8 m，约 20%铅丝石笼滑进冲刷坑内，见图 8-84。可以看出防护面积偏大，需要对防护部位进行调整。

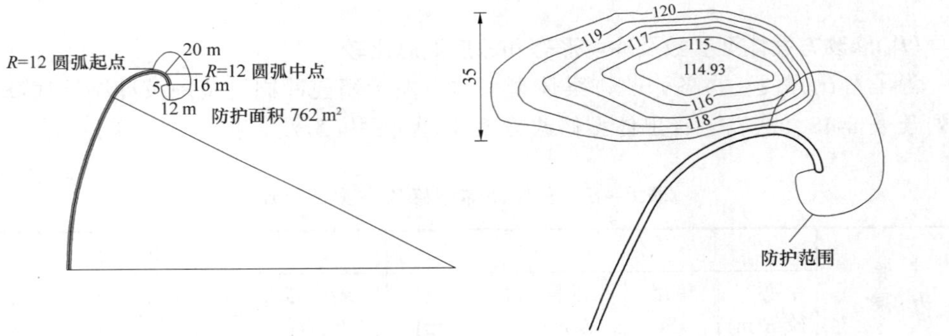

(a)防护 1 方案　　(b)防护后冲刷地形

图 8-84　推荐体型防护 1 方案试验冲刷地形　(单位：m)

(二)防护 2 方案

缩小防护面积，以导墙头部向下游防护宽度 8 m，向左防护宽度 10 m，顺导墙迎水面第三段圆弧 $R=12$ m 圆弧中点垂直导墙防护宽度 12 m，第三段圆弧起点垂直导墙防护宽度 10 m，第三段圆弧起点顺导墙向下游防护长度 10 m，垂直导墙防护宽度 5 m，顺导墙背水面头部中心垂直防护宽度 5 m，防护总面积 530 m^2。冲刷稳定后，冲刷坑最深点高程为 114.88 m。冲刷坑范围，距导墙头部水平距离 50 m，向上最宽 44 m，冲坑长度 84 m，冲坑边沿距导墙约 6 m，无铅丝石笼失稳滑动，见图 8-85。

(三)防护 3 方案

为降低造价，再次缩小防护面积。导墙头部向下游防护宽度 5 m，向左防护宽度 8 m，顺导墙迎水面第三段圆弧 $R=12$ m 圆弧中点垂直导墙防护宽度 8 m，第三段圆弧起点垂直导墙防护宽度 8 m，第三段圆弧起点顺导墙向下防护长度 10 m，垂直导墙防护宽度 5 m，顺导墙背水面头部中心垂直防护宽度 5 m，防护总面积 365 m^2。试验冲刷稳定后，冲刷坑最深点高程为 114.18 m。冲刷坑范围，距导墙头部水平距离 47 m，向上最宽 44 m，冲坑长度 82 m，冲坑边沿距导墙约 3 m，约 5%的铅丝石笼滑进冲刷坑内，见图 8-86。

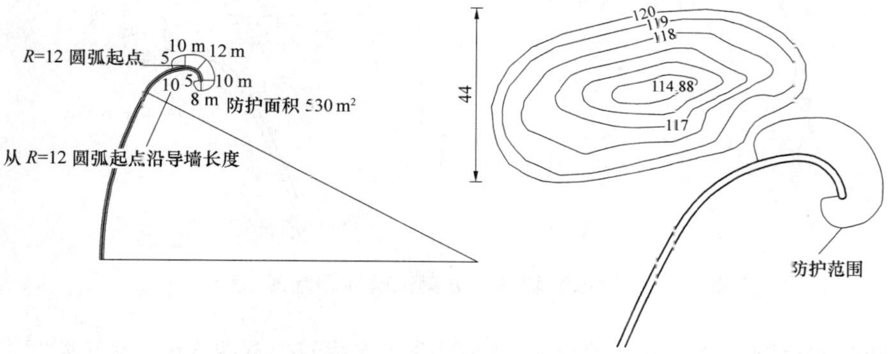

(a)防护 2 方案　(b)防护后冲刷地形

图 8-85　推荐体型防护 2 方案试验冲刷地形（单位：m）

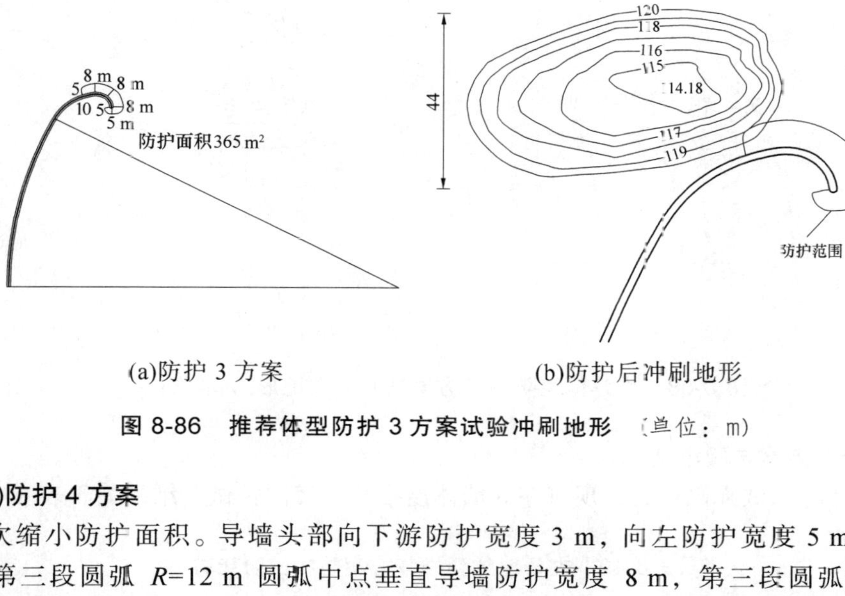

(a)防护 3 方案　(b)防护后冲刷地形

图 8-86　推荐体型防护 3 方案试验冲刷地形（单位：m）

(四)防护 4 方案

再次缩小防护面积。导墙头部向下游防护宽度 3 m，向左防护宽度 5 m，顺导墙迎水面第三段圆弧 R=12 m 圆弧中点垂直导墙防护宽度 8 m，第三段圆弧起点垂直导墙防护宽度 8 m，第三段圆弧起点顺导墙向下防护长度 10 m，垂直导墙防护宽度 5 m，顺导墙背水面头部中心垂直防护宽度 3 m，防护总面积 300 m²。试验冲刷稳定后，冲刷坑最深点高程为 114.28 m。冲刷坑范围，距导墙头部水平距离 41 m，向上最宽 41 m，冲坑长度 80 m，冲坑边沿距导墙约 3 m，约 5%的铅丝石笼滑进冲刷坑内，见图 8-87。

(五)防护 5 方案

该方案导墙头部向下游防护宽度 3 m，向左防护宽度 5 m，顺导墙迎水面第三段圆弧 R=12 m 圆弧中心垂直导墙防护宽度 8 m，第三段圆弧起点垂直导墙防护宽度 7 m，

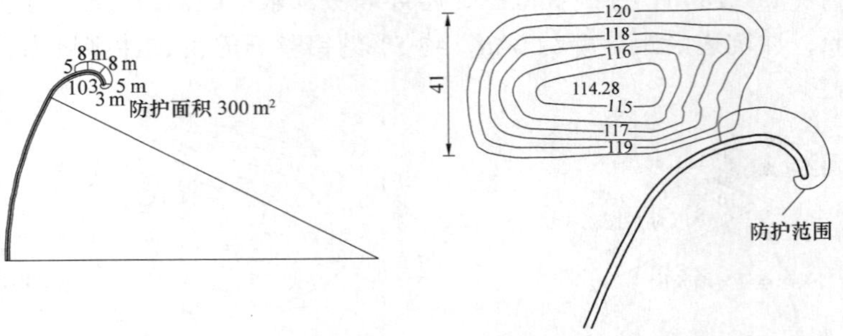

(a)防护 4 方案　　(b)防护后冲刷地形

图 8-87　推荐体型防护 4 方案试验冲刷地形　（单位：m）

第三段圆弧起点顺导墙向下防护长度 23 m，垂直导墙防护宽度 5 m，顺导墙背水面头部中心垂直防护宽度 3 m，防护总面积 400 m^2。试验冲刷稳定后，冲刷坑最深点高程为 114.53 m。冲刷坑范围，距导墙头部水平距离 41 m，向上最宽 43 m，冲坑长度 74 m，冲坑边沿距导墙约 3 m，约 5%铅丝石笼滑进冲刷坑内，见图 8-88。

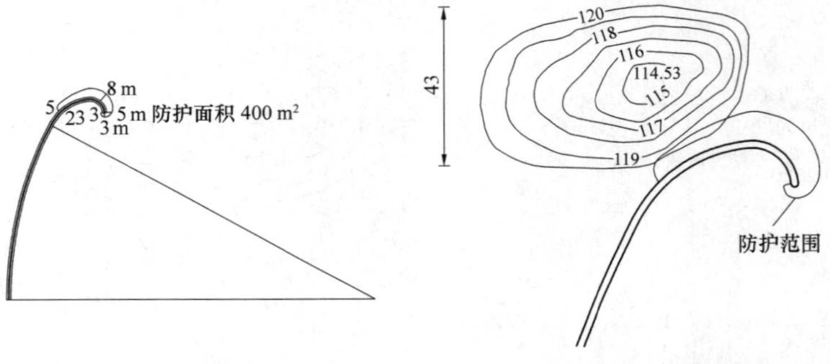

(a)防护 5 方案　　(b)防护后冲刷地形

图 8-88　推荐体型防护 5 方案试验冲刷地形　（单位：m）

(六)防护方案试验小结

经多种防护试验比较后，现将左导墙体型推荐方案防护试验结果列于表 8-49。

表 8-49　左导墙体型推荐方案防护试验比较

防护方案	防护面积(m^2)	冲坑范围(m)		冲刷坑底高程(m)	冲坑边距导墙距离(m)
		长	宽		
1	760	85	35	114.93	8
2	530	84	44	114.88	6
3	365	82	44	114.18	3
4	300	80	41	114.28	3
5	400	74	43	114.53	3

分析认为，水流在导墙头部绕流形成螺旋流，对导墙前河床的冲刷机理类似于河道丁坝前河床冲刷，来流流至导墙头部后，沿导墙产生的螺旋流淘刷河床。通过对导墙底部采取铅丝石笼防护后，阻止了螺旋流对导墙前河床的冲刷，使下潜的水流外移。由于上游来流条件不变，因此冲刷坑深度变化不大。从不同防护方案的冲坑最深点位置可以看出，垂直导墙防护宽度不是太宽情况下，冲坑最深的位置即远离导墙基础，防护5方案防护长度最长，对适应不同来流的防护效果相对要好一些。

五、结语

经过对左导墙7种体型修改方案和5组防护方案试验，可得出以下几点认识：

(1)在枢纽整体模型上，经过概化后的相同边界条件和来流条件下，研究不同导墙体型冲刷和防护措施是可行的。

(2)导墙的冲刷主要由导墙头部螺旋水流引起，导墙的长短对冲刷坑深度影响不大，而导墙头部体型则决定着冲刷坑的深度。当导墙头部弧度与水流流线相适应时，冲刷坑则浅，反之则深。

(3)导墙体型修改方案7的导墙头部体型对水流流线的适应性较好，冲刷坑深度相对较浅，试验确定为推荐体型，建议设计采用。

(4)导墙头部冲刷，通过铅丝石笼平面防护均可起到防护效果。

(5)综合防护试验结果，建议导墙头部的铅丝石笼防护按照试验推荐防护5方案进行防护。

第九章　西霞院工程总体布置终结方案整体模型验证试验

第一节　工程总体布置终结方案概况

一、工程概况

工程建筑物主要由拦河坝、电站两侧泄洪洞、排沙闸、排沙底孔、电站、引水闸和灌溉闸等建筑物组成，整体终结布置如图 9-1 所示。

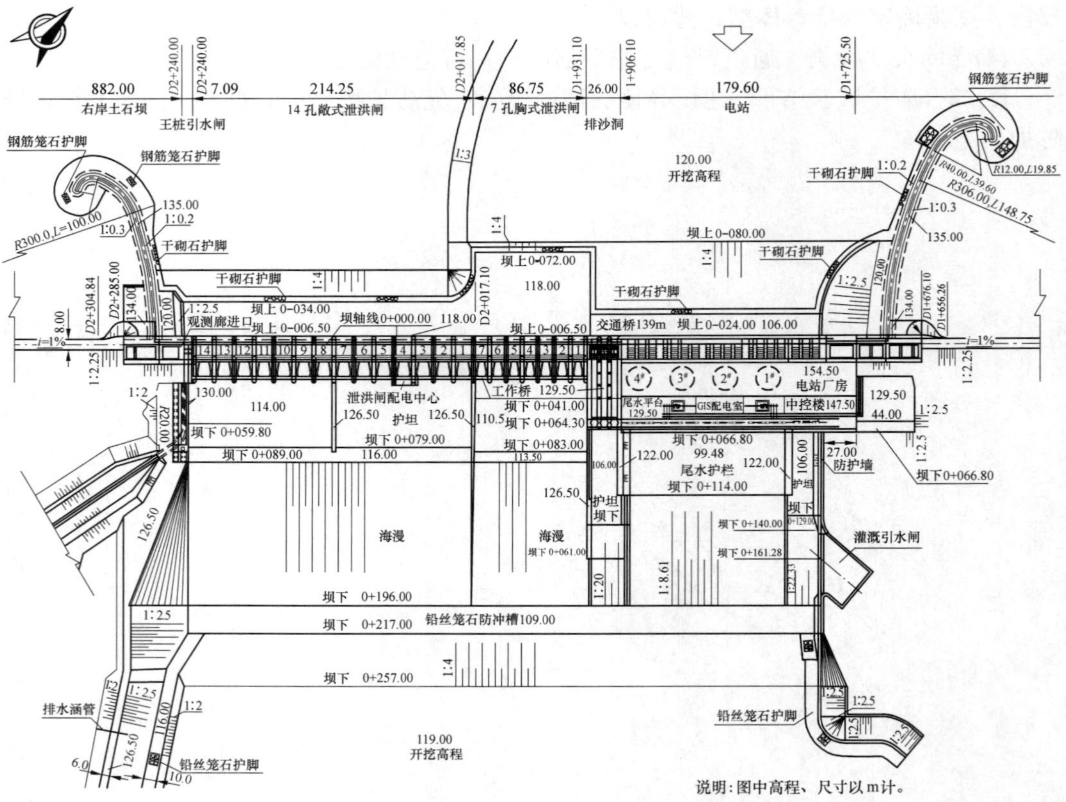

图 9-1　整体平面布置图

西霞院水库工程泄水建筑物各单体终结布置方案试验完毕后，按照各种单体试验提供的终结体型在枢纽整体模型上进行验证试验，以检验泄水建筑物泄流能力及枢纽下游消能防冲设计的安全性。泄洪闸是工程的主要泄水建筑物，共 21 孔，其中开敞式泄洪闸 14 孔，胸墙式泄洪闸 7 孔。8#～12#开敞式泄洪闸每孔净宽 12 m，堰型为 WES 型实用堰，堰面曲线方程：$y=x^{1.836}/9.424$，堰顶高程 126.40 m，堰顶设置平板检修门和弧形工作门各一道。泄洪闸上游闸底板高程 118 m，长 68 m，并以 1：4 的坡度与上游河床相接。泄洪闸下游采用底流消能，消力池长 49 m，消力池池首底板高程 114 m，池末地板高程 113 m，池末坎顶高程 116 m，池末深 3 m。消力池后为 114 m 长的海漫，其中 75 m 钢筋混凝土、20 m 浆砌石和 20 m 干砌石，海漫末端接防冲槽，槽深 2.5 m，底部长 6 m，顶部长 21 m，顶部高程 109.00 m，末端以 1：4 反坡与下游原河床相接。开敞式泄洪闸布置如图 9-2 所示。

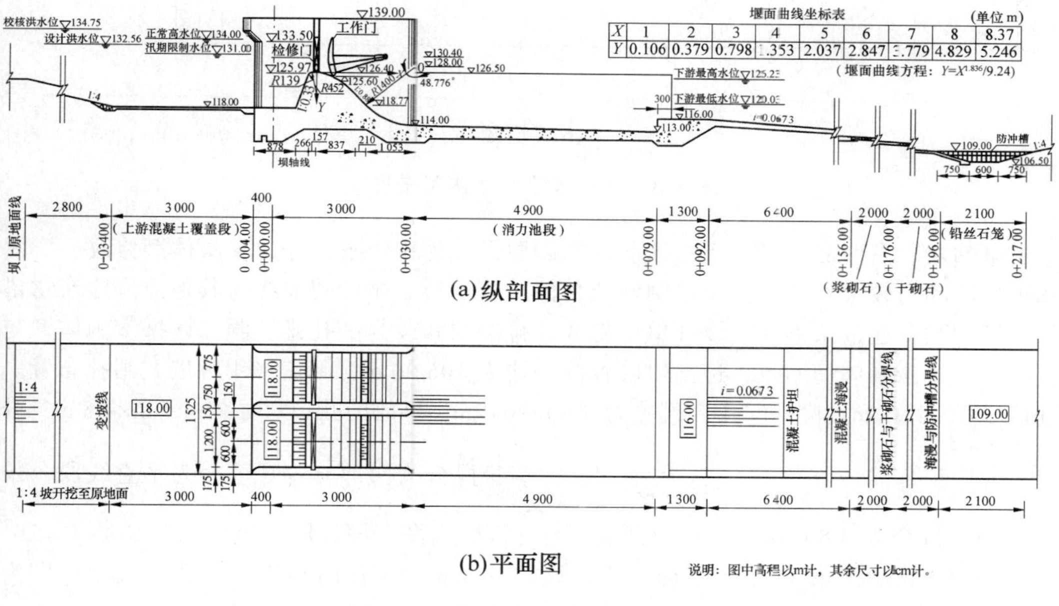

图 9-2 开敞式泄洪闸体型布置图

1#～7#胸墙式泄洪闸每孔净宽 9 m，堰顶高程 121 m，堰型为抛物线实用堰。胸墙厚 5.93 m，胸墙底缘曲线方程 $\frac{x^2}{5.7^2}+\frac{y^2}{1.9^2}=1$与 1：3 的压坡连接，胸墙底缘高程 125.1 m。孔口高度 4.1 m，弧形闸门控制。泄洪闸上游闸底板高程 118 m，与闸前混凝土铺盖段相接，铺盖长 30 m，再以 1：4 的坡度与上游河床相接。泄洪闸下游采用底流消能，消力池长 53 m，池底板高程 110.5 m，消力池末坎顶高程 113.5 m，池深 3 m，紧接消力池尾坎后为 110 m 长的海漫，其中 75 m 为钢筋混凝土底板、20 m 为浆砌石和 20 m 干砌石，接下是防冲槽。防冲槽下游以 1：4 反坡与原河床相接。胸墙式泄洪闸布置如图 9-3 所示。

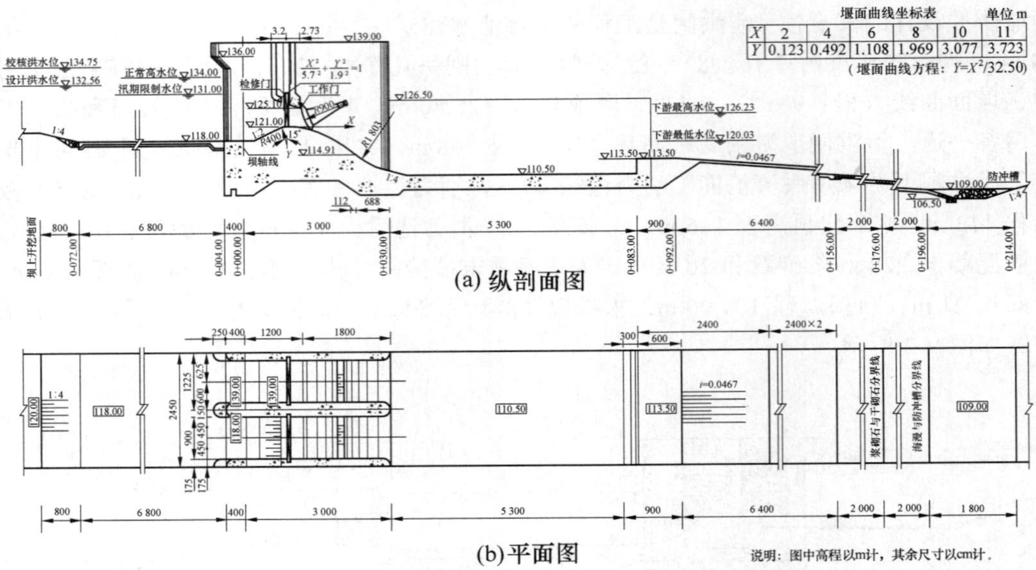

图 9-3　胸墙式泄洪闸体型布置图

电站左、右两侧各设 3 条排沙洞，右侧原设计为排沙闸，经过多次体型修改后，闸孔出口波动仍较大。考虑到排沙闸水流条件比较复杂，排沙闸前缘与其他泄流建筑物错位，给坝顶交通带来不便，设计单位将 3 孔排沙闸修改为 3 孔排沙洞。该排沙洞体型与安装间下排沙洞体型一致，进出口底板高程均为 106.00 m，闸室采用胸墙式闸孔布置。进口段长 12.95 m，检修门孔口尺寸为 4.5 m×6.4 m，事故门孔口尺寸为 4.5 m×4.8 m。进口渐变段顶部曲线方程为 $\frac{x^2}{4.8^2}+\frac{y^2}{1.6^2}=1$。 洞身段分为两部分：一部分为平直线段，长 25.95 m，洞身为 4.5 m×4.8 m 矩形断面；另一部分为渐变段，长 20 m，顶板压坡 1：20，洞尾为 4.5 m×3.8 m 的矩形断面。出口段长 6.7 m，工作门和检修门孔口尺寸分别为 4.5 m×3.8 m 和 4.5 m×5.1 m。扩散段顶部曲线方程为 $\frac{x^2}{3.8^2}+\frac{y^2}{1.3^2}=1$。洞身段总长 68.3 m。上游为 20 m 长的混凝土防冲板，高程 106.00 m，以 1：4 斜坡与上游河床相接。下游设长度为 49.7 m 的钢筋混凝土水平护坦，下接长 82 m 的海漫与防冲槽相连，防冲槽下用 1：4 反斜坡与下游河床相接。为减少下游电站尾水的相互影响，右侧 3 条排沙洞后左侧设顶高程为 122.00 m 的导墙与电站隔开，右侧紧接闸室设顶高程为 126.50 m 的导墙与泄洪闸隔开，如图 9-4 所示。电站 4 台机组为轴流式，机组进口底板高程 114.00 m，出口底板高程 100.08 m，如图 9-5 所示。

电站机组之间设有 3 孔排沙底孔，进口高程为 106.00 m，平板工作门尺寸 3.0 m×5.0 m，出口设 3.0 m×5.0 m 挡沙检修门，出口高程与电站机组出口高程相同，如图 9-6 所示。其中电站、排沙底孔、按设计提供体型尺寸进行制作。

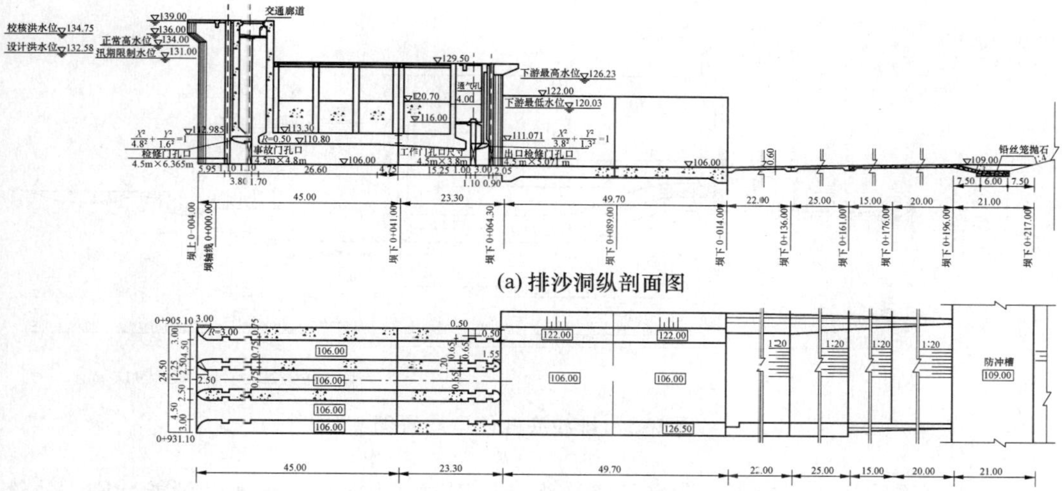

说明：图中高程及尺寸均以 m 计。

图 9-4　排沙洞体型布置图

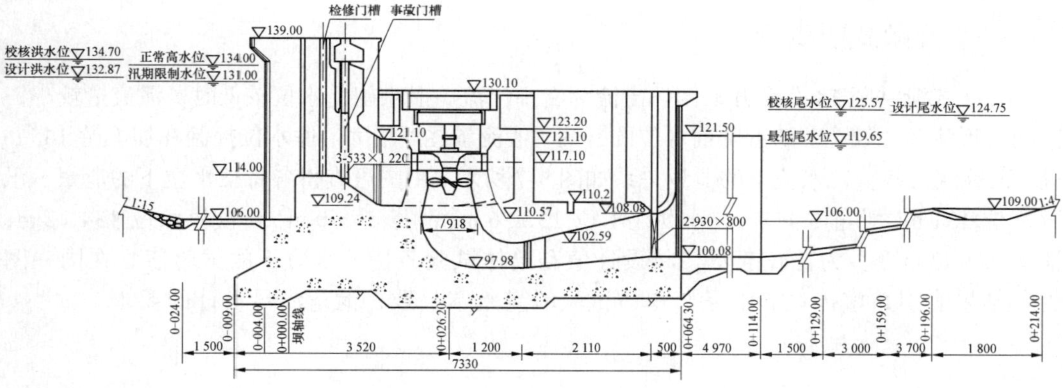

说明：图中高程以 m 计，其他尺寸以 cm 计。

图 9-5　电站机组体型布置图

二、验证试验主要内容

验证试验是在几何比尺 1∶100 整体模型试验上进行的，试验内容有：

(1)检验枢纽总体布置终结方案泄流排沙建筑物的泄流能力和枢纽总泄量。

(2)量测特征水位运用工况下，泄水建筑物下游流速分布及冲刷坑地形，绘制出流速分布及冲刷坑地形。

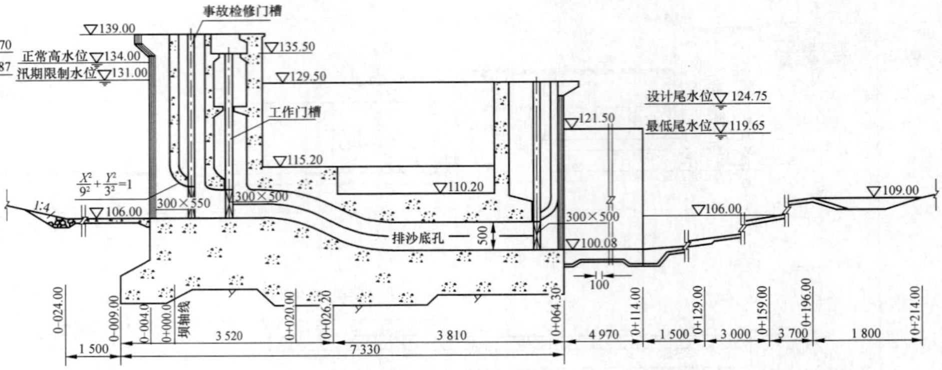

说明：图中高程以 m 计，其他尺寸以 cm 计。

图 9-6　排沙底孔体型布置图

(3)观测不同运用工况下，泄水建筑物组合运用时，下游流速分布及消能冲刷，并绘制出流速分布及冲刷坑地形。

(4)检验泄水建筑物下游消能防冲设计的合理性。

第二节　枢纽泄流排沙建筑物泄流能力

一、开敞式泄洪闸

开敞式泄洪闸 14 孔全开，闸孔出流为自由出流。泄洪闸前水位较低时，泄流量较小，闸前行近流速也较小。随着闸前水位的升高，泄流量逐渐增大。库水位控制在坝上游 145 m 处，试验测得各特征水位下的泄量关系如图 9-7 所示。由图可查得各特征水位下的泄量，汛限水位 131 m，泄量 3 410 m^3/s；设计水位 132.56 m，泄量 5 440 m^3/s；校核水位 134.32 m，泄量 7 980 m^3/s。为比较起见，将设计值和单体试验各特征水位下的试验值画在同一图上。结果表明，整体试验泄量与单体试验泄量基本一致，泄量满足设计的要求。

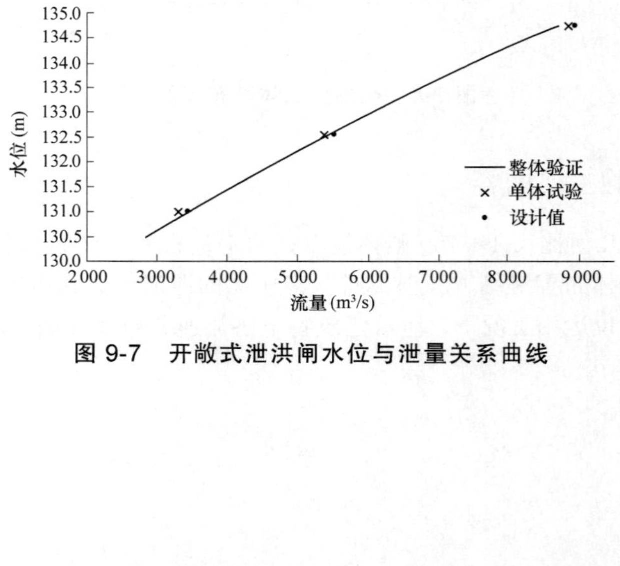

图 9-7　开敞式泄洪闸水位与泄量关系曲线

二、胸墙式泄洪闸

胸墙式泄洪闸泄流时，随着水位的升高，水流由堰流逐渐过渡到孔流，泄洪闸7孔全开时，试验对胸墙式泄洪闸水位流量关系进行了量测。根据试验观测，当闸前水位低于127.34 m时，过闸水流与胸墙完全脱开，此时过流为堰流；当闸前水位高于128.28 m时，泄洪闸出流为孔流，试验结果如图9-8所示。由图得知各特征水位下的泄量，汛限水位131 m，泄量3 100 m^3/s；设计水位132.56 m，泄量3 390 m^3/s；校核水位134.32 m，泄量3 720 m^3/s。各特征水位下整体试验泄量与单体试验泄量吻合较好。

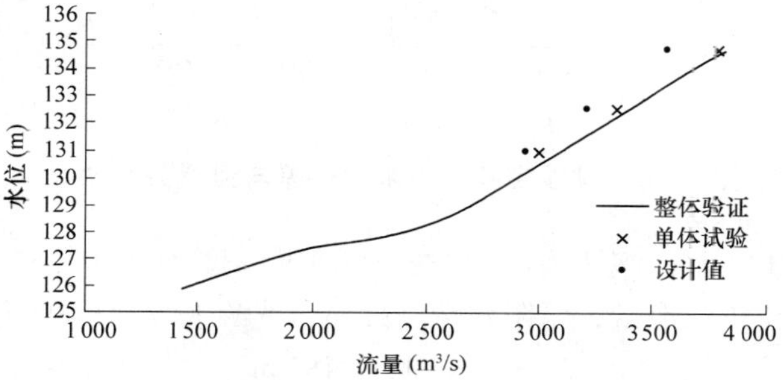

图 9-8　胸墙式泄洪闸水位与泄量关系曲线

三、排沙洞

试验观测到，排沙洞在各种运用工况下，排沙洞出流均为有压淹没出流。模型实测排沙洞3孔全开时，上下游水位差与泄量关系曲线见图9-9。

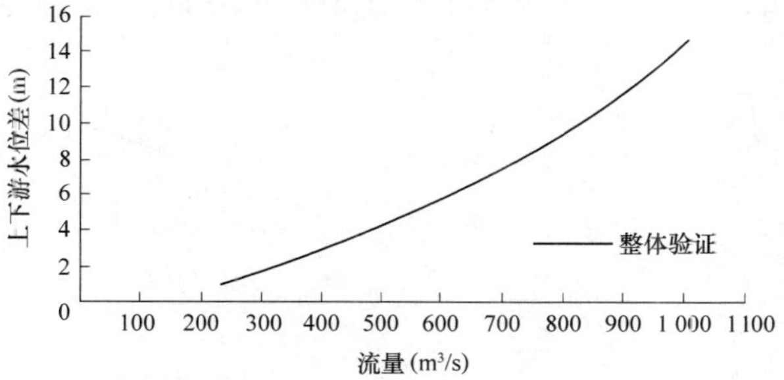

图 9-9　排沙洞上下游水位差与泄量关系曲线

图中水头差是上游水位(距坝轴线145 m)与下游水位(坝下0+257 m)的水位差值。由此可查得各特征水位下的泄量，汛限水位131 m，下游水位123.92 m，泄量675 m^3/s；设计水位132.56 m，下游水位124.97 m，泄量700 m^3/s；校核水位134.32 m，下游水位125.84 m，泄量746.5 m^3/s。根据模型实测资料拟合经验关系公式如下：

$$Q_{排沙洞}=232.86\Delta H^{0.543} \tag{9-1}$$

四、电站排沙底孔

由于排沙底孔孔口尺寸较小，泄流量相应较小，各级水位条件下均为高淹没度出流。模型实测3孔排沙底孔全开时的泄量关系曲线，如图9-10所示。

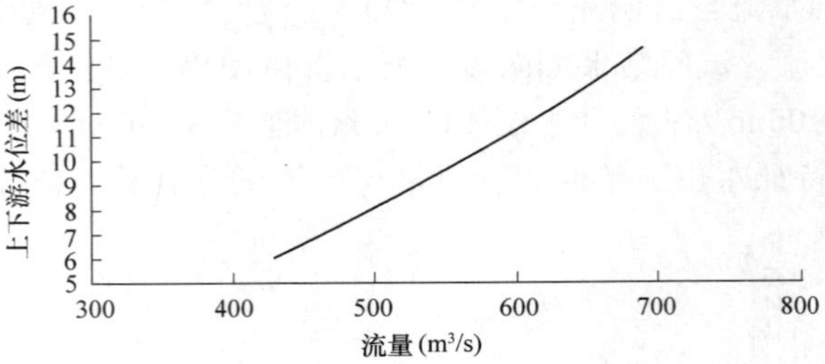

图 9-10　排沙底孔上下游水位差与泄量关系曲线

图中水头差是上游水位(距坝轴线145 m)与下游水位(坝下0+257 m)的水位差值。由图可查得各特征水位下的泄量，汛限水位131 m，下游水位123.92 m，泄量465 m^3/s；设计水位132.56 m，下游水位124.97 m，泄量483 m^3/s；校核水位134.32 m，下游水位125.84 m，泄量512 m^3/s。根据模型实测资料拟合经验关系公式如下：

$$Q_{排沙底孔}=164\Delta H^{0.533} \tag{9-2}$$

五、枢纽总泄流能力

西霞院工程泄水建筑物全开时，上游库区来流基本平稳，上游左导墙体型修改后，闸前进流平顺。电站关闭情况下，试验测得上游水位与泄量关系如图9-11所示。

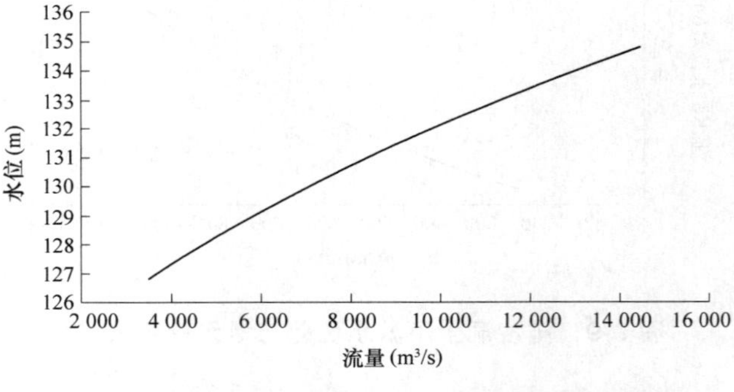

图 9-11　工程泄水建筑物水位与泄量关系曲线图

由图9-11可以查出，上游水位131 m，下游水位123.92 m，泄量8 325 m^3/s；上游水位132.56 m，下游水位124.97 m，泄量10 713 m^3/s；上游水位134.32 m，下游水位125.84 m，泄量13 705 m^3/s。

由图9-7、图9-8和图9-9可以看出，开敞式泄洪闸、胸墙式泄洪闸、排沙洞各单体试验泄量与整体验证试验泄量接近。从表 9-1 可知，验证试验总泄量值大于设计总泄量值，泄量满足设计要求。

表 9-1 整体泄水建筑物泄流能力

上游水位(m)	下游水位(m)	泄量(m^3/s)						备注
		泄洪闸泄量		底孔	排沙洞	试验总泄量	设计总泄量	
		开敞式	胸墙式					
131.00	123.92	3 410	3 092	465	1 350	8 325	7 410	电站关闭，其他泄水建筑物全开
132.56	124.97	5 440	3 390	483	1 400	10 713	9 870	
134.32	125.84	7 980	3 720	512	1 493	13 705	12 955	

第三节 汛期特征洪水位流态及消能冲刷

一、水流流态

在三种特征水位下泄流时，泄洪闸下泄水流在消力池内均形成淹没水跃，水流出消力池后分别均匀扩散。排沙洞出流由于受两侧导墙约束，水流集中，在各级水位情况下水面波动较为剧烈。电站下游水流表面产生范围面积大但流速强度不大的一弱顺时针回流区，电站下游水面均高于两侧隔墙。如设计水位时，电站下游水面高出两侧隔墙 3 m 左右，部分水流越过两侧隔墙，加大了排沙洞段过流单宽流量，但水流出隔墙后又分别向两侧扩散，如图 9-12 所示。

二、流速分布

试验量测各特征水位下，泄水建筑物下游流速分布如图 9-13、图 9-14、图 9-15 所示。

可以看出，在汛限水位 131 m，下游水位 123.92 m，泄量 8 325 m^3/s 时，坝下 0+082 m 断面，对应排沙洞和底孔出口底部流速远较其他部位流速大，断面垂向流速分布均为 $V_{底}>>V_{表}$。但经过海漫水流扩散调整后至坝下 0+257 m，底部流速明显减小，底部流速均小于表面流速。对应 21 孔泄洪闸，由于胸墙式泄洪闸在该水位时过流量相对较大，水流出消力池后尾坎断面流速较开敞式泄洪闸尾坎断面流速要大些，出池水流波动也略大，经过海漫调整后至坝下 0+257 m 断面，对应胸墙式泄洪闸下流速比开敞式泄洪闸下流速大；在设计水位 132.56 m，下游水位 124.97 m，泄量 10 713 m^3/s 时，泄水建筑物下游流速分布规律与汛限水位 131 m 一致，胸墙式泄洪闸与开敞式泄洪闸对应坝下 0+257 断面流速大小较为接近；在校核水位 134.32 m，下游水位 125.84 m，泄量 13 705 m^3/s 时，由于开敞式泄洪闸闸下过流单宽流量大于胸墙式泄洪闸下过流单宽流量，开敞式泄洪闸下游流速较胸墙式泄洪闸下游流速偏大些。下游桩号 0+257 m 断面，流速分布仍然为表面流速大于底部流速，试验量测开敞式泄洪闸下游最大底部流速为 3.08 m/s。三种特征水位情况下，

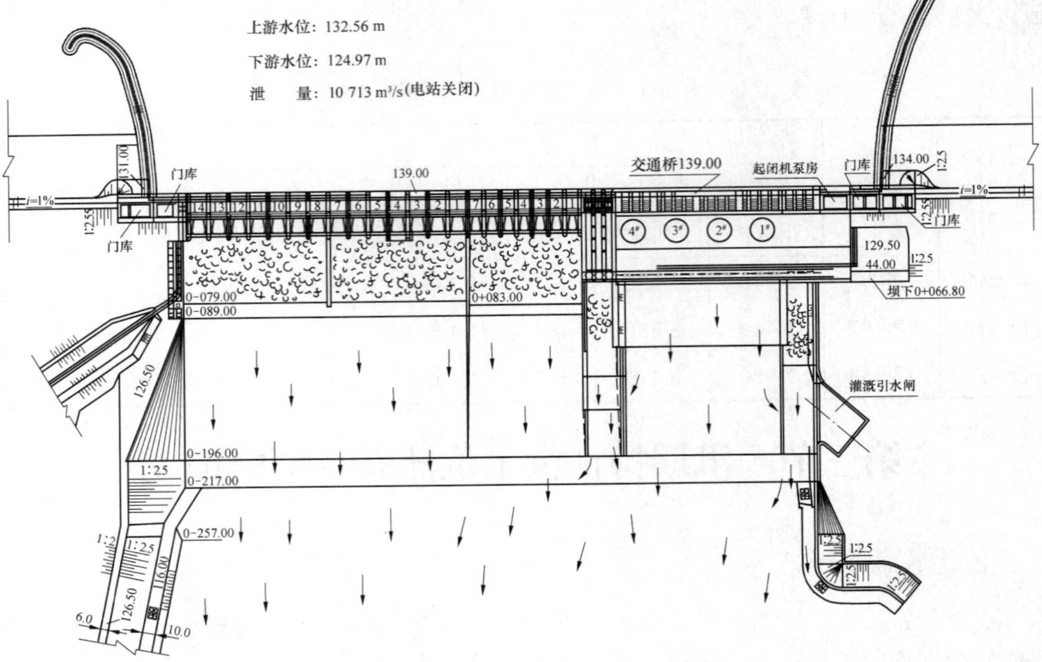

图 9-12　设计水位流态图　（单位：m）

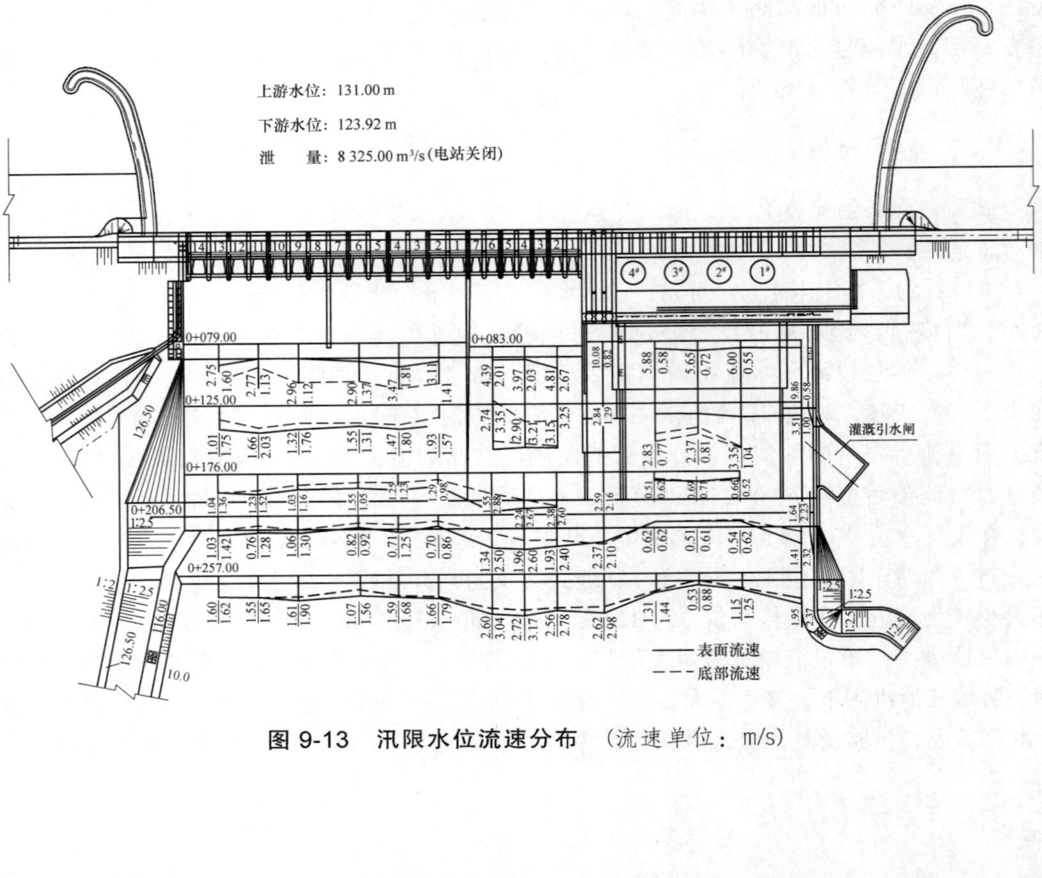

图 9-13　汛限水位流速分布　（流速单位：m/s）

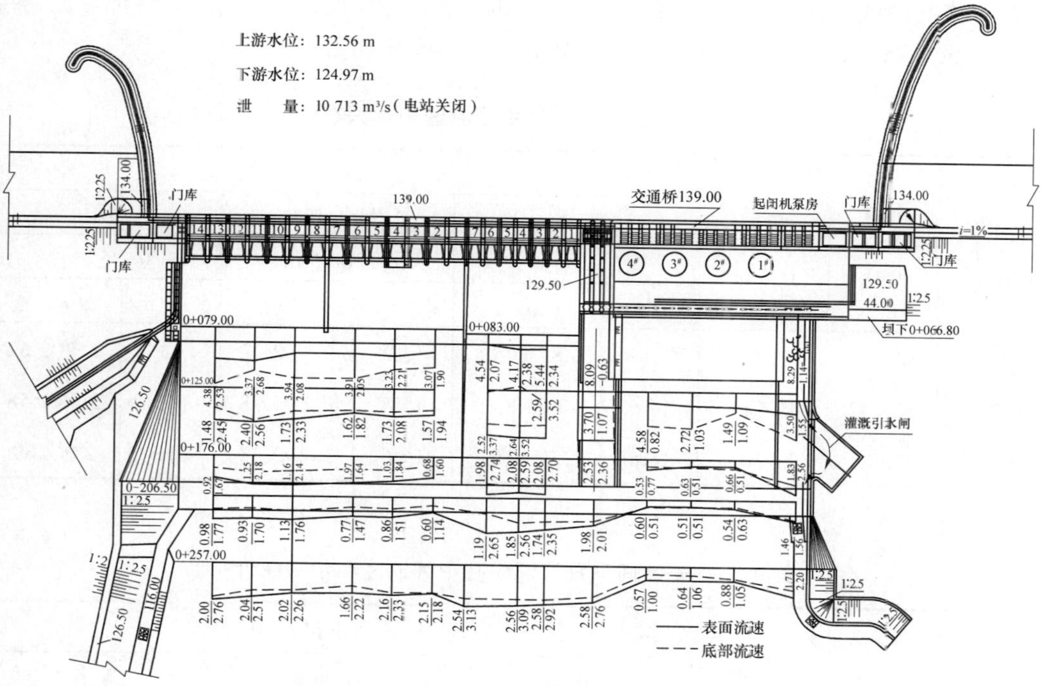

图 9-14　设计水位流速分布　（流速单位：m/s）

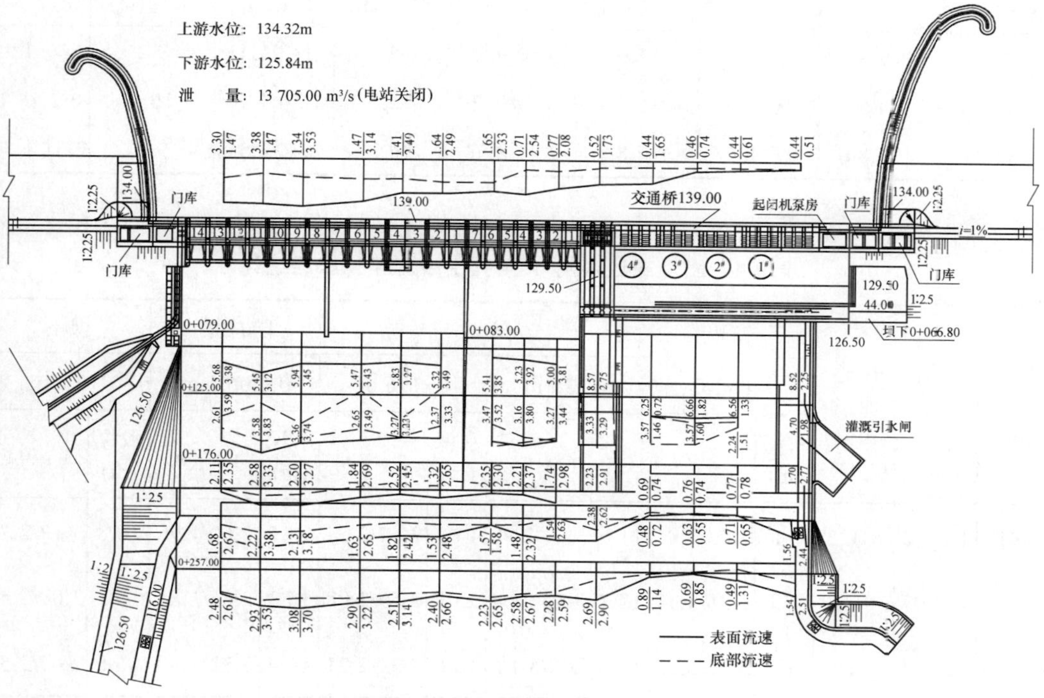

图 9-15　校核水位流速分布　（流速单位：m/s）

排沙洞中孔中线各部位流速及胸墙式泄洪闸和开敞式泄洪闸(4#)闸孔中线各部位流速统计，如表 9-2、表 9-3、表 9-4 和表 9-5 所示。

表 9-2　排沙洞中孔中线流速和水深统计

上游水位(m)	下游水位(m)	试验泄量(m^3/s)	排沙洞					
			护坦		防冲槽		坝下	
			0+176 m		0+206.5 m		0+257 m	
			水深(m)	$v_表/v_底$	水深(m)	$v_表/v_底$	水深(m)	$v_表/v_底$
131	123.92	8 325	18	0.82/10.08	15.3	2.10/2.37	13	2.98/2.62
132.56	124.97	10 713	17.5	–0.63/8.09	15.5	2.01/1.98	9.5	2.76/2.58
134.32	125.84	13 705	18.5	2.75/8.57	16.6	2.62/2.38	13.3	2.9/2.69

表 9-3　安装间下排沙洞中孔中线流速和水深统计

上游水位(m)	下游水位(m)	试验泄量(m^3/s)	安装间下排沙洞					
			护坦		防冲槽		坝下	
			0+176 m		0+206.5 m		0+257 m	
			水深(m)	$v_表/v_底$	水深(m)	$v_表/v_底$	水深(m)	$v_表/v_底$
131	123.92	8 325	17.9	0.58/9.86	15.2	2.32/1.41	9.2	2.37/1.95
132.56	124.97	10 713	17.6	–1.14/8.29	15.7	1.56/1.46	10.6	2.2/1.71
134.32	125.84	13 705	17.8	2.25/8.52	16.2	2.44/1.56	9.3	2.51/1.54

表 9-4　胸墙式泄洪闸 4#闸孔中线流速和水深统计

上游水位(m)	下游水位(m)	试验泄量(m^3/s)	坎上		护坦				防冲槽		坝下	
			0+083 m		0+125 m		0+176 m		0+206.5 m		0+257 m	
			水深(m)	$v_表/v_底$	水深(m)	$v_表/v_底$	水深(m)	$v_表/v_底$	水深(m)	$v_表/v_底$	水深(m)	$v_表/v_底$
131	123.92	8 325	11	2.03/3.97	11.5	3.21/2.90	14.3	2.67/2.24	14.5	2.60/1.96	10.8	3.17/2.72
132.56	124.97	10 713	11.2	2.38/4.17	12.2	3.52/2.64	15.3	2.59/2.08	15.3	2.56/1.85	10.5	3.09/2.56
134.32	125.84	13 705	12	3.92/5.23	13.6	3.8/3.16	16.6	2.37/2.21	16.4	2.32/1.48	16.6	2.67/2.58

表 9-5　特征水位开敞式泄洪闸 4[#]闸孔中线流速和水深统计表

上游水位(m)	下游水位(m)	试验泄量(m^3/s)	坎上		护坦				防冲槽		坝下	
			0+079 m		0+125 m		0+176 m		0+206.5 m		0+257 m	
			水深(m)	$v_{表}/v_{底}$	水深(m)	$v_{表}/v_{底}$	水深(m)	$v_{表}/v_{底}$	水深(m)	$v_{表}/v_{底}$	水深(m)	$v_{表}/v_{底}$
131	123.92	8 325	8.9	1.81/3.47	11	1.8/1.47	15.1	1.23/1.25	15	1.25/0.71	7.5	1.68/1.59
132.56	124.97	10 713	9.2	2.21/3.23	11.1	2.08/1.73	15.7	1.84/1.03	15.5	1.51/0.86	9.5	2.33/2.16
134.32	125.84	13 705	9.8	3.27/5.83	12.5	3.23/3.27	16.5	2.45/2.52	16.5	2.42/1.82	10.5	3.14/2.51

三、枢纽下游消能冲刷

由于泄水建筑物下泄水流经消力池消能后，又经过海漫逐渐调整，流速减小。试验冲刷 4 个小时(相当于原型 40 个小时)后，下游冲刷稳定，防冲槽中的铅丝石笼都未被冲动，但下游砂卵石河床下切，床面粗化。试验对各特征水位进行了冲刷观测，在汛限水位 131 m，下游水位 123.92 m，泄量 8 325 m^3/s 时，由于排沙洞下泄水流受两侧隔墙约束较为集中，水流出隔墙后向右扩散与胸墙式泄洪闸出闸水流汇合，局部单宽流量增大，其下游河床冲刷较其他部位深，最深点位于防冲槽下桩号 0+221 断面上，位置对应于胸墙式泄洪闸 1 号闸孔下，冲刷最深点高程 108.8 m，如图 9-16 所示。设计水位 132.56 m，下游水位 124.97 m，泄量 10 713 m^3/s 时，最深点位于防冲槽下桩号 0+224 断面上，位置与汛限水位时相近，冲刷范围有所增大。冲刷最深点高程 109.21 m，如图 9-17 所示。校核水位 134.32 m，下游水位 125.84 m，泄量 13 705 m^3/s 时，开敞式泄洪闸过流单宽

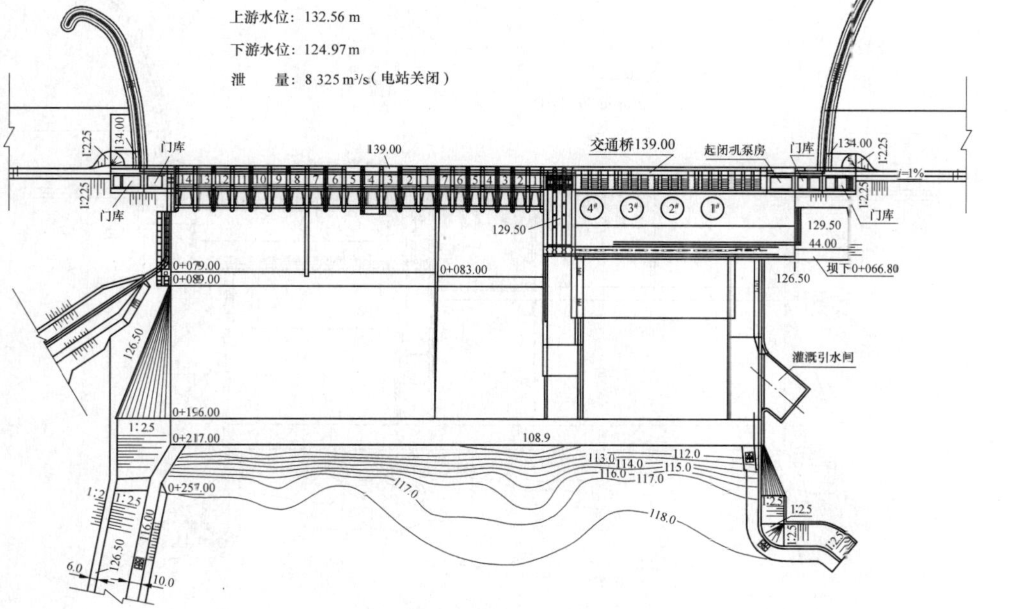

图 9-16　汛限水位冲刷地形　(单位：m)

流量增大较多，相应下游河床冲刷最深点位于防冲槽下桩号 0+224 断面，冲刷最深点高程 108.65 m。校核水位条件下对应排沙洞下 0+225 断面，冲刷也相对较深，冲刷高程 109.17 m，如图 9-18 所示。从各级流量冲刷结果来看，防冲槽设计及防护范围基本满足消能防冲的要求。

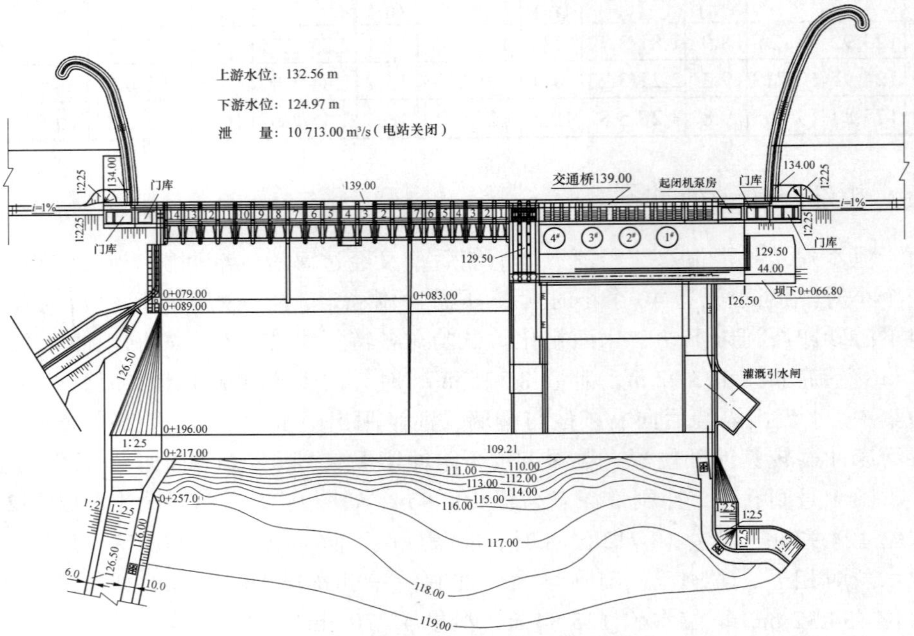

图 9-17　设计水位冲刷地形　（单位：m）

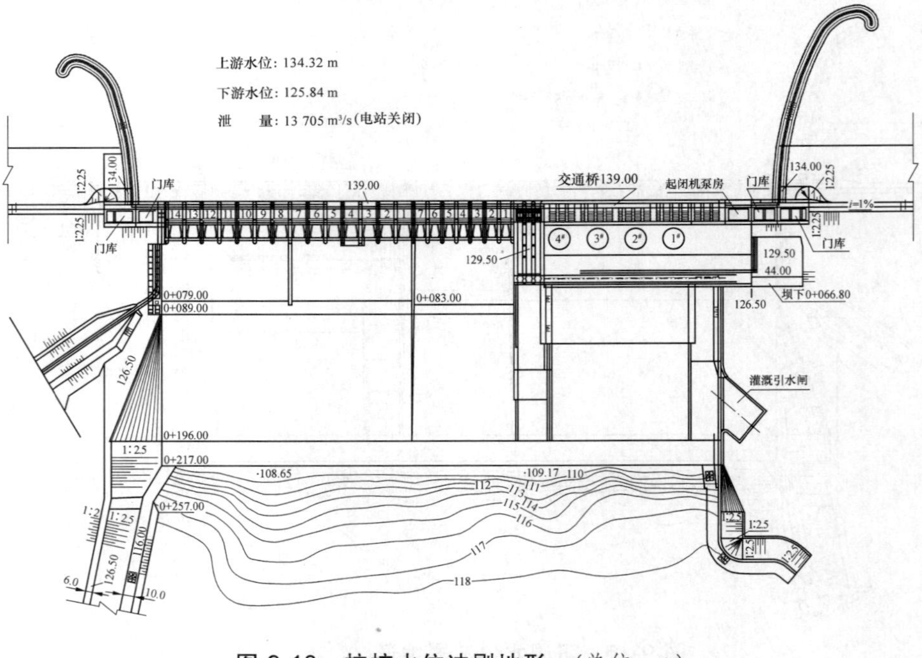

图 9-18　校核水位冲刷地形　（单位：m）

第四节 汛限水位不同调度运用下游流态及消能冲刷

一、汛期调度运用原则

为了保证汛期电站进口不被淤堵，并减少入机泥沙，可以通过对泄流排沙建筑物合理调度运用来实现，泄流排沙建筑物开启顺序应遵循：排沙洞－胸墙式泄洪闸－开敞式泄洪闸。不同调度运用工况组合见表 9-6。

表 9-6 不同运用工况组合表

调度运用工况	上游水位(m)	总泄量(m^3/s)	下游水位(m)(下游水位中线)	排沙洞	胸墙式泄洪闸	开敞式泄洪闸
工况 1	131	1 756	121.37	6 条排沙洞	4[#]	
工况 2	131	2 153	121.65	6 条排沙洞	3[#]、5[#]	
工况 3	131	2 954	122.13	6 条排沙洞	1[#]、3[#]、5[#]、7[#]	
工况 4	131	4 564	122.93	6 条排沙洞	7 孔全开	4[#]
工况 5	131	4 602	123.04	6 条排沙洞	7 孔全开	3[#]、5[#]

二、不同调度运用组合枢纽下水流流态

(一)胸墙式泄洪闸下游流态

工况 1 组合运用，6 条排沙洞全开，胸墙式泄洪闸 4[#]闸孔下泄水流入池后，在消力池内两侧形成范围较大且方向相反的两个对称旋转回流区，回流流速 2 m/s 左右，水流挤压 4[#]闸孔下泄主流，消力池尾坎水面波动较大。工况 2 组合运用，6 条排沙洞全开，胸墙式泄洪闸 3[#]和 5[#]闸孔下泄水流进入消力池后，在消力池内两侧仍然形成对称旋转回流区，并且强度较大，在 6 m/s 左右，两侧回流同时挤压下泄水流。消力池尾坎水面波动也大。工况 3 组合运用，6 条排沙洞全开，胸墙式泄洪闸 1[#]、3[#]、5[#]、7[#]孔隔孔开启，该工况下泄水流进入消力池后，消力池内回流消失，泄洪闸下泄水流在消力池内消能比较充分，坎上水面波动相对好转，下游海漫上水流也相对比较稳定。在不同组合工况下，排沙洞均为淹没出流。由于排沙洞下泄水流出洞后，均受两侧导墙的约束，排沙洞出口水面波动相对要大，导致海漫上水流波动也大。

(二)开敞式泄洪闸下游流态

工况 4 组合运用，6 条排沙洞、7 孔胸墙式泄洪闸和 11[#]开敞式泄洪闸全开，开敞式泄洪闸 11[#]闸孔下泄水流进入消力池后，同样在消力池内两侧形成方向相反的对称旋转回流区，回流流速为 1.5 m/s 左右，并挤压 11[#]闸孔下泄主流，消力池尾坎上水面波动。工况 5 组合运用，6 条排沙洞、7 孔胸墙式泄洪闸和 10[#]、12[#]开敞式泄洪闸全开，胸墙式泄洪闸 10[#]和 12[#]闸孔下泄水流进入消力池后，消力池内两侧也形成对称旋转回流，强度 4 m/s 左右，两侧回流同时挤压下泄水流。不同组合运用工况，开敞式泄洪闸下游海漫上水面波动相对比较稳定，排沙洞出口仍为淹没出流。胸墙式泄洪闸和开敞式泄洪

闸无论是单孔运用还是双孔隔孔开启运用方式，闸下消力池流态基本类似，只是消力池内回流流速大小不同而已。虽然有时海漫上水面波动略大些，但从泄洪闸流速分布可以看出，除坎上底部流速大于表面流速外，其他部位底部流速均小于表面流速，因此对下游冲刷影响不大。

三、不同调度运用组合枢纽下游流速分布

工况 1：6 条排沙洞全开，胸墙式泄洪闸 4#单孔开启运用。胸墙式泄洪闸 4#下泄水流在消力池内被两侧回流挤压。对应 4#泄洪闸闸孔中线坎上底部流速 3.87 m/s，表面流速 1.25 m/s；消力坎上底部流速大于表面流速。闸下水流经过海漫的调整后，至防冲槽断面流速分布趋于正常，如图 9-19 所示。

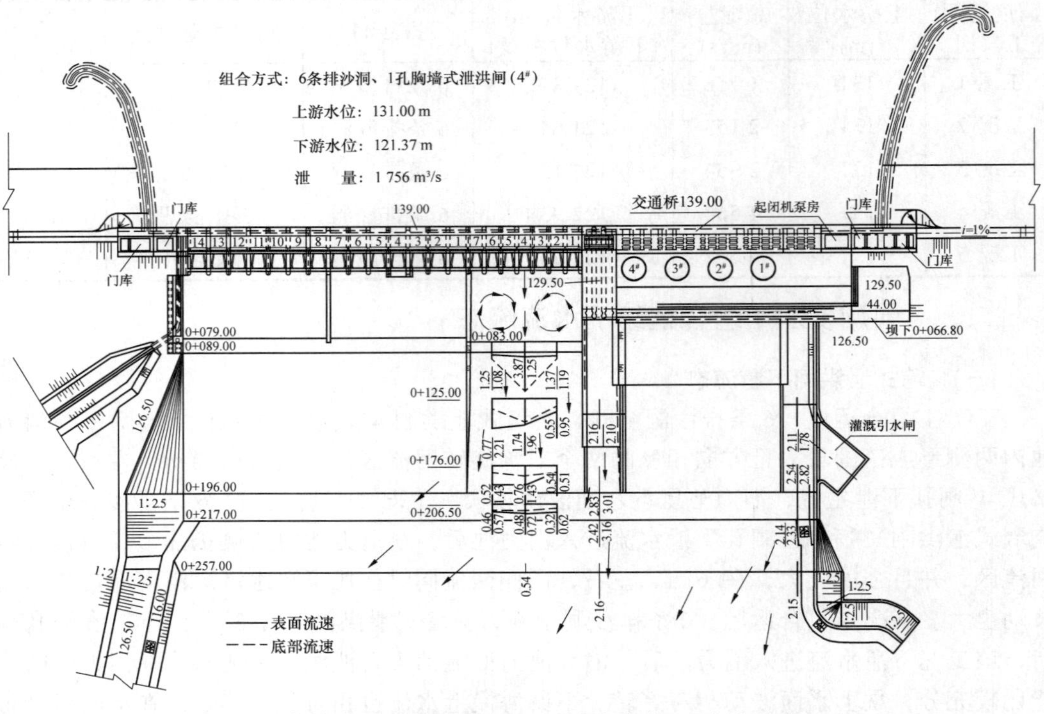

图 9-19　胸墙式泄洪闸组合工况 1 流速分布　(流速单位：m/s)

工况 2：6 条排沙洞全开，胸墙式泄洪闸 3#、5#运用条件下，下泄水流在消力池内仍然是两侧回流挤压主流，坎上底部流速大于表面。对应 3#胸墙式泄洪闸闸孔中线坎上底部流速 3.88 m/s，表面流速 1.39 m/s；对应 5#胸墙式泄洪闸闸孔中线坎上底部流速 3.07 m/s，表面流速 1.47 m/s，如图 9-20 所示。

工况 3：6 条排沙洞全开，胸墙式泄洪闸 1#、3#、5#、7#孔隔孔开启，消力池内回流消失，消能比较充分。对应 1#胸墙式泄洪闸闸孔中线坎上底部流速 3.86 m/s，表面流速 2.08 m/s；对应 3#胸墙式泄洪闸闸孔中线坎上底部流速 2.89 m/s，表面流速 1.37 m/s；对应 5#胸墙式泄洪闸闸孔中线坎上底部流速 3.72 m/s，表面流速 1.35 m/s；对应 7#胸墙式泄洪闸闸孔中线坎上底部流速 3.48 m/s，表面流速 1.39 m/s，如图 9-21 所示。

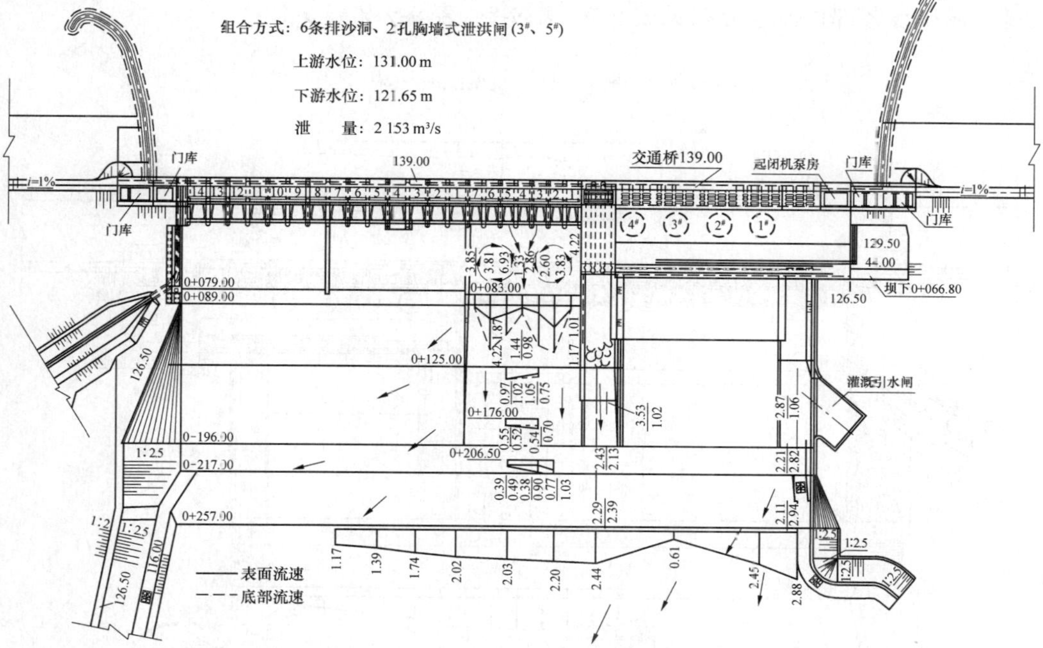

图 9-20　胸墙式泄洪闸组合工况 2 流速分布　（流速单位：m/s）

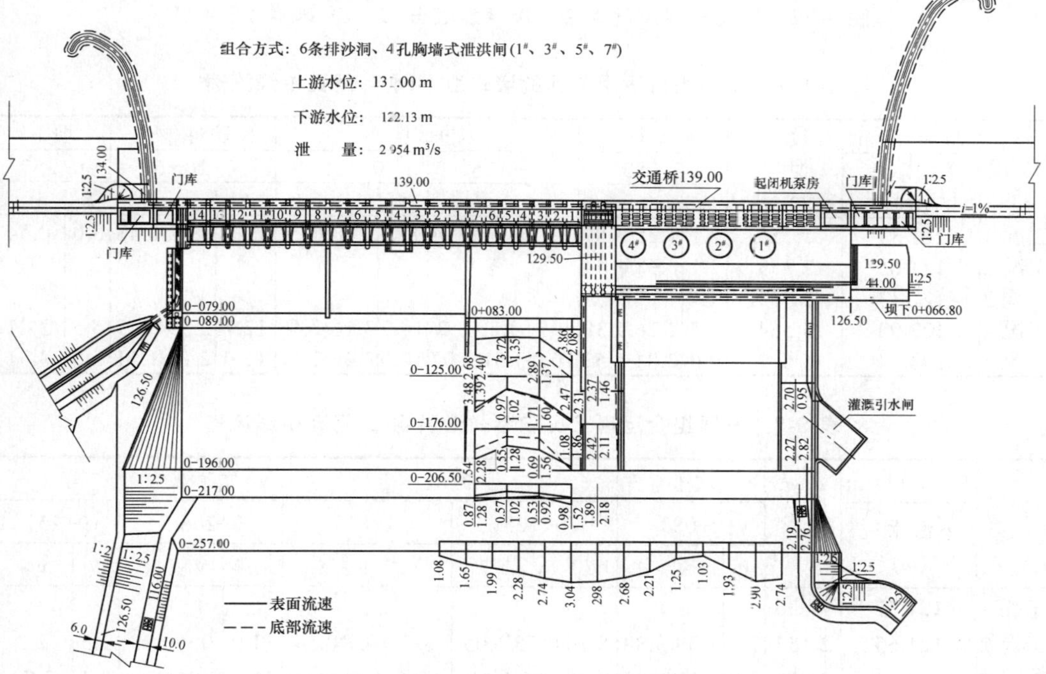

图 9-21　胸墙式泄洪闸组合工况 3 流速分布　（流速单位：m/s）

组合运用工况 4、工况 5：流速分布如图 9-22 所示。5 种不同运用工况组合泄洪闸及排沙洞中线各部位流速分布见表 9-7、表 9-8、表 9-9 和表 9-10。

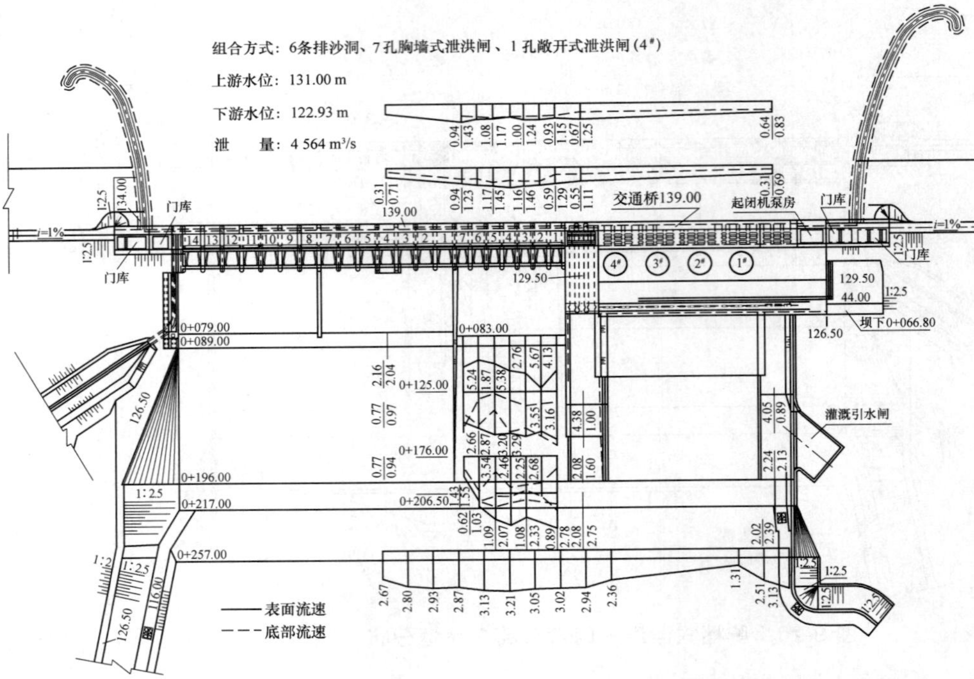

图 9-22　胸墙式泄洪闸组合工况 4 流速分布（流速单位：m/s）

表 9-7　不同组合运用工况胸墙式泄洪闸 4# 闸孔中线流速

工况	$H_上$=131m 下游水位 (m)	设计泄量 (m^3/s)	坎上 0+083		护坦 0+125		护坦 0+176		防冲槽 0+206.5		坝下 0+257	
			h	$v_表/v_底$	h	$v_表/v_底$	h	$v_表/v_底$	h	$v_表/v_底$	h	$v_表$
工况 1	121.37	1 756	7.1	1.25/3.87	8.1	1.96/1.74	8.7	1.43/0.76	11.0	0.72/0.48	3.0	0.54
工况 2	121.65	2 153	7.1	0.98/1.44								
工况 3	122.13	2 954										
工况 4	122.93	4 564	8.5	2.76/5.38	9.5	3.29/3.2	10.7	3.16/2.46	12.7	2.55/0.77	5.5	3.21
工况 5	123.04	4 602	9.0	2.84/5.52	10.0	3.61/3.07	12.0	2.46/2.31	12.0	2.77/1.51	5.5	3.31

表 9-8　不同组合运用工况胸墙式泄洪闸 3# 闸孔中线流速

工况	$H_上$=131 m 下游水位 (m)	设计泄量 (m^3/s)	坎上 0+083		护坦 0+125		护坦 0+176		防冲槽 0+206.5		坝下 0+257	
			h	$v_表/v_底$	h	$v_表/v_底$	h	$v_表/v_底$	h	$v_表/v_底$	h	$v_表$
工况 1	121.37	1 756										
工况 2	121.65	2 153	7.1	1.39/3.88	8.1	0.75/1.05	8.7	0.7/0.54	11.0	0.9/0.38	2.5	2.2
工况 3	122.13	2 954	8.0	1.37/2.89	9.0	1.6/1.71	10.6	1.56/0.69	11.8	0.92/0.53	3.4	2.74
工况 4	122.93	4 564	8.5	2.94/5.83	9.5	3.54/2.87	10.7	2.68/2.25	12.6	2.33/1.08	4.7	3.05
工况 5	123.04	4 602	9.0	2.96/5.59	10.0	3.52/3.39	12.0	2.91/2.94	12.0	2.79/1.4	5.0	3.41

表 9-9 不同组合运用工况胸墙式泄洪闸 5# 闸孔中线流速

工况	$H_上$=131 m 下游水位(m)	设计泄量(m^3/s)	坎上		护坦				防冲槽		坝下	
			0+083		0+125		0+176		0+206.5		0+257	
			h	$v_表/v_底$	h	$v_表/v_底$	h	$v_表/v_底$	h	$v_表/v_底$	h	$v_表$
工况 1	121.37	1 756										
工况 2	121.65	2 153	7.1	1.47/3.07	8.0	1.02/0.97	9.8	0.52/0.55	11.5	0.49/0.39	2.7	2.03
工况 3	122.13	2 954	7.8	1.35/3.72	8.8	1.02/0.97	10.6	1.28/0.55	11.8	1.02/0.57	4.5	2.28
工况 4	122.93	4 564	8.5	2.17/4.86	9.5	3.39/2.42	10.7	3.14/2.17	12.5	2.07/1.09	4.7	3.13
工况 5	123.04	4 602	9.0	2.19/5.33	9.8	3.39/2.71	12.0	3.57/3.01	13.0	2.77/1.51	6.0	3.31

表 9-10 不同组合运用工况排沙洞中孔中线流速

工况	$H_上$=131 m 下游水位(m)	设计泄量(m^3/s)	排沙洞						安装间下排沙洞					
			护坦		防冲槽		坝下		护坦		防冲槽		坝下	
			0+176		0+206.5		0+257		0+176		0+206.5		0+257	
			h	$v_表/v_底$	h	$v_表/v_底$	h	$v_表/v_底$	h	$v_表/v_底$	h	$v_表/v_底$	h	$v_表$
工况 1	121.37	1 756	14.0	3.01/2.83	10.9	3.16/2.42	2.8	2.61	13.7	2.82/2.54	11.5	2.33/2.14	4.3	2.51
工况 2	121.65	2 153	14.5	2.13/2.43	11.0	2.29/2.39	3.0	2.44	13.5	2.82/2.21	11.8	2.94/2.11	5.2	2.88
工况 3	122.13	2 954	14.5	2.11/2.42	11.8	2.18/1.89	3.2	2.98	13.7	2.82/2.27	12.0	2.76/2.19	6.0	2.74
工况 4	122.93	4 564	15.0	1.6/2.08	12.3	2.75/2.08	5.8	2.94	14.5	2.13/2.24	12.5	2.39/2.02	6.5	3.13
工况 5	123.04	4 602	15.0	2.14/3.3	13.0	2.17/1.97	7.0	2.84	14.0	2.17/2.22	12.8	2.51/2.23	6.8	2.44

试验实测资料分析得出，以上 5 种不同运用工况组合，下泄水流进入消力池消能后，消力坎上底部流速明显大于表面流速。又经过海漫的调整后至防冲槽断面流速分布趋于正常。坝下 0+125 断面以后，断面底部流速小于表面流速，流速分布逐渐得到调整，接近正常的明渠均匀流流速分布。

四、不同调度运用组合枢纽下游消能冲刷

试验量测了 5 种不同运用工况组合，6 条排沙洞均参与泄洪。在胸墙式泄洪闸单孔开启以及隔孔开启的工况 1、工况 2 和工况 3 运用组合中，虽然消力池内的回流挤压主流，但是坎后水流在海漫上很快扩散，单宽流量减小，流速减小。对应下游河床地形冲刷不严重。由于排沙洞下游两侧导墙较长，水流无法扩散，进入到防冲槽前流速较大。因而排沙洞下游地形冲刷深度比胸墙式泄洪闸下游地形冲刷要深一些，如图 9-23、图 9-24 和图 9-25 所示。

6 条排沙洞和 7 孔胸墙式泄洪闸全部开启，开敞式泄洪闸单孔开启和隔孔开启工况 4 和工况 5 两种组合中，由于下游水位较低(122.93 m、123.04 m)，胸墙式泄洪闸出闸水流经消力池消能后，海漫上水流波动较大，消力坎后流速也大，因此下游地形冲刷略为严重，如图 9-26 及图 9-27 所示。不同运用工况组合局部地形冲刷高程统计于表 9-11。

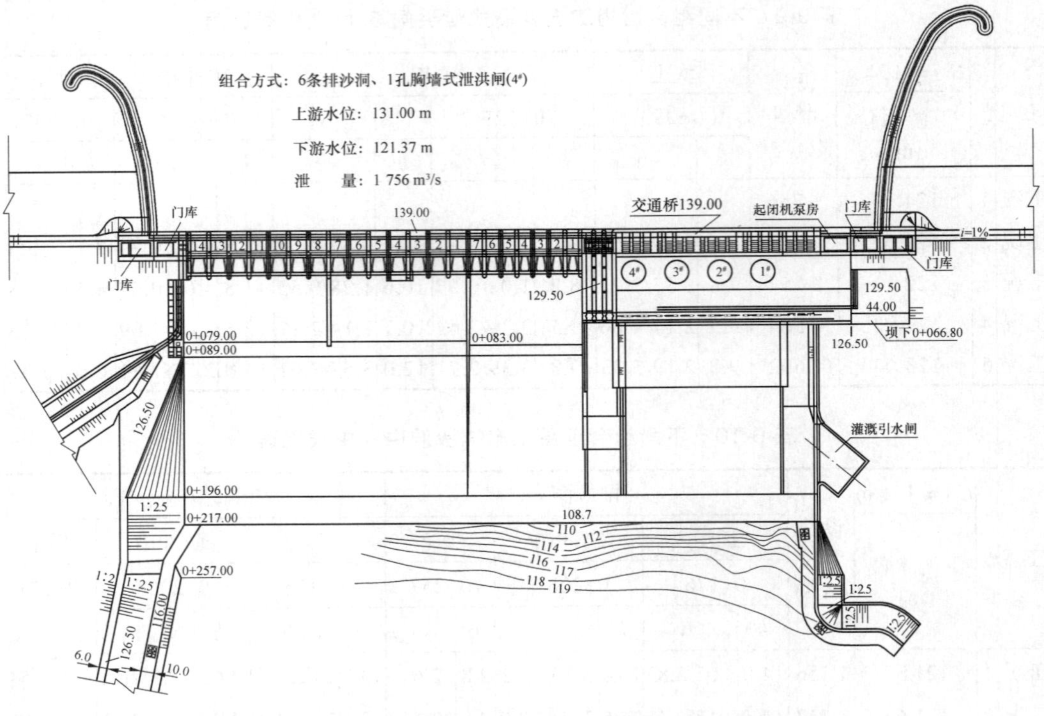

图 9-23　胸墙式泄洪闸组合工况 1 冲刷地形　（单位：m）

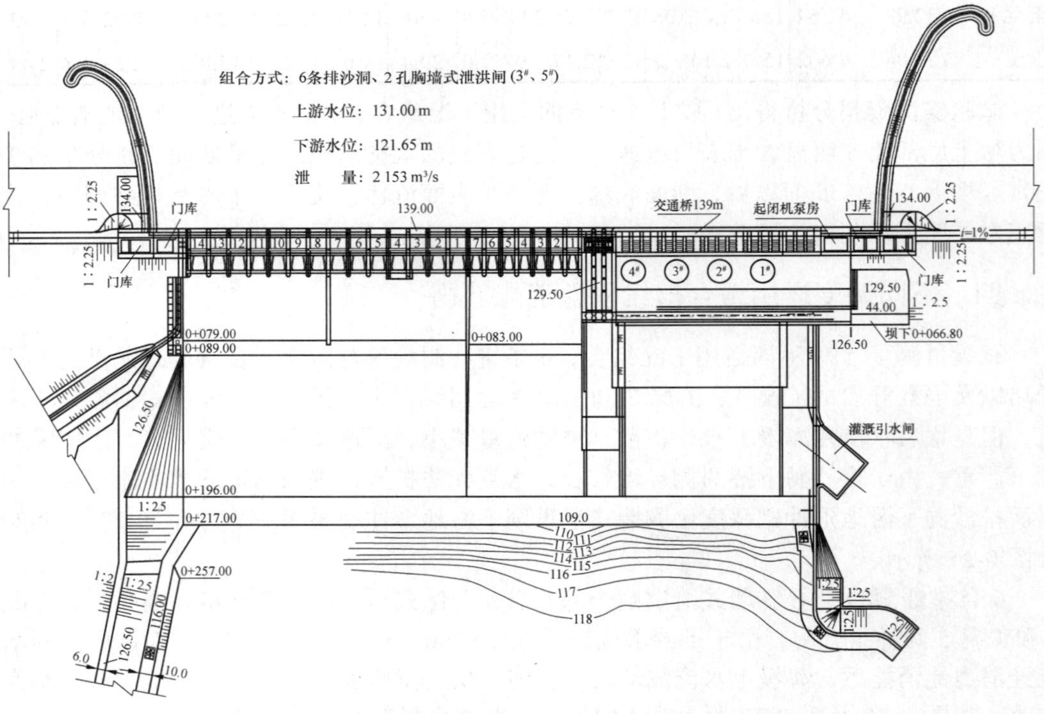

图 9-24　胸墙式泄洪闸组合工况 2 冲刷地形　（单位：m）

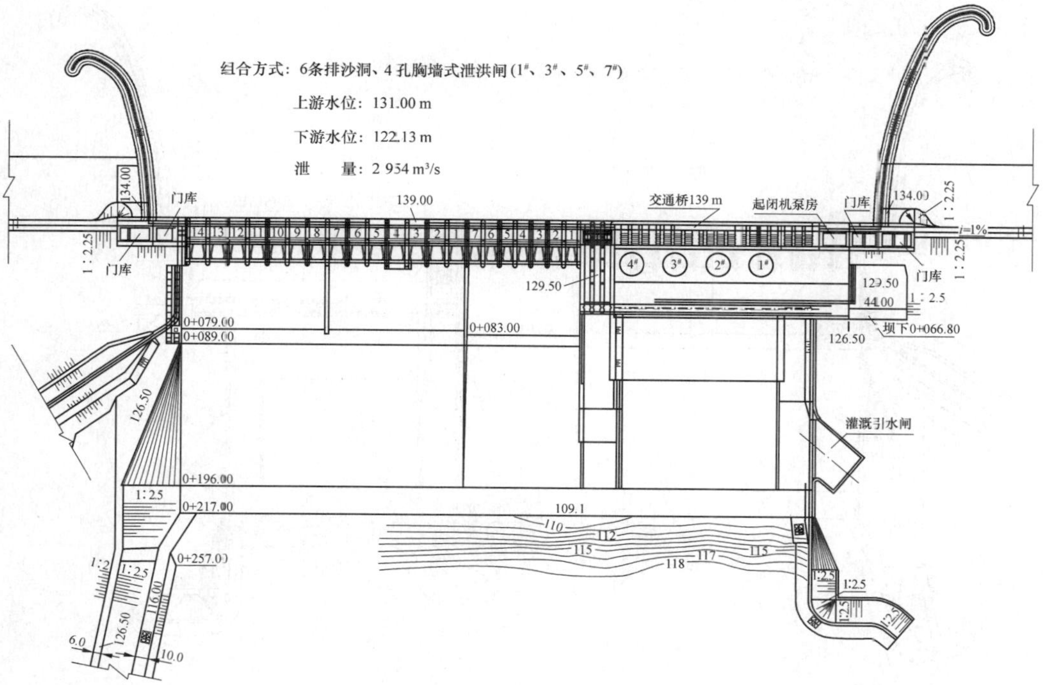

图 9-25 胸墙式泄洪闸组合工况 3 冲刷地形 （单位：m）

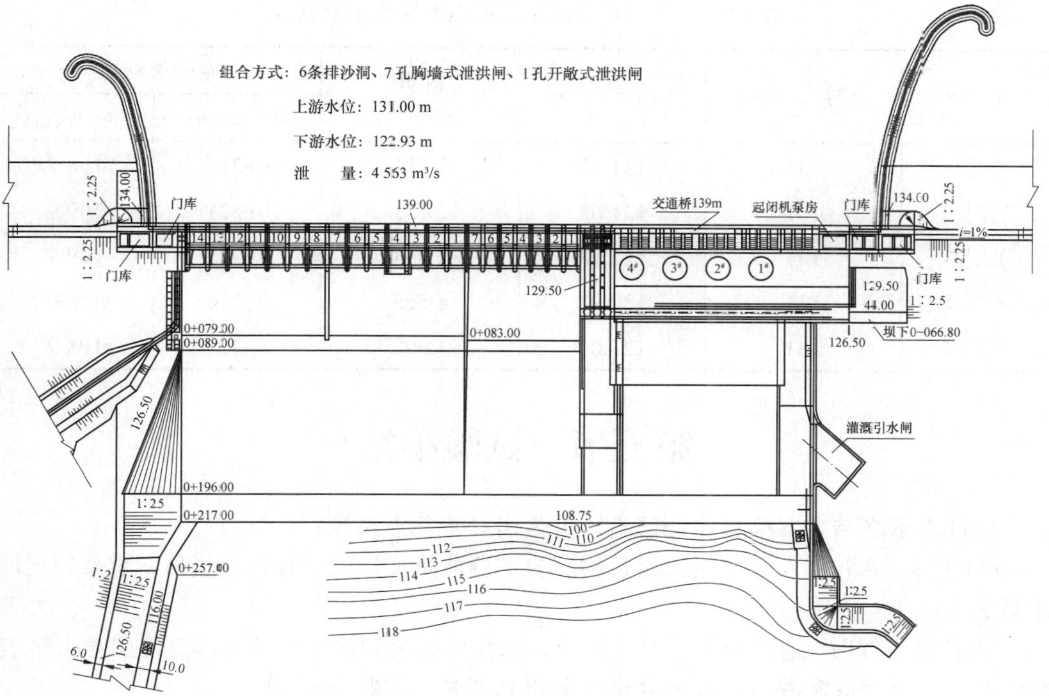

图 9-26 开敞式泄洪闸组合工况 4 冲刷地形 （单位：m）

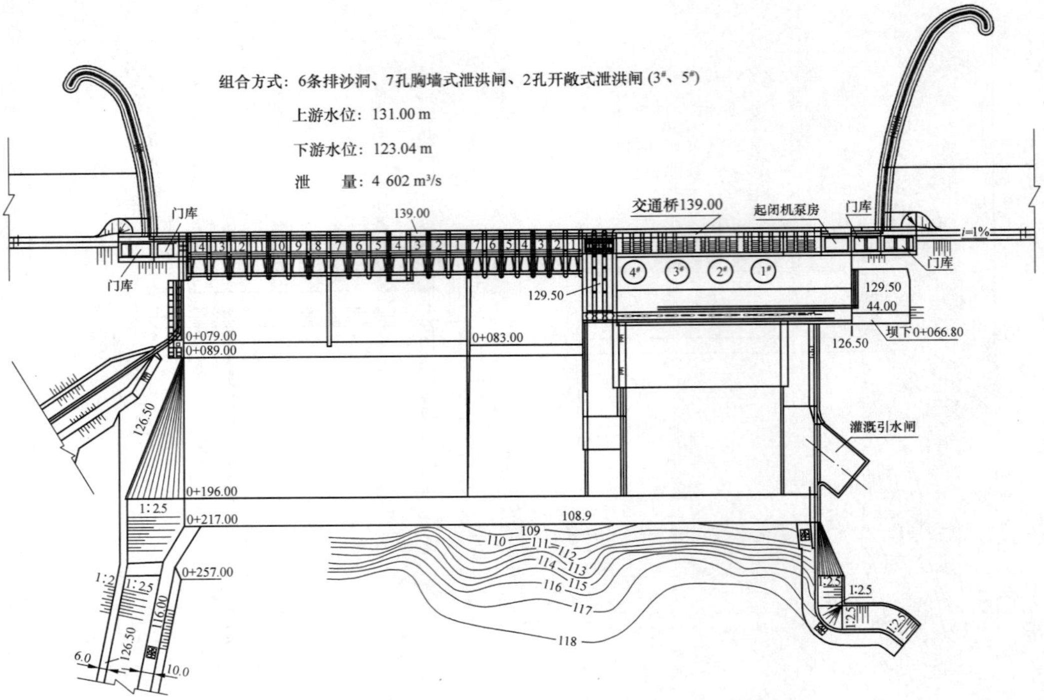

图 9-27　开敞式泄洪闸组合工况 4 冲刷地形　（单位：m）

表 9-11　不同组合运用工况地形冲刷试验结果

工　况	上游水位(m)	下游水位(m)	泄量 (m^3/s)	冲刷最深点	
				位　置(m)	高　程(m)
工况 1	131	121.37	1 756	0+219	108.7
工况 2	131	121.65	2 153	0+221	109.0
工况 3	131	122.13	2 954	0+222	109.1
工况 4	131	122.93	4 563	0+220	108.75
工况 5	131	123.04	4 602	0+221	108.9

第五节　试验小结

经过本章终结方案模型验证试验，可得出以下几点结论：

(1)各特征水位情况下，泄水建筑物试验实测泄量值均大于设计泄量值，泄量满足设计要求。

(2)各级流量时，泄洪闸下泄水流对应各闸孔中线消力坎池末端底部流速明显大于表面流速，水流经过海漫后，流速分布逐渐得到调整，并趋于正常。

(3)胸墙式泄洪闸在进行单孔或隔孔组合开启时，消力池内回流强度较大，消力池施工结束后，应将池内残留的块石、钢筋头等杂物清理干净，以防池内强回流造成磨损。

(4)从不同运用组合冲刷试验结果来看，虽然消力池内的回流挤压主流，但是坎后水流在海漫上很快扩散，单宽流量减小，流速减小。因此，下游河床冲刷不严重。

(5)由于排沙洞下游两侧导墙较长，过流单宽流量大，下泄水流进入到防冲槽前流速较大。各种不同运用组合工况条件下，排沙洞下游冲刷深度比对应胸墙式泄洪闸下游冲刷略深一些。

(6)为考虑到泄洪闸出流对下游冲刷的影响，又能使泄洪闸安全正常运行，开敞式泄洪闸和胸墙式泄洪闸应采取隔孔对称均匀开启的运用方式，建议调度运用参考采用。

(7)试验结果表明，各种不同组合运用工况，当下游冲刷稳定后，防冲槽中的铅丝石笼都未被冲动。防冲槽的设计及防护满足消能需要。

本次试验结果是在清水条件下进行的，而黄河是多泥沙河流，天然情况下冲淤变化比较复杂。浑水情况下枢纽上下游流态、流场及冲淤形态详见第七章试验成果。

参考文献

[1] DL5108—1999 混凝土重力坝设计规范[M]. 北京：中国电力出版社, 2000.

[2] 华东水利学院. 水工设计手册[M]. 北京：水利电力出版社, 1983.

[3] 日本土木学会. 水力公式集[M]. 北京：人民铁道出版社, 1977.

[4] 武汉水利电力学院. 水工计算手册[M]. 北京：水利出版社, 1980.

[5] 武汉水利电力学院. 水力学[M]. 北京：人民教育出版社, 1974.

[6] 清华大学. 水力学[M]. 北京：人民教育出版社, 1980.

[7] 南京水利科学研究院. 水工模型试验[M]. 北京：水利电力出版社, 1982.

[8] 张光斗, 等. 水工建筑物[M]. 北京：水利电力出版社, 1992.

[9] 毛昶熙, 等. 闸坝工程水力学与设计管理[M]. 北京：中国水利水电出版社. 1995.

[10] 郭子中, 等. 消能防冲原理与水力设计[M]. 北京：科学出版社, 1982.

[11] 中国水利学会泥沙委员会. 泥沙手册[M]. 北京：中国环境科学出版社, 1992.

[12] 谢签衡. 河流泥沙工程学[M]. 北京：水利出版社, 1982.

[13] 李昌华. 河工模型试验[M]. 北京：人民交通出版社, 1981.

[14] 倪晋仁, 等. 固液两相流基本理论及其最新应用[M]. 北京：科学出版社, 1991.

[15] 李保如, 屈孟浩. 黄河动床模型试验[J]. 人民黄河, 1985(6).

[16] 李保如. 我国河流泥沙物理模型的设计方法[J]. 水动力学研究与进展, 1991,(S1).

[17] 张红武, 等. 黄河高含沙洪水模型相似律[M]. 郑州：河南科学技术出版社, 1994.